谨以此书纪念寿宁建县560周年

（1455～2015年）

作者简介

连德仁　福建省寿宁县人，1945年8月生，中共党员，大学文化。1975年步入政治生涯。历任南阳人民公社党委副书记、管委会主任、书记；寿宁县革命委员会副主任、县人民政府副县长、县委常委、政府党组副书记；寿宁县委副书记、政协主席。人生取向是从政为文、读书教化。热爱传统诗词，是中华诗词学会会员、福建省诗词学会理事、寿宁诗社名誉社长；爱好书法，创立三峰书画研究院，任院长；崇尚终身教育，2007年5月退休，2008年7月起任县老年大学校长；学习不止，笔耕不辍，著有《从政文稿》《肝胆相照》《三农絮语》《我的老年教育梦》等著作和《五言诗通鉴故事》《蟾溪吟稿》《成语诗话》《笔端春容》《日昇存稿》《蟾溪流韵》等诗词集。系福建省作家协会会员。姓名已载入《中国当代名人录》。

连德仁 ◎ 编著

寿宁县情九百题

明程 敬尚

海峡出版发行集团 | 海峡文艺出版社

图书在版编目(CIP)数据

寿宁县情九百题/连德仁编著. —福州:海峡文
艺出版社,2018.8
ISBN 978-7-5550-1647-2

Ⅰ.①寿… Ⅱ.①连… Ⅲ.①寿宁县—概况
—问题解答 Ⅳ.①K925.74—44

中国版本图书馆 CIP 数据核字(2018)第 193403 号

寿宁县情九百题

连德仁 编著

责任编辑 蓝铃松
出版发行 海峡文艺出版社
经 销 福建新华发行(集团)有限责任公司
社 址 福州市东水路 76 号 14 层   **邮编** 350001
发 行 部 0591—87536797
印 刷 福州力人彩印有限公司   **邮编** 350012
厂 址 福州市鼓楼区福飞路义井村池前 10 号鼓东工业小区
开 本 787 毫米×1092 毫米 1/16
字 数 750 千字
印 张 43.5   **插页** 2
版 次 2018 年 8 月第 1 版
印 次 2018 年 8 月第 1 次印刷
书 号 ISBN 978-7-5550-1647-2
定 价 79.00 元

如发现印装质量问题,请寄承印厂调换

序　一

郑学檬

　　连德仁同志的《寿宁县情九百题》将要付梓，他发来短信请我写篇序，我感到责无旁贷，就欣然应命。

　　德仁同志是厦大校友，在他的家乡寿宁从乡干部做到中共县委副书记、县政协主席；退休后，又出任寿宁县老年大学校长多年。他的履历并不复杂，但他经过比较艰苦地区、比较艰苦岗位的磨练。他不忘初心，矢志不渝，忠诚于家乡人民，仅此一点，足以令我们肃然起敬。

　　更值得美言的是他的读书、记事、著述的精神。他寄给我的著作就有《从政文稿》《五言诗通鉴故事》《蟾溪吟稿》等多本，现在，他又完成了《寿宁县情九百题》这本六十多万字的私家"方志"，怎能不为他那"乡情浓似酒"的初心所感动呢？

　　历史上有过私家"方志"。但是，因为方志所涉内容广泛，且事之层出不穷，难以尽量。加之修史者必须才、识兼备，故难以一人之力成篇，多是官府组织班子修撰，并需假以时日。明崇祯年间在寿宁任知县的文学家冯梦龙在《寿宁待志·小引》中说："曷言乎待志？犹云未成乎志也。曷为未成乎志？曰：前乎志者有讹焉，后乎志者有缺焉，与其贸焉而成之，宁逊焉而待之。何待乎？曰：一日有一日之闻见，吾以待其时；一人有一人之才识，吾以待其人。"这几句话，道出了修志之难。

　　德仁同志以一人之力，以史为鉴，搜检史志、谱牒、文献资料，采访民间传说，历时三年多时间，编纂成书，虽未冠以"方志"之名，然有"方志"之实，其功之伟，何让于官修之志？

  谨此为序。

于厦门大学海韵北区点涛斋（寓所）

2017 年 11 月 15 日

  郑学檬，1937 年 9 月出生，浙江天台县人，1960 年毕业于厦门大学历史学系，历任助教、讲师、副教授、教授（博士生导师）。曾兼任厦门大学常务副校长，中国唐史学会会长，中国经济史学副会长（名誉会长）等行政、学术职务。曾在荷兰莱顿大学及台湾中国文化大学讲学、研究，并到英国牛津大学等多所大学访问、参加学术会议。著有《五代十国史研究》（1991）、《中国古代经济重心南移和唐宋江南经济研究》（1996、2003）、《点涛斋史论集》（2016）、《李世民评传》（合著，2006）、《唐宋科学技术与经济发展的关系研究》（合著，2013）；主编《中国赋役制度史》（1994、2000）、《中国企业史》（古代卷，2002）、《简明中国经济通史》（2005）等多部著作。荣获第一、第二届全国普通高校人文社会科学研究成果二等奖及多项福建省级社会科学著作优秀奖。

序 二

陈元度

《谁不说俺家乡好》这首20世纪60年代的电影插曲，以优美的语言和旋律，唱出了人们对家乡的爱。

爱家乡是爱祖国的基础。和全国劳动人民一样，寿宁人也深情地热爱自己的家乡。

热爱家乡，必须了解家乡。了解家乡的历史、地理、政治、经济、风俗、人文等方方面面，对家乡朴素的感情，就能升华到理性的高度和深度。

早在青铜器时代，先民就已在寿宁这块土地上劳动生息。几千年下来，我们的先人凭着勤劳和智慧创造历史，不断改变家乡的面貌。中华人民共和国的成立，特别是进入社会主义建设新时期以来，寿宁人民在中国共产党领导下，发扬革命老根据地的光荣传统，凝心聚力，脱贫致富奔小康，家乡面貌日新月异，新生事物层出不穷。因此，尽管地处偏远，这里的历史文化积淀同样是丰厚的，同样有许多令人引为自豪的亮点、重点和闪光点。

然而，由于早年经济文化发展滞后，史料匮乏，文献莫征，寿宁许多人对本县古代的史实知之甚少，而对现、当代的情况，又因事多面广，头绪纷繁，缺乏梳理，一般人也往往更多地关心与自己切身相关的事物，从而限制了人们对家乡的了解。

连德仁同志深爱家乡，酷爱文史，写过《从政文稿》《三农絮语》《肝胆相照》和《我的老年教育梦》等著述，是一个有心治史论政的县级领导干部。他在出版了上述四本文集和《五言诗通鉴故事》《蟾溪吟稿》等六本诗集后，以史为鉴，把目光转向乡土，经过一千多个日夜的伏案劳作，推出了这本《寿宁县情九百题》。这是一部大书。这本书的刊行，不仅有助于寿宁的父老乡亲们更全面深入地"知我寿宁"，从而更"爱我寿宁"，更努力地去"美我寿宁"，也为对外宣传推介寿宁提供资料，有利于寿宁经济和社会各项事业的发展。我认为，这是一项很有意义的工作。

连德仁同志长期在寿宁县级领导岗位上工作，对寿宁的县情有比较全面的了解，但他并未满足于这个优势。为了写好这本书，他披阅了能找到的大量史志、谱牒、文献资料和有关文件，搜集了许多民间口碑，采访了不少有关人士，综合、分析、思考、研究，去粗取精、去伪存真，先后花了三年多时间，才把这本六十几万字的大书捧到读者面前。作者的努力和严谨，是不言而喻的。

这本书许多史料既源于县志，又不为志书所限，贵在传承，好在创新。它有三个显著特点：一是时间长、跨度大：上始于明景泰六年（1455）寿宁建县，下终于福寿高速公路通车，"十二五"规划完成，概述寿宁560多年的历史，叙县域之兴衰，著生民之休戚，穿越时空隧道，服务当今社会；二是内容多，卷牒繁：全书按内容分为33卷，900多个问题，涉及政治、军事、经济、文化，每卷一个主题，或自然地理，或经济综述，或风俗宗教，或人物春秋，内容丰富，包罗万象；三是立足高，创意新：如城乡建设卷把茗溪新区、县城东区、一园五区尽收眼底，人物春秋卷既为名人树碑，也为普通百姓立传，如百岁（114岁）寿星张达平，非遗文化传人郑多金，都是平民百姓，为他们立传，彰显寿宁精神，体现地方特色。

当然，该书也有短板。寿宁的古代史和近代史多处断线，现代史也未必完整。这些短板作者尚未补齐，有待专业人士今后继续探研。希望广大读者能发扬作者的精神，多多关注寿宁、了解寿宁、研究寿宁，"有所发现，有所发明，有所创造，有所前进"，以利鉴古知今，用历史经验服务于今天社会，造福黎民百姓。

以上文字，聊表心意。谨以为序。

2018 年元旦

陈元度，莆田市荔城区人，1938 年生。1959 年毕业于厦门大学中文系，历任福建师范学院中文系助教、寿宁一中和寿宁托溪中学教员。曾任寿宁县教育局副局长、寿宁县教师进修学校校长。1988 年被评为中学高级教师，1994 年被评为中学特级教师。1988～1998 年任寿宁县中学教师职称评委会主任、宁德地区中学高级教师职称评委。曾任寿宁县政协委员十余年，主持寿宁县冯梦龙研究工作。退休后任寿宁县老年大学副校长和老年大学诗词研究会会长。

目　录

第一卷　寿宁建置

第二卷　自然地理

第三卷　人口状况

第四卷　经济综述

第五卷　农业生产

第六卷　林业资源

第七卷　茶叶经营

第八卷　水电资源

第九卷　工业制造

第十卷 交通设施

第十一卷　邮政电信

第十二卷　商业贸易

第十三卷 供销合作

第十四卷 粮油经营

第十五卷　工商管理

第十六卷　财政税务

第十七卷　金融保险

第十八卷　城乡建设

17

第十九卷　政党活动

第二十卷　政权政协

第二十一卷　群众团体

第二十二卷　公安司法

第二十三卷 民政老区

第二十四卷 摆脱贫困

第二十五卷　劳动人事

第二十六卷　地方武装

第二十七卷　教育事业

第二十八卷　科技应用

第二十九卷　文化艺术

第三十卷　医药卫生

第三十一卷　体育运动

第三十二卷　风俗宗教

第三十三卷　人物春秋

寿宁建置

第一卷

寿宁为什么叫寿宁

公元 1455 年的一天，从福安、政和两县划出部分地域设县，也就是现在的寿宁。当时它还不叫寿宁。相传寿宁设县前夕并没有名字，难倒了当地的一批名绅俊士。他们为此搜肠刮肚，各献其说，但是见仁见智，终究悬而未定。眼见时间一天天过去，府台大人心急如焚，他亲自来到乡间，他向一位著名儒者征求县名。

儒者设宴邀请幕僚商量，酒过三巡，却始终无人想出令人满意的县名。正在这时，厨子端出四大盘水果，只见每盘水果上都贴着大红剪纸，剪纸四周各画着青松飞鹤、高山流水图案，图案正中各写着福、寿、安、宁四字。其中一位老者凝视果盘，忽然形喜于色："有了！有了！"众人迷惑不已：有了？有什么？他忙指着剪纸上的四个字："本县从福安划疆而建，又毗邻福安，两县山脉相连，川水交流，彼此融汇，亲密相依。福、寿、安、宁四字，语意贯通，正是你中有我、我中有你。今福安早已建县，如取'寿'、'宁'两字作县名，真是大吉大利呀！"这一提议立即博得一片喝彩，当即受府台大人所准，于是寿宁县的名字就这么定下来了。

当然，这个传说在典籍中并未记载，不足为信，但寿宁县名的来历似又与之相关。

《福建郡县释名》说，寿宁建县于福安之后，两县相邻，县名寿宁，取"福寿安宁"之意。

清康熙版《寿宁县志》也载"名其曰寿宁，盖欲斯民之寿且宁也。"

寿宁县是"中国花菇之乡"、"中国名茶之乡"、"世界贯木拱廊桥之乡"，是福建省重点老区县；在此传承三百多年的北路戏，被称为"戏剧孤本"，列入中国国家非物质文化遗产名录。其实，寿宁的县名是从何而来，并不影响它在历史长河中扮演的重要角色。

寿宁是何时立县的

早在青铜器时代，寿宁境内就有先民活动。宋乾道年间（1165～1173），以此地有银矿，乃设"坑冶司官舍"于乌岩山（今大安乡溪乾村局下），鼓励民户自愿经营坑冶，供纳官税。明永乐年间（1403～1424），有局下（今大安乡官田场）官司采办银课。由于课税繁重、官吏暴敛，激起矿工强烈反抗。景泰元年（1450），括（今浙江丽水一带）人郑怀茂等聚集 2000 多人，在官台山银矿公开对抗官府。景泰六年（1455），闽浙都御使刘广衡、福建按察副使沈讷率兵进驻寿宁，于端午节前一日攻占官台山寨。尔后，以官台山据险阻要隘，深恐武装矿工"时或窃发，为久远计，莫若立县以统治之"为由报请朝廷置县，同年八月，朝廷批准划出政和县南里、北里、东里十至十五都和福安县平溪里十一至十四都，成立寿宁县，置县治于杨梅村（今鳌阳镇所在地）。自此，地处闽浙交界的寿宁，作为一个县份，几经沧桑，逐步发展成今天的规模。

寿宁立县后隶属沿革情况如何

建县初期时，寿宁隶属建宁府，府治在建安（今建瓯县）。清雍正十二年（1734）升福宁州为福宁府，寿宁划归福宁府，府治在霞浦。民国元年（1912）废府，实行省、道、县三级地方政制，设置东西南北四路道，寿宁属东路道。1914 年 6 月，全省依原辖区，置闽海、厦门、汀漳、建安四道，寿宁属闽海道，道所在地闽侯。民国十四年废道，实行省、县二级政制，寿宁直属福建省。1933 年 11 月，国民党十九路军在福州成立"中华共和国人民革命政府"，将福建划分为 4 个省、2 个市，寿宁属闽海省。1934 年 1 月，人民革命政府失败，寿宁复为福建省直辖。民国二十三年七月，福建省实行行政督察专员制度，全省划分为 10 个行政督察区，寿宁属第二行政区，区治设福安。1935 年 10 月，全省改划为 7 个行政督察区，寿宁改属第三行政区，区治设浦城，1938 年 6 月改设建阳。1939 年，寿宁改属第一行政区，区治设闽侯。1942 年，区治改设福安。1943 年 9 月，调整行政区，全省划分为 8 个行政督察区，寿宁属第八行政区，区治设福安。1947 年 4 月，全省又缩减为 7 个行政区，寿宁属第一行政区，区治仍设福安。

1949 年 6 月 6 日，寿宁县成立"善后委员会"（国民党县政府官员逃亡后由地方人士成立的临时自治机构），接管国民党政权。7 月 13 日，中国人民解放军第三野战军第十兵团第三十一军第九十三师进驻寿宁。7 月 20 日，中国人民解放军九十三师命原浙南游击队青景丽支队景宁分队长郑宁馨任县长，组建寿宁县人民政府。福建省人民政府成立后，寿宁县隶属福建省第三行政督察区，专员公署设福安。1950年，第三行政区改称福安专区，专员公署仍设福安。1971年，福安专区更名宁德地区，地区领导机关迁宁德。寿宁县隶属宁德地区革命委员会。1978年，宁德地区革命委员会撤销，改称宁德地区行政公署，驻地不变，寿宁县仍属宁德地区。2000年11月，宁德撤地建市，驻地不变，寿宁属宁德市。

你知道寿宁的境域吗

寿宁位于福建省东北部，地处鹫峰山系洞宫山脉东麓，在东经119°12′～119°44′与北纬27°16′～27°41′之间。北邻浙江省景宁县，东与东北紧靠浙江省泰顺，南与东南毗邻福安市，西北界浙江省庆元县，西连政和，西南同周宁接壤。东西宽46千米，南北长57千米，总面积1424.4平方千米。

寿宁县与浙江省景宁县，以葫芦尖至山羊尖诸山的天然山脊为界。县城沿公路至坑底乡林枫坑界景宁县的枫树洋。距县城55千米（公路里程，下同），距景宁县城76千米。以武曲镇的余坑村界福安县社口镇，距县城48千米，距福安县城27千米。寿宁与浙江省泰顺县，自黄阳隘以上以天然山脉的分水脊为界，黄阳隘以下，至深潭渡以双港大溪为界。以犀溪镇李家山村的友谊桥头界泰顺县的东溪村头，距县城42.6千米，距泰顺县城4.4千米。东北以坑底乡铜坑亭的黄阳隘界泰顺县的白溪，距县城50千米，距泰顺县城10千米。东南以南阳镇好坑村的院洋隘界福安县的吉坑下段，距县城27.5千米，距福安县城50千米。西与政和县接壤，以王将尖至振山一脉为天然界线。以平溪镇的南溪新桥头村黄竹桥界政和县的牛途，距县城46千米，距政和县城79千米。西北与浙江省庆元县交接，以坑底乡寨后的杉坑隘界庆元县的杉坑村，距县城23千米，距庆元县城80千米；以托溪乡山口的箬坑隘界庆元县的箬坑村，距县城35千米，距庆元县75千米。西南连接周宁县，以平溪镇木场村禾溪岔界周宁县的禾溪，距县城35千米，距周宁县城35千米；以凤阳镇大石村界周宁县的三门桥村，距县城76.5千米，距周宁县城30千米。寿宁县城距宁德市160千米，距福建省人民政府驻地福州市284千米。

明代行政区如何划分

明初，"以一百十户为一里，推丁粮多者十户为长，余百户为十甲，甲凡十人。""在城曰坊，近城曰厢，乡都曰里。里编为册，册首总为一图。"

寿宁县原系政和县善政乡南里十都，北里十一、十二都，东里十三、十四、十五都与福安平溪里十一至十四都地。建县后重新进行划分，原属政和县部分为坊隅和政和里，原属福安县部分为福安里。里管辖的都数相应增加。

当时，全县设1坊、2里、12都、22图，每图10甲，县城的坊隅有管辖乡里的。坊隅的4个图，在城内的每个图只有5个甲，离城十里以内的21个甲，离城20里的5个甲，均分布于今鳌阳镇、清源镇和大安乡的南部，还有9个甲竟离县城30里以上。在乡的都也有管辖城内的。县城内就有17个甲分别划给福安里四都、六都，政和里七都、八都、十一都、十二都管辖。还有一个村分为2甲或2甲以上的，仅奖禄一村分为5甲，分属2个里、3个都。冯梦龙在《寿宁待志》中也说："不知当时何以有此分别也。"

崇祯十年（1637）寿宁的行政区划为坊隅（共40甲），福安里（共70甲），政和里（共110甲）。坊隅为四图，福安里为一至六都，政和里为七至十三都。一都在今犀溪镇；二都在今南阳镇；三都在今鳌阳镇东部与南阳镇西北部；四都在今竹管垅乡、斜滩镇、武曲镇一带；五都在今凤阳镇；六都在今凤阳镇、鳌阳镇和周宁县纯池镇；七都一图在今周宁县纯池镇；七都二图在今平溪镇；八都在今平溪镇、下党乡和芹洋乡南部；九都在今斜滩镇、平溪镇和芹洋乡接壤地区；十都在今芹洋乡、托溪乡；十一都在今坑底乡；十二都在今大安乡。

清代行政区如何划分

清初，行政区划沿用明制。康熙十年（1671），为便于计征赋税，取消明代的县域坊隅对乡里的管辖，而在乡里的都却可以管辖城内图甲，或一个村分数甲由数处分管。全县统一按田地置都图，但总都数不变。

雍正六年（1728），改都图为乡镇村庄。全县划分为7境、8乡、112村。城内分为7境：东街境，在东隅，俗称东门头境；聚奎境，在东南隅，俗称小东门境；蟾溪境，在西隅，俗称后叶境；子来桥境，在城中，俗称街头境；状元坊境，在大街中；攀桂坊境，在大街，俗称凉亭境；登科境，在大街，俗称街尾境。

乡下划分8乡，112村：东乡，自县东5里之弹子岭（即云稷岭）起至葛家渡73里止，共13村；西乡，自县西5里之后墩桥起至石门村90里止，共14村；南乡，自县南5里之五里亭起至官田洋100里止，共13村。北乡，自县北15里大安起至青草隘65里止，共11村；东南乡，自县东南10里清渡桥起至余坑80里止，共16村；西南乡，自县西南10里小托村起至洋尾衕135里止，共26村；东北乡，自县东北25千米竹下桥起至杨梅洲50里止，共3村；西北乡，自县西北10里李峰前起至渔头漈75里止，共16村。

乾隆初，保留城中的境，取消乡村，恢复坊里都图。由于群众对"村"这个名称已经习惯，故"村"改为"图"后，群众仍然称"村"而不称"图"。境则仍保留，且略有增加。城中增西门境，西隅增华丰境，南隅增南门外境。乡间较大的村落也按境划分，犀溪有锦山境、桂香境和进士坊，南阳有月山境，武曲有武曲境，斜滩有兴华境、龙凤镜、龙福境。

民国时期的行政区如何划分

民国改元，废旧制，立新制，县以下建制曾多次变更。民国元年（1912），分区设署，全县设鳌阳、斜滩、平溪3个区，区署称"××区自治会"。民国十七年（1928）9月，县佐制度取消，县以下分为四级：第一级为县，第二级为区，第三级为村里，四级为闾邻，并规定5户为邻，25户为闾，百户以下的乡村为村，百户以上市镇为里，20村里为区。全县设鳌阳、南阳、斜滩、平溪、兰田（今官田）、纯池6个区。民国十八年（1929）仍维持四级，但将村里改为乡镇。据民国档案，民国十九年9月，已有斜滩镇建制。

民国二十三年（1934），规定县以下为县、乡（镇）、闾邻三级。民国二十五年（1936）12月，全县设五个区，第一区在县城，第二区在南阳，第三区在斜滩，第四区在平溪，第五区在衙后。此后，几乎每年均有变更，至民国三十四年（1945）撤区设乡，乡以6至11保编成，镇以12保编成，保以10至20甲编成，甲以10至25户编成。全县共设11个乡（镇），107保，1339甲。这种县、乡（镇）二级制一直沿续至1949年。

民国时期，寿宁县疆域有两次变动。一次是1917年～1918年，王家地（袁家地）、猫竹下、大田等村，因无法缴交军阀苛捐，当地主事人为浙江泰顺当局捕押，遂划归浙江省泰顺县管辖。另一次是1939年10月14日，寿宁与浙江泰顺两县政府派员在双港溪左岸树立寿宁与泰顺两县界碑，将原属寿宁的葛藤岭、张家洋、卓家坑、东溪头等4村划给泰顺县管辖。

新中国成立后的行政区如何划分

1949年8月，全县成立平溪、鳌阳、斜滩三个区人民政府，仍沿用1945年的11个乡镇、107个保的建制。10月中旬，全县重新划分为5个区，改设区公所。1950年8月，从第三区划出纯池乡为第六区。9月，废除保甲制，全县分为81个乡（镇），建立新的乡级政权。1952年5月，从第二区划出凤阳乡为第七区，乡镇也增至84个。1955年9月28日，经省人民委员会批准，第六区划归周宁县管辖，第七区并入第二区，各区以驻地名称作区名，即鳌阳区、斜滩区、平溪区、托溪区、南阳区。1956 年 2 月，平溪区与托溪区合并为芹洋区。鳌阳区的鳌阳镇、斜滩区的斜滩镇归县直辖。全县分为 4 区 2 镇 52 乡。

1958 年 5 月，鳌阳区改为坑底区，管辖 7 个乡，原属鳌阳区的其余 12 个乡（镇）由县直辖。8 月，撤区并乡，全县划分为 24 个乡（镇），保留斜滩、芹洋两区作为派出机关。县直辖 10 个乡，斜滩区辖 5 个乡（镇），芹洋区辖 9 个乡。

1958 年 9 月 15 日，全县实现人民公社化，原来的 293 个农业生产合作社改建为政社合一、工农商学兵为一体的人民公社。不久又整合为 20 个公社。10 月 19 日，根据省委领导的指示，全县办成一个大公社，原 20 个公社改为分社。1959 年 3 月，全县改设 8 个公社，下辖 128 个大队。1961 年 5 月实行区社建制，原来的 8 个公社，除芹洋、托溪、凤阳由县直属外，其余 5 个公社又成立 5 个区，下辖 45 个小公社。7 月 1 日，福安县上白石公社南山下大队划归寿宁县管辖，属南阳区。1963 年 5 月，县直属的芹洋公社、托溪公社与平溪区合为芹洋区，凤阳公社改为凤阳区，全县共设 6 个区。6 月，坑底区并入鳌阳区，全县又为 5 个区，即鳌阳区、斜滩区、南阳区、芹洋区和凤阳区，下辖 48 个小公社。1964 年 6 月 1 日，福安县上白石区的筜竹坑村，划归寿宁县，属南阳区山坑大队。

1965 年 7 月，再次撤区并社，全县设 1 个镇、12 个公社，下属 127 个大队。至此，全县各乡（镇）的辖地基本定型。1970 年 2 月，鳌阳公社驻地迁大安。6 月西浦公社驻地迁犀溪，7 月浩溪公社驻地迁坑底。迁后不久，分别更名为大安公社、犀溪公社和坑底公社。1981 年 7 月，岱阳公社更名为清源公社。1983 年城关镇改名鳌阳镇。

1984 年 9 月，12 个公社和鳌阳镇，改为 11 个乡和鳌阳、斜滩 2 个镇，下辖 180 个行政村、2 个居委会。1988 年元月，分平溪乡的碑坑、上党、下党、杨溪头、西山 5 个行政村和芹洋乡的下屏峰村以及托溪乡的部分自然村，成立下党乡。至 1989 年底，全县设 2 镇 12 乡、183 个行政村、2 个居委会，共辖 993 个自然村。到 2016 年底，全县共有 7 镇、7 乡、205 个行政村（社区），共辖 867 个自然村，78923 户，264374 人。

立县时为什么选杨梅村为寿宁县治

鳌阳镇地处县境中部，海拔 752 米，古名杨梅村，因形似鳌鱼而得名。建县时，为就近控制官台山，维持治安，以及防止大宝坑银矿被盗采，遂选定杨梅村为寿宁县治。明代，城内便设有 22 个甲，占全县总甲数 204 甲的 10.8%。当时的县城不过千人，交通闭塞，生产、消费水平低下，正街铺行数家，容不下三担货，故称"三担街"。民国时期，镇上只有一家小型碾米厂，一所初中，一所小学，在校生最多时不上 500 人。解放后，鳌阳镇成为全县政治、经济、文化的中心。至 2016 年底，全县规模以上企业 93 家，工业产值完成 126.67 亿元，比增 5.3%，位列全市第八。全县共有学校 67 所，其中，幼儿园 23 所，小学 24 所，初中 14 所，九年一贯制学校 2 所，普高 2 所，职业学校 1 所。全县共有教师 2814 人，在校学生 29377 人。全县公共财政收入 5.61 亿元，同比增长 7.1%，位列全市第三，山区县第一。城镇居民人均收入 20238 元，同比增长 7.9%，位列全市第六，山区县第二。农民人均可支付收入 10745 元，同比增长 8.6%，位列全市第六，山区县第二。

鳌阳镇所辖的茗溪村，是北宋初期寿宁第一个进士、曾任礼部侍郎的陈洪轸的故乡。明清时期，镇内居七品以上的官员有 15 人。理学名儒柳元，曾任广东珉府教授，著有《剑溪讲余》《长溪讲余》二刻（已佚）及《山居赋》传世。民国时期，任过县、团长或相当于县、团级以上职务的有 7 人。鳌阳镇是无产阶级革命家范式人和闽东早期革命领导人叶秀蕃的故乡。

为什么斜滩古镇又称龙滩、龙江

斜滩位于寿宁县南部。镇人民政府驻地斜滩村，海拔 87 米。溪流稍阔，可通小船，下游回绕一大湾，方言称"斜"，湾内有大沙滩，故称斜滩。光绪时，"斜"被谐音为"蛇"，"蛇"又被雅称为"龙"，溪被夸大为"江"，所以又有龙滩、龙江之称。

在明代，镇内的奖禄村设有 5 甲，印潭村设有 4 甲，奖禄产红曲，印潭产金桔、枇杷、甘蔗、草鱼。斜滩当时只设 1 甲。在 1957 年寿宁至福安公路修通前，"溪溜"（又称"斜滩槽"，是一种载货木船）系镇域内唯一的水运工具，其载重量大约 600 千克，可运达福安的赛岐港转驳。当年，斜滩成为全县物资的集散地。民国十三年（1924），斜滩就有同业商会、会长的地位在县政府行文中仅次于教育局长，居 35 位民团团总之前。至民国十八年（1929），商户不下百家，从业人员达千人。作为政和、周宁和浙江省的庆元、景宁、泰顺等县的土特产和日用品转运埠，与福安、赛岐、宁德、福州和香港等地都有贸易往来。"复兴"商号自印的铺币，通行闽东、浙南。1940 年，福建省银行在斜滩设营业所，是寿宁的第一所金融机构。1950 年，福安贸易公司设立斜滩营业处，是寿宁第一个国营商业机构。

斜滩境内有牛头山电站、牛头山二级电站（斜滩电站）、刘柴电站、下东溪电站、蒲洋电站、景山电站、车岭电站、三关底电站，还有国营景山林场，建于 1973 年，营林面积 77563 亩，有活立木蓄积量 8.08 万立方米，是全国速生丰产林场之一。

斜滩古镇，人杰地灵，誉满八闽，尤以"卢、何、周、郭"世家更负盛名。其代表人物有诗人卢少洲、台湾中国国民党中常委何宜武、著名律师何隽、民国政府立法委员郭公木与民国骑兵代总监周孝培。

宁德市最高峰在寿宁坑底乡，你知道吗

坑底乡在寿宁县东北部，乡人民政府设在坑底村，海拔856米，与浙江省泰顺、景宁、庆元三县交界。相传最早迁居时，建宅于山谷小坑内侧，故取名坑底，曾称玉壶。境内的山羊尖，海拔1649米，为宁德市最高峰。

全乡森林面积17万亩，木材蓄积量占全县的19.6%，人均16.2立方米，居全县第一。其中苎坑、地源一片天然林50963亩，为全县仅存的原始森林。境内龙溪村有被称为"活化石"的珍稀植物银杏数株。1987年，所辖地源村被中共福建省委、福建省人民政府命名为全县第一个"省级文明村"。

官台山大宝坑银场在大安乡吗

是的。宋代就有官田银场。明代官台山大宝坑银场，是闽浙边境四大著名银场之一。在大安乡境内。当年这里设有内场官司、局下官司、楼洋官司和东铺官司等采办银课。村名沿用至今的还有官田场、巡检坑、太监府等村庄。境内尚有银坑废洞130多处。

大安乡在寿宁县北部。乡人民政府驻地大安村，海拔863米。相传周围多庵，且庵堂较大，故称大庵，谐音为大安。大安是闽东、寿宁早期革命领导人范浚的故乡，中共领导的全县第一个贫农小组、第一支农民地方武装——红带会，均在大安创建。大安乡有森林面积12.54万亩，木材蓄积量22.49万立方米，人均16.06立方米，为全县平均数的2.5倍。

"水何以浊，唯源本清"出在何处

清源原名青竹岭，聚居卓姓，因卓氏家谱中有"水何以浊，唯源本清"之句，故依义得名。清源乡在寿宁县中部。乡人民政府驻地姜厝，海拔901米。

清源，早在明代即设有16甲，占全县总甲数的8%。建县第五年，姜厝的姜英成为寿宁建县后的第一位举人，任过湖广当阳知县，循吏事迹载入府志、县志。姜英的儿子姜礼也是举人，任过广西梧州府通判。清雍正年间（1723～1735）的进士韦基烈，爽朗诙谐，文思敏捷，口碑遍传民间。乾隆年间（1736～1795）的

吴峨，参与编撰《福宁府志》，以"善写花鸟，兼工铁笔"著名。

为什么武曲又名虎墼

武曲镇在寿宁南部。镇人民政府驻地武曲村，海拔 63 米。因此处低谷，南山似虎，故名虎墼，雅称武曲。方言为福安腔，婚丧喜庆风俗也同福安。

在明代，全乡仅有梅洋村一个甲。梅洋村的林栋，清光绪（1875～1908）进士，任礼部郎中，福建省闽海道复选区国会议员。著有《梅湖吟稿》传世。清同治四年（1865），白岩村已能生产爆竹，由于发爆率高，畅销浙江省泰顺县和福安、周宁、柘荣等地。"白岩炮"用料配方得当，生产过程安全，120 多年来，传统工艺经久不衰。

武曲，地理气候条件优越，商品经济较为发达，是全县最富裕的乡镇。境内盛产蘑菇、茶叶。大韩村是红色少年张高谦的故乡，建有张高谦烈士陵园，供人们瞻仰。

竹管垅因何得名

竹管垅乡在寿宁县东南部。乡人民政府驻地梧岗亭，海拔 599 米。竹管垅村以古时多产毛竹而得名。

境内刘坪村《王氏家谱》记载，元至正十六年（1356），刘坪村人就能用黄竹制造粗纸。明清时期，周围遍植毛竹，"家家竹纸补农功"，至今仍保留这一副业。王氏后人王福清，硕士学位，现定居深圳，他乐善好施，是远近闻名的亿万富豪。横山村，明代生产纸被，清至民国均有养蚕缫丝，至今桑树尚存，但无人养蚕。

竹管垅森林覆盖率高达 85%，乡里盛产茶叶，是寿宁著名的茶乡。

为什么说"寿宁好南阳"

南阳镇在寿宁县东部。镇人民政府驻地南阳村，海拔 519 米。以背依南山，村前向阳开阔而得名。

在明代，该镇有 20 个甲，南阳主村有 4 个甲。民国二十八年（1939）设过南阳镇，是渔溪 36 村的物资集散地。洋边村，建县前是渔溪巡检司所在地。明成化十一年（1475）设过渔溪公馆。境内西北的南山顶，海拔 1254 米，是寿宁东部的最高峰，上有龙岩寺、摩崖石刻、石鲤朝天等名胜古迹，是县内著名的旅游和避暑胜地。

南阳镇盛产茶叶，且历史悠久，产量居全县第一。清末，秀洋和洋边两村的茶行，经营毛茶均达 300 多件（每件 30～35 千克）。民国时期福州与寿宁县城的殷商富户到南阳开茶行的有 8 家，经营数量达 3000 多件。

中共"七大"代表许威是南阳镇下洋村人，他 1949 年 11 月任寿宁县长，1955 年 3 月任福安专区行政公署副专员。

2014 年起南阳是福建省综合改革试点小城镇，南阳工业园区驻地在南阳。

寿宁建县后第一位进士是哪个乡镇人

叶有挺是寿宁建县后的第一位进士，犀溪乡人。清康熙时（1666～1722），叶有挺拒受耿精忠封职殉难，事迹收入《二十五史·清史稿·忠义传》。

犀溪镇在寿宁县东部，镇人民政府驻地犀溪村，海拔 345 米。以下游石漈留有犀牛蹄涔得名。犀溪村至浙江泰顺县城仅 18 千米，风俗习惯受浙江影响颇深。犀溪乡教育发展走在全县前面。抗日战争期间，叶森、叶升在此创办的育英公学，为寿宁一中的前身。

西浦村的缪氏始祖，在唐僖宗广明元年（880）时就定居寿宁，为寿宁文字记载中最早迁入的姓氏。该村的缪蟾于宋绍定二年（1229）获特奏名第一，后人为他在县城、犀溪立过状元坊。至明代，该村设 7 个甲，已较繁荣，且"产白曲、产酒为一县之冠"。村中十桥三坝，岸柳成荫，是远近闻名的旅游胜地。

郑家坑村，是 1935 年中共闽浙边临时省委成立纪念地。甲坑村是三年游击战争时期中共寿宁特委福寿办事处驻地。现两村均树有纪念碑。

平溪镇有几种方言

平溪镇在寿宁县西南部，以谷地宽广、溪流平缓而得名。境内有 6 种方言，以"闽陲"话为主。镇政府驻地平溪村，海拔 550 米。在明代，境内设有 26 甲，仅次于鳌阳镇。自建县至清雍正十二年（1734）近 280 年间，寿宁均属建宁府，平溪镇为通往府治的正道，境内有平溪、南溪公馆 2 所。"内外官司往来，舆马仆从咸萃"。平溪村有 7 个甲，是政和里中人烟稠密的村庄。民国 28 年（1939）曾设过平溪镇。

清乾隆年间（1736～1795），南溪村李廷森书法成就享誉寿宁。

境内湖潭、木场蕴藏的叶腊石，是雕刻印章和建筑装饰的重要原材料，年产 400 多吨，远销国内外市场。

为什么说下党是让习近平同志难忘的地方

下党乡在寿宁西部。乡人民政府驻地下党村，海拔 471 米，以地势低于上党得名。下党乡是新建乡，20 世纪 80 年代，这里是全县唯一未通公路的乡，是宁德地区"四个特困乡"之一。

1989 年 7 月 19 日，时任宁德地委书记的习近平带领地直 18 个单位的领导乘车到上屏峰村，下车后，习书记一行沿着崎岖的山间小路步行 2 个多小时来到下党乡现场办公，对下党乡的发展进行具体指导，大力帮扶，重点解决通乡公路和水电照明问题。

1989 年 7 月 26 日，习近平同志陪同王兆国省长到下党乡视察灾情、慰问灾民。因为 7 月 21 日这里发生了百年不遇的暴雨洪灾，下屏峰村 30 多座民房被毁，5 位村民罹难，62 户、332 人受灾。习书记一行冒雨赶到受灾现场，视察灾情，部署抗灾救灾和灾后重建工作。

1996 年 8 月 7 日，时任福建省委副书记的习近平第三次来到下党，在下党乡听取汇报，为乡里修桥、铺路、发展生产补助经费 100 万元人民币，并指示省交通厅将下党经杨溪头与浙江省庆元县对接的公路立项，1998 年这条省际公路建成通车。习近平书记三次到下党，为当地解决了许多发展难题，为当地发展打下了良好的基础。习近平同志这三次下党之行，跋山涉水，"异常艰苦，异常难忘"，下党成了习近平书记最为牵挂的地方。

托溪为什么又叫鹤溪

托溪乡在寿宁县西北部，乡人民政府驻地托溪村，海拔 452 米。因山形如飞鹤，遥临溪上，曾称鹤溪。《刘姓宗谱》载有"白鹤飞来托此溪"的诗句，故以托溪定名。

境内高峰双苗尖，海拔 1626 米，为寿宁境内第二高峰。明清时代，在与庆元县交界处置有峡头隘、杨婆墓隘、箬坑隘、双港隘，为当时军事设坊的重要地区。

宋政和间（1111～1117），坊三图（鳌阳镇小托）人进士黄槐曾隐居鹤溪，在黄仙岩学修炼术，后人祀为黄三相公，轶闻收入《福建通志·道士传》。

耿精忠据闽反清的物证今在何处

芹洋乡在寿宁县中部。乡人民政府驻地芹洋村，海拔 458 米。古代丛生野芹菜，因名芹菜洋，简称芹洋。明代设过 4 甲，为全县用水最为困难的村庄。境内的九岭，系寿宁县通往建宁府的古道。有"九岭爬九年"之说。明万历四十一至四十三年（1613～1615）知县蒋诰捐钱植松，并允许处笞刑的人，在九岭种松赎罪，为越岭行人，提供凉荫憩息之处。

耿精忠据闽反清时（1674～1676）曾屯兵于九峰山。1986 年，在九峰堂的古井中，发现柄上镌有"耿精忠"三字的短剑一把，为当时波及寿宁的"闽变"提供了物证。

凤阳为什么又叫"凤池"、"凤翔"

凤阳乡在寿宁县南部，乡人民政府驻地凤阳村，海拔 658 米。相传村中有一池，凤鸟沐浴其中，曾称"凤池"，又以山形如凤飞翔，易名"凤翔"，后取"双凤朝阳"义，改名凤阳。

境内大石村，元朝时便有詹姓迁居，比现在文字记载的凤阳村刘姓还早数十年。但因灾害频仍，流离失所，原有的詹姓宗祠，也因早年失火无存。据明代行政区划，大石曾设过 6 个甲，可见当年的兴盛。

为什么称西浦为千年名村

西浦村位于福建省寿宁县东北部闽浙边界的犀溪镇，全村 533 户 2000 多人，至今已有 1000 多年历史。这个"小桥、流水、人家"的村落，是南宋御赐状元缪蟾的故乡，历朝历代缪氏家族还涌现出 18 名进士，为全国少有，被誉为"状元故里，进士之乡"。国家非物质文化遗产"北路戏"在这里传承久远，状元坊、缪氏宗祠、福寿廊桥、状元廊、琴桥和太阴宫、大帝宫、聚仙亭以及元朝壁画、明朝冯梦龙遗迹、清朝石牌坊、合欢桌等一大批古民居、古建筑、古文物保存完美。古柳、古桥、古民居构成一幅独特的园林画卷。该村先后被评为"省级园林村"、"省级文明村"、"宁德市十大最美乡村"、"海西十佳魅力乡村"、"福建省首批四星级乡村旅游经营单位"福建省历史文化名村、中国最有魅力休闲乡村、全国文明村镇、中国传统村落名录和"全国生态文化村"等。

自然地理

第二卷

寿宁的地层状况如何

寿宁地处鹫峰山系洞宫山脉东麓，赛江上游，是闽东北的内陆山县。地质属寿宁—屏南—永定抚市华厦系隆起带。中生代火山岩广布，次为花岗岩，矿产贫乏。境内地层以上侏罗纪火山岩为主，分布广，面积大。次为前震旦系建瓯群变质岩。下白垩纪陆相碎屑岩、第四系冲质较薄，均为小面出露。从老到新有：一、前震旦系建瓯群变质岩，分布在马斜、坝头、铁场、仙峰一带。出露面积15平方千米，厚度大于200米。自上而下岩性为：①细晶花岗片麻岩；②眼球状片麻岩；③角闪片麻岩。二、上侏罗纪火山岩，为县区内主要出露地层，分布面积广、厚度大，岩性组合可分为长林组、南园组、坂头组3个类型。长林组，岩性主要为青灰、灰白、灰绿灰质岩。主要分布于清源、竹管垅、斜滩一带。厚度大于800米。南园组，可分为4个岩性段。第一段：浅灰、黄褐、灰绿色灰质岩，分布于县城鳌阳及官田场一带，厚度大于500米。第二段：浅灰绿色灰质岩，分布于托溪、芹洋、屏峰一带，厚度500～1000米。第二段：灰紫、浅灰绿色灰质岩，分布于坑底、大熟、坪坑一带，厚度为500～1000米。第四段：紫灰、肉纹色流纹岩，分布于铁场、坝头一带。坂头组，主要分布于平溪、湖潭一带。三、下白垩纪陆相碎屑岩，岩性为暗紫、灰紫色泥岩、粉砂岩、夹细砂岩，仅武溪一带有小面积出露。四、第四系冲枳层，该层系岩面发青，零星见于山区较大河流两侧。主要为近代冲积成因的砂、砾、粉砂等组成，分布于大安、山头湖一带，夹有泥煤。

寿宁侵入岩如何分布

县区侵入岩，主要为燕山早期第三次侵入的黑云母花岗岩。分布于县城以东南山顶至铁岗头一带。走向北东，长约 17 千米，宽约 6 千米，为县内最大岩体之一。其次为斜滩粗中岩体，面积约 12 平方千米，呈东西向展布。此外，武曲细兰山、凤阳高山、下党等地均有小面积出露。同时侵入的花岗斑岩、石英斑岩，出露于含溪、楜当洋、司前，面积约 4～5 平方千米。燕山晚期侵入岩有武曲钾长花岗斑岩、斜滩花岗闪长岩、路下花岗闪长岩，均呈小面积出露。

晚期脉岩发育，分布广泛，其基性为碱性的有辉绿岩；中性有闪长珍岩、安山珍岩；酸性有花岗斑岩、石英斑岩、流纹斑岩、石英正长斑岩、伟晶岩脉及石英脉等。

为什么说境内构造体系为多期活动

寿宁县境地处屏南——梅林断陷带北端。北东向的华厦系构造是县区最老的构造体系。其次是东西向的山字型构造、北西向构造。最近活动的是北北东向的新华厦系构造。它穿切、利用了其他所有体系。境内构造体系为多期活动。

一、北东向和北北东向构造，出现在鳌阳、下修竹一带。它的活动在晚侏罗世火山岩喷发前就已开始，至白垩世才停止活动。新华厦系压性面走向为北 15～25 度，由一系列强大的冲断裂、挤压裂糜棱岩带与片理、劈理带组成。自北西往南东分别有上窑、平溪、伏际、大安、楜坪、坝头、塘西等北北东向断裂带，是县境主要构造体系之一。是活动时间持续最长、活动最近的一个构造体系。

二、东西向构造仅前弧部分位于县境内。由系裂冲断裂、挤压带组成一个向南凸出的弧型断裂构造。司前弧为最醒目形断裂构造，受过强烈挤压；往南有泮洋、安章、傍洋 3 个弧形断裂带，弧形位于南阳一带。

三、南北向构造出现在县境南部，由挤压带、片理带组成。主要有武曲、南澳、北山、凤阳 4 条南北构造带。

四、北西向构造带走向在 40～50 度西，为压性兼具有北盘向北西方向移动的压扭性断裂。出现在仙峰、赖家洋、屏峰一带。

为什么说寿宁采矿历史比较悠久

寿宁矿产资源虽然贫乏，但采矿历史较长。相传宋乾道间大安境内就有官田银场，宋绍兴二十七年（1157），南阳乡铁场（原名八宝山）已有采矿冶铁。明永乐间（1403～1424），官台山大宝坑银场，为寿宁最大银场，也是闽浙边界四大银场之一，位于大宝尖山麓。现大安的太监府是银场的主要矿区，包括溪乾、老厝、山柘坑、外楼等村。传说当时曾派有太监在此监督采矿，故名太监府。在这一带有银坑洞130多处，至今遗迹犹存。此外，当时零星分布的银矿，尚有鳌阳村尾银坑、清源余山岗银坑、马鞍山银坑、罗家山银坑等处，都是当时遗留下来的古迹。

清代至民国，县北的上地洋村和县南的印潭村有冶炼铁砖的历史，年产量约50吨，仅够县内打造农具之需。

民国三十四年（1945）初，凤阳刘厝村鸡岭头曾开采过硫磺，产量甚微。解放后，经地质勘测，全县有金属和非金属矿藏14种，主要有铁、锰、银、钨等金属矿，以及白云石、叶腊石、花岗岩、明矾石、石墨、石英石、紫砂陶土等非金属矿，两者之间以非金属矿占优势。

寿宁有哪些金属矿

寿宁主要金属矿有四种：

一是铁矿，主要分布于南阳镇铁场村，矿区位于大寨顶钾长花岗岩体南缘的变质岩中，围岩为白云质大理石、片麻岩、片岩等。岩石破碎、蚀变强烈，主要为砂岩化，矿体呈条状、围块状、透镜状，厚仅10公分左右。矿石为磁铁矿等，含铁24%以上，储量约有2.1万吨。其次是斜滩的印潭，也是寿宁县铁矿的主要产区。矿区位于印潭花岗岩体东北约1.5千米，西侧0.6千米处，矿体呈脉状，有10多条，厚3～15厘米。矿石由磁铁矿和石英组成，目估品位25%左右，围岩蚀变以硅化为主。

二是锰矿，主要分布于清源乡山头湖一带，地理坐标在东经119°26′23″与北纬27°35″的交点附近出露晶屑凝灰岩。矿体呈层状，出露面积260～100米，埋存深度0.3～0.4米，共6层，单层厚0.3～1米，一般在0.3～0.4米，矿区主要由软锰矿、石英、黏土等组成，含锰品位15%左右，储量初测为600吨。此外，斜滩镇的元潭、南澳（包括下坪仔、樟树岭、棺材丘）、梧桐坪及马铃下南仔，武曲镇的大韩、象岩、后章、小溪等地也有分布。

三是银矿，主要分布于大安乡外楼，地理坐标在东经119°32′45″与北纬27°33′62″的交点附近。矿区出露J3a凝灰岩，位于北北东向断层之东侧1千米处。老洞分布带呈南北延展1.5千米，含黄铁矿石英细脉带，产在350°～20°和150°左右走向的2组断裂中，脉带延长1.68克/吨，矿化范围较广。

四是钨矿，矿点位于县城的南西西方向，直距25千米。矿区在下党乡管辖的杨溪头村七宝岗周围。矿区黑钨矿属石英脉型。产于上侏罗纪南园组第三段流纹质晶屑凝灰熔岩中，脉带呈东西向、北东向展布。脉矿中金属矿的组合较为简单，主要有黑钨矿，其次有镜铁矿、黄铁矿，脉石矿物有绢云母、石英、白云母等。

矿点重砂异常区域面积 10.9 平方千米。东至碑坑山，西至山林岗，南至上党，北至碑坑，估计钨藏量为 200 吨金属量。

五是锌矿。富锌土壤主要分布在坑底、大安、清源、凤阳、竹管垅、犀溪、南阳一带，面积 58.2 万亩，占全县土地面积的 33%。

六是稀土矿。分布在武曲、南阳、竹管垅。

寿宁有哪些非金属矿

寿宁有非金属矿十种：一是白云石矿，主要分布于南阳镇铁场、坝头和东吉洋村一带。主要由白云石组成，厚 125 米，储量 560.9 万吨，其中可供炼镁用的有 441.8 万吨。二是叶腊石矿，矿区位于平溪镇湖潭村，面积 2 平方千米。叶腊石产于小溪组的火山凝灰岩中，矿底呈层状，矿石呈灰白、暗粉红、淡黄色。矿石为致密块状，裂隙小，部分矿石为工艺雕刻材料。地质储量 90.3 万吨，可作工艺雕刻用材的达 5.5 万吨。此外，南阳岩庵的叶腊石储量也很丰富。三是花岗岩矿，矿区位于南阳镇下房村。矿体呈肉红色、灰白色、灰黑色，特点是白底红花，点缀灰黑色，浅灰绿色，结构均一、协调，色调大方新颖，光泽度好，是理想的建筑饰面材料，工艺名称定为"寿宁彩石"。矿区范围：东西长 600 米，南北宽 500 米，面积 0.3 平方千米，储量约 126 万立方米。此外，凤阳镇的廷加洋村的灰白色中粗石英闪长岩，斜滩镇的蒲洋（储量 70.5 万立方米）和磊石村的浅肉红色中粗含黑云母花岗岩，山田村的浅肉色中粗花岗岩，坑底乡石草际的紫红色火山岩及南阳镇马斜—坝头—铁场—犀溪镇仙峰一带，均有大面积花岗岩分布。四是明矾石矿，明矾石矿产于南阳镇含头、岩庵一带，现已探明表内储量 69.86 万吨，表外储量 74.85 万吨。五是石墨矿，位于南阳镇的马斜、东吉洋等地，矿体是透镜状，似层状，矿石为隐晶质鳞片状结构，固定炭达 8~13%，储量为 34 万吨。六是石英石（硅石）矿，产于平溪镇湖潭和坑底乡杨梅洲村。湖潭储量为 15 万吨，杨梅洲为 10 万吨。此外斜滩印潭也有零星分布。七是紫砂陶土矿主要分布于犀溪镇的武溪、际坑、大王前一带，出露面积 6 平方千米以上。矿体埋藏浅，呈层状，厚度 10~30 米，估计远景储量为 1000 万吨以上。此外，平溪、芹洋、托溪也有小面积零星分布。八是高岭土，主要分布于南阳镇的炭窑、花岭一带。早在明清时期，这一带就有烧制陶器的历史，一直延续至今。九是砖瓦黏土矿，系第四纪风化沉积层，遍布县境各地，以南阳、清源、武曲、平溪等地砖瓦粘土质量较佳。十是河沙、鹅卵石，系建筑用料，主要分布于武溪、犀溪、斜滩、武曲、托溪、鳌阳等沿溪一带，储量很丰富。十一是硒矿。富硒土壤主要分布在大安、清源、南阳、凤阳、坑底、犀溪、竹管垅境内，约占全县土地面积的 28%。

寿宁地貌属什么类型

寿宁地貌演变过程以流水浸蚀为主，属侵蚀型地貌类型。全县可划分为3种地形。

一是山地，境中海拔在800～1649米之间的是中山地区，相对高大于400米，坡度一般在30度以上，最高达70度的为中山，主要分布在北部、西部和西南部的坑底、大安、鳌阳和清源等乡（镇）的全部和托溪、平溪、凤阳镇的大部以及犀溪、南阳的一部分，面积约635.9平方千米，占全县总面积的44.64%。区内山峦起伏，山峰兀立，岩崩较多，海拔1649米的"山羊尖"，其主要岩体即由凝灰熔岩等火山岩系组成，县内溪流多源于此区。由于下切溯源侵蚀，多见深切河曲，形成V型狭谷，沟深流急，谷中有谷，阶地缺失，古老类平地面长期破坏，少见保留。低山多在海拔500～800米之间，相对高200～500米，坡度一般在30～50度之间。主要分布在中部芹洋、托溪和东部及东南部南阳、犀溪的一部分中山陡坡地外围，面积约为351.3平方千米，占全县总面积37.3%。山脊明显，多呈东北、西北走向，局部地区仍由分水岭组成。岩体构成以中生代火山岩及部分花岗岩为主，溪流呈V形深切割，具有崖壁的地貌特征。

二是丘陵，寿宁的盆地多在海拔200～500米之间，相对高在100～200米，坡度一般在25～30度之间，较集中地分布于斜滩溪流西侧和凤阳、清源、南阳、竹管垅一带，面积约257.2平方千米，占全县总面积的18.6%。最低海拔52米，岩体构成以花岗岩为主，山丘规模小，顶呈圆包状，山脚多为凸形城。沟谷发育，谷地较为开阔。

三是盆地，寿宁的丘陵由山地或高丘围绕而成。数量虽不多，但多系寿宁人文比较发达地区，分布在鳌阳、平溪、犀溪、南阳、斜滩、武曲、托溪、凤阳等乡（镇）所在地。以及坑底乡的当归洋、地洋、上东、小东；大安乡的前西溪、后西溪、大熟、泮洋；犀溪镇的西浦、武溪、际坑、仙峰；南阳镇的镇家洋、官洋、洋边；清源乡的际头仔、童洋、三望洋、旸尾、后洋；托溪乡的际头、溪坪；芹洋乡的尤溪等行政村，以及坑底乡最北端的懵懂洋等地。

寿宁主要山脉有几条，著名山峰有几座

全县主要山脉及其支脉共有9条：洞宫山由浙江省庆元县大塔尖蜿蜒入境，沿县界向北延伸，自双苗尖（1626米），经箬坑岙（1527米）、卜蛇林（1415.1米）、透风尖（1415米）、飞龙岩（1415米）、山羊尖（1649米），至安基坑顶（1376.3米），形成一条天然的屏障。著名的山峰有：（1）山羊尖，位于县境最北端，海拔

1649米，为寿宁县最高峰，也是宁德市境内群峰之冠；（2）双苗尖，位于县西北边境闽浙两省交界地，海拔1626米，为托溪乡最高峰，寿宁县第二高峰；（3）箬坑坳，海拔1527米，为寿宁县第三高峰，位于西北部边境，为联系闽浙、沟通寿（宁）庆（元）的必经山口，是古代军事要地；（4）岩山，又名仙岩，位于县西20千米托溪境内溪洲村，海拔1040米，四面如壁，气势雄伟无比。顶上有一石砌黄槐庙。为纪念北宋进士黄槐，每逢农历九月初九，四处乡民，成群结队，来此祭祀；（5）苦竹尖（1394米）—铁岗头（1345.6米）—北山（1210米）支脉，为地洋溪与小东溪的分水岭；（6）透风尖分支寨宝尖（1120米）—麻糍店岗顶（1225米）—鬼烟顶岗（774.6米）支脉，系后溪与犀溪分水岭；（7）透风尖，位于大安、坑底两乡交界，海拔1415米，与卜蛇林同为大安乡最高峰；（8）官台山，又名寨宝尖，位于大安、坑底、犀溪三个乡（镇）交界处，海拔1120米。山上有个黑风洞，洞外为方圆0.2平方千米的小盆地；（9）大蜀山，又名大熟山，最高峰卜蛇林，海拔1415米，位于大安乡西部与浙江庆元交界处。寿宁县第二大河蟾溪发源于此；（10）棋盘山，位于大熟后门山，海拔1212米，相传有仙人对弈于此；（11）鸿鹄顶，古名天池山，位于犀溪镇，海拔970米，山顶有清泉，名天池。此池常年不干，有野生水稻，年年不绝；（12）南山顶，海拔1254.4米，为南阳最高峰。南山顶有许多摩崖石刻，尤以石门边的"日出朝未启，月明夜不关"最为著名。山上的龙岩寺，明弘治年间（1488～1505）兴建，清咸丰六年（1856）重建。池畔镌刻有光绪十五年（1889）县令何厚卿（何如谨）所题的"石鲤朝天依日月，池鱼出水际风云"的诗句。南山顶风光绮丽，盛夏清凉，堪称避暑胜地；（13）吴道仙顶，海拔1139米，位于南阳镇与福安市交界处。山顶有吴道仙庙，东麓有院洋隘；（14）西山，海拔1306米，为鳌阳最高峰；（15）三峰，海拔998米，因三峰并立而得名。山色秀丽，风景宜人。后梁开平三年（909）至后唐清泰二年（935）间，在此创建三峰禅寺。宋淳化元年（990），经邑人少宗伯陈洪轸扩建，为寿宁最大禅寺，誉称"八景之冠"。三峰景区集山光、寺庙、古迹于一处，成为寿宁有名的旅游胜地，历代名人寄怀咏景者甚多；（16）星球岩，即狮子球岩，以形似星球而得名，位于城里许蟾溪北岸，高10多米，周长70多米，上有石刻文字。系明嘉靖十六年（1537）吏部尚书湛若水书。明时，岩上构一小亭，匾书"一览亭"。小巧玲珑，别具情趣。亭内有对联一副："占山占水些些地，宜月宜风小小亭"，系明末文学家曹学佺（闽人）所题；（17）北山顶，古名真武山，在县城北面，海拔864米，与城南飞凤山对峙，誉称"双凤朝阳"；（18）半月山，在城西，海拔800米，形如半月；（19）笔架山，在城东，诸峰并列，形如笔架，故名。海拔800多米，山上建有县气象站。《福宁府志》载："明嘉靖四年四月二十三日，南海浮来五山与此山对峙，峰峦突兀，有草木人马，盖海市也。自午逾申乃没。"（20）蟹山，位于城东，以形似螃蟹而得名，为寿宁县革命烈士陵园所在地；（21）西山顶，又名岱山，又称显仙山。海拔1183米，为清源乡最高峰。它以峰奇、石怪、洞幽、流急等自然景观闻名，誉为"寿宁第一峰"。西山景区，怪石嶙峋，千姿百态，有"狮子望月"、"美人照镜"、"仙人卧迹"、"仙人对弈"；有"石天梯"、"斗鸡峰"、"风动石"、"白门洞"；还有许多石人、石兽、石钟、石鼓、石笋、石塔林等等，形态逼真，惟妙惟肖；（22）显仙庵，建于淳化年间（990～994），庵前有一石，称"显仙岩"，状若仙人卧迹；（23）车岭，明中叶（1450～1460）建有岭路一条，山以形称，岭以山名，故名车岭。自斜滩蜿蜒而上，相对高差658米，全长5千米，4450级，酷似一条天梯直上霄汉，故有"车岭车到天"之说。明万历二十一年（1593），知县戴镗为防卫倭患，在此设立"车岭关"，建石砌关门，称"隘门"。清雍正十二年（1734），寿宁划归福宁府管辖后，为通往省、府的正道。岭头亭边有嘉庆十七年（1812）郭宜魁题的"岭峻云深"摩崖石刻；（24）马鞍山，位于斜滩、竹管垅、武曲3乡交界处，海拔993米。明代有银坑铅冶，古迹犹存；（25）甲峰顶，位于福安寿宁交界处，海拔1100米，为武曲最高峰。山上终年云雾缭绕，山巅有仙宫一座，宫旁不远有山泉，大旱不枯，宫前有一水池，池旁伫立一石鹅，形象逼真；（26）九峰坛，海拔1107米，为芹洋最高峰。因九座山峰并列而得名。九峰山顶下，万绿丛中，有座九峰堂，始建于明洪武年间（1368～1398）。规模宏敞，环境清幽，为寿宁五大禅林之一。旁有一井泉水，常年不枯，可供千人饮用。传说，清初靖南王耿精忠队伍与太平军均曾屯兵于此；（27）仙岗顶，位于县西南与周宁县接壤的边界上，海拔1321米，为平溪最高峰；（28）鸡母岭头，位于县南凤阳镇西部，海拔1161.7米，为凤阳最高峰；（29）锣鼓山，又名金鼓山，位于凤阳与福安县交界处，海拔1121米。相传山中有巨石，击之能发出金鼓声。锣在凤阳，鼓在基德；（30）结仙顶，古名八仙山，位于基德村，海拔1146米。山巅有巨石，方圆数丈，上有棋盘仙迹。半山腰有一石洞，俗称仙洞。洞口夏日凉风习习，冬天则热气腾腾，不结冰，不积雪；（31）罗家山，又名老鸦山，海拔1278米，位于凤阳、平溪两镇与周宁交界处。山峰高耸，直插云霄，山上有银坑遗迹。

为什么说寿宁夏无酷暑、冬无严寒

寿宁地势较高，但居东南凉湿之地，温暖少寒，降水较多，具有山地气候的特点。气候乍寒乍暖，变化无常。春夏多雨，秋冬稍稀，虽当炎夏之时，亦有一雨成秋之感。总之，寿宁的气候特征是：四季分明，夏无酷暑，冬无严寒，雨量充沛，气候宜人。明嘉靖二十年（1541）《福宁府志》载："寿宁夏无暑气，寒不裂肤，入春即和。四时交际，寒暄不时，坐卧衣服一时失宜，即感冒为伤寒。"这是寿宁最早的有关气候的文字记载。

寿宁气候有哪些特征

寿宁气候有三大特征：一是气候温暖、四季分明。寿宁位于低纬度，入春开始至盛夏 7 月，温高湿重，最热的 7 月份，鳌阳为 24.4℃，9 月下旬开始天气转冷。最冷的 1 月份，鳌阳地区为零下 4.7℃。全县累年平均气温均在 0℃ 以上。形成夏无酷暑，冬无严寒的气候特征。县境内春季持续天数 90 天左右；秋季持续天数 70 天左右；夏天持续天数 72 至 144 天；冬季持续天数 49 至 162 天，全县各地春、夏、秋、冬区别明显。二是明显的海洋性季风气候。寿宁临近东海，相距仅83 千米，深受海洋季风影响，气候具有明显的海洋性特征。全年风向以东南风为多；气候偏于温暖、湿润、多雨。鳌阳地区全年风向多为东南偏东风。北风频率，冬半年比夏半年多 87%；南风频率，夏半年比冬半年多 30%。三是气象要素垂直差异明显，具有较典型的山地气候特征。"一山有四季，十里不同天"。同是炎夏，斜滩月平均温度达 28.8℃，而鳌阳，除中午外，早晚都很凉爽。南山顶高达 1254米，午睡也要盖棉被，早晚尚感有寒意，气温和降水均随海拔高度的升高而变化。其他如风力、日照、云雾、霜和霜冻也随着海拔高度的不同呈"立体"的变化，形成典型的山地气候。

寿宁气候要素如何

寿宁气象有七大要素：一是气温，年平均在 13～19℃ 之间。斜滩、武曲两镇的河谷，年平均气温 19℃，是县内平均温度最高的地区。极端最高气温，鳌阳为 35.8℃，出现在 1967 年 7 月 18 日。极端最低气温，鳌阳为零下 9.8℃，出现在1983 年 12 月 31 日。南山顶为零下 12.3℃。县境适宜农作物生长期约 220～290 天之间。二是降水，寿宁雨量充沛，全县累年平均降水在 1500～2300 毫米之间，多年平均降水量达 2100 毫米以上。最大值出现在 5～6 月份，月平均降水 250 毫米以上，最小值出现在 11～12 月，月平均 60 毫米以下。鳌阳地区降水天数为 208天；1957 年 4 月 18 日至 6 月 2 日，鳌阳地区连续降水日数达 46 天。小雨（0.1～9.9毫米），鳌阳平均 147.5 天；中雨（10.0～24.9 毫米），鳌阳为 37.6 天；大雨（25.0～49.9 毫米），年均 13～16 次之间；暴雨（50.0～99.9 毫米），主要在 5～9 月，每年 4～5 次。大暴雨（≥ 100 毫米），年均 0.6～0.8 次。鳌阳地区多为 12 月至次年 3 月下雪，累计平均降雪日为 8.4 天，1976～1977 年度雪日最多为 20 天。连续降雪 10 天，出现在 1968 年 2 月 1 日～10 日。近代最大的雪深度达 28 厘米，出现在 1967 年 2 月 2 日。境内雪线一般在海拔 400 米左右的地区。三是气压、风。寿宁累年平均年压为 922.5 毫巴。气压随海拔而变化，海拔越高，气压越低。鳌阳笔架山的海拔 826.2 米，年平均气压值为 923.4 毫巴；而南山顶顶峰海拔 1254.4 米，年平均气压值则为 876.8 毫巴。县境内风力分布的特点是：高山区大于河谷区，夏季大于冬季，白天大于夜间。大于 7 级的大风日数，鳌阳地区平均为 21.9 天；而南山顶却达 136.3 天，是鳌阳的 6 倍多。大风出现在 7～8 月概率最高。10 级以上大风，出现的机率不多，若有为过境强台，以夏季为主。四是湿度、蒸发，鳌阳地区累年年平均相对湿度为 82%。逐年月平均值在 77% 以上，比宁德市沿海各县都大。蒸发量累年年平均值为 1235 毫米。1966 年蒸发量最大，达 1300.2 毫米。1965 年最小，为 1164.7 毫米。五是云、能见度，即云蔽天空视野的成数，累年年平均为 7.4 成，一年中 5～6 月为最多，都在 8 成以上，一年之中晴转多云为 248 天。六是能见度，县境内能见度较好，万米以上出现频率占 87%，千米至万米以内的占 9%，小于千米的只占 4%。六是日照，鳌阳地区累年年平均日照时数为 1750.1 小时，最高的 1963 年日照时数达 2200 小时；最少的 1975 年日照时数仅 1492.1 小时。累年平均月日照时数以 7 月份为最多，达 223 小时，2 月份为最少，仅 106.1 小时。七是雾、露。雾，县境内累年年平均雾日达 84 天，最多的 1959 年达 101 天，最少的 1967 年，仅出现 27 天。露，县境内累年平均有露日 183 天，7～8 月最多，每月都在 20 天以上；一月最少，多年平均仅 7.8 天。

寿宁水文特点如何

寿宁境内峰峦起伏，沟壑纵横，主要山脉与河流均为西北——东南走向。溪流蜿蜒，流程短，落差大，流水急。虽无航运之利，但水利资源却很丰富。县境内主要溪流 6 条，大小支流 1700 多条，总归 3 条水系：①后溪水系，汇合主要支流小东溪，犀溪，泮洋溪，流入福安境内称东溪；②蟾溪水系，汇合主要支流南阳溪，流入福安境内，至潭头注入东溪；③斜滩溪水系，汇合主要支流平溪，流入福安境内称西溪。东西溪汇合于湖塘坂，以下称富春溪。

县内地表水资源丰富，产水量在丰水年为 24.97 亿立方米，平水年为 17.81 亿立方米，枯水年为 12.24 亿立方米。县内河流因受地形和气候的影响，主要特征为：1. 具有山地性特征，河流短小，主流少，支流多；2. 地处湿润季风气候区，水量丰富，季节变化大。春夏水量多，汛期长，秋冬水量少。3. 全县植被覆盖率高，河水清澈，含沙量少。4. 地势陡峻，高低悬殊，落差大，水流短急，水力资源丰富。5. 河床穿行其间，具有串珠状河谷，为建设水库提供良好的坝址和库容。

寿宁有哪些主要河流

寿宁主要河流6条，自北至南为后溪、犀溪、蟾溪、斜滩溪、平溪、凤阳溪，统属交流水系。汇合于福安湖潭坂，经富春溪、象江、白马港出白马门注入东海。

一、后溪。发源于山羊尖南麓的枫树洋，自西北流向东南。由源头流经龙溪、地洋至长岭段称为地洋溪。汇入支流小东溪后，流量倍增，折向东南经司前的杨梅州至武溪段，称为铁梗溪，流出武溪后始称后溪。沿寿宁与浙江省泰顺县边境南下，经际坑、大王前至渡家洋与犀溪交汇后，经甲坑边境流入福安县注入东溪，汇于交溪，境内全长48千米，流域面积335.2平方千米，年径流总量2.97亿立方米。

二、犀溪。发源于境内透风尖南麓后西溪东北角，自西北流向东南，经后西溪、伏际、溪潭、炭山、楦洋至西浦汇入支流泮洋溪，再经渡家洋注入后溪。全长33.5千米，流域面积182平方千米，年径流总量2.44亿立方米。

三、蟾溪。为县境内重要水系，发源于西部边境卜蛇林下大熟山。自西北流向东南，经大熟、六六溪、鳌阳、安章、角林、龟岭、傍洋、石鼓、后洋、官路至竹管垅汇入支流南阳溪，然后经坑底林、刘坪，至东南边境横山流入福安县境汇于交溪。蟾溪全长45.5千米，流域面积226.7平方千米，年径流总量达2.98亿立方米，水力资源居寿宁溪流之冠。

四、斜滩溪。原名长溪，原有2支，其一发源于浙江省庆元县苏湖乡西北双溪东麓，穿过塘源尖与鸡公山之间流入县境西部。自西北向东南流经溪坪、托溪，称为托溪。再经坪坑、九岭、丰谷至新坑尾称为九岭溪。另一支发源于庆元县双溪山东麓，经浙江省庆元县的菊水、西溪，在县境西部边境流入杨溪头，经下党、牛坪、下屏峰、溪源、长濑溪至下修竹，称为修竹溪。至新坑尾汇合后，始称长溪。经大溪头、楼下至斜滩。出斜滩到交溪亭与主要支流平溪交汇，以下称斜滩溪。经元潭、大韩、塘西、武曲、南岸，流经福安社口至湖塘坂注入富春溪。斜滩溪在寿宁县境内全长56.5千米，流域面积达730.9平方千米，年径流总量7.75亿立方米，是寿宁最大河流。

五、平溪，系斜滩溪最大支流。发源于政和县西表岭紫翠岩下，在县境西部流入南溪。向东流经溪底、东木洋、平溪、环溪、岭兜、长溪、印潭、下老、猪母岩、渡船头，至斜滩的交溪亭注入斜滩溪，全长50千米，流域面积320平方千米。

六、凤阳溪。发源于寿宁县东北边境老鸦山东麓。由凤阳镇刘厝入境，向西向东流经刘厝、基德、廷加洋、东岭后至小溪出境，流入福安称小溪。境内全长18.3千米，流域面积59.3平方千米，年径流总量0.64亿立方米。

寿宁山泉甚多，如何分布

寿宁山泉分布广泛，田头、亭边、路旁、岭巅，比比皆是，俗称"冷水"，可供行人和劳动者解渴。茗溪清泉，康熙二十五年（1686）版《寿宁县志》载的"茗溪清泉"为寿宁八景之一。位于蟾溪支流茗溪之溪底，泉水自溪底涌出，清澈异常，沙石四散，呈环状圆形，围绕于清泉四旁。遇河水浑浊之时，此处仍清可见底，为县区一大奇观。

离溪较远的城镇、村庄为解决饮水困难常就地打井汲水饮用，虽天旱亦不涸。最典型的是芹洋村，345 户 1865 人，全部饮用泉水。此外，还有修竹村也是如此。

在高山之巅，还有涌泉成湖。大安后西溪村就有这样一个"仰天湖"，常年供农家放牧用。坑底林山村后的高山之巅，也有一个"仰天湖"，形圆如镜，面积约 5 亩左右。湖中有鱼，湖边长满青草。平溪镇木场村，海拔 1200 米的山巅，有个"天堂湖"，总面积 6 亩左右，积水面积 3 亩。湖中生长一种奇异的午时花，叶呈椭圆形，似荷叶，绿色，浮在水面，茎根均在水中，茎外渗液滑而不粘。花很小，9 瓣，白色，形似荷花。每日早、午、晚三次开放，开放片时即合，合而复开，如是三次，午时为盛。目前，全县发现的矿泉水有一百多处，最有开发价值的是大韩村横底矿泉水。据初步测流，此处开采井的日自流水量达 1278 吨以上，单点出水量全省之最。

寿宁土壤可分成几类

寿宁土壤资源丰富，根据 1981 年《寿宁农业区划》，全县土壤总面积达 185.57 万亩。境内土壤可分为地带性土壤和非地带性土壤 2 种，肥力中下。县境自然土壤和农业土壤共分红壤、黄壤、紫色土和水稻土 4 个类，续分 14 个亚类。

地带性土壤如何分布

县境地带性土壤有黄壤和红壤 2 个土类：

黄壤主要分布在县境北部与西北部 800 米以上的中山山地。大部分在坑底乡、大安乡、清源乡和托溪乡北部境内，平溪镇的燕窠、下党乡的西山、下党等地有少量分布，总面积 53.62 万亩。

红壤是县境内分布最广的土类，广布于 800 米以下的低山及丘陵地，在东部、南部、西部均有分布区，面积 117.81 万亩，占全县土壤总面积的 63.46%。

非地带性土壤如何分布

非地带性土壤有紫色土和水稻土。

紫色土局部分布于东部和中部的中、低山地上，总面积仅 1.54 万亩，占全县土壤总面积的 0.83%，其中较大一片分布于犀溪乡的武溪、际坑、大王前，与浙江省泰顺县的紫色土地带连成一片；另一片范围较小，在鳌阳镇及平溪、芹洋、托溪等乡均有小面积的零星分布。紫色土是制造紫砂陶器的好材料。紫色土不具有脱硅富铅化作用，土壤矿物质养分的储备较红壤、黄壤丰富，肥分较大，含有丰富的氮、磷、钾养分。

水稻土，是县内主要耕作土壤，总面积 12.6 万亩，占全县土壤总面积的 6.75%，耕地面积的 79.1%。水稻土广布全县有水源的地方以及沿溪两岸低缓的山垄、山坡等山间小盆地上，成为山垄田、梯田或小洋田。分为地表水型的淹育水稻土、地下水型的渗育水稻土，良水型的潴育水稻土和还原性水分侧渗作用的侧渗型水稻土。

寿宁的植被现状如何

寿宁属中亚热带温暖湿润的气候，有利于植被的生长。由于人为的强度采伐利用和开山种植等农事活动的影响，在村庄的周围和交通便利的近山、低山，原生植物几乎难寻。人工种植的马尾松、杉、油茶、茶等单一群落代替了原生群落。比较像样的原生植物仅分布在坑底乡的芎坑、地源等村和平溪乡的碑坑村及国营景山林场。从次生植物和风水林以及偏远地区植被比较完整的地段来看，植被有明显的垂直分布规律。

寿宁按其所在的植被带，应是常绿槠类阔叶林为基本类型。但目前的植被现状，除少数地区残留原生植被区系类型外，其他绝大部分地区都是人工针叶林和灌木丛、草坡，甚至由于过度采伐，水土流失成为裸地。改革开放以来，电饭煲、煤气灶进入家庭，老虎灶退役，封山育林、发展林业成效显著，2016 年森林覆盖率达 71.46%，山上林木花草多了，植被厚了，涵养水源、防风固沙，水土流失也少了，生态环境明显改善。

植被有多少类型

寿宁现有植被，分为 12 个类型，24 个群落。归属为针叶林、阔叶林、混交林、灌丛、草甸、竹林 6 类。在县内的分布面积是：针叶林 87.09 万亩，阔叶林

16.08 万亩，混交林 4.13 万亩，灌木丛 5.96 万亩，竹林 4.02 万亩，草甸 50.43 万亩。

一、针叶林。一是马尾松，面积约 60 万亩，大部分在海拔 500～1000 米之间土壤比较贫瘠的山坡中、上部；二是杉木林，基本上是人工林，分布在海拔 800～1100 米的中山沟谷地带；三是黑松林，主要是机播林，主要在南阳镇的吴道仙顶、五谷顶，托溪乡的马头山，大安乡的长岗头、金山羊脑尖、寨宝尖，鳌阳镇的西山顶，清源乡的大岗头、西山，平溪镇的仙岗顶、东山头等处。

二、阔叶林。一是常绿阔叶林，如甜槠林、樟木林；二是落叶阔叶林，诸如檫树、胡枝子、常杉；三是陡坡矮林，诸如乌刚栎、甜槠、乌药、芒萁等；四是人工经济林，如油茶、山苍籽林、茶树等。五是四旁绿化树与果树等。

三、混交林。内含次生常绿阔叶混交林，次生针阔混交林，人工针叶混交林。

四、灌丛。如杜鹃灌丛，杜鹃＋乌药——拔契＋芒萁灌丛，杜鹃、白栎灌丛，刚竹、杜鹃灌丛，小刚竹灌丛，甜槠、青岗栎灌丛等。

五、草甸。草甸主要分布于北部、西部。海拔 800 米以上的托溪、坑底、大安的中山山坡的黄壤地带，以及西南部平溪、凤阳等地的低中山峰和坡地。托溪乡大黍片为最大的天然草场。

六、竹林。县境绝大部分乡村均有竹林。主要分布于北部海拔 500～1000 米地带，林内遍布落叶层。

植被分布规律如何

境内植被与土壤、地形、气候有相应的垂直分布规律：

在海拔 600 米以下，气温较高，地势较平坦开阔，土壤多为红壤的地带，植被种类有丝栗栲、米槠、拉氏栲、黄杞、板栗、樟树、楠木、枫香、油桐、油茶、黄端木、映山红等。

在海拔 600～1100 米，气候温和，雨量充沛，土壤为黄红壤和黄壤的地带，植被种类有甜槠、青岗栎、水青岗、乌岗栎、白栎、罗浮栲、茅栗、木荷、柳杉、杉木、马尾松、黄山松等。

在海拔 1100 米以上，气温较低，土壤为黄壤的地带，植被种类有黄山松、杜鹃、中华野海棠、园锥八仙花、芒草等。

从水平方向看，植被主要为芒萁骨、管茅和小杂灌，而树种的分布规律是：杉木、马尾松、檫树、柳杉、黄山松等针叶树和壳斗科的槠、栲、栎及樟科为主的阔叶树，多分布在境内西北部的中低山地带；以经济林为主的油茶、油桐、山苍籽、茶树、果树等则多分布于东南部的低山丘陵地带。总的植被是西北部较好，东南部较差。

寿宁境内有哪些野生动物

境内常见的野生动物，可分为脊椎动物和无脊椎动物两大类。脊椎动物 108 种，无脊椎动物 48 种，共计 156 种。珍稀动物有大鲵（娃娃鱼）、虎等。

脊椎动物分五类：（一）哺乳动物：如虎、豹、豺、猴、麂、獐主要分布于北部山地。水獭、鸭子豹多产于斜滩、武曲一带。其他如野猪、豪猪（刺猬）、狐、玉面狸、九节狸、山犬、山羊、穿山甲、柿猫、野猫、野兔、老鼠、田鼠、松鼠、竹鼬、黄鼬、竹猫、土猫狸等，全县各地均有。（二）鸟类：有雁、白鹭、燕子、野鸭、雉鸡、竹鸡、锦鸡、鹌鹑、鹧鸪、坑鸪、斑鸠、伯劳、猫头鹰、老鹰、乌鸦、夜鹰、鸮、鹳、白头翁、布谷鸟、啄木鸟、啄鱼鸟、喜鹊、麻雀、黄莺、柳叶莺、画眉、杜鹃、长尾哥、调羹唧、鹬、白鹇、猴头鹰等。（三）鱼类：有鲤鱼、卫鱼、石斑、石鳞、鳜鱼、水鳊、鲶鱼、鲟鱼、蓖梳鱼、黄甲、青条、乌竹滑、鳗鱼、黄鳝、泥鳅、田草、竹箭、柴头鱼等 18 种传统鱼类。1960 年以后，引进了青鱼、草鱼、鳙鱼、鲢鱼、鳊鱼、鲫鱼、罗鲱鱼等几个鱼种放入溪河、水库、鱼塘养殖。（四）两栖类：如大鲵（俗称娃娃鱼）、青蛙、雨蛙、林蛙、蟾蜍（俗称癞蛤蟆）、水鸡等。（五）爬行类：有大头龟、秧龟、八卦龟、乌龟、鳖、银环蛇、赤花蛇、眼镜蛇、五步蛇、竹叶青、蕲蛇、乌烟蛇、竹节蛇、水蛇、壁虎、山鲤鱼、蜥蜴等。

无脊椎动物分三类：一是环节动物，有蚯蚓、水蛭（俗称蚂蟥）。二是软体动物，有田蚌、蜗牛、田螺、溪螺、蚬蛤。三是节肢动物，有昆虫类的蜜蜂、田蜂、山蜂、大土蜂、长尾蜂、赤眼蜂、黑卵蜂、蚕、蝉、蝼蛄、蛇、蝇、牛虻、蝗虫（俗称蚱蜢）、蟋蟀、灶马（俗称灶鸡）、螳螂、蟑螂、黄蚁、黑蚁、白蚁、萤火虫、蝴蝶、蜻蜓、天牛、虱子、番薯猪、螟、蛾、瓢虫、甲虫。有壳类的虾、蟹。有蛛形类的蜘蛛、吊丝虫、山蜘蛛、狼蛛、蝎。有多足的蜈蚣、蚰蜒。

寿宁境内有哪些植物

县内知名野生植物有 288 种，其中乔木 88 种，灌木 58 种，草藤 41 种，竹 21 种，花卉 80 种。珍稀植物有银杏、三尖杉、铁树、楠木、罗汉松、香榧、桂树等。

一、乔木。有杉木、柳杉（榀木）、马尾松、黑松、木荷、米槠、罗浮栲、丝栎楠、拉氏栲、青岗栎、石栎、杨梅、樟树、楠木、油桐、油茶、板栗、虎皮楠、楠岭栲、细柄阿丁香、乌刚栎、香椿、臭椿、乌柏、苦楝、厚朴、大力楠、天竺桂、黄楠、创花楠、檫树、老叶楠、重阳木、酸枣、梧桐、桦树、胡桃、花桐木、罗汉松、垂柳、银杏、红豆杉、竹柏、枫香、枫杨、扁柏、侧柏、圆柏、石榴、枇杷、柑、桔、梨、桃、李、柿、柚、黄檀、紫薇、三尖杉等；引植树种有：木麻黄、大叶桉、细叶桉、柠檬枝、喜树、川楝、白玉兰、樟树、鹅掌秋、湿地松、火炬松、金钱松、雪松、福建柏、水松、意杨树、千头柏、苹果、山东梨等。

二、灌木。有香槟、棕榈、油茶、茶、山楂、女贞、铃木、杜鹃、野漆、白楝、刚竹、乌饭、紫珠、赤杨、胡枝子、南蛇藤、台湾榕、变叶榕、毛冬青、多穗石栎、乌药、山苍籽、中华野海棠、牧荆、风香、黄仔柴、小叶黄杞、馒头果、合欢、光叶石楠、金桔、无患子、木芙蓉、木槿、山茶、蒲葵等。

三、草藤。陆生的有芒萁、铁芒萁、五节芒、藤黄檀、拔契、野牡丹、金樱子、地稔、黄毛儿草、五叶金花、乌韭、复盆、真蕨、常棠、百两金、油沙草、牛头草、葛藤、挺秀草、蓬蒿、观音草、龙芽草、狗尾草、马鞭草、鸡肠草、山胡椒、断肠草、奶草、金线藤、千人拔、紫苏、烟、黄麻、芝麻等。

四、竹。毛竹遍布全县，数量最多。方竹、人面竹、鬼柠竹、四季竹、绿竹、化竹、金竹、苦竹、紫竹、红壳竹、水竹、雷竹、斑竹、黄竹、观音竹、江西竹、钩丝竹、百叶竹等。

五、花卉。木本类花卉主要有：山茶（红、白两种）、杜鹃（分红白两种）、瑞香、水枝、腊梅、碧桃、扶桑、紫薇、茉莉、海棠、牡丹、芍药、黄杨、丹桂、三角梅、四季桔、金桔、白玉兰、日日有、石榴、紫荆、盆桃。

草本主要有：剪春罗、一丈红、一串红、观音节、美人蕉、鹤顶红、建兰、萱兰、玉枕兰、君子兰、小叶兰、龙舌兰、蝴蝶兰、吊兰、蟹爪兰、百合、玉簪、菊花、葵花、鸡冠花、萱草、荷花、芙蓉、子午花、牵牛花、喇叭花、大丽菊、夜来香、紫罗兰、金樱花、宝石花、鸟不落、仙人球、仙人掌、吊金钟、含羞草、文竹、水竹、扁竹、南方竹、月季、玫瑰、蔷薇、蝴蝶花、紫茉莉（俗称煮饭花）、绣球、凤仙、水仙、令箭荷花、昙花、秋海棠、蜀葵、美米松、大叶万年青、广东万年青、金边万年青等。

寿宁有哪些气象灾害

寿宁因地理位置和海拔高度的影响，常见的气象灾害有7种：

一是"三寒"。春寒，春分前后或清明前后出现日平均气温为10℃以下的"春寒"，造成双季早稻烂秧、坐苗等寒害。"六月寒"，亦称梅雨寒，5~6月间，高山地区会出现连续3天以上低于20℃的低温天气。使水稻花粉败育、抽不出穗或抽穗不勾头等，影响早稻产量。"秋寒"，在9月间，气温低于20℃，且持续3天以上，造成晚稻谷粒空瘪，影响产量。

二是旱灾。寿宁雨量充沛，但年际和季节分布不均，故春旱、夏旱、秋冬旱在县境内都有不同程度地出现，其中夏旱最为常见。武曲、斜滩、芹洋、平溪、托溪和南阳、竹管垅一带较常发生。有的年份连续3～4个月雨量不均，全县各地均有出现旱情、山泉断流、稻田龟裂，造成严重损失。

三是水灾。寿宁每遇暴雨即发山洪，洪峰到处，田园、庄稼、桥梁、道路、房屋往往被冲毁。1989年7月21日晚，下党乡发生百年不遇的暴雨洪灾，下屏峰村30多座民房被毁，土墙坍塌，5位村民罹难，62户，332人受灾。7月26日习近平书记、陈增光专员陪同王兆国省长到下党视察灾情，慰问灾民，给受灾最重的32户村民，每户1500元救灾款，并帮助村里解决公路、防洪堤坝、学校修缮资金15万元，以解燃眉之急。

四是风灾。县境内有影响的台风一年中有1～3次。出现在5～10月。风力一般可达6～9级，最大12级，风向东北，每次台风带来的暴雨约在50～300毫米之间。

五是雹灾。县境冰雹区分布在洞宫山脉的东南侧，主要地段是坑底与大安西北部、犀溪北部、平溪与托溪乡西北部山区。凤阳乡北部和清源乡西北部也有冰雹成灾的时候。多数年份有1～2次降雹过程，大都集中在春季3～5月和夏季的7～8月。直径为0.5～2厘米，持续时间3～15分钟。1967年3月28日，坑底乡榅当洋降雹，最大者直径17厘米左右，重达1.6千克，3天后才融化。全村31座房子片瓦无存，击死牛一头。同年，清明节前，际坑、武溪一带俱遭雹灾，冬季油茶绝收。1974年7月23日，坑底乡地头村降雹，最大者达1.2千克。1988年3月15日17时，一次特大冰雹袭击平溪、芹洋、清源、鳌阳、斜滩等5个乡（镇），55个行政村，受灾面积503平方千米，降雹时间17分钟，最大者达1.9千克，所到之处，瓦片无存，"家家漏雨，处处通天"，9560户，43020人受灾。

六是冰雪。车岭以上的中高山地区，每年一般有1～2次的积雪，最大积雪厚度达几十厘米。北坡雪厚，南坡雪薄。车岭以下的斜滩、武曲一带很少积雪。明崇祯九年（1636）冬，大寒，溪流冰厚尺许，可以行走，连续数日始解冻，花草多冻死。民国三十三年（1944）农历12月～翌年正月，连续下雪14天，树木、毛竹和农作物严重受损。

七是雨凇。县内海拔600米以上地区和500米以下的北坡，每年都会出现雨凇。大的雨凇会压断树枝、毛竹、电线，破坏森林，影响通讯。海拔越高，灾情越重。

寿宁有哪些兽患虫灾

先说兽患，明嘉靖二十三年（1544），群虎往来九都（今斜滩、平溪、芹洋一带）地方，行旅维艰，时越东西 2 涧入城，损伤人畜。

明崇祯八年（1634），西门外虎暴，伤人百余，夜入城咬走猪犬。知县冯梦龙令人重立四门谯楼。置大鼓，设司更，并捐俸制造捕虎器具。告示居民：获一虎，赏银三两。半年间，山后、溪头、平溪连毙 3 虎。

清康熙六年，近城村落发生虎患，路少行人。防守召虎匠捕之，一日杀三虎。清康熙二十二至二十四年（1683～1685），乡间有猛虎伤人，路几无行踪。

再说虫灾，民国三年（1914）五月，蝗虫成灾，稻谷被毁，损失严重。民国二十五年（1936）六月，发生特大蠓灾，水稻被毁，当年减产 30%。

寿宁有哪些气象谚语

寿宁民间有许多气象谚语，这里略举几则：

（1）立春晴一日，农民耕田不用力。

（2）春天孩子脸，一日十八变。

（3）春寒多雨水，夏寒井底干。

（4）春分秋分，昼夜平分。

（5）清明要明（晴），谷雨要淋（雨），清明断雪，谷雨断霜。

（6）春天无定时，爬木臭（树）穿棕衣。

（7）小满未满（雨），芒种不管。

（8）芒种做晴火烧街，夏至下雨烂了鞋。

（9）未曾惊蛰先响雷，七十二日天不开。

（10）春甲子雨，赤地千里；夏甲子雨，摇船入市；秋甲子雨，禾生两耳；冬甲子雨，牛羊冻死。

（11）惊蛰闻雷米似泥，春分有雪病人稀。

（12）立夏晴，棕衣、笠斗满田坪；立夏雨，犁耙成碇步。

（13）芒种火烧天，夏季雨涟涟。

（14）吃了端午粽，棉袄棉被才好送。

（15）雷打午，雨便到。

（16）雷打秋，对半收。

（17）雷鸣点心时，雨在黄昏后。

（18）雷响天边，下雨连天。

（19）雷响天顶，有雨不猛。

（20）天星照大地，明日又晴天。

（21）日落云里走，雨在夜半后。

（22）六月台（风），米生苔；七月台（风），无米筛。

（23）夏至响雷三伏冷，夏至无雷十成冬。

（24）月晕三天晴，日晕不过夜。

（25）云遮中秋月，雨打元宵灯。

（26）早晨霞，水流柴；黄昏霞，没水烧茶。

（27）雨夹雪，落不歇。

（28）雪下高山顶，天上要转晴。

（29）六月南云是雨车，十二月南云是雪车。

（30）春雾晴，夏雾雨，秋雾狂风，冬雾雪。

（31）立冬晴，透年关。

（32）二月二有晴，竹叶两遍青。

（33）天上星星闹嘈嘈，明日地下雨滂沱。

（34）冬至晴，年尾烂（雨）。

（35）正月出蚊虫，二月寒死人。

（36）猫喝水晴，狗喝水雨。

（37）谷雨谷雨，冻死老鼠；立夏立夏，寒死郎罢（父亲）。

（38）夏吹南风晴，夏遇北风雨。

（39）夏至晴，半月晴。

（40）五月南云做大水，六月南云断水头，七月南云做秋淋。

（41）正月鸣雷二月雪，三月禾苗老生节。

人口状况

第三卷

寿宁人口发展情况如何

寿宁自明景泰六年（1455）建县至1949年，人口发展时快、时慢，时增、时减。1949年解放后，经过各项社会改革，生产发展，人民安居乐业，生活健康水平提高，人口也迅速增长。1949年至2016年，67年间，全县人口从94072人，增至264374人，年平均增加2542人。

人口的快速增长，使寿宁县的能源、交通、住房、就医、就业、上学均产生一系列问题。为使人口增长与国民经济及社会发展相适应，寿宁自1969年开始提倡计划生育。1976年后，计划生育被列为基本国策，在城乡普遍推行。1980年以后，一胎化的政策逐步被公职人员所接受，传统的生育观开始发生变化。人口发展出现了计划生育率和一胎率上升，多胎率、出生率和自然增长率下降的势头。1969～1989年，20年间，人口自然增长率从1976年的22.04‰降至10.6‰，有效地控制了人口的增长。2015年，随着全面二孩政策的落实，人口增长率逐步上升，广大农村干群关系得到改善。

寿宁人口变动的源流怎样

据1987年省、地文物普查队普查发现的古迹遗址，约在3000年前，就有人类在寿宁这块土地上繁衍生息。又据民间编修的宗谱，寿宁县不少姓氏是从外地迁入的。吴姓，祖籍越州山阴。唐乾宁年间（894～897），因董昌作乱，有吴褆、吴祎两人从越州山阴和乐迁居永嘉库村（今属泰顺）。吴祎又于天祐年间（904～907）分迁浙江丽水松源上苍。此后，两地子孙繁衍，散居闽、浙两省。寿宁吴姓多是吴褆、吴祎的后裔，迁徙寿宁时间多为明、清两朝。县内吴姓人数最多，达 2 万多人，分布全县各地，以坑底乡为最，有 4000 余人。叶姓，迁居寿宁时间不一，来源不同。据清源乡杨柳木臬村《叶氏宗谱》，始祖贤五于明永乐年间（1403～1424）从浙江景宁巨川上村半岭徙居政和北里杨梅村（今寿宁县鳌阳镇），居数载又迁杨柳木臬村。清雍正九年（1731）修的鳌阳文山里《叶氏宗谱》载，十五世孙文庭于明宣德年间（1426～1485）从丽水迁杨梅村。犀溪《叶氏宗谱》载，开祖百念一于南宋景炎三年（1278）由括苍松阳古市迁居北浦（今上犀溪），其后裔又分居坑底林村（今属竹管垅乡）和亭溪村（今属大安乡）。亭溪村《叶氏宗谱》载，伯严从括苍景宁鹤溪小地卜迁政和前西溪下马庄（今属大安乡），后不久又徙杨梅村肇基，七世孙应祺又迁亭溪。坑底乡叶姓多是伯严的后裔。全县叶姓有 2 万多人，各乡（镇）均有分布，犀溪镇最多，超过 4000 人。张姓，来源不同，迁居时间不同。据斜滩《张氏宗谱》载，上祖于明宣德年间（1426～1435）从浙江括苍徙居茗溪际头（今属清源乡），又徙龙滩（今斜滩镇）、新安（今坑底乡）、楠洋底（今属凤阳镇）、安昌（今属鳌阳镇）等地。铁场（今属南阳乡）、清渡（今属鳌阳镇）、后溪（今属南阳镇）、龟岭（今属南阳镇）、大洋（今属武曲镇）张氏皆其支派嫡传。清源南阳仔《张氏宗谱》载，先人初由浙江温（州）处（州）徙洋边（今南阳镇）和安昌，后又由安昌徙南阳仔。清源《张氏宗谱》载，始祖龄阳原居安昌，于明天顺年间（1457～1464）移居南阳，其子又迁花岭，后裔韩一于明嘉靖（1522～1566）时再迁岱阳青竹坑居住。凤阳大石《张氏宗谱》载，大石张姓由政和县境和上洋尾迁居。张姓全县超过一万人，散居各乡（镇），南阳镇最多，有 3000 多人。陈姓，据清光绪十年（1884）《福安县志》，宦闽留居的陈檄文之孙陈汉唐于五代（907～960）时迁居寿宁鳌阳三峰寺。宋乾德年间（963～967）又迁寿宁杨鹳木臬村（今属南阳镇）。此后，支裔繁盛，散布全县各地。全县陈姓达 1 万多人，以南阳镇为最，有 2000 多人。

文字记载迁居境内最早的是缪姓。清光绪十年（1884）《福安县志》载，缪延亮于唐广明元年（880）从绍兴袁孝乡通德里（今皇甫张家沥一带）迁居长溪（今霞浦县）的青皎泥湾（今霞浦盐田镇南塘村一带），次子缪录徙居犀溪（今犀溪镇犀溪村）。

少数民族迁居寿宁较晚。今鳌阳镇的钟姓系清雍正十三年（1735），从福安横溪林前迁李家洋村（今属竹管垅乡），后迁斜滩镇马岭村，至十三代又徙居鳌阳镇南门外。

人口自然变动情况如何

旧志载，明景泰六年（1455）寿宁建县时，有 2200 户，赋税人口 8537 人。

人们为逃避过重的丁口税，常瞒报户口，知县编造户籍册，"姑以故籍为主而附会成之，前后不甚相悬"。明成化二十一年（1485），全县有3252户，11651人。至明嘉靖十一年（1532），全县人口有13182人。从明万历四十年（1613）至明崇祯四年（1632）的20年间，人口数均在11932人。清康熙五十一年（1712），规定"盛世滋生，永不加赋"，乾隆年间（1736～1795）将丁口税摊入各地田赋，不再单独稽征，自此，寿宁人口迅速增长。清道光九年（1829）普查核实，寿宁有22812户，131438人。自明万历四十年至清道光九年的216年间，累计增加11.95万人，年平均增553人。清宣统三年（1911）至民国三十三年（1944），全县人口平均在11.2万～11.8万人之间。民国三十六年底，全县有28658户，107773人，人口数比清宣统三年的113089人，减少5316人，年平均减少139人。

1949年，全县有27151户，94072人。1953年全国第一次人口普查，全县有30613户，100517人。至1958年，全县有32115户，110607人，比1949年增加4964户，16535人。其中1955、1956、1957年的人口自然增长率分别为20‰、19.2‰、28.46‰，为县人民政府成立后第一个人口增长高峰期。1959～1961年三年经济困难时期，全县人口死亡率为36.64‰，年平均自然增长率仅5.7‰。1962～1965年，经济状况明显好转，出现大规模的补偿生育，人口出生率陡然上升，年均人口出生率为35.64%，自然增长率为27.79‰，为第二个人口增长高峰期。1966～1975年，人口继续增长，自然增长率均在23.3‰～30.6‰之间。1976年，计划生育工作开始在全县城乡展开，至1989年，全县人口自然增长率从1976年的22.04‰，降到10.6‰。据《寿宁年鉴》（2016）记载，截至2015年末，全县户籍人口78923户，264374人。本年度出生人口4148人，出生率为13.6‰。

人口机械变动情况如何

明清时期，因灾荒，寿宁人口时有逃亡，仅清康熙二十二年（1683），逃亡人丁即达1399人。清康熙三十二年，赋税人口从清康熙二十五年的12095人减至8425人，年平均减少524人。其中，男丁从5010人减至3611人，年平均减少199人。解放后，因升学、就业、参军、工作调动、通婚等，人口流动较大。1954～1960年，年平均迁入1990人，迁出1986人。1962年～1966年，年平均迁入1984人，迁出1700人，其中1965年净迁入人口最多，相当于迁出人口的214%。1972年～1989年，年平均迁入2731人，迁出3061人。1973年净迁出人口数最多，为910人。据2016年《寿宁年鉴》，2016年省内迁入2076人，省外迁入769人，而迁往省内外5758人，净迁出2913人。

人口密度如何

寿宁人口分布不均匀，河流沿岸稠密，高山地带稀疏。1941年，全县以犀溪、武曲两乡的人口密度为最大，分别为52人/平方千米和50人/平方千米。1944年，人口密度最大的是平溪乡，为68人/平方千米；其次是鳌阳镇，为60人/平方千米。新中国成立后，人口迅速增长，人口密度相应增大。据全国第三次人口普查，各公社（镇）中人口密度最大的是城关镇（后改鳌阳镇），达260人/平方千米，最小的坑底公社，仅76人/平方千米。1989年鳌阳镇人口密度增至361人/平方千米，仍居全县之首。新增设的下党乡人口密度居全县之末，仅78人/平方千米。全县平均人口密度：1915年，55人/平方千米；1948年，52人/平方千米；1949年，66人/平方千米；1953年，71人/平方千米；1964年，90人/平方千米；1982年，139人/平方千米；1989年，150人/平方千米；2016年，186人/平方千米。

城乡人口分布情况如何

寿宁县的农村人口一直占总人口的绝大多数。民国二十七年（1938），城厢人口3670人，仅占总人口的3.20%，而乡村人口达114112人，占96.80%。1950年，城镇人口6558人，占总人口的10.15%，而农村人口87649人，占89.85%。据1964年全国第二次人口普查，全县城镇人口6156人，占总人口的4.87%；乡村人口120314人，占总人口的95.13%。1969～1977，每年均有一批城镇知识青年"上山下乡"参加农业生产劳动，城镇人口占总人口的比例徘徊在4.83～5.15%之间。中共十一届三中全会以后，允许农村人口迁入城镇，城镇人口逐年增多。据1982年全国第三次人口普查，城镇人口14347人，占总人口的7.35%；乡村人口180850人，占总人口的92.65%。1989年末，城镇人口19112人，占总人口的8.92%；乡村人口195184人，占总人口的91.08%。2015年末，城镇化率45.4%，全年全县户籍人口78923户264374人。

民族结构比例如何

寿宁县居民以汉族为主，遍布全县各自然村。少数民族中畲族最多。据全国第二次人口普查，全县有汉、畲、回、满4个民族。其中：汉族125224人，占总人口的99.01%；畲族1242人，回族3人，满族1人。少数民族人口1246人，占总人口的0.9%。

全国第三次人口普查，全县有汉、畲、满、回、苗5个民族。在各民族中，汉族193159人，占总人口的98.96%；畲族2026人，满族6人，回族5人，苗族

1 人，少数民族人口计 2038 人，占总人口的 1.04%。畲族人口 1982 年比 1964 年增长 63.12%，平均每年增长 27.5‰。畲族主要聚居于冻坑、黄沙坑、牛栏岗、东坑源、林枫坑、粗洋、旁楼、粗坑、钟家里、回龙湾、天花岗、四加丘、帽底、高力坑、江家山等 15 个自然村。

姓氏构成情况如何

寿宁的姓氏，据全国第三次人口普查资料，全县共有 265 姓（单姓 264 个，复姓 1 个），其中，吴、叶、张、陈 4 姓均在 1 万人以上。5000～1 万人的有李、刘、王、林、龚、范、缪 7 姓。1000～5000 人的有周、徐、黄、胡、蔡、杨、夏、郑、朱、郭、许、柳、金、何、魏、曾、卢、肖、韦、沈、卓、孙、谢、余诸姓。每姓仅一人的有卜、义、丰、为、牛、卞、毋、母、古、仕、红、尧、阳、毕、兆、成、牟、安、农、良、吾、花、邵、冻、针、纯、录、幸、采、岱、房、和、冠、相、荀、钦、珍、复、度、彦、桂、贾、秦、莫、敖、顿、晏、营、银、断、辜、登、鲁、湖、粟、装、睦、瑞、虞、腾、解、源、鲍、貌、黎、霍、燕、蹇、蕃。

性别构成情况如何

寿宁县人口自明景泰六年（1455）建县至 2016 年，一直都是男性多于女性。明代，寿宁溺女婴现象严重，据《寿宁待志》："闽俗重男轻女，寿宁亦然，生女则溺之。"崇祯九年（1636），知县冯梦龙发布《禁溺女告示》，严禁民间溺女婴，并给收养者赏银三钱，但溺女恶习仍不能绝。男性与女性的比例：明万历四十年（1613）是 1.17∶1，清宣统三年（1911）是 1.74∶1。1915 年是 1.34∶1，1944 年是 1.37∶1，1949 年是 1.50∶1。新中国成立后，人民政府大张旗鼓地宣传《中华人民共和国婚姻法》，溺弃女婴恶习逐渐被摒弃，男性与女性的比例逐渐缩小。1955年为 1.45∶1，1972 年为 1.25∶1，1976 年为 1.20∶1，1985 年为 1.17∶1，1989 年为 1.16∶1。2016 年，男性 141491 人，女性 122883 人，比例为 1.08∶1。

年龄结构情况如何

明清时期的年龄构成无从查考。1941 年，少年儿童人口 14019 人，占总人口的 11.84%；男性成年人口 18～35 岁 19156 人，占总人口的 16.18%；36～45 岁8055 人，占总人口的 7.18%。据第二次和第三次人口普查资料，全县 14 岁以下的少年儿童占总人口的比重由 1964 年的 41.27%，下降到 1982 年的 39.21%。全县劳动年龄和退休年龄的人口，在总人口中所占比例分别增长 0.21% 和 1.98%。据 2016 年《寿宁年鉴》记载，2016 年，全县 17 岁以下 55763 人，18～34 岁 75985 人，35～59 岁 92653 人，60 岁及以上人口 39973 人。60 岁以上人口占总人口的 15.12%，已进入老龄化社会。

文化素质情况如何

寿宁县自明景泰六年（1455）建县至民国时期，教育落后，人口文化素质差。据县志，明天顺四年（1460）至明崇祯十五年（1642）的 182 年间，贡士仅 114 人，监生也不过 24 人。清顺治二年（1645）至康熙二十五年（1686），贡士 22 人，监生 3 人。1940 年，全县文盲人口占总人口 73%，失学儿童人口占学龄儿童人口的 76%，就学儿童人口占总人口的 5.55%。1945 年上半年，就学儿童占总人口的 3.47%，成人班学生占总人口的 2.33%。1945 年底统计，各种文化程度与总人口（109228）的比例为：文盲人口占 91.74%；读过私塾的 5539 人，占 5.07%；受过初中教育的 2600 人，占 2.38%；受过中等教育的 817 人，占 0.75%，受过高等教育的 67 人，占 0.06%。

新中国成立后，教育事业逐步普及，人口文化素质不断提高。据全国第三次人口普查：1953 年，全县小学以上文化程度 6234 人，占总人口的 6.2%；1964 年，全县 6 岁以上（含 6 岁）人口中，文盲或半文盲 48511 人，占总人口的 38.36%，初识字 8740 人，占总人口的 6.91%，小学以上文化程度 31250 人（其中：初小 22307 人，高小 5335 人，初中 2498 人，高中 989 人，大学毕业 121 人），占 24.71%，每千人中有大学生 0.96 人，高中生 7.82 人；1982 年，小学以上文化程度 88302 人，占总人口的 45.24%，每千人中有大学生 1.69 人，高中生 30.26 人。

人口的文化素质，男性高于女性，城镇高于农村。据全国第三次人口普查：12 岁（含 12 岁）以上文盲或半文盲人口，男性 22522 人，女性 42944 人。小学以上文化程度，男性 63133 人，女性 25175 人。6 岁及 6 岁以上文盲或半文盲人口，城镇 3911 人，农村 7436 人。小学以上文化程度，城镇 8634 人，占城镇 6 岁及 6 岁以上人口的 68.82%，农村 79674 人，占农村人口的 51.60%。

职业构成情况如何

寿宁人民历来从事农业为主。据 1941 年统计，每千人中只有 1 名公务人员，1.6 名教职员。1944 年，男性职业占总人口的比例是：农业 70%，学界 13%，商界 6%，工界 3%（其中，造纸、制茶、制糖、榨油等手工业共有 215 人，占

0.9%），其中无业及出征军人占8%。解放后，职业构成有很大变化。据全国第三次人口普查资料，全县在业人口58496人（男54369人，女4127人），占总人口的29.97%。在业人口的职业构成是：各类专业技术人员3872人，占在业人口的6.62%；国家机关党群组织企事业单位工作人员1561人，占2.66%；商业工作人员1205人，占1.75%；服务性工作人员675人，占1.15%；农、林、牧、渔劳动者44952人，占76.85%；生产工人、运输工人和有关人员6210人，占10.6%，不便分类的其他劳动者21人。全县不在业但属劳动力年龄的人口60164人（男11225人，女48939人），占总人口的30.82%。其中，在校学生3417人，在家劳动42605人，待升学172人，待国家统一分配9人，城镇待业202人，退休退职554人，其他13205人。据1989年统计，全县在业人口75864人，占总人口的35.4%。其中，从事第一产业（农、林、牧、渔业）劳动的61409人，占就业人口的80.95%；从事第二产业（矿业、制造业、建筑业等）劳动的4678人，占6.17%；从事第三产业（交通、邮电、商业、服务业、科教文卫、金融保险、国家机关、党政、社会团体、公用事业）劳动的9777人，占12.88%。

农业、非农业人口构成比例如何

1949年，全县总人口9.41万人，其中农业人口9.02万人，占95.86%；非农业人口0.39万人，占4.14%。1953年，农业人口9.84万人，占97.91%；非农业人口0.21万人，占0.09%。1958年，农业人口10.24万人，占89.28%；非农业人口1.23万人，占10.72%。1964年，农业人口12.14万人，占94.47%；非农业人口0.71万人，占5.53%。1969年，农业人口14.43万人，占95.56%；非农业人口0.67万人，占4.44%。1973年，农业人口15.85万人，占94.23%；非农业人口0.97万人，占5.77%。1979年，农业人口17.95万人，占94.87%；非农业人口0.98万人，占5.13%。1985年，农业人口19.16万人，占93.83%；非农业人口1.26万人，占6.17%。1989年，农业人口19.99万人，占93.28%；非农业人口1.44万人，占6.72%。1990年，农业人口208141人，占总人口的93.4%。2001年，农业人口234346人，占总人口的92.1%。2002年开始取消农业户口、非农业户口的二元户口性质划分，实行户口登记管理一体化，统一登记为居民户口。

婚姻状况如何

明清时期，寿宁县民多是一夫一妻，也有少数富户纳妾。女子出嫁年龄一般为15、16岁。

新中国成立后，寿宁县人民政府贯彻《中华人民共和国婚姻法》，实行一夫一妻制。结婚年龄大多是男20岁、女18岁。"文化大革命"后，提倡晚婚晚育，结婚年龄大多是男25岁、女23岁。1981年贯彻新的《婚姻法》，当年起，农村大多是男22岁，女20岁，城镇大多是男24岁，女22岁。未达到法定结婚年龄非法同居的早婚现象农村比城镇严重。据全国第三次人口普查资料，全县15岁以上人口（含15岁）118660人、未婚30207人（男21118人，女9089人），已婚88453人（男44476人，女43977人），其中：有配偶78037人（男39236人，女38801人）；丧偶8925人（男3823人，女5102人）；离婚1491人（男1417人，女74人）。未婚人口中35岁以上2855人（男2834人，女21人），占未婚人口的2.41%。有配偶人口中早婚（15～19岁）的3687人（男299人，女3388人），占有配偶人口的4.72%。

育龄妇女生育，据全国第三次人口普查资料，全县15～44岁妇女人口有40518人，未生育36139人，生育第一胎1580人，生育第二胎1340人，生育第三胎797人，生育第四胎370人，生育第五胎以上292人。

家庭状况如何

解放前，生产资料私有，生产劳动以家庭为单位进行。县境内有不少"四世同堂"、"五世同堂"的家庭。明成化二十一年（1485），全县平均每户3.6人。嘉靖十一年（1532），平均每户4.9人。万历四十年（1613），平均每户4.4人。清道光十九年（1829），平均每户5.8人。1940年，平均每户4.8人。新中国成立后，实行生产资料公有制，人们的大家庭传统观念发生变化。1950～1960年，户均在3.1～4人之间。1964年后，人口不断增长，家庭规模又逐渐扩大。1964年，户均4.1人。1968年，户均4.5人。1979年，户均4.8人。据2016年《寿宁年鉴》记载，2016年，全县户籍人口78923户，264374人，户均人口3.35人。

计划生育情况如何

寿宁县从1969年起开始提倡计划生育。当时只有部分男职工做输精管结扎手术。1976年后，计划生育工作开始在城乡展开，组织机构、技术队伍、政策措施等逐步完善。1984～1989年，人口自然增长率被控制在9.6～10.6‰之间。2016年开始实行全面二孩政策，对广大农民基本放开自主生育，人口增长开始进入新常态。

计划生育机构设置情况如何

1969 年，成立寿宁县计划生育领导小组，与县卫生局合署办公。1976 年 1 月，正式成立寿宁县计划生育办公室，配有 4 名专职干部负责全县计划生育工作。1979 年，全县 13 个社（镇）均配备 1 名计生专干。1983 年 10 月，设计划生育宣传指导站，配备有医生、服务人员 4 名，负责宣传计划生育理论、政策和技术指导。1984 年 6 月，计划生育办公室改为计划生育委员会，定编 6 人。9 月，全县招收 54 名计划生育专干，设 9 个观察网点，各乡（镇）相应成立计划生育委员会。1989 年，全县有计划生育管理人员 73 人，宣传员 25 人。2013 年，县计划生育局并入卫生局，成为二级局，逐步取消计生检查、评比和"一票否决"。

晚婚晚育情况如何

1978 年 10 月，县人民政府开始提倡晚婚，规定凡男 28 岁，女 25 岁为晚婚年龄。1980 年推行晚婚，规定城镇居民男 26 岁，女 24 岁，农村社员男 25 岁，女 23 岁为晚婚年龄。凡早婚者予以罚款，凡晚婚者，双方婚假延长 15 天，晚育者产假延长 15 天。1981～1989 年，9 年间，晚婚率高达 40% 以上的有 3 年，分别是：1987 年 43.8%，1988 年 40.8%，1989 年 44.77%。

优生优育情况如何

解放后，寿宁县严格禁止近亲婚配。县妇幼保健站协助农村卫生院，培训村级接生员，逐步推行新法接生。医疗部门每年免费为新生儿体检和注射预防针 1～2 次，以保证婴幼儿的健康成长。同时，重视幼儿教育，大力兴办托儿所和幼儿园，幼儿入托入园率逐年提高。据《寿宁年鉴》记载，2016 年全县生育保险参保职工 11167 人，征收生育保险基金 80 万元，为 136 名生育人员支出生育保险基金 73 万元。

节育情况如何

1969 年，寿宁县开始提倡计划生育，号召多子女的夫妇作绝育手术。1976 年，根据"晚（晚婚、晚育）、稀（生育每胎间隔五年以上）、少（最好生一个）"的原则，控制多胎生育。规定，凡生育 3 胎以上的夫妇一方实行结扎手术。1979 年，开始大力提倡一对夫妇只生育一个孩子，严格执行"奖一限二不生三"的生育政策。全面实行"一胎上环，二胎结扎，计划外怀孕采用补救方法"的节育措施。凡实行节育的对象，除在技术上予以负责外，并给予经济补助和假期休养。同时，县人民政府号召生育一胎的夫妇领取独生子女证。1981年起，根据落实生育率、计划生育率、人口净增率指标，制订年度生育计划，严格控制生育率。当年，县人民政府开始给领取独生子女证的夫妇经济补助和多方面优待。规定，凡办理领证手续的独生子女及其家庭，一次性发给保健费100～300元。生育第一胎刚分娩就办理领证手续的产妇，产假延长4个月。在同等条件下，独生子女可优先照顾入托、入园、入学、招工、就医、分配住房。农村独生子女不论年龄大小，均按成年人的基本口粮分配，并给独生子女双份自留地和宅基地。计划外生育第二胎以上者，取消福利待遇，每月征收多子女费，直至小孩满14周岁止。

1984年，普遍推行非农业户口夫妇只生一胎并领取独生子女证，农业户口夫妇生育二胎后落实长效节育措施政策。

1988年，县人民政府贯彻《福建省计划生育条例》，对生育、节育等方面的优待与奖励，限制与处罚，均作硬性规定。

1979～1989年，全县有1333对夫妇领取独生子女证，1120人实施男扎手续，17315人实施女扎手术，46634人放置节育环。征收超生子女费25.48万元。

此外，县人民政府在1981年、1984年先后规定，有特殊情况的夫妇，可安排生育第二胎。1982～1989年，全县有223对夫妇获准生第二胎。

从1976年～1989年，寿宁人口出生率由29.84‰下降到15.60‰，人口自然增长率由22.04‰下降到10.6‰。

2014年，县委、县政府相继出台《关于开展农村计划生育家庭免费体检的若干意见》（寿委[2014]35号）和《关于计划生育特殊家庭养老扶助的实施意见》（寿政文[2014]176号），从加大计划生育奖励扶助和贴息贷款力度、深入开展计划生育关爱关怀行动、强化领导干部结对帮扶计划生育特殊困难家庭工作、增强计划生育家庭发展能力、建立计划生育家庭养老扶助基金等五个方面入手，落实工作保障、促进计划生育家庭健康发展、文明幸福。

经济综述

第四卷

寿宁经济总况如何

寿宁是一个贫穷的山区县。民国三十年（1941），人均占有粮食211千克，全年缺粮3个月。1949年，全县国民生产总值616万元（按1980年不变价计算），人均占有粮食仅为176千克。

人民政府成立伊始，即着手实行各项社会改革，迅速恢复经济。1952年，国民生产总值比1949年增加33.6%。1953～1978年的26年间，虽经历"大跃进"和"文化大革命"的折腾，至1978年，国民生产总值仍增加到3379万元，为1949年的5.5倍。由于基数低、底子薄，至1978年，人均国民收入仅为160.8元。

中共十一届三中全会以后，寿宁经济发展步伐加快。1989年，国民生产总值10179万元，为1949年的16.5倍，1978年的3倍，比1980年增长99.9%。1979～1989年的11年，国民生产总值累计为7.66亿元，是1949～1978年30年总和的1.52倍。产业结构和工、农业的内部比例关系也趋向协调。1989年全县人均国民收入389.2元，人均口粮331千克。

据2016年《寿宁年鉴》记载，2015年全县地区生产总值68.9亿元，按可比价格计算，同比增长8.2%。全县农业增加值15.7亿元，同比增长5.6%。全年粮食总产量63263吨。全县规模以上工业总产值完成126.67亿元，同比增长5.3%；规模以上工业增加值25.90亿元，同比增长5.1%。全县固定资产投资（不含农户）完成63.47亿元，同比增长17.6%。其中，项目投资59.78亿元，同比增长18.1%。全县社会消费品零售总额19.59亿元，同比增长11.1%。全县出口总值4128万美元，同比增长32.1%，增幅位列全市第一。实际利用外资613万美元，同比增长21.4%。全县公共财政总收入5.61亿元，同比增长7.1%，位列山区县第一、全市第三。公共财政支出17.33亿元，同比增长18.4%。全县城镇居民人均可支配收入

20238 元，同比增长 7.9%。农民人均可支配收入 10745 元，同比增长 8.6%。

寿宁经济发展概况如何

寿宁明景泰六年（1455）建县，至民国 1949 年的 494 年间，受封建土地所有制和小农生产体制的束缚，经济发展缓慢。遇上天灾人祸，贫民每每外逃。《寿宁待志》载，自明崇祯六年至十年（1633～1637），便有三四甲（每甲 10 户）全逃。清初，经顺治五年（1648）和康熙十三年（1674）的两度战乱，至康熙十七年（1678），外逃人丁达 1399 人，田地荒芜 1.05 万亩。1938～1945 年，全县征集壮丁计 12901 人，造成连年减产。至 1949 年，全县国民收入仅 585 万元，人均国民收入仅 62 元。

解放后，仅用 3 年时间就完成国民经济的恢复任务。1952 年，全县国民生产总值 823 万元，比 1949 年增加 33.6%，年均增长 10.1%，国民收入达 782 元，比 1949 年增长 33.7%，人均国民收入 80 元。

1953～2013，经过十二个五年计划的发展，寿宁的综合实力增强，产业支撑更好，发展后劲更足，民生普惠更实。财政收入突破 5 亿大关，"十二五"期间，国民收入年均增长 18.1%。农民人均收入 11080 元。

第一至第七个"五年计划"建设进程如何

第一个五年计划期间（1953～1957），全县普遍开展农业合作化运动，完成对私营工商业和个体手工业的社会主义改造，在流通领域实行粮食、棉花统购统销，各部门完成基本建设投资 34.7 万元，新增固定资产 33.6 万元。"一五"期间，经济发展较快，至 1957 年，国民生产总值达 1118 万元，年均递增 6.3%，人均国民收入 95 元。

第二个五年计划（1958～1962 年）期间，指导思想上侧重工业建设和改善交通条件。1958 年元旦动工修建福（安）寿（宁）公路，7 月正式通车。9 月，全县实现人民公社化、组织"大跃进"、大办食堂、大炼钢铁。1959 年，开展所谓"反右倾"和"整社"运动。1960 年又开展"新三反"运动。在农业生产上实行统一指挥，取消农民家庭副业；工业生产上搞"遍地开花"，全民所有工业企业，1957 年只有 5 家，1960 年增至 32 家。由于这种过急的"跃进"打乱了平衡，破坏了工农业生产。

1961 年，贯彻中央"调整、巩固、充实、提高"的八字方针。冬季开始取消公共食堂，农业生产实行"三包一奖"（包产、包工、包成本，奖增收），允许社员冬种自由季。同时实行以生产小队为基本核算单位的"三级所有，队为基础"的体制，重新推行按劳动工分分配的制度，社员口粮分配到户，同时恢复社员的自留地和家庭副业生产。1963年工业企业经过"保、停、转、压、放"，经济效益低的工厂相继下马。经过一系列的调整，从1962年起，经济逐步回升。至1965年，国民生产总值为1581万元，比1957年增加41.4%，年均增4.4%。人均国民收入101.4元，比1957年增加6.7%。

1966～1970年的第三个五年计划期间，生产徘徊不前。广大干部、群众抵制"左"的错误，坚守生产岗位，5年时间完成基建投资297万元，比前5年增加53%。1970年，银行放款余额为637.5万元，比1965年增加1.1倍，财政收入经过三年徘徊之后，1969年起转向稳步增长，1970年达160.45万元，比1965年增加25.8%。接通政和县和泰顺县公路，交通条件进一步改善。

1971～1975的第四个五年计划期间，在"工业学大庆"、"农业学大寨"的大气候促进下，为加快速度，县、乡筹建兴办了一批骨干工厂、茶场、林场和小型水电站，县内公路新增100多千米。这5年完成基建投资673万元，是前5年的2.27倍。1971年经济迅速增长，与1970年相比，国民生产总值增加63%。1974年，国民生产总值2861万元，与1971年相比，3年只增加10%。

1976年"文化大革命"结束，但原来的生产体制没有改变。至1978年，国民生产总值为3379万元，比1975年增加24.2%，年平均增长7.5%。

1979年，执行《中共中央关于加快农业发展若干问题的决议》，大幅度提高农产品价格，上级又给寿宁核减粮食征购基数1100吨，使当年人均占有粮食达到279.5千克，为历史最高水平，农业生产总值比上年增加9.4%。1976～1980年，累计完成基建投资828万元。1980年县茶厂投产，使寿宁的经济上了新台阶。国民生产总值达5092万元，比1978年增加50.7%，年均递增22.7%。

1980年，企业收入比1979年增加40万元，使当年财政收入第一次突破300万元大关。比1975年增加38.2%。

1981年，林业实行"三定"。1982年，全面实行家庭联产承包责任制。1984年，麻竹坪水库工程动工。1981～1985年完成基本建设投资2111万元。1985年，银行放款余额2907万元，是1980年的3.9倍（其中：工业放款811.6万元，为1980年的23.9倍）。这5年，除创办一批骨干企业外，城乡也办起一批加工企业。随着市场管理的放宽，城乡待业青年和闲散人员从事个体工商业的人数迅速增加，1983年达到1057人，是1982年的4.6倍。这5年新增公路63千米，还建起新的邮电大楼。1985年，国民生产总值为6997万元，比1980年增加38.5%，年均递增6.8%。

1986年开始执行的第七个五年计划，指导思想上，以脱贫为中心，加强农业，搞活流通，力求在工业上有所突破。1986～1989 年，累计完成基建投资 5293 万元，为前 5 年的 2.51 倍。县境内公路累计达 438 千米，每百平方千米拥有公路 31 千米。继 1986 年社会总产值超过 1 亿元之后，1988 年国民生产总值达 9770 万元，比 1985 年增加 39.6%。1989 年经过治理整顿，工业增长速度由 1988 年的 32.7%，减至 12.2%，农业因受水灾影响，总产值比 1988 年下降 3.7%。1989 年的国民生产总会仍比 1988 年增加 4.4%，比 1985 年增加 48.5%。1989 年人均国民收入 389.2 元，比 1985 年增加 42%。1989 年财政收入比 1985 年增加 1.16 倍。

1990 年，全县国民生产总值达到 18636 万元，比 1978 年增长 2.1 倍，年均递增 9.9%；工业总产值达到 26159 万元，比 1978 年增长 2.2 倍，年均递增 10.2%。财政收入突破千万大关，达 1003 万元，是 1978 年的 4 倍。

第八至第十二个"五年计划"的发展概况如何

1991～1995 年"八五"计划时期，按照"教育为本，流通开路，以山兴县，以水聚财，以巧营工"的思路和"半县花菇半县茶"的发展战略。国民经济持续、快速、健康发展，农村经济全面繁荣，工业实力明显增强；财政、金融形势逐步好转，扶贫攻坚成效显著，人民生活水平普遍提高。1995 年，全县国民生产总值 9.2175 亿元，比 1990 年增长 174.2%，年均增长 22.4%；工农业总产值达到 14.4181 亿元，比 1990 年增长 250%，年均增长 28.5%。财政收入达 3609 万元。

1996～2000 年"九五"期间，深化改革、扩大开放，加快基础设施建设步伐，努力改善投资环境、调整和优化经济结构，综合实力明显增强。2000 年国内生产总值 11.23 亿元（现行价，下同）年递增 5.5%。工农业总产值 15.59 亿元，年递增 4.2%；全社会固定资产投资 5 年累计完成 3.39 亿元，年递增 17%；财政收入 4052 万元，年递增 2.3%。

2001～2005 年"十五"时期，是经济发展速度最快、经济运行质量最佳、建设成就最大、人民生活改善最显著的时期。2005 年寿宁国民生产总值 17.37 亿元，年递增 9.3%；工业总产值 14.52 亿元，年递增 11.2%；农业总产值 9.04 亿元，年递增 5.1%；全社会固定资产投资五年累计完成 28.38 亿元，年递增 28.1%；财政总收入 7017 万元，年递增 11.7%。

2006～2010 年"十一五"期间，全县上下围绕"打造闽浙边界生态新茶乡"，深入贯彻落实科学发展观，攻坚克难，致力发展，国民经济和社会事业保持快速、健康发展的态势。2010 年全县生产总值达到 36.36 亿元，年均增长 13.5%；全社会固定资产投资 18.06 亿元，年均增长 20.7%；工业总产值 42.5 亿元，年均增长 21.8%；农业总产值 15.99 亿元，年均增长 4.5%；财政总收入 2.44 亿元，年均增长 22.5%。

2011~2015 年 "十二五" 期间，寿宁的综合实力更强，产业支撑更好，发展后劲更足，民生普惠更实。全县地区生产总值 68.9 亿元，比 2010 年翻一番，年均增长 13.6%；全县规模以上工业总产值完成 126.67 亿元，是 2010 年的 3.5 倍；农业总产值 15.7 亿元，财政收入突破 5 亿元大关，年均增长 18.1%；茶叶产值 8.9 亿元，比 2010 年增加 4.2 亿元。全社会固定资产投资五年完成 212.09 亿元，是 "十一五" 的 3.4 倍。贫困人口从 2010 年的 2.37 万人，减至 1.2 万人。农民人均可支配收入从 2010 年的 5824 元，提高至 11080 元。教育投入年均增长 16.19%，办学条件有效改善，教育质量稳步提升。医疗卫生投入年均增长 25.92%，初步形成三级医疗卫生保健网。

怎样认识启动中的农业

寿宁在历史上被视为 "嶔岩逼窄之区"。境内的耕地 "沙浮土浅，梯石而耕，连雨则漂，连晴则涸"，粮食、作物单产低。在明代，虽 "山无旷土"，乡村小户年前便日日告籴，只在春节至元宵时，因 "大家（富户）例不开仓" 才不得不 "预储半月之粮"。崇祯时（1628~1644），"得种苎之利，走龙泉、庆元、云和之境如骛"。至清康熙时（1662~1722），"籽粒之外，别无他产"，"秋成一失望，群踵而糊口于浙"。乾隆间（1736~1795），甘薯米上升为主粮，饥荒情况有所缓解。1941 年，全县年产稻谷 2 万吨，甘薯米 5000 吨。1945 年，产稻谷 8000 吨（仅能维持 4 个月口粮），甘薯米 1 万吨。1949 年（含纯池区）产稻谷 1.23 万吨、甘薯米 4227 吨。

寿宁县农业的传统结构以粮猪为主。1949 年粮食作物产值占种植业的 75%，占农业总产值的 57.3%。经过 40 年的努力，发展多种经营，调整农业内部结构，至 1989 年，粮食作物产值为 2499 万元，仍占种植业产值的 42%，占农业总产值的 19.3%。1989 年，生猪产值 1950 万元，占畜牧业产值的 54.3%，占农业总产值的 15%。1989 年农村住户的经营收入中，粮食收入占 25.8%，畜牧业收入占 29.2%。至 1989 年，农业人口占全县总人口的 93.3%，农业净产值（按当年价格）占全社会净产值的 66.7%，农业至今仍是寿宁经济的支柱。农业的长期滞后，农民的生活贫困，农村的经济式微，拉大了寿宁与发达地区的差距。

1986 年，寿宁被列为全省 17 个贫困县之首，政府将脱贫致富列为中心工作，落实扶贫优惠政策，运用扶贫基金，扶植开发性项目。作为 "七五" 计划期间向南方 6 省 12 个 "以工代赈" 治理水土流失的受援县之一，1986~1988 年国家拨款和下拨 "以工代赈" 物资总额达 179 万元。经过初步综合治理，至 1989 年，全县有 11 万亩水土流失得到控制，完成计划任务的 62%。1989 年，寿宁县脱贫率达 97%，农民的温饱问题基本得到解决。农民人均占有粮食比 1978 年增加 77 千克。

农业开始启动，集中反映在三个方面：一是粮食作物中稻谷与薯米产量的比例发生变化。1941 年为 0.4：1；1945 年为 0.8：1；1972 年为 2.2：1；1985 年为 5.6：1，1989 年为 4.2：1。二是改善了种植业内部结构。1989 年经济作物种植面积 3.88 万亩，比 1978 年增加 1.74 万亩；茶园面积 6.18 万亩，比 1978 年增加 1.07 万亩；果园 2.52 万亩，比 1978 年增加 1.75 万亩。三是 1988 年以来，农村住户现金收入增长很快。据抽样调查（不包括储蓄借贷收入），以 1985 年的现金收入为 100，则 1986 年为 110.7，1987 年为 112，1988 年为 191，1989 年为 233.6，5 年间翻了一番多。

1990 年，全县农林牧渔业总产值 17220 万元，1995 年为 82817 万元，2000 年为 70445 万元。2005 年全县农林牧渔总产值 90423 万元，按绝对值计算，比 1990 年增加 4.25 倍，年均增长 7.74%。

怎样评价转变中的工业

1951 年以前，寿宁没有现代工业。境内有文字记载的最早的手工业是采银和造纸。刘坪村（今属竹管垅乡）的造纸业，始于元至正十六年（1356）。采银始于宋朝乾道年间。明嘉靖十八年（1539），境内的官台山大宝坑（今属大安乡）银场，为当时闽浙边界四大银场之一。弘治三年（1490），寿宁银课达 558 两，至嘉靖十八年（1539）停征，足见当时的生产规模。

明末寿宁的手工业，据《寿宁待志》，除生产农具、家具和藤、纸、麻布、草席外，还有倾煎银块、炼铁、烧石灰、铸锅、榨油、制曲、酿酒等。清代新增的产品有雨伞、鞭炮、套铜杆秤、红糖、烟丝等。1945 年，全县产铁 20～25 吨，还有少量硫磺，与农业社会自然经济相适应，手工业生产的增减，完全依附于农业。

1949 年，全县工业总产值为 74 万元，占全社会总产值的 9%，当时的手工业多是亦工亦农、亦工亦商，或走村串户为农家提供劳务，或制造产品。主要行业有金属、木材、食品加工、缝纫、陶瓷、造纸和印刷等 7 大类。

1956 年，在鳌阳镇的杨梅仔建成第一座装机 50 千瓦的水力发电站，同年国家开始在寿宁收购木材。1957 年，电力、森林工业产值比 1952 年增加 4.5 倍。当年全县工业总产值为 284 万元，比 1952 年增加 84%，年均递增 13%。

1976 年以后，布伞和锁的产量连年翻番。1978 年发电量和纸张产量都比 1975 年增加 70%，当年工业产值达 831 万元，比 1975 年增加 69%，年均递增

19.2%。

1979 年，车岭一级电站一期工程投入运行。1980 年茶厂投产，使当年的工业总产值上升到 1090 万元，比 1975 年增加 1.22 倍。

1981～1985 年，线毯厂、光仪厂相继投产；锁厂、伞厂扩建后，产品换代，产量大幅度增加。产品进入国际市场，参与竞争。1982 年，工业总产值占社会总产值的比重第一次超过 1957 年。1985 年工业总产值 2628 万元，比 1980 年增加 1.4 倍。

1986 年，村及村以下工业企业产值比 1985 年净增 395 万，增长 83%。同年 5 月植绒厂投产。1987 年起，自动折伞、线毯、花茶、梦龙春酒评上名优产品，寿宁的工业品进入国际市场的达 12 个品类。1989 年出口产品的价值共达 865 万元。1989 年工业总产值 7022.5 万元，第一次超过农业总产值。

随着经济的加速发展，工业在全县经济中的主体地位进一步提升，成为拉动寿宁经济发展最主要的动力。2005 年，寿宁工业增加值 42600 万元，占全县 GDP 的比重达 24%，比 1990 年的 11.6% 提高了 12.4 个百分点。2015 年，全县有规模以上工业企业 93 家，总产值 126.87 亿元。

如何分析开拓中的商业

据出土文物考证，寿宁在 7 世纪初，已用货币进行商品交换。15、16 世纪采银，使寿宁的民间贸易进一步发展，当时的南溪（今属平溪镇）、元潭（今属斜滩镇），都有往来官员住宿的公馆，与县城一起成为境内商店较多的 3 个地方。据《寿宁待志》，明末已有米行、酒店和贩盐、贩猪等商业活动。随着采银的停止，加上倭寇的窜扰，16 世纪 40 年代以后，商业衰退。清初，明军王祁部抗清，耿精忠踞闽响应吴三桂，战火一再延及寿宁，群众纷纷外逃。至康熙二十四年（1685）"民居半属鹿场，孑遗尽多鸪面"，商业自也萧条。清末民初，斜滩逐渐发展成为商品集散地。1934 年，斜滩商店发展到 53 家。1939 年，全县商店 347 家，其中斜滩 148 家，县城 65 家。

1950 年，全县社会商品零售总额 81 万元，1952 年上升至 168 万元，1955 年再度上升到 351.5 万元。1960 年突增至 605 万元，比 1957 年增加 72%。1965 年达 610 万元，1970 年为 779 万元。1974 年第一次突破 1000 万元大关，1975 年零售总额达 1157 万元，1978 年零售总额 1481 万元，比 1975 年增加 28%，年均递增 8.8%。1979 年，农产品收购价大幅调高，年零售总额达 2271 万元。1985 年，商品零售总额为 3478 万元，比 1980 年增加 53%，年均递增 8.9%。1988 年零售总额达 6744 万元。1978～1989 年的 11 年平均递增 15.3%。市场的拓展，不仅搞活内贸，还为国家建设创造外汇收入。20 世纪 90 年代起，商业、供销系统推行"国有民营"改革，实行承包制度，物资部门也实行企业重组，个体私营经济成为经济发展新的增长点。1990 年，全县个体工商户 1805 户，从业人员 2070 人，注册资金 278.5 万元。2005 年，全县个体工商户增加到 2680 户，从业人员 3054 人，注册资金 4335.28 万元。1992 年，社会消费品零售总额 7797.3 万元，2005 年增加到 65193.9 万元。2015 年全县社会消费品零售总额 19.59 亿元，同比增长 11.1%。全县出口总值 4128 万美元，同比增长 32.1%，高出全市平均增速 24.8 个百分点，位列全市第一。

农工商所有制结构如何

一是农业所有制结构。1950 年，全县耕地中，地主占有 20.5%，富农占有 4.35%；还有 26% 的耕地，虽为公轮祭田，也由地主富农掌握。而占人口 49.2% 的贫雇农，仅占有耕地 12.4%。经过土地改革，按人口平均占有的耕地，地主由 8.6 亩，减为 1.54 亩；富农由 3.55 亩，减为 2.32 亩；贫雇农由 0.48 亩，增至 1.69 亩，占人口 38.9% 的中农，也由人均占有耕地 1.56 亩，增至 2.21 亩。实现了耕者有其田。

1954 年，全面开展农业合作化运动，至 1958 年 8 月，实现农业生产集体化。当年社员从集体分得的收入，占国民收入农业部门的 57%，至 1978 年，降至 38.5%，但人均收入比 1958 年增 22.6%。

1981 年，农民得自集体的人均收入为 59 元，比 1978 年的 38 元，增加 51.7%，占农民全年收入的一半左右。1982 年实行，农业生产责任制，从此，集体收入逐步消失，到 1989 年，农民从集体得到的收入，仅占全部收入的 0.67%。

二是工业所有制结构也在变化。1951 年以前，主要是手工业。1952 年始办的全民所有制现代工业，占当年工业总产值的 4.2%。1954 年，开始组织个体手工业者加入生产合作社，对私营工业实行社会主义改造。至 1957 年，全民所有制工业占 18.3%，集体所有制工业占 7.2%，公私合营工业占 1.5%，个体工业占 73%。

1958 年，公私合营和个体工业一步登天，全部改造为国营和集体企业，全民所有制工业占 6.8%，集体所有制工业占 93.2%。"大跃进"以后，经过调整，至 1964 年，全民所有制工业占 68.7%，集体所有制工业占 31.3%，这个比例一直保持到 1970 年，变化不大。1970 年，全民所有制工业占 67.5%，集体所有制工业占 32.5%。1971 年起，集体所有制工业发展速度加快，到 1978 年，比重上升到 41.4%，全民所有制工业占 58.6%。

1979 年以后，全民所有制的电站、茶厂投产，到 1980 年，全民所有制工业比重上升到 72.2%，集体所有制占 27.3%。在"对外开放，对内搞活"的推动下，1980 年，个体经营的工业产值 5.5 万元，占 0.5%。此后乡（镇）企业和联营工业异军突起，出现了多种经济成份并存的局面。

三是商业所有制结构。1949 年以前，商业都是私人经营。1950 年，国营贸易公司在斜滩设分支机构，在全社会商品零售总额中，私商占 81%，全民所有制占 19%。1952 年，全县各区普遍建立供销合作社。1953 年的零售总额中，全民所有制占 15%，供销合作社占 34%，私商占 51%。1955 年，经过社会主义改造，私商被改造为公私合营商店和合作商店。到 1957 年，全民所有制占 30.1%，供销社占 56.3%，公私合营占 4.8%，合作商店（小组）占 7.1%，私营占 1.7%。

1958 年 3 月，供销社与国营商店合并；9 月，人民公社化合作商店和私营商贩并入公社供销部；1959 年，公私合营商店过渡为国营商业。从此，商业统由全民所有制经营。自 1962 年起，农村允许无力参加农业劳动的原小贩经销、代销，恢复合作商店（小组）。到 1971 年，合作商店占零售总额的 3%。至 1979 年，全民所有制商业约占 95% 以上。

1980 年开放农贸市场，到 1981 年，农民与非农业居民的零售总额为 180 万元，比重占 6.4%，个体商贩占 1.5%，合作商店（小组）占 7%，全民所有制占 85.1%。

1982 年，供销社恢复为集体性质；1983 年起，合作商店（小组）先后解体；1984 年后，乡镇企业的商业、服务业有所发展。到 1986 年，全民所有制占 34.6%，集体所有制占 40%，个体商业占 8.7%，农民与非农业居民的零售总额占 6.7%。

经过 30 多年的改革开放，到 2015 年，商贸发展除烟草和石油实行国家专卖或计划管理外，其他国内贸易和服务业放开市场化经营，政府及商业主管部门主要对其进行宏观调控和市场监督。2014 年全县完成社会消费品零售总额 17.62 亿元，比 2013 年增长 10.7%，其中限上企业 23 家（商贸企业 15 家，住宿餐饮企业 8 家），完成销售额 4 亿元，比 2013 年增长 19.4%。（见 2015《寿宁年鉴》）

三种产业结构比例如何

寿宁在 1953 年至 1989 年，这七个"五年计划"期间，都十分重视发展第二、第二产业。1989 年，第三产业产值 2663 万元，比 1949 年增加 55 倍，比 1978 年增加 2.6 倍。1999 年，第三产业产值 3378 万元，比 1949 年增加 65 倍，比 1978 年增加 5.2 倍。

至 1989 年各部门的净产值（按 1980 年不变价计算），农业为 5180 万元，比 1949 年增加 8.8 倍，比 1978 年增加 1.26 倍；工业 1935 万元，比 1949 年增加 49 倍，比 1978 年增加 5.7 倍；建筑行业 389 万元，比 1950 年增加 129 倍，比 1978

年增加2.4倍；运输邮电业181万元，比1949年增加89倍，比1978年增加1.6倍；商业饮食598万元，比1949年增加39倍，比1978年增加1.6倍。

经过改革开放，特别是1986年的扶贫，农村的经济结构发生新的变化，1985年农村社会总产值（现行价）占全社会总产值的62.6%。在农村社会总产值中：农业占85.7%，农村工业占7.3%，农村建筑业占2.1%，农村运输业占0.7%，农村商业、饮食业占4.2%。到1989年，农村社会总产值为17518万元，占全社会总产值的69.4%。农村社会总产值中，农业的比重下降为74.1%，农村工业猛增到16.3%，建筑业和运输业占3.4%，商业饮食业占6.2%。

2015年是"十二五"规划收官之年。全县地区生产总值68.67亿元，增长8.3%；农林牧渔业总产值25.75亿元，增长4.1%；规模以上工业总产值126.67亿元，增长5.3%；社会消费品零售总额19.60亿元，增长11.1%；全社会固定资产投资64.47亿元，增长17.5%；公共财政总收入5.61亿元，增长7.1%；城镇居民人均可支配收入2.06万元，，农村居民人均可支配收入11080元，增长12%。（详见2016年《寿宁年鉴》）

产业内部结构如何

农业内部的比例以畜牧业的产值为1，则1949年的种植业为6.5，1989年为2.2；林业的比例是0.5，副业的比例是0.9。由于畜牧业比重的提高，整个农业内部的结构渐趋合理。

工业内部的轻重工业比例，以重工业产值为1，则1949年的轻工业为6.1，1989年的轻工业为2.4。重工业中的原材料工业，1949年占31%，1989年占61.6%。重工业中的制造工业，至1980年比重达到54.8%，1989年为22.4%。村及村以下办的工业，1985年，只占工业产值的16.6%，1989年上升到29.5%。

第三产业的内部比例，以第二层次（金融、保险、服务业）产值为1，则一、二、三、四层次的比例，1950年分别为1.7：1：0.4：0.3，1989年为1.4：1：0.8：0.6。第二层次自1980年以来发展较快，第三层次、第四层次也相应发生变化。需要说明的是，第一层次为商业、交通、运输、邮电通讯的增加值；第三层次为文化、教育、卫生等的增加值；第四层次为国家机关以及人民警察所创造的增加值。

何谓寿宁"三件宝"

解放前，寿宁交通闭塞，生产停滞，商品经济不发达，人民生活十分贫困，大部分农民食不果腹、衣不蔽体、房不遮风雨。甘薯、棕衣、火笼成了人民群众度饥御寒的三件"宝"。群众称：寿宁三件宝："地瓜当粮草，棕衣当被套，火笼当棉袄。"1949年后，人民政府通过民主改革、促进生产发展，特别是党的十一届三中全会以来，落实一系列富民政策，商品经济迅速发展，城乡居民收入大幅度增加，居民的生活水平、居住环境发生了翻天覆地的变化，简单说是"山头绿了"、"电灯亮了"、"道路通了"、"衣食足了"、"楼房高了"、"实力强了"、"市场繁荣了"、"教育发展了"、"看病方便了"、"保障有力了"。人民靠"三宝"度饥御寒的日子永远一去不复返了。

农民的收入水平如何

寿宁贫困由来已久。明崇祯时（1628～1644），除种稻外，普遍种苎。"富者买山，中人则自力其地，力薄则指苎称贷，熟偿之。""凡完粮，结讼必俟苎熟，荒则否"。种植业而外，"民间多畜猪"作为辅助性副业。清初，由于"兵燹连年"，"生齿日益消乏"。至康熙二十二年（1683），官府曾豁减赋税31%，但遇上欠收，仍不免"群踵而糊口于浙。"民国时期，匪患兵灾，豪绅压迫，1933～1934年，在中共寿宁县地方组织的领导下，农民纷纷参加红军，武装抗租抗税。1938年，红军北上抗日，国民党政府抓丁、派款、横征暴敛，农民一直在饥寒交迫中挣扎。

县人民政府于1949年10月起组织军民剿匪、反霸、减租、减息，开展土地改革运动，实现耕者有其田，生产迅速恢复。到1957年，农民人均口粮达到172千克，比1949年增加7.5%。

1958年后，由于连续的自然灾害与浮夸风的影响，导致1960年每人每日口粮不到250克。1961年后，贯彻《农业六十条》和"八字宪法"，使1965年人均口粮达161千克，从集体分得人均31元的纯收入，与1958年持平。

"文化大革命"期间，每个劳动力年负担义务工500个工分以上，有的高达1800～2000个工分（全劳力按件计分，每天可得20～40个工分），加上按政治评分分配口粮，取消家庭副业，给农民收入带来很大影响。1974年后，马铃薯、山苍籽油收购量大幅度增加，1978年农民从集体分得的人均纯收入达79元，比1958年增加1.55倍。1978年人均口粮182千克。1979年以来，农村生产责任制逐步完善，进一步解放了生产力，国家又调高了农产品收购价。到1982年，人均口粮270千克，比1978年增加48.4%，人均纯收入180元。1989年人均口粮331千克，人均纯收入498元。

2015年"十二五"圆满收官。这五年，是寿宁综合实力迈上新台阶的五年。地区生产总值年均增长13.6%，财政收入年均增长18.1%，地区生产总值、财政收入跃居全市五个山区县第二。2015年城镇居民人均可支配收入突破2万元，比

2010 年增加 6930 元；农村居民可支配收入突破 1 万元，比 2010 年增加 4921 元；贫困人口从 2010 年的 2.5 万减至 1.2 万，贫困面从 8.5% 降至 4.28%。当年，寿宁被评为"福建省县域经济发展十佳县"。

职工收入水平如何

据明嘉靖二十年（1541）的《福宁府志》记载，嘉靖年间（1522～1566）的年俸银，斋夫为 12 两，弓兵 5 两 4 钱，门子 2 两（当时 1 石的粮价为 2 钱 7 分银）。清康熙时（1662～1722）的年俸银，书办为 10 两 8 钱，马快（包括草粮银）18 两，门子 7 两，马夫 6 两。

1946 年，县政府职员一般日薪 6000 法币（折谷 100 千克），县初级中学教师月薪 1.3～1.49 万元法币。

1949 年，县委、县人民政府的干部职工，部分实行供给制（主要是南下干部与新吸收的干部），部分实行工资制（主要是留用人员），时人均年工资 49 元。经过 1956 年的工资改革，人均年工资达到 485 元。1958 年招收大量的职工，人均年工资降为 423 元。1978 年提高到 572 元。1980 年后，凭票平价供应的商品先后放开价格，职工工资中的物价补贴逐年增加，特别是 1985 年的工资改革，使 1986 年人均年工资达到 1085 元。1989 年人均年工资 1517 元，扣除物价因素，比 1988 年下降 4.4%。据 2016 年《寿宁年鉴》记载，2015 年，全县城镇居民人均可支配收入 20238 元，同比增长 7.9%。

在社会保障方面，自 1949～1989 年，政府共发放社会救济款 593.5 万元。1953 年始办的保险事业（1959 年停办，1982 年恢复），目前承办的种类共有 18 个险种。1982～1989 年，共理赔 1724 件（其中，财产保险 1229 件，人身保险 495 件），理赔金额 256.5 万元。

2015 年基本养老保险、医疗保险实现城关全覆盖。2014 年全年发放城乡居民社会养老保险金 2760 万元，"新农合"参合率 99.96%，全年补偿医疗费 7549 万元，发放城乡医疗救助金 349 万元。

城乡居民消费水平如何

寿宁是个农业县，人民的消费水平，归根结底取决于农村。

自建县至民国末年，寿宁农村的生活方式、消费构成变化甚微。中华人民共和国成立后，寿宁的社会改革和经济建设都取得了很大成绩，农村居民消费水平大有改善。尤其是中共十一届三中全会以后，改革开放改变了寿宁农村经济发展的滞后状况。1985 年起，衣、食、住、行、用发生了重大变化。1989 年，全县人均消费额，按 1980 年不变价格计算，比 1985 年增加 16.1%，其中，农村居民消费增加 31.2%。

1989 年，县城有居民 1.6 万人，其中，非农业人口 0.9 万人，占全县非农业人口的 63%，其余为居住（包括寄居）在城区的农民。进城从事第三产业的农民，相对来说大多属于先富起来的一部分，他们的消费水平，往往高于非农业人口。城乡消费构成上的差别表现在三个方面：

一是商品性消费的比重不同。1989 年，农业人口的生活费总支出中，自给性消费占 43%、商品性消费占 42.2%，而非农业人口的商品性消费为 76%，没有自给性消费。据县统计局抽样调查的 7 个村（70 户）的资料，住在城区的鳌东村，1989 年，人均商品性消费为 747 元，其余居住在各乡的 6 个村（60 户），人均商品性消费仅为 256 元，前者是后者的 2.92 倍。

二是文化生活服务性消费。1989 年，非农业人口的文化生活支出占全部人口生活总支出的 18.7%，而农业人口的文化生活支出仅占 8.3%。统计局抽样调查 7 个村，鳌东村的人均文化生活服务费为 62.5，其余 6 村仅 42.3 元，前者比后者高 48%。

三是较高级商品的消费者主要是城区居民。

1983 年农民的消费构成：食品支出占生活支出的 66.8%，衣着占 6.9%，文娱及书籍报刊占 0.6%，医疗费用占 5%，住房支出占 1.6%，其他非生产支出占 6%；1989 年食品支出降至 56.4%，衣着占 4.5%，文娱及书籍报刊占 2.9%，医疗费用占 1.4%，住房支出占 14.4%，其他非生产支出占 4.7%。

消费虽然取决于国民收入的分配，但银行放款的突增，往往会刺激消费的非正常增长。寿宁县 1957 年人均贷款余额占国民收入的 21%，1978 年占 37.8%，1985 年占 37%，1986 年突增至 56.3%，1987 年为 57.2%，1988 年为 53.6%，1989 年为 57.7%。虽然贷款转化为购买力要有一定期限，但自 1986～1988 年，由于贷款大量增加，致使在人均储蓄余额递增的同时，人均消费净增额还高于人均国民收入的净增额。

居民消费数额中的农民消费 1985 年为 230 元，1988 年为 422 元，1989 年为 454 元。而非农业居民的消费，1985 年为 489 元，1988 年为 623 元，1989 年为 651 元，明显高于农民的消费。

寿宁人的饮食习俗如何

明代寿宁人以大米为主食。清乾隆元年（1736）以来，因人口增加，水稻产量有限，甘薯逐步上升为主粮。抗战结束，马铃薯也作为青黄不接时的晚餐主食。

在 1982 年农村实行家庭联产承包责任制，普遍种植杂交水稻，粮食产量倍增以后，才结束"地瓜当粮草"的历史。

自明代至民国，民家蔬菜以芥菜、萝卜、竹笋为主，每年产季加以腌制或煮熟晒干，以备常年食用。只有传统节日或宴客时才有鸡、鸭、鱼、肉。1952 年以来，荤菜消费量逐年增加。1953 年，全县年人均消费猪肉 5 千克，大买肥肉熬成肉油。1982 年后，消费构成发生变化，瘦肉和猪内脏的供应价比肥肉高出 60%。喜庆或节日的宴席，普遍用上海味、家禽或牛、羊肉。1989 年，人均消费猪肉为 14 千克。

寿宁是茶叶县，居民历来有饮茶习惯，饮料以茶为主。1949 年人均消费茶叶 1.12 千克，1989 年人均消费茶叶 1.18 千克。

民国以前，除节日或宴客外，居民很少饮酒，妇女只在产褥期一个月内饮酒，男劳力只在插秧季节才饮些家酿米酒。1953 年，供销社供应酒类 28.5 箱，其中，也有少量高度烧酒。1970 年，国营商业供应啤酒 52 箱，此后，低度酒消费量逐年增加。到 1989 年，全县酒类零售量 1055 吨，人均 5 千克（其中，国营商业供应的啤酒为 1107 箱）。

调味品，在明代便有质量很好的红、黄米醋。民国时期，斜滩生产的酱油部分销往邻县，大受欢迎。外地购进的有虾油、蛏油和极少量的调味品。1978 年人均消费味精不到 20 克，1981 年上升到 110 克，1989 年为 200 克，眼下，有一半味精市场被鸡精取代。

水果的消费，长期以来除本地出产的梨、杨梅、林檎、柿子、桃、李、葡萄、板栗、锥栗、甘蔗、柑桔、脐橙等应季水果外，大量从外地调入，主要是桔子、苹果、香蕉、甘蔗等。也有荸荠、龙眼、荔枝、杨梅、葡萄、菠萝、草莓等。

城镇居民饮食习惯近几十年逐步变化，在家里煮稀饭的越来越少了。早餐许多人到小食店买豆浆、油条、鱼丸、馒头、拌面、馄饨，尤以特色米糕为多，不但有白糕、红糕、九层糕，还有菜糕等。

居民衣着有什么特点

（一）布料，明代多着蓝麻布，人人用布兜护肚，很少戴帽，贫家裤不掩膝。自清至民国，穿着以蓝色、藏青色土布为主，下田上山劳动，仍着自织的苎布衫头，男子夏日光背短裤。成年人酬宾的衣服，用过便折叠珍藏，一套遮光外衣十年犹新。老年妇女多是补丁加补丁，直至认不出当时的新衣是什么颜色。冬季都靠火笼取暖。富绅则着细布、绸衫、绒袄。衣衫褴褛、衣不蔽体的穷人随处可见。

土地改革后，普通人家有了余钱剩米，才陆续穿上细布。1953 年，居民人均消费棉布4.8米。1972年县内开始供应化纤布匹。1978年，全县销售棉布77.7万米，化纤布22.2万米，呢料1376米，丝绸2313米。至1985年，青年着装更新，西装十分流行。1989年，全县销售棉布18.4万米，化纤布28.6万米，呢料0.55万米，丝绸2.05万米，针织衣裤6.93万件，各种成衣5.9万件。如今城乡人民衣着焕然一新。城乡青年手头较为宽裕的，讲究时髦，选购闽南和浙江生产的新颖时装，如茄克、西装、兔毛衫、旗袍、连衣裙等。

（二）鞋。明清时，群众穿布鞋、木屐。男性布鞋为黑色圆头低帮，女性多为红、绿等颜色鲜艳的绣花尖头鞋。1926年以后，女孩不再缠足。女鞋款式除颜色艳丽外与男性相同，只是多一根横扣的纽带。当时留洋和在福州求学的寿宁籍学生，已着牛皮鞋或胶鞋。到抗战前夕，县内市场也有胶鞋和牛皮钉鞋供市，但贫困农民依旧跋着旧布鞋。"贫儿多赤脚"，我上高中时有一张团支部团员的合影，不管是男女同学全是赤脚的，照片上唯一一位穿鞋的，那是我们的老师。

（三）袜。明清时期，妇女以布缠脚、外罩绣花褶箍。男性冬季穿布袜。民国时期长统线袜逐渐普及。至1931年以后，妇女常年穿线袜，男性着袜仍限于国家职员、教师和少数商人。土地改革后，农民冬寒也着线袜。1965年以后，尼龙袜、丝袜逐步代替了线袜。

（四）帽。自明清至民国，每年冬季老年男性有戴棉帽，小孩多戴虎头帽，中年妇女束绸帕，老年妇女戴横包棉帽圈，富家男子戴毛织帽，老年人除了夏季外普遍戴帽，品种款式有鸭舌帽、棉帽、毛织帽。1985年后，男女青年的流行式帽有：太阳帽、软革帽、塑料帽等。

（五）床上用品。自明清至民国，只有富裕家庭才置棉褥、棕垫、毛毡、绣缎棉被、蚊帐；普通人家均用稻草编成的草垫垫床，上铺草席。结婚时新弹的棉胎和粗布被套，一般都盖上一辈子，棉胎板化又扯开翻弹，被套也是补了又补。夏天多数人用锯粉熏蚊。水稻矮杆化后，草垫为棉褥所代替。1985年以来，床单逐渐普及到家户，绣花枕套、人造丝被面、线毯、尼龙蚊帐也相当普遍，多数职工家庭有毛毯、电热毯、踏花被。新婚多用席梦思。少数人家还用上电子驱蚊器和高档的芳香驱蚊喷雾剂。

寿宁人住、行的情况如何

住房，明代民宅多为单层木构瓦房，"四围垒土"。清以后，结构以三开间二进或五开间三进为主，均有楼厅，底层高三米，第二、第三层高2米，中间为堂屋，后堂作灶房，两厢为卧室，前后或左右搭灰寮，用作牛栏、猪圈或堆放柴草、农家肥处所。除店宇外，讲究风水，重坐向，轻采光。贫苦户无力建屋，则筑土仓栖身。店宇多是双层，楼上作居室，楼下开店铺，或临街设铺面，后边作灶房。店员多以柜台为床，俗称"起倒铺"。富家建房占地宽敞，有大天井采光，阴沟排水。少数深宅大院，还有与邻屋隔绝的高墙（5～6米），连滴水沟也围在墙内。民国时期新建住宅很少，结构多沿用清代模式。

1949年10月～1965年，人民政府拨款帮助老区人民建了一批新房，但均为土木结构。民间于1980年始建砖木、砖混结构的三层平顶房，目前高的已达6层。1985年以后，一些先富起来的人家，新建的住宅外嵌瓷砖，内贴壁纸，不仅铺地砖，个别还加地毯。住房备有浴室，庭院内外养花种树，饲鸽养鱼，十分讲究。1989年，全县农民人均拥有住宅17.48平方米。1977～1989年，有6430户职工建房，占地面积90.68平方米，对缓解公房紧张状况，发挥了一定的作用。进入21世纪以来，随着茗溪新区和县城东区的开发，20多层的高楼大厦拔地而起，商品房成了年轻人住房的首选。商品住宅从上世纪末的2000多元/平方米，逐步上升到4000～5000元/平方米。物业管理成了新兴的产业。住房的投入成了人们生活的第一大支出。也有人喜欢"有天有地"的，自己购买宅基，建起占地几十平米的砖砼结构的小洋楼，城关地区，这种沿四围山边延伸，依山、依水建立起来的居民住宅有6000多家，多数是进城农民的新居，一般造价每平方米在800～900元之间。

路、车。寿宁未通公路之前，人们长年累月跋涉于崇山峻岭之间，只有少数官绅、富户出门时乘轿，走水路则需步行至斜滩，才能乘小船经武曲出县，或经犀溪出县至泰顺百丈乘船到温州。1958～1989年，全县修建公路438.4千米，平均每百平方千米拥有公路31千米，另外还有乡村大道26条，长43.4千米。2012年9月28日，福安至寿宁高速公路开工，公路起于福安市坂中乡长汀村，设坂中枢纽互通与沈海高速复线相接，经福安市坂中乡、社口镇往寿宁武曲镇、斜滩镇、竹管垅乡、南阳镇、犀溪镇，终于犀溪镇双港（闽浙省界），全程5.45万米，总投资47亿元。2015年8月10日竣工通车，寿宁人民迎来了高速公路的新时代。

能源状况如何

首先是燃料，寿宁历来以木柴、木炭为燃料。1979年后，农村办起小型水电站，农家普遍用上鼓风机，薪炭消耗减少，为保护森林资源做出了很大贡献。1981年，县燃料公司开始经营民用煤，以倒挂的价格供应机关食堂和城镇居民，部分人家开始使用煤灶，并增置煤炉。1988年全县供应民用煤3600吨，为了方便用户，燃料公司在斜滩设供应站，在县城生产蜂窝煤。1984年以来，电饭煲、电炒锅、煤气灶、电磁炉逐步进入普通家庭，"保护森林，发展林业"，山上的花草多了，植被厚了，生态环境改善了，水土流失也少了。

其次是照明。明清时期，大多数居民用火篾、松明照明，富绅或商户则用蜡烛、灯笼，产油地区用桐油、茶油点灯。民国十九年（1930），县内开始供应煤油，富绅开始用煤油灯，商店逐步用上"风不动"（桅灯）。到抗战前夕，煤油灯逐渐推广到居民家，但火篾、松明、桐油灯、茶油灯仍在沿用。"朝迎山村风寒，夜伴泥瓷灯盏"是很普遍的生活。县城和乡（镇）所在地偶有集会、演剧则用汽灯。1952年起县城开始用电灯。1989年，电灯普及到171个行政村，全县82%的住房有了电灯照明。进入新世纪，全县农村已实现用电全覆盖。至2014年底，全县有65个电站，装机31.31万千瓦，多数并入国家华东电网实行调剂。

生活用具情况如何

首先是钟表。明清时期计时，只能听公鸡报晓、看太阳作息。多数人看太阳估时。直至民国，也只是机关、学校、少数富裕家庭才有自鸣钟或双铃马蹄表，极个别官绅置有怀表。1956年起，上级对寿宁不定期配给手表。到1968年，年供应量不到100只，笔者是1973年1月份参加工作的，翌年县委办主任给笔者分配了一只"钟山"表。1978年全县分配手表上升到1643只，1981年达4571只，从此手表才从"三转一响"的结婚纪念品，降为一般日用品。如今，随着电子表、手机的流行，钟表类型花样翻新，城乡居民选购已趋向美观、实用、多功能。

其次是家具。1950年以前，大户人家的室内陈设有青漆雕花木架（也有铁架、铜架的）斗床，以及衣橱、藤箱、藤床、藤椅。室内陈设式样的改进始于1975年，少数家庭仿照外地制造新颖高低床、三门橱、高低柜、写字台、床头柜。1985年以后，高档组合家具普及，新婚的卧室还有新潮的弹簧沙发、美得梦家俬，以及各式典雅的灯具。原料也不限于木材，已用上钢材、人造革、塑料、玻璃、铝合金；外用涂料也不限于桐油、青漆，还用上蜡克。

再次是家用电器。民国时期只有极少量收音机。1958年县内开始供应收音机，到1973年每年到货不到100台。1979年后，各种家用电器逐渐普及。目前，速热器、电风吹、电扇、收音机、电熨斗、洗衣机、电冰箱、电视机都进入寻常百姓家。移动电话、电脑已十分普及，空调、微信、博客、微博、网上购物已成了时尚。

文化娱乐情况如何

1950年，寿宁开设新华书店，县邮电局开始办理预订报刊。1954年全县书报杂志销售额1.1万元，1957年增至2.9万元，1978年达17万元，1981年达25万元。

1989 年猛增到 238.8 万元，占当年全社会商品零售总额的 3.3%。

1940 年，省巡回宣传队到寿宁播映无声电影。1954 年省派放映队到寿宁流动放映电影，1956 年县里成立电影队。1989 年有县、乡、村电影院 10 家，农村放映队 50 个。1955 年，观众 7 万人次，1959 年 22 万人次。1967 年后只演《红灯记》《沙家浜》《智取威虎山》等样板戏，场数多，但观众少。到 1970 年观众才恢复到 35.4 万人次，1976 年为 123 万人次，1987 年最多，达 412 万人次。此后，电视机进入多数居民家中，录像厅如雨后春笋，电影观众减少，1989 年降至 271.7 万人次。进入新世纪以来，看电影的人更少。目前，"3D" 电影因包厢多、场景逼真，观众如临其境，深受部分人喜爱。

1953 年开始设立有线广播，1972 年普及到行政村，1980 年入户喇叭达 1.48 万只，1987 年各乡有广播扩大站，44 个行政村有广播室，有线广播成为县、乡、村宣传党的方针政策的帮手。如今，电视已进入数码高清时代。

据以往抽样调查的资料看，农民家庭文化娱乐和报刊的人均支出不多。1983 年为 1.25 元，1988 年为 4.54 元，1989 年为 15.81 元。学生上学学杂费的人均支出，1986 年为 6.95 元，1988 年为 15.83 元，1989 年为 18.09 元，约占生活费总支出的 2~3%。新世纪以来，幼儿学前教育的支出和高中学生的收费，每学期人均在 800 到 1000 元不等。

农业生产

第五卷

如何评价寿宁农业发展的历史

寿宁四季分明，温度适中，雨量充沛，适宜发展农业生产。全县可经营土地204.65万亩，其中，处在500米以下的丘陵地占18.06%；500～800米的低山占37.7%；800米以上的中山占44.24%。土壤有红壤、黄壤、水稻土、紫色土4类，14个亚类，36个土属。种植的粮食作物主要有水稻、甘薯、小麦等；经济作物主要有茶叶、油茶、马铃薯、油桐、苎麻、甘蔗和少量柿、梨、板栗。养殖的家畜主要有猪、牛、羊、兔；家禽主要有鸡、鸭、鹅；淡水鱼主要有：鲤鱼、鲢鱼、鲫鱼、草鱼、青鱼、鳙鱼、罗非鱼等。

解放前，寿宁的农业由于受封建土地所有制的束缚和落后耕作技术的影响，发展十分缓慢，部分偏远地区仍停留在刀耕火种的原始状态。尤其是民国时期，官府的苛捐杂税，豪绅的高利贷盘剥，导致农民大批破产，田地大量荒芜，至1949年，全县耕地虽有19.54万亩，而粮食总产量却只有1.66万吨，生猪存栏数仅1.31万头。人均耕地2.08亩，人均占有粮食仅176千克（亩产只有90.4千克）。当年全县农业总产值为689.91万元（按1980年不变价格计算），占工农业总产值的90.8%。其中，种植业产值505.3万元，占当年全县农业总产值的73.25%；林业总产值38.01万元，占5.51%；牧业产值77.3万元，占11.2%；副业产值69.3万元，占10.04%；渔业几乎空白。

1949年后，党和政府十分重视农业生产，经过土地改革，组织农业生产互助组、初级社、高级社，成立人民公社，实行联产承包责任制，使生产关系不断适应生产力的发展。同时，增加农业基础设施投资、兴修水利、进行农田基本建设等；设置种子、畜牧、植保、农技、农机、经济作物、气象等专业机构，加强农业的科学技术指导。从1949～1978年的30年间，粮食生产虽有21年增产，1年平产，8 年减产，发展步伐缓慢。

1980 年以来，改革农业经营体制，逐步推行各种形式的联产承包责任制，积极发展多种经营，推广科学种田，普及杂交水稻，农业生产获得全面丰收。1989 年，农业总产值 6904 万元，比 1978 年增加 1.19 倍，平均每年递增 10.84%。1989 年与 1949 年相比，全县耕地面积减少 3.76 万亩，农业人口增加 109718 人，而农业总产值却增加 9.01 倍。

"十二五"期间，寿宁农业发展更快，综合实力更强，产业支撑更好，发展后劲更足，农民获得更多实惠。地区生产总值比 2010 年翻了一番，年均增长 13.6%。茶叶产值 8.9 亿元，比 2010 年增加 4.2 亿元。五年完成全社会固定资产投资 212.09 亿元，是"十一五"时期的 3.4 倍。水利工程累计投入 3.7 亿元，实施大批水利工程，有效促进人水和谐。贫困人口从 2010 年的 2.37 万人减至 1.2 万人。农民人均可支配收入从 2010 年 5824 元提高到 11080 元，跨过了万元大关。

耕地如何分布

据明刊本《建宁府志》载：寿自明景泰六年（1455）开邑，至明天顺六年（1462），有官田、山、塘、园地共 51 顷 37 亩，其中：官田 47 顷 13 亩，官地 75 亩；民田地山塘园 336 顷 63 亩，其中，民田 295 顷 26 亩，民地 64 亩。

清康熙二十五年（1686）有官田、地 47 顷 63 亩 8 分 3 厘，民田、地 316 顷 5 亩 4 分 3 厘 2 毫。

1941 年，县政府对全县耕地按户逐丘绘图测算，时有赋田地 27.06 万亩。1945 年重测复核，实有田地 23.49 万亩，其中：水田 22.06 万亩，农地 8939 亩。1949 年，全县有耕地 19.54 万亩。土地改革结束时，全县有耕地 19.02 万亩，其中水田 14.36 万亩，农地 4.46 万亩，人均占有耕地 1.9 亩。至 1989 年底，全县耕地仅剩 15.78 万亩，其中，水田 12.40 万亩，占 78.61%；农地 3.38 万亩，占 21.39%。人均占有耕地 0.73 亩，农业人口人均占有耕地 0.81 亩。至 2015 年底，全县耕地面积 25.91 万亩，园地 21.07 万亩。

寿宁县水田分布特点，一是多分布在有水源的沿溪两岸的低缓山垄，山坡及山间小盆地，成为山垄田、梯田或小洋田。1980 年，全县有水田 12.52 万亩，其中梯田 6.29 万亩，占水田总面积的 50.27%；山垄田 3.61 万亩，占 28.83%；小洋田 2.62 万亩，占 20.9%。二是山田多分布于高海拔地区，海拔 700 米以上的水田 5.82 万亩，占水田总面积的 46.51%；海拔在 500～700 米之间的水田 3.89 万亩，占水田总面积的 31.09%；海拔 500 米以下的水田 2.81 万亩，占水田总面积的 22.4%。全县耕地肥力偏低，中低产田面积达 9.58 万亩，占全县耕地总面积的 60.72%。

劳动力资源状况如何

明清时代，农民力于本业，无闲食之口，妇女勤于织事，无郊外之游。民国时期，战乱频繁，税苛债重，疫病流行，人口死亡率上升，加上外流劳动力增加，劳动力数量减少。1939 年，劳动力仅占总人口 22.8%，至 1943 年下降为 22%。由于缺衣少食无力读书，农业劳力绝大部分为文盲或半文盲。

1949 年后，人民政府鼓励妇女参加农业劳动，1952 年，斜滩区有 2 名妇女被评为县劳动模范。人民公社化期间，实行男女同工同酬，农业劳动力占农业人口的比重增大。1958 年，农业劳动力 53753 人，占农业人口的 52.45%。其中女劳动力 20110 人，占农业劳动力的 37.41%，这种状况持续到 1974 年。农村采取联产承包责任制后，在农忙季节，妇女劳力又成了农业生产劳动的主力军。1989 年，全县参加季节性农业劳动的妇女劳动力达 24457 人，占农业劳动力的 40.19%。

经过多年的普及初等教育和农民业余文化教育，农民文化水平有所提高，许多中青年成为有专长的新一代农民。1987 年，全县农村劳动力的文化程度，高中 3830 人，占农村劳力的 6.7%；初中 9269 人，占 16.1%；小学 29358 人，占 52.89%；文盲及半文盲 13043 人，占 23.5%。全县能工巧匠 1400 人，占农村劳动力的 2.5%。

畜力情况如何

寿宁的畜力仅限于耕牛，有黄牛、水牛两种，黄母牛由于体形矮小，拉力不大，仅用于繁殖，不作役用。水牛体大力强，是农业生产的主要畜力。1938 年，全县养牛 1187 头，其中役用牛 665 头，占饲养数的 56%，每头役用牛平均负担耕地 200 余亩。

1949 年，全县役用牛为 1403 头，每头役用牛负担耕作水田 102 亩。1952 年，全县饲养耕牛达 4005 头，其中役用牛 2069 头，比 1949 年增长 47.5%，每头役用牛需耕作水田 56.1 亩，比 1949 年的耕作量减轻 45%。1972 年，饲养数达 6946 头，其中役用牛为 3282 头，比 1949 年增 1.32 倍，比 1952 年增 0.58 倍；每头役用牛耕作水田 55.6 亩。役用牛中有黄牛 2075 头，占役用牛的 63%，1972 年为役用黄牛最多的年份。1980 年，全县养牛 5939 头，其中役用牛 3521 头，占 59.3%，为饲养役牛最多的年份。1981 年，役用牛中水牛 1992 头，占役用牛的 59.9%，为役用水牛数最多的年份。

1981 年，小型拖拉机开始应用于耕作，机耕地面积增加，耕牛饲养数逐渐减少。1986～1989 年，全县年均养牛 5087 头，役用牛每年不上 3000 头，每头役用牛平均负担耕作水田 45 亩。1989 年有役用牛 2889 头,每头役用牛平均负担耕作水田 43.9 亩。

农业机具发展情况如何

寿宁县的农业机具主要有传统农具和农业机械。1953 年起,县人民政府为减轻农民的劳动强度,开始对传统农具实行改革。新式农业机械逐步得到推广。到 1989 年,耕作、植保、收获、运输、加工等农业机械已在全县各乡(镇)普遍使用,其中,粮食、饲料加工已实现机械化。

"十二·五"期间,农业机械化在广大农村已十分普及。

传统农具的种类有多少

传统耕作农具有锄头(板锄、山锄)、墣刀、犁、耙、耙板、秧盆、灰桶、耜轭、田踏、推板;田间管理农具有草耙、花箍、尿桶、尿勺、粪楻、畚箕、耨箍、水车、灰筛;收割农具有镰刀、禾刀、禾楻、禾梯、箪、篮、蓸、篓、布袋、谷筛;粮食加工农具有砻、舂臼、舂杵、推磨、畚斗、风柜、水碓、脚碓、米筛、糠筛、米笔、簸箕、薯刨、笊篱、篾篼;运输工具有:扁担、拄杖、棕绳、麻绳、麻袋、布袋、箩筐;砍伐农具有:斧头、锯、柴刀;遮阳避雨农具有:斗笠、棕衣等,这些传统农具大部分沿用至今,少部分被农业机械所取代。

农业机械的种类有多少

寿宁农业机械大体可分为六种类型:

一是耕作机械。主要有铧式犁、插秧机、机耕船、拖拉机、推土机等。1956 年,县国营农场首次引进双轮双铧犁在鳌阳地区使用。1967 年,南阳公社首次购进小型手扶拖拉机 2 辆,用于水田耕作,比牛耕工效高 5 倍。1973 年,全县大搞农田基本建设,坑底、大安、犀溪、竹管垅、斜滩、等公社曾用推土机平整土地。

二是排灌机械。1949 年以前,斜滩、武曲沿溪地段曾用水车提水灌溉。1954 年,境内开始运用抽水机提水灌溉,1958、1962 年县农业机械厂先后试制成功 2Kb、3Kp 型水泵,1976 年,武曲农机厂生产 25、30、40 等 3 种型号喷灌机 300 台,用于稻田、茶园喷灌。1966 年,电动灌溉面积 908 亩,占机耕地总面积的 0.57%。1977 年,全县有抽水机 8 台,40 马力;水轮机 1 台;电灌站 1 个,功率 7.5 千瓦;水轮泵 7 台,210 马力。1981 年,全县有柴油机 172 台,2081 马力;电动机 309 台，1066 千瓦。

三是运输机械。1958 年福寿公路通车后，寿宁始有机械运输。1970 年，全县有农用拖拉机 33 辆，240 马力。1977 年，有中小型农用拖拉机 114 辆，1062 马力；农用汽车 6 辆。1984 年，全县有农用载重汽车 13 辆，小型拖拉机 208 辆，另有农村运输专业户 525 户，为农民运输公粮、调运良种、化肥、农副产品和日常生活用品。

四是收获机械。1962 年，县农机厂研制脚踏脱谷机，当年生产 300 台。到 1970 年，全县拥有脚踏脱谷机 1617 台。1973 年鳌阳镇引进第一台 7 马力的电动脱谷机。1978 年，全县有电动脱谷机 9 台，24.5 马力，人力脱谷机 2493 台。此后，随着农业生产责任制的落实、推广，原来的大集体农业逐步演变为小组或个体的生产形式，双人脚踏脱谷机也改制成单人脱谷机。到 1989 年，全县有单人脱谷机 1.26 万台，电动脱谷机 15 台，23 马力。

五是植保机械。1955 年，寿宁开始使用机械施药防治作物病虫害。当年全县有人力喷雾器 44 部，人力喷粉器 17 部。据供销部门统计，1955～1988 年，全县共售出喷雾器 2.73 万部，平均每年销量 803.5 部。1979～1988 年，全县共销售人力喷雾器 2.27 万部，平均每年售 2270 部。农民家家户户都有喷雾器。

六是加工机械。1951 年寿宁县只有 1 台碾米机，1965 年，增至 2 台。1973 年，县粮食加工厂购进 250 型榨油机 1 台，当年全县有碾米机 106 台，粉碎机 53 台，磨粉机 20 台。1974 年全县购进饲料切碎机 25 台，在各公社开展饲料加工业务。1985 年，全县有碾米机 498 台，其中，个体户 429 台，国营企业 69 台；磨粉机 43 台，其中个体户 39 台；榨油机 5 台，粉碎机 15 台，全面实现粮油、饲料加工机械化。

土壤普查的结果如何

寿宁县于 1959 年和 1980 年，先后进行过两次土壤普查。1980 年普查结果：全县有水稻土面积 12.52 万亩，占耕地总面积的 79.01%，占土壤总面积的 5.86%。水稻土又分 4 个亚类：地表水型的淹育（或渗育）水稻土、良水型的潴育水稻土，还原性水分侧渗作用的侧渗（漂洗）型水稻土，地下水型的潜育水稻土。

人工造田的成效如何

历代政府都提倡农民垦荒造田，但收效甚微。民国时期，县政府责令农民开垦荒废的土地以扩大种植，但因土质贫瘠，多处荒山野岭不便耕作。1949 年后，县人民政府动员农民开荒或围滩造田。1965 年全县开荒造田达 1 万亩。1971 年提出"改沙滩，造良田"的口号，仅武曲公社就动员 2.5 万个工日，围滩造田 80 亩。1972 年全县平整土地 340 亩。农地改水田 560 亩，围滩造田 56 亩。南阳公社东吉洋改溪造田 26 亩。1975 年武曲公社的南岸、武曲、西塘、大韩等大队共围滩造田 337 亩。犀溪公社犀溪大队的犁头坂围滩造田 46 亩。1976～1977 年，全县平整土地 1.78 万亩。

中低产田改造成效如何

寿宁从上世纪 50 年代起对中低产田进行改造：

一是改良土壤。1950 年，采用远田割青踏田，近田移入淤泥、菜园土等办法改良土壤。1960 年，实行深耕深挖。70 年代起，大面积播种紫云英、马铃薯、油菜，以增加土壤有机质。对酸性土壤施用石灰中和。

二是根治水害。1960 年，在坑底公社开始改造冷水田、烂泥田和山垄田，实行排冷泉、排锈毒、串灌改轮灌。

三是改变冬浸习惯，实行水旱轮作。寿宁历史上虽有水稻与甘薯轮作的习惯，但冬、春种轮作则很少。自从引种紫云英后，水稻——紫云英或马铃薯、油菜、蔬菜一年两熟的轮作制逐步形成，有效提高了农闲土地的利用率。

四是协作攻关。1984 年，县农业局在清源乡搞试点，采取优化施肥、高产模式栽培、垄畦栽培、根外喷施叶面宝等技术，建立稻田示范片 1520 亩，带动片 4865 亩。次年分别扩大到 2.10 万亩和 2.95 万亩。示范片亩产稻谷 424.2 千克，比一般水田增产 82 千克。带动片亩产比一般水田增产 35.1 千克。1988 年，全县有 350 个科技挂钩户，县农业局抽调 38 位农技干部，聘请 157 位农民技术员，对 4.05 万亩水田进行技术攻关，当年水稻亩产达 478.8 千克，比 1985 年全县平均亩产增 38.78%，比 1987 年的示范片的亩产增 6.9%，比全县平均亩产增 16.5%。当年全县示范片计增产稻谷 1253.83 千克，成效喜人，参试农户普遍得到实惠。

兴修水利的情况如何

明清时期，境内水利设施主要有引水沟、圳、渠、水车，以及为庵堂、寺庙、村庄兴建的小池塘。明正德年间（1506～1521），知县尹衮出巡至渔溪黄客岭下，见当地田地抛荒，立即组织民工凿坡筑坝，引水灌溉水田 200 多亩。又据清康熙版《寿宁县志》记载，县内还有司前陂、城东陂、城西陂、茗溪陂、坑底陂、潭下陂、后墩陂、梅仔湾陂、际头陂等处均修起水利。民国 35 年（1946），各乡

（镇）成立农田水利协会。至1949年，全县有小型引水工程2712处，但由于山涧、小溪水源不足，沟渠渗漏严重，灌溉效益不高。

解放后，县人民政府把水利当成农业的命脉，关心水利建设，实行民办公助，组织农民，修复、兴建水利设施。到1989年，全县累计有水利工程5345处，灌溉面积达4.76万亩（不包括县外的灌溉面积），保灌面积3.54万亩，分别占耕地面积的26.98%和22.46%。

工程类型有三种：一是引水工程，计5242处，灌溉面积4.76万亩，保灌面积3.5万亩。其中，灌溉面积达千亩以上的引水工程有5处，灌溉田地1.14万亩。二是蓄水工程，共160处，总库容量4748.7立方米，可灌溉农田2.04万亩。三是提水工程，全县动力抽水站2处，功率22千瓦，灌溉田地451亩。

骨干水库、水利有哪几处

骨干水库有8处：一是小托水库，建于1958年，总库容426万立方米。左干渠从小托至竹坪，长24千米；右干渠从叶洋铺至山头仔，长13千米。二是安章渠道，1964年建于蟾溪下游的清渡村，渠长11千米，保灌面积1200亩。三是桦林水渠，1967年动工，1972年2月竣工，坝址在凤阳桦林村，长16千米，灌溉面积2800亩。四是山际水库，库容150万立方米，灌溉面积3200亩。五是武曲龙井水渠，渠道长31千米，干渠16千米，灌溉面积1200亩。六是平芹水利，源于平溪乡云雾坑村。1972年动工，1975年竣工。渠长32千米，灌溉面积6250亩。七是铁炉坑水库，位于犀溪乡仙峰村聚宝洋岭尾。大坝于1975年5月动工，1978年12月竣工，库容104万立方米，灌溉面积500亩。八是后溪水渠，坝址位于犀溪乡后溪村。渠长2.5千米，灌溉面积500亩。1977年10月动工，1979年12月竣工。

生产关系中封建土地所有制你知道吗

春秋时期，寿宁属越域，秦汉以后，中原人南迁，寿宁遂成新的开发区。从刀耕火种至开山造田，土地谁垦谁有。人们聚族而居，开始发展种植业和养殖业。

明景泰六年（1455）设县时，已有官田地和民田地、学田与公轮田之分。官田为国有，由官府发佃，收租公用，常为有权有势者包佃或再轮佃给无田地的农民，权势者从中牟利。学田，系官府动用公款，官员捐俸或民间集资，为兴学而置，也有将讼断私田、充公土地划归学校，出佃收租，作为办学之资。公轮田为宗族公田，租产用于修建祠堂与祖坟、祭祀及办理族内其他公共事业等开支，也抽出部分作为鼓励族人子弟就学用资（俗称"油灯租"）。

封建社会，寿宁土地兼并严重，耕地多数集中在地主、富农手中，贫困农民少地或无地，靠租种富家田地维持生活。1945 年，全县耕地总面积 23.49 万亩，只占全县总人口 4.4% 的地主、富农，却拥有耕地 6.11 万亩，占耕地总面积的 26%；占人口 45.6% 的工商业者及自耕农，拥有耕地 14.37 万亩，占耕地总面积的 61.2%；而占全县总人口 50% 的贫困农民，仅占有耕地 3.01 万亩，占耕地总面积的 12.8%。富人不种地，靠收租生活；而贫民百姓则出卖劳动力，租种富人的田地。除向富人交足地租外，还要交捐纳税，每年只剩下少量收入来维持生活，遇灾荒年，青黄不接，还得卖儿卖女。有句唐诗"十足不粘泥，凌凌居大厦，掏尽门前土，屋上无片瓦"说的就是这样一种生产关系和社会现实。

封建社会寿宁的租佃、地租、雇工及借贷关系如何

先说租佃关系，有永佃、定期与不定期租佃 3 种。永佃为世代连续租佃，定期有 3 年～40 年不等，不定期则是 1～3 年以内的租佃。

其次地租，地租有定额实物租、实物分租、钱租、押租 4 种。定额实物租不管收成好坏，按固定实物定额纳租。实物分租：以当年实际产量按固定比例分租，一般对半分，也有倒四六、倒三七，最高为百分之百，租种者只能在秋收后再种一季冬种作物作为自己的收成。钱租：不管粮食价格高低，收成好坏均按每年固定租钱纳租。押租：将地契作借贷抵押的，按最低估值定租交纳；另一种是"课田"抵押土地，当年就由债权人调耕，以地租定额偿清债款。

第三雇工，富家雇用贫民做工，有长期雇工、短期雇工和临时雇工之分。长期雇工雇佣期在 1 年以上（俗称"长年"、"长工"）。短期雇工只为农忙季节雇用，雇用期在一年以内。临时雇工则 3～5 天不等。家资巨富的财主有养婢女，并为婢女招赘，或将其匹配给"长年"；也有将"长年"收为养子、养女，以扩大其家属势力。

第四借贷，有放钱债、放谷债及放牲畜债 3 种类型。放钱债，每月利息 50～100%；放谷债，年利以加五、加八或加倍计算；放牲畜债、高利贷者将母畜租给贫民饲养，所产仔畜对分，母畜死亡，养户免赔，母畜增值则为畜主所有。母畜所产的第一代仔畜，如养户继续饲养的，其产子按 3∶1 分成（即养户 3 份、畜主 1 份）。母畜再产 1 代仔畜则全部归养户。牲畜债中，放母猪债的，畜主每胎收取断奶乳仔猪 1 头；放小猪债的，则到成猪宰杀时收回成本，并加一两成利息。租用种公畜，畜主向租者收取配种费。役牛租，农民租用役牛耕地，日出租 5 千克，到秋后交给畜主。牛塘租，大安、坑底等乡村，民间习惯在高山地带有水处

挖塘，夏季将水牛集中放牧，晚间赶到塘内，管理者要以牛相斗，胜牛之主即为塘主，塘主负责收取适当的塘租与牧牛工资。

封建社会租债繁多，贫苦农民借贷期满无力归还，被迫卖田卖房，甚至卖儿卖女还债。卖田卖房有卖断，即卖后失去所有权；有出典、典钱无息，典物无租论处；典期内不能赎，期满后，可按原价赎回，无力赎者协商续典；也有补些价款作卖断处理。1933年，寿宁二区官田乡农民在高利贷盘剥下，全乡有贫苦农民24人将妻子典于他人，13人将女儿出卖，以还债务。全乡衣不蔽体、食不果腹的单身汉有76人之多。

何谓土地改革

1949年10月，新建立的中共寿宁县委，领导农民组织农民协会（简称农会）。全县80个乡，有76个建立了农会，有会员24956人，占农业人口的27.68%。在全县农村开展"反霸斗争"和"减租减息"运动。1949年冬，开展"三七五"减租运动。当年地租按原额每50千克减租18.75千克。至1950年底，全县共减租谷539.44吨，受益农民达2725户，25371人，占全县农业人口的28.14%。没收被多占的田地2062亩，稻谷88.37吨，山地16片，房屋107间，耕牛16头，受益农民2537户，7617人。减租减息改善了部分贫苦农民的生活，但没有根本改变封建土地私有制的不合理状况。

1950年12月初，寿宁县召开第一次各界人民代表会议第四次会议，通过《关于寿宁实行土地改革的决议》，成立寿宁县土地改革委员会，在全县开展土地改革运动。土地改革分三期进行。第一期从1950年12月下旬开始，至1951年4月结束，主要在23个乡进行，参加土改工作人员237人。第二期从1951年7月开始，到10月结束，主要在20个乡进行，参加土改工作人员253人。第三期从1951年11月开始，到1952年3月结束，主要在37个乡进行，参加土改工作人员349人。至此，全县80个乡的土地改革全部结束。

在土地改革运动中，共没收地主和征收半地主或富农，小土地出租者及公轮田、庙宇田共11.05万亩，占全县耕地总面积的56.5%。根据《中华人民共和国土地改革法》关于"分配土地，以乡或等于乡的行政村为单位，在原耕基础上，按土地数量、质量及其位置远近，用抽补调整方法，按人口统一分配"的规定进行分配。分得农田的雇农、贫农、佃中农及其他劳动者共29230户，98039人。其中，烈军属分最好的田，贫雇农分较好的田。全县共没收地主房屋1.35万间，家具2.18万件，农具2.68万件，耕牛1088头，粮食4976.5吨。这些财产，除小部分房屋作为乡村办公场所外，其余分给贫苦农民。

1951 年冬至 1952 年，陆续在全县范围内颁发《土地房产所有证》，农民以家庭为单位从事农业生产，收获除上交国家农业税收外，全归个人。土地改革促进了寿宁农业生产的发展。1952 年，全县粮食总产量达 1.82 万吨，比 1949 年增长 9.8%。

什么叫互助组

全县土地改革完成后，贫雇农和部分中农分到土地、生产农具、粮食及房屋，从而使农村发生巨大的变化，生产力得到解放。刚获得翻身的农民，生产资料还不充足，经济基础薄弱，且受到个体农业的限制，生产中遇到许多困难，不能有效地进行精耕细作和抵御自然灾害，重新出现雇工、放债及买卖土地等现象，贫富开始悬殊。1952 年初，政府本着"自愿互利"的原则，组织生产互助组。互助组实行劳动互助，耕地仍属户有，生产费用各户自付，收入除交国家税收外也归各户。互助组成员的劳动实行评工记分，季度结算，各组员应得工价和应支付工分对抵，超短工分折为钱、谷支付。农业互助组有临时互助及常年互助两种。

1952 年春，托溪区坪坑乡农民刘文德等组织起全县第一个农业生产互助组，接着各乡相继成立互助组，到年底，全县有互助组 2331 个，入组农户 19694 户，耕地 10.95 万亩。成立互助组最多的是鳌阳镇，有 41 个农业生产互助组。1953 年，全县互助组发展到 2417 个，入组农户占总农户的 67.65%；人口 73008 人，占总人口的 72.63%；入组耕地 11.54 万亩，占耕地总面积的 62.13%。其中常年互助组 840 个，入组农户 8619 户，30619 人，入组耕地 4.84 万亩。当年全县农业总产值 849.71 万元，比 1949 年增长 22.89%，粮食总产量 1.81 万吨，比 1949 年增长 9.5%。显示互助合作的优越性。

什么叫初级农业生产合作社

初级农业生产合作社，简称初级社。1953 年 6 月 25 日，南阳区官洋乡农民王忠顺等首先办起全县第一个初级农业生产合作社，入社农民 32 户 116 人，入社耕地 121.21 亩。在自愿互利的原则上将土地评产入社，收入按土地 40%、劳动力 60% 的比例分成。社员参加集体劳动实行评工记分、按劳计酬、农活定额管理办法，为寿宁县第一个农业集体经济。

1954 年 1 月 8 日，根据中共中央《关于农业合作化问题的决议》精神，全县掀起农业合作化运动。年底，建立初级社 11 个，入社农民 170 户，耕地 743 亩。同时，互助组发展到 2452 个，参加互助组的农民 20805 户，入组耕地 12.3 万亩。

年底全县参加合作化农民 20975 户，占总农户数的 66.24%（包括纯池区 3126 户，农业人口 12608 人），耕地 12.37 万亩，占总耕地面积的 66.93%。1955 年建立农业初级社 121 个，互助组 2218 个。

随着初级农业生产合作社的发展，其管理体制也逐步得以建立健全，初级社领导成员由社员大会选举产生，设社长、副社长、会计、出纳员、仓管员。建立农业生产经济核算制度，实行统一收支、统一分配的管理办法。初级社的生产资料得到人民政府的优惠照顾，生产发展较快。

何谓高级农业生产合作社

高级农业生产合作社，简称高级社。1956 年 1 月 31 日，根据中共中央《1956～1957 年全国农业发展纲要草案》《农业生产合作社示范章程》精神，寿宁县人民委员会批准鳌阳镇叶明汤等 500 多户农民联合申请，成立全县第一个高级社。至 6 月底，全县有高级社 84 个，入社农民 18903 户，占总农户的 68.2%。到年底，全县共成立高级社 151 个，初级社 144 个，入社农民 22825 户，占总农户数的 82.4%。1957 年底，全县高级社发展到 227 个，初级社为 256 个。入社社员达 24040 户，占全县总农户数的 83.57%，其中参加高级社的 23574 户，占入社总户数的 98%。1958 年，全县成立高级社 290 个，入社农民 26036 户，占全县总户数的 92%，基本实现农业社会主义改造。高级社成为稳定社会主义农业经济的主体，农业生产走上了集体化的道路。

什么叫人民公社

1958 年 8 月，根据中共中央《关于在农村建立人民公社问题的决议》精神，开展"大跃进"、"人民公社化"运动。月底在南阳、斜滩、武曲、芹洋、平溪 5 个乡（镇）进行建社试点。9 月，全县撤并原来的 4 个区、2 个镇、64 个乡的 293 个高级农业合作社，建立 23 个"政社合一"，工农商学为一体的农村人民公社。实行农业统一经营、统一组织劳动、统一调动财力、物力。全县 25935 户农民，15.86 万亩耕地和所有生产资料全部入社。同时，2521 户非农业户也加入人民公社。取消乡村建制，公社成立管理委员会，下设生产大队，生产小队，以生产大队为基本核算单位。国家银行、粮食、商业、教育、文化及农、林、水等部门的下属基层单位下放至人民公社管理，实行双重领导。生产大队管辖生产小队及大队范围内的各事业单位。

1959 年 3 月，开始撤区并社，全县划为鳌阳、斜滩、南阳、坑底、托溪、平溪、芹洋、凤阳等 8 个大公社,辖 128 个生产大队。1960 年,国家遭受困难,又兼自然灾害,粮食减产,农民靠挖野菜充饥。

1961 年下半年,县委执行中共中央《关于农村人民公社工作条例》(即《农业60 条》)全县农村基本核算单位下放至生产小队。实行"人民公社、生产大队、生产小队三级所有,队为基础,独立核算,自负盈亏"的核算分配制度。同时,生产小队有生产资料和生产资金的分配、使用自主权。社员实行评工记分,按劳计酬的分配制度,实行"三包一奖"(包工、包产、包成本,增收奖励)的生产责任制。贯彻"一季自由"(允许社员冬种一季)的方针政策,农业生产开始复苏。

1973 年,全县开展"农业学大寨"运动,搞农田基本建设,平整土地,开山造田取得一定成效。

什么叫联产承包责任制

1978 年冬,岱阳公社双溪大队首先实行联产承包活动。1979 年,农村有少数生产队实行"四定"(定任务、定质量、定时间、定工分)承包制度,把农活包干到生产小组或社员个人完成,"包工到组,责任到人,定额到田,进行验收",取得较好的效益。当年全县农业总产值 3445.90 万元,比 1957 年增加 2268.31 万元,比 1976 年增加 920.3 万元。粮食总产量达 5.29 万吨,比 1957 年增加 2.76 万吨,增长 108.88%;比 1976 年增加 1.1 万吨,增长 26.2%。

1981 年,全县开始推广各种形式的农业生产责任制。全县 2073 个生产小队中,有 2005 个生产小队实行家庭联产承包责任制,占 96.72%。农户可以自主安排生产经营,在"兼顾国家、集体、个人三者利益"的前提下,承包上交公粮,交售征购粮和交足集体提留公积金、公益金、生产管理费外,其他收入均归各承包农户,达到了多劳多得和方便管理的目的。此后,农业生产责任制得到不断健全和完善,农民生产积极性空前高涨。1981 年全县粮食总产比 1976 年增产 1.24万吨。在发展农业经济上,贯彻"改革、开放、搞活"的方针,种植、饲养、加工、运输、服务业、乡村企业得到全面发展,重点户、专业户和新兴经济体不断涌现。

国营农场的历史如何

民国二十八年(1939),在城外马仙宫上殿建立县农场,在监斩坪(今职业中专与体育场所在地)划出一块耕地,另租用黄家洋农民田地一片,从事水稻、甘薯、大小麦、花生等农作物的引种和林木的育苗工作。场内设苗圃、育黑松、马尾松、椆木、杉木苗，供应全县各地农民植树造林。

1949年7月，县人民政府接管农场。1952年4月，县人民政府将土地改革中没收的三峰寺部分寺田和留作现役军人耕作的复员田共68.25亩，农地8亩，作为国有土地，划归县农场，并将县农场改名为寿宁县国营农场，场部设在鳌阳镇三峰岭尾上侧，配有干部2人，职工7人。1954年，农场建牛舍、猪舍各1座，实行农牧兼营。1956年，县劳改中队将五里亭、菖蒲洋2片茶园移交给县农场经营，场内设农业、畜牧、茶业三个生产组。同年10月，县成立种子工作站，农场由种子工作站兼营，并开始向各乡（镇）农户提供种子、种畜、种禽，农民习惯称国营农场为"良种场"。

1979年，因工业发展和城市建设需要，县农场耕地被征用创办寿宁茶厂，农场迁往犀溪公社际坑大队。农场在鳌阳镇的部分耕地和茶园划归县农业科学研究所经营。农场在鳌阳镇内仅保留场部办公楼1座。1988年改建为家属楼，建筑面积1460平方米。1989年，农场拥有耕地447.5亩，其中水田146亩，茶园201亩（包括竹林和山苍籽林），果园100.5亩；场部建有办公楼、宿舍楼、小品种仓库各1座，建筑面积1820平方米；场内设农业、茶果、畜牧3个生产组，负责从事各种农作物与经济作物的引种、试种和各种畜禽的试养工作。时有工作人员28人，其中技术干部3人。

国营茶场的历史如何

寿宁有两个国营茶场，一个是南阳茶场，一个是龙虎山茶场，各有各的发展历程。先说南阳茶场，该场1958年由红星公社（南阳）创建，1960年收归国营，称为"国营南阳茶场"，时有职工70人。1963年2月8日，南阳茶叶初制所移交给南阳茶场管理，初制所共有厂房2座，建筑面积1736平方米，列入计划基建投资。同年，龙虎山茶场被收归国有，称"国营南阳茶场龙虎山分场"。1965年，场内共有茶园258亩，当年开始从事茶叶生产、加工、销售，是县内国营茶叶生产科研基地之一。1975年安装全县第一台滚筒杀青机。1978年，该场茶园面积增至900亩。同年，场内新建茶叶精制厂1座，新增抖筛、飘筛、风桃、拣梗、烘干等机械设备11台，实行茶叶初制、精制联合加工，主要生产眉茶、花茶等。1989年，该场共有干部、职工42人（其中干部6人），设场部、茶叶初制和精制车间，还有南阳、洋边、大莲庵3个作业区，共有茶园面积682亩，其中菜茶542亩，占总面积的79.5%；良种茶140亩，占20.5%。

再说龙虎山茶场，1958年卫星公社（即武曲公社）组织劳动力在后岭山（今龙虎山）开辟茶园，时称后岭山茶园。1963年被收归国有，由国营南阳茶场统管，称"龙虎山分场"。1965年，有茶园面积78亩。"文化大革命"期间，该场改名"五七"茶场。1978年恢复原名。1980年，创办茶叶精制厂1座，实行茶叶初、精制联合加工。1985年从"国营南阳茶场"分出，实行独立经营，正式称为"国营龙虎山茶场"。当年开始实行家庭联产承包责任制，采用包产包值、超产超值全奖，减产减收全赔的管理办法。1989年，该场共有干部、职工35人，其中干部5人。龙虎山茶场内设场部、茶叶初制厂、茶叶精制厂及大韩、余坑2个作业区。共有茶园面积730亩，其中菜茶420亩，占总面积的57%；良种茶310亩，占43%。福建省茶界泰斗张天福曾在该场任技术员，为龙虎山茶场的发展壮大立下汗马功劳。

水稻生产的情况如何

寿宁水稻种植历史长、品种多，主要有籼稻、粳稻和糯稻。按生育期长短又分早稻、中稻和晚稻。

明代籼稻品种有早籼稻和晚籼稻，其中早稻有乌壳早、赤芒早、红白金；晚籼稻有大乌、光生、黄柏、赤壳、政和红；糯稻有红糯、白糯、肥糯及珍珠糯。

清代，籼糯稻除乌壳早、赤芒早、黄柏等传统品种沿用外，又新增清流早、芒丁早、上东早、下南早、赤壳早、大红、溪头早、乌带等；糯稻增加大糯、珠糯、三下槌、林下黄、大小黄、紫红等品种。

民国时期，寿宁水稻生产以单季晚稻为主，中稻次之。1949年，全县水稻种植面积14.36万亩，占全县农作物播种面积的69.21%。当年产稻谷1.23万吨，平均亩产85.5千克，全县人均占有稻谷为130.5千克。

解放后，县委、县人民政府十分重视水稻生产。1952年，开展爱国增产运动，组织农民制订生产计划，兴修水利，搞好冬耕积肥与农田基本建设，以确保水稻丰收。1953年全县普遍推广科学种田，提倡田地早耕深耕、多犁多耙。同年试种水稻小株密植500亩，并开始有目的的水稻选种活动。1955年，对水稻品种进行调查，全县有90个水稻品种。其中，有9个品种被定为高、中、低山区的推广品种。当年，在低海拔的武曲、斜滩、南阳等38个乡开始试种双季稻252亩，产稻谷56.57吨，平均亩产达224.5千克，亩产比单季稻增长22.01%，比全县平均亩产增长59.78%。

1965年，从江苏、福安、福鼎、宁德等地调进"农垦58号"稻种20.15吨，在岱阳公社三望洋、童洋等大队试种584亩，平均亩产264.3千克，比高杆水稻增产30%，其中童洋村种植14亩"农垦58号"，平均亩产达500千克。1966年，全县开始推广种植矮杆水稻"农垦58号"，当年种植面积达3万亩。

1973年，盲目推广种植双季稻，不顾海拔高低、气候冷暖，要求种植面积达5.41万亩。结果高海拔地区因受"三寒"造成8500亩双季晚稻绝收。1974年，因高海拔地区农民强烈反对种植双季稻，当年双季稻面积减至1.94万亩。

1976年，县农业局引进杂交水稻"闽优1号"试种成功。平均亩产达400千克，比常规水稻亩产增加177千克。1977年，在岱阳公社的公路沿线种植杂交水稻3000亩。1978年，全县杂交水稻种植面积达5.72万亩，平均亩产304千克，比全县水稻平均亩产增45千克。亩产最高的岱阳公社三望洋大队叶乃寿生产队，种植75亩杂交水稻，平均亩产达568千克。

1981年，全县水稻种植面积13.62万亩，总产4.29万吨，平均亩产315.5千克，比1949年增长269%，比1969年增长161%。1983年，全县种植水稻13.03万亩，总产稻谷5.43万吨，是有史以来水稻总产最高的年份。从此，结束了寿宁人民"地瓜当粮草"的历史，实现了"一日三餐白米饭"的愿望。

甘薯生产概况如何

甘薯，俗称"番薯"，又叫"地瓜"，有红、白之分。明万历年间（1573～1619）从海外引进种植，多为牲畜饲料。自清代以来，一直作为寿宁城乡居民的主粮。除了刨丝晒干为主粮外，还用于酿酒、熬糖或加工淀粉。1950～1980，甘薯米仍为寿宁人民的主粮之一。尤其是南阳、竹管垅、武曲等几个与福安县毗邻的公社，社员口粮中甘薯米仍居首位。

1949年，全县甘薯种植面积3.8万亩，占农作物种植面积的18.3%；总产4227吨，占当年粮食总产量的25.53%。1960年，全县推广种植"发财薯"1.61万亩，"藤梨皮薯"1.2万亩，金瓜薯9000亩，总产甘薯米4501.5吨。1966年，全县种植甘薯2.78万亩，总产6304.8吨。1972年，全县种植甘薯3.15万亩，总产突破万吨大关，达1.29万吨，平均亩产410千克，为有史以来亩产最多年份。

1980年，全县试种丰产甘薯2950亩，总产1067.9吨，平均亩产362千克。

农村实行联产承包责任制后，杂交水稻大面积推广和水稻总产量的提高，大米成为主粮，甘薯多被作为饲料或加工成淀粉，种植面积及产量逐年减少。1989年，全县种植甘薯5.87万亩，总产量仅次于历史上最高的1972年。

麦和杂粮你了解多少

小麦为寿宁冬种夏收的主要粮食作物之一，大麦次之。

民国时期，小麦种植区域主要在低海拔的武曲、斜滩、凤阳、犀溪、南阳、平溪和鳌阳的部分地区。1948年，全县种大小麦1585亩，总产54吨，平均亩产34千克。

1949年后，县农业部门为增加耕地复种指数，重视冬种小麦生产，并积极引进和培育小麦良种。1950年，全县种植小麦735亩。1954年，全县种小麦1206亩。1956年，全县种麦9029亩，总产441.2吨，平均亩产47千克。1961年，政策放宽，允许冬季自由种植。为解决缺粮，农民大面积种小麦，全县种植面积突破万亩大关，达1.62万亩，总产535吨，平均亩产33千克。因为耗肥多、单产低，农民种麦的积极性不高，种植面积逐年下降。

1989年，全县种麦3031亩，其中小麦2180亩，总产216吨，平均亩产90千克，为历史以来单产最高的年份；大麦851亩，总产58吨，平均亩产68千克。

杂粮，境内主要有粟、稷、玉米、高粱，多零星种植在造林地、河边沙地及边角地带。种植区域遍布各乡村，以犀溪、平溪、下党、坑底等乡较多。犀溪乡的鸭脚粟，平溪乡的拳头粟，狗尾稷是比较优良的品种。1959年，全县种杂粮2523亩，总产110吨，平均亩产43.5千克。1989年，全县杂粮仅种植500亩，总产26吨，平均亩产52千克。

作为大宗经济作物，马铃薯的生产状况如何

马铃薯为春种作物，生长期短，约100天左右，常作甘薯或水稻的前轮作物。寿宁早在清代已开始种植"陕西芋"。民国期间又引进"平阳芋"。经长期培育、提纯复壮后，种薯产量高、易保存，寿宁因此成为福建省马铃薯生产基地县。

1959年，县供销社开始收购马铃薯供省外贸局出口。从此，马铃薯的经济价值相对提高。1981年以前，马铃薯多为青黄不接时的主粮。1981年以后，随着粮食总产量不断增加，马铃薯代替粮食现象逐渐消失，而转向大量出口，成为寿宁农业出口创汇的主要经济作物之一。

1949年，全县种植马铃薯1.46万亩，总产903吨。主要品种为"陕西芋"和"平阳芋"。

1961年，从黑龙江调进"德友一号"良种（农民称"朝鲜芋"），当年种植1.3万亩，总产1137吨，平均亩产89千克（4千克折合主粮1千克）。

1979年，又从黑龙江引进"克新一号"、"克新二号"。试种结果，"克新一号"亩产达2110千克，比"德友一号"增产76.9%。"克新二号"亩产达1654千克，比"德友一号"增产38.6%，最大单株达2.8千克。1981～1983年，寿宁县马铃薯参加全国南方片区比赛，名列前茅。

1981年后，农村全面推行农业生产责任制，大面积种植杂交水稻，粮食大幅

度增产，马铃薯只作为食用蔬菜和饲料。

1985 年，县农科所及鳌阳镇部分村民试用地膜覆盖栽培马铃薯获得成功。据鳌阳试点测评，按小区折算亩产达 896 千克，比传统栽培亩产增 516 千克。1989 年，全县种植面积扩大到 3.52 万亩，总产 4103 吨。由于肥料不足，平均亩产降至 114 千克。

苎麻生产情况如何

苎麻为多年生经济作物，是寿宁古代纺织业的主要原料。具有投工省、投资少、易管理、效益高等特点。据《寿宁县志》记载："苎山亦曰麻山，一年三熟，谓之'三季'。富者买山，贫者为佣，中人则自力其地。力薄则指苎称贷，熟而偿之。""凡完粮结讼则必俟苎熟，荒则否。"明代，苎麻为主要经济作物和农家主要的经济收入。苎麻多数销往浙江省龙泉、庆元、云和等县。纺织苎麻布为当时境内农村妇女主要劳动项目和主要家庭副业收入。尤以斜滩南沃村麻布以织艺精细、质地优良而闻名远近。

清康熙版《寿宁县志》载：寿宁货物有"苎布、麻布、机布、土葛布"。清代苎麻纺织业已发展到一定规模。但种植面积比明代略少。

民国时期，棉布大量销入，苎麻生产逐年下降。到 1949 年，全县种植面积仅剩 207 亩，总产量 7.9 吨，平均亩产 38 千克。产区主要分布在斜滩沿溪及低海拔丘陵地带，以斜滩、武曲一带产量最高。当地农民织麻布作上山下田的工作服，俗称"衫头"。还有少数农村妇女，善于精织细麻布，加染兰、青色用于缝制夏服。也有不染色而缝作"孝衫"。此外苎麻还用于编织布袋、围裙以及用于搓苎绳（纳鞋底用）。1954 年，全县苎麻种植面积 300 亩，总产 21.5 吨，平均亩产 72 千克。1964 年，发展到 388 亩，总产 5 吨。1986 年，县科委从古田引进"黑皮燕"苎麻种子 15 千克，在武曲、南阳、犀溪、鳌阳、清源、景山林场、县农科所等 33 个育苗点试种。当年全县种植苎麻 253 亩，总产 7 吨，亩产 28 千克。

1987 年，苎麻生产被列为寿宁县扶贫项目。当年苎麻种植面积扩大到 3189 亩，总产 47.8 吨，平均亩产 15 千克。后因国内外市场销路疲软，苎麻积压，影响生产的发展。

油菜生产状况如何

油菜是冬种春收的油料作物。主要产区在南阳、清源、大安、平溪等乡（镇）。1949 年以前，农家种植油菜多作蔬菜食用，很少收籽榨油。1949 年，全县种植面积为 2565 亩，总产 10 吨，平均亩产 4 千克。1950 年以后，油菜生产逐年减少。1956 年，全县种植面积仅剩 250 亩，总产 5.7 吨，平均亩产 23 千克。1982 年，全县油菜种植面积扩大到 8713 亩，总产 278.17 吨，平均亩产 32 千克，为寿宁县油菜种植面积和产量最高的年份。

甘蔗生产情况怎样

甘蔗是寿宁县唯一的糖料作物。斜滩、武曲为主要产区。1949 年，全县种植甘蔗 173 亩，产蔗 139 吨，亩产达 804 千克。1952 年，全县种植甘蔗 548 亩，产蔗 660 吨。1965 年，全县产蔗 1124 吨，为历史最高年份。1978 年以后，白糖大量调入，县内制糖行业逐步衰落，甘蔗产量也逐年减少。现在街上常年可见的甘蔗仅供市民鲜食。

寿宁盛产哪些水果

明清时期，水果仅种在农民的房前屋后，产量有限，自给自足，上市很少。《寿宁县志》载："果惟枣，杏绝无。其桃、李、梅、柿、林檎（花红）之类俱有，但小仅及半。杨梅红而酸，栗出斜滩。""印潭有枇杷、橙、桔，范家山有橄榄，茗溪有菱角，芹洋有藕，皆细小。"另外，平溪、楼洋出梨，乌石岭、溪岗出柿，卓家洋出柿干。清代，栽种的果树主要有桃、李、石榴、葡萄、柿、枇杷、柚子。

寿宁的果树生产因受气候、交通条件的限制，发展缓慢。水果只是县民尝鲜的食品。桃红柿熟，除自食外，常作为馈赠邻里亲朋的礼物。1959 年，县农业部门引进红水桃、水蜜桃及李、梨、红枣、苹果等新品种。建立 8.16 亩果苗基地。1961 年，全县种植面积发展至 355 亩，产果 6.4 吨。1972 年，从北方引进少量苹果在清源公社境内试种成功。1975 年，引进 11 种日本梨，在芹洋野坑林果场、斜滩车岭果场、城关茗溪果场和西浦中学果场种植。

1975～1978 年，从山东、安徽等地引进大、小"国光"与"红星"等良种苹果 40 万株，并从山东聘请果农到寿宁指导栽培苹果，使寿宁成为福建省"北果南移"的第一县。其中，岱阳果场栽种的苹果，最高的单株收成 216 千克，质好色佳，略带酸味，当年上市。

柿，在芹洋、坑底、犀溪、南阳、托溪、斜滩等地均有种植，常年产量约 50 吨。品种主要有水扁柿、无核水扁柿和牛心柿，粒重在 120～270 克之间，果肉橙黄味略带涩，柔软多汁。果实可加工成柿饼，经食盐浸泡后也可鲜食。1989 年，全县有 739 亩，产柿 119 吨。

县境内野生水果主要为猕猴桃，约有 20 多万株，年产果 100 多吨。主要分布在海拔 500～1000 米的斜滩镇石井村，犀溪乡李家山、赖家洋村，芹洋乡可观、山头、山底村，托溪乡渺洋、山口、峡头村，鳌阳镇横埕村，大安乡炭山、溪乾、后西溪村，坑底乡龙溪、浩溪村，下党乡碑坑、杨溪头村。主要种类有藤梨、白毛桃、红毛桃、乌蛋等。1980 年，经县农业区划调查后，正式命名为中华猕猴桃（藤梨），毛花猕猴桃（白毛桃）、长叶猕猴桃（红毛桃）和小果型猕猴桃（乌蛋）。其中，中华猕猴桃数量占 50% 以上。1980 年，寿宁县第一酒厂开始收购中华猕猴桃酿酒。当年生产中华猕猴桃酒 130 吨。1981 年，县农业局在凤阳公社东岭后大队人工栽培猕猴桃 300 亩，获得成功。

1985 年，开始转向大面积栽培柑桔，当年从浙江奉化调进温州蜜桔 2.4 万株，种植面积 889 亩。当年寿宁被列为全国水土保持重点县，县人民政府决定在水土保持区域内大力发展水果生产。1988 年，寿宁上市水果达 100 多种。1989 年，全县种果树面积 2.52 万亩，采摘面积 5247 亩，当年产量 817 吨。

2003 年，牛头山库区周边开始种植脐橙，至 2015 年采摘面积达上万亩，年产值 2000 多万元。2015 年，凤阳晚熟葡萄种植面积达 4000 亩，年产值 5000 多万元。

烟叶生产情况如何

1949 年以前，县民种植烟叶多以自用为主，少部分上市出售。1949 年，全县种植烟叶 569 亩，总产 30 吨，平均亩产 53 千克。1963 年，烟叶种植面积发展到 1217 亩。此后，由于外地卷烟大量调进，烟叶种植面积逐年减少。1978 年，全县种植烟叶仅 580 亩，总产 23 吨。1986 年，种植面积锐减至 106 亩，产量减至 5 吨。1989 年，种植面积 30 亩，总产烟叶 3 吨，平均每亩产晒烟 100 千克，为历史以来亩产最高年份。

蔬菜生产情况如何

蔬菜是居民生活的必需品。寿宁县民食用蔬菜品种繁多：

（一）青菜类。主要有芥菜、花菜、萝卜、莴苣、芹菜、莙荙、荠菜、芥蓝菜、菠菜、包菜、山冬乌、山东白、山东青、北京蓝、圣菜、香菜、大头菜、牛皮菜、空心菜、红菜、油菜、苋菜等。

（二）瓠瓜类。主要有白瓠、乌瓠、冬瓜、南瓜、黄瓜、苦瓜、丝瓜、佛手瓜。

（三）豆类。主要有黄豆、黑豆、御豆（分大御豆和小御豆两种）、赤豆、米豆、绿豆、蚕豆、豌豆、豇豆、刀豆、扁豆、羊角豆、虎瓜豆、泥鳅豆、耳朵豆。

（四）笋类。主要有金笋、雷笋、猫笋（毛竹笋）、绿笋、化笋、石笋、苦笋、斑笋、红壳笋。

（五）食用菌类。主要有蘑菇、香菇、草菇、凤尾菇、白木耳、黑木耳、松菇、鸡肉菇、牛唇菇、红菇。

（六）此外，还有葱、蒜、韭、姜、芋、芦笋（甘笋）、藕、茄子、马铃薯、西红柿、山药等。

家畜养殖情况如何

寿宁家畜养殖主要有猪、牛、羊、兔。

一是养猪。寿宁养猪以圈养为主。猪圈大都建在房屋后的空地上，也有建在屋内底层的横厢下或楼梯下，用木板、木条钉成栏栅圈养。坑底乡一带农户还有建猪栏于灶后的习惯。芹洋乡有些农户则在房前屋后挖掘山洞圈养。猪圈多用干稻草、野草垫栏，既能保温、又可积肥。

种猪选留从哺乳期开始，选生长良好的小猪，留作种猪。使用年限一般为4～5年。1984年，县畜牧兽医部门对全县公猪进行全面鉴定，符合种用要求的，发给合格证。县内的洋边、溪南、后洋、山头湖、山岭、后洋等村有饲养母猪的传统习惯。1952年起，县人民政府对饲养母猪户予以饲料、资金等方面的扶持。

仔猪出生后，60～70天出售，俗称"开孵"。寿宁卖小猪有2种规矩，一为"猪仔饭"，仔猪出售前，买主挑选仔猪并作上记号，然后由卖主择吉日，买主如约到齐，卖主需招待买主午餐；二为"猪仔秤"，此秤专用于仔猪买卖，比普通秤每市斤少1两（16两制）。1950年后，人民政府禁用"猪仔秤"。1978年，寿宁城乡恢复墟日市场，每逢墟日，仔猪交易数一般在200～700头之间。寿宁猪苗供不应求，缺口由浙江省的泰顺、平阳及省内福安等县购入。

寿宁生猪饲养量历来可观，民国二十七年（1938），生猪存栏1.53万头。1949年全县生猪存栏1.01万头。1956年县人民委员会拨出粮食112吨，发放贷款2.7万元，帮助解决猪苗及饲料不足的问题，当年全县生猪存栏1.8万头，比1949年增长78.11%。1957年，县人民委员会又下拨贷款1.21万元，帮助农户解决猪苗困难，并将屠宰税由13%降至8%，规定养猪1头，划给饲料地0.2亩，养2头划给饲料地0.5亩。当年生猪存栏2.53万头，比1949年增长151%。1979年底，全县生猪存栏首次突破4万头大关，达4.28万头，比1949年增长9倍。1989年，全县生猪存栏数为8.47万头，比1980年增长50.6%。

二是养牛。民国以前，富裕人家普遍饲养耕牛，多数农户均是租用富家的耕牛，耕牛养殖发展缓慢。政府把保护耕牛作为大事，设立耕牛保护机构，不准乱杀耕牛，禁止偷盗耕牛。

耕牛中的黄牛体型小、耐寒，适宜在坑底、大安、芹洋、竹管垅等高海拔地区牧养。水牛体型大，不耐寒，只在低海拔的武曲、斜滩、凤阳、犀溪、平溪等地牧养。寿宁养牛，多为全日牧养。也有上午放牧，下午圈养，晚上加喂夜草。冬季寒冷，放牧多在北山，夏季炎热则在南山，春、秋时节不拘南北，自由放牧。春季耕牛用于耕田，早、午、晚分别在圈内或田头喂饲。有些农户为保持耕牛体力，还增饲少量稀饭、甘薯米粥或灌服红酒、五加皮酒祛寒。寒冬腊月，加草加料，保证耕牛安全过冬。

耕牛以牧养为主，饲料主要是青草、芦苇、竹叶及幼嫩树叶。由于繁殖期长，发展缓慢，因而每年均需从平阳、云和等地购进一定数量的耕牛补充役用牛的需要。耕牛使用年限，黄牛一般8~10年，水牛一般12~15年。健壮的耕牛，不作菜牛宰杀，菜牛多为跌、冻、饿、病死或退耕衰老的废牛，宰杀要办理审批手续。民国时期宰杀耕牛，牛主提出申请，经联保主任审核，报区长或县长审批后方能宰杀。1950~1954年，耕牛宰杀由养主申请，区长审批。1954年后，由县畜牧兽医部门检查审批。1976年后，由公社畜牧兽医站检疫，公社革命委员会生产领导小组审批。1980年后取消审批手续。

寿宁耕牛饲养量不大，民国二十七年（1938），全县有耕牛1187头，其中黄牛590头，水牛597头。1949年全县养牛2529头，其中黄牛1429头，水牛1100头。1952年4月，县建立国营农场，繁殖良种牲畜。县人民政府发放耕牛贷款3520元，支持耕牛生产。全县耕牛饲养数上升至4005头，其中黄牛2824头，水牛1181头。

1958年，人民公社对耕牛实行"集中饲养，统一管理，统一使用，统一调配"的管理办法，人民公社留足饲料用于养牛。全县饲养耕牛5951头，其中黄牛3855头，水牛2096头。1970年，全县有黄牛4872头，为历史以来饲养黄牛最多的年份。1971年，全县养牛达6946头，为寿宁养牛最多的年份。

三是养羊。寿宁养羊历来以户养为主。主要养山羊。坑底、大安、清源、托溪、芹洋、南阳、凤阳等乡农户饲养较多。境内山羊体型矮小，四肢坚实，耐寒、粗饲、抗病力强、繁殖快，容易饲养管理。山羊毛色有黑、白、灰及黄褐色等。放牧分全日放牧和半日放牧2种。山羊繁殖力强，年产羊羔1~2胎，胎产羊羔1~2只。公羊除留种外，一般4月龄时即行阉割或在成熟时宰杀。

寿宁有草山草坡50.43万亩，适宜发展养羊业。民国二十七年（1938），全县山羊存栏数仅1991头。1949年全县山羊存栏5000头。1956年，县人民委员会发放贷款支持养羊，提出"大力发展山羊"，到1962年，全县饲养山羊增至7542头。

1978年后，山羊发展，当年存栏数为8804头。1980年，山羊生产进入高峰期，全县山羊存栏数增至1.67万头，为山羊发展的最好年份。

四是养兔。家兔有肉用兔、毛用兔（长毛兔）和皮用兔3种。寿宁养兔始于明代。1963年以前，全县各地均有养兔，有肉用兔与皮用兔2种。饲养管理比较简单，只投一些青草、菜叶、甘薯藤、紫云英、豆茎叶蔓及竹叶等饲料喂养；少数农户也有投一些稻谷、大米、甘薯米、黄豆、米糠、麦麸等精饲料喂养孕兔或哺乳兔及幼兔。饲养方式，白天喂三餐，晚间喂一餐。

肉兔饲养普遍，兔毛以白为多，也有黑、灰、黄及杂色。兔子繁殖能力强，年产仔3~5胎，胎产仔2~8只，成兔重1.5千克左右。兔舍多为大箱或竹笼。传统以圈养或笼养为主。

长毛兔饲养始于1963年。当年县供销社外贸部门首次从福鼎引进法系安哥拉种兔206只，在县城试养成功。1964年，县畜牧部门再次从福鼎龙山良种场、浙江宜兴等地引进法系、中系安哥拉种兔889只。由于长毛兔习性与肉用兔相似，经济价值比肉兔高，因而发展快。1965年，全县长毛兔饲养数增至2823只。1967年，增至8352只，为1965年的2.9倍。1984年，全县饲养家兔27.16万只，其中肉用兔16.18万只，占59.56%，为历史以来饲养肉兔最多的年份。

家禽养殖包含哪些品牌

寿宁县民历来有饲养鸡、鸭、鹅的习惯。1957年，全县鸡、鸭、鹅存栏17.39万只。1982年，家禽存栏数突破30万只大关。1985~1988年，年均达40万只以上。其中，1988年存栏数44.09万只，为历史以来养禽最多的年份。

一是鸡，城乡居民大多有饲养。据《寿宁待志》记载："大家（富户）设宴皆以蒸饼食列行，次设生腥五器，始列熟品。品多豕，亦有鸡、鸭。"清代《寿宁县志》也载："寿宁家禽类有鸡、鸭、鹅。"民国二十七年（1938），全县养鸡4.5万只。寿宁养鸡习惯以放养为主，圈养极少，鸡舍简易，或土筑、砖砌，或木制、竹编。

鸡每年有3次孵化期，农历端午节前后孵出的小鸡，称"过节鸡"；秋收前后孵出的小鸡，称"新米鸡"；年底孵出的小鸡叫"隔年鸡"。母鸡抱窝孵化，每次孵蛋20个左右。寿宁本地鸡饲养半年以上，公鸡体重可达1.5~2.5千克，母鸡可达1.2~2千克。母鸡年产蛋100~150个，每期产蛋后有抱窝习惯，俗称"懒孵"。民间催醒方法有采用水浸，或在鸡腿上系草鞋，让抱窝母鸡拖着走。也有采用布蒙鸡眼让鸡在横杆上催醒。现多用西药催醒。

二是鸭，过去有番鸭、半番鸭、麻鸭。20世纪80年代曾引进北京鸭、樱桃鸭和法国北番鸭。

番鸭有放养和圈养两种。放养的处所为溪、池、沟、塘和稻田。圈养则与鸡同饲共舍。鸭一年孵化3次，第一次为农历正、二月孵的雏鸭，称"头水鸭"；第二次为2～3月初孵的雏鸭，称"二水鸭"；第三次为4～7月孵的雏鸭，称"尾水鸭"。县内农户也有在8～9月孵一次雏鸭，称"重阳鸭"。孵化多用母鸡，也有用母番鸭或母鹅。雏鸭饲养至150天，公鸭体重可达2.5～4千克，母鸭体重可达2～3千克。1983年后，采用全价颗粒饲料喂养，雏鸭饲养90天即达2～4千克。母鸭年产蛋80～100个，蛋粒重65克左右。

麻鸭，俗称田鸭。以稻田喂养为主，晚上加喂夜食，以散养居多，专业户养有60～150只不等。母鸭体重一般为1.5～2.5千克，年产蛋140～200个，蛋粒重50克。鸭苗多从福安、泰顺调入，且多系火孵雏鸭。1980年后，鸭蛋销量增加，麻鸭养殖有较大发展。

半番鸭是番鸭和麻鸭的杂交后代，无繁殖性能。成鸭体重可达3千克。有群养也有散养，水陆均宜。寿宁饲养数量不多，主要分布于南阳、武曲、斜滩、凤阳等地。

三是鹅，有本地鹅和狮头鹅两种。鹅素食，喜青菜、青草，食量较大。一般饲养90天，体重可达4千克。公鹅体重可达5～14千克。母鹅可达4～9千克。我有一位朋友，家中养2只鹅，达30几年，产巨蛋，通人性，有看望门户的功能。最后，两只老鹅老眼昏花，自然死去，主人为之送山上安葬，可惜没能将此"寿星鹅"申请吉尼斯世界记录。

四是锦鸡(山鸡)。1989年，清源乡旸尾村张希平从漳州首次引进锦鸡25只，其中母鸡9只，试养成功。

淡水养鱼你知道多少

寿宁大小溪流有1700多条，山塘水库100多处。全县可供养鱼水域面积5.1万亩。明代，寿宁县的寺庙、庵堂、宫观就有筑池养鱼以供游人观赏。清代，城关小东门至马仙宫桥下的一段溪流也曾养殖大批鲤鱼供市民观赏，有红、黑、花各种颜色，最大的达10千克。民国时期，部分农家在房前屋后卝辟池塘养殖鲤鱼、草鱼，以供食用。

解放后，土地收归集体，个体养鱼受到限制。1974年后，政府提倡公私并举，初时只养鲤鱼，以后陆续增养草鱼、链鱼、青鱼、鳙鱼、鲫鱼、罗非鱼等。1974年，全县淡水鱼养殖面积574亩，年产鱼10吨。1986年，推广稻田养鱼和溪流养鱼，当年全县淡水鱼养殖面积扩大到7056亩，年产鱼218吨，平均亩产

30 千克。县渔政管理站还在县境内适宜养鱼的溪段投放鱼苗，并全面禁止电鱼、炸鱼、毒鱼。1988 年，全县淡水鱼养殖面积 6109 亩，总产 253 吨，平均亩产 42 千克。1989 年，全县养鱼 6882 亩，总产 249 吨，为境内淡水养鱼产量的最高年份。

眼下，城乡居民生活水准提高，鱼成了人们餐桌上的佳肴，销量日增，但养殖却不多，溪流养殖多为观赏。市面卖的鱼多为外地调入。

农业生产技术包括哪些内容

农业生产技术主要包括品种改良、土壤改造、科学施肥、水利建设、作物栽培、农业动植物保护及农业生产的科学区划等。

粮食作物品种改良的情况如何

粮食作物主要指水稻、甘薯和麦。寿宁种水稻历史悠久。传统的高杆水稻，其品种有：籼稻 77 个，粳稻 14 个，糯稻 20 个。高杆水稻适应性广，但产量低，易倒伏。1953 年推广科学种田，县、区、乡均配备农业技术员。年底，全县各区开展水稻良种评选活动，各区推出"当选种"，参加全县评选，产生"初选种"，供农场试种后，选择优良品种向全县推广。1956 年 10 月，县成立种子工作站，引进闽侯的"矮南特"试种，对高产稻实行单独收割留种，混杂的大田稻则采用采穗提纯的办法收获种子。1963 年，全县普遍推广种子田，试种结果，"矮南特"的单产远胜高杆品种。

1964 年，县良种场引进"农垦 58"，在清源、武曲试种成功，单产比高杆增 30%，最高的亩产达 500 千克。1966 年，全县推广矮杆水稻，主要品种有矮南特、农垦 58、珍珠矮、福矮早 20、船工稻、广工矮、鸭仔矮、科情 3 号。1973 年，全县除粳、糯稻外，其他均种植矮杆水稻，当年水稻总产量为 3.1 万吨，比 1963 年增长 38.99%。

1976 年，县农科所引进杂交水稻"闽优 1 号"，在武曲、清源、鳌阳试种成功，亩产达 400 千克，比其他品种增长 79.37%。1977 年，在清源开展杂交水稻 3000 亩成片高产示范种植，推动了全县水稻品种杂交化。当年县人民政府先后派出 3 批农业技术干部前往海南岛、漳州、诏安等地学习杂交水稻制种技术，在县内建立制种田基地。1978 年，全县杂交水稻制种 3076 亩，产种 131.4 吨，平均亩产 43 千克。同时种植不育系水稻 82 亩，产不育系稻谷 2.4 吨，平均亩产 29 千克。1983 年，在南阳、犀溪、凤阳、平溪、武曲、鳌阳和良种场制种 827 亩，总产 62.4 吨，平均亩产 75 千克。1989 年，全县杂交水稻种植面积达 11.5 万亩，占水田总面积的95%。当年亩产448千克。

甘薯在寿宁是仅次于水稻的粮食作物。农家每年都要选用生长良好、无病虫害、大小适宜的薯块留作种薯。1978年，全县种植"新种花"甘薯2950亩，年产甘薯米1067.9吨，平均亩产甘薯米362千克。1979年，县农业部门又从外地引进抗瘟甘薯新品种"华北48"、"湘农黄皮"，以保证甘薯生产持续丰收。

麦。1959年，县农科所从外地引进"福州红麦"、"南大2419"、"华东2号"、"浙场9号"等4个品种。试种结果证明，这4个品种均不易倒伏，抗病力强，产量较高，具有推广价值。1989年，全县小麦生产获得较好收成。

经济作物品种改良成效如何

经济作物主要指马铃薯、水果和油菜。寿宁马铃薯种植历史悠久。但长期以来，品种单一，产量不高。1960年，县农科所开展马铃薯种芽栽培试验成功，因成本高、程序繁琐而未被推广。1961年从黑龙江引进"德友1号"，试种结果产量明显提高，县农业部门又从"德友1号"中进行单株选育，培养出"德友选"马铃薯在全县推广种植。1979年，又从黑龙江引进"克新1号"、"克新2号"。1989年，全县马铃薯主要品种除本地良种外，又有"德友1号"、"德友选"、"克新1号"和"克新2号"，产量明显提高。

水果，1972年引进北方苹果种植获得成功，使苹果在寿宁安家。1981年底，县农业局在凤阳公社林场开展野生猕猴桃单株选优育苗，培育出粒大、味佳的适宜栽培的猕猴桃种苗供果农种植。1985年引进温州蜜柑，栽种成功。同时，板栗嫁接育苗成功并推广。

油菜，1986年，引进油菜良种"单低1号"，试种后产量比其他品种明显增加，被推广到全县各地种植，成为寿宁油菜生产的主要品种之一。

家畜品种改良成效如何

家畜品种改良主要指猪、牛、兔的品种改良。猪是重点。1954年，寿宁农场从福安引进福安花猪10头，其中公猪2头，与本地黑猪交配，繁殖杂交后代。1958年县农场从天马良种场引进苏白公猪6头，经试养，未能推广。此后，曾引进"约克"、"长白"、"盘克"、"大湖"、"新淮"、"克米洛夫"、"温白"、"嘉善"、"杜洛克"等种猪930头，其中公猪188头。

1973年以前，落实"公猪良种化，母猪本地化，商品猪一代杂交化"的措施。1980年，南阳畜牧兽医站采集公猪精液进行人工授精，获得成功。至1989年，人工授精 1395 胎次，产猪仔 1.32 万头。猪品种经杂交改良后，肥猪出栏体重由 1954 年的 50 千克，提高到 150～200 千克。

牛的品种改良始于 1956 年，县畜牧部门从闽南引进闽南公牛 3 头，与本地母牛交配。其后代体型比本地牛大，体质壮，适应寿宁山区养殖。1979 年，寿宁县被列为宁德地区黄牛品种改良试点。1980 年 3 月，宁德地区农业局在寿宁举办第一期黄牛品种改良训练班。县畜牧部门派出 10 名畜牧兽医人员参加训练班学习。4 月，县畜牧兽医站在大安、城关、清源 3 个社（镇）进行母黄牛调查摸底，确定大安公社大熟村、大安村和清源公社小托村为黄牛品种改良试点。5 月，设大熟、小托配种点，将自然发情的 54 头母黄牛，利用"西门塔尔"、"夏洛来"、"利木赞"、"黑白花乳牛"的公牛的冷冻精液进行人工输精配种。当年共配种 23 头，其中受胎 15 头，产犊 10 头，成活牛犊 6 头。

1981 年，黄牛品种改良点设在托溪、大安、坑底、平溪 4 社。对自然发情和人工同期发情母牛进行人工输精，当年全县共配母黄牛 124 头，其中，自然发情冷配 43 头，产犊 18 头，成活 12 头；同期发情冷配 81 头，产犊 6 头，成活犊牛 4 头。杂交犊牛初生体重平均为 18.5 千克，比本地黄牛重 8.5 千克。杂交牛 10 月龄平均日增重 0.39 千克，比本地牛多 0.2 千克。杂交牛 1 岁能调教，2 岁能耙地耕田，日耕 3 亩，使役效果比本地黄牛提高 35% 以上，深受养户欢迎。由于花费多，技术人员少，1986 年后停止黄牛品种改良。

兔的品种从 1964 年开始。畜牧部门从浙江、宜兴等地引进法系、中系安哥拉兔种在全县各地饲养。1965 年，引进体重为 4.5 千克的日本大耳兔（肉用兔）与本地家兔杂交，后代成兔体重在 3 千克以上。1983～1985 年，先后从江苏、福鼎等地引进纯种的德系、法系、中系兔种共 1500 只，在全县各地饲养。1985 年，县外贸局建成长毛兔良种场，繁殖兔苗，供全县养兔户饲养。1986 年、1987 年从德意志联邦共和国引进德系安哥拉种兔 84 只，集中在县畜牧办种兔场饲养繁殖。1989 年，县畜牧办长毛兔良种场和县外贸种兔场均提供良种兔苗 700 多只。

家禽品种改良成效如何

早在民国时期寿宁就已有母麻鸭和公番鸭进行杂交培育出半番鸭，改变了番鸭生长期长、麻鸭个体小的短处，杂交优势明显，深受养户欢迎。1970～1980 年，县畜牧部门引进北京鸭、樱桃鸭与狮头鹅等种禽试养，并在寿宁繁殖发展。1981 年，县畜牧部门从福州市种鸡场引进"红康肉用童鸡"895 只，供城乡农户饲养。1982 年又从江苏、浙江引进"新浦东"、"平和鸡"种苗，同时购进孵化设备及种蛋，孵化小鸡 3000 只，供应全县各地养鸡户。1984 年后，又从福州、宁德、福安、泰顺调进"来航"、"罗斯"、"星杂 579"、"新浦东"和"白洛克"等良种鸡和法国白番鸭，供应全县各地养禽专业户饲养。各专业户采用引进公鸡与本地母鸡交配，进行鸡种改良，其杂交后代饲养 95 天，体重即达 2~3 千克，比同龄的本地鸡重 1 千克以上。至 1989 年，县内优良种鸭有：法国白番鸭、麻鸭、北京鸭；优良种鸡有：肉用红康、新浦东、星杂 579、蛋用俄罗斯鸡等。

有机肥是指哪些肥料

寿宁农民使用的有机肥有农家肥、绿肥、骨肥。有机肥来源广，成本低，长期以来一直是境内农业主要肥源。

（一）农家肥。主要有人畜粪尿，腐肥与饼肥。粪尿肥、人粪尿一般经过粪楻或粪池沤化，畜禽粪则经过堆腐成厩肥，多数施于旱地作物，少数为秧地基肥。腐肥，用腐殖酸多的泥土为主料加氮、磷、钾肥混合堆积而成，亩施量 150 千克，作为第一次作物追肥效果较好。1976 年，凤阳、岱阳公社都办过腐殖酸铵厂，年产腐肥 1000 吨。饼肥，主要是油菜籽饼和桐籽饼。油菜籽饼含钙量高，能提高地温、水温，常施于冷水田；桐籽饼含氮量高，常用作农作物的基肥或追肥。据 1979 年统计，全县农家肥使用量为 16.73 万吨，折合硫酸铵 2919.7 吨，按耕地面积亩均施肥 18 千克。

（二）绿肥。有野生和人工种植两类。据《寿宁待志》记载："西门一路田瘠，必用竹叶或蕨叶。"这种鲜割竹叶、蕨叶作秧地基肥或压青肥田的习惯，一直沿用至今。笔者 20 世纪 60 年代回乡劳动曾多年从事这种农事活动。随着水稻品种由高秆改为矮秆及化学肥料的大量使用，绿肥使用量逐年减少。据 1979 年统计，高海拔的大安、坑底、岱阳、平溪、城关 5 个公社（镇）当年采集野生绿肥 7495 吨，占全县采集量的 76%；中海拔的南阳、犀溪、凤阳、托溪、芹洋、竹管垅 6 个公社采集量为 2280.6 吨，占全县采集量的 23.31%；低海拔的武曲、斜滩仅采集 9 吨，占全县的 0.09%。浮萍放养：红、绿萍既可肥田，又可作猪饲料。境内农民历来有养萍习惯。1965~1970 年，农业部门曾在岱阳公社三望洋、童洋建立 500 亩养萍基地，产鲜萍 1000 吨。1979 年，引进耐寒、繁殖快、产量高的美国细绿萍试养成功，亩产达 200 千克以上。

紫云英是寿宁人工种植的绿肥。1953 年，首次引进试种 28 亩，到 1969 年，全县紫云英播种面积已发展到 2.88 万亩，占耕地面积的 17.22%。1974 年，大量种植紫云英，面积达 3.1 万亩，占耕地面积的 18.83%，几乎在交通方便的地块，满目皆是紫云英。

其他人工种植绿肥还有小叶猪尿豆、乌绿豆、印尼小豆、金光菊、田菁、苜蓿等 10 多种。通过茶树生长观察和茶青测产，乌绿豆、印尼小豆肥效高。金光菊则适应性广、再生力强、产量高，但肥效不如乌绿豆。

（三）有机肥的第三种是骨肥，即牲畜骨粉，主要用猪、牛骨煨制而成，常与草木灰、人粪尿等混合，用于作蘸头插秧肥。

（四）有机肥还有一种叫灰肥，包括草木灰、垃圾灰、稻梗灰。灰肥是传统用肥，除少数直接施作追肥外，农民习惯将人粪尿拌灰肥施用。

无机肥是指哪些肥料

无机肥主要有化学肥料、石灰和菌肥等。

寿宁在民国时期就有使用化肥，但数量极少。1952 年，主要是硫酸铵，农民称它为"洋料仔"，由县供销社在南阳区洋边村试验成功后推广使用。1953 年，全县供应硫酸铵 51.25 吨，1965 年增至 1111 吨，1979 年达 7552.2 吨，1989 年达 2.27 万吨。此后，化肥放开，多头经营，没有完整的统计。有文字记载，1989 年为化肥用量的最高年份。

化肥的另一个品种是磷肥，20 世纪 60 年代开始在寿宁境内使用，常年用量达 572 吨；70 年代末开始使用钾肥，常年用量达 769 吨；80 年代开始使用复合肥，常年用量 1300 吨。

寿宁使用的化学肥料有氮肥（硫酸铵、尿素、硝酸铵、碳酸氢铵、氨水等）；磷肥（过磷酸钙、钙镁磷、磷矿粉等）；钾肥（主要是氯化钾）；复合肥（硝酸钾、硫酸钾、硫酸二氢钾）。

石灰也属于无机肥料，20 世纪 70 年代后期，在武曲、南阳公社使用较为普遍，主要用于中和酸性土壤，耙田时亩施 40 千克。施用石灰能使硬土变松，促进秧苗提前返青，茎秆粗壮，并能防治部分病虫害。寿宁境内酸性土壤面积约占 97.7%，施用石灰有利于改良土壤。

菌肥，即根瘤菌肥。1956 年，县农业部门曾试制根瘤菌肥供拌种使用。1975 年，县里成立土化肥、土农药生产办公室。1976 年各公社相继成立菌种站，生产各种菌肥。到 1979 年，全县共生产"5406"孢子菌肥 66.95 吨，施用面积 5.15 万亩；磷菌肥 6.02 吨，多用作秧根蘸肥，施用面积 3.01 万亩，根瘤菌肥 35.41 吨，施用面积 3600 亩。"5406"菌肥能抗病驱虫，促进种子发芽和幼苗生长，还能促进分蘖和早熟，果实饱满。

1980 年以后改为因土施肥。1987 年推广"土壤识别与优化配方施肥"技术，首次运用电脑鉴定计算耕地土壤肥力及施肥量，农业技术人员根据微机计算结果，开处方施肥，保证水稻及农作物各个生长期的营养需要，减少肥料浪费。

水稻栽培有哪些技术

水稻栽培技术包括育秧、插秧、灌溉、施肥。寿宁有句俗语叫"会种种一丘"，说的就是秧田。秧田选用排灌方便的房前屋后或较肥沃的大块田地。经烤田冬耕使土壤熟化。播种前以竹叶压青，或堆土烧炙，以提高肥力。境内育秧多在清明、谷雨前后（4月5～15日），用清水浸种，待胚芽见白时，撒入稻田。1953年，推行盐水或黄泥水浸种，也有用药物掺入浸种，杀死种子表面病菌。秧田每亩播种60千克。常规矮秆水稻除用塑料薄膜覆盖培育早秧锌秧外，也用蒸气育秧。1964年推广耙畦育秧，亩播种35～45千克；1970年推广培育卷秧，亩播种80～100千克。杂交水稻实行稀播种，育壮秧，这是杂交水稻高产的关键措施。

稻秧十分讲究株距。高秆水稻株行距为30×35厘米，肥田适当稀植，丛栽12本。常规矮秆水稻株行距：早稻18×15厘米，中稻18×18或18×21厘米，晚稻18×18厘米，丛栽8～10本。杂交水稻株行距：早稻18×18厘米，中稻20×20厘米，晚稻20×24厘米，丛栽1～3本。

"三分种三分管"，水稻灌溉至关重要。1957年以前，除冷水山垄田外，多为串灌。1958年起串灌改轮灌。高秆水稻多为深水插秧，3天后调整水位至8厘米；第一次耘田保持浅水润苗，2～3天后再灌水。矮秆水稻为浅水插秧，深水返青浅水促蘖；水源充足的洋田种植常规矮秆稻，后期保持温润以利孕穗。杂交水稻推行寸水返青，浅水促蘖，到圆头时则相应提高水位，以保证有效分蘖，孕穗增产。

施肥即肥管，高秆水稻插秧时，部分地区有用秧本汲肥（俗称"蘸头"），到耘田时，用人粪尿拌稻根灰作下塞兜肥。或于中耕锄草时撒施一次草木灰或土杂肥。矮秆水稻插秧时，多以过磷酸钙或尿素加水作蘸头肥，并根据各种水稻品种生育期特点以及水田肥力和秧苗长势施肥，注意"攻头、穗中、壮后"。1984年后，采用优化施肥、高产模式栽培、垄畦栽，根外喷施叶面宝等技术，功效明显，推广面积逐年增加。

甘薯栽培技术有哪些

"寿宁三件宝，地瓜当粮草。"甘薯俗称"地瓜"，传统习惯在惊蛰至春分期间将藏在土洞越冬的薯种播于厚铺牛栏粪、垃圾等堆成的温床上育苗。1979年，武曲乡首次运用薯蔓枝扦插栽培技术，在向阳避风的农地用塑料薄膜覆盖育苗获得成功。从此，武曲、斜滩海拔100米以下的地区成为寿宁甘薯苗越冬育苗的基地。

蔬菜、果树栽培技术如何

境内海拔 700 米以上地区，天寒地冷霜期长，不利蔬菜栽培，冬季市场蔬菜大部分从福安等地调入。为解决县城居民的"菜篮子"问题，1978 年，县人民政府在后墩洋建立 150 亩蔬菜生产基地，聘请外省技术人员指导生产、采用薄膜育苗、农膜栽培等技术，生产出以往不能在寿宁种植的包菜、花菜、菠菜等，并逐步将基地生产的技术辐射至大安乡的大熟、后西溪等地，丰富了市民的"菜篮子"。

果树栽培技术。农民几百年以来习惯用实生苗栽植果树。1956 年起，县农业部门的果蔬站逐年引进嫁接果苗推广种植，从挖穴整地到施肥、修剪、防治病虫害都予以技术指导。1981 年，县农业局在凤阳乡境内开展人工栽培中华猕猴桃获得成功。

植物保护有哪些内容和措施

境内植保首先要预防兽害，糟蹋粮食作物的野兽有野猪、野兔、豪猪、麂和田鼠。其次是病虫害，水稻主要病虫害有稻瘟病、纹枯病、立枯病、恶苗病、白叶枯病、黄矮病、烂秧、缺磷钾坐苗；主要害虫有二化螟、三化螟、稻纵卷叶螟、粘虫、稻螟蛉、褐飞虱、白翅叶蝉、稻蓟马、负泥虫、蝼蛄。

甘薯的主要病害有薯瘟、黑斑病、疮痂病；主要害虫有象鼻虫、小龟甲虫、苍叶虫。小麦主要病害有赤霉病、叶锈病、黑穗病；害虫有蚜虫、白蚂蚁。果树主要病害有梨锈病、苹果早期落叶病、柑桔疮痂病；主要害虫有红蜘蛛、潜叶蛾、介壳虫、天牛、花蕊蛆。

植物保护措施有五项；一是人工防治，1950 年以前，对害虫多用人工捕捉；农业合作化后，推广冬季挖稻根、深翻土等措施以破坏病虫病菌的越冬环境。二是药物防治，化学农药未普及以前，民间曾用断肠草、烟梗煎汤喷洒杀虫，地虫草浸尿治地老虎，用榛油饼、羊粪作基肥防治甘薯象鼻虫，用砷石拌种防治小麦白蚂蚁。1954 年以后，农药便广泛应用于农作物病虫害的防治。三是生物防治，如应用抗生菌肥防止烂秧；提倡保护害虫的天敌青蛙；在稻田里养鱼、养鸭等。四是物理防治，如炽光灯诱蛾等；五是病虫害测报，设病虫害测报中心，将预测到的情报及时通报全县。

家禽家畜有哪些疫病并如何防治

家禽家畜疫病种类繁多，猪的常见疫病有猪瘟、猪丹毒、猪肺疫、猪气喘、传染性胃肠炎、流行性感冒、仔猪白痢、"五号病"、中暑、软骨病、小猪水肿和产科病以及猪疥癣、蛔虫等寄生虫病。其中以猪瘟丹毒、肺疫发病死亡率最高。

"五号病"是人畜共患的疾病，危害大。1981年，南阳兽医站从运进的仔猪中发现1例；1982年，斜滩村发现10例；1984年芹洋乡发现19例。县、乡兽医部门及时采取措施，予以防治。1989年，经省、地有关部门检查验收，确定寿宁县已消灭"五号病"。

鸡、鸭的常见疫病有鸡瘟、鸭瘟、禽霍乱、鸡痘、鸡白痢、球虫病。其中以鸡瘟、禽霍乱危害最大。1988年，全县因鸡瘟、禽霍乱死亡鸡鸭达40万只。

牛的常见病有流行性感冒、传染性血痢和瘤胃膨胀、腐蹄病、中毒、难产以及疥癣，还有牛蜱、牛虱等寄生虫害。黄牛、水牛在疫病上无明显差别，水牛多疥癣，黄牛多血痢。

县内农民对禽瘟病、禽霍乱历史上除抑制传染源蔓延外，无其它疗法；对其它疫病，民间多采用中草药或土法治疗，如用油桐根烧灰、或用苦楝根皮喂猪治猪蛔虫病，中暑则采用扎针放血，刺激循环系统。

1955年，把全县分散无组织的民间兽医人员组织起来，成立寿宁县畜牧兽医工作者协会，协助人民政府加强畜禽保护、繁殖和疫病防治工作。1956年，成立寿宁县畜牧兽医工作站，配备专职干部2人，举办家畜保健员训练班，设立门诊，开展固定和巡回医治，方便群众。为控制疫源传播，1959年，除南阳公社外，其他公社先后成立畜牧兽医站，各配一名兽医员，开展畜禽防疫注射、巡回治疗业务。1976年，各社全面建立畜牧兽医站，配备专、兼职兽医、检疫检验员共29人，加强畜牧生产指导和防疫、检疫、检验、治疗、疫情报告等工作。1982年增设县兽药厂。1989年，县畜牧兽医技术服务中心、畜牧兽医站共有20人，加上乡镇共34人。

1953年3月，首次开展生猪防疫注射2000多头。1961年春，首次注射鸡新城疫Ⅰ、Ⅱ系疫苗。尔后，每年春、秋两季均有进行防疫注射，对畜禽主要疾病的传染起了抑制作用。

寿宁水土保持何时启动

寿宁河网密度平均每平方千米186米，主要河流走向与山脉基本平行，落差悬殊在75～1003米之间，河流浸蚀，造成严重水土流失。1983年，县成立水土保持委员会，开始对全县水土流失进行综合治理。根据福建省规定的水土流失标准，寿宁属于严重水土流失区。1986年被国家确定为第七个五年计划期间南方6省12县"以工代赈"治理水土流失的项目受援县之一。县委、县人民政府制定

《寿宁县"以工代赈"治理水土流失规划》，把治理水土流失与脱贫致富有机结合起来，经过几年的综合治理，到 1989 年，全县有 12 个乡（镇）的 83 条小流域的 11 万亩水土流失得到初步治理，占规划治理的 62.09%。至 2015 年底，全县全年综合治理面积达 18.33 平方千米，总投入 1375.05 万元，其中重点治理 13.33 平方千米，投资 1000 万元；芹洋乡、斜滩镇作为治理的重点乡镇，治理面积均在 5 平方千米以上，投资 375.05 万元。完成治理 18.33 平方千米，占治理任务的 100%，完成投资 1230 万元，占投资额 89.46%。

水土流失的状况如何

据 1984 年 8 月，寿宁县首次水土流失普查资料统计，全县山地水土流失面积 29.64 万亩，占山地总面积的 12.6%。水田隐匿性水土流失面积 20.78 万亩（含零星不成班的草坡地、农地、茶园、道路、田埂、水利设施等），占水田总面积的 71.2%。在全县 14 个乡（镇）中，南阳乡有 9 个行政村，水土流失面积占其土地总面积的 32.74%，高于全县平均值的 2.56 倍，属严重流失区；鳌阳、斜滩、武曲、芹洋、平溪、犀溪、竹管垅、托溪、下党等 9 个乡（镇）属较严重流失区；清源、凤阳乡属一般流失区；坑底、大安两乡属微弱水土流失区。

按类型分：（一）面蚀型面积 2.53 万亩，占山地水土流失总面积的 93.78%；（二）沟蚀型面积约 9520 亩，占水土流失总面积的 3.5%；（三）崩漏型面积 7242 亩，占水土流失总面积的 2.96%；（四）冻融侵蚀型，主要发生在海拔 500 米以上地区。

按流失面积分布：（一）林地流失面积 9.67 万亩，其中南阳乡最严重，面积 3.02 万亩；斜滩次之，面积 1.34 万亩。（二）牧草地流失面积 2.54 万亩，以犀溪、托溪为最，分别为 4033 亩与 3638 亩。（三）园地流失面积 7.79 万亩。其中，茶园流失 5.56 万亩，果园流失 1293 万亩，油茶园（含经济林）流失 1.99 万亩，其他园地流失 1206 万亩。园地水土流失以犀溪乡最严重，面积为 1.36 万亩。（四）耕地流失面积 27.06 万亩。以南阳、平溪乡最严重，分别为 1 万亩与 8133 亩。（五）其他用地流失面积 6587 亩。

按土壤类型分布：（一）红壤地，流失面积 1.2 万亩，占流失总面积的 41.53%；（二）黄壤地，流失面积 14.8 万亩，占流失总面积的 54.93%；（三）紫色土，流失面积 9500 亩，占流失总面积的 3.53%。

水土流失对农业的影响很大。据 1985 年统计，全县大小电站因水土流失、泥沙堆积、水资源减少而报废 27 处，半报废 22 处，占水力发电站总数的 37%；灌溉面积 500 亩以上的引水工程，因水土流失报废 24 处，占 23.3%；山塘水库因泥沙淤积、库容量减少、水利设施效益降低，影响了城乡工农业生产和人民生活用水。

水土流失治理成效如何

明、清和民国时期，寿宁县民开辟水平梯田，田边园边砌坎筑埂，修筑防洪堤坝、荒山造林种草，截持地表径流等，以保水、保土、保肥。

解放后，农业、水利、茶叶、林业、交通等有关部门，在生产建设项目中，均有系统地采取预防水土流失措施。1958年竹管垅开辟高标准茶园213亩，成为全县水土保持的样板。省内外前来参观者达40多批，1500多人次。1965年，设计坑底至浩溪、平溪至澄源（政和）两段公路时，对挖方、填方、边坡、废土堆、排水系统等都规定了保持水土的措施。

中共十一届三中全会以后，国家开始重视水土保持工作。陆续颁布了《水土保持工作条例》《土地管理法》《水法》《环保法》《矿产法》《森林法》等。1984年，县人民政府发出《关于制止"五乱"，治理蟾溪的通告》。当年春，县委、县人民政府和鳌阳镇领导带领干部群众，奋战一个月，清理弃土、废渣23000立方米，清除河滩、菜地78处，猪圈10个，厕所8间，处理违章建房11户。治理后的蟾溪两岸，面貌一新。中央电视台、福建电视台先后多次播放寿宁县水土保持工作的新闻镜头。

寿宁水土流失治理主要措施有三项：

一是示范片治理。1983～1989年，全县共建立14个水土保持示范片，总面积4.22万亩：①清源乡岭头亭薪炭林示范片3000亩，种植马尾松苗220万株，阔叶树苗木17.6万株，开设林道7.6千米，防火路4千米；②竹管垅茶园水土保持示范片410亩，改植换种生态茶园150亩，台刈、修剪一般改造的水土保持茶园150亩，筑埂8.1万米。③芹洋村综合治理示范片1654亩，对山、水、田、林、路合理布局，茶、果、林、草综合发展。④南阳官池垄果树、薪炭林综合治理片。该片原是全县最严重的流失区，有200多亩地表土流失殆尽，心土裸露，成为不毛之地，被喻为"螃蟹落汤穿黄袍"。1986年建立综合治理示范片1740亩。⑤犀溪乡武溪村仙乡果树、混交林综合治理示范片2000亩。⑥武曲余坑村综合治理示范片517亩。⑦托溪八定岔综合治理示范片7.5万亩。⑧清源乡旸尾村综合治理示范片2102亩。

二是植物措施，封禁治理：对较轻度流失的有林、疏林地进行治理，封山、育林、育草，以增加植被，提高林草覆盖度。全县实行封禁治理水土流失总面积14.89万亩。

三是工程措施。1983年起，普遍修建水平梯田、水田台地、改造油茶园，以拦蓄雨水和泥沙，提高保水、保土、保肥的能力，减轻山下农田和下游河道山洪量和泥沙堆积。全县共修水平梯田、台地3.44万亩，筑埂168万米。

其次是修竹节沟，在茶园、果园做到前有埂、后有沟，在园后梯壁处开挖宽30厘米、深40厘米、长100多米、节距50多厘米的竹节沟。竹节沟雨天可蓄水保土，晴天可增加园内水份，水土保持效益好。

农业部门有哪些行政和事业机构

行政机构包括农业局、农业委员会、农业机械管理局、畜牧兽医技术服务中心和气象局；事业机构有农业科学研究所、水土保持委员会办公室。

（一）农业局，寿宁自建县至清代，均未设农业管理机构。1938年，设第四科（后改建设科）兼管农业事务。

1949年7月，县人民政府成立，仍设建设科分管农业工作。1950年12月，建设科分设农林科，主管农业、林业、水利工作。1953年，农林科下属机构有农业技术指导站、农业经济管理站。1954年增设植物保护站。1956年，设农业科，专管农业工作，9月改称农业局。1959年12月，农业局下设农业科学研究所。1961年2月，设立生产办公室。1962年，畜牧业从农业中分出，独设畜牧局。1963年，农业局复称农业科。1964年11月，设农林水办公室。1967年3月～1968年由中国人民解放军寿宁县人民武装部生产领导小组负责管理农业生产。1968年5月，设农林水组。1972年2月，撤销农林水组，复设农业局，主管农、林、茶、畜牧生产工作。1973～1978年，农业机械化办公室并入农业局。1985年，果树蔬菜技术指导站改称经济作物站。同时，将茶叶生产办公室划归农业局管辖。1987年4月，经济作物站升格为经济作物生产办公室，独立管理经济作物生产。1989年6月，各乡（镇）农业技术推广站、农业经济管理站、畜牧兽医站实行合并，统称乡（镇）农业三站。1990年4月，成立县畜牧兽医技术服务中心。1990年6月成立县良种繁育场。1991年8月升格为县农业技术推广中心。1992年成立县植保测报站。1994年5月成立县农业科学研究所。2003年成立县水产办公室。2003年成立县食用菌办公室。2003年11月成立农村能源生态环境保护站。

（二）农业委员会，1950年12月设立农林科，统管农业、林业、水利等业务。1961年2月设立生产办公室。1964年11月改设农林水办公室。1968年，县革命委员会成立后，在生产指挥组之下设农林水组，1970年2月撤销。1976年1月，重设农林水办公室。1981年6月改称农业委员会。直辖单位有县水土保持办公室、区划办公室、水产办公室、渔政管理站。其职能主要负责协调农、林、水、茶、畜牧业及乡（镇）企业等部门行政、业务工作。1990年设县委农村工作部、农业委员会，1996年设立县委农村工作领导小组办公室。

（三）农业机械管理局，1960年2月，设立农业机械局，11月撤销，业务移交工业局。1973年并入农业局。1978年6月，从农业局分出，独立设局。1979年，农业机械公司由物资局中划出归农业机械管理局领导。1984年8月，该局改称农业机械化管理站，下属机构有农机公司和各乡（镇）农机站。1989年，农业机械化管理站改称农业机械化管理局，负责全县农业机械引进、推广和技术培训工作。1998年，确认为行政事业单位，下设农业机械公司，全县农机系统有干部职工53人。

（四）畜牧兽医技术服务中心，1959年县设畜牧局，辖畜牧兽医站和乡（镇）畜牧兽医站。1960年，畜牧局并入农业局。1962年2月，复设畜牧局。1970年，成立县畜牧生产领导小组，各乡（镇）也相继成立畜牧生产领导小组。1973～1981年，县设畜牧生产办公室，隶属农业局领导。1982年12月，撤销畜牧生产办公室，改设畜牧局。1985年4月，撤销畜牧局，复设畜牧生产办公室，归农业局领导。畜牧生产办公室辖县畜牧兽医站。1988年8月，撤销畜牧生产办公室，成立畜牧兽医技术服务中心，辖县畜牧兽医站、畜牧兽医服务公司、畜禽保险公司、武溪家畜检疫站及14个乡（镇）畜牧兽医站。1990年4月，成立"县畜牧兽医技术服务中心"。1992年10月，成立"县兽医卫生监督所"。

（五）气象局，1955年设南山顶气象站。1956年10月设县气象站。1958年各社（镇）设立气象哨。1962年全县气象哨全部撤销。1989年县气象站改称气象局。至年底，全县共有气象工作人员13人，下辖南阳乡气象站。主要职能：为全县各行业提供天气预报资料，为航空业（包括部队、民航）提供航空气象情报，为当地经济建设服务。

事业机构有农业科学研究所和水土保持委员会办公室：（一）农业科学研究所，1959年12月，县农业局设立农业科学研究所，所址设在鳌阳镇农场，配备专业技术干部1名，工人4名。（二）水土保持委员会办公室。1983年6月，成立寿宁县水土保持委员会，下设办公室，与县农委合署办公。1984年配备专职干部2人。1986年，增加编制5人，水土办内设：施工设计组、防护督导组、财务组、绘图室。1988年，全县14个乡（镇）相继成立水土保持领导小组。

第六卷

林业资源

寿宁林业生产概况如何

寿宁山地辽阔，森林资源丰富，仅林业用地就占全县土地总面积的 76.9%。明代，就有出口巨木用于只造船桅的记载；清代有少量茶油、桐油销往县外；民国时期，实行溪河流放，木材、毛竹才开始作为商品外运出售，但数量不多。解放后，寿宁开始发展林业商品生产。1954 年，福安森工局在斜滩派驻木材采购组，开始经营木材购销业务。1958 年，县林业部门开始在武曲、坑底两地创办芳香炼油厂，是县内木材加工的开端。到 1989 年底，全县有木材加工企业 30 家。当年向国家提供规格材 3287 立方米，非规格材 255 立方米。并向城乡居民提供大量的林业主、副产品。1989 年全县林业总产值达 831 万元（按 1980 年不变价格），占农业总产值的 12.03%。林业已成为寿宁经济的重要支柱。

营林方面，在民国及以前的时代，虽有进行，但规模很小。解放初，县人民政府开始组织发动群众造林。1952 年，全县 32 个乡共植树 15.9 万株。1953 年，开始育苗 15 亩，供应给群众造林。到 1957 年，全县共造林 5.87 万亩。改革开放以来，县委、政府提出"基地办林场，林场管基地"的发展林业方针，创办了国营景山林场。同时，提倡"公社办万亩林场，大队办千亩林场"，国营集体相结合，实行"两条腿走路"的方针。笔者当时在南阳公社任党委书记，就有杨广山创办了一个社队联办的万亩林场，以此推动林业生产的发展。到 1989 年，全县共创办国营林场 1 个，国营苗圃 2 个，乡（镇）村集体林场 64 个。当年，全县营林面积达 101.88 万亩。1949～1989 年，40 年间，全县人工造林 154.59 万亩，成活61.79 万亩。

森林的面积蓄积量多少

明冯梦龙任寿宁知县时，写下"县在翠微处，……万树北遮城"的诗句。当时寿宁境内森林资源十分丰富。后经清代、民国时期的采伐、利用，以及森林火灾，重采轻营，导致资源逐年减少。1957～1987 年，寿宁县曾进行三次森林资源调查。1957 年，省林业厅林野调查队对鳌阳北部地区 9.01 万亩林地实施森林资源调查，其中有林地 2.4 万亩（用材林 1.87 万亩，竹林 5295 亩，经济林 15 亩），无林地（包括疏林用地和灌木用地）6.61 万亩。森林蓄积量 10.12 万平方米，其中，用材林 10.03 万平方米，散生木 880 立方米。即每亩平均蓄积量为 5.385 立方米。据此推算，全区用材林蓄积量约为 50 万立方米。

1973 年，根据《福建省山林普查工作实施方案》，进行全县性山林普查，全县林业用地 159.74 万亩，其中，有林地 68.86 万亩，灌木林地 3.2 万亩，疏林地 1.79 万亩，宜林荒山荒地 85.75 万亩。森林蓄积量 70.91 万立方米，其中，用材林 57.81 万立方米，防护林 0.24 万立方米，疏林 6.34 万立方米，散生木 6.52 万立方米，毛竹 164.16 万株，杂竹 4.81 万株。森林覆盖率 33.4%，绿化程度 45.2%。

1987 年，第二次森林资源调查结果，全县林业用地 167.72 万亩，占全县土地总面积的 77%。其中，有林地 93.3 万亩；疏林蓄积量 8.84 万立方米；散生木蓄积量 4.4 万立方米。竹类总数 558 万株。森林覆盖率 45.5%，绿化程度 59.2%。与 1973 年全县第二次森林资源调查对比，有林地增长 55.6%，无林地增长 46.5%，活立木蓄积量增长 88.4%，竹类株数增加 231.1%。但阔叶树资源面积却减少了一半，仅有 1.58 万亩，占有林地面积的 1.4%；蓄积量 2.89 万立方米，仅占有林蓄积量的 2.2%。改革开放以来，电饭煲、煤气灶进入家庭，老虎灶退役，封山育林，发展林业成效显著，2015 年森林覆盖率达 71.46%，山上林木花草多了，植被厚了，涵养水源，防风固沙，生态环境明显改善。

林木特征如何

寿宁林木有六大特征：

一是森林资源分布不均。县境北部及西北部边缘地带的坑底、大安、托溪、下党和犀溪等乡（镇），有林地 43.1 万亩，占全县有林地总面积的 46.19%，森林蓄积量占全县蓄积量的 67.37%；可采伐量占全县可采伐量的 90%。其余 9 个乡（镇），有林地面积 50.2 万亩，占全县有林地总面积的 53.81%，森林蓄积量占全县总蓄积量的 32.63%，可采伐量占全县的 9.2%。坑底乡有林地面积最大，为 15.49 万亩，占全县有林地总面积 16.59%。坑底乡龙溪村为全县行政村有林地面积之最，达 3.2 万亩。托溪乡的渺洋村有林地面积居全县行政村有林地面积第二。全县有林地面积在万亩以上的行政村还有 13 个，分别为坑底乡的大岭、地洋、地源、长岭、芹坑、小东；大安乡的楣洋、村头；托溪乡的山口、峡头；下党乡的碑坑、杨溪头，以及南阳乡的院洋。

二是龄组比例失调。全县幼林多，近成熟、成熟和过熟林少。1987 年，67.16 万亩用材林中，幼龄林为 52.84 万亩，占 78.67%；中龄林为 12.82 万亩，占 19.1%；近成熟林为 6975 亩，占 1.03%；成熟、过成熟林为 8082 亩，占 1.2%。当年全县用材林蓄积量 112.31 万立方米。其中幼龄林蓄积量占 61.69%，中龄林占 33.56%，近成熟林占 2.19%，成熟、过成熟林占 2.56%。

三是林种结构不合理。全县有林地总面积 93.3 万亩，用材林占 71.98%，经济林占 13.24%，薪炭林、竹林、防护林、特种用材林分别占 5.24%、4.31%、4.26% 和 0.97%。

四是成材原始森林面积少，成片人工幼林面积多。全县原始森林经过"大跃进"和"文化大革命"的破坏，蓄积量下降 36%，可伐量下降 58.4%。到 1989 年，仅剩坑底、托溪、下党等乡的少数村庄的边远地区有小面积的成、过熟林（原始森林）。全县成、过熟林占当年有林地总面积的 0.87%；蓄积量占当年总蓄积量的 2.16%。而成片人工幼林面积全县共有 54.04 万亩，占有林地总面积的 58.17%，蓄积量的 15.89%。此外，还有不成片的人工林、自然生长的散生林和竹林计 38.45 万亩，占全县有林地总面积的 41.21%；蓄积量为 109.21 万立方米，占全县总蓄积量的 81.95%。

五是林木生长量低，林分质量差。全县林木每亩平均生长量为 0.17 立方米，仅为全省平均数的 45.95%。

六是针叶树多，阔叶树少，人工造林树种单一。全县针叶树占 96.6%，而阔叶树仅占 3.4%。历年造林均以针叶树为主，阔叶树受破坏严重，面积逐年减少。香樟、黄楮、青刚栎等珍贵树种，已处于灭绝的边缘。人工营造的用材林，只有杉木、松木、柳杉和少量檫树；经济林只有油茶、油桐、山苍籽及少量梨、苹果、桃、板栗；回植树也只限于乌柏、苦楝、喜树、樟树、枫杨等树种，成片造林的树种多为杉木、松木、柳杉、檫树、油茶、山苍籽等 7 个品种。

林木消长变化情况如何

据 1987 年第三次森林资源普查，全县森林年生长量为 14.34 万立方米，其中林分年生长量 13.26 万立方米，疏林年生长量 0.72 万立方米，散生林生长量 0.36 万立方米。林分生长量中：杉木生长量 1.25 万立方米，占林分生长量的 9.5%；松木生长量 11.47 万立方米，占 86.5%；阔叶林年生长量 0.54 万立方米，占 4%；全县林木平均年生长率为10.7%，各林种生长率为：幼林生长率为12.7%，中龄林为9.1%，近成熟林为6.1%，成熟林为4.1%。各树种生长率为：杉木12.1%；松木11.2%，阔叶树7.8%。

消耗量，据1980年编制《寿宁农业区划》记载：全县13个公社（镇）和33个重点大队调查，1979年木材消耗量为10.3万立方米，而当年林木生长量仅为3.02万立方米。当年的木杉消耗量是生长量的3.41倍。1988年，全县森林资源建档调查统计，全县平均年消耗木材8.99万立方米。其中，销往外县2663立方米，占2.96%；自用木材量达8.72万立方米，占97.04%。其中能源性用材4.34万立方米，占全县消耗量的48.28%，占自用量的49.75%；基建用材1.07万立方米，分别占全县消耗量的11.29%、自用量的12.28%。生产性用材1.13万立方米，分别占全县消耗量的12.56%、自用量的12.95%。生活器具用材1万立方米。自然损耗1.18万立方米。总体上是生长大于消耗。1990～1996年，境内林木平均生长率为10.7%。1990年，全县林木总生长量16.33万立方米，1995年，全县林木总生长量17.83万立方米，2000年，全县林木总生长量12.10万立方米，2005年，总生长量14.07万立方米，当年全县林木总消耗量8.70万立方米，生长量大于消耗量。保护森林、发展林业的成效是明显的。

寿宁有哪些常见树种

清代，据康熙版《寿宁县志》：境内树种有杉、松、柏、桐、金荆、樟、桑、桂、柘、枫、柳、黄杨、杨檀、楹、柏、藤；竹类有：猫竹、黄竹、石竹、苦竹、紫竹、化竹、斑竹、雷竹、方竹、江南竹、钓丝竹、观音竹等。

民国时期引进树种不多。1950年以后，分别从外地引进麻黄、大叶桉、细叶桉、柠檬桉、喜树、苦楝、银华、玉兰、梓树、悬铃木、鹅掌楸、湿地松、火炬松、福建柏、雪松、意大利杨树、水松、千头柏、苹果、山东梨等树种。

寿宁有哪些珍稀树种

寿宁珍稀树种有人称"活化石"的大银杏，犀溪坂洋村有一株有300多年树龄的银杏，胸径1.37米、高13米、冠幅23平方米。犀溪李家山、际坑，坑底乡的龙溪、浩溪，托溪乡的圈石、檀香岭也各有一株。此外，托溪乡的檀香岭村有香榧；犀溪乡锦山村有铁树；斜滩镇王溪上洋村有黄楠；坑底乡地源村有罗槿松；大安乡泮洋村有红豆杉；县城子来桥下溪岸边有一株三尖杉；县委党校内有一株高10米、胸径0.3米、冠幅20平方米的紫薇树。

有哪些大树品种，分布如何

一是樟树。芹洋乡阜莽村有株 500 多年的大樟树，高 30 米、胸径 4.3 米、冠幅 30 多平方米。树基空洞处可容纳 15~20 人。

二是柏树。犀溪乡锦山村有株柏树，树龄 300 多年，树干夹生一株油桐，年产油桐籽 20 千克。

三是胡桃。斜滩镇厝基岩头村有两株胡桃树，高 15 米、胸径 1.4 米、冠幅 30 平方米，其中一株隔年结果一次，产果 150 千克。

四是柳杉（楤树）。大安乡后西溪巡检坑村，有一株柳杉，树龄 500 多年，高 15 米，胸围 7~8 人牵手才能围住，冠幅残缺不全，特具沧桑骨感。

托溪乡渺洋村水尾有株 300 多年的柳杉，根基横跨溪岸，茁挺苍翠，高 12 米、胸径 1.1 米、冠幅 37 平方米。柳杉躯干中寄生 2 株阔叶树，干围与主树不相上下。

清源乡旸尾村的龙手岗有株柳杉，高 35 米、胸径 4 米、冠幅 72 平方米，树龄 400 多年。

五是油茶。坑底乡地头村有株红花油茶树，树龄 200 多年，树高 2.5 米、胸径 0.4 米、冠幅 21 平方米。

六是榕树。分布于斜滩、武曲一带，最大一株胸径 4 米、高 25 米、冠幅 200 多平方米。

七是竹柏。武曲乡小溪村有 16 株竹柏，最大的一株高 14 米，胸径 0.48 米、冠幅 30 平方米，年年开花结果。

八是油杉。托溪乡檀香岭村水尾桥下溪边有 4 株大油杉，其中最大的一株高 15 米、胸径 0.95 米、冠幅约 50 平方米。

九是杉树。凤阳乡东山村水尾有株杉树，高 32 米、胸径 3.4 米。下党乡坑底村也有一株高 30 米、胸径 2.54 米的大杉树。

十是松树。凤阳乡西洋村有一株大松树，高 30 米、胸径 2.7 米、冠幅 20 平方米。

此外，竹管垅乡刘坪村水尾有一株枫树也十分壮观，虽未细细丈量，但在县内也属罕见。

有哪些林副产品

县境内林副产品有油茶籽、油桐籽、山苍籽、竹笋、棕片、香菇、茯苓、厚朴等。民国时期，茶叶、桐油、榛油成为农民的主要经济收入。民国三十年（1941 年），全县经斜滩装船外运的茶叶达 1500 吨，榛油、桐油约 250 吨。主要林副产品有六种：

一是油茶籽，油茶在寿宁的木本科经济作物中经济地位仅次于茶。有大小年之分，立冬前后采摘。1952年全县可采摘面积3万亩。1949～1989年，累计产籽在520吨以上的年份有11年，产籽在300～520吨的有19年。其中，最高的1956年年产籽643吨。

二是油桐籽，油桐有两种，一种称大桐，寒露前后采摘，树龄不到10年；另一种叫金桐，立冬前后采摘，树龄可达100多年，单株产量高。1949年，全县产油桐籽95吨。1959年高达260吨，是最高年份。

三是山苍籽，境内分布较广，野生，大暑前后采摘，开采后3～5年枯死，民间仅采少量作为解暑草药。1957年，境内开始蒸馏山苍籽油供国家收购。由于经济价值高，农民开始进行人工栽培。1970年，面积扩大至8954亩。此后，产量逐年增加，多数年份产籽均在300吨以上，最高的1984年产量达833吨。

四是竹笋，县内可供食用的竹笋6类：毛笋、绿笋、雷竹笋、石笋、金笋、化笋。农民除采掘鲜笋食用、腌制外，还制成笋干出售。全县每年产笋干200吨左右。

五是棕片，县内各地均有种植棕榈树，多数种在房前屋后的园地里，或近村旁的溪流坑谷边。棕片用于制作蓑衣、棕绳、棕垫、棕床等。1958年以前，年产棕片在5吨以上。1979年以后，随着改革开放、搞活经济，城乡居民生活水平提高，多用棕片制作棕床、棕垫与沙发，市场需求量增加，棕榈经济效益提高，种植面积扩大。1989年，产量增至18吨。

六是香菇，县境北部、西北部地区历来有用阔叶树段木培植香菇、木耳。1987年，推广袋装木屑栽培香菇，曾作为扶贫项目引进县内。当年全县栽培55万袋、产香菇250吨，消耗阔叶树2000立方米。30多年来，由于阔叶树资源减少，袋装栽培香菇不再被提倡推广，而是逐步加以限制，因此产量逐年减少。此外，林副产品还有乌桕籽、茯苓、厚朴、柴薪、木炭与毛竹制品等。

私有林情况如何

1949年以前，山林权属以村落各姓氏族共有为主，个体所有次之。公有林有村庄风景林、护墓林、护路林以及部分无人管理的原始山林。个体所有林有连片经营的，也有零星小片经营的。

成片经营，1949年以前，建山寮营林的有仕宦、富户及林农3个不同阶层。仕宦、富户多为临时雇人工营林，雇工多则20～30人，少则3～5人，经营面积一般为100～200亩，也有多达1000亩的。林农多属贫民，一无山地，二无资金，大部分靠租山营林，经营面积较小。民国时期，鳌阳地区有户建山寮 13 个，其中仕宦、富户 4 户，经营面积占 70%，贫苦林农经营的只占 30%。

零星小片林经营，即一家一户经营，多属村庄附近的祖上遗产，以经济林为主，间杂小部分用材林。据《寿宁待志》记载："富者买山，贫者为佣，中人则自食其地。"封建社会两级分化明显。到民国时期，战乱频繁，苛捐杂税加上疾病困扰，农民典田卖地十分突出。富户雇工剥削，林地面积越来越多，贫民营林多靠租山种树，只能经营零星的小片山林。

林权改革情况如何

解放后，经过土地改革，全县没收地主、富农成片经营林地 617 片（当时尚未折成亩），分给没有林地的贫雇农。除犀溪乡油茶面积大，产量多，折抵田地分配外，其他乡（镇）、村仍作为林地调剂分配。除大片原始森林收归国有外，凡是村有、族有、寺庙有的林地及小片无业主经营的荒山均归集体所有。

土地改革时期，由农民自报山林的四至界限。由于山场广、情况杂，大多数农民怕多报林地面积，影响分田，怕林业要交纳农业税收，瞒、漏、少报现象相当普遍。县人民政府颁发的土地证记载的林地面积往往与实际面积不符。与邻县交界的插花山，重报、漏报现象也屡见不鲜，以致留下山林纠纷的祸根。

1956 年，林木入社，县委在斜滩区搞林木入社试点。根据实地勘察的山林面积、株数、林木大小及树种、路途远近、花工等情况，经民主评议，制定具体入社办法：一、比例分成，成熟林入社后按路途远近，花工多少，分别给林农 15～20% 的山林折价款；二、分期付款，中幼林折价入社，按树径分级，杉木口径 6 厘米以上的每株 0.40～0.60 元，松木 8 厘米以上的每株 0.20～0.60 元，入社记账，分期付款；三、成片幼林评工记分，零星幼林无偿入社。当年全县有 3 个农林社（高级社），入社林地 1.74 万亩，其中，用材林 4976 亩，特用林 2180 亩，宜林荒山 1.02 万亩。

1958 年，贯彻中共福建省委、省人民委员会《关于正确处理林木入社政策，迅速完成林木入社工作的通知》，在 1956～1957 年林木入社办法的基础上，提倡"献山献林"，林木无偿入社，各区、乡迅速传达贯彻。随着人民公社化，全部生产资料收归集体所有，山林权属一律收归公社；已折价未偿付的转作投资，私有林木、荒山全部无偿入社，木材出售收入除付给伐木工补贴工资外，均归公社。当时，全县大办食堂、伐木烧炭炼钢铁，导致大部分村庄乱砍滥伐成风，风景林被伐作薪炭材，全县森林遭到人为的大破坏。平溪、斜滩两社的长溪下坑尾峡谷的 1000 多亩松树与大业坑的 2000 多亩阔叶树，全部被砍伐烧炭，供应印潭铁厂炼铁。1962～1965年，农村各地毁林开荒生产，山林火灾频频发生，境内森林再次遭到破坏。

1961年林权调整，按照中共中央《关于确定林权，保护山林，发展林业的若干规定（试行草案）》和省委的有关规定，结合社会主义教育运动，对山林权属进行调整：天然林原已划归国有的不变；原归人民公社所有的除已改造的林地外，其余划归大队、小队（村）所有；社员房前屋后的零星树木，仍归社员所有。同时对林木折价入社时遗留的问题，做出相应处理并提倡："谁种谁有，哪一级造林归哪一级所有，房前屋后和坟地上所造林木归社员个人所有。"

什么叫林业"三定"

1981年3月，中共中央、国务院发出《关于保护山林，发展林业若干问题的决定》。6月，根据福建省人民政府《关于稳定山权林权的工作意见》和宁德地区行政公署的有关文件精神，全县分三批进行林业"三定"，即"稳定山林权，划定自留山和确定林业生产责任制"，并先在坑底乡搞试点，至1982年10月结束。

一是稳定山林权。经过林业"三定"查明，全县集体所有的山林共147.3万亩，其中公社所有制的5.34万亩，大队所有制的38.6万亩，小队所有制的32.21万亩，小队以下自然村所有的71.15万亩。已定林权面积117.15万亩，其中集体116.76万亩。与此同时，公社林场、大队林场还签订山林权分益合同，做到权、责、利相结合。

林业"三定"之前，全县有山林纠纷积案189起，经"三定"，协商处理75起，另外，还根据自愿互利、等价互换的原则，调整部分边界插花山，以利经营管理，促进林业生产的发展。

二是划定自留山。林业"三定"时，全县划定自留山的大队134个，小队1143个，共17343户，86575人，共划定自留山12.64万亩，占集体山地面积的8.6%，户均7.29亩，人均1.46亩。"自留山由社员长期经营使用"，"谁种谁有，可以继承"，进一步激发群众造林育林的积极性。1982年，全县完成春秋造林4.59万亩，其中自由山造林2.57万亩，占55.99%。1983年，落实"两山"（自留山、责任山）政策，再次划定自留山7.1万亩，全县划定自留山增至19.74万亩。

三是落实林业生产责任制。规定一系列具体措施：①在社、队林场配备专职干部任场长，固定若干职工，坚持集体经营；②实行个人承包经营管理，收入分成；③承包到户较多的是毛竹、油茶林及小面积的林木；④也有分林到户的。

1983年9月，寿宁县委、县人民政府作出"把荒山分下去，种起来，管起来"的决定，当年落实承包责任山21万亩。

四是建立林业"三定"档案。1982年10月，全县林业"三定"工作完成后即转入内业资料整理归档，绘制"寿宁县山林分布图"，编制有"三册"（山林权属、自由山、无林地与疏林地清册）、"三书"（山林权属协议书、山林纠纷裁决书、林木生产合同书）、"四表"（山林权属落实情况表、自留山划定情况表、林业生产责任制情况表、林业"三定"情况汇总表），为13个社镇建立林业"三定"工作档案，作为颁发"山林权证"、"自由山证"的凭据。

采种育苗的情况如何

1949年以前，境内仅油茶、油桐、棕、茶树有采种育苗。松树、柳杉靠飞籽自然生长。杉木则为自然苗劈条扦插。1941年，县政府虽有训令县农场育苗90万株，按省核定每月应拨育苗费350元（法币）。至当年4月，只拨200元，因经费短缺，育苗计划告吹。

1950年以后，县人民政府把林业生产列入议事日程，提倡"林区家家采种，户户育苗"。1953年，全县培育油茶、油桐实生苗15亩。1955年，县农林科委托县农场在三峰寺育苗8.5亩。同年10月，对采种人员进行培训，当年采种1136千克（油茶566千克、油桐570千克）。1956年，首次发动群众采集针叶树种籽701.5千克（其中杉树215千克，松树410千克，柳杉76.5千克）。当年县林业科在斜滩水龙湾苗圃育苗11.3亩。1952～1957年，全县共采集林木种籽1979.5千克，育苗106亩，年均育苗17.6亩。1958～1961年，年均育苗59.7亩。1964年，全县采集林木种籽2100.5千克。1973年，全县育苗达500亩。1976年以后，造林面积逐年增加，鳌阳镇寨北山建立国营北山苗圃，常年育苗36亩以上，提供种苗200万株。1978年8月，在斜滩苗圃召开全县苗木质量管理会议，部署苗木标准化工作，推广斜滩、北山苗圃改杉木、柳杉育苗春播为冬播的培育壮苗经验，提高种苗质量。1949年～1989年，全县采集林木种籽109.4吨，育苗9599亩。其中国营林场、苗圃育苗1722亩，占17.94%；个体林业生产育苗7877亩，占83.60%。

由于县内林木种源有限，1984年以来，陆续从县外调进杉木、美国火炬松等良种培育，并建立良种基地298亩，为全县林业生产良种化打下基础。

植树造林成效如何

明万历四十一年（1613），九岭一带乡民曾在九岭种松树百株，为行人遮阴。清光绪二十年（1894），平溪乡长溪村村民李煌照在下坑尾建山寮造林1000多亩。

1934年县政府职员在城西女庵岗种植马尾松3000株、杉木1000株。1936年，实行征工服役造林工程，至民国26年，共种植马尾松4.1万株，刺杉4.7万株。1944年，省政府制订《农林五年大纲》，提倡植树造林，拨给寿宁树苗补助款10万元（法币）。当年全县共种植油桐9万株，油茶7.2万株，马尾松96万株，杉木76.3万株，竹类1.3万株。至民国35年，共造林7.19万亩。

1951年，县人民政府制订《寿宁县农业生产计划草案》，提出"条件好的地方应发动群众合作造林"，同时分配造林任务：群众造林200亩，合作造林50亩，封山育林1000亩。当年全县种植油桐2600株，油茶4230株，杉木9853株，松树36.65万株。全县共计造林232亩，完成分配任务的92.8%；封山育林1445亩，超额44.5%。1952～1953年，全县共造林3163亩。1955～1957年，全县共造林4.71万亩。1957年，县人民政府制订《1957～1966年十年林业发展规划》，10年间，总共造林28.79万亩，超额完成原计划的59.94%。

1966～1976年的10年间，全县共造林38.39万亩，年均造林3.84万亩。公社、大队办林场以杉木为主大造用材林。1977年后，林业生产采取"基地化，林场化、丰产化"的措施，至1980年，全县共造林19.84万亩，年均造林4.96万亩。

1981年，贯彻林业"三定"的有关方针政策，坚持"谁造谁有"，提倡家住农村的干部、职工春节回家都要带头植树造林，充分调动群众造林育林的积极性。1983～1989年，林业专业户个人造林23.67万亩，年均3.38万亩。

1987年，在省林业厅驻寿宁扶贫工作队的帮助下，寿宁县首次列入福建省速生丰产用材林基地县。省林业设计院为寿宁县规划设计10万亩速生丰产用材林基地和1.2万亩板栗基地建设方案。于1988年起实施，当年造林5861.8亩，其中，板栗498亩。到1989年，全县林业生产基地建设初具规模，人工造林保存面积达61.79万亩。

人工造林有哪些办法

1934年以前，松木均为自然飞籽成林，很少人工营造，民间曾有"松籽落地、满山都是"的谚语。此外，栲、槠类树种也是自然飞籽成林。

人工造林主要办法有五种：

一是插条，杉木均为劈条扦插定植。1956年以后，随着实生杉树苗供应增加，插条法逐渐被取代。

二是穴播，农民种植油茶，油桐均用挖穴下种造林。此法节省育种成本，但成活率比育苗造林略低。

三是育苗造林，经济林及茶、果树一般都采用育苗。这种办法适用于营造大面积的用材林和经济林。育苗造林，除松木习惯一锄定植外，其它树种传统习惯是挖小穴（30厘米见方、30厘米深）；国营社队林场及四旁绿化植树均用挖穴；四旁绿化的大苗则要挖大穴，多为1米见方，80厘米深；育苗造林成活率高。

四是飞机播种。寿宁县连片宜林荒山地多，因交通不便，人工造林难以顾及，1972年经上级批准列入飞机播种造林基地。1972年底与1987年2月，由中国人民解放军派飞机在县境内进行飞机播种造林。第一次在南阳、平溪、托溪、岱阳、南阳、犀溪、大安、鳌阳等9个公社的37个大队（分9个片区）进行飞播。面积达30万亩，播下松木种子15吨。1987年2月进行第二次飞播，在坑底、大安乡的长岗头、小东、羊脑山、寨宝尖，南阳乡的五谷顶、笔架山、岗垄，芹洋、平溪乡的仙岗顶、屏峰、南溪、东山头，以及鳌阳镇与清源乡的叶洋铺、三望洋、大岗头、西山顶、西山等地，计18个飞机播种区，面积达20.53万亩，播下松木种籽10吨。

五是四旁植树。县民历来有在房前屋后旷地种植竹、果的传统习惯。热心公益事业者常在道路险峻地段、陡岭斜坡栽种遮凉树木。也有为改善自然环境，在与村庄相对的水口，山边，山岔等处种植风水林的。封建社会，富户庭院也有栽种花木，摆置盆景。

1928年，为纪念孙中山，定每年3月12日为植树节。1934年，县政府职员曾在城西女庵岗种植马尾松、杉木计10亩。1936年至1937年曾开展征工服役造林工程，并购进高0.5米的马尾松2万株，刺杉1.2万株，分别在女庵岗、鳌山及平溪、南澳、纯池、阜莽4村种植。

1950年以后，县人民政府重视"四旁绿化"。1952～1957年，全县四旁植树8万株，年均1.5万株。1959年，引进大、小叶桉与柠檬桉种苗1万株，沿福寿公路两旁种植。1964年，重点转至鳌阳地区公路沿线，当年种植10万多株，主要绿化树种有法国梧桐、喜树、荫洛柏、樟树、枫杨等20多个品种。

1972年1月，寿宁县委组织县直机关的干部、职工、驻地武警和学生1500多人在县城周围、公路沿线补种四旁绿化树3.7万株。

1979年，全国人大常委会确定每年3月12日为植树节，号召每人每年义务植树3株。至1989年底，全县共完成义务植树45.3万株。

怎样进行林木抚育

林木抚育的办法有三种：封山育林、幼林抚育和成林抚育。

一、封山育林。1949年以前，民间有封禁保护风景林、护墓林、路旁遮荫树等传统的封禁习俗。1951年，县人民政府发出"坚决贯彻护林政策，组织护林小组，实行封山育林"的号召，当年全县计划封山育林 1000 亩，实际封山育林 1445 亩，超额完成 44.5%。1955 年，执行中共中央、国务院《保护山林条例》，县政府发动村民订立村规民约，抓好封山育林。第一个五年计划期间，全县共封山育林 10.3 万亩。1981～1982 年，全县封山育林 13 万亩。1984 年进一步加强封山育林工作。1987 年，将全县第二次飞机播种林 20.68 万亩划为重点封山育林区，到 1989 年底，全县累计封山育林达 74 万亩，占林业用地的 44.1%。实践证明，封山育林是寿宁县提高森林覆盖率的有效途径。

二、抚育幼林。肥力中下的农地，大多套种用材林或果树，幼林时以耕代抚，4～5 年时间退耕即郁闭成林。新垦的荒地种植油茶、油桐，幼林期油茶铲草，油桐全垦，用材林如杉、檫、柳杉等则疏植其间。1973 年后，国营景山林场和社（镇）林场把幼林抚育列为专项生产，于每年秋季挖穴培兜。幼林每年抚育一次至郁闭成林，部分幼林每年春、秋两季两次抚育或套种杂粮以耕代抚。1955～1989 年，全县累计抚育幼林 9.34 万亩，占林地总面积的 46.11%。

三、成林抚育。可分两种：一是用材林抚育以间隔劈草为主，结合间伐抚育砍小留大，破密留疏，砍弯留直。1949～1989 年，全县累计抚育成林 26 万亩，最多的 1983 年抚育成林 5.29 万亩。二是经济林抚育，合作化以前，油茶以锄草结合半垦方式抚育。集体化后，油茶秋垦改为大年铲草，小年停抚。1979 年，人民政府对油茶采取扶持政策，开展油茶保水、保土、保质改造，进行抚育。林业"三定"后，部分油茶得到垦复。1950～1989 年，累计垦复油茶 11.25 万亩。毛竹以产笋大小年份分别抚育。寿宁农村历来在小年的冬季劈草抚育毛竹，也有部分农民采用垦复抚育，但面积较小。国营景山林场则采用深垦抚育毛竹，此法甚好。自 1949～1989 年全县共垦复毛竹 3.19 万亩。

为什么说森林保护的关键是防止森林火灾

寿宁农村历来虽有护林公约，但一遇山林火灾，往往未能有效组织扑灭。1933 年和 1934 年，国民党军队在岗垄地区"围剿"红军，曾放火烧毁大片原始森林。

1951 年，县人民政府制定的农业生产计划提出："贯彻护林政策，组织护林小组，把护林工作摆上议事日程"。但由于农业上仍沿用烧草木灰积肥，烧田坎除杂草的耕作习惯，每年均会发生山林火灾。从 1949～1989 年，境内较大的山林火灾就有数十起。诸如，1955 年，托溪乡圈石村与浙江省庆元县交界处，山坑乡水绕洋村与浙江省泰顺县交界处发生两起山林火灾，过火面积 1230 亩，烧毁林木 4000 多立方米；1957 年，斜滩区下东溪与平溪上东溪交界的曲尺岭发生一起山林火灾，过火面积 1300 亩，烧毁林木 12.3 万株；1962 年，坑底公社与浙江省景宁县石柘洋交界地发生一起特大的山林火灾，过火面积 1 万余亩，损失难以估计……因此，人们深切地感到，保护森林的关键是防止森林火灾。

护林防火有哪些措施

护林防火通常有四种办法措施：

一是设立机构，加强领导。1955 年，县里成立护林防火指挥部，县长兼任总指挥，指挥部成员由公安、检察、法院、民政、林业等部门的负责人组成，下设办公室，由林业科长兼任办公室主任，开展护林防火工作。各区、乡相继建立林业生产及护林委员会。县护林防火指挥部建立山林火灾报告制度，并实行逐月统计汇报，做到发现山林火灾，立即报告并组织人员及时扑灭。报告制度规定失火后 24 小时内，要把发生火灾的原因、肇事者、损失情况及时上报县指挥部。1958年，进一步充实护林队伍，增加防火机构，全县共建立 268 个防火队，防火队员增至 1820 人。1962 年，调整县护林防火指挥部，分管农业的县委副书记和县政府分管农业的副县长分别兼任正、副总指挥。1966~1974 年，护林防火机构撤销，工作停顿。1978 年以后，县人民政府采取一系列措施，加强护林防火工作。1981 年，县林业局设立森林保护股，配备干部 2 人，1982 年，林业局增设林业公安股，国营景山林场设公安派出所，配备林业公安干警 8 人，加强森林保护工作。1987 年，再次调整县护林防火指挥部，总指挥由分管农业的副县长兼任。1990 年以后，对各乡镇、林场的森林防火工作实行火灾次数控制和过火面积控制的"双控"管理办法。县长与 14 个乡镇长签订《森林防火责任状》。1991 年起印发张贴《寿宁县政府严禁野外用火令》，1991 年 10 月组建全县范围的森林防火无线电通讯网，并在开设和维修防火路的同时，建设以种植木荷、女贞、油茶等树种的防火林带。2004 年起，按照《寿宁县森林防火领导责任追究制度》，对导致森林火灾发生的相关人员，依法依纪追究责任。

二是开展护林联防。毗邻地区护林联防也是保护森林发展林业的重要措施。1957 年 4 月，经浙江省、福建省林业部门协商，闽浙毗邻地区首次护林联防会议在寿宁县召开。福建省的寿宁、周宁、政和与浙江省的庆元、景宁、泰顺等六县县长出席会议，正式成立闽浙毗邻地区护林联防委员会，并制定《闽浙毗邻地区护林防火暂行办法》，划定毗邻地区联防地带。寿宁县长王登榜当选主任委员，庆元、景宁、周宁、泰顺、政和等五县县长当选为副主任委员。参加联防的六县公安、法院及林业科负责人为联防委员。会议制订联防工作汇报检查办法、值班及奖惩制度。值班规定：1985 年以前，间隔 6 年，每县值班 1 年；1986 年以后，间隔 12 年，每县连续值班 2 年，周而复始。护林联防每年由值班县召开联防会议，总结联防工作经验，布置第二年联防工作，并做次年的交接工作。1995 年、2005 年寿宁县是第二联防区的值班县，分别于当年 12 月召开护林联防工作大会。

三是制定乡规民约。1954 年以前，寿宁民间对风景林、遮阴树均由村内、宗族内订立乡规民约加以保护。1955 年，县政府号召"保护森林，严防火灾"，大安乡群众，订出全县第一份护林公约。凤阳北山率先响应，群众赞成拥护，很快在全县各乡推广。乡规民约中有"五禁"：乡民修订禁约，全体村民吃禁饭，演一场禁戏或电影，禁止人畜进入林区，严禁糟蹋林木。民约公布立即生效，"五禁"处罚（乡民修订禁约，全体村民用餐吃禁饭，通过禁约时敲锣打鼓，有条件的村庄还演一场"禁"戏或电影，规定在封禁的山林区，禁止人畜进入，以防糟蹋林木），"五禁"规定通俗易懂，有利护林，争相仿效，普遍推广。

四是落实防火措施，自 1970 年起，县人民政府每年从林业生产基金中拨出部分专款用于开辟山林防火路，建造防护林带。护林防火重点是国营景山林场和乡（镇）村联办林场及县林业生产基地村。新开护林防火路（宽 10 米）每千米县里给予 100 元补助。国营北山苗圃和坑底新安村还建立瞭望台监测火情。到 1989 年底，全县共开辟护林防火带 342 千米，维修上年防火带 473 千米。有效管控了森林火灾。

林木有哪些主要病虫害

寿宁县林木病害有：苗木立枯病、油茶与杉树炭疽病、杉树细菌性叶枯病、松树落叶病、湿地松褐斑病、毛竹枯梢病、苦楝叶斑病、木麻黄青枯病、杉木与柳杉赤枯病、板栗疫病等 17 种。

虫害有：杉木天牛、杉梢螟、杉梢小卷叶蛾、白蚂蚁、马尾松金龟子、竹蝗、竹叶螟、松梢螟、松梢小卷叶蛾、松毛虫、柳杉毛虫、板栗瘿蜂、樟叶蜂、油茶尺蠖等 16 种。

病虫害的危害相当严重。据统计，1957 年，全县林木病虫害面积 200 亩。1978 年，全县林木病虫害 6500 亩。1982 年，境内发生严重的林木病虫害，面积达 11927 亩，其中病害 6875 亩，虫害 5070 亩。林木病害中，杉木病害 2094 亩，松木病害 2263，亩，油茶病害 477 亩，毛竹病害 698 亩，檫树病害 114 亩，其他树种病害 1211 亩；虫害中，杉木虫害 2694 亩，松木虫害 2082 亩，毛竹虫害 294 亩。

如何防治林木病虫害

早年未推广使用化学农药防治林木病虫害，民间只用人工捕捉或用烟叶杆熬汤防治果树的虫害。1988年，在全县开展森林病虫害普查，并采取相应的防治措施。主要有6种：一是在病虫害疫区，采取卫生间伐，砍伐病树，切除病枝，集中烧毁。二是利用药物防治。除常用烟叶杆熬汤喷洒病树外，还用"灭蚁灵"防治白蚂蚁。根据不同病源，用5%多菌灵、苯莱特、甲基托布津、"1605"粉剂喷洒杀灭病菌害虫。三是人工捕杀金龟子等害虫。四是加强林木种子引进的检疫工作，严禁调进带病种菌，严禁用病苗造林。五是选择良好的育苗基地，禁用旧农地育苗。六是烧山造林，将原来的荒山植被烧毁，杜绝病虫害繁衍。

林政管理的主要任务是什么

林政管理有四项任务：采伐管理、木材销售运输管理、育林基金管理和山林纠纷调处。尽管现在体制不同，但任务还在。

一是采伐管理。1955年，寿宁县人民委员会发布《保护森林公告》："对烧炭、伐木做香菇等从事木材副业生产者，应报县人民委员会批准。"1962年县人民委员会针对林业资源消耗过大的状况，制定《保护森林条例》，规定："成片林木的采伐，必须由单位制定计划，经林业部门审核后，报县人民委员会批准。生产队和社员以及干部需要采伐少量集体所有的林木，应报经上级领导批准。"1970年寿宁县革命委员会发出93号文件，规定砍伐林木"5株以下由生产队申请，报大队批准；5～10株由大队申请，报公社批准；10株以上由公社审查签署意见，报县革命委员会生产指挥组批准。"1980年，《中华人民共和国森林法》（试行条例）公布，县林业局增设森林保护股、公布股，林政管理工作摆上议事日程。1985年，各乡（镇）成立林业工作站，林木凭证限额采伐，纳入"生产一本账，审批一把笔"的管理轨道。

二是木材销售运输管理。1954～1956年，寿宁县的木材运输凭福建省林业厅统一印发的木材运输许可证，森工部门采购木材凭调拨单。1956年6月起，木材运输许可证停止使用。县林业局所属的生产单位按国家生产计划向贮木场或转运站运材一律以林业局运输单或发货凭证为合法凭证。

1963年2月起，按林业厅、供销社、交通厅、财政厅、税务局、铁路局、福州木材一级站联合通知，凡木材（包括原木、原条、板料、杉材、边角料、小规格材、等外材、腐朽木、寿板材、旧屋料、半成品以及床板等），除森工和木材公司系统内生产用材允许以发货单据为运输凭证外，其余均凭县林业局运输证调运。"文化大革命"中，木材运输管理混乱。1975年起，木材运输管理恢复，并证调运木材。1984年，经省人民政府批准，县里在犀溪乡武溪村设立木材检查站。1985年，又在武曲乡余坑村设木材检查卡，检查、处理木材的不合法销运。

1985年，中共中央一号文件规定："开放木材市场，实行议购议销。"福建省人民政府规定：省内流通的原木规格材、板材、非规格材、等外材、旧屋料、家具、木制品与半成品，由县林业局或乡（镇）林业工作站办理销售证明，凭木材销售证运输；出省销售的由县林业局办理运输证明。1987年后，省内销售由县林业局办理运输证明，省外销售经县林业局审核，报宁德地区林业局办理运输证。

三是育林基金管理。寿宁县从1965年起在森工企业部征收育林基金。1970年起扩大征收范围，规定：国有林育林基金每立方米征收10元，集体林育林基金每立方征收7元。1985年，调整育林基金征收标准，规定：自用材（包括杉、松、杂木）每立方征收18元，商品材每立方育林基金和林业更新基金共18元。1987年，再次进行调整，商品材（包括旧木材）育林基金与林业更新基金征收标准由过去的每立方米收取固定金额，改为由木材经营单位按收购价或林农出售价的25%征收。1988年，再次调整，改为按销售价的20%征收。县农行设育林基金专户，每年返回扶持营林生产。

四是调处山场纠纷。寿宁县的边界，涉及2个省、4个地区、5个县、16个乡（镇），历史遗留的山界纠纷较多。1956年纯池区划归周宁县管辖，但山界未划清。县内历次行政区划变动，乡（镇）、村管辖区域的调整也带来不少山界纠纷问题。1982年统计，全县有山林纠纷积案189起，面积约5.4万亩。其中，省际纠纷18起、地区际纠纷2起，县际纠纷17起，县内乡际纠纷20起，村际纠纷87起，自然村际的纠纷45起。

山林权纠纷，导致森林资源受破坏，甚至引起群体性的械斗。1981～1983年，结合"林业三定"工作，调处山林权纠纷115起，其中坑底乡欠坑村与浙江庆元白柘洋村长达9年的山场纠纷，经协商谈判终于化为玉帛。

如何坚持以法治林

首先是做好林业法规的宣传，做到家喻户晓、人人皆知。1951年，县人民政府在农业生产计划中，明确要求"全县人民要认真做好护林护山工作"。1955年县人民委员会发布了《保护森林，严防山火，发展林业生产》的布告。1962年发布《保护森林条例》。1987年，县人民政府还下达"冬春干旱未解之前，严防野外用火"的命令。1988年，县长与14个乡（镇）长签订1988～1990年任期护林防火目标管理责任制，将护林防火的任务分解到乡村，落实到基层。同时规定每年冬春两季为护林防火宣传月，采用张贴布告、有线广播、墙头标语、幻灯、电影，广而告知。

《中华人民共和国森林法》是护林防火的尚方宝剑。县政府将其印成小册子，分发到乡村，宣传到家户，并制定《野外用火管理审批制度》《火险预报制度》，规定野外用火必须报请当地政府审批，做好安全用火工作。

其次是做好林业治安工作。20世纪六七十年代，邻县木材商贩蜂涌入境，抢购贩运，毁林现象时有发生。县公安部门大力支持当地政府管理林业治安。1982年林业局内增设林业公安股，并在国营景山林场设立林业公安派出所。1985年，县人民检察院增设林业检察科。1988年12月，县人民法院相应成立林业审判庭，加强林业治安管理工作。

1956年，县人民法院受理1起烧山毁林案，审判首犯1名，判处有期徒刑5年。1980年底，县人民检察院受理林业案件20起，没收回收木材177立方米，罚款2094万元。1981年，侦破坑底木材投机团伙，将1名主犯判处有期徒刑。1982年，全县发生林业治安案件15起，查处15起，拘留2人，没收木材291立方米，罚款1.16万元。同年，县人民法院审理托溪山林纠纷伤害人命案，主犯2名被判有期徒刑。1986年，贯彻执行《中华人民共和国森林法》，查处乱砍滥伐、抢购贩运木材等各种林业案件69起，拘留1人，没收木材1320立方米，罚款3.5万元，彰显法律的威严。

木材采伐情况如何

民国以前，采伐的木材除林农自用外，也有卖给邻居或毗邻村民建房。采伐时的劳动力安排常以换工、雇工或包工的形式进行。采伐工具有斧头、柴刀、龙锯等。1954年，县林业局引进弯把锯伐木。1970年，又引进高把锯伐木，工效提高50%。因采伐数量不多，林地分散，多为个体生产，引进的采伐机械适用面不广。

集材的方法多数采用滑道溜山，平缓地带才用肩扛或人抬，近溪流村落则用放排运输。1958年，福寿公路通车后，公路沿线开始使用胶轮板车运木材。

杉木采伐多在春夏之交，容易剥皮。松木，毛竹及阔叶树采伐多在秋后。传统采伐以伐大留小的间伐为主，只对无法成材的病树、僵树才进行全伐，并重新整地造林。1980年以后，对人工造林的部分成材林开始进行抚育间伐。

1984年后，木材市场开放，邻县木材商贩再度涌入境内抢购偷运，林区乱砍滥伐现象又趋严重。据有关方面调查，1985年未经批准砍伐的木材达4000多立方米。1987年底木材收归县木材公司经营，木材生产纳入统一管理，木材生产恢复正常。

木材运输情况如何

寿宁木材运输一靠水运，二靠陆运。民国时期，斜滩沿溪一带村民曾从浙江省庆元县购得杉木 1000 多根，经水路流送至斜滩。1963 年以前，外调木材，多从斜滩水运。1958 年，曾组织过两个国营森工流送队，共 60 人；社、队组织的临时流送队 12 个，共 520 人。在托溪圈石，大安炭山，犀溪武溪的溪流炸礁运放，大大提高了水运的吞吐量。1959 年，首批长途水运木材 1322 立方米运至福安赛岐港，运费比原来降低 50%。1959 年水运木材达 1.33 万立方米，为历年来水运最多的年份。

明清时代，官府从寿宁征用木材，系用人力陆运。明代萧崇业、谢杰奉使琉球所造的封舟，其桅木则取之于寿宁。谢杰著《琉球撮要补遗》就详细记述了当时运送桅木的艰巨情形："木既巨，非数万人之力不能运，如木过一乡，即以乡之夫拽之；隔一程有夫来换，前夫即遣归。"

1958 年，福寿公路通车，始用汽车运送木材。1963 年，水运停止，木材外运全用汽车来运输。1963～1970 年，上调木材由福安专区林业车队承运。1973 年，县木材公司购进 4 吨位货车 2 辆，负责林业部门的木材上调运输。

木材购销情况如何

1953 年以前，木材生产均属自产自销。城镇用户则到农村"买青山""自伐"。1954 年，福安森工局斜滩木材采购组收购木材 869 立方米。1954～1956 年木材购销由县供销社经营，共收购木材 3786 立方米。1958 年起，木材购销由县木材公司专营，并实行统购统销。根据省木材公司下达的年度计划指标，由森工部门组织采伐，国家统一经营。1963 年，木材经营划归县物资局。至 1970 年以后，木材生产采伐指标由县林业局下达林区，组织采伐。1984 年起，木材采伐计划由县人民政府制定，县木材公司根据县人民政府下达的年度指标，深入林区订立采伐收购合同。

木材销售自 1956 年起，按省计划委员会、地区计划委员会及省林业厅、地区林业局下达的供应指标，由县木材公司负责调拨供应。计划调拨的木材有杉木、松木、香樟及杂木等。产品销往浙江、江苏、上海、山东等省（市）及省内的福州、厦门、漳州、泉州、宁德等地（市）。至 1989 年，全县共外销各种木材 19.1 万立方米，其中，县供销社经营 3786 立方米，县物资局经营 6.26 万立方米，合计金额 731.5 万元。

1980 年起，木材市场逐步放开，在完成派购任务后，超产木材允许国营单位议价购销，也可以由林业部门代销。当年县林业局成立林产品经销公司，经营计划外超产材及次材、小料、旧料等。1985 年贯彻中央与省、地有关"开放木材市场，取销派购，实行议购议销"的通知。至 1986 年，全县经工商管理部门签发执照经营木材者上百家。由于多家经营，县林业部门购销数急剧下降。1985 年，全县采伐木材 6364 立方米，木材公司仅收购 1713 立方米，占采伐总数的 26.92%。1986 年，仅坑底乡的木材购销量就达 6720 立方米，其中乡企业站经营 1500 立方米，占 22.32%；县林业局驻坑底林业采购站仅收购 134 立方米，占 1.99%；个体经营达 5086 立方米，占 75.6%。1987 年起，根据中央规定，木材购销全部收归县木材公司经营。

购销价格，1985 年以前由国家统一核定，按固定林价加采集工资、运费、管理费等计价，不同时期不同地区收购价格有所不同。

木材销售价格，1963 年，杉原木每立方米为 41 元，松原木为 33 元，杂原木为 40 元。1973 年，杉原木每立方米销售价格为 45.20 元，松原木为 43.60 元，杂原木为 43.60 元。1985 年以后，木材实行议购议销，当年杉原木每立方米销价为 350 元，松原木为 200 元。1987 年，杉原木为 650 元，松原木为 300 元。1988～1989 年，杉原木为 900 元，松原木为 450 元，杂原木为 400 元。

木材检量，严格专业。1954 年以前，木材计量采用传统的简易测算方法，人站立树旁，平胸叉手量树周，以双手拇指与中指套接的长度为"一捏"——合木工尺 4 寸（约 0.3 米）直径。1954 年，森工局木材采购用卡尺、卷尺、钢尺等检量，按国家木材检验标准，杉原木以长 1.1 米为进制，松木以 1.25 米为进制。直径以小头（未伐的树根部以上 2.5 米处）为检尺径，以 0.02 米为进制。根据长度、直径计算材积，并评定 1、2、3 等级和等外材。长度 2 米，小头直径 0.08 米以上为规格材。全县合格的森工检尺员 11 人。

林业管理有哪些机构

林业管理机构分行政机构、事业机构和企业机构。

一、民国时期，寿宁县曾设立农业改进处，为管理农、林、茶、水的行政机构。解放后，于 1950 年 12 月设立农林科，统管农、林、茶、水业务。1956 年 1 月，撤农林茶水办公室，设立林业科。1958 年改称林业局。1963 年 10 月复设林业科。"文化大革命"中，林业行政机构被撤销。1968 年，成立寿宁县革命委员会生产指挥组农林小组，取代林业科职能。1970 年 2 月复设林业局。局内设人秘股、财务股、营林股、林政股和资源站以及公安科等机构。下属单位有国营景山林场、斜滩苗圃、木材公司及 14 个乡（镇）林业工作站。1990 年县林业局全员

31 人，其中干部 23 人，工人 8 人。1995 年，设人秘股、计划财务股、育林基金管理站、林业规划队、林政资源股、野生动物管理站、林业审判庭等常设机构 13 个，在职在岗人员 50 人。2005 年，林业局人员 56 人（含森林公安分局）。

二、事业机构有景山林场、国营斜滩苗圃、国营北山苗圃、国营长溪联办林场。（一）国营景山林场，场部设在斜滩印潭景山，距县城 55 千米。全场由景山与楹洋两大部分组成，两处相距 70 千米。山场跨越斜滩、芹洋、凤阳、平溪、大安、犀溪、坑底 7 个乡（镇）。景山片 8 个工区，18 个生产点，共经营山场面积 10.46 万亩。到 1989 年，林场活立木蓄积量为 13.36 万立方米，之后，每年将以 7120 立方米的速度递增。（二）国营斜滩苗圃。1956 年创办时，场部在斜滩村水龙湾。1961 年撤并为国营长溪林场。1963 年长溪林场下马，1964 年斜滩镇杨梅前村重建国营斜滩苗圃，经营面积 234 亩，其中苗圃用地 89 亩。有干部 1 人，职工 8 人。（三）国营北山苗圃，1976 年创办，经营面积 1545 亩，其中苗圃地 124 亩，农地 83 亩。山塘 5 亩。该圃重点培育柳杉、松木及绿化苗，年育苗 56 亩，供苗 200 万株。到 1982 年，共造绿化林 1206 亩，1987 年普查，活立木蓄积量为 2142 立方米。（四）国营长溪联办林场。为县、乡、村三级联办林场，经营总面积 3 万亩。

企业机构县林木采购公司建于 1954 年。1958 年，划归县管，木材采购组改称森工组，隶属县林业局。1961 年升格为木材公司，成为独立核算的森工企业。1963 年，该公司划归县物资局管辖。1970 年，又划归林业局。1989 年公司全员 15 人，其中干部 7 人，职工 8 人，下辖斜滩、托溪、坑底采购站与鳌阳门市部、木材加工厂 5 个单位。1990 年，在职人员 24 人。随着木材市场的放开，1996 年起木材公司只负责代办运输手续，代收"两金"。1998 年，该公司在职人员 26 人。2001 年 6 月 1 日，取消代办，公司名存实亡。2005 年，盘活资产、安置职工，注销木材公司。下设斜滩木材站、坑底木材站、托溪木材站、武溪木材站，其中武溪木材站划归林业局，设林业检查站。

茶叶经营

第七卷

为什么说寿宁产茶的历史是悠久的

寿宁的茶树栽培始于明景泰年间（1450～1456），已有500多年的历史。清代，茶叶已成为大宗的经济收入，民间借贷大多约定"茶季"后偿清。清咸丰、同治年间（1851～1874），县内生产的红茶——"坦洋功夫"远销国外。1936年，全县茶园面积有5.73万亩，年产干毛茶1044.5吨。抗日战争爆发后，由于海上交通受阻，茶叶滞销，导致茶园荒芜，茶叶产量逐年减少，到1949年，全县茶园面积降至2.48万亩，茶叶产量为324.15吨。

解放后，中共寿宁县委、县人民政府"积极扶植、大力恢复发展"茶叶生产，在资金、生产、销售等方面给予一系列优惠政策，并逐年调高毛茶收购价格，鼓励农民扩大种植，茶叶生产很快得到恢复和发展。中共十一届三中全会后，普及茶叶科学技术，建造高标准茶园，实行密植免耕，农村实行联产承包责任制，调动了茶农的生产积极性，茶叶产量逐年提高。1989年，全县有茶园面积6.18万亩（其中高标准茶园1.89万亩），产干毛茶1704吨。其中武曲、南阳、凤阳、竹管垅、清源5个乡（镇）年产量均在150吨以上。全县出现茶叶科技户、专业户、个体户332户，年收入万元以上的有14户。全县有机械化半机械化茶叶初制厂136家，茶叶精制厂9家，能生产红茶、绿茶、白茶多个品种。其中"茉莉花茶"、"福寿银毫"、"眉尖茶"多次获部优、省优产品奖，产品畅销国内外。1950～1989年，全县茶叶经营累计为国家创税3689万元，占全县财政收入的43%。1971～1989年，茶叶部门为发展茶叶生产投资204万元，为国家提供产品税2480.42万元，特产税307.62万元，上缴县财政利润66万元。茶叶已成为广大农民脱贫致富和地方财政收入的一大支柱。

寿宁缘何是"中国名茶之乡"

寿宁县位于福建省东北部、鹫峰山系洞宫山脉东麓，地处产名茶的经纬度（东经 119° 12′ ～119° 44′ 与北纬 27° 10′ ～27° 41′）之间。境内山峦起伏，沟壑纵深，多为海拔在 500～600 米的丘陵与河谷台地，土质纯净无污染、硒锌富足适中。域内属中亚热带山地气候，冬长夏短、温凉湿润、漫射光多且多云、多雾、多露。优异的地质、纯净的空气、适宜的气候、云雾多的环境给高山茶的栽培提供了绝佳的生长环境，所产茶叶具有叶厚、形美、耐泡、香高、味醇、隽永的优异品质，为历代著家所称誉。明代文学家冯梦龙就留下"九峰山上紫茶殊，香漫甘回嫩厚舒；他日堂中酬客友，仙茗盛誉满姑苏"的佳句。

寿宁是中国主要的茶叶产区之一，自唐代开始产茶以来，历经千年。宋代有茶宴"饮钱"。明代《寿宁待志》有三甲、十甲出细茶等记载；《霞浦县志》亦有"……迥不及福鼎玉琳之大白毫、寿宁之乌龙"载述；清咸丰、同治年间寿宁所产的"工夫红茶"已远销台湾、香港、东南亚等地。

寿宁茶叶在绿色生态生产的基础上，秉承了传统工艺，又经"茶界泰斗"张天福大师 9 年悉心指导，并与现代科技相融合，茶叶种植技术、加工工艺日渐成熟。近年，寿宁高山茶产业在县委、政府的大力推动下，形成了 15.5 万亩种植面积、1.45 万吨产量、386 家茶企，有白茶、红茶、绿茶、乌龙茶四大类种，集种植、加工、包装、销售一体的寿宁高山茶产业规模。寿宁富硒锌的"益智茶"、"健康茶"美名远播，先后获得"福建名牌产品"、"'寿宁高山乌龙茶'国家地理标志证明商标"、"中国名茶之乡"、"全国重点产茶县"、"中国茶叶产业发展示范县"、"全国十大生态产茶县"等荣誉称号，几十个品牌产品在全国茶品比赛中获得"茶王"、金奖、特等奖等奖项。

寿宁高山茶美香醇隽的品质源于纯净的自然、成于精湛的工艺、归于大众的健康，这正是寿宁成为"中国名茶之乡"的原因所在。

寿宁为何被评为"全国十大生态产茶县"

寿宁属中亚热带山地气候区，温暖潮湿，适宜茶树栽培。全县重点产茶区是武曲、斜滩、凤阳、南阳、竹管垅、清源等六个乡（镇）。1989 年，武曲、南阳、凤阳、竹管垅、清源五个乡（镇）茶叶产量均在 150 吨以上。2015 年，全县茶园面积 15 万亩，产茶 1.4 万吨，产值 8.9 亿元。全县有各类茶叶加工企业 375 家，其中省市级龙头企业 12 家，县级龙头企业 12 家，取得 QS 认证企业 34 家，形成乌龙茶、红茶、绿茶、白茶等多茶类的生产格局。寿宁获得"中国名茶之乡"、

"中国茶叶产业发展示范县"、"福建省十大产茶大县"、"全国重点产茶县"、"2015年全国十大生态产茶县"的称号。

茶树品种改良情况如何

茶树系多年生经济作物，品种的优劣直接影响到产量和质量。寿宁县的茶树有两个品系，22个品种。其中有性系是长期以来茶农自选自育而推广的本地菜茶，如南阳菜茶、斜滩菜茶、凤阳菜茶、芹洋菜茶和新培育的寿山早茶、芹洋早茶等6个品种，无性系则为外地引进的优良品种，如福鼎大白茶、福鼎大毫茶、福云6号、福云7号、福安大白茶、政和大白茶、梅占、铁观音、毛蟹、黄棪、大叶乌龙、朝阳、水仙、佛手、"959"白云1号等16个早、中、晚熟品种。

1957年以前，县内种植的茶树品种均为本地菜茶。1958年，开始小面积种植福鼎大白茶与福鼎大毫茶等。1971年，试种福安大白茶、福云品系以及梅占等优良品种，由于高产、优质、价高，茶农乐意种植。至1989年，全县有良种茶园1.89万亩，开采量405吨，占总产量的30.6%。全县大面积种植的茶树品种：①南阳菜茶，是制作"坦洋功夫"的主要原材料；②寿山早茶，原产于县境内乌岩湾，经茶农吴发增发现后，移植全县各地。1955年经省茶叶科学研究所鉴定命名为"寿山早茶"；③芹洋早茶，原产于托溪乡上渺洋村海拔1000米的高山上。1979年，县茶叶区划调查时被发现。因白毫多，芽头密，茶农称之为"白毛茶"。1980年10月，经县茶叶区划组鉴定命名为"芹洋早茶"；④福鼎大白茶（又名白毛茶），白毫显露，香高味醇；⑤福云6号，是寿宁茶叶的拳头产品。

值得一提的是寿宁下党有两株特大的茶树，生长在海拔754米的路后坑村茶农吴道品的茶园中。其中一株属乔木型，高6米，树幅1.5×7米，离地20厘米处分枝10个，主干径粗17厘米，最大的茶叶长为21.5厘米，叶宽8.7厘米，树龄在80年以上。每年3月中旬开始萌芽，单株可采鲜叶15～25千克。

怎样防治茶叶病虫害

境内已发现的茶树病害有7种，虫害有20多种。其中危害较大的常见病害有霉病与长地衣、苔藓；虫害有茶毛虫、茶蚕、茶小叶蝉、象鼻虫、螨类等。1949年以前，茶树病虫害无药防治，只靠人工捕灭。1950年，贯彻"以防为主，防治并举"的方针，有效地保护茶树。1962年，全县茶毛虫危害面积达8450亩，占茶园总面积的24.6%。虽采取人工捕灭与农药防治等措施，茶树生长仍受到影响，当年茶叶产量比上年锐减25.2%。1970后，在部分茶场推行茶园深翻与药物防治措施，但收效甚微。1980 年，全县发生茶毛虫、茶蚕、象鼻虫害，面积达 1.19 万亩，仍用人工捕捉与药物防治。1984 年，县茶叶技术推广站复制 6.5 万只茶毛虫核型多角体病毒、"福建一号"毒蛛，用于防治平溪、凤阳两地茶毛虫危害。防治面积 6384 亩，效果良好。从此，这种防治方法在全县广大茶区得到推广。

茶园如何改造，效益如何

寿宁境内茶园多数为山地梯级茶园，多以草皮串合的土坯筑成园坎，茶园梯平面不等高，园间通道陡直、水土流失相当严重。茶树品种单一、树龄老化，树势衰弱，加上稀植、缺株，因而产量不高。1949 年新中国成立后，政府号召茶农依据科学标准，对"稀、老、衰"的低产旧茶园进行"三改一补"：即改园、改土、改树、补植换种。经过改造增强茶叶增产后劲。

1953 年，寿宁茶园改造以台刈、重修剪为主。1956 年，税务部门对实行台刈、重修剪的茶园免税 5 年，银行发放贷款可在第四年还清。1957 年，县茶叶科给台刈、重修剪茶园每亩补贴 15 元。1953～1965 年，全县共改造老茶园 7939 亩，其中台刈 4293 亩，重修剪 561 亩，轻修剪 40 亩，补植换种 3045 亩。1958 年秋，在竹管垄、南阳、洋边等进行茶树移植并丘，将稀疏零星分散的 300 多亩茶园，并成 44 块，既方便管理，又提高产量。竹管垄公社的幸福茶场，从 1957 年起，改造茶园 578 亩。1958 年产干毛茶 22.5 吨，比改造前增产 11%；1959 年，产量达 28 吨，比 1957 年增产 38.6%。

1974 年，贯彻全国茶叶会议提出的"巩固提高现有茶园，加速改造低产茶园，积极发展新茶园"的精神，旧茶园改造进入新的阶段。1974～1978 年，全县共改造旧茶园 4464 亩。1979 年以后，茶叶生产贯彻"稳定面积、以改为主、提高单产、增加效益"的方针，把改造低产茶园作为脱贫致富的项目，县脱贫办等有关部门从资金上给予大力支持。在 1979～1989 年的 10 年中，以改植换种为中心的低产茶园改造达 1.82 万亩，其中砌石坎，改陡坡茶园 2348 亩。同时，套种黄花菜 6 万株，桑树、苦楝树 800 株。实行"山、水、田、林、路"综合治理，变"三跑"为"三保"茶园。武曲乡改造的茶园，茶叶产量逐年增长，1988 年全乡采摘面积 4820 亩，年产量 274 吨，平均亩产 56.8 千克，居全县之首。

茶叶初制厂是怎样发展起来的

寿宁县茶叶加工主要有红茶和绿茶两大类。

1952 年以前，制茶都是手炒、脚揉、火焙、日晒。工具主要是竹篾、簟、笼、箩、焙笼、铁锅等。这种原始的制茶方式，效率低花工大，加工50千克茶干需用12天。

1952年春，引进"五三式"木制人力揉捻机，利用祠堂、庙宇等公共场所办茶叶初制厂。到1959年，全县有茶叶初制厂64个。随着茶叶产量逐年增多，茶叶初制厂一批又一批地扩建新建，并开始利用电力制茶。清源乡旸尾村率先建成6个电热初制厂。到1989年，全县共有大小初制厂136个，拥有各种机械设备1288台（套），茶叶加工走进了机电制作的新时代。

何谓茶叶精制

明末清初，寿宁南阳、斜滩、凤阳等地茶行就有精制茶叶装箱外销。1935～1936年，全县有私人茶行47家。茶叶精制长期沿用手工操作，没有规范工艺与正式厂房，大都利用祠堂、庙宇作工场。精制所用工具仅竹筛、簸箕、风扇、拣板、焙笼等。生产效率低，每精制50千克茶叶一般需7～8天时间。1949年以后，随着精制机械的发展与普及，精制加工机械化程度越来越高。除拣茶仍用手工辅助外，均用机械操作。主要机械有：抖筛、滚圆筛、瓢筛、平圆筛、风选机、车色机、拣梗机、烘干机、自动过磅器、匀堆装箱机等，形成半自动化和自动化生产流水线，每50千克茶叶精制加工1～2个工时。1978年，国营南阳茶场首建茶叶精制厂，当年投产加工精茶25吨，1980年7月寿宁茶厂投产，当年加工精茶688.35吨。同年，龙虎山茶场也办起茶叶精制厂，加工眉茶36.75吨。从此，结束了县内毛茶调往福安茶厂精制的历史。1984年，茶叶流通体制改革，茶叶市场放开，实行多渠道经营，乡、村两级茶叶精制厂应运而生。武曲乡捷足先登，办起茶叶精制厂，到1989年，全县有茶叶精制厂9家，拥有各种茶叶精制机械216台，总加工量达7653吨，年均加工精茶864.45吨，占全县商品茶的57.6%。

茶叶精制中，红茶和绿茶的精制工艺不同。（一）红茶精制传统工艺有6道工序：筛切、风扇、拣剔、干燥、匀堆和装箱。红茶（旧称乌茶）、俗称"坦洋功夫"，即功夫红茶。1953年起，红茶的精制增加一道发酵工序，称发酵红茶。它的工艺流程是通过机械加工分本身、长身、圆身、轻身、拣头等5路。最后经干燥、拼配、匀堆、装箱而成。（二）绿茶精制，有炒青、烘青两种（珍眉与花胚）。眉茶，原料是炒青毛茶，经机械精制而成。产品又分温绿、杭绿两种。1980～1982年，主要生产温绿型眉茶和产品珍眉1～7级，特珍1～3级，秀眉2～3级共12个品种。1988～1989年，主要生产杭绿茶，产品有珍眉、雨茶等9个品种，制造工艺与温绿型相似，主要是干燥工序不同。眉茶品质特征是条索紧结，有峰苗，呈银灰色，产品供省外贸部门出口。花茶，原料是烘青毛茶，经精制成茶胚后，按级别比重的花量（茉莉鲜花）混合窨制而成。有"茉莉银毫"和"级内花茶"两个品种。

福寿银毫是采用凤阳、芹洋、斜滩等地清明前后的"福云"品种肥壮初展的一芽一叶为原料，经初制工艺后，精制窨花成品，品质特征是条索秀丽、似剑、披茸如银、花香浓郁、鲜味持久、醇厚甘甜、清绿明亮，具有高山名茶的独特风味。

"福寿牌"级内花茶可分为特级与1、2、3、4、5、6级和片茶8个品种。原料是烘青毛茶，工艺流程为精制→窨花→成品，品质特征是条索紧细壮实、油润匀整、香气鲜灵、浓厚醇正、清彻黄绿。

毛茶收购的历史如何

在不同时候，毛茶收购的方式、数量、收购价格、奖售政策都不一样。自明代至清初，茶叶只是作为一种自用饮料，自给自足。到了清中叶，随着商品经济的发展，市场需求量的增加，茶叶产区逐步扩大，茶叶贸易也相应繁荣起来。当时的毛茶由私营茶贩收购，再转卖给茶行，从中牟利。民国二十五年（1936），全县有茶行47家（其中斜滩25家），茶贩267人。在经营上，多数茶行坐庄收购，唯有斜滩"周源丰号"在乡下设临时收购点，购进量高峰期日达2.5吨。全县茶行年收购毛茶达568吨左右，民国二十六年（1937），抗日战争爆发后，海运受阻，茶叶贸易衰退，收购量逐年减少，到1949年，全县仅收购毛茶294.15吨。

1950～1953年，茶叶贸易缺乏管理，茶叶收购站每年收购茶叶只及年产量的53%，其余均外流到福安社口、周宁、政和等地。1954年起，取缔茶贩茶商，关闭茶叶自由市场。茶叶才统归茶站收购，收购量随茶叶生产发展逐年增加，由1959年的322.2吨上升至1984年的997.8吨，年收购量占年产量的88.8%。1986年，共收购毛茶816.2吨。1988年，县人民政府与省外贸进出口公司挂钩，订立生产炒绿合同，开始全面转产炒绿。1989年以来，茶叶市场不断开放，许多茶叶公司以"公司＋基地＋合作社＋农产"的形式。利用当地丰富的茶叶资源，以生产高、中档红茶为主，所产红茶以"金毫显露，条索紧细，滋味醇厚回甘、汤色红浓明艳"的特色，赢得市场份额，获得丰厚回报。使寿宁茶叶畅销北京、上海、西安、福州等国内市场，深受消费者欢迎。

毛茶收购的价格如何

1949年以前，毛茶收购价格由各大茶庄按往年标准，视当年市场行情议定，依质分上、中、下三等进行收购。收购时，茶师有权灵活掌握，一般不至抬、压价格。多数年份头春茶每 50 千克价为 15～18 元（大洋）。

1950 年后，毛茶收购样价由国家核定，以实物样品为依据，采取"分级、定等、定价"，并实行"好茶好价、次茶次价、对样评茶、按质论价"的原则和"外形内质并重、干湿兼看、分别定等、得合平均计价"的办法。根据市场上对精茶需求的变化，先后按国家制定的"坦洋功夫"、"白琳功夫"、"闽东烘青"（大、小绿）、闽炒绿、杭炒绿等 6 套毛茶标准样，执行 79 个等级价格。

1950～1969 年，毛茶收购执行"坦洋功夫"和"白琳功夫"两套标准样。1950 年，收购只分甲、乙、丙、丁 4 个级别。1953 年，红茶实行"品质、等级、差价累进制"，分 5 级 14 等。"坦洋功夫"毛茶价格指数在 1952 年的基础上，3 级以上逐级加价，3 级以下不加价，同时实行夏秋茶与春茶同价，改变了以往夏秋茶放松茶样变相加价的做法。1954 年的毛茶等级指数分 5 级 18 等，再加次级 5 档，共为 23 等，各级牌价又比 1953 年相应调高。春茶旺季，对 3、4、5、6 次级等在对样评等的基础上，另加一等；夏茶实行不同等级加价，即 1～3 级茶价仍按首春核定牌价进行，4 级照牌价另加 1 元，5 级另加 2 元，特等仍不挂牌价，指数与头春一样。1955 年，执行中共中央关于"调低样茶，放宽水份，改进评茶计价办法"的改进措施。1956 年，又调整提高毛茶收购价格。1958 年，样价根据平溪、芹洋等地毛茶的品质特征，采取在对样评茶的基础上给照顾 2 个小等执行。1966 年，茶叶收购样价简化为 5 级 9 个等。1962 年起，茶叶收购执行价外补贴 20%，1971 年转为正式收购牌价。

1970 年，全面改制绿茶，开始执行闽东烘青样价，取消红茶样价。1971 年调整闽东烘青价格，将原标准 5 级 34 等简化为 5 级 12 等，并取消"稍强靠上"的评茶计价规定，严格执行对样评茶。1979 年，茶叶收购样按全国统一标准分为 6 级 12 等，并对收购价进行调整平衡，闽东烘青收购价又提高 17.64%。1980 年，省下达寿宁县生产炒绿计划，作为出口炒绿生产基地，收购价仍按闽东烘青价格，参照浙江烘青和炒青差价执行。1984 年茶叶市场开放后，县内毛茶收购价在国家收购价的基础上，采取"上档茶多浮，中档茶少浮，低档茶适当浮"的办法，参与市场竞争。1986 年省下达毛茶收购指导价，其标准在 1979 年国家核定牌价的基础上，上浮 20%，并允许在指导价的基础上上浮 5%。但因市场竞争激烈，毛茶收购价高于最高限价，比 1979 年上浮 30～50%，有的甚至上浮 100%。从此，随行就市成了一种新的常态。

何谓毛茶奖售政策

为了支持茶区恢复发展茶叶生产，1956 年，政府决定以补助的形式，给交售毛茶的农户发放原粮补贴。1961年，正式实行奖售政策。按照"好茶多奖、次茶少奖、粗茶不奖"的原则，奖售原粮、化肥、棉布及工业品等。1963年茶叶奖售实行派购政策。1970年6月奖售物资被认为是"物质刺激"被取消。1971年又恢复茶叶奖售，执行到1984年底又取消。1988年，为了提供外贸出口，全县转产炒绿，县人民政府规定收购炒绿实行茶肥挂钩，收购毛茶实行奖售政策。

1956年，每交售50千克1、2级毛茶补助原粮14千克，3级补助11.5千克，4、5级补助9千克，秋茶次级补助7.5千克，1956~1958年计奖售原粮347.15吨。1961年4月25日起，每收购50千克级内毛茶奖售原粮13千克，6月26日起提高到16.5千克，7月26日后又提高到23千克。当年，奖售原粮86.1吨，化肥49.25吨，布票1762米，鱼6.6吨，糖7.6吨，煤油2.05吨。1962年，每收购50千克级内毛茶（特级至次级）奖售原粮12.5千克，级外茶（茶朴）奖售原粮5千克，粗毛茶和台刈剪下的枝叶、梗和片末不奖，全年共发放奖售原粮67.4吨，化肥281.45吨，布票3648米。

1963年，改为按收购金额计奖，价外补贴不计奖售。每百元级内茶，奖售原粮39千克，化肥28千克，布票8.8米，工业品购货券4元；每50千克级外茶奖售原粮30千克，化肥10千克，布票3.3米。当年共发放奖售原粮240吨，化肥19.4吨，布票5350米，香烟791条，肥皂141块，胶鞋940双。1964~1966年，每交售100元级内茶，红茶奖原粮20千克，化肥17.5千克，布票8米；绿茶奖售原粮23千克，化肥17.5千克，布票3.3米。1967~1968年，又改为按交售量计奖，每50千克级内毛茶奖售原粮25千克，化肥40千克，布票3.3米；级外茶每50千克奖售原粮10千克，化肥12.5千克，布票1.3米。两年计发放奖售原粮306.7吨，化肥611.85吨，布票3.05万米。1967~1970年，每50千克级内毛茶奖售原粮25千克，级外茶奖售原粮10千克，两年共发放奖售原粮457.46吨。1971年停止发放奖售粮肥。

1972年，收购级内茶每50千克奖售布票1米，计发放奖售布票8033米。1973~1974年，每收购50千克级内毛茶奖售化肥40千克，级外茶奖售化肥12.5千克（1973年7月1日起，级内茶加奖原粮25千克、级外茶加奖原粮10千克）。两年计发放奖售原粮646.25吨，化肥1102.15吨。1975~1982年，每收购50千克级内毛茶奖售原粮25千克，化肥40千克，级外茶奖售原粮10千克，化肥12.5千克。8年计发放奖售原粮3378.5吨，化肥5536.1吨。1983~1984年，级内茶奖售与1982年相同，级外茶一律不予奖售。两年计发放奖售原粮968.05吨，化肥1549.85吨。1985~1987年停止发放奖售粮、肥。1988年，每收购50千克炒绿，级内茶在6月30日前奖售化肥50千克，7月1日后奖化肥100千克，计发放奖售化肥315吨。

1956～1988 年，32 年间共发放奖售原粮 7058.85 吨，化肥 1.05 万吨，布票 8.76 万米，体现了计划经济的特色。

毛茶如何销售

自清中叶至民国时期，县内茶行、茶商、茶贩收购毛茶，经精制装箱，运往福州茶栈。产品主要是"坦洋工夫"红茶。1950 年，茶叶开始由私营转为国营，条茶站收购毛茶及时调拨给茶叶精制厂（简称茶厂）。1950 年～1979 年，按国家调拨价调运给福安茶厂精制。1980 年 6 月，寿宁茶厂建成投产，除凤阳、斜滩、武曲 3 个茶站，每年按地区核算指标，调拨给福安茶厂外，其余全部调给寿宁茶厂。其交货形式，1970 年以前实行原样原交，直至茶厂托收。1971～1979 年，开始执行毛茶调拨，建立验收制度，按质论价，直接向茶厂交货验收。1971 年 4 月 10 日开始执行新毛茶调拨价，计算方法是：毛茶调拨价＝收购价＋40% 税收＋运费＋9% 手续费＋5% 公差。按收购价计算综合差率金额，500 吨差率为 10%，1000 吨以上为 9%，进厂茶叶水分掌握在 9% 以内。

1980～1984 年底，改按省规定的毛茶交接验收办法，毛茶进厂验收交接允许误差（品质技术误差）为 5%，超过部分由收购部门自负，缺少部分茶厂补足。水分标准规定红、绿茶按 9%（炒绿 7%）计算。

1985 年，茶叶市场全面放开后，茶叶实行议价议销，茶贩与私营茶厂均可经营茶叶，但茶厂原料仍由各基层茶站供给。当年进厂的毛茶 1015.75 吨，创建厂以来最高水平。

1986 年茶叶联合公司经营出现巨额亏损后，1987 年茶厂与茶叶公司分家，实行独立经营，独立核算。茶厂的毛茶进厂随着机制的变更而改变，由调拨转为自购。1987～1989 年共购进毛茶 798.75 吨。

1950～1989 年，寿宁各茶站经营毛茶上缴国家产品税 2480.42 万元，特产税 307.62 万元。茶叶经营成了地方财政收入的重要支柱。

精制茶如何销售

清代中叶，寿宁的精制茶主要销给福州茶栈，然后转销西欧、东南亚各国。茶行老板于每年春节过后，即赴榕长驻寿宁会馆，找"马签"（中间人）牵线，与茶栈订立精制茶合同。1938～1941 年，寿宁茶商共出口红茶 516.25 吨。后因海口封锁，关卡林立，茶叶贸易受阻，出口量逐年下降。

1950～1979 年，寿宁县未建茶叶精制厂，茶站收购的毛茶均运往福安茶厂，由福安茶厂统一精制，统一销售。1980 年 6 月，寿宁茶厂建成投产，当年外销精制茶 688.35 吨，实现产值 197 万元，创利 32 万元。1984 年，县茶厂加工出售的产品销往北京、上海、山东、广东等 24 个省（市）的 79 个供销单位。其中，"眉茶"的销售由省茶叶进出口公司负责出口，产品外销苏联、香港及东南亚地区。1980~1984 年，销售精制茶 3121.5 吨，上缴国家产品税 398.83 万元。1985 年，茶叶市场放开后，精制茶部分由乡（镇）茶厂出售，另一部分仍由寿宁县茶厂出售。从 1985~1989 年，县茶厂出售精制茶 2.78 万吨，上缴国家产品税 307.5 万元；乡（镇）茶厂销售精制茶 1771.6 吨，上缴国家税收 194.65 万元。

1982 年，企业参与市场竞争，县茶厂开始生产花色品种茶，产品有眉茶、花茶及小包装系列。1988 年仅小包装一项，销售额即达 47.7 万元。1985 年，茶叶收购追求数量而不顾质量，造成茶叶价高质次，1986 年精制茶压库 114.3 吨，价值 240 万元。1987 年，为使库存茶叶能够迅速售出，按销售额让利 2% 给茶厂职工承包经营，提等提价部分按四六分成，当年压库精茶销售一空。

茶叶经营登记如何管理

清代，经营茶叶需由政府发放"茶引"（即茶叶专营许可证），茶商持"引"运销。民国时期，茶叶都是私商和茶贩经营。自 1935 年，省设厅设立茶叶管理局后，每年对茶商、茶店进行登记，发放营业许可证，规定出口红茶一律由茶叶管理局经营。民国 30 年 6 月，省建设厅茶叶管理局发出通告，凡在省境内的茶司、茶工、茶贩、茶号、茶店、茶厂、联合茶号、茶叶合作社、毛茶栈、花香坯及茶用材料厂，均应在公告期内到指定地点申请登记，寿宁县属赛岐茶叶管理局闽东办事处负责。茶商、茶店申请登记，应由县茶业同业公会或商会证明或两家以上已登记之茶商证明；合作社申请登记，应经县合作社办事处盖章证明；茶贩申请登记，应出当地茶号证明或保甲长证明。同时还规定茶商如无 3 年以上经营经验者不得申请，毛茶站资金最低标准为 5000 元以上。未经管理局登记且无营业许可证的，不准经营。

新中国成立后，寿宁县以茶站和国营茶场（厂）为茶叶基本经营单位，属全民所有制商业。1984 年，茶叶市场开放，各乡村、联合体、专业户纷纷创办茶叶初制、精制厂，经营茶叶。1986 年，县人民政府在《关于加强今年茶叶生产收购工作的通知》中规定，办茶叶初制厂和经营毛茶收购的集体单位、个人都要向当地工商、税务部门申请登记，经批准发给营业执照后，方许开业。

茶叶市场如何管理

民国时期，寿宁茶叶均为私营。茶叶市场掌握在少数大茶商手里，茶价起落频繁，极不稳定。1950～1953年，茶叶仍为自由贸易，存在多种经营方式。1954年，县人民政府加强对茶叶市场的管理，全面取缔茶商茶贩，关闭茶叶自由市场，茶叶一律由茶叶收购站统一经营，统一管理，并按国家计划，组织收购、加工、调拨、销售，严格执行国家制定的茶叶购销政策和茶叶收购价格、标准。1963年，茶叶实行派购政策，并列入国家二类物资管理。生产队和社员在出售茶叶时，只能卖给国家指定的收购单位，其他任何部门、单位和个人都不得收购和贩运。全县茶叶由茶站统一收购，在派购任务未完成之前，严禁茶叶流入市场，完成任务后应取得社队证明，方可上市出售。不论产区、销区，未持有营业许可证的，一律不准经营。1971年，县生产指挥组规定茶叶不得私自卖给消费者或运往外县投售，也不准流入自由市场私自进行买卖。邮寄出县茶叶最多不得超过1千克。1973年，又规定不准以自产为名搞长途贩运，不准以协作为名以茶易物。1982年茶叶执行计划基数收购，核定寿宁县为1015吨，一定三年不变。为了保证完成国家计划，县人民政府发布《关于取缔茶贩，打击茶叶投机倒把活动的通告》，对茶贩抢购、套购茶叶在50千克以下的，除由国家收购外，科以200元以内的罚款，50千克以上的一律没收，情节严重的，由政法部门依法惩处，并组织工商、税务等部门通力协作、打击茶贩投机倒把活动。

1984年8月，国家决定茶叶由二类物资管理降为三类物资管理，停止派购。同年9月，又决定除边销茶外，其余茶类完全放开，实行议购议销，允许国营茶厂、乡（镇）企业、供销及其他联合体或个人经营茶叶。1985、1986年，县茶叶联合公司由于经营管理不善，导致1986年、1987年连续两年的巨额亏损。

1988年，为提供外贸出口，发展创汇农业，全县转产炒绿，县人民政府规定在未完成炒绿指令性任务之前，关闭茶叶市场，所有毛茶由茶站实行"一把秤"收购，其它任何单位和个人都不得经营。但终因烘青茶价冲击着炒绿市场，加上茶贩与茶叶初制厂争相提价，抢购茶青，致使茶叶市场一度失控，炒绿任务无法完成。全县只收购炒绿424吨，仅完成任务的42.4%。1989年起，吸取教训，茶叶市场重新放开，经营效益又逐年回升。

茶叶外销如何管理

清代，茶叶出口需经口岸海关等征收关税。寿宁县生产的茶叶都是由当地茶行销给福州的茶商、茶栈，由他们转销国外。民国28年（1939）10月，县政府为打开因战乱而停滞的茶叶销路，先后组织成立武曲、南岸、桦垄、北山、横山、花岭等7所茶叶专营合作社，联合茶农初制毛茶，然后交给茶社精制，由省茶叶管理机关统一出口。由于寿宁地处偏僻，茶叶外运多肩挑，流向难以控制。民国28年6月25日，省政府电告：闽东茶叶偷运沪、浙甚多，造成出口箱额不足，亟应严予取缔，速派员严密查缉。县政府命令各区署、办事处和警察所严厉查察，如发现出境茶叶，未持省茶叶管理局出口证明的，即予截留，并将人犯送政府惩办。

1954～1984年，一度关闭了茶叶自由市场，茶叶外销由国营企业经营。1985年茶叶市场开放，实行多渠道流通。县人民政府规定茶叶外销，除向财政部门交纳特产税外，须向税务机关报税，由工商部门办理长途贩运证。

何谓茶叶公会与专营茶叶生产合作社

民国时期，寿宁未设茶叶管理机构。茶商、茶店均由县政府办理登记手续，上报省茶叶管理局核发营业许可证。茶叶税收，由县建设科经征处管理。

1934年，斜滩镇茶商何谨、周孝达等人发起组织斜滩镇茶叶同业公会筹备会。1936年3月1日，正式成立茶叶公会，选举产生首届常务委员和公会主席。嗣后每3年改选一次。至1948年，进行过4次改组，1949年初公会解散。

1938年12月，省合作社派员到县指导农民筹组合作社，县政府也设立合作社指导员办事处，开始组织专营茶叶业务合作社。次年在全县成立专营茶叶生产合作社7所。

茶叶科与茶叶局的由来如何

1951年，成立县茶叶指导站，领导茶叶生产。并相继在斜滩、平溪设立茶叶收购站。1953年，南阳创办茶叶初制站。1954年，将斜滩、平溪茶站划归县供销社管理。并在芹洋、纯池、凤阳设立收购组，在鳌阳设立收青初制站。1955年，县供销社、县茶叶指导站配合福安茶厂派员组成茶叶收购联合站。1956年9月，成立寿宁县农产品采购局，主管茶叶购销业务。10月，各茶站划归采购局统一领导。1957年2月，农产品采购局与供销社合署办公，设立供销社茶叶科。

1958年7月，茶叶科从供销社分出，成立寿宁县茶业局，负责全县茶叶生产与收购。1961年，成立福建省茶叶进出口公司福安专区分公司寿宁县支公司，专管茶叶收购任务，属福安专区分公司领导，生产仍由茶叶局管理。1963年，茶叶局改为县人委茶叶科。1966年6月，县人委茶叶科与茶叶支公司合并成立茶叶局。

1968 年 5 月，茶叶局归县革命委员会生产指挥组领导。1971 年 2 月，县茶叶局并入商业局，为商业局茶叶组。次年 2 月从商业局分出，归县革命委员会农林水办公室领导。1980 年 12 月，茶叶局划归农委口，其下属 13 个乡（镇）茶叶收购站。1984 年 3 月，体制改革，茶叶局撤销。1989 年 6 月 27 日，县人民政府决定恢复茶叶管理局，归农委口，其下属有茶叶公司、13 个乡镇茶叶收购站、南阳茶场、龙虎山茶场、茶叶技术推广站。人员由 1958 年的 72 人（含茶站）增至 1989 年的 223 人，其中专业技术人员 51 人（中级职称 7 人，初级职称 43 人）。

茶叶公司与茶叶联合公司的职能是什么

1984 年元月 28 日，为适应经济体制改革的需要，县茶叶局改为局一级经济实体公司，即县茶叶公司。1985 年元月 28 日，县人民政府决定以县茶厂为依托，合并县茶叶公司，成立寿宁县茶叶联合公司，管理全县茶叶生产、收购、加工、销售，实行产、购、销一条龙的综合经营。其所辖单位为 13 个乡（镇）茶叶收购站、县茶叶精制厂、茶叶生产办。1986 年茶叶经营出现巨额亏损后，1987 年 6 月，县茶叶精制厂从茶叶联合公司中分出，独立经营，划归工业局管辖。12 月，县人民政府正式下文恢复茶叶公司，属二级局经济实体，归县农委管理，其下属有 13 个乡（镇）茶叶收购站。同时撤销茶叶联合公司。

寿宁茶叶的优势是什么

寿宁茶叶有三大优势：一是茶乡兴旺，寿宁是全国产茶重点县，是福建十大产茶县之一。全县茶园面积 13.8 万亩，年产茶量超万吨。茶农遍布 8 镇 6 乡，茶农有 10 余万人之多。茶叶收入约占农产总收入的 30%，茶叶发展维系千家万户，是农业经济的重要组成部分。寿宁是"中国名茶之乡"。自唐代开始产茶以来，历经千年，可谓源远流长，现在寿宁是"中国茶叶产业发展示范县"、"全国十大生态产茶县"，寿宁是享誉八闽，名副其实的茶乡。

二是茶品优质，"寿宁高山乌龙茶"荣获国家地理标志证明商标，是宁德市三大茶叶品牌之一。寿宁有 24 个茶产品在省级以上茶叶赛中获得奖项。红茶、绿茶、乌龙茶品质优秀，多次获得全国、全省优质茶称号，QS 认证企业 26 家、省市茶业龙头企业 10 家，其中天禧御茶园排名全国百强茶企十六位。

三是茶市兴隆，明末清初，寿宁南阳、斜滩、凤阳等地茶行就有精制茶叶装箱外销。1935～1936 年，全县有茶行 47 家。改革开放初期，1978 年，国营南阳茶场首建茶叶精制厂，当年投产加工精茶 25 吨。1980 年 7 月寿宁茶厂投产，当年加工精茶688.35吨。同年，龙虎山茶场也兴办茶叶精制厂，当年加工眉茶36.75吨。从此，结束了县内毛茶调往福安茶厂精制的历史。到1989年，全县有茶叶精制厂9家，总加工量达7653吨，年均加工精茶864.45吨，占全县上市茶品的57.6%。新世纪以来，寿宁茶叶在精制加工方面又有了长足的进步，不但量增，而且质优，有了许多独具地方特色的品牌，真是可圈可点、可喜可贺。

第八卷

水电资源

寿宁水电发展现状如何

寿宁境内群山起伏，溪涧纵横，流域面积在 50 平方千米以上的较大溪流有 6 条；流域面积 50 平方千米以下的较小溪涧有 1700 多条。年流量丰水年 24.97 立方米，平水年 17.81 亿立方米，枯水年 12.24 亿立方米。溪流落差大，水流急，水资源蕴藏量丰富。全县水能蕴藏量 27.5 万千瓦。可供开发 21 万千瓦。

1956 年，在县城东面兴建第一座装机 50 千瓦的水力发电站。从此，境内水能资源逐年得到开发利用。到 1966 年，全县建成水电站 6 处，装机 6 台，容量 105 千瓦。1967～1978 年，境内水电资源的开发利用，以小型径流开发为主，以解决生活用电（主要是照明）为目的。11 年间，全县共建小水电站 135 处，装机 141 台，总容量 5032.5 千瓦。1978 年以来，水电建设方式由径流转向蓄水调节。到 1989 年底，新建电站 66 处，新增装机 85 台，容量 1.6 万千瓦。33 年间全县共建设小型水电站 206 处，现存电站 66 处，总容量 1.86 万千瓦。人均 88.5 瓦。1989 年，全县发电量为 5730 万千瓦时，人均耗电量 272.8 千瓦时。全县 183 个行政村，有 171 个行政村通了电，占行政村总数的 93%。

寿宁境内 6 条主要溪流水能蕴量如何

寿宁山脉与河流多属西北往东南走向，北部最高峰山羊尖 1649 米，南部最低谷地余坑村，海拔 52 米，相对高差悬殊。境内植被良好，雨量充沛，汛期长，水力资源丰富。经全面勘测、普查，全县有 6 条主要溪流：

后溪，年径流总量 2.97 亿立方米，总落差 893 米，平均比降 1.68%，水能理论蕴藏量 7.6 万千瓦，可开发量 6.9 万千瓦。至今已开发 2.5115 万千瓦。

犀溪，年径流总量 2.44 亿立方米，总落差 771 米，水能理论蕴藏量 3.3 万千瓦，可开发量 2.8 万千瓦。已开发 0.922 万千瓦。

蟾溪，年径流总量 2.98 亿立方米，总落差 1003 米，水能理论蕴藏量 3.55 万千瓦，可开发量 3.5 万千瓦。利用率很高，到 1989 年底，蟾溪流域已建水电站 33 处，总装机 1.2 万千瓦。1990 年建成麻竹坪水库坝后电站，装机 3200 千瓦。1991 年开发坑兜二级电站，装机 3200 千瓦。1992 年建成车岭二级电站，装机 1.5 万千瓦。该流域总装机达 3.34 万千瓦，占可开发量的 95.4%。

斜滩溪，年径流总量 7.75 亿立方米，总落差 476 米，水能蕴藏量 23 万千瓦，可开发量 19 万千瓦。目前已开发 13.36 万千瓦，占可开发量的 70.3%。

平溪，系斜滩溪的支流，总落差 611 米，水能蕴藏量 10.6 万千瓦，可开发量 8.7 万千瓦。到 2015 年底，已开发 8.39 万千瓦。

小溪（凤阳溪），年径流总量 0.64 亿立方米，总落差 846 米，水能蕴藏量 10.6 万千瓦，可开发量 8.7 万千瓦。到 2015 年底已开发 0.61 万千瓦。

寿宁境内现有几处水力发电站

2016 年，全县正常运行的水电站 62 处，装机容量 31.15 万千瓦，设计年发电量 14.7 亿度。

县办电站有几座及其历史情况如何

1951 年，县公安局劳改中队引进木炭发电机组 2 台，在县城建火电厂 1 处，装机 26 千瓦；在斜滩建水电厂 1 处，装机 20 千瓦。夜间供应县城和斜滩机关单位照明，白天供应粮食加工厂加工。1956 年，县人民政府在杨梅仔建 1 座水力发电站，随后陆续建大门二级、"七一"、"双溪两级"、车岭等 8 处水电站，总装机 1.17 万千瓦。1978 年，车岭电站建成运行时，原大门三级电站因水源集中车岭电站使用而停止运行，其他 5 处正常运行。1989 年发电量 4223 万千瓦。

杨梅仔水电站，位于蟾溪鳌阳段下游，站址设在杨梅仔村，1956 年动工，1957 年 7 月投入运行，装机 50 千瓦。电站为径流开发，上游流域面积 30 平方千米，水头高 20 米，流量 0.5 立方米／秒。当时，寿宁的水电技术力量薄弱，聘请省水电局工程师设计施工。因当时没有公路，三材和机械设备先水运到斜滩，再由人工徒步抬上车岭，抬到工地。电站建成后，解决了县城机关、学校、工厂和部分居民的生活用电。

大门电站，1967 年在蟾溪清渡上游 1 千米处，建钢筋混凝土倒 A 型拦河坝

1座，控制上游集水面积41平方千米，渠长11千米，分别在大门、洋边利用自然落差开发三级水电站，总装机为575千瓦。其中一级装机200千瓦，二级装机125千瓦，1969年4月建成投产。三级装机250千瓦，1973年投入运行。1978年，装机2400千瓦的车岭一级电站发电后，大门电站停机。

"七一"电站，位于蟾溪上游大熟村水尾的际下亭。1967年，在大熟村水尾砌石坝1座，控制集水面积9平方千米，利用自然落差96米，流量0.2立方米/秒，装机两台，容量135千瓦，于1971年7月1日建成投产，故称"七一"电站。

车岭一级电站，系麻竹坪水库枢纽工程梯级开发的第三级电站，位于斜滩镇石井村。1974年8月，选择跨流域开发蟾溪水能资源方案，在蟾溪竹管垅河段坑兜处，建一座有效库容为2.8万立方米的调节库，砌石拱坝高8.7米，控制上游集水面积112平方千米。电站进水通过54米隧洞和120米明渠，经1512米长的隧洞（断面2.2×2.4米）建一压力池，取毛水头196.5米，安装长342米、内径800毫米的压力铜管1条，引蟾溪水跨入斜滩溪水系，在后井村西建发电站1座，装机2台，总容量1600千瓦，1978年10月投入运行。1974年，增加装机1台，容量800千瓦。

1985年3月，电站扩建，设计装机3×4000千瓦。1988年8月完成扩建装机2台，容量8000千瓦，与原装机3台2400千瓦并网运行。至1989年，车岭站总装机5台，1.04万千瓦。

双溪电站，1974年利用小托水库灌溉余水，在清源乡双溪村南砌石拱坝建调节水库1座，利用落差196米，流量0.168立方米/秒，建成一级电站，装机250千瓦，1976年6月投入运行。1980年，接一级水电站尾水，开渠500米，取自然落差165米，流量0.17立方米/秒，在洋深坑建二级电站，装机250千瓦，1983年投入运行。该两级电站上游有小托水库蓄水调节，年发电量为200万千瓦时，是县电网枯水季节电源的可靠补充。

乡办电站有哪几座

全县共有乡办与乡村联办100千瓦以上的骨干电站19处，装机36台，总容量6360千瓦。

一、武曲乡后章电站，位于后章村西。1970年9月动工，在凤阳乡溪里村河段上游建石砌连拱坝，控制集雨面积82平方千米，开渠兴修龙井水利，干渠长16千米，过水断面0.5立方米/秒，调水至斜滩溪流域的大韩、塘西、承天等地灌溉农田，同时在干渠11.5千米处的后章村，利用渠差60米，引用流量0.3立方米/秒，装机2台，容量150千瓦。1975年5月投入运行，向武曲乡沿溪5个村

1059 户村民供电，年发电量 24 万千瓦时。

二、托溪八定岔水电站，位于八定岔村。1977 年 5 月，利用山际水库左干渠中段投入八定岔处高差 170 米灌溉压力管道作为电站压力管，流量 0.13 立方米 / 秒，装机 40 千瓦，1982 年扩建新增 125 千瓦机组 1 台，同年 11 月发电。1985 年与新建的山际 2 级 72 千瓦电站联网运行，供应 15 个行政村 1317 户村民用电。

三、赤溪电站，是南阳乡政府同石鼓、官路、含头、下洋仔、南阳等 5 个行政村联营的电站，位于官路的赤溪村对岸。1976 年动工，在含头村下游 0.5 千米处，筑重力坝一道，控制渔溪上游集雨面积 52 平方千米，开渠 1.5 千米至赤溪，取水头 44 米，流量 0.9 立方米 / 秒，装机 200 千瓦 1 台，1979 年元月投入运行。1982 年新增 125 千瓦机组 1 台，架设 10 千伏输电线路 2 回 52 千米，供应 7 个行政村 2225 户村民和乡直单位生活及乡办企业用电。1986 年 12 月乡人民政府筹资动工改建重力坝为石砌拱坝，建成蓄水量 25 万立方米的小（二）型调节水库 1 座，变径流开发为库调供水发电，1988 年竣工，年发电量 112 万千瓦时。

四、清源溪岗电站，位于溪岗村。1977 年，截留双溪水源，控制上游集水面积 8.5 平方千米，承接下偶水库枯水季节提供双溪电站发电的尾水，开渠 2 千米至溪岗村，取水头 115 米，流量 0.25 立方米 / 秒，装机 2 台，容量 250 千瓦。1980 年 10 月投入运行，年发电量 40 万千瓦时，供乡直单位和 5 个行政村 1220 户村民用电。

五、犀溪后溪水电站，位于犀溪支流泮洋溪西浦上游 1 千米处，是犀溪乡办电站。1978 年 3 月动工，在泮洋溪后岭下游河段建重力坝一道，控制上游集水面积 74 平方千米，开渠 2.5 千米，中途利用渠差 94 米，安装压力管道 105 米，取流量 0.48 立方米 / 秒，装机 1 台 160 千瓦，1980 年 10 月竣工运行。1986 年，新增装机 1 台 160 千瓦，11 月两台机组并机运行，总容量 320 千瓦，供犀溪、仙峰等 6 个行政村村民的生活及加工用电。

六、凤阳龙井梯级水电站，是凤阳乡小电站。龙井一级电站于 1979 年 3 月动工兴建，1980 年在岗后村门厝下建小（二）型调节水库 1 座，控制集水面积 41.1 平方千米，坝型为浆砌石拱坝，坝高 15 米，有效库容 21.4 万立方米。电站沿河左岸开一条长 400 米的引水渠道，利用水头 60 米，设计利用流量 0.8 立方米 / 秒，装机 2 台，容量 375 千瓦，当年 10 月投入运行。1982 年元月动工兴建龙井二级电站，利用一级电站的尾水，并引入北山坑水，通 220 米引水渠道的自然落差 118 米，流量 1.1 立方米 / 秒，在下龙井凿洞建站，装机 3 台，容量 960 千瓦，于 1983 年 4 月投入运行。两级点站总容量 1335 千瓦。电站建有综合楼 1 座，建筑面积 1000 平方米；架设 10 千伏输电线路 52 千米。电站向乡内 10 个行政村、乡外两个行政村以及福安县坦洋、社口与周宁县的三门桥等村提供生活和生产用电，还供应凤阳化工厂生产用电，年发电量为 295 万千瓦时。

七、芹洋雾下洋水电站，位于尤溪村。是芹洋乡骨干电站。1984 年动工，在与平溪交接的雾下洋建小（二）型水库 1 座。砌石拱坝高 13.5 米，坝顶长 45 米，控制集水面积 6.05 平方千米，蓄水 11.4 万立方米。利用平（溪）芹（洋）水利渠道引水至上尤溪，取水头 210 米，流量 0.25 立方米 / 秒，建成雾下洋水电站，装机 2 台 320 千瓦。1984 年 11 月竣工发电，与尤溪电站联网运行，年发电量 45 千瓦时，供应 16 个行政村，1418 户村民、乡直单位生活和生产用电。

八、坑底铁洞水电站。位于后溪支流小东溪旁铁洞村。1983 年 10 月动工兴建，1985 年 1 月投入运行。集水面积 39.2 平方千米，水头高 15 米，流量 1.8 立方米 / 秒，装机 2 台 200 千瓦。主要工程有：小（二）型调节水库 1 座，砌石拱坝高 31 米，坝顶长 83 米，总库容 115 万立方米，有效库容 65.1 万立方米；管道长 32 米，内径 100 厘米；厂房建筑面积 84 平方米；架设 10 千伏输电线路 15.5 千米。向坑底、浩溪、小东等 6 个行政村及 15 个自然村 1045 户村民供电，年发电量 21 万千瓦时。

九、斜滩三关底水电站，位于平溪流域印潭村上游的三关底，集雨面积 177 平方千米，水头高 65 米，流量 3.69 立方米 / 秒。1983 年 4 月动工兴建，1986 年 10 月竣工，装机 2 台 1000 千瓦。1988 年新增装机 1 台 630 千瓦，总容量 1630 千瓦。

主要工程有：小（二）型调节水库 1 座，砌石拱坝高 13 米，坝顶长 64 米，总库容 30 万立方米；隧洞 1 条 177.4 米，断面 2.2×2.2 米；压力管道长 141 米，内径 120 厘米，镇墩 3 个；厂房建筑面积 330 平方米；厂区简易公路 3.6 千米；架设 10 千伏输电线路 14.5 千米。1986 年并入县电网运行，年发电量 720 万千瓦时。

十、平溪龙头坑水电站，位于平（溪）芹（洋）水利龙头坑段。1987 年 9 月利用平芹水利水源取水头 108 米，流量 1.1 立方米 / 秒，在龙头坑建厂房 85 平方米，装机 2 台，容量 640 千瓦。1988 年建成发电，架线 13.5 千米，与乡属大连坑电站（装机 160 千瓦）联网运行，年发电量 80 万千瓦时。

21 世纪以来寿宁新建水电站如何

2000 年至 2010 年经省政府批准并建成发电的水电站有 14 个，总投 134204 万元，装机容量 199050 千瓦，年发电量 72526 万千瓦时。分别是：

托溪二级水电站，总投资 3000 万元，装机容量 8000 千瓦，年发电量 2491 万千瓦时。

友谊水电站，总投资 5450 万元，装机容量 8000 千瓦，年发电量 2076 万千瓦时。

景山水电站，总投资 1620 万元，装机容量 4000 千瓦，年发电量 1270 万千瓦时。

牛头山一级水电站，总投资 61539 万元，装机容量 100000 千瓦，年发电量 31600 万千瓦时。

长青桥水电站，总投资 5808 万元，装机容量 9600 千瓦，年发电量 2123 万千瓦时。

东溪水电站，总投资 1330 万元，装机容量 3200 千瓦，年发电量 940 万千瓦时。

地前水电站，总投资 4500 万元，装机容量 1250 千瓦，年发电量 1000 万千瓦时。

牛头山二级水电站，总投资 11191 万元，装机容量 14000 千瓦，年发电量 4950 万千瓦时。

下东溪水电站，总投资 14508 万元，装机容量 2500 千瓦，年发电量 7922 万千瓦时。

刘柴水电站，总投资 10222 万元，装机容量 20000 千瓦，年发电量 6955 万千瓦时。

刘坪二级水电站，总投资 1120 万元，装机容量 3200 千瓦，年发电量 1404 万千瓦时。

百家山水电站，总投资 2104 万元，装机容量 4700 千瓦，年发电量 2435 万千瓦时。

溪底水电站，总投资 3200 万元，装机容量 8000 千瓦，年发电量 2560 万千瓦时。

蒲洋水电站，总投资 9732 万元，装机容量 13000 千瓦，年发电量 4800 万千瓦时。

现存村办 100 千瓦以上电站有几座

寿宁县农村水电开发以径流为主，许多是 100 千瓦以下的微型电站，供应农村照明、加工用电。这些电站大多数因径流开发，水源不足，加上管理不善，收费困难，终因长期失修报废淘汰。现已报废停办 136 处，尚可正常运行的 43 处，装机容量 1085 千瓦。其中 100 千瓦以上的 5 处，装机容量 680 千瓦。这 5 处电站分别在凤阳基德、犀溪后溪、清源旸尾、托溪坪坑、武曲镇武曲村。

供电网络如何

1957 年，杨梅仔电站建成，开始架设 6.3 千伏的输电线路 1.1 千米，配 100 千伏安主变压器 1 台，50 千伏安配变压器 2 台。1970 年成功架设了 10 千伏输电线路，县电网初具规模。1978 年，架设 35 千伏输电线路 11.5 千米，并在洋边建成 35 千伏变电所。至 1989 年底，全县建成 35 千伏变电所 2 座，35 千伏输电线路 3 条总长 45.5 千米，6～10 千伏线路 695.85 千米，变压器 373 台，总容量 6.03 万千伏安。县电网与 2 个乡（镇）电网实现联网运行，车岭电站通过地区电力公司架设的 34 千米 110 千伏输电线路，与闽东电网实现联网。县、乡电网覆盖境内 91% 的行政村，通电户占户数的 82%，并向浙江省泰顺县和邻县福安、周宁延伸。

县电网建设情况如何

车岭电站至洋边变电所 35 千伏线路，长 11.5 千米，导线截面 50 平方毫米，水泥杆 29 根，1978 年建成投入运行。

洋边至县城 35 千伏线路，1983 年初建成，按 10 千伏投入运行，线路长 12.5 千米，导线截面 70 平方毫米。1988 年，县城 35 千伏变电所建成后，该线路升压至 35 千伏运行。

洋边至浙江省泰顺县 35 千伏线路 21.5 千米，导线截面 70 平方毫米，1988 年 10 月建成投入运行。

6～10 千伏输电线路：1957 年架设杨梅仔至县城 1.1 千米，1968 年延伸至 2.3 千米。1969 年架设大门电站至县城、大门至铁场冶炼厂两回，共 13.28 千米。尔后增设了双溪电站至县城"七一"电站至县城两回。至 1977 年总长达 35.5 千米，1978 年延伸至 57.94 千米。1979 年后，工业和乡（镇）企业、生活用电需求量逐年增加，又架通了铁场至犀溪、车岭至斜滩、斜滩至社口、县城至大安、县城至清源、车岭至竹管垅、大门至半岭、洋边至南阳等段输电线路，总长为 233.8 千米。县电网覆盖了鳌阳、大安、坑底、清源、南阳、竹管垅、犀溪、斜滩、武曲等 9 个乡（镇）53 个行政村，还延伸至福安的社口。

车岭电站至福安 110 千伏输电线路，1989 年由宁德地区电力公司投资架设，线路长 34 千米，导线截面 150 平方毫米，1989 年 5 月建成，暂按 35 千伏投入运行，使寿宁电网与闽东电网实现联网运行。

变电设施：

洋边 35 千伏变电所，1978 年 10 月建成投入运行。安装降压变压器 1 台，2500 千伏安；10 千伏出线 4 回。至 1989 年，供电区内配变压器 35 台，容量 2490 千伏安。

县城 35 千伏安变电所，1988 年 9 月建成投入运行，安装降压变压器 2 台，容量分别为 3150 千伏安和 5000 千伏安；10 千伏出线 5 回；供电区内配变压器 94 台，容量 1.17 万千伏安。

车岭电站斜滩片供电降压变压器，容量 1000 千伏安，1986 年安装运行。1989 年改装成容量为 2500 千伏安的变压器，出线两回，供电区内配变压器 36 台，总容量 2585 千伏安。

备用火电，为补充自然灾害、其他故障和枯水季节的供电需要，县电网和网内一部分对电能比较敏感的企事业单位，均配有火力发电机组：县火电厂（供电公司前身）于 1967 年配备 50 千瓦柴油发电机组，1972 年改装，增容为 125 千瓦；县邮电局 1969 年配备 20 千瓦柴油发电机组；县茶厂 1981 年配备 200 千瓦柴油发电机组；县电影公司 1985 年配备 26 千瓦柴油发电机组；县医院配备 26 千瓦柴油发电机组；寿宁一中 1988 年配备 7 千瓦柴油发电机组。

乡电网建设情况如何

凤阳乡网，1974～1982 年，分期分段架设 10 千伏输电线路 52 千米，覆盖全乡各行政村，并延伸至武曲乡的象岩和斜滩镇的青垄、后兰、雪坑、莲花垱、铁场以及周宁县的三门桥等村。网内配变压器 37 台，总容量 2500 千伏安。

武曲乡网，1975 年建成 6 千伏输电线路 27 千米，覆盖乡境内的后章、塘西、承天、长岭岔、小溪等村。网内配变压器 17 台，总容量为 675 千伏安。

南阳乡网，1979 年 1 月，赤溪电站 10 千伏的升压主变压线路 35 千米投入运行，覆盖乡境内的南阳、含头、官路、下洋仔、石鼓 5 个行政村。1983 年后，线路延伸至北坑底、福鼎洋、院洋、好坑、铁坪和含溪等村。共架设 10 千伏变压线路 52 千米，网内配变压器 20 台，总容量 1030 千伏安。

托溪乡网，1977～1988 年，逐年延伸架设完成 10 千伏线路 51 千米，覆盖乡境内 15 个行政村，并向芹洋乡的山底、石落两村输电。网内配变压器 20 台，总容量 660 千伏安。

清源乡网，1988 年，架设 10 千伏线路 30 千米，覆盖乡内 5 个行政村，延伸至芹洋乡的可观、底洋两村。网内配变压器 10 台，总容量 300 千伏安，1989 年与县电网联网运行。

犀溪乡网，1980 年，架设 10 千伏线路 12.8 千米，覆盖乡内 3 个行政村和乡直机关。网内配变压器 5 台，容量 330 千伏安。

平溪乡网，1980 年架设 10 千伏输电线路 10 千米，1988 年～1989 年延伸至 49 千米，覆盖乡境内 26 个自然村。网内配变压器 23 台，总容量 1195 千伏安。

芹洋乡网，1984 年，以雾下洋电站为骨干，架设 10 千伏输电线路 41 千米，覆盖乡境内 16 个行政村，延伸至平溪的屏峰，下党乡的下屏峰等村。网内配变压器 31 台，总容量 1280 千伏安。

坑底乡网，1985 年，架设 10 千伏线路 30 千米，延伸至 6 个行政村和 15 个自然村。网内配变压器 18 台，容量 590 千伏安。

斜滩镇网，1986 年架设 10 千伏线路 30 千米，覆盖镇内 26 个自然村和国营景山林场，网内配变压器 28 台，容量 1800 千伏安，1986 年与县电网联网运行。

供电情况如何

1938 年，斜滩张月成从外地购回一台木炭发电机，用于私营碾米与茶叶加工，这是寿宁县生产与生活用电的开始。

1959 年以前，电源缺乏，全县供电 36.12 万千瓦时。其中，生产用电 9 万千瓦时，占总供电量的 24.92%（工业用电 6 万千瓦时，占总供电量的 16.58%；农业用电 3 万千瓦时，占总供电量的 8.28%）；生活用电 27.12 万千瓦时，占总供电量的 75.08%。1978 年后，电力事业发展，年供电量达 611 万千瓦时，其中，生产用电 431 万千瓦时，占总供电量的 70.54%（工业用电 410 万千瓦时，占总供电量的 67.1%；农业用电 21 万千瓦时，占总供电量的 3.4%）；生活用电 180 千瓦时，占总供电量的 29.46%。1989 年，年供电量为 5025 万千瓦时，其中，生产用电 2683 万千瓦时，占总供电量的 53.39%（工业用电 2679 万千瓦时，占总供电量的 53.31%；农业用电 4 万千瓦时，占总供电量的 0.08%）；生活用电 1025 万千瓦时，占总供电量的 20.40%。2015 年年售电量为 5.2658 亿千瓦时，其中，大工业用电 2.5061 亿千瓦时，占总售电量的 47.6%（工业用电 3.05 亿千瓦时，占总售电量的 57.8%；农业用电 0.0088 亿千瓦时，占总售电量的 0.17%）；居民用电 0.8402 亿千瓦时，占总供电量的 16%。此外，向省网售电 1.033767 亿千瓦时，占总供电量 19.63%。

工业用电情况如何

1957～1968 年，寿宁县的工业用电仅限于粮食加工和照明，用电量很少。1969 年，大门电站建成运行，铁场化肥厂开始用电热炉炼矿生产钙镁磷，工业用电量为 6 万千瓦时，占全县总供电量的 17%。1970～1978 年，电力发展供不应求，一些企业单位自配火力发电机补充电源。1972 年，全县工业用电 55 万千瓦时，其中水电部门供电 42.5 万千瓦时，占 77.27%；1978 年 10 月，车岭电站建成发电，当年工业用电为 431 万千瓦时，每万千瓦时售价 800 元，冶炼厂工业电热炉用电价优惠，每万千瓦时售价 400 元。`

1982 年，县水电部门给工业供电 430 万千瓦时；1984 年，供电 639.1 万千瓦时；

1985 年，供电 831 万千瓦时。1988 年，全县工业用电量为 2679 万千瓦时。

2015 年，全县供电总量 4.232 亿千瓦时，其中工业用电量为 3.046 亿千瓦时，占全县年供电量的 72%。

农业用电情况如何

1965 年，县国营农场建固定电灌站（1979 年报废），装机 1 台，4.5 千瓦，扬程 3.5 米，灌溉面积 60 亩，年耗电量不过 100 千瓦时。1978 年，武曲在塘西桥头溪岸建一座固定电灌站（1985 年报废），装机 2 台，15 千瓦，扬程 17 米，在干旱季节提水灌溉麻坑垱水田 250 亩，年耗电量 3000 千瓦时。1980 年，南岸大队在下坡渡口右岸亭兜，建固定电灌站 1 座（1989 年 7 月 21 日被洪水冲毁），装机 3 台，22.5 千瓦，扬程 12 米，灌溉农田 350 亩，同时为南岸提供生活用水，年耗电量 1.7 万千瓦时。至 1989 年，全县有流动排灌设备 24 套，动力 180 千瓦，年耗电 4 万千瓦时。

生活用电情况如何

1951 年，县城、斜滩创办两处火电厂，电能开始进入寿宁人民的生活领域。1957 年开发水力电能，全县 5 个区公所所在地的机关单位和少数居民，开始有生活用电。到 1966 年，鳌阳、犀溪、凤阳基德、平溪、托溪、芹洋 6 个区乡实现水电照明。到 1979 年，全县办起微型电站 133 处，装机 2514.5 千瓦，全县 53% 的大队实现生活用电。1978 年，生活用电供电量为 180 万千瓦时。1980 年，清源公社旸尾大队 200 千瓦的百丈际电站建成发电，全大队 252 户，有 243 户用上水电，用电普及率达 96.4%。其中，146 个用户用电热器烧水煮饭，112 户用微型鼓风机助燃。1984 年后，县城家用电器品种增多，电饭煲、洗衣机、电冰箱、电视机、收录机、电风扇、鼓风机、空调机逐渐进入普通家庭，生活用电趋向多元化。1984 年全县供电量为 274 万千瓦时，其中以电代柴 20 万千瓦时，文化生活用电 7 万千瓦时。1989 年，城乡以电代柴 9100 户，供电量 546 万千瓦时。2015 年全县 196 个行政村，通电 196 个，占 100%；通电户 55021 户，占总户数 100%。

电力管理情况如何

寿宁县电力管理，行政上由县水利局、水电局负责。生产上，1977 年以前由县电厂负责管理；1978～1983 年由车岭电站负责管理；1983～1988 年 9 月由县电力总站负责管理；1988年10月以后，分设水力发电站、麻竹坪水库管理处、供电公司和县电力中心调度室，分别进行管理。

电站生产管理情况如何

县办、乡办、村办电站实行分级管理：

一、县办电站的管理。1957年只有1座杨梅仔电站，当时有职工5人。机组运行、设备检修、线路维护和电费收缴均由站长统一安排；财务管理的会计、出纳，也由工人兼任；电价收费大多数用电表计量，也有按电灯泡支光计费的。1969～1977年，大门一、二、三级电站、"七一"电站、双溪电站相继投入运行，国营电网总装机7台，容量1560千瓦。各站运行由县电厂统一调度，厂内分设机组运行班、线路维护组、调度室、机修组、安装组、财务科等。1978年，车岭一级电站建成，大门电站停机待改，生产主线在车岭电站，县电厂改称"寿宁县车岭电站"，站部仍在县城。生产管理上，在各站设机组运行班，电网分变电、供电、线路维护、安装检修等班组，订立各项制度进行管理。各班组业务由站部调度组统一指挥调度，经济上由县财务科统一核算。

1983年，寿宁县电力总站成立，实行班组生产指标与奖金挂钩，站用电和网损率比1978年下降5%。1988年10月，麻竹坪水库建成投入运行，车岭一级电站扩建工程同时竣工，国营电网总装机达11660千瓦，正常运行装机1.11万千瓦。水电电力生产管理实行蓄放水、发电、供电分开，宏观管理由县电力中心调度室负责，统一指挥放水、发电、负荷分配、供电计划、限电等调度，发、供电实行站长（经理）负责制。1989年实行站长（经理）任期目标责任制，由发包方（县财政局、水电局）同承包人（发电站长、供电公司经理）签订经济承包合同，内部管理实行二次承包管理，责任落实到班组。1989年通过产品质量监测，高压用户典型日合格率为95.8%。低压用电典型日合格率为98.5%，电网年电压合格率为97.5%，机组出电率为80%。

二、乡（镇）办电站生产管理。1957年以来，乡（镇）水电站运行人员由乡（镇）选拔，经县水电局代培后，担负生产技术管理。行政属乡（镇）企业站代管，业务和技术由县水电局领导，发供电生产由发电站统一经营。大部分乡（镇）电站，均没有机组运行、线路维护和供电收费班组，但多数公社电站的电费收入都很少，只能支付工人的微薄工资。1975年，全县建立10个公社水利水电中心工作站，生产技术由工作站管理，财务仍由公社企业办公室代管。1984年后，经济承包机制引入企业管理，乡（镇）电站也采取由乡（镇）下达生产指标，与电站签订承包合同，使运行人员的经济收入直接与电站经济效益挂钩，机组运行趋于正常。其中，坑底、芹洋、斜滩、托溪等乡（镇）水利水电工作站对所在乡（镇）电站实行直接管理，生产效益和设备完好率较好。寿宁县乡（镇）一级财政普遍困难，电站收入除支付工人工资外，利润大多数上交乡（镇）财政。由于未提留折旧费和以电养电资金，多数电站设备陈旧，检修和更新资金不足，维持正常运转艰难。

三、村办电站生产管理，长期以来由村委会（大队）指定专人负责开机收费，多按村民用电需要发电，运行也不规则。由于村办电站多为径流开发，加上水源不足，管理人员技术水平不高，村委会和群众重建轻管，收费困难，机组设备无法定期检修，损坏报废淘汰甚多。1965～1989 年，全县村办电站 174 处，总装机 181 台，容量 3447.5 千瓦，先后报废和淘汰 130 处，机组 132 台，容量 1833.5 千瓦。管理较好，尚能运行发电的电站尚存 44 处，装机 48 台，总容量 1609 千瓦。

水电技术管理情况如何

干部技术队伍是水电工作的中坚。1953 年以前，寿宁县没有水电技术人员。1954～1956 年，农业科选送 14 名社会青年到省农干校参加水利技术专业培训。培训后回县与专业学校毕业生组成初级技术队伍，承担水利水电工程建设任务。初建队伍自行设计的水电站有平溪、托溪等低水头电站。1964 年，县人民政府又选送 14 名初、高中毕业生到地区水利水电规划队"水轮泵"培训班培训。至 1966 年，寿宁县的水利技术队伍已能自行设计、施工建设乡、村小水电站和小（二）型以下蓄水工程。1970 年，这支技术队伍，在地区水电局工程师苏锦生的带领下，对寿宁境内 6 条主要溪流进行勘测设计。之后，县水电局将建设乡村水电站的任务，安排给技术队人员独立设计施工。1979～1989 年，又选送技术人员 7 人，到专业学校深造。1989 年，水电系统技术队伍中有高级工程师 1 人，工程师 11 人，助理工程师 18 人。县里还成立水电学会，开展学术研究活动。专业技术人员在实践中设计能力不断提高。水坝设计的坝型从堆土坝、重力坝、钢筋混泥土倒入坝向连拱坝，石砌薄拱坝转变；蓄水工程从设计建设小山塘、小（三）型水库、小（二）型水库，向小（一）型水库与中型水库发展；水电工程建设由原来只能设计安装 0.3 千瓦微型电站到能自行设计施工建设 4000 千瓦容量的电站及 35 千伏输电线路。

职工技术队伍的培训也是不可或缺的。1957 年，杨梅仔电站曾请外地技工带班培训运行技工。1956～1974 年，县水电科共为农村办水利水电管理人员培训班 3 期，每期 10 天，共培训 296 人次。1974 年，选送在职工人 4 名，到地区水电局举办的"安全用电培训班"学习。1975～1978 年，县水电局举办"水电管理"培训班 2 期，受训 96 人次。1979 年后，先后选送 13 名青年技工到外地学校学习。其中，机组运行管理技术 6 人，运行操作技术 20 人，机修 7 人，调速器检修 1 人。此外还自办水电技术培训班 16 期，国营电网职工参培 203 人次，农村百千瓦以上电站参训人数达 178 人次。到 1989 年，寿宁电力系统有技术工人 521 人，其中工程技术人员 46 人。

电站安全管理情况如何

自从 1957 年杨梅仔电站建成投入运行开始，电力企业内部就订立安全生产制度，包括操作规程、运行规程、检修规程、停电制度、电器运行交接班制度、设备缺陷管理制度、设备维修检修制度、安全用电制度和事故分析报告制度等，并在实践中不断得到完善。同时结合用电的普及，每年在全县范围内进行一次安全用电宣传活动。

在制度管理上，企业内部设安全科，水电局设安全检查员，县劳动局设安全生产办公室，定期或不定期对企业进行安全检查。同时还在企业内部定期开展安全生产教育，对机械设备定期进行年检，并配备安全防险工具，加强防患措施。1985 年以来，实行安全管理与奖金挂钩制度，开展月份、季度、年度安全竞赛评比。

在安全生产方面，也出现过重大事故。1976 年 7 月大门三级电站（洋边电站）、1980 年 3 月县电力总站，1988 年 7 月县丝绸厂各有 1 名职工带电作业，触电死亡。1988 年 1 月坑底大岭村、1988 年 11 月清源乡双溪村各有 1 名职工因违章拉电线，触电致死。1957～1989 年底，32 年间，全县触电死亡的共有 21 人。因此，安全用电要警钟长鸣，做到家喻户晓。

国营电网经济效益如何

社会效益和经济效益是相辅相成、并行不悖的，1957～1968 年，杨梅仔水电站和城关火电厂的电费收入只够发供电成本及设备维护检修之用，效益主要体现社会服务方面。1968 年，发电 35.3 万千瓦时，供应 1986 户生活用电，年可节约照明煤油 17.87 吨，节省加工粮食的劳动日 8000 多个；工业用电每千瓦时可增值 3.10 元。1969 年以后，水电逐年发展，至 1979 年，国营电网售电收入 41.82 万元；工业用电 415 万千瓦时，每千瓦时电源创值 2.24 元。1989 年，厂用电 0.5%，网损率 12.21%，每万千瓦时发电成本 147.60 元；供电售电收入 250.98 万元，发电收入 182.75 万元，人均年劳动生产率 1.7 万元，利润 83.65 万元，供电创利 10 万元，水费收入 80 万元，上交国家税金 28 万元，上交县财利润 60 万元。提供生

活用电 900 万千瓦时，以电代柴用电 450 万千瓦时，年节约薪柴 1.13 万吨；提供
工业用电 2679 万千瓦时，每千瓦时创值 2.86 元，其中铁合金生产用电 1350 万千
瓦时，以省新电新价与铁合金生产平均电价比，县电网年让利给铁合金企业 81 万
元，与国家工业用电价比，年让利给铁合金企业 27 万元。

乡村电网年出率情况如何

乡级电网出率比村级电网好，诸如，斜滩镇三关底电站，1989 年机组年利用
4600 小时，年发电量 720 万千瓦时，年出率 96%；南阳镇赤溪电站，1989 年机
组年利用 3700 小时，年发电量 112 万千瓦时，年出率 89.6%；凤阳乡龙井一级电
站，1989 年机组年利用 3700 小时，年发电量 112 万千瓦时，年出率 89.6%；凤
阳乡龙井二级电站，1989 年机组年利用 3000 小时，年发电量 295 万千瓦时，年
出率 67.8%；武曲后章电站，1989 年机组年利用 3000 小时，年发电量 24 万千瓦
时，年出率 53.3%；清源乡溪岗电站，1989 年机组年利用 3000 小时，年发电量
15 万千瓦时，年出率 53%；芹洋乡雾下洋电站，1989 年机组年利用 2900 小时，
年发电量 45 万千瓦时，年出率 48.4%；托溪乡八定岔电站，1989 年机组年利用
3000 小时，年发电量 15 万千瓦时，年出率 42.9%；清源乡旸尾百丈际电站，1989
年机组年利用 3000 小时，年发电量 25 万千瓦时，年出率 41.7%；坑底乡铁涧电
站，1989 年机组年利用 3000 小时，年发电量 21 万千瓦时，年出率 35%；平溪乡
龙头坑电站，1989 年机组年利用 3000 小时，电网覆盖面小，年发电量仅 21 万千
瓦时，年出率 33.7%；犀溪后溪电站，1989 年机组年利用 3000 小时，年发电量
29 万千瓦时，年出率 32.2%。

村级 100 千瓦以下电站发电大多用于照明及粮食加工。年利用小时低，一般
日发电为 5～8 小时；电费收入少，机组设备完好率低，绝大多数机组运行寿命达
不到设计要求，报废、淘汰多。

水利行政管理机构如何设置

民国时期，水利工作由建设科负责。解放初，水利业务由农林科负责。1956
年 7 月，始设水利科。1958 年 7 月，水利科接管工业科的电力业务，同时改称水
利电力科。1960 年 3 月，改称水利电力局，11 月撤销水利电力局，其水电业务由
工业局管理，农田水利业务由县农业局管理。1963 年 10 月复设水利电力科，与
农业科合署办公。1972 年 1 月复设水利电力局，并独立办公。1984 年 8 月，改称
水利水电局。至 1989 年，水利水电局编制 45 人，其中行政人员 5 人，工程师 8 人，

助理工程师 4 人，助理会计师 2 人，技术员 8 人。局内设水利电力技术队（统筹设计室、建设队、电力股的工作）、水利电力管理站（统筹各乡（镇）水电工作站的工作）、办公室、人秘股、财务股等机构。

水电生产管理机构有哪些

水电生产管理机构则颇为复杂，包括：水力发电站、供电公司、麻竹坪水库管理处、小托水库管理站、县电力中心调度室、乡（镇）水利工作站等。鉴于现实情况将供电公司单列。

先说水力发电站。1957 年，建杨梅仔发电站。1958 年 7 月，电力划给工业局管理，电站改称水电厂。1960 年 3 月归农口管理，仍称"水电厂"。1978 年，车岭一级电站建成，电厂改称"寿宁县车岭电站"。1982 年，县属电站已发展至 7处，遂设立"寿宁县电力总站"，下辖各发电站。1988 年 8 月，麻竹坪水库工程和车岭一级电站扩建工程竣工，10 月蓄水发电。发电和供电分工，电力总站分解为发电、供电两摊，同时成立县水力发电站，统筹车岭、杨梅仔、双溪、"七一"和大门等 8 处水力发电站。1989 年底，寿宁县水力发电站定为二级局（科）企业机构，定编 130 人，其中助理工程师 2 人，助理经济师 1 人。

麻竹坪水库管理处，麻竹坪水库是寿宁县第一座中型水库，负责下游四级电站的蓄水调节任务。1988 年 8 月，设立水库管理处，为二级局（科）事业机构，实行企业管理，定编 50 人，目前实际全员 45 人。另坝后电站 89 人隶属水库管理处管理。

水托水库管理站，小托水库建于 1958 年，是寿宁县属第一座小（二）型水库，灌溉余水对下游双溪二级电站起调节作用。1963 年 9 月成立管理站，为股级事业机构。1988 年定员 10 人，其中助理工程师 1 人。

县电力调度室。1988 年 10 月建立，属水电局直接管辖的股级企业机构。办公地点设在供电公司，定编 5 人。中心调度室主要负责供水、发电、电力分配的调度。

乡（镇）水电工作站，始建于 1979 年，当时称"××公社水利水电中心管理站"。1985 年改称"乡（镇）水利水电工作站"，为股级事业机构。主要负责所在乡（镇）的水利水电事业的规划、建设和管理工作。工作站由县水利局派水利水电工作助理员 1 人、有关乡（镇）集体人员 2～3 人实行管理。

国网寿宁县供电公司的沿革情况如何

1988 年 10 月，经县人民政府批准，设立"寿宁县供电公司"，为二级局（科）

企业机构，主要负责县电网电力的供应工作。1998年7月，寿宁县供电公司、寿宁县水力发电站上划闽东老区水电开发总公司，全称为"闽东老区水电开发总公司寿宁供电分公司"和"寿宁发电公司"。2000年12月，发供分离。寿宁发电分公司隶属闽东电力股份有限公司，供电分公司继续留在闽东老区水电开发总公司。

2004年6月，省电力控股的"寿宁县供电有限公司"成立，取代闽东老区水电开发总公司寿宁供电公司。

2013年7月地方股份无偿上划后改制为"国网福建寿宁县供电有限公司"（全资子公司企业）。

重点水利企业牛头山水电站情况如何

牛头山水电站为引水式水电站，于2002年12月26日开工，2005年11月18日大坝下闸蓄水。电站总装机容量为2×50兆瓦，多年平均发电量为29547万千瓦·时，年利用小时2955时。2014年累计发电43090万千瓦·时，上交税费3917万元。

工业制造

第九卷

寿宁工业发展的历程怎样

1949 年前，寿宁的工业基础薄弱，仅有铸锅、造纸、榨油、织布、草编、织蓑衣、制腊、榨糖、制伞、制秤、制茶、切烟丝、烧砖瓦、矿冶、陶瓷、缝纫、弹棉、加工铜器、银器、锡器、及制作木器、竹器、铁器等工业。其中以制造铁锅、土纸、茶油、红糖、粗布、砖瓦、陶器、竹器的生产历史最为悠久，并成为寿宁的主要手工业，直接服务于人们的生活。

1949 年后，寿宁县才陆续创办现代工业。1951 年春，县公安局创办的 26 千瓦的火力发电厂，为寿宁第一家国营现代工业企业。1958 年土法上马，"全民炼钢铁"，工厂"遍地开花"，总产值比 1957 年虽有增加，但效益不佳。到 1962 年，全县工业总产值仅 88 万元。自 1963 年起，经过调整、整顿，在"工业学大庆"的推动下，兴建了车岭电站，扩建伞厂、纸厂等骨干企业，1978 年工业工业总产值比 1957 年翻了一番。1979 年的改革开放，使寿宁的工业搭上快速的列车。车岭电站新增装机容量 8000 千瓦，茶厂、线毯厂、光学仪器厂、植绒厂、精细化工厂相继投产，1989 年工业总产值 7022.5 万元，第一次超过农业总产值，比 1978 年增加 7.45 倍。

经过 40 年，特别是中共十一届三中全会以来的改革开放和艰苦创业，寿宁工业门类从 1949 年的 4 个，发展到 15 个。1989 年全县有工业企业 940 家，职工 6613 人。其中，村办、个体联办的工业企业 835 家，职工 2952 人，产值 1590 万元，占全县工业总产值的 22.64%。86 家县乡（镇）办的工业企业中，产值超过百万的有植绒厂、伞厂、线毯厂、精细化工厂、光学仪器厂、宏光铁合金厂、眼镜厂、锁厂、无线电厂、第一酒厂、通用机械厂、造纸厂等 12 家。1989 年，这 12 家的工业产值为 2984.87 万元，占当年全县工业总产值的 42.5%。工业产品自

1987年以来，自动折伞、线毯、花茶获评省级名优产品。1989年出口价值865万元，其中通过省外贸出口585.4万元，占全县出口总产值的60.35%。1990年，全县工业企业986个，工业总产值8939万元，占全县工农业总产值的34.2%。1993年，全县工业企业1820个，工业总产值3.11亿元，占全县工农业总产值的52.3%，首次超过农业总产值。1999年，民营企业逐步发展壮大，全县工业企业2540个，工业总产值达到7.04亿元。2005年，全县工业企业2160个，工业总产值14.52亿元，占全县工农业总产值的61.6%，比1990年增长16.3倍，年均增长22.9%。2005年，福建三祥冶金有限公司、南阳工业园区、武曲和犀溪际武工业小区累计工业产值7.98亿元，占全县工业总产值的55%，创利润4447万元，纳税2300万元。

私营工业发展情况如何

明代，寿宁的私营工业有铸锅、造纸、榨油、织粗布及制作铜器、铁器、木器、竹器诸行业。清康熙年间（1662～1722），私人手工业有所发展，开始采用织布机织布，并增加编草席、织蓑衣、制腊、榨糖等行业。光绪年间（1875～1908），福安市穆阳制伞技艺传入斜滩。同时，寿宁城关银器加工增至6家。

民国初期，全县有制茶、烧砖瓦、缝纫、弹棉、造纸、制作纸伞、切烟丝、榨油、制糖等私营手工作坊150多家。到1915年，手工业产值达250万元（银元）。当年，斜滩"周源丰酱场"有雇工7人，主要生产酱油、酒，年生产红酒16吨，产品销往闽东各县及上海、温州等地。1916年，凤阳乡天香村设铸锅作坊，产品质量好，畅销县内外。1918年，斜滩又办"周源丰茶行"，下设18个分行，年产精茶105吨，茶叶旺季制茶工人达200多人。1922年，寿宁茶叶因质优价廉而闻名全省，当年寿宁有大批茶叶销往香港等地。1927年，鳌阳镇创办白铁加工作坊，生产铁制煤油灯、锅、犁等用具。1940年，武曲乡有糖寮9间（武曲4间、承天2间、大韩3间），斜滩镇坂尾也有糖寮1间。1944，武曲乡创办"永恒"醋厂，年产醋5吨，由于产品质优而深受消费者欢迎，大部分产品销往福安。同年，斜滩的"康泰酱园"，因生产优质酱油而闻名闽东各县。

1950年，私营手工作坊有纺织、金属加工、造纸、食品、缝纫等行业。1951年10月，鳌阳镇办起"协隆"印刷店。1952年9月，又办起"华丰"印刷店。同年全县手工业生产有铁器、竹器、木器、织蓑衣、缝纫、榨油、造纸、炼铁等35个行业，从业人员1434人，遍及全县各乡（镇）。1953年3月，斜滩开办油印店。1954年实行对私营工商业改造，个体工业企业逐步过渡为国营与集体所有企业。

1980年以后，国家允许创办个体、联合体工业企业，以促进国民经济的进一步发展，活跃城乡市场，扩大就业门路。至1989年，全县有个体、联合体工业企业738家，从业人员2154人。年产值1023万元，占当年全县工业总产值的14.57%。其中，个体工业企业600家，从业人员1153人，年产值256万元，占全县工业总产值的3.65%；联合体工业企业138家，职工1001人，年产值767万元，占全县工业总产值的10.92%。成为国营工业企业的主要补充。

公私合营工业发展情况如何

1953年11月，凤阳乡组织起"天香铸锅组"，1956年改称"天香铸锅社"。该社年生产铁锅2500多口。有口径97厘米和127厘米2种规格的铁锅。产品由供销社统一收购销售。

1956年7月，在对资本主义工商业的社会主义改造中武曲林松如等创办的"美星酒库"转为公私合营，更名为"公私合营武曲酒厂"。全厂职工6人，厂长1人。有固定资产1000元、流动资金1000元。产品有红酒、"蜜沉沉"酒、醋等，主要销往福安社口、坦洋等地，月销量3吨。9月，该厂与全县个体酿造业一起划归县工业科管理。同年"协隆"、"华丰"两家印刷店合并为"地方国营寿宁县印刷厂"，隶属工业科。

何谓集体所有制工业

集体所有制工业企业有县办集体工业企业及乡（镇）、村办集体工业企业两类。

县办集体工业企业，如二轻工业企业是在手工业的基础上发展起来的。1952年，县成立供销合作总社，下设生产科管理全县手工业生产及原料的供应。1954年，个体手工业通过合作化，组成6个合作社（组），共43人，总产值1.74万元。当时手工业合作社多租用民房或旧店为生产工场，工人各自带简易的工具参加生产。因设备简陋，技术落后，经济效益较低。1954年，全县组织手工业合作社（组）12个。1957年，将20人以上的企业称为"合作社"，20人以下的称为"合作组"。当年，全县共有合作社（组）21个，社员394人，产值43.28万元。1965年，县办二轻集体工业合作社（组）12家，职工210人，工业总产值24.65万元。1966年以后，经过5次调整、提高，生产规模逐步扩大，产品增加，开始生产雨伞、算盘、象棋、挂锁等新产品。至1978年，全县有较大的集体工业企业6家，职工465人，固定资产23.43万元，产值达176.82万元，利润4.17万元，上缴税金4.11万元。1981年起，投资152.75万元，对集体工业企业进行技术改造。

1982 年又增加固定投资 50 万元。1984 年，有集体工业企业 6 家，总产值 244 万元，创利润 6.12 万元，上缴税金 6 万元，职工年平均工资收入为 629 元。1985 年，新建五金塑料厂、花炮厂 2 家。到这时，集体工业企业发展到 8 家，共有职工 895 人，初步形成金属加工、日用品生产、工艺美术、服装皮塑，竹器、木器加工等 6 大行业，拥有固定资产 522.8 万元。年产值 1501 万元，占全县工业总产值的 32.4%，创利润 33.38 万元，上交税金 49.3 万元。1989 年底，县二轻集体工业企业有雨伞厂、锁厂、化工阀门厂、木器厂、斜滩工艺美术厂、服装厂、五金塑料厂、花炮厂等 13 家，职工 750 人，年产值 1292 万元，占全县工业总产值的 18.4%。创利润 27.54 万元，上交税金 30.46 万元，全员劳动生产率 1.72 万元。

何谓部门办集体企业

寿宁还有供销、民政、教育等部门办的集体工业企业。

（一）供销部门办集体工业企业：县供销社于 1965 年创办抽纱厂，原料供应和抽纱半成品推销都由外贸部门组织。后因出口减少而停产。1966 年转为车木厂，主要生产羊角锤柄、雨伞帽、螺丝刀柄等。1971 年，该厂划归工业局管辖。1984 年转为地方国营寿宁精细化工厂。

中共十一届三中全会后，基层供销社开始发展商办工业企业。1986 年，供销部门办的集体工业企业有食用菌种厂、糕饼厂、印刷厂、粮食加工厂、榨油厂、酱油加工厂、冰棒厂、机砖厂等 23 家，年产值 34.8 万元，上交税金 5.3 万元。

1987 年，供销部门办的集体工业企业共有 22 家，年产值 44.58 万元，利润 8.75 万元，上交税金 1.13 万元。1988 年，经过整顿，减至 6 家，职工 75 人，年产值 60.96 万元，利润 11.35 万元，上交税金 5.1 万元。1989 年，又减至 5 家，职工 69 人，年产值 83 万元，利润 15.44 万元，上交税金 8.75 万元。

（二）民政部门办集体工业企业：县民政福利公司先后投入扶贫资金 186.5 万元创办了眼镜厂、车木厂，南阳渔溪食品厂、大安玩具厂等 8 个厂。因管理不善，效益低下，到 1989 年底均先后停产或转产。

（三）教育部门办集体工业企业：1987、1988 年，县教育部门先后创办了鳌阳小学涂料厂，武曲中学五金电器厂，实验小学化工涂料厂，教师进修学校印刷厂等 4 家集体工业企业。1988 年底，县教育部门共创办 7 家集体工业企业，有职工 42 人，产值 31.5 万元，纯利 5.75 万元。

乡（镇）、村办集体工业企业情况怎么样

寿宁县乡（镇）、村办集体工业企业始于 1953 年，时有合作社（组）6 个，职工 43 人。1957 年底，合作社（组）发展至 21 个，职工 394 人，产值 43.28 万元。1960～1962 年，经"大跃进"后的调整，停办了部分企业。1963 年后恢复，成为社队企业。"文化大革命"期间，多数社队企业又再次停办。"文化大革命"后，再次得以恢复发展。1978 年全县有社、队企业 78 家，职工 715 人，年产值 106.38 万元。1984 年社改乡制，乡（镇）和村办企业成为安排农村剩余劳力，帮助农民致富的主要门路。1978～1988 年，全县先后办起水电、农业机械、塑料、编织、采矿、冶炼、化工、工艺美术、农副产品加工、茶叶精制等大小企业 1376 家，从业人员 5717 人，占农村总劳动力的 21%。累计产值达 10261 万元，年均 1026.1 万元，为 1977 年的 12 倍，共创利润 738 万元，上交税金 392.8 万元。1989 年，全县乡（镇）集体企业共 46 家，职工 958 人，年产值 813 万元，占全县工业总产值的 11.58%，创利润 57 万元，上交税金 57 万元。村办集体工业企业 97 家，职工 798 人，年产值 567 万元，占全县工业总产值的 8.67%，创利润 45 万元，上交税金 43 万元。1989 年底乡（镇）集体工业企业主要有：鳌阳镇茗溪花炮厂、玩具厂、茶叶初制厂、农具厂、宏光铁合金厂、电机厂、彩印厂、薏米仁精厂；坑底乡竹木工艺厂、水电站、木制品厂、木材塑料厂；清源乡机砖厂、农械厂、水电站、电器厂、鞋厂；斜滩镇水电站、翻砂厂、铁合金厂；武曲乡茶厂、茶机厂、木制品厂、机砖厂、翻砂厂、水电站、纸箱厂；竹管垅乡农械厂、工艺美术厂、水电厂、茶厂；南阳乡农械厂、水电站；犀溪乡茶叶初制厂、水电站；平溪乡水电站、叶腊石矿场；托溪乡水电站；芹洋乡水电站；凤阳乡化工厂、水电站、农具厂。绝大部分是劳动密集型产业。

寿宁国营企业发展情况如何

1951 年底，县公安局劳改中队购进一部 40 匹马力的木炭炉发电机（飞轮直径 2 米，重 2 吨，轴长 8 米），在县城正式建成火电厂（俗称"米电厂"），白天碾米，夜晚照明，为寿宁首家国营企业。不久，县劳改中队又在斜滩办起一家火力发电厂，使斜滩成为寿宁第二个有电灯照明和用机械加工粮食的乡（镇）。

1956 年 3 月，对鳌阳镇"华丰印刷厂"、"协隆印刷厂"和斜滩镇"何宜京油印店"进行社会主义改造，在此基础上创办"地方国营寿宁印刷厂"。9 月，将全县酿酒业划归县工业科管理，在鳌阳创办"地方国营寿宁酒厂"。县酒厂在斜滩、武曲各设一个车间。同年，成立"地方国营寿宁县水电站"。到 1957 年底，全县

有国营工业 5 家，年产值 59.47 万元。

1958 年，贯彻"全民办工业"的方针，到 1960 年，全民所有制工业企业发展到 32 家，总产值 372.79 万元。1963 年，根据"保、停、并、转、压、放"的方针，国营卫星钢铁厂、明矾厂、伐木场等相继停产。到 1964 年底，全县全民所有制工业企业仅剩县酒厂、印刷厂、水电站和农械厂 4 家，年产值 80.54 万元。

1965 年起，先后恢复创办造纸厂、化肥厂、机械车木厂、铁器农具厂和县酒厂斜滩车间。当年有国营工业企业 8 家，年产值 137 万元。此后，工业生产逐年有所发展。到 1976 年，国营工业企业有 15 家，年产值 366.80 万元，占当年全县工业总产值的 60.15%。

1978 年后，贯彻"改革开放，搞活经济"的方针，工业生产出现转机。1979 年新办地方国营寿宁茶叶精制厂；1981 年新办寿宁县自来水厂；1983 年建地方国营寿宁县植绒厂；1985 年新办地方国营寿宁县无线电厂和地方国营寿宁县光学仪器厂；1986 年对县机械车木厂、汽车修配厂进行技术改造，分别转产白炭黑和丝绸，并分别更名为"地方国营寿宁县精细化工厂"和"地方国营寿宁县丝绸厂"。同年，还将县酒厂斜滩车间升格为县第二酒厂。

1989 年，县属国营工业企业共有 34 家，职工 1953 人，年产值 3327 万元，占全县工业总产值的 47.4%，上交税金 132.34 万元，全员劳动生产率 1.7 万元。

1990 年，全县国有工业企业 35 家，工业总产值 4141.4 万元。1994 年全县国有工业企业只剩 21 家，工业总产值 5310 万元。其中茶厂负债超过千万元，12 月解体。

1996 年起，根据福建省闽政 [1996]20 号文《关于进一步搞活国有企业转机建制》"一建制、二拍卖、三优化、四改制、五完善"的精神，至 2004 年，有的改成股份制，有的资产转让解体，有的兼并，有的关闭。2005 年全县国有工业企业仅剩 2 家，工业总产值 390.8 万元。

联营工业发展情况如何

寿宁的联营工业创办于 1984 年，有两种方式：一种为国营企业与国外及港澳企业联合经营，也有与省地有关企业联营；另一种是县办集体工业企业、乡（镇）企业与外县企业联营。主要有：

寿宁县莱森柯花岗岩有限公司，是由福建省寿宁县矿业公司、福建省投资企业公司、瑞士莱森柯 SA 公司、香港百事宝有限公司合资经营的工业企业，主要生产石板材。《合资合同》于 1985 年 8 月 18 日正式签订，合营期限至 2000 年。到 1989 年 6 月底，寿宁县矿业公司已投资人民币 391.65 万元，占应投资金的

100%；省投资企业公司投资 55.95 万元，占应投资金 100%；瑞士莱森柯 SA 公司、香港百事宝有限公司共投资 335.7 万元，占应投资金的 50%。另投入企业贷款 320 万元。厂址设在清源乡际头仔村，占地面积 3 万平方米，建筑面积 7100 平方米。采矿点在斜滩蒲洋，已开始试采。1989 年底试产成功。

寿宁县罐头厂，是县供销合作联社与霞浦三沙渔业公司联营，厂址在武曲村下坂，占地 2.71 万平方米。1989 年建筑面积 2450 平方米，总投资为 243 万元。三沙渔业公司主要负责技术投资，投入资金 20 万元。其余资金由罐头厂负责。1989 年底试产，产品符合质量标准。

此外，还有创办于 1986 年 5 月的斜滩铁合金厂，创办于 1987 年 8 月的福建省寿宁县厦（门）联（合）锁厂，创办于 1988 年 4 月的地方国营寿宁铁合金厂。这 5 家联营企业 1989 年的年产值为 311.5 万元，占全县工业总产值的 4.44%。

食品行业发展情况如何

1989 年，全县食品行业企业产值为 941 万元，占全县工业总产值的 13.4%。进入上世纪 90 年代后，随着经济体制改革的进一步发展。2005 年全县共有食品加工企业 165 家，年总产值达 6.2 亿元。御茶园茶叶有限公司、武曲茶厂、龙福食品有限公司是本县食品加工业中规模较大的企业。主要门类是茶叶加工、酿造、粮油及食品加工和花菇生产加工和包装等。

酿造工业发展情况如何

寿宁县民喜欢饮酒，酿造工业在明代已很发达。当时的"酒有红白两种，多用粳米为之。冬酒可久，余则味薄易酸"。"醋最佳，亦有红黄二色。"历史上民间自酿居多。民国时期较出名的有斜滩镇的"周源丰酱坊"酿造的桂圆酒，畅销闽东各县及上海、温州等地。

机械酿酒则从 1974 年开始，生产的品种有红酒、白酒、果酒。红酒以糯米为原料，酒精度在 14 度以上，色、香、味俱佳，具有活血健体功能，亦可用于配药，其品种有老酒、蜜沉沉；白酒以甘薯米为原料，佐以补药，酒精度为 50～60 度，品种有五加皮、十全大补、三两半、参归酒；果酒有猕猴桃酒，酒精度较低，味道醇美。此外，还生产酱油、米醋、豆浆、豆腐乳、豆酱等产品。

70 年代末～80 年代初，酿造业基本淘汰了落后的手工工序，实现半机械化生产。酿造企业有：

"地方国营寿宁县第一酒厂"，厂址坐落在鳌阳镇工业路 11 号，占地面积

6600 平方米，建筑面积 3000 平方米。1989 年，固定资产 66 万元。该厂原称"地方国营寿宁县酒厂"。1956 年 10 年，县供销合作社经营的斜滩酒厂、公私合营寿宁武曲酒厂一起并入县酒厂，分别改设为车间。建厂初期产品主要有红酒、米醋、饴糖、豆腐乳、酱油、豆浆。制作工艺全部是手工操作。产品在县内销售。1975 年起用工业锅炉，实行蒸汽化生产，熟料发酵工序由固体改为液体，手工去渣改为管道取渣。白酒生产基本上实行半机械化。1982 年，红酒生产工序改手工压榨为机械压榨。工效由日榨 150 千克提高到 2 吨。1989 年，该厂有职工 48 人，产值 141.94 万元，利润 5.63 万元，税金 8.91 万元。

另一个酿造企业是"地方国营寿宁县第二酒厂"。前身是 1955 年初县供销社创办的斜滩酒厂，厂址坐落在斜滩镇龙岗尾。当时下设平溪、芹洋、凤阳、武曲、南阳 5 个车间，有 8 名工人流动作业。1956 年 10 月并入县酒厂。1969 年初原龙岗尾厂房卖给斜滩中心小学，在斜滩镇新兴路 63 号动工兴建新厂房，占地面积 4670 平方米，建筑面积 2725 平方米。因该车间远离县城，生产经营以及职工管理极为不便，故于 1985 年元月分出，成立"地方国营寿宁县第二酒厂"，成为独立核算的生产单位。1989 年，该厂有职工 16 人，固定资产原值 6.4 万元，净值 2.29 万元，流动资金 24 万元。该厂产品主要有红酒、红曲、白曲、酱油、豆酱、蜜沉沉等。内设红酒、红曲、酱油三个车间，另有锅炉、后勤 2 个组。年产红酒、酱油各 100 多吨，醋 10 余吨。1985 年，年产值 28 万元，完成税利 6 万元。产品主要销往县内各乡（镇）及邻县福安。1990～2005 年，工业酿造企业有两家，分别是寿宁县梦龙春酒厂和地方国营寿宁第二酒厂，年产值 200 多万元，利润 50 多万元。

食用菌生产情况如何

1976 年，县供销社开始生产蘑菇菌种。1978 年，全县 12 个基层社中有 9 个社建立菌种站生产优质菌种，供应全县菇农。1984 年，县人民政府规定以"上海 102"、"福罐 4 号"为当家菌种，禁止生产和供应其他品系菌种，产品需经检查后方可出站。菌种站和辅导员实行责任制，以保质、保量供种和辅导。

1978 年，县机械车木厂利用木屑栽培蘑菇成功。1979 年 9 月《工人日报》发表专题报道后，省计委拨款 50 万元扶持这个项目，遂在南阳村外洋垱县明矾厂旧址建立寿宁县真菌厂。1980 年栽培香菇 10 万平方米，年产干菇 1.05 吨，制菌种 50 万瓶。1982 年提高栽培技术，栽培香菇 1 万平方米，产干菇 1.3 万吨，制作蘑菇菌种 14 万瓶，产值 11 万元，盈利 1.1 万元。1985 年以后，香菇、蘑菇、凤尾菇等食用菌转为家庭生产。成为脱贫致富的好项目。1990～2005 年，随着花菇大量推广种植，花菇保鲜加工成为境内食品加工的重要组成部分，坑底、大安、清源等大量种植花菇的乡开设多家香菇保鲜厂（冰库）加工、包装、保鲜花菇，年产值达2亿多元。同时，武曲创办民营企业寿宁龙福食品有限公司，大规模加工食用菌和其他包装食品。

粮食加工情况如何

民国以前，民间碾米采用土砻、石臼、水碓、脚碓加工大米，每个土砻每日加工稻谷200千克。每座水碓每日加工大米200千克。有条件的乡村还综合利用水力，用水来带动碾谷磨麦。鳌阳镇的西门、东门、南门，坑底桥等处都设有水碓米坊。民国三十年（1941年），县城有私人创办的大米加工厂（地点设在关帝庙），时有工人50多人，主要为县政府机关和民粮兑换加工大米，采用半机械化的手工操作。1952年，办起第一座国营"米电厂"，开始用机械加工粮食。1973年，全县共有碾米机498台，其中个体户429台，国营企业69台。1989年，全县共有碾米机585台，职工698人，年加工大米4.9万吨。

粮食加工最大的工厂有三家：

一是城关粮食加工厂。1952年春，县公安局劳改中队购入木炭发电机，聘请省城的电力技工潘洪道设计安装而成，是半自动化粮食加工兼发电照明的"米电厂"。白天碾米，晚上发电照明。年加工大米1718吨，有职工47人，产值70万元，利润5万元，上交税收3.2万元。

二是南阳粮食加工厂。1958年建成。当时地区粮食部门为供应寿泰公路民工的口粮，设立粮食加工厂。1966年10月公路完工后，该厂设备移交给寿宁，安装在南阳，成为一家独立核算的碾米厂。1968年扩建成为拥有全流程碾米自动化设备的加工厂，年加工粮食250吨。

三是斜滩粮食加工厂。1953年初，县公安局劳改中队，在斜滩街尾临水夫人宫旧址建立火电厂（碾米兼发电）。1976年，斜滩粮站自筹资金创办一个粮食加工厂，1977年竣工投产，年加工能力为400吨。

随着碾米工业的发展，1977～1979年，犀溪、芹洋、坑底、凤阳粮站粮食加工厂也相继建成投产；1979年后平溪、大安、武曲、竹管垅的粮食加工厂也陆续建成投产，加工能力均能满足当地居民生活的需要。

油料、粮食复制品加工和饲料加工情况如何

明代，寿宁已有榨油作坊。民国时，全县有油坊58家。1976年以前，全县

油坊均用水车带动手工机械榨油。主要工具有碾轮、磨盘、榨油槽、蒸灶和炊桶。1976年底全县共有油坊48处，其中斜滩有26处，最多；其次是南阳、犀溪。一家油坊有3~5条榨油槽，每条槽每天可榨油70千克。1972年，在南阳粮油加工厂增设榨油车间，开始用机械榨油。1978年，全县有榨油机8台，年加工食用油8.5吨，非食用油2.36吨。出油率为：油菜籽28.9%，油茶籽24.47%，大豆23.35%。1979年全县收购油菜籽250吨，油茶籽150吨，全部集中在南阳粮油加工厂压榨。1985年，全县榨油机增至12台，年生产量2250吨。为方便群众，加工厂实行籽与油直接兑换。但因居处分散，不少群众仍就地送到油坊加工。1989年，全县有油坊50多处，年加工生产量能力3000多吨。

粮食复制品加工，明代就生产"线粉"。民国时期，境内已能生产米粉、豆腐干、线面和机制面。1957年，城关粮食加工厂开始用新式面机制面。1970年购进粉干机，当年，加工粮食复制品58.26吨，其中粉干32.73吨，面制品25吨，其他0.35吨。1978年，全县加工粮食复制品348.43吨，其中粉干166吨，线面4.99吨，面制品145吨，豆制品19.11吨，白酒2.64吨，其他10.69吨。中共十一届三中全会以后，全县粮食复制品加工蓬勃发展。个体、联合加工企业遍布城乡。1989年，全县有粮食复制品加工企业133家，职工297人，年加工粮食复制品1.95万吨。其中，从事面制品加工企业30家，职工102人，加工量2000吨；粉干加工18家，职工85人，加工量1.5万吨；豆制品加工企业85家，职工110人，加工量2500吨。

饲料加工，1965年以前，寿宁的饲料加工都是手工操作。1965年，粮食部门购进饲料机1台，开始加工饲料，1970年以后，饲料加工迅速发展。1989年9月，寿宁县饲料加工厂建成投产。主要生产配合饲料，以玉米、麦麸、尾粉、细糠、鱼粉、骨粉、贝粉、花生饼、豆饼、菜饼、预混合饲料、快育灵、蛋氨酸等为原料配成。产品有供大猪、中猪、小猪、蛋鸡、蛋鸭、肉鸡、肉鸭、小鸡、小鸭、长毛兔等混合饲料10多种。年产量50多吨，产值1.9万元。

1990~2015年，国家放开粮食市场，取消居民粮食定量计划供应。全县各粮站、粮油加工企业（除城关粮油加工厂设备至今原封不动外），均已相继停产或转让个体户加工经营，同时外购粮油食品以满足本县粮油市场消费需求。

食品加工情况如何

民国以前，寿宁的食品加工业主要有糖、糕、饼的制作。武曲的红糖，斜滩的芝麻饼，光饼、中秋饼均是县境内的名产食品。

1959年，创办县食品厂。作为独家经营的全民所有制企业，直至1969年，产品都是供不应求。该厂产品有：糕点、饼、面点、糖、饼干等 5 大类，18 个品种。该厂有职工 8 人，年产值 12 万元。中共十一届三中全会后，14 个乡（镇）的供销社先后办起糕饼厂，加上各地专营糖、糕、饼的个体户。1985 年，全县共有食品加工厂 65 家，从业人员 165 人，产值 69.1 万元。

1986 年创建寿宁薏米仁精厂，厂址位于工业路 11 号。1987 年 8 月投产，总投资 21 万元，拥有年产 2000 吨的生产能力。主要原料是薏米，辅助原料为蛋黄、白糖。生产的薏米乳精，在 1988 年省食品工业名、优、新、特产品评奖会上，曾获武夷奖。

纺织行业发展情况如何

寿宁纺织主要有棉纺、丝绸和植绒。1989 年，全县纺织行业企业年产值为 930 万元，占全县工业总产值的 13.24%。

一是棉纺。传统农家自给自足的纺织品有粗布、发结网、头帕、粗线等。在明代，全县 220 甲中有 145 甲从事纺织，产品主要为苎麻布。至今，不少农村妇女仍沿用苎麻布做围裙。

1958 年 5 月，在斜滩楼下创办全民所有制企业"寿宁县纺织厂"，全厂有职工 30 人，用手工机械生产斜纹布、格子布、被单布、蚊帐布、毛巾、手帕等。1959 年，工厂迁到县城（厂址位于今工业路 3 号），生产扩大，工人增加至 200 余人，改为集体所有制企业。

1979 年，寿宁县纺织厂引进上海线毯生产技术和设备，10 月，提花线毯试制成功。1980 年，转产线毯，当时全厂只有县内制造的 7 台铁木结构织机，台班日产量 10 条。1981 年，县人民政府决定该厂与寿宁县松香厂合并。1982 年 9 月更名"地方国营寿宁县线毯厂"。厂址迁至鳌阳镇解放街 210 号，占地面积 9058 平方米。1981～1982 年，县财政投资 37 万元，兴建织造车间和仓库，添置 14 台自动换梭机，台班日产量由 10 条提高到 16 条。1984 年又投资 40 万元，新建漂染车间 1035 平方米，并添置了 14 台织机及一部分附属设备。1985～1986 年，相继投资 29.5 万元，扩建捻线车间、漂染车间，新建办公楼、仓库，形成具有年产 30 万条线毯能力的企业。1985 年 5 月，中共福建省委和省人民政府授予该厂"文明单位"的称号。1986 年投资 103 万元，进行"填平补齐"技术改造。1988 年完成改造投产，并投资 35 万元，开发晴纶毛毯和再生毯，成为拥有年产 50 万条线毯和 19 万条毛毯生产能力的重点企业。开辟 2 条生产线，年产值达 335.18 万元，利润 32.47 万元，税金 22.87 万元。人均创税利、物资消耗、产品质量等实绩均达到省先进企业标准。至 1989 年，全厂建筑面积为 7678 平方米，固定资产原值

146 万元，净值 116 万元。有职工 302 人，生产线毯 46.24 万条，毛毯 0.8 万条，年产值 360.72 万元，利润 25.09 万元，税金 20.05 万元，全员劳动生产率 1.19 万元。经考核后获"省级先进企业"称号。产品主要有："绚丽牌"提花线毯、提花童毯和毛毯。经济适用、质量好、手感佳、花色新。提花线毯分纯棉和晴棉两类 22 个规格，10 种颜色，19 个提花造型。产品广销福建、广东、江西、黑龙江、吉林、辽宁、北京和上海等 10 个省市。

二是丝绸。明代，竹管垅乡横山村，90% 住户均有养蚕，每户平均年产蚕丝 1～2 千克。至民国时期，还有种桑养蚕、缫丝织布。1950 年以后，丝织手帕、围裙的需求量减少，种桑养蚕的收入偏低，至 1968 年，停止种桑养蚕。寿宁县的缫丝织布日趋衰弱。

1986 年初，县人民政府为发展寿宁地方工业，迎合市场需要，决定对严重亏损的县汽车修配厂进行改造，转产丝绸。4 月经省经委批准立项，决定成立"地方国营寿宁县丝绸厂"，作为扶贫重点企业支持，总投资 416 万元。9 月，省轻工业厅批复了可行性报告，该厂厂址设在离县城 1.5 千米的"际头仔"。1988 年底完成一层主体工程后，因资金不足停建。

在筹建的同时，为减少损失，让部分经过培训的工人就业，仍在汽车修配厂旧址（鳌阳镇工业路 25 号）搭盖简易厂房试产丝绸，原料由外地运进。1987 年 10 月，组装 8 台丝织机试产。1988 年，依靠自己的技术力量安装织机 22 台，试产 10 台，当年实现产值 51 万元。1989 年，全厂拥有职工 84 人，产丝织品 2.11 万平方米，产值 17.50 万元，利润 0.7 万元，税金 1.47 万元。主要产品有罗纹珠、格子绸、仿麻呢、斜涤呢、高尔夫、仿毛华达呢等 10 多个品种 30 多个花色，销往上海、浙江、海南、湖北等省市和省内各地。

三是植绒，主要厂家是植绒厂。该厂是寿宁县经过省经委、计委、外经贸委批准引进的第一个涉外项目。1985 年 2 月 11 日，由分管工业的副县长黄兆清等 5 人组成考察组，前往日本对静电植绒生产设备引进项目进行考察。1985 年 5 月 1 日成立"福建省寿宁县静电植绒厂筹备组"，动工兴建。1986 年 5 月 1 日投产，为二轻系统唯一的地方国营企业。厂址位于鳌阳镇环城路 50 号，总投资 470 万元，固定资产 440 万元，占地面积 2 万平方米，建筑面积 1.6 万平方米。全套设备选用台湾产 400～1V 静电植绒机组，设计生产能力为年产植绒布 200～300 万米，产值 2000～3000 万元。厂内设 4 科 2 室，另设植绒综合车间 1 个，职工 148 人，分锅炉、绒毛制造、植绒精加工、成品检验 4 个工段。产品有 100 多种花色品种，主要产品有"秀雅"牌舒美绒、"金凤"牌高级植绒壁纸。年产值 552 万元。因销路不畅、积压亏损，企业于 1989 年停产。

缝纫工业发展情况如何

20 世纪 30 年代以前，县内缝纫师傅散布于各个乡村，零星开业，为居民提供服务。逢年过节，缝衣匠常被村民请到家中裁制衣服。遇上婚嫁，用手工裁制，少者十天半月，多者需数月。30 年代缝纫机引进以后，鳌阳、斜滩两地开始有人开设裁缝店，按件收费。

1949 年后，服装加工行业开始兴盛。1953 年，全县有裁缝工匠 293 人，6 月，鳌阳镇成立全县第一个手工联合社——服装生产合作社。全社有 10 户、18 人，有 5 台缝纫机折价入社。当年生产服装 8714 件。1957 年，全县各乡（镇）相继组织起服装社（组）。鳌阳服装社增设制鞋组，社员发展至 53 人。1980 年，鳌阳服装社和斜滩综合厂共生产各式服装 65.46 万件，布鞋 5.93 万双。1987 年斜滩综合厂解散，鳌阳服装社也只剩下 15 人，年产值 8 万元。

1980 年 9 月，县国营车木厂兼营制鞋，以"寿宁鞋革厂"名义生产半高跟鞋、女凉鞋、布鞋、童鞋及各种型号的皮鞋。由于选料不精、款式陈旧导致产品积压，出现亏损，于 1986 年停产。

日用品生产情况如何

寿宁日用品行业，传统产品有木、竹、丝、铁、藤制品。此外，还有铜、锡制品和草编制品（草席、草帽、鞋）。1989 年，全县日用品行业企业产值 631 万元，占全县工业总产值的 8.98%，日用品生产以伞、锁为大宗：

一是制伞。清光绪二年（1876），斜滩开设"德昌号"伞店，制作油纸伞。此后，福安穆阳镇伞匠也先后在斜滩开设"智成记"、"大记"、"发昌记"、"原昌记"伞店。

1954 年 4 月，斜滩 3 户 6 人联办"斜滩雨伞社"，民主选举理事主任。此后，该社名称经 5 次更改，1980 年起定名"寿宁伞厂"。厂址迁鳌阳镇南门外店洋城南路 3 号，占地面积 6645 平方米，建筑面积 2840 平方米。属二轻系统重要企业，福建省晴雨伞定点厂家。1985 年加入全国制伞协会，1989 年获省级先进企业称号。

主要产品有：竹杆油纸伞、黄油布伞、木杆布伞和木杆钢骨布伞。1976 年起，经过技术改造，生产各种布伞 16.18 万把，产值 15.65 万元。1983 年起生产直杆自开伞、手开缩折伞、自动折伞、易开易折三折伞、童伞、裙边伞等。1986 年，"凤华"牌 550 毫米手开缩折伞获省优产品称号。产品合格率达 98.5%。

1987 年，自开二折晴雨伞打入国际市场，完成出口任务 15.5 万把，交货值

80万元，为国家创汇16万美元。产品远销美国、西德、日本、加拿大、利比里亚、新加坡、香港等国家地区。当年实现产值323万元，销售额177.15万元，纳税8.4万元。

1989年，该厂有职工153人，年产雨伞42万把，产值452.6万元，利润16.17万元，税金11万元，全员劳动生产率2.96万元。经福建省工商银行宁德支行评定为"优良信用企业"、"重合同、守信用企业"。

二是制锁。宋代，境内就有制作"木头锁"，形如乌龟，颇具技巧。直至广泛使用铁头锁以后，民间的灰寮仍用这种简易的木锁锁门。民国十八年（1929），南阳王龙山村始制铁皮"竹节锁"，俗称"王龙山锁"。民国三十四年（1935）以后，该村制锁业兴盛，产品销往浙江的庆元、泰顺、景宁和省内的松溪、政和、福安、柘荣等县，全村年产量达3万把，供不应求。1955年11月，王龙山村17人组成"铁锁生产供销合作社"。

1956年8月，成立"寿宁县铁器农业生产合作社"（后改称铁器农具厂），其制锁车间（即"铁锁生产供销合作社"）继续生产"竹节锁"，年产值4万多元。1973年10月，铁器社引进温州市永久锁厂技术，试制铁挂锁获得成功，"竹节锁"逐步被取代。1976年4月，铁器农具厂制锁车间独立建厂，厂名为"寿宁锁厂"，厂址位于鳌阳镇解放街143号，经扩大厂房、添置设备、提高工艺，生产能力不断提高。1979年，年产铁挂锁39.4万把；1987年，年产铜、铁挂锁285万把，产值220万元，税利15.88万元，产品畅销全国24个省、市的420个经销单位。

1987年8月，寿宁县化工阀门厂与厦门市五金厂签订联合生产"万石牌"链条锁合同，成立"福建省寿宁县厦联锁厂"。1989年，该厂有职工326人，产量251万把，产值170.92万元，税利17.29万元，全员劳动生产率5243元，属劳动密集型企业。

铁制家具生产情况如何

晚清时期，托溪的江山村和大安的泮洋村便有铸锅。坑底、犀溪等乡也有来自浙江、泰顺、文成、景宁、庆元等地的铁匠走村串户打造铁钳、火铲、铁叉、镰刀、锄头等铁器。民国五年（1916），凤阳乡天香村设有铸锅坊。1956年又创办铸锅合作社，年产铁锅2500多口。

1953～1955年，鳌阳、坑底、斜滩、南阳、平溪、托溪、凤阳等均分别成立打铁组，由于工具简陋，只能生产马蟥钉、门钉、门栓、门扣、户枢等铁制品。1956年8月，成立寿宁县铁器生产合作社。除生产农具外，还生产炊具，年产铁、炊具2万多件。

1962 年，寿宁铁器社开始仿制平面烫斗，年产 2000～3000 个，产品在县内外销售。1971 年，改进制造平面全刨、直头全刨、歪头全刨等 5 种规格产品。到 1988 年，年产量达 2 万多件，年均产值 7 万多元，产品销往省内外。

竹木制品发展情况如何

明清时期，寿宁已有木匠、篾匠走村串户制作米筛、糠筛、畚箕、簸箕、米笔、蕾、篮、箩筐、篓、谷簟、谷砻、桶、桌、厨、凳、床等生活用具，其部分木制品雕花工艺甚为精巧。

清末民初，鳌阳、坑底、犀溪、平溪、托溪、凤阳等地均设有竹器铺，生产竹木家具、农具。

民国时期，县城先后开设木器店，生产各种木制家具。

1953 年，全县计有木匠 173 人。当年，严日炎等 30 多名木匠联合组成"城关木器生产合作社"，生产办公桌、椅、橱、柜、床等家具，产值 1 万元。1954 年，创办木器组，主要生产算盘。1956～1969 年，木器组先后改为木器社、木器厂，算盘生产逐年扩大，能生产 4 种规格产品，年产算盘 10 万把，产品销往省内外。1983 年，由于电子计算器广泛应用，算盘停产。

1958 年，木器社并入地方国营寿宁机器厂，1959 年恢复原称。至 1987 年，累计生产各式木家具 10 万多件，并为省外贸进出口公司制作出口小折椅、玩具等产品，当年产值 11 万元，创汇 6 万多元。产品销往荷兰、丹麦、日本、新加坡和台湾地区。

1959 年，二轻系统成立竹器伞料厂。至 1974 年，年均制作竹床、竹椅、竹篮 2000 多件。销售竹筷 185.5 万双。1975 年与省土畜产品进出口公司订立出口合同，主要提供竹席、蛋型盆、方型盆、桂花盆、立体糖果盒等 10 多个品种出口。

1964 年，创办坑底竹筷厂，产品有竹筷、冰棒杆、伞骨架、鞋刷坯。主要销往新疆、上海等地，年产值 2 万多元。1979 年转产竹编，产品有花篮、菜篮等。当年实现半机械化生产，将手工剥篾改为手摇机械破篾。1987 年，从台湾锦荣有限公司引进全套竹编机械设备，进行机械化生产。此外，县内还有武曲乡竹筷厂，芹洋乡山头村竹编厂，均自产自销，满足当地农民生产和生活的需要。

爆竹、烟花生产情况如何

清同治四年（1865），武曲的白岩村已能用木质或铁制的筒针模，以粗纸、黄土、老鼠、硫磺原料，严格按照科学的配方，生产"黄二两"、"黄三两"、"半六跳"等几个品种的爆竹,俗称"白岩炮"。至今仍以安全、价廉而深受消费者的欢迎。

1956年4月,"斜滩白岩鞭炮生产合作社"成立,时有职工30多人,主要制作单、双响爆竹和100响鞭炮(俗称"百子炮"),年产值8万多元。

1975年5月,鳌阳镇办起花炮厂,厂址位于鳌阳镇茗溪村。主要产品有联炮、排炮、花炮3个系列40多个品种。产品畅销省内外。后来又开发新产品"空中彩球"、"友谊花开"、"双龙吐珠"、"喜鹊报春"等7种烟花爆竹,在1985年全省乡(镇)企业烟花爆竹质量评比会上均获优胜奖。

1985年,建立寿宁县二轻花炮厂。生产出口硝光炮100箱,后因产品质量不合格停止出口。1986~1987年先后两次发生事故,造成亏损。1987年县财政拨款30万元支持扩大生产,在大安前西溪、溪潭村设立引线车间,在大安、亭溪、泮洋村设立鞭炮车间,安排闲散人员120人就业。1988年,分别与柘荣县东源花炮厂、宁德县综合厂和县内余坑花炮厂联营。同年,由福州市化工技术开发公司转让"苛化法烧碱技术",开发新产品。主要产品有爆竹、烟花、组合花炮3大类,年产值55.89万元。

机械生产情况如何

寿宁机械行业企业主要有:"寿宁县通用机械厂"、"寿宁县汽车修配厂"、"寿宁县化工阀门厂"、"南阳乡农械厂"、"寿宁县工程机械配件厂"。现将情况分别介绍如下:

寿宁县通用机械厂。1958年4月,城关铁器社、木器社、竹器社、天香铸锅合作社合并成立"地方国营寿宁县农具机械厂",11月改称"寿宁县机械厂";1962年7月下马;1964年8月重新建立"寿宁县农械厂";1982年改称"地方国营寿宁县通用机械厂",厂址位于鳌阳镇工业路26号。建厂初期,只能生产犁、锄、镰等铁农具。1960年后开始生产脱谷机、水泵、启闭机、碾米机、喷雾器、粉碎机。1984年10月,经过技术改造,投资50万元建立铸钢车间,主产双垂磨浆机。1986年与天津工程机械研究所合作研制成功低碳合金耐磨钢的各种型号装载机、挖掘机、推土机斗齿及刀角。1987年12月,斗齿产品通过省级鉴定,被确认为一类产品,达到国际水平。水泵、浆泵、斗齿3种产品畅销全国各地。

寿宁县汽车修配厂。该厂前身是寿宁县农械厂汽车修配车间,1981年1月划出单独成立"寿宁县汽车修配厂",厂址在鳌阳镇工业路25号。1984年后,由于个体修车业的出现,行业竞争激烈,1986年转产丝绸,更名为"地方国营寿宁县丝绸厂"。

寿宁县化工门阀厂。原系寿宁县铁器农具厂，1977年实行技改后，更名为"寿宁县化工机械配件厂"，1980年又改称"寿宁县化工门阀厂"。厂址位于鳌阳镇解放街155号。系二轻下属的集体企业。1977年7月初建厂，当年实现产值23.23万元。1983年实行承包，经济效益逐步上升。1984年8月化工部"1985年度配件计划审编会议"在该厂召开，来自全国各地化工机械代表19人，参加会议，从而提高了知名度。1987年8月，该厂与厦门五金厂联合生产"万石"牌链条锁，主产阀门，副产链条锁。1989年，有职工102人，产值81.27万元，税利7.8万元，全员劳动生产率7976元。

南阳乡农械厂建于1970年9月，内设制造、翻砂车间和堆料场。主要产品有：中小型农具、水轮机、水泵、茶叶杀青机、揉捻机等。1981年起生产打谷机、碾米机、制茶机、制砖机等，年产量1200多架。年产值15～18万元，厂内有工人32人、1989年产值17万元，税利3.2万元。

建材生产情况如何

明代，寿宁境内就有烧水灰、制砖瓦的手工业。20世纪70年代开始斜滩公社率先在山田大队店前村办起机砖厂。尔后，南阳、鳌阳、武曲、竹管垅、清源、平溪等乡（镇）也相继办起机砖厂。一些个体户适应建筑市场的要求，也纷纷办起机砖厂。1989年，全县有集体的、联合体的、个体的机砖厂75家，年产值250多万元，占全县工业总产值的3.6%。其中，最突出的是南阳机砖厂，建于1985年7月，厂址在南阳外洋垱，属联营企业。厂内有砖窑3座，制砖机械1套，升降架1座，供电设备1套。1989年，生产机砖130万块，产值19.5万元，安置贫困户劳动力25名。1986～1989年，南阳乡境内有个体机砖厂28家，砖窑32座。1988年，生产机砖1500万块，产值140万元，上交税利18.5万元。安置农村富余劳动力300多人，成为农民脱贫致富的好项目。

寿宁石灰厂，是寿宁的另一个建材企业。建于1958年10月，称"地方国营寿宁卫星厂"，厂址在南阳乡铁场村。该厂以炼铁为主，兼产石灰、砖瓦。设有石灰窑5座，砖瓦窑2座。1968年改称"寿宁化肥厂"，生产钙镁磷，兼产石灰。1970年宁德地区投资28万元，生产小水泥。1971～1974年，共生产水泥263吨。后因白云石矿镁含量高，成品率低，导致小水泥质量差而停产。

电工工业生产情况如何

寿宁电子工业的主要产品有黑白电视机、排线、安装线等。1989年，全县电子行业企业产值为165.33万元，占全县工业生产总值的2.35%。主要生产企业是"地方国营寿宁县无线电厂"。1983年，鳌阳镇待业青年蔡允中自筹资金3万元，赴上海无线电十八厂学习并引进电视机装配技术，创办"精诚无线电厂"。厂址位于鳌阳镇广场新村21号。1985年4号，与印刷厂联办"地方国营寿宁县无线电厂"，总投资63万元，为工业局主管。1986年，转产铜铝心聚氯乙烯绝缘电线。自创办至1987年上半年，组装"精诚"牌黑白电视机3000台，产值100万元。1988年生产各种排线、安装线358万米，产值66万元，税利12.75万元。产品合格，畅销各地。1989年有职工46人，产量410万米，产值90万元，利润6.48万元，税金9.42万元，全员劳动生产率1.96万元。

光学仪器的生产情况如何

1989年，全县光学仪器行业企业年产值416万元，占全县工业总产值的6.56%。主要厂家是"地方国营寿宁光学仪器厂"和"地方国营寿宁眼镜厂"。

（一）地方国营寿宁光学仪器厂。1978年9月，回乡知青叶青松等5人合资创办"寿宁县三望洋眼镜厂"。1984年与县汽车修配厂联合生产眼镜片，初创时只有16个员工，6台抛磨设备，产值仅10来万元。1985年4月，转为"地方国营寿宁县光学仪器厂"，职工增至35人，年产镜片16万副，产值75万元。1986年，省华兴公司贷给86万元，自筹36万元进行技术改造，组装9条生产线，设备增添至110台。厂内设球光粗磨车间、球光抛光车间、散光车间、磨具车间。生产产品有3种规格，4个系列，2000多个品种，年产镜片120万副，产值300万元。1988年9月，与香港华丽眼镜贸易行合资联营，镜片销路有了保证。该厂生产的"内弯散光"镜片获省优质产品称号并行销国际市场。

（二）地方国营寿宁眼镜厂，前身是明矾厂、真菌厂。1986年，实行技改，投资购置眼镜片抛磨设备生产眼镜片，当年产值10万元，利润1.1万元。1987年3月，与西安光辉机械厂签订设备赊销供货合同。5月，第二条生产线投产。其时，该厂拥有国内最先进的眼睛抛磨设备70多台。7月1日，经县人民政府批准，正式成立"地方国营寿宁县眼镜厂"。该厂年产各种规格的近视、远视系列眼镜100多万副。主产品为"金鹰"牌近视、远视系列、克斯近视系列、超薄近视系列、变色近视系列、进口变色、普通白托系列眼镜片。产品经省轻工厂验收合格，荣获"省优产品"和"省消费者信得过产品"称号。1989年它被评为省基础级企业。曾在广州、贵阳、长沙、福州、瑞安等城市设有经营部。1989年有职工64人，产值180万元，利润8.22万元，上交税收3.27万元，全员劳动生产率2.81万元。企业效益逐年上升，投资回收率、利润率居全县工业企业之首。

工艺美术生产情况如何

明代，寿宁就有加工金银首饰和木雕工艺。清光绪初年至民国末年，先后开设 6 家银器加工店，雕刻工艺也有所发展。解放后，随着县民消费水平的提高，木雕工艺品以及金银首饰的市场需求量大幅增加，工艺美术加工业也相应得到发展。1989 年，全县有 14 家从事工艺美术生产的企业，年产值 388.9 万元，占全县工业总产值的 5.54%。

雕刻工艺，明代就有木匠刻制精制家具、"灵牌"。从现有古民居的窗户梁栋的雕刻就能看出当时的雕刻工艺已十分精致。民国时期县城设有刻印店。1950 年，鳌阳镇开设联合刻印店。对私改造中联合刻印店改称刻印店，1962 年并入城关综合社，1981 年转为个体经营。雕刻工艺厂大多创办于上世纪 80 年代初期。诸如：1. 斜滩综合厂，1976 年创办，属个体联办企业，主产骨灰盒，主要原料为硬质木板。盒子四周刻绘山水、花草、建筑物或人物、动物等图案，造型美观，至 1988 年底，共生产骨灰盒 2 万多个，产品畅销省内外；2. 寿宁县木雕厂，1986 年由柳应炎等 3 人投资 2 万元兴办，属个体联办企业。厂址位于鳌阳镇白鹇村。生产"龙头拐杖、台灯座、梳妆台等，产品销往福州、上海、北京等地。1988 年起生产美术栏杆板（即用椆木雕刻的建筑装饰材料），产品出口日本；同时生产各种工艺美术品。厂内设有雕刻、木工、拐杖、车木 4 个车间。有职工 63 人，年创汇 45 万元；3. 迎春工艺厂，创办于 1986 年 6 月，也属于个体联办企业，厂址位于飞凤新村 16 号，主要生产用叶腊石雕刻的工艺品，产品有 5 类 80 多个品种。

金银首饰，1952 年，全县有 14 人从业。1954 年，县城有刘先知等 7 人组成打银组。1958 年 3 月划为银行管理。1959 年 9 月又划为手工业管理局管辖。传统的银首饰有：项链、手镯、戒指、头簪、耳坠等。1985 年后，由于人民生活水平的提高，金银首饰的消费者增多，金银首饰加工业在全县兴起，据不完全统计，目前全县制作首饰的工匠有 5 家 8 人，产值 5 万元。

矿冶生产情况如何

寿宁的矿藏主要有银、铁、硫磺、叶腊石、白云石、硅铁、紫砂土等。宋代，南阳的铁场村就有采矿炼铁。明代，大安乡的官台山一带有官办银场，采矿煎银。民国时期，凤阳乡的刘厝村曾开采过硫磺。

1958 年，地质勘定，发现全县有 14 种矿藏，具有一定储藏量和开采价值的有叶腊石、石英石、白云石、花岗岩、石墨、明矾石、紫砂陶土、锰、铁、银、钨 11 种矿藏。当年，大办工业，大炼钢铁，相继建立地方国营寿宁卫星厂、地方国营寿宁硫磺厂、余坑铁厂、平溪铁厂、地方国营寿宁炼铁厂（印潭铁厂）、村头铁厂、南阳铁厂，后均因技术、设备落后，产品质量差，而于1960年前后关闭。全县最大的"地方国营寿宁卫星厂"，投资11.2万元，也因亏损于1964年9月停产。1971年后逐步恢复。1989年，境内的矿冶企业只有9家，年产值403.41万元，占全县工业总产值的5.75%。

（一）地方国营寿宁冶炼厂，原系寿宁石灰厂，创办于1958年5月，厂址位于南阳乡铁场村。1968年10月，改称"寿宁化肥厂"。1972年2月，筹建炼铁车间，3月改称"地方国营寿宁冶炼厂"，属工业局管辖。年产生铁85吨。1980～1982年，因生产生铁、磷肥亏损11.66万元而停产。1983年恢复炼铁，由于市场需求量增大，当年盈利2万余元，至1987年，累计盈利18万元。1988年改产工业硅，产品销往上海、江苏等地。其中75号工业硅提供给省外贸公司出口。同年8月起由厂内职工承包经营，期限3年。1989年有职工47人，固定资产60.9万元，净值37.6万元，属工业局管辖。1989年产值61.91万元，利润10.08万元，上交税金5.3万元，全员劳动生产率1.32万元。

（二）地方国营寿宁铁合金厂，1988年4月创建，由省工贸公司、省拆船公司和寿宁铁合金厂3家联营。厂址位于鳌阳镇溪尾洋，占地面积1.47万平方米，建筑面积3110平方米，总投资275万元。主要生产工业硅。1989年6月投产，当年产值67.60万元，利润5.26万元，税金11.32万元，全员劳动生产率6308元。

（三）宏光铁合金厂，1988年创建，属乡（镇）企业。厂址位于清源乡际头仔村，距县城1千米。该厂占地面积8133.3平方米。总投资210万元，其中，县人民武装部投资20%，省外贸公司投资40%，县外贸公司投资5%、该厂主要原料为石英石，从县内凤阳乡开采，辅助材料从松溪和浙江庆元运进，焦石从上海调入，主要产品为硅铁合金。1989年1月投产，产值200万元，利润12万元，税金18万元。

（四）斜滩铁合金厂，创建于1986年5月，属乡（镇）企业。厂址位于斜滩镇洋垱，占地面积7067平方米。总投资115万元，其中省华兴公司投资44万元，县老区办投资15万元，县财政周转资金5万元，银行贷款45万元，斜滩镇人民政府投资6万元。1988年6月投产，当年产工业硅500吨，产值44万元，利润10.4万元，上交税金4万元。有职工65人。

（五）县明矾厂，1960年5月创建，厂址位于南阳乡外洋垱。同年10月投产，因连年亏损，于1964年停产。1971年，省化工局投资10万元后恢复生产。1973年，产量达140.2吨，创历史最高水平。明矾厂历时20年，国家累计投资100万元，累计生产明矾464吨。

（六）平溪叶腊石采矿场，属乡（镇）企业，位于平溪乡环溪、湖潭行政村交界处的大林坑。1986 年元月开始采矿，年产 2000 多吨，选用量约 400 多吨，利用率 20%，年产值 30 万元。

陶瓷生产情况如何

据《寿宁县志》，明代，"村落陶瓦颇便"，"然团沙为质，手擘可碎。"平溪南溪的上窑当时就出砖瓦。陶器产品如缸、瓮、钵、盘碟、火笼钵、金瓶、香炉等，历史上均有生产，只是传统工艺技术比较落后。产地主要在南阳、大安两地。

（一）花岭砖窑。清同治十一年（1872），福安下洋村林姓迁居至卓家洋（今龟岭村）的石岭边（今名砖窑岔），设砖窑生产陶器。此后，子孙继承祖业，先后四易窑址（大弯头、牛厝垄、花岭）。1958 年，砖窑收归集体经营。1979 年，下放给个体经营。主要产品有各种规格的缸、瓮、钵、鳖、盆、烟囱、骸瓶等。年产陶器 2 万余件，是寿宁重要的陶器生产企业。

（二）大安泮洋瓷器厂。清代，泮洋瓷碗就负盛名。民国时期，在泮洋村曾建有瓷窑。1958 年创办国营瓷厂，窑址迁泮洋村的洋头。初时建厂 3 座，主要生产大碗、花碗、盘碟 3 大类。1961 年下马，转为泮洋大队经营。后因燃料供应不上，1978 年停办。

（三）南阳大门瓷厂。清乾隆初年（1736～1740），浙江省泰顺县洪口村余、吴、华 3 姓 5 人到南阳大门村采土烧瓷。初时的碗窑为立锥形，可从四门叠胚进火。清咸丰三年（1853），砖窑被泥石流所冲毁。此后，余、吴两姓迁出，华姓人定居现在厂址碗窑村，继续开窑烧瓷。1970 年，南阳公社在大门创办瓷厂，属乡（镇）企业，有厂房、窑房 3 座，制瓷机械设备 1 套，固定资产 3.5 万元。主要产品有：日用土碗系列，笔筒、保温杯、茶具、酒具、瓷砖、电器高压瓷瓶等。年产瓷器 12 万件，产值 4 万余元，有职工 16 人。

化工生产情况如何

化工工业是寿宁县 1973 年以后新兴的行业。1989 年，全县化工企业生产值为 415.97 万元，占全县工业总产值的 5.92%。有五家企业：

一是松香厂，创建于 1973 年，投资 12.1 万元。1974 年投产，至 1981 年，共生产松香 394.7 万吨，松节油 84.46 吨，还生产过少量肥皂。由于资源枯竭和肥皂质量不合格，1981 年下马，厂房设备并归线毯厂。

二是寿宁县凤阳化工厂，1985 年由县民政局、科委与凤阳乡人民政府合资筹建。该厂占地面积 1.91 万平方米，其中建筑面积 3240 平方米，总投资 302 万元，其中用于购买机械设备 122.4 万元。1987 年元旦投产，主要生产氯化钾。当年产量 170 吨，产值 36.17 万元。1989 年，产量 259 吨，产值 55.19 万元，利润 2.54 万元。厂内有职工 47 人。由于技术失误，投产后设备各项指标均未达到原设计要求，流水线无法协调作业，生产断断续续，加上市场疲软，产品滞销，累计亏损 40 万元，只好停产。

三是寿宁县精细化工厂，1958 年，县商业局办起绣花厂。1969 年改建为机械车木厂。1986 年投资 116 万元，转产"白炭黑"。9 月，经县人民政府批准，改称"地方国营寿宁精细化工厂"。1988 年 5 月投产。拥有固定资产原值 16303 万元，年设计生产能力 600 吨。产品主要有"胶友牌"专用白炭黑。1989 年，生产白炭黑 560 吨，产值 279.78 万元，利润 36.88 万元，上交税金 186.64 万元，全员劳动生产率 1.79 万元。投产以来，年均出口创汇 80 万美元。

四是寿宁县酚醛化工厂。1981 年 3 月创办，由寿宁县制伞厂的清油车间与原城关综合厂的电木粉车间联合成立"寿宁县酚醛化工厂"。1984 年生产清油 5730 吨，并用聚丙烯生产塑料布 1 万平方米，丝织塑料袋 1000 多条。1985 年生产雨伞零件 7 万多粒、水管 1000 多千克。12 月 9 日，改称"寿宁县五金塑料厂"。1986～1989 年共生产塑料制品 20 吨。产品销往县内外。

五是寿宁县塑料厂，1983 年由武曲村刘朝福等 4 人集资联办，取名"寿宁县益民塑料制品厂"。1986 年收归武曲乡（镇）企业站管理，更名武曲塑料厂。厂址位于武曲镇武曲村，是宁德地区唯一生产塑料薄膜的专业厂家。1984 年开始生产"农用薄膜"，同时兼产银耳、香菇、食盐包装袋。原料供应与产品销售均由省、地有关部门负责。1988 年增加投资 15 万元，当年实现产值 26 万元。1989 年经轻工部、省计划委员会和省二轻局同意，列入省计划定点生产农用薄膜的企业，行政隶属县二轻工业局。1989 年，有职工 26 人，固定资产 20 万元，产值 81 万元，全员劳动生产率 3.12 万元。

木材加工生产情况如何

民国以前的木材加工，只为建房、制造家具提供坯料，农村只有亦工亦农的锯木匠。1958 年县林业部门在武曲、坑底两地创办芬杏炼油厂，以原木枝、针叶、果实、树皮为原料，生产林业化工产品。但因设备、技术落后，效益差，不久停产。

1962 年，县林业局森工组设木材加工作坊，开始加工木板和包装箱材料，年产 300 立方米。1978 年后，由于水电事业的发展，木材加工实现机械化、电气化，各厂家、车间普遍使用电动机带动大型锯机生产。1989 年，全县共有木材加工企业 32 家，年加工木材 1.5 万立方米。当年全县木材加工行业企业净值为 38 万元，占全县工业总产值的 0.54%。

木材加工企业中首屈一指的是"寿宁县建筑工程公司综合厂"。该厂创办于 1964 年，属集体企业。厂址在鳌阳镇解放街 182 号。主要加工建筑用材、家具毛坯。年加工门窗架 2000 平方米。其次是"寿宁县第二建筑公司锯木车间"，加工建筑工程所需各种木料、毛坯。年加工木材约 500 立方米。此外，全县有个体锯木厂 30 家，年加工木材约 1.4 万立方米。

造纸生产情况如何

元代，竹管垅的刘坪已有造纸。至明代，竹管垅的横山已能生产纸被；大安的黄潭底还生产过藤（棉）纸。1946 年，寿宁从事手工造纸的作坊有 30 多家，以生产花笺纸为主，也有生产粗纸、绵纸。1950 年后，随着文化教育事业的发展，造纸业进一步发展。

1952 年，全县有从事造纸的手工业者 44 人。1956 年 6 月，坑底乡小东村创办"寿宁县手工业合作造纸加工厂"，生产大白纸。

1958 年 6 月，县工业部门在鳌阳镇溪头桥建立"地方国营寿宁第一造纸厂"，曾采用稻草为原料生产黑色纸。原小东造纸厂改为"地方国营寿宁第二造纸厂"。当时，全县有造纸工人 92 人。1961 年两厂相继下马。

值得一提的是"地方国营寿宁县斜滩造纸厂"和"蟾溪造纸厂"。

（一）地方国营寿宁县斜滩造纸厂，创办于 1956 年，厂址位于斜滩镇新兴路 62 号。是在原来的"第一、第二造纸厂"的基础上扩建而成。地、县共投资 3 万元，将原斜滩公社农械厂改建作厂房，时有职工 14 人，造纸机 2 台，主产芦苇浆纸板。1968 年产量 54.97 吨，产值 9.83 万元。

1969、1970 年，地区先后拨款 15.4 万、18.9 万进行技术改造。1972 年开始产机制纸，1973 年产量达 210 吨，产值 39 万元，此后产量、产值逐年上升，至 1979 年，产值 92 万元，获"福建省大庆式企业"称号。

1980 年，国家投资 36 万元扩大生产。主要产品为仿牛皮纸和有光纸。原料主要是当地出产的芦苇、杂竹。由于产品质量好，畅销省内外。1989 年，该厂有职工 154 人，固定资产 162 万元，流动资金 157 万元，产量 739.9 吨，产值 104.37 万元，利润 7.06 万元，上交税金 20.20 万元，全员劳动生产率 0.68 万元。

（二）蟾溪造纸厂，1977 年 7 月创办，属村办企业。厂址坐落在县城蟾溪桥头，占地面积 1000 平方米，固定资产原值 10 万元。主要产品为卫生纸和绵纸。年产值 2～3 万元。

此外，竹管垅乡的坑底林、坑底乡的地头与小东、犀溪乡的坑兜、凤阳乡的基德等村均先后办过造纸厂，主要生产花笺纸和粗纸。属个体经营。

印刷生产情况如何

民国时期，县城内有两家私人印刷店。1951年10月，县城由3人合资办起"协隆"印刷店，设备有1台16开圆盘机。1952年9月，县城又有4人合资办起"华丰"印刷店，设备有1台8开圆盘机。

1953年3月，斜滩也开办一家独资印刷店。

1956年，"协隆"、"华丰"两家私营印刷店经过对私营工商业改造，成立"地方国营寿宁县印刷厂"，厂址位于县城工业路10号。1974年，引进自动化设备。1985年，建成新厂房1座，建筑面积2000平方米。1986年引进彩色图版印刷技术，业务范围扩大到河南、甘肃、广东等省。

建厂30多年，承接较大的业务有：1958年3月～1960年12月，承印《寿宁人民报》，8开双面，隔日发行；1969年4～10月，承印《毛主席语录》2万册，120开，367页，每册约12万字；1988年12月承印康熙版《寿宁县志》3000册，32开，138页，每册9万字。1991年5月，承印连德仁个人专集《从政文稿》3000册，32开，482页，389千字，每册成本价9.6元，为承印寿宁个人自费出书开了先河。1989年，该厂有职工54人，年产40万元。当时全县个体印刷厂共12家，有工人47人。

寿宁工业计划管理情况如何

新中国成立后，国家对经济发展实行计划管理，工业部门在编制年度工业计划的同时，也编制季度、月份计划和中、长期生产规划。

1950年，寿宁县的国营工业企业计划管理，以作业性计划为主。1958～1960年，提倡全民办工业，国营工业企业猛增至15家，生产计划缺乏物资配套，原材料供应不上，生产计划落空。1961～1963年，先后下马11家。1979年以前的工业计划管理以实现指定性任务为管理目标。1979年后，企业松绑放权，厂家有了生产、销售、用工等计划自主权。原材料计划也由单轨制向双轨制转化。国营企业计划管理更加灵活自主。

二轻集体企业，经过对私营企业手工业的社会主义改造，开始纳入计划管理轨道。1956～1978年，生产计划以指令性为主，产品实行统购统销。1979年后，企业推行经营承包责任制，二轻集体工业的生产经营活动，主管部门实行指导性管理。

至于乡镇企业，大部分是改革开放后应运而生的，计划管理均以指导性为主，原材料供应只能"找米下锅"，向市场进货。

寿宁工业生产管理情况如何

1957年以前，企业内部以作业性生产管理为主。1957年后，生产管理由作业式管理向分管理转化。

1960年起，实行生产型管理，以主管局、厂、车间或班组为单位进行"三级管理、三级核算、三级分析"的"三三"管理制。在执行指令性计划的同时，建立"五定"、"五表"的"五五"管理法，即"定人员、定任务、定质量、定成本、定设备"，"考勤表、领用材料表、成本核算表、产品销售表、费用开支表"。逐渐形成一套比较完整的生产管理制度。"文化大革命"期间，国营工业企业，由于产品与社会需求脱节，式样老化。另外，由于"抓革命"造成停工待料，产品积压。在此期间，二轻集体工业实行计件或计时工资形式进行管理，生产得到发展，不但没有停产，而且还增加了布伞、算盘、象棋、挂锁等新的"拳头"产品。

1979年起转为生产经营型管理，以厂、车间、班组三级管理为主，主管部门为辅的多样化管理办法。1984年后，实行厂长负责制和各种形式的生产责任制，县、局、厂、车间、班组，从上到下，逐级签订各项经济指标承包合同，企业内部层层分解，采取劳动定额、计时工资或工资额总包干等管理形式，辅之以考核和奖惩制度，管理水平有所提高。

寿宁工业质量管理情况如何

1954年起，二轻系统集体手工业的产品质量，由师傅凭经验，按外形、色泽及手感把关验收。产品分优、次、废3个等级。1966年以前，销出的产品实行三包（包换、包修、包退）制度，退回的产品查明责任，给责任者以罚款。

国营工业企业初建时，未设专门的质量管理机构。1957年曾因质量问题造成经济损失2.4万元。1958～1960年新办的工厂，产品质量更差，造成不少损失。"文化大革命"期间，质量管理又再次被忽视。直至1977年国营和二轻工业才开始纳入全面质量管理的轨道。各个企业相继引入计量标准化管理，先后成立质检科，检验车间及QC小组，形成了三级管理网络，建立健全了检验队伍。由于实行自检、互检、专检的"三检制"和"三不"、"四查"、"四定"制度（"三不"即不合格材料不投产，不合格的半成品不转下道工序，不合格产品不出厂；"四查"

即查质量，查规格，查型号，查标准；"四定"即定数量，定质量，定原料，定消耗）和开展质量月活动。使各企业的产品合格率有了很大的提高。乡（镇）企业18个厂家，建立检验小组18个，其余厂家也实行各种办法进行质量检查。要求质量第一，做到不合格产品不出厂。把质量管理作为生产责任制的主要内容，全县先后有线毯、伞、锁、茶叶、镜片、花炮、工艺品等13个产品分别荣获省、部优秀称号及乡（镇）企业质量评比优胜奖。

寿宁工业的财务管理情况如何

寿宁县的工业企业从1954年起就重视财务管理，各厂家均配备有会计、出纳、保管员。按财务制度实行账簿、票证、现金、物资管理，贯彻勤俭节约的精神，提倡少花钱，多办事。"文化大革命"期间，部分坚持原则的财务管理人员被批斗、抄家，部分账簿、报表散失，财务管理陷于混乱。到1978年才逐渐恢复和健全财务管理制度。1980年以来，财务管理制度进一步完善。1987年起，由企业向县财政承包，上交税利，各厂根据生产特点实行厂长一把笔审批的财务制度，大多数企业都能做到账账相符、账款相符、账证相符，年初有预算，年终有决算。工业系统的各厂财务科，每月均有财务分析，寻找成本和利润增减原因，并及时将财务成果反馈给企业的领导和管理人员。各工业企业之间定期开展财务检查和评比。县财政局和审计部门还要进行检查和审计。

寿宁工业供销管理情况如何

1978年以前，工业原料的供应与产品销售实行计划分配和统购统销，企业不用因为供销而操心。1979年起，贯彻"改革、开放、搞活"方针，供销实行双轨制。随着改革深入，竞争进入流通领域，企业实行以销促产，在供销中求生存，求发展。县工轻局、工业局、乡（镇）企业相继建立了供销机构和供销队伍，实行供销额度与工资、费用挂钩，按承包的供销金额实行奖惩，供销管理逐步与市场接轨。

管理机构如何设置

工业企业的管理机构主要有四家：寿宁县经济委员会、工业局、二轻局和乡（镇）企业管理局。

（一）经济委员会是1983年3月成立的，归口单位有工业局、二轻局、交通局、邮电局；下属单位有标准计量所、职工教育办公室。1986年，经委内设办公室、技术科、企业科。经委的主要任务是协调、监督、指导工业交通系统各单位的工作。工作范围包括：技术改造、企业升级、新品开发、基建工程、经济系列职称评定等方面的工作。

（二）工业局，1956年7月，县人民委员会设立工业科。1958年7月，工业科、手工业管理科、工业联合社合并为工业局。1963年10月并入工交科。1971年11月复设工业局，该机构管辖县内的国营工业企业和工业供销公司，负责协调、指导、管理、监督所辖各厂的生产、技术改造以及产品开发任务。

（三）第二轻工业局，1955年10月设立手工业管理科。1957年7月改称手工业管理局，次年7月并入工业局。1960年10月复设轻工业局。1961年9月改称手工业管理局。1963年10月改称手工业管理科，1968年5月改隶县革命委员会生产指挥组工交组。1973年4月复设手工业管理局。1980年7月改称第二轻工业局，下辖10个轻工业企业和二轻供销公司，负责协调、指导、管理、监督所辖企业的生产、技术改造、新产品开发任务。

（四）乡（镇）企业管理局，1977年9月成立社队企业管理局。1978年改称人民公社企业局。1980年9月复称社队企业管理局。1984年8月，改称乡（镇）企业管理局。直属单位有企业供销公司、凤阳乡化工厂及13个乡（镇）企业站（下党未建立企业站）。局内设财会、生产2个股。1989年，全局有管理人员43人（含各乡镇企业站）。

交通设施

第十卷

寿宁交通基础设施发展状况如何

寿宁地处闽浙边界，素称"两省之瓯脱"，"五界之门户"。境内山高岭长，溪流纵横。未有公路以前，行旅艰难。县民逢山辟小路，遇水搭便桥，历经改线、扩充、加固、铺石、渐成古道。建县时，有以县城为中心的县际古道 5 条，计 415 千米；县内乡村古道 4 条，计 170 千米。古道中有山岭 194 条，凉亭 307 座，桥梁 302 座（现存 232 座），碇步（马蹄桥）12 处，渡口 17 处（现存 7 处）。

全县虽有 1700 多条溪涧，但仅斜滩溪下游可通航，是寿宁县物资吞吐的唯一水道，全盛时期，有木帆船 200 多艘，全年送货 4700 多吨，载客 2800 多人次。1958 年 7 月福（安）寿（宁）公路建成，促进了寿宁县经济的发展，激发了山区人民建设家乡的热情。至 1989 年，全县共修公路 35 条，总长 4384 千米；修建公路桥 70 座，总长 1895.9 米，公路密度为 30.87 千米 / 百平方千米。

具有里程碑意义的是"福寿高速公路建设"。福寿高速公路于 2012 年 9 月 28 日开工建设，2015 年 8 月 10 日通车。福寿高速公路起于福安市坂中乡长汀村，设坂中枢纽交通，与沈海高速复线相接，经福安坂中乡、社口镇、寿宁武曲镇、斜滩镇、竹管垄乡、南阳镇、犀溪镇，终于犀溪镇双港（闽浙省界），与浙江省规划的龙丽温高速公路泰顺支线对接，终点桩号 K54+755，主线里程 5.45 万米，设计速度 80 千米 / 小时，双向回车道，共设桥梁 23 座，隧道 14 座，项目概算总投资 47 亿元人民币。全线设坂中枢纽、社口、斜滩、南阳、犀溪 5 个互通及南阳一个服务区、其中犀溪互通为简易互通，与省界主线收费站合并设置。全线主要工程量：土石方 1359.4 万平方米，互通 5 处，隧道 15.64 千米、14 处，桥梁 8.22 千米、23 座，涵洞 67 道，通道 13 处，分为 6 个标段，在寿宁境内有 5 个标段。

福寿高速公路贯通，使"交通活县"战略成为现实。

县际古道有哪些

县际古道，按旧城门走向，分为 5 路：

一是东路，出东门往南阳乡、犀溪乡通浙江省泰顺县。由杨梅桥、清渡、大门、洋边、南阳，转北沿官洋、花岭、仙峰、翁坑、西浦、犀溪、库坑、路口桥、际坑、武溪，到双港溪过渡，达泰顺县城，全长 45 千米。

二是南路，出南门经清源乡、芹洋乡、平溪乡往政和县。出城经五里亭向西，越高山岭、过小托、日洋铺、九岭、芹洋、尤溪、平溪、溪底、南溪、穿过石门隘，进入政和县境。在明代，为寿宁通往建宁府正道，沿途设叶洋、芹洋、尤溪、平溪、南溪 5 处铺递。县城至南溪 40 千米，至政和的新坑口 45 千米，至政和县城 100 千米。

三是西路，出西门经大安乡至坑底，再分 3 路抵达浙江省的景宁、庆元、泰顺等县境。先由后墩折北过六六溪，越过下马庄岭，经前西溪、伏际、西宅抵坑底。县城至坑底 20 千米。从坑底往北经林山、浩溪、上村、过青草隘，至景宁县边境，全长 15 千米。至景宁县城 70 千米。从坑底往东经东山楼、小东、地头、司前新亭、王沙坑、铜坑亭、过黄阳隘至泰顺县城 30 千米。从坑底往西经当归洋，至庆元江根 10 千米，至庆元县城 65 千米。

四是东南路，出南门经清源乡、斜滩镇、武曲乡通福安县。出城过五里亭经际头仔、三望洋、清源（青竹岭）、岱阳（大洋头）、下车岭（以下俗称下路），过山田（三澄）、斜滩、元潭至武曲，全长 35 千米。至福安县城 60 千米。在明代，设有青竹岭、大洋头、三澄、元潭、武曲 5 处铺递，为偏道。至清雍正十三年（1735），寿宁改隶福宁府遂成正道。

五是西南路，出南门经清源乡、托溪乡往浙江省庆元县。出城由五里亭向西，越高山岭，经小托、后洋、檀香岭、坪坑、发岭坡、磜头、托溪，再沿溪北上至溪坪、双港，过浪荡亭，进入庆元县。寿宁县至双港 30 千米，至庆元县 75 千米。

县内古道有哪些

县内通道共有 4 条：一是县城至凤阳，沿东南路至清源再往南下乌石岭，经村尾进入斜滩镇的大溪头，过鸬鹚岔，下老，王溪，抵凤阳乡的下党，经基德、福后到达凤阳村，全长 45 千米。凤阳至周宁县城 42.5 千米。在纯池区未划给周宁县以前，区内的泗洲桥在明代设有铺递，为寿宁通往政和、宁德、古田三县的总途。二是斜滩至南阳、平溪、凤阳，由斜滩村向东经竹管垅乡的王家洋再往北过花眉垱进入南阳乡的山枣坑，经官路抵南阳，全长 15 千米。由斜滩村向西经磊石，往北过鸪鹨岔进入芹洋乡的牛替，折西经岔头坂抵平溪乡的长溪再到达平溪，全长 30 千米。由平溪沿县际通道西路至政和县城 70 千米。由斜滩村向南经渡船头、泗坑进入凤阳乡的北山，经廷家洋、福后至凤阳全长 20 千米。三是县城至犀溪，出东门由坑底桥、弹子岭往北，经大安乡的黄岐、亭溪至村头，再向东南过山边、泮洋，下犀溪岭（泮洋岭）至犀溪，全长 26 千米。由犀溪沿县际通道东路至泰顺县城 17.5 千米。四是县城至坑底乡的龙溪，出西门北上，过大安乡的大安、官田场进入坑底乡的小东、浩溪，越磨石岭，经地洋，抵龙溪，全长 35 千米。龙溪至浙江省景宁县城 30 千米。

为什么说"车岭车到天"

在县际通道东南路，位于清源乡的岱阳与斜滩的山田之间，有"车岭车到天"之说。据传，车岭修建于明景泰至成化年间（1450～1487）。该岭自海拔 170 米的山田村至岭头小车岭村，全长 5 千米，4480 级台阶，落差 549 米。沿岭有四亭二泉，岭旁遍植枫、松，高者达 30～40 米。岭头凉亭有清嘉庆十七年（1812）郭宜奎题的摩崖石刻"岭峻云深"，每字 2 尺见方。岭尾升车亭内，有匾曰："去天五尺"。所以，人们称"车岭车到天"，可见当年寿民出行艰难。1958 年，福寿公路通车后，除附近村民外，行人稀少，但也时有好奇者前往观光。

何谓"九岭爬九年"

九岭在县际古道南部，位于芹洋乡的九岭溪与清源乡的叶洋铺之间的官路洋，以岭左矗立 9 座山峰而得名。岭长 5 千米，自海拔 316 米的九岭溪村上攀 574 米，方抵岭巅，有"九岭爬九年"之说。岭中有茶堂 1 所、凉亭 5 座，亭边各有甘泉 1 穴。明代通俗文学家称寿宁"地僻人难到，山多云易生"（见《戴清亭》）。群众说，寿宁县"车岭车上天，九岭爬九年"，足见山路崎岖，跋山涉水，步履艰难。

除了车岭、九岭寿宁境内还有什么山岭

还有四大名岭：乌石岭、双岗岭、北山岭、檀香岭

一是乌石岭，在县城至凤阳古道。位于清源乡的清源与村尾村之间。从海拔 243 米的托口林厝桥到岭头 966 米的乌石岔，落差 723 米，岭长 5 千米。以林立岭边的岩石颜色乌黑而得名。险峻不亚于车岭。

二是双岗岭，在县际通道西部，位于坑底乡的王沙坑往浙江省泰顺县城途

中，岭长 3.5 千米，上坡倾斜 15 度以上，岭中有凉亭一座，岭头有茶堂 1 所。

三是北山岭，位于斜滩通往凤阳的古道上。从海拔 104 米的斜滩镇大丘田村，升至凤阳镇的北山村，岭长 5 千米，落差 623 米，岭中有凉亭 3 座。

四是檀香岭，在县际通道西南路，位于清源乡的后洋与托溪乡的坪坑之间。后洋村海拔 806 米，坪坑村海拔仅 428 米，岭长 5 千米。清乾隆年间（1736~1795），寿宁知县丁居信路过此地时，曾留下"尽日行人踪迹少，山光争艳也凄凉"的诗句。

路亭的情况如何

路亭作为古道的重要组成部分，大多数建于山岭之间，供行人歇脚、避雨。全县共有路亭 307 座。其中以五里亭、铜坑亭、浪荡亭、百岁亭较为著名。

五里亭，在城南 2.5 千米处，清顺治五年（1648）知县饶崇秩为迎送官员而设。亭南有"巨烛衢"匾。清道光二十四年（1844），知县毛坤重建，并书"五里亭"于亭北。该亭三面砌砖，一面筑墙，亭为木构，用柱 16 根，顶盖青瓦，两旁设靠背宽座，正中的幔顶雕刻精巧，四面墙壁均加粉刷。

铜坑亭，在县际通道西路，位于坑底村去浙江省泰顺县城途中的黄阳隘下。清康熙年间（1662~1722），犀溪乡武溪村魏元甲的遗孀吴氏，捐田 16 贯（每贯田可播种 4 千克）兴建。该亭为五开间双层楼房，宽 15 米，高 8 米，楼前有 3 米宽、15 米长的歇廊和板凳，廊外有一条长 15 米的石凳，专供挑担者搁担之用，直至民国时期还有专人为行旅供茶供水，安顿食宿。

浪荡亭，在县际通道西南路，建于清咸丰九年（1859）。光绪二十七年（1901），由溪里村人募捐重建。该亭用六根柱，为二开间廊式亭，长 7 米，宽 5.2 米，高 3.5 米，周围筑土墙，正面墙壁嵌 3 块石碑，碑刻募捐者姓名、捐款数额。碑旁石柱镌有"路通闽浙行人众，亭界溪山景物新"的对联。

百岁亭，在县城至凤阳古道，位于凤阳乡的基德村与凤阳村之间，1948 年，基德村贡生徐奉琛妻郭氏，百岁时不办庆典，将节省下来的款目，于仙宫桥头建造此亭，称"百岁亭"。该亭结构为 6 角，宽 6 米，深 5.5 米，用 16 根柱架成。3 面设有板凳。1972 年修建鸢凤公路时，移建于公路侧。

寿宁公路发展历史如何

寿宁县修筑公路始于 1957 年。1958 年，福寿公路（寿宁境内长 53.9 千米）通车后，到 1969 年，相继修建以县城为中心的寿泰、斜澄等 10 段公路，全长

176.4 千米。1970 年后，相继接通省道坑底浩溪至龙溪段和县城至凤阳、托溪、芹洋、清源 4 条乡道，总长 100.8 千米；新建 13 条村道，2 条专用道，长 62.4 千米。1980 年后，先后修通省道坑底乡龙溪至浙江省景宁县边界段、环城路段和犀溪乡的西浦至甲坑段乡道共计 73.9 千米。至 1989 年底，县境内累计修建公路 35 条，总长 438.4 千米（不包括在建和未列入养护的公路）。当年不通公路的下党乡，如今通了柏油路。习近平书记帮忙立项的下党至庆元的省际公路 1998 年通车。2010 年全县 202 个行政村（居）实现水泥路村村通。寿庆公路、寿政公路全线贯通。"两镇同城"南阳至县城的公路全面拓宽。福寿高速公路 2016 年 8 月已经通车。寿宁已形成与邻省邻县相衔接的公路交通网。

21 世纪以来寿宁新建县乡公路网如何

双湖二级公路，起于福安市城阳镇湖塘坂村，经福安市社口镇、寿宁县武曲镇、斜滩镇、竹管垄乡、南阳镇、犀溪镇，终于犀溪镇双港（闽浙省界）。主线里程 69.72 千米。1999 年 12 月动工。2003 年 8 月，总投资 31656 万元的双湖二级公路建设项目顺利建成通车，寿宁由此打破了发展的交通"瓶颈"制约，打开了山门。

寿庆二级公路，即省道 301 线寿宁鳌阳至庆元界二级公路。公路全长 26.6 千米，工程总造价 12886 万元，其中鳌阳至庆元界段长 15.07 千米，概算总投资 8154 万元。2003 年 8 月，这条总投资 3 亿多元，寿宁当时最大的道路建设项目顺利建成通车，作为双湖二级公路三期工程的寿庆二级公路一期工程也同时交付使用。

寿政二级公路，即省道 202 线寿宁鳌阳至政和界二级公路。经芹洋、平溪等乡镇，至南溪寿宁政和交界处，是横穿寿宁东西部的一条重要交通要道，总里程 54.78 千米，总投资 51259 万元。其中鳌阳至平溪段 37.26 千米按二级标准建设，路基宽 8.5 米，全幅水泥砼路面，设计时速 40 千米；平溪至寿政交界段 11.62 千米利用老路按三级标准改造，托溪支线 5.9 公里按三级标准建设，路基宽 7.5 米；预算总造价 4.05 亿元，建安投资 3.3 亿元，该项目分 3 个标段招标，其中 10 座桥梁共 1375 米，隧道一座 958 米。2010 年 12 月开工。寿政二级公路是继寿庆二级公路之后的又一条致富之路，建成之后将大大改变寿宁西部平溪、芹洋、下党、托溪等乡镇交通落后的现状。

清源至纵五线二级公路，起于清源镇清源村，终于清源镇童洋。主线里程 4.56 千米，路基宽 8.5 米，设计速度 40 千米／小时。总投资 8561.5 万元。2016 年 4 月动工。2017 年 10 月顺利建成通车。

竹管垄至联八线三级公路，主线里程 4.791 千米，路基宽 7.5 米，设计速度 30

千米/小时。总投资 4230.25 万元。2014 年 8 月动工。2015 年 10 月顺利建成通车。

凤阳至联八线二级公路，起于武曲镇大韩村，经武曲镇大韩、塘洋、小溪，凤阳镇廷家洋、北山、福厚，终于凤阳镇凤阳村。主线里程 13.929 千米，路基宽 8.5 米，设计速度 40 千米/小时。总投资 21577.33 万元。2016 年 4 月动工。

G235 至纵五线公路，即南阳至鳌阳接线工程。主线里程 8.67 千米，路基宽 17.5 米，设计速度 40 千米/小时。总投资 10131.42 万元。2014 年 7 月动工。2015 年 10 月顺利建成通车。

福安至寿宁高速公路起于福安市坂中乡长汀村，设坂中枢纽互通与沈海高速复线相接，经福安市坂中乡、社口镇、寿宁县武曲镇、斜滩镇、竹管垅乡、南阳镇、犀溪镇，终于犀溪镇双港（闽浙省界），与浙江省规划的龙丽温高速公路泰顺支线对接，终点桩号 K54+755，主线里程 54.479 千米，设计速度 80 千米/小时，双向四车道，共设桥梁 23 座、隧道 14 座，项目概算总投资近 47 亿元，建设工期 3 年。全线设坂中枢纽、社口、斜滩、南阳、犀溪 5 个互通及南阳 1 个服务区，其中犀溪互通为简易互通，与省界主线收费站合并设置。2011 年 11 月，省高指同意寿宁县把斜滩互通口纳入主线同步建设方案，同时寿宁互通连接线延伸 1.4 千米，增资 1.3 亿元。2012 年 8 月，寿宁互通口连接城关 9.38 千米，宽 17 米，四车道按二级路标准建设，造价 1.9 亿元，纳入了省高速建设规划盘子。福寿高速马岭特大桥是福建省高速公路桥墩最高的大桥，马岭特大桥是福寿高速的重点控制性工程，设计最高墩离地 79.274 米（约 26 层楼高），最低墩离地 72.884 米（约 24 层楼高），2014 年 12 月底该桥合龙。福安至寿宁高速公路于 2012 年 9 月 28 日开工建设，福安至寿宁南阳段于 2015 年 8 月 10 日中午 12 点通车。2015 年 12 月南阳至犀溪段建成通车。

省道建设情况如何

连接闽浙两省的枫湖线，北起浙江省景宁县枫树洋，南至福安县湖塘坂，贯通境内的坑底、大安、鳌阳、清源、竹管垅、斜滩、武曲等 7 个乡镇，全长 103 千米，路面宽 3～7 米，跨过 21 座桥梁（长 282 米），400 道涵洞，设计负荷载重汽车 10～15 吨。全程（包括环城路）分 9 段修建，从 1958 年元旦动工，至 1983 年 10 月 1 日全线贯通。1985 年 7 月，福建省公路局批准列为 214 省道。其中，原由竹管垅经南阳至县城的线路因弯道多，纵坡陡，线路长，改为经后洋、清源、童洋至县城，里程缩短 5.9 千米。另有坑底乡的浩溪至龙溪的一段 15.4 千米，原属林业专用道，需经整修方能达到省级公路标准，未列入省道，仍按乡道管养。这 9 段工程的建设，历时 25 年。

第一段自福安至寿宁县城，共 81.48 千米。该段包括福安境内部分，国家总投资 112.5 万元，总投工 106 万个工日。第二段自县城至大安乡伏际，第三段自伏际至坑底，两段合计民工建勤 34.2 万工日，国家拨款 20 万元。第四段县城至清源乡童洋，长 3.9 千米，国家按每千米 5000 元给予补助，由群众自办。这四段路于 1960 年 5 月以前完成。第五段自坑底至浩溪，长 7 千米，于 1966 年 2 月动工到 10 月完成，系民办公助的支农公路，由当时的浩溪（后改称坑底）公社组织 1800 多民工修建，国家补助 17.3 万元。第六段自童洋至竹管垅，1972 年动工至 1975 年完成，长 17.8 千米，上场民工投工 22 万个工日，国家投资 28.8 万元。第七段自坑底乡的浩溪至龙溪，长 15.4 千米，民工建勤折款 3.5 万元，林业部门拨款 54 万元，省交通部门拨款 36 万元。第八段自龙溪至浙江景宁的枫树洋，长 5.6 千米，1980 年 12 月动工，1983 年 10 完成，总造价 34.5 万元，全系国家投资。另一段为环城路，长 1.74 千米，按二级公路标准测量设计，负荷汽车载重 15 吨，拖载 80 吨，路基 10 米，路面 6.5 米，最大纵坡 5%，最小半径 20 米，1979 年 10 动工，1981 年 9 月竣工，全系国家投资，总造价 31.2 万元。

还有一段连接坑底与浙江省庆元县江根的省际公路，1984 年 10 动工，1987 年 11 月竣工，全长 5.3 千米，总造价 43 万元，全系国家投资。

让人们永远难忘的是，1996 年 8 月，习近平书记第三次到下党，为当地解决了许多发展难题。他批示福建省交通厅将下党经杨溪头村与浙江庆元县对接的公路立项，1998 年这条省际公路建成通车，为当地发展打下良好的基础。

县道建设情况如何

县道共有竹洋、寿泰、斜镇线 3 条，总长 192.6 千米。

一、竹洋公路。从竹管垅至南阳乡的洋边，全长 14 千米，系省道枫湖线第一段工程（即福寿公路）的一部分，省道竹管垅至县城段改经后洋、童洋后，竹洋线于是成为县道。

二、寿泰公路。从县城经南阳的大门、洋边、花岭、犀溪乡的仙峰、西浦、犀溪、礤坑、武溪，至友谊桥，通浙江省泰顺县。全长 42.6 千米，路基宽 6.5～7.5 米，路面宽 3.5～5.5 米，有桥梁 10 座（长 282 米），涵洞 153 道（长 1676 米），设计负荷载重汽车 13～15 吨。该线县城至洋边段，系省道枫湖线第一段工程的一部分。寿泰线施工从洋边开始，第一期修至西浦，1958 年 6 月动工，10 月完成，由福寿公路民工转场劳动，民工建勤 15.9 万个工日，国家投资 20 万元。第二期从西浦至友谊桥东，由省公路段第一工程队施工，于 1966 年 4 月动工，12 月竣工，总造价 97.95 万元，全部由国家投资，有桥梁 4 座（长 187 米）、涵洞 82

道（长 884 米），桥涵一律设计永久式，负荷载重汽车 13 吨。

三、斜镇公路。从斜滩至芹洋的牛替，平溪乡的长溪、平溪、南溪到达政和县的镇前，通过县境部分长 46 千米。1958 年 12 月 10 日动工，1968 年 6 月通车。路基宽 6.5 米，路面宽 3～3.5 米，有桥梁 1 座（长 285.5 米），涵洞 238 道（长 2406 米），设计负荷载重汽车 15 吨。全程分 4 期施工：第一期至鸬鹚岔，长 11 千米，1958 年 12 月动工，1959 年 3 月完成，国家投资 70 万元；第二期至平溪长溪，长 16 千米，1959 年 12 月动工，1960 年 5 月竣工，动用民工 19 万个工日，国家拨款 11 万元；第三期至平溪村，长 9 千米，1962 年 12 月动工，1963 年 11 月竣工，国家拨款 8.2 万元；第四期至南溪抵政和县界长 10 千米，1965 年 9 月动工，1968 年 4 月竣工，群众投工 80 万个工日，国家拨款 34 万元。

乡道建设情况如何

乡道有童托、鸬凤、叶岔、浩龙、西甲 5 条，全长 99.6 千米，路面宽 3～4.5 米，有桥梁 19 座（长 452 米），桥涵、盖涵 332 道（长 2267 米），设计负荷载重除西甲公路为汽车 15 吨，挂车 80 吨外，其余均载重汽车 10 吨。分述如下：

一是童托线。自清源乡的童洋经沈洋、后坡、叶洋铺至芹洋乡的铁炉坪，又经托溪乡的坪坑、坑口桥、阔丘、八定岔、外洋、磜头至托溪，全长 25.1 千米，分两期施工。第一期至叶洋铺，长 6.1 千米，1963 年 1 月动工，3 月竣工，群众投工 21.5 万个工日，国家拨款 2.4 万元；第二期至托溪，长 19 千米，1971 年 9 月动工，1972 年 5 月竣工，国家补助 9.5 万元。

二是鸬凤线。由斜滩镇的鸬鹚岔，经印潭及凤阳乡的下党、基德至凤阳，全长 20.5 千米，1971 年 10 月动工，1972 年 6 月竣工，以民工建勤为主，国家补助 10.25 万元。

三是叶岔线。自叶洋铺经芹洋乡的亭下、山头、广地，往西过芹洋、张坑、溪源，折南经尤溪至岔头坂，全长 28.1 千米。1972 年 12 月竣工，1975 年 7 月通车，群众投工 34.2 万个工日，国家补助 41.27 万元。

四是浩龙线。自坑底乡的浩溪经地洋至龙溪，全长 15.4 千米。1972 年 10 月 10 日动工，1975 年 4 月建成通车，工程造价 93.5 万元。

五是西甲线。自犀溪乡的西浦村红旗桥头经彭福洋、练功坪、渡家洋、郑家坑至甲坑，全长 10.5 千米。1978 年 12 月动工，1983 年 12 月动工，1983 年 11 月通车，民工建勤 30 万个工日，国家拨款 45.2 万元。

六是西洲公路。

村道建设情况如何

寿宁村道共 25 条，长 125.9 千米。1975～1982 年建成的有 12 条 52.8 千米。1981～1989 年建成的有 13 条 73.1 千米。其中，凤阳乡 5 条 23.5 千米，坑底乡 4 条 20.9 千米，南阳镇 4 条 18.8 千米，犀溪镇 4 条 14.5 千米，大安乡 3 条 17.8 千米，平溪乡 2 条 12.5 千米，托溪乡 2 条 12 千米，武曲镇 1 条 5.6 千米。除平溪乡的 2 条路面宽 3 米和坑底乡上东至榅垱洋、坑下至山前的 2 条，路面宽 3.5 米为四级路外，其余均为等外路，路面宽为 2.5～3.5 米。

专用道建设情况如何

专用道有花铁、斜山、仙聚、麻竹坪线 4 条，总长 15.6 千米。①花铁线，指南阳乡的花岭至铁场铁厂专用道，长 3.5 千米，1958 年 5 月动工，8 月竣工。②斜山线，指斜滩镇的斜滩至山田并通往后井车岭一级电站的专用道，长 3 千米，1975 年 8 月动工，1976 年 10 月竣工。③仙聚线，指犀溪乡的仙峰经铁炉坑水库至聚宝洋专用道，长 3.5 千米，1976 年 10 月动工，1977 年 9 月竣工。以上 3 条专用线道以民工建勤为主，每千米补助 5000 元。④麻竹坪专用线道自省道 71 千米处，经旁洋至麻竹坪水库，长 5.6 千米，县投资 28 万元，1983 年 10 月动工，1984 年 5 月竣工。

乡村大道建设情况如何

1958 年福寿公路通车后，靠近公路沿线村落的群众，献工出料，修筑可以通行拖拉机或小型汽车的乡村大道。这类乡村大道，有的是在原有村道的基础上拓宽、改建，有的是新开辟的简易车道。长者 3～4 千米，短的百余米，宽度一般为 2.5～4.5 米，均为简易的泥土路面。修建这类大道，国家也给予适当补助。进入 80 年代后，随着工农业生产的迅速发展，乡村大道相应增多，至 2015 年，共修建长达 1 千米以上的大道 35 条共 80 多千米。

桥梁发展历史如何

县境内的溪流，河床深浅不一，急流险滩较多。自古以来，县民在跨度小的浅水处路口修桥，在跨度大的深水处路口设渡，以济行人。至今，保存完好的各类桥梁有 232 座，马蹄桥（俗称碇步）12 处。1958 年至 1989 年新建公路桥 70 座，总长 1895.9 米。此外，2012 年 9 月动工，2016 年 8 月 10 日通车的福寿高速公路就有桥梁 23 座，长 8220 米。

为什么寿宁被称为世界贯木拱廊桥之乡

贯木拱廊桥，又称木廊桥、厝桥，水中不设桥墩，桥架用长木串拱，河面较宽或水位较高的分 3 层架设，支架设计精巧，负荷均衡。加上加横梁，然后再钉桥梁，铺桥面。桥上均竖柱、架桁、钉椽、盖瓦，拱顶高的桥面分 3 段，桥中间至两端各有一段斜坡，拱顶较低的则铺成平桥。贯木拱廊桥易毁于火，民国时期仅建 4 座。1953 年后，下党乡的上党、杨溪头，平溪乡的南溪，犀溪乡的李家山，南阳乡的南阳各建 1 座，其中杨溪头水尾桥，建于 1962 年，南阳村水尾桥，建于 1965 年。1949 年以来，全县共有 13 座贯木拱廊桥改建成石拱桥，到 1989 年底全县尚存木拱廊桥 48 座。

县城东门（日升门）右侧的升平桥（又名东和桥、东作桥、横溪桥）始建于明天顺元年（1457），明隆庆五年（1571）和清乾隆四十三（1778）两次重建。桥边用木板串就围栏，外设雨披，加刷油漆；正中建造 2 米高、4 米见方的楼阁，幔顶雕刻精巧，造型典雅古朴。桥长 24 米、宽 5.8 米、高 8 米，桥内两旁有固定的长条宽凳。1985 年与日升门和桥下的东坝一并列为县级保护文物。

鸾峰桥，位于下党村水尾，始建于明朝，清嘉庆五年（1800）重建。桥呈南北走向，长 44.6 米，宽 4.9 米，拱跨 37.2 米，为全国单拱跨度最大的贯木拱廊桥。桥板距水面 20 多米。桥身用了 3 组（每组 9 根）圆木与 2 根横串梁木构成拱架，再用 5 组（每组 8 根）圆木和 4 根横串梁木，交叠于上，交叉成拱。桥上廊屋为四柱九檩，抬梁式构架，17 开间，72 柱，上覆双披顶，两旁加雨披。

鸾峰桥曾有过两次光荣的经历：

一是 1934 年秋，帮助粟裕领导的中国工农红军北上抗日先遣队渡河赶往浙江攻打庆元城。当年农历七月十七日晚上 10 点左右，红军大部队从上屏峰方向走来，开始过鸾峰桥，向峡头方向前进，直到次日中午时候，部队才全部过桥。

二是 1989 年夏，为时任宁德地委书记习近平一行提供现场办公、用餐和午休场所。那是 7 月 19 日，习书记一行顶烈日、冒酷暑，徒步到下党进行工作调研。当时乡政府刚成立，没有办公场所，借用王氏祠堂办公。祠堂狭窄、破旧，而鸾峰桥面宽敞凉爽，乡里就安排习书记一行在鸾峰桥上办公、用餐、午休。鸾峰桥因此留下习近平总书记当年的脚印，回荡着习书记当年的笑声，见证了习书记当年三进下党的历史，记录了习书记对下党人民的关怀。

2016 年，鸾峰桥被国务院公布为国家级文物保护单位。

犀溪镇犀溪村与西浦村坝头之间的福寿桥，建于清嘉庆十九年（1814），至今桥质完好，系叶世虞为首、寿宁知县邬竹芳等捐俸资助兴建。桥长36米、宽5.3米，因高达16米，故未有引桥，两岸的沿溪古道各有石阶50余级，与桥头连接。1966年寿泰公路通车前，该桥是县际通道东路通往浙江泰顺县城的必经之道。

坑底乡小东村的平面桥，建立清嘉庆六年（1801），由李周杰、吴英茂为首筹建，桥长22.8米、宽5.9米、高8米，桥东有石阶25级。民国二十六年（1937），由坑底村余秉章、吴振新为首重修，是县际通道西路坑底通往泰顺县城的要道。

总之，寿宁大地上，这横跨清溪绿谷的一座座古朴的木拱廊桥，饶有地方特色，被专家们誉为"世界贯木拱廊桥之乡。"

石桥建设情况如何

石桥包括单石桥、石板桥、石拱桥和马蹄桥（碇步）。

一是单石桥。全县仅见于芹洋乡的茗坑村，桥长5.8米，宽0.45米，只用一块厚0.29米的条石联接两岸。该桥建于明嘉靖年间（1522～1566），迄今400多年，桥质完好，为芹洋通往托溪的要道。

二是石板桥。比较简单的是在溪中竖两根石柱，将横梁下的凹槽与柱顶的凸榫楔合，再在横梁上铺设条石，连成平面石板桥。如武曲乡余坑村的渔溪桥，桥设5孔，长28米，宽3米，石板厚0.35米，建于清乾隆十六年（1751），在福寿公路通车前，是寿宁通往福安的要道。

较为复杂的石板桥是在水中建石墩，墩台上架横梁，桥面铺条石。诸如，西浦村的永安桥，是清道光二十六年（1846）由缪晁诗、缪尚庄、缪华炳、缪嘉彩、缪秉曾、缪绍林等人为首募建的。全桥17孔，16组墩台，各用3根条石支柱。在上游离墩3米处，竖有护墩石，当地群众称为石将军；下游10余米处有一排碇步，以减缓流速，保护桥基。该桥长73米，宽2米，是全县最长的古石桥。托溪乡洋尾村的福星桥，建于民国七年（1918），桥长52米，落溪只用3个桥墩，墩用块石砌成，上下层之间，除用凸榫、凹槽衔接外，还凿有石孔，用铁环拴牢。墩台上架挑梁，挑梁上再铺桥石，全桥共14节，每节铺5根长3～4米、宽0.4～0.5米、厚0.4～0.45米的石条。桥两边设有1米高的石栏杆。桥北有凉亭一座，桥西至岸边的古道，用百级台阶铺设而成。该桥是联系芹洋与托溪两乡的重要通道。

全县现存石板桥共9座。

三是石拱桥。全县共有168座，占现存旧桥总数的74%，石拱桥抗灾力强，使用期长。明天顺间（1457～1464）建的城南村尾翠屏桥，城东弹子岭尾七星桥，至今犹存。民国以前的 50 多年，全县只有 88 座，民国期间也只建 13 座。1959 年以来，民办公助建造的石拱桥达 67 座，其中 70 年代建的 32 座。

坑底乡官台山麓司前村的大宝桥，建于明代，民国四年（1915）冬重建，桥长 36 米，宽 5.5 米，高 10 米，因桥身结构有两大孔一小孔，重建后更名为"双虹桥"。桥面周围用条石框定，中间铺砌卵石，桥西与岸边通道连接处有石阶百级。距桥百米路旁建有 1 座 120 平方米的茶堂，为过往行人提供茶水。

南阳村桥底的岳阳桥，结构特殊，可算闽东一绝。该桥用条石拱弧，两岸的整排石柱，斜插于基座，相向地朝溪心倾斜，石柱顶端加横梁，并与石榫楔合，上层又竖两排石柱于下层横梁之上，同样朝溪心倾斜，加上横梁，最后用 5 根条石连接上层的横梁，再以牛头式的石榫衔住栓牢。拱孔外至岸边的空隙用石块砌坎、填平，上边再铺条石为桥面。桥长 6 米，宽 2.4 米，高 3.5 米。该桥初建于明嘉靖十七年（1538），重修于清道光二十四年（1844）。过去桥上有 1 座阁楼，名为"真武楼"，民国二十二年（1933）毁于火。在石拱桥上边加建木廊，以供行人歇息的桥全县共 3 座，此外，下党村也有一座结构类似的石拱桥。

四是马蹄桥。又称碇步（或称垫步）。溪涧水浅，每隔一小跨步，垫方石 1 块，以利水流畅通，垫石高出常年水位 10～20 厘米，行人过河不必涉水。碇步造价低廉，其中部份垫石虽常被洪水冲走，但也容易修复。全县现存碇步 12 处，其中最长的是平溪村肖家门下的坂头碇步，有 113 齿。碇步最多的是犀溪乡西浦村，一村有 3 处，共 255 齿，建造最完美应首推县城西门外的茗溪碇步。这 5 处碇步，历史悠久，说明了当时的建造者，不仅选址准确，而且铺垫的技术精湛，从这个侧面，可以看出这三个村在建县初期的人文盛况。

钢筋混凝土桥建设情况如何

这类公路桥，全县共有 4 座，总长 283.7 米，较长的有斜滩大桥和红旗桥。斜滩大桥在斜镇线上，位于斜滩与楼下两村之间，为寿宁通往政和的县道公路桥，也是福建省第一座 π 型桥。是斜滩往平溪、凤阳的必经之路。1974 年 11 月 7 日动工，1975 年 9 月 28 日竣工，桥长 145.2 米，设计负荷载重汽车 15 吨，挂车 80 吨；为两墩三孔结构，每孔跨径 40 米，采用悬链空腹式 π 型拱，每孔 π 型 6 片，每片 π 型拱肋 3 节，每节重 20 吨。桥基用大挖浇筑混凝土，桥墩为石砌，墩台用片石混凝土扩大基础。

红旗桥位于犀溪乡西浦村，寿宁通往浙江泰顺县的县道上，为双曲拱永久性公路桥。该桥建于 1966 年，全长 79.2 米，宽 6 米，两旁人行道各 0.75 米，负荷载重与斜滩大桥相同，结构为一墩两孔，每孔跨径 31 米，墩台全用石砌，是当时福建省第一座永久性大跨径双曲公路桥。

西浦大桥，2002 年 12 月竣工。该桥长 105 米、宽 9 米，为双湖公路寿宁境内最大桥梁。

此外，1989 年 5 月在麻竹坪水库上游建造铁索桥 1 座，全长 105 米，填补了寿宁桥梁史上的一个空白。

渡口建设情况如何

清代以前，寿宁境内有渡口 9 处，至民国时期，渡口增至 17 处，比较著名的有三处：

一是斜滩渡，分上渡和下渡，上渡位于斜滩街旧巡检司署前的文昌阁下，是斜滩村民往来的要津。一艘渡船，昼夜往返 60 来次，每次载渡 20 余人。平时设船工 2 人轮流守渡，至秋收时向邻村受益的农户收取稻谷作报酬。外地旅客过渡，则收现金（一般每趟 1 个光饼的价值）。1956 年，采用民办公助的办法养渡。1982 年后，改为每人每次交渡费 0.05 元，作为船工报酬和渡船修理费。1959 年，斜滩至印潭段公路修通后，在渡口下游的关桥头增设汽车渡口，当时称"下渡"。用一艘载重 10 吨的木质方舟，一次载汽车 2 辆，配有渡工 5 人。此外，另备渡船 1 艘，渡工 1 名，专为过往行人摆渡。1975 年 9 月，斜滩大桥建成后，渡口作废。

二是武曲渡，位于武曲村，原在陈氏门外，是通往福安县坦洋、晓洋和县内凤阳乡的要津。

三是双港渡，位于犀溪乡武溪村的双港溪，是寿宁通往泰顺县城的要道。原由武溪孙姓群众设置渡船，土改前有田产 500 千克，作为渡工报酬。溪右有茶亭，供渡工住宿和行人候渡时小憩。1966 年修建寿泰公路，渡口附近修建友谊桥，双港渡从此作废。

此外，斜滩镇内的元潭、南澳渡与武曲乡境内的大韩、西塘渡，均因前后架桥方便村民来往，渡船停止使用。

古道应该如何养护

寿宁民间历来有在春节期间斩除茅棘、整修村际古道或山间、田间通行小道的传统。对于水毁的桥梁，除 50 年代后期以来新建的 73 座外，民国以前所建的 159 座中，重建或改建的就有 66 座，占总数的 42%。有的还多次整修。路亭造价较低，多为独资或集资兴建。全县现存 307 座路亭，其中，60 年后新建的有 12 座，重修的有 20 余座。随着要道多为公路所代替，古道养护也退居次要地位。

公路如何养护

公路养护分突击养护和常年养护两种：

一是突击养护，寿宁海拔高，山多，坑多，公路弯道多，每年春夏，山洪暴发，桥涵和填方地段常被冲毁；冬季冰封雪盖，不仅行车受阻，溶雪时还会出现溜坡塌方，水沟淤塞，路面被严重冲刷，受灾损失最严重的两次是：① 1965 年 3 月，山洪暴发，冲毁公路 29 处，桥梁 8 座，为抢修 147.8 千米线路，加固 61.6 米桥涵，国家耗资 14.71 万元；② 1983 年 12 月 28 日～1984 年 2 月 17 日，降雪 4 次，童洋～托溪、叶洋铺～岔头坂，浩溪～龙溪 3 段线路，塌方 5700 立方米，水沟淤塞 28 千米，路面被冲刷 18 千米，汽车停驶 7 天，为抢修水毁路段，仅 1984～1987，国家投入 19.77 万元。

二是常年养护。首先是专业养护，全县列为专业养护的省道 88.4 千米，县道 102.6 千米。1958 年 7 月福寿公路通车后，随即从修路民工中选拔 20 人组成两个养路队，负责主要路段的养护。1960 年 4 月，寿宁成立养路工区，设斜滩、山枣坑、洋边、印潭、仙峰 5 个养路道班，工人增至 55 人，负责养护公路 88.5 千米。1973 年，职工增至 81 人，设道班 15 个，保养组 3 个，渡站 1 所。1979 年 6 月，寿宁养路工区改称寿宁公路段。1985 年 7 月，公路段兼管养路费征收业务。

道班根据全面养护、重点改善的原则，改弯劈坡，改造半永久性桥涵为永久性桥涵，修整路面，逐步提高专业养护水平，使好路率从 1961 年的 61%，提高到 1971 年的 69%，1974 年又达到 80%，1979 年 5 月寿宁公路段获福建省革命委员会授予的"大庆式企业"称号。

其次是乡村养护，全县乡村列养公路 27 条 207.7 千米，自 1970 年起，乡村公路乡村管、乡村养，道工由乡、村自选，养路费用由养路工区与乡村签订合同。1981 年，移交县交通局管理。在童托、叶岔、鸪凤、浩龙、西甲线 5 条乡道，设道班 5 个，配备亦工亦农养路工人 39 人，购置 2.5 吨自卸翻斗车 1 辆，拖拉机 1 台，碎石机 2 台，板车 15 部。养路经费从 1987 年起，按等级公路年千米 600 元，等外公路年千米 300 元，除提留管理费和沙、石料费用外，根据里程，按月或按季度拨给乡人民政府，养路工人一般每人每月工资为 40～45 元。村道一般由村民包干养护，年千米养路费为 160～200 元，1987 年提高到 300 元。村道有工人 33 人。1985 年起，西甲道班连续 3 年被评为宁德地区先进单位，1988 年被评为省先进单位。

路旁绿化情况如何

路旁植树，自古有之，既能护路，又可遮荫。明万历四十一年（1613），知县蒋诰"捐钱植松数百于九岭"。古道上的山岭古树，长期以来依靠群众保护、补植，一路上参天郁蔽，有效地保护生态环境。

公路绿化，1960～1964年，在福寿公路两旁种桉树8530株，柏树4547株，平均每千米159株，成活率55%。

1965～1978年，在竹管垅至县城、洋边至友谊桥东，斜滩至政和县镇前3段线路上，种树16万株。其中，调进的喜树、乌柏、苦楝、樟树苗6万株，县苗圃供应与工区、道班自育的树苗10万株。1973年又植树16万株。当年还在叶托、鸠凤两线组织群众植树5000株，其他公路沿线群众也积极参加路旁绿化。当时，全县公路沿线共植树32.2万株，平均每千米1530株，但存活仅163株，实属广种薄收。

运输发展情况如何

在没有公路以前，寿宁的陆运全靠肩挑背驮。水运由斜滩溪出境，可达福安。明嘉靖二十三年（1544）已有船运。一艘小木船的运量可顶12～15个劳动力，而运费又比肩挑节省70～80%。因此，在民国时期，毗邻的周宁、政和及浙江省的泰顺、景宁、庆元等县，货物进出均经斜滩转运。1958年7月福寿公路通车后，客运方面福安到寿宁一天只有一班车，当日往还。民间也相继采用板车、拖拉机运货。1960年，全县有3个运输专业队，310多人，177部板车，往返于城乡之间，搞短途运输。年运货量3.2万吨，周转量49.4万吨。随着公路发展，自行车、三轮车、摩托车大量增加。60年代初期，全县有板车、胶轮车4000辆。1989年，全县有手扶拖拉机、摩托车644辆，货车85辆，大型客车22辆，车运代替了船运，只在装卸和短途搬运还用人力。到2015年，全县有大型客车　辆、货车　辆、轿车　辆、摩托车　辆，各类农业机械3050台/套，总动力达5万千瓦。

水运情况如何

寿宁境内虽是溪流纵横，却只有斜滩至福安赛岐段，可通木船，其余溪流，只能流送木材。

早在明代，斜滩的元潭村民就以驾船为业。万历三十七年（1609），斜滩溪有专业运盐的小木船9艘。清中叶至民国时期，商贾云集，斜滩已发展成为寿宁县的物资集散地。县内各处土特产如茶叶、桐油、茶油等，均用肩挑至斜滩，然后水运外销。县民生活所需的盐、糖、水产、棉布及其他商品，也从赛岐水运至斜滩，再肩挑转送至县内各地及浙江省的景宁、庆元、泰顺、龙泉乃至江西省的广丰县。民国 17～18 年（1928～1929），仅为复兴商号运货的小木船，每天就有 10 余艘。民国 26 年，进出斜滩溪的小木船超过 200 多艘。民国 27 年，全县有小木船 88 艘，编为水上一保，隶属福建省水土保甲第二股管理。抗日战争爆发后，敌舰在海上骚扰，交通频遭破坏，茶叶无法出口，斜滩水运一度衰落，每天仅有 10 余艘木船来往运货。抗战胜利，水运复苏。

1949 年，斜滩小木船增至 90 多艘。1952 年成立斜滩船民协会，县人民政府派干部 2 人专管调运业务。1954 年，溪运木船增至 122 艘，船工达 240 多人。运输量由 1953 年的 2389 吨增至 3846 吨。同年 3 月，私营工商业进行社会主义改造，船只一律折价入社，船工实行亦工亦农，农副结合，参加水运，按劳取酬。全年运货 4500 吨。1957 年 3 月，县人民委员会派员检查航运业务，同时给 111 艘木帆船签发临时航运证，提高船只的生产积极性，全年运货 4762 吨，载客 2880 人次。

小木船载客，为数不多，除了货主押运外，偶尔搭载去福安一带的商人、学生、职员。据 1957 年统计，全县计 2880 人次。

斜滩溪的水运工具，主要是木帆船，其次是排筏。木帆船统称"斜滩槽"，俗称溪溜。船长 8 米，中宽 1.3 米，两头尖，中间大，头尾翘出水面，以减少阻力。船尾有舵，船两旁各置一桨，由两人分别划架，后边的左手掌舵，右手划桨，前边的或桨或篙，水深流缓时划桨，水浅流急时改用竹篙撑船。正常水位，顺流每小时 5 千米，高水位时，可达 8 千米。逆流行驶时速 2.5 千米。顺风时张帆，缓流时速可超过 5 千米。遇急流浅滩船工须下水肩顶船尾，手扶船帮，推船前进。水位高时，无法上行。每艘小土船载重 600～750 千克。

排筏是用竹木串扎而成的简易运输工具，有木筏和竹筏两种。竹筏常作捕鱼之用，木筏则多用作渡口摆渡工具。如果装运毛竹和木材，就用竹木捆扎成排，人站在排上顺流撑行，俗称"放排"。

福寿公路通车后，斜滩溪的水运逐步被陆运替代。现只剩 9 艘小木帆船，为下游沿溪村庄承运砖瓦砂石等建筑材料。

货运的情况如何

福寿公路未通车前，县内陆路货运全靠肩挑、背驮。挑夫跋山涉水、翻山越岭，肩挑运货，步履维艰。常年专业挑工，每人挑 50 千克，日行 20 千米。民国时期运盐至江西省广丰县，挑夫风雨兼程，往返常在半个月以上。1951 年春，县公安局为建碾米厂，购进 1 部 26 千瓦木炭发电机，其中一个巨轮重 1000 千克，从斜滩至县城，不过 20 千米，却动用了 30 多人，花了 4 天时间，才抬回县城。据统计，1959 年民间肩挑背驮运货 20.25 万吨，可见是何等艰辛。

福寿公路通车后，商品集散地随之转移到县城，沿线的武曲、斜滩、竹管垄、南阳、鳌阳5个乡（镇）、村的交通条件有了改善。20世纪60年代，寿宁的货运由福安运输分公司经营，分公司根据寿宁县汽车站上报的客户货源，随时派车承运。1960年11月，县人民委员会购置一辆南京牌2.5吨汽车，自运货物。1974年11月，人民解放军赠送给县交通局一辆4吨的吉美西汽车，开始经营货运。至1975年底，货运收入达3067元。此后，县交通局依靠自筹资金和贷款，先后购进福建牌2.5吨汽车6辆，解放牌4吨汽车6辆，东风牌5吨汽车2辆，与县搬运站联合组建寿宁县交通局车队。1978～1989年货运量达8000吨，周转量29万吨千米。1981年起大批量托运的单位各自购车自运。1983年11月，福安汽车运输分公司成立寿宁货车队常驻寿宁营运。1985年运货4442吨，营运收入12万元。1987年运货4.9万吨，加上各单位的汽车93辆，个体经营汽车20辆，拖拉机535辆，总运量达64.5万吨，周转量达1290万吨千米。

客运情况如何

封建社会，视商为末，加上古道崎岖，水路有限，常有"在家千日好，出外一时难"之叹。公路通车，为行旅减轻了徒步之劳，改革开放吸引了更多的人进入商品流通领域。据统计1987年，全县年客运量达134万人次。1989年县城日流动人口达2000多人次。

一是轿舆客运，旧社会古道上的轿舆客运，除花轿为新娘乘坐，衙轿为官员乘坐外，乘坐客轿或滑竿的多为富人、医生或病人。

二是汽车客运，福寿公路通车后，每日一班客车，往返福安和寿宁县城，寿宁车站当时有职工3人。1960年，客车增至2班，车站职工增至5人，年客运量21.9万人次。1975年寿宁至福州客运班车通车，每天对开一班，当年年底总班次增至4班，车站职工7人，客运量26.2万人次。1976年总班次增至8班，车站职工14人，客运量达26.4万人次。1978年，客运量28.93万人次。此后，改革开放，搞活经济，发展多渠道客货运输，个体户运输不受限制。1980年，年客运量40.59万人次。1981年，车站客运班车达14班，职工24人，客运量57.46万人次。1986年，寿宁车站职工增至77人，客运线路增至19条，每日来往班车26个班次，客车量达95万人次。1987年，客运量最多达100万人次，创历史最高水平。

1985年11月，县劳动服务公司首先购置客车2辆，经营寿宁至建阳客运业务。1987年又增加寿宁至福州的客运业务，至1989年底，该公司客运量累计达6.1万人次。

1989年，寿宁县开往省外的往浙江省泰顺、景宁、苍南县域与平阳县敖江镇、庆元县佐溪区的 4 线 6 班；开往省内外县的有福州、宁德、赛岐、福安、邵武、建阳、松溪、政和 8 线 9 班；县内往来的有平溪、凤阳、武曲、斜溪、南阳、犀溪、托溪、龙溪、芹洋、坑底 10 线 14 班；外县（市）与寿宁对开的有浙江省泰顺、景宁、庆元、苍南县及福建省的福州、宁德、福安、邵武、建阳、松溪、政和等 11 县（市）共 16 班次；外县过境的班车有 8 个班次。外县发车到寿宁县境乡（镇）客运站的有福安至凤阳线 1 班，政和至平溪乡南溪线 1 班。

为方便乘客，县境内设代办站 11 个，除大安、清源、下党乡外，其他各乡的乡人民政府驻地均设客运代办站。1984 年，平溪乡南溪村村民李典伟自筹资金 1 万元，于 7 月 1 日办起运输代办站，建有办公楼 130 平方米，交通部发来贺信，称其为全国第一家农民客运代办站。每日通各代办站的班车：斜滩 24 次，武曲、竹管垅 14 次，犀溪、南溪 12 次，平溪 10 次，芹洋 8 次，南阳、坑底 6 次，凤阳、托溪 2 次。各代办站之间，还有停靠站 53 个。

陆运工具有哪些

肩挑背驮时代陆运的工具主要有：（1）扁担和拄杖，配上两个箩筐、麻袋或篓子即可挑运。长途挑重担都用一根木制拄杖，支起扁担以平衡压力。通过危险路段，则用于拄地，有利爬坡越岭，方便换肩休息；（2）筇，也叫滑竿，用两根毛竹为杠，两端横架 70 厘米的抬肩，中间置一竹靠椅，椅顶上撑布篷，适应山岭之间运行。抬筇工资比客轿便宜一半左右；（3）客轿，又称小轿，由人工抬运。系竹木结构，外罩篾席或油布，乘坐者多病、残人、妇女、儿童、医生或富绅，轿夫的工资民国时期每人每 5 千米大洋 5 角；（4）衙轿，由 4 人或 8 人抬，明清时期，衙门设有专职轿夫 4 人，每人年工食银六两二钱或七两二钱；（5）花轿，姑娘出嫁，均坐花轿，由 4 人抬运。花轿一次租金为大洋 2～3 元，轿夫每人每次工资大洋 1 元以上，婚嫁人家，另外招待酒食。20 世纪 50 年代，改革婚嫁礼俗，花轿废弃，80 年代以后，轿车代替，更显风光气派；（6）板车，1958 年后，随着公路建设的发展，人力板车在短途运输上起很大作用。当时的工业品下乡、农副产品进城，大多由板车承运。1960 年全国开展群众性的短途运输，全县组织 3 个专业运输队，分 154 个小队，310 名工人，使用板车 177 部，承运货物，半年运输 1.63 万吨。1987 年，全县有人力板车 3678 部，是寿宁板车最多的年份；（7）手扶拖拉机，60 年代，强调农业机械化，手扶拖拉机用于耕田和运输。每台拖拉机动力 12 匹，荷载 0.5 吨，成本低，驾驶容易，1978 年后，手扶拖拉机多用于运输。1989 年，全县共有手扶拖拉机 556 辆；（8）自行车，1970 年后，寿宁城乡居民多以自行车代步。1989 年，全县有自行车 5000 多辆；（9）摩托车，1980 年，寿宁县内开始有摩托车，有三种类型：一是正三轮摩托，可乘坐 8～10 人，专用短途客运，票价比大型卡车高 1/3；二是边三轮，为执行公务专用，政法、工商、税务、林业等单位均有购置；三是双轮摩托，又称"轻骑"，1989 年全县共有各类摩托车 644 辆；（10）农用运输车，又称小四轮，核定载重量为 1 吨，时速 20～30 千米。驾驶室可乘坐 2 人。1989 年，全县共有农用运输车 43 辆；（11）客车，1958 年起，有汽车客运，至 1970 年，全县有客车 8 辆。1983 年 11 月，县汽车站客车增至 19 辆，760 个座位。1986 年后，个体户也购买客车。经营客运。截至 2015 年底全县有大型客车 17 辆，中型客车 76 辆，小型客车 17 辆；公交车 25 辆；出租车 20 辆。（12）货车，寿宁第一辆货车，1960 年由县人民委员会购进，此后，各企事业单位和厂矿企业，陆续购买货车，自运或参加营运。至 2015 年，全县共有大载货车 397 辆，危货车 9 辆，共计 406 辆。

运输装卸的情况如何

民国时期，斜滩水运码头，有常年搬运工人 10 人。1951 年，县总工会配合斜滩区公所组成斜滩搬运组，有工人 15 人，1954 年增至 36 人，小木船被汽车替代后，工人虽然减少，但业务却有发展。1984 年，货运组自筹资金兴建站房，兼营服务业，有固定工 9 人，固定资产 4.4 万元。1985 年搬运装卸 2 万吨，总收入 2.2 万元。工人计件报酬占总收入 60%（每人月工资最高为 130 元，最低为 70 元），其余的 40% 除上交税金、管理费、劳保费各 3% 外，按人每月提留医疗费 2 元，余下作为站内积累。

鳌阳搬运站成立于 1958 年，有工人 9 人，搬运工具有木轮板车，胶轮板车，手扶拖拉机，2.5 吨福建牌汽车，1982 年固定资产 17.2 万元，当年收入 12 万元。工人计件报酬，职工 40 人，每人月工资最高 140 元，最低的 70 元。

农村搬运组 4 个，成员亦工亦农，收入的 80% 作为当月报酬，其余的 20%，税金 4%，管理费、医疗费、村委会各提成 3%，积累占 7%。平溪组 1970 年成立，有工人 7 人，1985 年增至 16 人，年收入 4060 元；凤阳组 1971 年 10 月成立，有工人 5 人；南阳组 1958 年 7 月成立，有工人 12 人，手扶拖拉机 1 台；武曲组 1954 年 4 月成立，有职工 6 人，专事码头搬运，1958 年改营汽车装卸搬运。

搬运装卸价格由县物价委员会，民间运输中心管理站根据上级有关规定商定，按实地距离，分 105 个区段计算收费。

交通管理机构如何设置

明清时期，县级未设管理交通的职能机构，没有专职管理人员。1938 年，寿宁县政府成立建设科，管理交通事务。

1949年7月20日，寿宁县人民政府成立，设交通科管理交通事务。1958年改称交通运输管理局，1963年10月与工业局合并为工交科，1968年4月改为县革命委员会工交革命领导小组。1970年2月改称工交局，1971年12月设交通局。

1960年4月成立寿宁县养路工区，配工区长、工程技术员、财务员、材料员各1人。下设斜滩、山枣坑、洋边、印潭，仙峰5个养路道班、一个渡站、计有养路工55人。1973年公路建设里程增加，专业养护业务扩大，道班增至15个，职工增至81人。1979年6月，寿宁养路工区改称寿宁公路段，下设政工，工程、财务、机械器材4个股和1个机修组。1987年7月，增设养路费征收站。至1989年，道班增至19个，有干部15人，职工104人。

1963年设民间运输管理站，统管民间交通运输业务。1978年3月改称"寿宁县交通运输中心管理站"，时有人员13人，主要负责县境内交通运输、交通安全管理和交通规费的征收工作。

1976年4月成立寿宁县车辆监理站，受宁德地区监理所和寿宁交通局双重领导。负责承办监督管理机动车辆的挂牌发证、年检、过户、转籍及驾驶员的培训、考核、审验，纠正违章处理交通事故等工作。1987年3月划归县公安局管辖，改称寿宁县交通人民警察大队，又称寿宁县公安局车辆管理站。

路政管理情况如何

福寿公路通车初期，群众多能自觉维护公路设施。"文化大革命"期间，一些单位或个人任意占用路旁建窑、搭棚、开山采石以及堆放木材、沙石等杂物；有的盗砍路旁树木，甚至挖掘公路边坡种植农作物；有的在路面挖沟引水，严重妨碍交通。1975年5月，全县开始清理路障，但因沿线基建工程日增，个别路段屡清屡积。1982年12月，县人民政府为了维护县城交通秩序，发出通告，严禁在行道上停放机动车辆；每天8~18点，禁止一切机动车在行人拥挤的街道上通行；装卸货物的机动车，只能在非管制时间进城；城南源底碛路段不准采石，已开采的石料，限期清除。1983年9月，县人民政府发布路政管理《通告》，规定边坡两旁公路留用范围界限，耕作区1米、非耕作区3米、荒山5米。公路旁、桥头、桥座、弯道、险道的公路留用地，不准建房、开山采石、挖出沙石，严禁在人行道和排水沟上搭棚作业，摆摊设点。不准占用、拆除或毁坏街道及公路两旁的道路、交通标志、路灯、护栏等附属设施；乱砍滥伐道树木者，按"砍一罚十"处理。1987年，县人民政府组织16个检查组，检查道路和渡口交通秩序，拆除占路盖房141处，售货亭、牛棚、猪圈、厕所、灰寮等搭盖物632处，拆迁售货摊位 670 处，清理占道堆放杂物 420 处，拆除宅基、雨庇 112 处，整治路段 225 处，疏通路段 75 处，还对全县 7 个渡口实行定点、定船、定额、定渡工、定制度等"五定"管理。清理结果，全县被占用的 1.5 万平方米路面得到恢复，路况得到改善。

运输管理情况如何

1958 年 9 月，成立寿宁县交通运输指挥部为大炼钢铁服务，以协调汽车，木船与肩挑之间的运输关系。1961 年该指挥部并入交通局。1974 年初，县属单位拥有载重汽车 28 辆，出现各自兜揽货源、交叉放空、票证杂乱，运价不一等现象。为了整顿运输市场秩序，1975 年 2 月，县成立统一运输指挥部，规定各单位调运物资要向运管部门办理托运手续，统一票证，统一运价。农用拖拉机参加营运的，应按时交纳管理费和养路费，装卸、搬运的劳力由乡（镇）统一管理，优先运输支农物资。1977 年 12 月，一批化肥在福安赛岐港码头待运。寿宁集中全县所有车辆，仅用 7 天时间，就将 2000 吨化肥全部分送到各乡（镇）供销仓库。1978 年，全县组织 3 次会战，抢运支农物资 2320 吨。1984 年 2 月，国务院颁发文件规定，允许农民个人购置机动车。同年 4 月，福建省交通厅发出通知，强调交通主管部门要为运输企业和个体运输专业户服务。1985 年，货运行业根据"有路大家行车，有水大家行船"的精神，国营、集体、个人、联合体都参加营运，"开放搞活"，竞争机制全面进入运输市场。

运价如何管理

明、清至民国时期，政府对寿宁的运价没有统一规定。价格由承运方与托运方商定。1943 年，租用小木船 1 艘从斜滩至福安阳头，运价为法币 48 元。1945 年，斜滩—福安木船货运每 50 千克，顺行运价 1.32 元；逆行 1.80 元；斜滩—赛岐每 50 千克顺行运价 1.55 元，逆行 2.07 元。1941 年，斜滩—县城每 50 千克，肩挑运价为 1 块大洋。1943 年，每 50 千克运价为法币 20 元。同年，斜滩—县城，客轿每 5 千米法币 25 元，简易滑竿运价与一般客轿相同。1950～1958 年，斜滩—县城肩挑运价为每 50 千克人民币 1.60 元。

1958 年福寿公路通车，客运标价每人千米为 0.025 元，儿童与残废军人购半票优待。1986 年，按省人民政府规定，每人千米附加代征交通建设基金和渡、桥费 0.01 元。1988 年 6 月，根据省交通厅、物价委员会通知精神，对县内山区难行路段及坡度较大的 7 条线路，每人千米在现行价 0.025 元的基础上提高 30%。

货运价格按交通部 1954、1972、1984 年颁发的有关汽车运输的规定执行，普通货运，实行分等计价；对笨重的，危险的货物或水产鲜货，按特种物资计价；罐头、冷藏车和其他专用运货车辆，按特种车的运价收费；使用1～2.5吨汽车运输，按实际吨位的运价标准计算，一般比基本运价高70～100%。

1985年10月，福建省物价委员会、交通厅颁布《福建省汽车运价规则实施细则》，规定货物分为三等计费，低值易装的物资如煤、非金属矿石，空包装容器为一等，粮食、百货、药材、水泥为二等，鱼、酒、化妆品、交电器材、陶瓷、玻璃、机械设备为三等。此外，还对长、大、笨重货物类、危险货物类、贵重货物类、鲜货类，分别计费。

交通监理情况如何

1958年11月，交通运输管理局成立，便大力开展交通安全知识宣传。1974年5月起，交通部门规定每月15、30日为交通安全日。

1976年4月，寿宁成立车辆监理所。根据公安部、交通部颁布的《城市和公路交通管理（试行）规定》及福建省公安厅、交通厅颁布的《城市和公路交通管理实施细则（试行）规定》，对机动车辆的检验，分为年度、临时和初次检验3种。各种机动车辆需经初检合格，取得牌证，方得上路行驶。对县内有牌证的车辆，年终要再次检验，合格者及牌证有效者方可行驶。为保证车辆使用期间符合要求，交通监理部门还经常对各种车辆进行有目的性临时检查，符合要求的发给牌证继续使用，否则予以销号，收缴牌证，禁止行驶。1983～1987年共检查车辆1.5万辆次，纠正违章车辆3875辆次。其中1987年年检汽车201辆，合格率99.5%；检查拖拉机692辆，合格率95%；检查小四轮汽车108辆，合格率95%。

1958～1976年，驾驶人员的培训、考核工作由福安监理站负责。1976年4月，县成立车辆监理站，开始办理驾驶人员的培训、审查验收工作，并着手建立驾驶员档案。驾驶人员经政治、文化、技术考核、合格的发给驾驶证件，方可行车。取得证件的驾驶人员，每年均应经过年审，未经年审的，不得继续驾驶；驾驶车辆时须携带驾驶证，禁止吸烟、饮食、闲谈，严禁酒后开车；不得将车辆交给无驾驶证的人员驾驶；驾驶证不得转借、涂改、伪造。驾驶员有下列违章行为的，监理部门按规定给予处罚。

1975年以来，先后培训拖拉机驾驶员321人。对拖拉机驾驶员规定：不准无证驾驶；不准酒后开机；不准空档滑行；不准超车及与汽车争道；不准载客售票；不准人货混装；不准超载和超宽、超长装载。

1987年，全县接受考核的机动车辆驾驶员668人。1989年，全县又有1249名机动车辆驾驶员接受考核。其中，汽车驾驶员272人，三轮摩托车驾驶员289

人，手扶拖拉机驾驶员580人，其他车辆驾驶员108人。

交通事故处理，1958～1976年3月，发生在寿宁境内的交通事故，由县交通局派人员勘察核实，报车辆监理站处理。1976年～1987年底，县境内共发生交通事故87次，死53人，伤64人，成为社会治安工作的一大难点。1988年11月以来，对机动车辆实行强制保险。至1989年底，全县共有543辆机动车接受保险。

交通规费征收情况如何

交通规费取之于民，用之于民，是以路养路，加速交通建设的重要手段。寿宁县征收的规费有运输管理费、养路费、车辆购置附加费和交通建设基金4项。

一是运输管理费，从1961年开始，向斜滩溪河木船征收占船运总收入6%的交通行政管理费。1963年起，县民间运输站向集体、个体、城乡人民公社和厂矿运输队参加营运的车辆按营运3%征收管理费。1983年起，实行新的收费标准。机动车每吨每月缴纳管理费6元，手扶拖拉机每辆每月缴费6元，方向盘式拖拉机每台每月缴费12元，搬运装卸按营业额收取3%，不易计算营业额的，按日定额征收。

二是养路费，1960年起，按规定征收在公路上行驶的各种车辆的养路费，福建省的营业车辆按收入13%征收。社会车辆每吨每月征收85元。1985年按省交通厅的规定，对全县参加运输的车辆进行核定吨位和确定免征工作。汽车按核定载重吨位每吨每月征收115元，手扶拖拉机每辆每月征收16元，小四轮农用拖拉机和正三轮摩托车每辆达到1吨的每月征收57.6元，半吨的每月征收28.75元，侧三轮每辆每月征收3元，双轮摩托车每辆每月征收2元，至1987年底，全县有大小汽车176辆，共529吨，全征154辆501吨，免征的22辆，28吨。1976～1987年，汽车累计收费213万元，拖拉机累计收费20万元。

三是车辆购置附加费，按销价计算，进口车征收15%，国产车征收10%。寿宁县交通局受宁德地区交通局委托向车户代征的，全是国产车。

四是交通建设基金，从1986年6月开始征收。由寿宁县公路段向全县非交通运输企业（个体及联营户）的客车和三轮摩托车征收交通建设基金。客车每个座位每月收费40元，不足1个月的按每个座位每天收费1.6元。正三轮摩托按座位收费。寿宁汽车站的客车由宁德地区公路分局征收。1986、1987两年共收4.6万元，1988年起停止征收。

邮政电信

第十一卷

寿宁邮电发展的历史如何

　　明、清时期，寿宁已有专设传递官府文书的铺递。清末，县署始设邮政信柜，当时只有两条邮路，邮政业务量甚少。民国三十年（1941），县政府设立"电话总机室"，始有电报与长途电话，县内电话一律免费。但设备较为简单，仅有1部10门总机，全县仅有8部农话机，2部市话机。至1949年底，全县有邮路3条，总长35千米，电话线路总长55千米。

　　1951年12月，寿宁县实行邮政、电信合一，邮电事业开始起步。1954年开始自办邮电所。1958年，全县各区、乡（镇）实现通话。1972年，全县12个公社全部建立邮电支局（所）。1975年，全县邮路总长增至1274千米。1984年，实行乡邮投递改革，寿宁成为福建省农村乡邮投递改革先进县。1987年，市话改为自动直拨。1988年，投资110万元，实现通讯设备的现代化，可与世界各国直拨通话。当年，全县农话线路实现水泥杆化。1989年全县邮路总长1474.5千米。其中，乡（镇）邮路单程总长达331千米，农村投递线路达1143.5千米。开通电报电路3条，长途电话电路24路；市话到户达622户，农话到户415户；14个乡（镇）127个行政村可通电话。

　　改革开放以来，邮政机构几经调整，现为政企分开的央属企业，主要经营国内和国际邮件寄递、报刊等出版物发行、邮政汇兑、邮政储蓄、邮政物流、邮票发行等业务。现全局共有职工132名，机构设置为2个部室，5个专业公司，14个邮政支局，64年储蓄网点和4个班组。2015年完成业务收入1425.31万元，其中，函件业务72.14万元、报刊业务71.49万元、集邮业务84.8万元、电商业务113.62万元、分销业务56.6万元、代理金融972.45万元。业务结构渐趋合理，企业可持续发展能力得到提升，取得良好的经济效益和社会效益，员工收入稳步增长，企业平稳运行。

电信发展情况如何

中国电信寿宁分公司原与邮政合一，始设于 1949 年 10 月，机构几经调整改革，现为政企分开的央属企。公司下设 3 个部室，8 个班组，5 个分支局，以及技术公司寿宁营业部，寿宁物业站等机构。正式员工 44 人，技术公司、物业及其他员工 91 人，共计 135 人。2015 年业务 3300 万元，新增天翼 8396 户，新增宽带 3321 户，新增光宽带 2249 户。截至 2015 年底，实现所有乡（镇）所在地全光受理，新增光宽带 50 兆，占比达 45.6%，提升宽带价值。

完成寿宁供电签约"智慧声谷"项目，新 20 兆专线 1 条，2 个呼叫座席、20 部天翼手机。与县住建局签约电子警察项目。县城市综合执法局签约执法平台应用，新增天翼 100 部。与县教育局再次达成新增 448 台教育云桌面协议。

2015 年，新增 AP 端口 8000 个，实现了城关区域和凤阳、斜滩等 13 个乡（镇）所在地全光受理。完成 132 个 4G 基站的开通工作，城区覆盖率达 93% 以上，协调杆路迁改等项目，及时跟进高速公路和寿政公路建设的迁改赔补降低维护成本。开展装维班组标准化建设提高服务意识。建立班组工单、材料、质量、绩效、培训、安全等管理制度，开展装维星级评定，调动人员的积极性和企业归属感。

移动公司发展情况如何

中国移动通信集团福建有限公司寿宁分公司（简称：县移动公司），成立于 2015 年，现有员工 256 人，内部设：综合办公室、政企部、市场部、网络部、家客部等 5 个部门，城区设有自办营业厅 1 处。全年运营累计收入 5831.76 万元，通信用户数累计达 8 万户，市场份额 60%，率先启动 4G 业务，4G 客户占 28.4%，继续保持区域市场领先优势；各类专线总数达 154 条，IMS 固话 76 家。

通信能力方面，截至 2015 年底全县建成基站 597 个，其中 4G 基站 242 个，4G 信号率先覆盖寿宁城区及各大乡（镇）和部分行政村区域；宽带端口达到 1.76 万个，满足全县人口的使用容量需要。公司开展"全优服务、乐享 4G"为专题的系列活动，对客户办理业务及体验服务的感知进行测评，提高人员素质和服务水平。

联通公司发展情况如何

中国联合网络通信有限公司寿宁公公司（简称：县联通公司），成立于 1994

年 11 月，该公司内设综合部、市场销售部、集团客户部、建设运维部 4 个部门，共有员工 33 人。2015 年，主营收入 2147 万元，名列全市第三。

公司构建 4G 主体渠道格局，采用先进的载波聚合技术，打造沃 4G+ 金牌网络，全网广度覆盖和深度覆盖良好率达 97%，上网速度达到国际领先水平。并以新增合作、存量晋级、借力第三方、核心商圈等模式为抓手，优先拓宽渠道，提升 4GWO 店产能，完善 4G 基层网络建设，累计完成 3/4G 基站 70 个。

何为铺递

寿宁建县前，未设专门的铺递，军、政文书邮传、投递，均由渔溪巡检司（设在南阳洋边）负责。明景泰六年（1455）建县，始在县衙前两侧设总铺。铺递正道通政和，境内沿途经叶洋、芹洋、尤溪、平溪、南溪、泗洲桥 6 铺，到达政和县总铺；偏道通福安，沿途经青竹岭、大洋、三澄（今山田）、元潭、武曲 5 铺，到达福安县总铺。邮传线路沿袭至清代。

寿宁何时有邮政代办所

清光绪三十二年（1906），朝廷改革官制，中央设邮传部，同年，寿宁县署在县衙西侧原总铺处设邮信柜，为寿宁最早的邮政职能机构。主要负责传递军政文书。

1922 年，中央邮传部改称邮政部。同年秋，县邮政信柜改称邮政代办处。1928 年，正式开展邮政业务。1935 年，在县衙东侧文昌阁内设邮政所。同年 12 月，撤销邮政所，成立邮局（当时福建省政府定为三等局）。行政隶属省邮局管理，业务由福安邮政局管理，局全员 3 人。1936 年至 1941 年，先后在斜滩、武曲、平溪、西浦、南阳、玉壶等地设邮政代办所，每所配邮递员 1 名。1941 年 11 月 1 日，县政府为加快信息传递，设递步总哨，并在 15 个乡（镇）设分哨。各分哨配哨长、哨丁各 1 人，全县计有 30 余人。递步总哨负责传递县、乡（镇）政府间的公文，同年县政府设电话总机室。

邮电局的由来如何

1949 年 10 月，在鳌阳叶氏宗祠设邮政局，行政业务均由福安邮政局管理。1951 年 8 月 8 日开始兼办电信业务。12 月 1 日，邮政、电信合一，成立寿宁县邮电局，县人民政府电话总机室搬迁至叶氏宗祠内。1952 年 12 月 1 日，福安邮电局将寿宁邮电管理权划归县人民政府。1953年9月27日，县人民政府将电信管理权下放县邮电局。1968年6月，成立"寿宁邮电局革命委员会"。1970年2月邮电局分设邮政局、电信局。邮政局由县革命委员会管理，电信局由中国人民解放军寿宁县人民武装部管理。1973年10月，邮政、电信再次合并，复称寿宁县邮电局。1983年10月在县城街头建一座5层邮电大楼，建筑面积2181平方米。局内设计划财务组、业务技术组及办公室，负责行政与邮电业务管理。

乡（镇）邮电支局、所都是何时成立的

斜滩镇邮电支局，前身是1936年设立的斜滩邮政代办所，1941年改为邮票代售处，1950年夏设邮政代办所，1952年改为邮信代办处，11月改称邮政代办处。1954年设邮电所。同年12月，经福建省邮电局批准，成立"寿宁县邮电局斜滩邮电支局"，地址位于斜滩街尾。1977年，在斜滩大桥南侧新建邮电办公兼宿舍综合楼1幢，占地560平方米，建筑面积438平方米。1989年底，支局全员9人，其中支局长1人，内、外线各4人。

坑底乡邮电所，1941年设立，原称"玉壶乡邮政代办所"。1958年改称坑底乡邮电所。有职工4人。

大安乡邮电所，1970年成立。有职工3人。

清源镇邮电所，1974年成立，原称岱阳邮电所。有职工4人。

武曲镇邮电所，1936年设立，原为邮政代办所。1950年改为邮票代售处，1958年设邮电所。有职工5人。

竹管垅乡邮电所，1974年设立。有职工4人。

南阳镇邮电所，1937年设立，原为邮政代办所。1956年4月改称邮电所。有职工8人。

犀溪镇邮电所，1937年设立，原为邮政代办所。1958年改称邮电所。有职工4人。

平溪镇邮电所，1937年设立，原为邮政代办所。1958年7月改称邮电所。有职工5人。

托溪乡邮电所，1952年设立，原为邮政代办所。1960年5月改称邮电所。有职工5人。

芹洋乡邮电所，1951年成立，原为邮政代办所。1956年4月改称邮电所。有职工4人。

凤阳镇邮电所，1952年设立，原为邮政代办所。1961年改称邮电所。有职工5人。

下党乡邮票代售处，1986 年设立。有职工 1 人。

省际邮路是怎样运行的

寿宁与浙江省泰顺县毗邻，明代就有文书往来，通信历史较长。民国三十二年（1943），开辟寿宁至泰顺邮路，隔日一班，步班单程 39 千米，双方在县内的西浦（今犀溪镇）交接，经南阳返县城。邮路属泰顺邮局管理，1951 年停止。此后，寿宁所属的西浦至李家山段邮政事务由犀溪乡邮政代办所管理。

1958 年，寿泰公路通车，开辟委办汽车逐日班邮路。1976 年，福安至寿宁试行自办汽车邮路，泰顺至寿宁委办汽车邮路暂停，邮件改由福安交换转发。

省内邮路是如何发展起来的

明崇祯十年（1637），寿宁县铺递分正、偏道。正道中，总铺至各铺的里程，叶洋铺 10 华里，芹洋铺 20 华里，尤溪铺 30 华里，平溪铺 40 华里，南溪铺 50 华里。偏道中，总铺至各铺里程，青竹岭铺 10 华里，大洋铺 20 华里，三澄铺 30 华里，元潭铺 40 华里，武曲铺 50 华里。清代沿袭明制。民国时期，寿宁至福安邮路，是寿宁县对外的主要邮路，逐日有班，邮路全长 120 华里，步班行程往返 240 华里。

1958 年福寿公路通车后，改寿宁至福安的步班邮路为委办汽车逐日班邮路。但斜滩仍为邮件进出的转递要道。至 1975 年，日吞吐邮袋均在 30 包以上。1976 年，开辟自办汽车邮路，每班于 15 时将福州送到福安的邮件接运回寿宁，当晚 20 时到达，次日凌晨返回福安。沿途经清源、竹管垅、斜滩、武曲和福安的社口交接邮件及报刊等。此举使邮运时间缩短 1 天，沿途乡村和县城当天均可看到《福建日报》。

1976 年起，寿宁、政和双方邮局商定，开辟寿政邮路，邮件由寿政班车运载，加快闽东北邮件传递速度。1979 年后改由福安邮局转递。

县内邮路及投递线路是如何拓展开来的

1949 年以前，城内设步班投递线路。1950 年起，城内投递由局内售票窗口营业员兼办。1957 年，县城配备专职投递员 1 人，步班直线型邮路，每班行程 1 千米，每日 2 班。1958 年福寿公路通车后，新辟县邮电局至寿宁车站邮路 1 条，用以交接外县及城乡的邮件、报刊。1978 年，中共十一届三中全会后，随着改革开放的深入，经济，文化事业的发展，城区邮政业务增加，城内配专职投递员 2 人，配备自行车 2 部，实行逐日自行车班，以解放街为界，分东、西 2 条投递线路。1987 年，将工业路、环城路划出为单独投递，增配投递员 1 人。至 1989 年，城内共有邮路 3 条，投递员 3 人。

县内邮路，14 个乡（镇）共有邮路 13 条，单程总长 331 千米，平均日行程662 千米。县城—大安线，附属于县城—坑底线，单程 6.3 千米；县城—坑底线，单程 28 千米；县城—清源线，单程 7 千米；县城—斜滩线，单程 23 千米。民国十七年（1928）开辟；县城—凤阳线，1952 年开辟，单程 24.6 千米，步班行程49.2 千米；县城—武曲线，民国二十四年（1935）开辟，单程 54 千米；县城—竹管垅线，邮路 22 千米；县城—南阳线，民国三十二年（1943）开辟，单程 15千米；县城—犀溪线，1950 年开辟，单程 31 千米；县城—平溪线，1949 年以前为贩夫线，由芹洋接转单程 10.2 千米；县城—托溪线，1955 年以前，附属于碑坑邮路，1956 年后，由芹洋转接，单程 11 千米；县城—芹洋线，民国三十五年（1946）开辟，步班行程 92.1 千米；县城—纯池线，1951 年开辟，单程 45 千米。

1956 年以前，各乡（镇）辖区内的邮件、报刊靠乡邮员投递，邮件交换点在乡村邮政代办点或邮票代售处，但沿途方便的也有直接投递。1957 年后，投递制度逐步健全。1965 年，全县生产大队普遍通邮。1989 年，全县有 183 个行政村、1415 个村民小组通邮，分别占行政村与村民小组总数的 100% 与 66%。实行星期三、星期六投递的行政村 37 个，村民小组 365 个。投递中能递转到户的村民小组299 个。全县设主村级投递线路 39 条，步班单程 1143.5 千米。1984 年起，村级投递由农村社员群众承包，加快了信息的传播速度。将国营邮电部门承担的投递，改为聘用当地村民承包投递，允许承包人收取适当的劳务费。使邮件、报刊能直接妥善投递到户，到户率由承包前的 30% 提高到 90%。邮电部门发给农民乡邮每人月工资 45 元，此外，每人每月还可以收取劳务费 10 元。至 1989 年底，全县有农民乡邮员 20 人，邮件投递到户率达到 92%。

2005 年 12 月，全县 14 个乡（镇）共有邮路 12 条，包括自办汽车邮路 5 条，委办汽车邮路 6 条，其它邮路 1 条，单程总长度 3140 千米。此外，还有"农村步班投递线" 43 条，单程长度 1209 千米。2005 年开始，邮车每日中午到达县邮电局交接进口邮件和出口邮件。农村支局所有邮件由县邮政局中转后按相关班次进行投递。1999～2005 年县邮政局函件业务收入 295.22 万元，特快专递收入 277.61万元，包裹收入 175.73 万元，报刊征订收入 230.36 万元，共计 978.92 万元。此外，集邮、邮购、机要通信也取得可喜的成效。

邮政设备有哪些

1949 年以前，主要邮政工具有：分拣分发橱，夹钳、钩秤，主要运输工具为扁担、邮袋和油布。

1950 年起，省局发给 1000 克台式函秤 1 台。1955 年添置信箱一个。1958 年福寿公路通车后，邮件逐步改为汽车运递，相应添置了自行车、保险柜等设备。1965 年，各邮电所普遍使用台式信函秤，全县信箱增至 53 个。

1971 年，购置双轮摩托车一辆，1986 年又添双轮摩托车一辆。至 1989 年底，全县共有信柜 13 个，邮筒 4 个、信箱 173 个，自行车 5 辆，摩托车 3 辆，保险柜 17 个，铁皮柜 23 个，50 千克磅秤 14 台，包裹收寄机 1 台，5 千克信函秤 15 台。

1990～1998 年，县邮、电分营前主要有胜利街 92 号邮电大楼、后叶巷口原邮电旧楼及 13 个乡（镇）邮电所。1999 年，除下党邮电所归属电信，犀溪邮电所办公楼一层 2 个店面及宿舍楼 1 套划归电信外，其余乡（镇）邮电所产权归邮政局；年底建设后叶巷口办公大楼。1998～2001 年，先后建设工业路、解放街、清源、坑底、斜滩、竹管垅、南阳、托溪、凤阳等电信网点。1998～2005 年间，先后建设村级接入网机房 57 座，总使用面积 4187 平方米；武曲、南阳等 8 个乡镇的营业使用面积 3712.95 平方米；村级入网机房 57 座，使用面积 2059.62 平方米。交换设备 1993 年改制后交换容量为 3072 门，1996 年 12 月扩容 2048 门，县局程控设备总容量达 10240 门。1996～1998 年，先后开通斜滩、南阳、武曲、凤阳、清源、犀溪、竹管垅等 7 个乡镇模块局。

1998 年，开始大规模建设村级接入网，安装中兴接入网设备，对原有农村交换设备进行更换，到 2005 年共建成 6 个乡镇级接入网块局和 84 个村级接入网点，基本形成整个覆盖农村地区的通讯网络。传输方面，2005 年 6 月，开通宁德本地网华为 2.5GSDH 环网（三期）。线路 1990～1992 年，境内农村通信线路基本以电缆为中继。1993 年，开始建设本地网中继光缆。为配合县政府提出的"村村通电话"工程，1997 年以后，农村中继线路全部用光缆替代电缆。动力方面，1993 年有 120 千瓦柴油发电机 2 台，120KVA 电力变压器 1 台，48R400A 直流配电屏 1 架，400A 交流配电屏 1 架，24V500AH 蓄电池 2 组，48V1000AH 蓄电池 2 组，48V400A 整流器 2 架。至 2005 年城关母局有劳斯莱斯 140 千瓦柴油机 2 台，185KVA 电力变压器 1 台，泰州德锋自动柴油机配套转换屏 1 架，400A、600A 交流配电屏各 1 架，PD48/2000DF 直流配电屏 1 架，艾默生 PS481000-5/100 开关整流器 2 架，爱克塞 UPS2 台，华日 2000AH 蓄电池 2 组；各接入网点柴油机组 84 台，整流器 84 台，小灵通用 UPS162 台，逆变器 18 台。

邮政业务都有哪些

邮政业务包括：函件、包裹、汇兑、报刊发行、机要通知、邮票和邮政储蓄等七个方面。

一是函件，明代，寿宁县总铺只为官府递送公文。自清末到民国，因寿宁地处偏僻，人际交往不多，函件收寄量很少。1950年后，随着各项事业的发展，函件业务量逐渐增加。1955年开办保价函件，至1958年停止。1960年开办特挂函件，收寄粮票、布票等。1971年，出口函件达23.85万件，比1965年增长33%。1978年以后，商品经济发展，信息流通量增加，函件业务量大幅上升。1987年4月，增办有声信函寄递业务，1988年又增办快递业务。1989年出县一般函件77万件，进口95.06万件，出口给据函件7.45万件，进口8.4万件。

二是包裹，民国十七年（1928）开办收寄普通包裹，但数量很少。1950年以来，包裹邮寄量逐渐增加。1955年开办保价、快递、代收货价包裹业务，当年出口1528件。1965年后，包裹业务进一步扩大。1971年，出口包裹4453件，为1965年的2.9倍。1978年后，土特产包裹投递大幅度增加。1989年，全县出口包裹7620件，进口2538件，车船邮运40.55万袋千米。

三是汇兑，民国三十五年（1946），开办汇兑业务，使用定额三联式汇票。直至1949年以前，汇兑业务量均很少。

1950年后，国民经济开始恢复，人民生活水平有所提高，汇兑业务增加，1955年3月起，使用剪格普遍汇票，凭证兑付。1958年使用复写汇票，当年出口汇票6570张。1962年办理电报汇款，以缩短邮程传递时间，当年改用封口式汇票。1965年出口汇票1.01万张。1971年出口汇票1.53万张。1978年后，改革开放推动各项事业发展，寿宁县籍的大、中专院校学生数及个体工商业者增加，汇兑业务额迅速增长。1979年起，增加高额汇票。1989年出口汇票2.76万张，计费2.49万元，进口2.89万张。

四是报刊发行，民国时期，寿宁邮政部门为用户代订《中央日报》《大公报》等报刊。

1949年10月起，代售《福建日报》《厦门日报》。1950年4月，邮发合一，开办报刊发行业务。1952年6月，中共福安地委机关报在县内发行。1956年，提倡个人自费订阅报刊，当年报纸期发数2125份，累计数23.64万份；杂志期发数2017份，累计数2.8万份。1971年，报纸期发数2858份，累计数94.21万份；杂志期发数1609份，累计1.67万份。1998年后，报刊发行量大幅增加。1989年，报纸期发数7641份，累计数28.36万份。杂志期发数1.5万份，累计数28.36万份。其中，有118个行政村订阅《人民日报》，占总数的63.8%；有163个行政村、236

个村民小组订阅《福建日报》。

五是机要通信，1957 年 4 月，设立"寿宁县邮电局机要室"，开辟寿宁至福安机要通信基班邮路，收寄运递党政机关机密文件。当时的《参考消息》也作为机要文件处理，机要业务量不断增多。1965 年，出口机要文件 2692 份。"文化大革命"期间，机要业务量下降，1971 年，仅出口机要文件 849 份。1978 年，中共寿宁县委、县公安局均设立机要科，机要文件直接送到对方，通过邮政的机要业务量下降。1989 年，出口机要文件 371 份，进口 2538 份。

六是邮票，清代，寿宁已用邮票寄信。1949 年 9 月，封存旧邮票，开始使用新印刷的人民邮票。1956 年 4 月 1 日，人民邮票停用，改用"中国人民邮政"邮票。全县有邮票代售点 138 处。

1985 年，县成立集邮协会，邮电局设集邮门市部对外营业。1987 年集邮营业额达 1.08 万元。1989 年增至 3.3 万元。

七是邮政储蓄，1942 年 3 月，县邮政部门为福安县邮电部门代办邮政储蓄业务，至 1951 年 6 月停办。1987 年，县邮电局设邮政储蓄营业柜。年底，斜滩邮电支局、平溪、凤阳邮电所相继开展邮政储蓄业务。1988 年底，邮政储蓄户达 1.64 万户，储金 63.55 万元。1989 年底，储户达 5.02 万户，储金 154.37 万元。2015 年底，各项存款余额 38799 万元。信用卡发卡 636 张，大理财合计销量 4285 万元，新增网上银行 1732 户，手机银行 2449 户。

电报的网络是如何形成的

1941 年，县政府电话室利用电话线路开通寿宁至福安电话传报电路 1 路，实行报话合线，全线使用 2 号铁线。因维修不善，经常损坏影响通报通话。

1960 年开通寿宁至福州市短波无线电报 1 路（1977 年改至宁德）。1987 年，开通寿宁至福州直达电报电路 1 路。1989 年开通寿宁至福州自动电报电路，同时与全国自动电报电路并网。

1977 年，关闭寿宁至福州载波无线电报电路，开通寿宁至宁德矮波无线电报电路 1 路。1989 年开通寿宁至宁德自动电报电路 1 路。

1960 年，开通县邮电局至县气象站专线电报电路 1 路（为有线话传电报电路）。

至 1989 年底，全县除下党乡外，其余 12 个乡（镇）邮电所均有办理电报业务。

民国时期，电报与电话交替使用。1949 年 10 月，引进并使用人工莫尔斯电报机发报。1958 年，开始安装上海产的 55A 型收发讯机 1 部，同时配置 2 部音响机。1960 年，添置 1 台 55A 型收发讯机，1973 年购进 1 部上海产的 P2602 型电传整流器。1977 年，添置上海产的 BDO55 型电传打字机 1 部。1981 年，增添 801～C 型收发讯机一台。1987 年，增添 BZP～01 型电报载波机 1 部、BD055 型电传打字机 2 部、BFS83D 型双机头自动发报机 2 部。1989 年，添置上海产的 PACT220 型汉字电传打字机 1 部。

1941 年，县电话总机室兼办电报业务，直至 1949 年，电报业务量极少。1950 年以后，电报业务量逐渐增加，1952 年出口电报 931 份。当时电报资费每字 0.015 元，译电费每字 0.005 元，全年电报业务收入 2014 元。1965 年，出口电报 5000 份，业务收入 3450 元，电报资费每字提高到 0.03 元，译电费每字 0.005 元。1972 年，出口电报 8600 份，业务收入 6200 元。1980 年，出口电报 2 万份，收入 1.65 万元。1989 年，出口电报 3.97 万份，进口电报 2.86 万份，电报业务收入 6.74 万元。

1990 年，全县电报进出口 5.8 万份，传真进出口 37 万份。1995 年后，传真业务逐渐取代电报业务。2001 年以后，便捷的互联网电子邮件逐渐取代传真业务。

长途电话的网路、设备和业务如何

一是网路。1937 年，县政府架设寿宁至福安联县明线 1 路，杆程长度 80 千米，1941 年设立县政府电话总机室。1943 年开通寿宁至泰顺明线 1 路，杆程长度 34.6 千米。从此，寿宁有了长途电话进出口。

1952 年，重新架设福安至寿宁长途线路 1 对。1953 年 1 月，开通至福安县甘棠的线路。1958 年，架设武曲至社口中继线 1 对，杆程 3.76 千米，斜滩、武曲挂往福安的长话，不必经过县总机接转，可直接通话。1959 年，有通往福安的明线 2 路，通往福州的明线 1 路。1978 年，新开通寿宁至宁德、霞浦、福鼎、赛岐等长话线路各 1 路。至此，全县载波电路增至 8 路。1989 年，全路共有 24 路长途电话，其中载波电路 23 路，省际 1 路。

二是设备，1941 年，县政府电话总机配有无塞强式交换机 1 部。

1950 年，县邮政局安装 1 部 10 门市、农话交换机。1951 年，为缓解总机不足的困难，职工陈鲁汉仿制一部 10 门"西门子磁石式"交换机，投入使用。1958 年，新增 20 门市、农话交换机 1 部。1970 年，更新 1 部 100 门市、农话交换机。1975 年开始单独设立长途台，1976 年增加 2 部 100 门市、农话交换机。此后，又陆续添置更新了一部份设备。1989 年底，县内长途电话设备有 HN-55G 型、8100-C 型矮波无线收发讯机 2 部，ZM303 型、ZM805 型 12 路载波机 2 台，ZZDD4 型 12 路载波机 1 台，ZMX20U 型晶体管 3 路载波机 2 部，DD14 型对端长途半自动交换机 1 部。

三是业务，1937 年，开通长途电话，并由福安总机接转。民国 30 年，县政府设立总机室，承办长途电话业务。因总机室话机主要为政府传递军政信息，不分长途与市、农话、极少对外营业。

1950年，长途台专设军事防空电话，还有企业、普通、业务电话。1957年，出口长途电话1467次。1958年，各有关部门开始使用"电话会议机"召开"电话会议"。当时由于广播、电话合线，每天要等广播结束后，才能进行电话会议。利用电话传播信息，给人们带来方便，电话使用量逐年增加。1962年，出口长途电话9192次，收入6022元。1970年，出口长途电话1.52万次，收入1.02万元。县内开设的长途电话业务种类有：代号、特种、紧急调度、政务、公务、普通电话等6种。1988年起，增办特殊长途电话，即预约（预告）电话。长途电话按用户要求，分普通电话和加急电话。当年开设国际长途电话，直通世界各国及港、澳、台地区。1989年，出口长途电话8.37万次。

市内电话网络、设备和业务情况如何

一是网路。1941年12月，开始架设联县、联区电话线路，市内线路仅有总办公厅、县长室2条。

1950年起，整修福安至寿宁线路。并重新架设县人民政府"电话总机室"至县城以内电话网络。1953年，城内线路竖有木质电杆22根，当年9月，"地方电话"改称市内电话。1965年，单独设立市话台。

二是设备，1937年，县政府设立电话室，配有电话机1部。民国30年，县政府设立电话总机室，有10门西门子无塞绳式交换机1部。1949年，县内共有电话机4部，其中，市话机2部。

1953年，全县有磁石交换机3部26门，话机18部。1965年，添置100门磁石交换机1部，当年有电话83部。1976年，更新原有设备，改用共电式280门共电交换机2部、200门磁石交换机1部，话机122部。1985年7月，县邮电部门开展市话的设备、杆线、管道租用及通讯设备维修等4项业务。1987年，投资110万元将市话改为自动直拨电话。1989年，有电话622部。

三是业务，1949年5月以前，县政府内的2部电话机，主要为官方传递信息服务。1950年市内电话业务分普通、副机、附件、同线、合用、专线、用户小交换机、公共、业务电话等8类。1955年，市话用户增至20户，月租费12元，总收入2880元。1963年市话用户达60户，收入达8640元。1970年，市话用户增至122户。1981年，有市话176部。1987年，开始使用自动直拨电话后，市话业务剧增。1989年用户达622户，月租14.4元，年收入10.33万元。

农村电话的网路、设备和业务如何形成

一是网路，1941 年，使用 2 号铁线架设联区电话线路 3 路，开通县城—青竹岭（清源）—斜滩明线 1 路，杆程 23.4 千米；斜滩—武曲—社口（福安县）明线 1 路，杆程 23.4 千米；县城—坪坑—尤溪明线 1 路，杆程 34.6 千米。1943 年，开通县城—南阳—犀溪—浙江省泰顺县明线 1 路，杆程 34.6 千米。1949 年春，新架设县城—玉壶（坑底）、县城—平溪明线各 1 路。

1951 年，上级拨款 5 万元，对全县各乡（镇）的电话线进行更新，同时架设县城至凤阳明线 1 路。1957 年开通县城至芹洋、托溪、大安等地明线各 1 路。1970 年，将明线线路 2.5 号铁线更换为 3 号铁线。1975 年，独设农话台。1976 年，开通斜滩—凤阳明线 1 路、载波 1 路，同时用 4 号铁线更换县城—竹管垅—斜滩明线 1 路，杆程 23.4 千米。1988 年，全县电话线路实现水泥杆化，杆路总长达 620 千米。电缆长度 21.3 千米。

二是设备，1949 年以前，全县有农话机共 8 部。

1956 年，全县有交换机 4 部（总容量 50 门），电话机 21 部。1965 年，有磁石交换机 8 部，总容量 350 门，电话 156 部。1975 年设农话台后，当年添置单路载波机 8 部。1977 年又新添 3 路载波机 2 部，交换机 13 部，总容量 660 门，电话机 265 部。到 1989 年底，全县有农话交换机 21 部，总容量 1330 门。

三是业务，解放前，县内农村通话免费，收入较少。解放后，农话报续各类有代号、特种、紧急调度、军政、普通和电话会议等，至 1953 年 6 月，农话用户的费用仍由县、乡人民政府支付。1953 年 7 月，执行收费制度，月租 22.25 元，当时县内只有 8 部话机。1956 年，农话用户数 156 户，业务收入 1.14 万元。1971 年，农话到户数达 217 户，业务收入 1.58 万元。1989 年，县人民政府拨款 40 万元，资助改制安装 HJ～Ⅱ型农市话自动拨号设备，实现全县市话、长途话有权用户的自动直拨。1989 年底，农村电话可直拨的有斜滩、南阳、清源 3 个乡（镇）。全县 14 个乡（镇）全部通电话，已安装电话机的行政村 127 个，占总村数的 68%。农话到户数 415 户，其中私人 36 户。农村通话数 27.47 万次，总收入 30.41 万元。

邮电系统生产劳动如何管理

县邮电局负责工作计划制定，生产调度，人员配备，劳动工资管理和材料设备调拨等项工作，局内各生产班组和分支机构为基层组织，负责执行各项具体任务。

1951 年，县邮政局全员 10 人，局长 1 人兼管生产业务，区、乡（镇）邮政所也由所长兼管生产业务。1952 年，配副局长、副教导员各 1 人。1954 年，全员

15 人，局内设邮政、电信、投递、机械维修 4 个生产组。1958 年后，按工作任务分别配备邮电管理员、经济员、会计员、营业员、分拣员、邮递员、话务员、报务员、递务员、机务员、线务员、报刊发行员及勤务员。1970 年 2 月，电信业务归电信局管理。1985 年，配劳工员 1 人，负责劳动工资管理，各班组员工分别实行工作岗位责任制。1987 年，局内设邮政、报务、话务、机线 4 个生产组，1989 年底，局内设营业、报刊发行、封投、储汇、报务、话务、市话、机线、载波、电力（室）、稽核 11 个生产班组，局全员 127 人。

邮政业务方面：有营业、封投、报刊发行、储汇 4 个生产班组。主要负责通信业务工作，制定运邮、开箱、转趟、投递及内部分发作业时间表，编制作业计划，安排各工序作业，做到紧密衔接。邮件分拣，按规定标准及转向，设制格眼，划分城区投递路段和分邮路线，以提高投递效率。

电信业务方面：有市话、载波、电力、机线、报务、话务、稽核 7 个生产班组，根据规定作业顺序、时限，合理组织生产。电报及长途电话传递，按规定顺序和接转路邮办理，保证完成规定的时限，市内电话则充分利用原有机线设备进行信息传递。

寿宁邮电技术质量如何管理

全局技术管理工作，由局长主管。技术人员按各自的职责，建立包机、包线、检修、技术质量监督检查、机旁值班和接班、质量分析和障碍处理以及工具仪表管理等制度。1951 年起设技术监督检查员。1963 年起，实行"定、保、奖"的质量管理制度，即定时间完成，保证质量，"定保"优先，予以奖励等。

1970 年，设"15 项邮电质量考核指标"，定时对各生产班组进行技术质量考核。直到 1989 年，局长，班（组）长及职工均实行目标管理责任制，并建立健全各科技术档案。1989 年，长途电话电路合格率 92%，农村电话中继线路合格率 90%。

自 1987 年起，先后送 25 名职工到专业学校培训学习，学习率为 85%。对新招收的职工，严格执行不考训不上岗制度，有效保证了邮电通信的畅通。

寿宁邮电财务管理情况如何

1954 年以前，寿宁县邮电局营业款全数上交福安专区邮电局。1955 年，集中上交省邮电局。1956 年，按照《邮电企业预算款办法》，实行计划拨款。1958 年，配备经济员、会计员、建立财务制度，实行财务计划管理。1970 年后，经济员改为统计员。改革开放以来，县邮电局配备统计、会计、审计和物资管理员，认真执行"邮电事业会计财务制度,",严格控制开支。分月下达各专业综合财务计划,定时召开局务会,对当月财务指标完成情况进行分析,做到心中有数。年初预算、年终决算、财务公开、民主理财。

邮电企业工资由邮电部、省邮电局统一管理,分成档案工资、邮电行业工资、邮电企业工资 3 种形式,工资总额由省邮电局下达。

1987 年,为稳定乡邮队伍,对乡邮工资体制进行改革。将原有的固定工资,改为按行程和投递量核发。同时向用户收取劳务费,组成新的工资结构。这样既提高了乡邮人员的工资,保证邮件受投率,又减少了企业负担,实现"三满意"(企业满意、用户满意、乡邮员满意)。

1988 年底,企业内部工资分配实行"百元业务收入含量分配办法",对现行工资实行全浮动,体现多劳多得的分配原则,充分调动职工劳动积极性。局业务收入从 1987 年的 68 万,提高到 103 万元。

1989 年,县邮电局又根据现行的临时工工资管理办法,采取投保、养老、参加社会保险的办法。与长期从事邮电工作的 12 位临时工签订了《临时雇用合同》。这个办法得到了宁德地区邮电局的肯定,并在全区推广。

第十二卷

商业贸易

商业贸易概况如何

寿宁商贸由于受交通制约，解放前，发展十分缓慢。明代，县民视经商为"末技"，认为经商不如务农稳妥。清至民国时期商业有所发展，但受自给自足经济的影响。一直未能开拓，直至解放后的1950年，全县社会商品零售额人均仅8元。

1952年以后，先后建立了国营商业和供销合作社，并对私商进行社会主义改造，以国营商业为主体的商业体系初步形成，国营商业积极稳步领导商业向前发展。1958年，福寿公路通车后，寿宁与毗邻各县陆续接通干线，交通条件的改善加速了商品流通，商业获得突破性的发展。特别是中共十一届三中全会后，在中共允许福建省实行特殊政策、灵活措施的形势下，在发展国营商业主导作用的同时，进一步发展集体、个体商业及农贸商场，城乡市场商品琳琅满目，花色品种齐全，吃、穿、用各种消费品十分丰富，物价平稳。1989年，全县商贸总产值1643万元，占社会总产值的6.5%；社会商品零售额人均324.5元，是1950年的40.6倍。商业的发展，既活跃了市场，又方便了人民生活，也大大促进了工农业生产。

2014年，全县完成社会消费品零售总额17.62亿元，其中限上企业23家（商贸企业15家，住宿餐饮企业8家），完成销售额4亿元，比2013年增长19.4%。

供销合作联合社，2014年，按照"改造自我，服务农民"的要求，坚持发展为先，实行开放办社，狠抓农村基层商品流通工作。全年实现商品销售总额30031万元，比增23.18%，其中农资销售总额5968.8万元，社会商品零售总额23827万元，全系统利润89.33万元，比增31%。在服务"三农"方面，供销社全年供应各种化肥27800吨，农药376吨，农膜113吨，满足农业生产需求，发挥供销社农资供应渠道的作用。

对外贸易，2014年全年出口总值3124万美元，完成年度目标任务300万美元的104.13%，较上年全年24632463万美元，增长26.84%。招商引资全年落地项目37个，完成投资24.86亿元。

寿宁烟草，不断拓宽边界市场，持续推动规范经营，共建"诚信经营示范乡镇"，2014年完成系统外卷烟销售9445.5箱，同比增长7.4%，增幅位居全市第一位。销售金额23602.96万元，实现税利4641万元。获"平安先进单位"荣誉称号。

商业所有制如何变更

寿宁建县至1938年，商业都是私人经营。1938~1945年，曾出现过为小局部服务的消费合作社。1950年，国营贸易公司斜滩营业处成立。1952年，全县各区建立供销合作社。1954年开始对私商实行社会主义改造，经过1958年的人民公社化，商业统归国营公司和供销社经营。"文化大革命"后期，被压缩务农而又无力从事农业劳动的原小商贩，为了生计又上街摆摊设点。到1974年底，全县有证商贩为11人。实行改革开放政策后，私人商业发展较快。1989年底，全县私营纯商业增至928户，从业1035人，再次形成以公有经济为主，多种经济成份并存的局面。1990年，县属流通企业全部实行承包经营，企业事业引入竞争机制，通过定指标，选聘经营者进行商业活动。1991年，全县国有商业实行承包的35家，员工236人；租赁经营企业15家，员工51人；国有集体经营企业4家，员工48人。1992年，全县供销社系统推行承包责任制，所属的农资、土产、日杂等公司及乡（镇）基层供销社陆续完成改制。2005年，全县个体工商户2680户，从业3054人，商品零售总额达65193.9万元。

私营企业发展历史如何

明代，县城有几家江西人经营的杂货店。崇祯年间（1628~1644），南溪已有酒店。清咸丰时（1851~1861），全县有药铺5家，清末增至9家，这是最早兴起的行业。民国初期，斜滩镇有商店20多家。1931~1934年，发展至53家，其中，屠宰业6家，棉布、京果业17家，绸布业7家，茶叶9家，医药5家。1939年，全县有商店347家，其中鳌阳镇65家，斜滩148家，平溪22家，南阳15家，坑底、清源、托溪、武曲、芹洋、凤阳等9个乡（镇）合计97家。按行业分，有杂货110家，医药63家，茶叶47家，布匹11家，其他116家。商号的资金，以斜滩镇复兴号拥有5万元（法币）居首位。

1950年，全县有私商250户，446人，资金12.4万元人民币，营业款65.5万元。1952 年，全县有私商 238 户，353 人，资金 10.09 万元，营业额 128.2 万元。1953 年，粮食实行统购统销，国家开始对私商实行"利用、限制、改造"政策，私营商业营业额降至 98.3 万元，比上年减少 23.3%。1958 年人民公社化，半商户参加农业生产，其余的人员，资金均并入公社供销部。1959 年，重新安排 31 人，经营 10 个供销点，由国营商业安排货源，自负盈亏。经过 1966 年以后的清理压缩，到 1974 年，全县有证个体商贩为 11 人。1976 年后，略有增加，1979 年为 31 人。

1980 年，开放农贸市场，安置城乡待业人员和社会闲散人员经营个体工商业。1981 年，全县有证商贩增至 221 户，营业额 42 万元。1983 年猛增至 1107 户 1110 人，营业额 464 万元。1988 年发展到 1189 户，零售额 1474 万元。1989 年，个体商业、饮食业 1045 户，1190 人，零售额 1788 万元，比上年增 21.3%。2014 年，据工商登记，全县有企业 1536 户，个体户 7155 户，各类市场登记主体增长显著。

集体商业状况如何

1983 年以前的合作商店拟在《供销合作》卷中介绍。1984 年后，乡（镇）企业管理站下属的商业、服务业有所发展。1985 年，共有营业单位 13 处 46 人，营业额 82 万元，占当年社会商品零售额的 2.41%。1988 年底，乡（镇）集体所有商业门市部有 5 处 10 人，旅社招待所 33 处 39 人，村级旅社 1 处 2 人，合计营业额 700 多万元，占比重的 10.38%。

1988 年底，全县有个体合营的商店 11 家 23 人，资金 8.2 万元，年营业额 95 万元，比重为 1.41%，1989 年降至 4 家 11 人，资金 45.3 万元，营业额 82 万元，比重降至 0.71%。1990~2005 年，寿宁商贸企业体制改革不断深化，个体商业蓬勃发展。县委、县政府把个体私营经济作为经济发展新的增长点来抓，加大对个体工商企业的扶持力度，促进县域经济的发展。1990 年，全县个体工商户 1805 户，从业人员 2070 人，注册资金 278.5 万元。2005 年，全县个体工商户增加到 2680 户，从业人员 3054 人，注册资金 4335.28 万元，社会消费品零售总额 2005 年增加到 65193.9 万元。

公私合营商业状况如何

经过 1954~1955 年对私营工商业的社会主义改造，1956 年全县只有 11 户 17 人组成公私合营商店 5 家，其中，服务业 1 家 2 人。至 1957 年，公私合营商店有

5 个门市部 30 多人，资金 0.62 万元，营业额 16.9 万元，占全社会商品零售额的 0.35%。这 5 个门市部中，纱布百货门市部 2 个 11 人，资金 0.55 万元。1959 年 5 月，公私合营过度为国营商业门市部。

国营商业情况如何

寿宁县最早的国营商业企业，是 1950 年 1 月成立的国营福安专区贸易支公司斜滩营业处。1952 年以后，先后建立了百货公司、纺织品公司、食品公司、饮服公司、糖烟酒公司、医药公司、石油公司、烟草公司、燃料公司、农机公司。这 10 家公司中，百货、纺织品、食品、饮食服务、糖烟酒公司属商业局管辖，医药、石油公司先后于 1985、1986 年从商业划出归财委管理。烟草、燃料公司则分别归属烟草局，物资局主管。农机公司于 1979 年 2 月从物资局划出归农机局主管。1989 年，百货、纺织品、食品、饮食服务、糖烟酒、医药、石油、烟草 8 家商业公司共有 11 个批发门市部、44 个零售店，年销售总额为 4428.79 万元，占当年全社会商品零售额的 62.4%。其中，百货公司年销售额为 144.69 万元，占全社会商品零售总额的 3.27%；纺织品公司年销售额为 342 万元，占 7.72%；食品公司年销售额为 170 万元，占 3.84%；饮食服务公司年销售额 19.5 万元。占 0.44%；糖烟酒公司年销售额为 206 万元，占 4.65%；医药公司年销售额为 189.26 万元，占 4.27%；石油公司年销售额为 230 万元，占 5.19%；烟草公司年销售额为 983 万元，占 22.2%。

商业网点是如何分布的

寿宁的商业网点，经历过由集中到分散，由兼营批发到专营批发的过程。1949 年以前，农村多是半农半商，城镇的糕点、豆腐、酱、酒、烟丝等行业也是亦工亦商。

供销和经营粮油、医药的网点，分别在《供销合作》、《粮油经营》、《医药卫生》卷中叙述。此处恕不赘述。

集市贸易的情况如何

传统的集市贸易，清末只在县际的物资集散地斜滩，每年农历正月十三日举行一次墟日。1952 年，召开全县物资交流会以后，农村初级市场逐渐形成。1953 年，作为渔溪 36 村物资散地的南阳，率先将每月初十日固定为交流日。1962 年 7 月，县供销社统一组织各基层社，互相支援，调剂余缺，在基层社所在地分别建立集市贸易点。1977年起，犀溪、平溪、清源、坑底、托溪、芹洋、竹管垅、鳌阳、凤阳、武曲、大安等乡（镇）均先后确定了各自的"墟日"。1982年，集市成交额300万元，1986年482万元，1987年631万元。

与集市贸易相适应，1981年1月，武曲建起简易农贸市场，占地面积725平方米。1987年7月，县城子来桥西、蟾溪桥东之间的溪面，建成综合农贸市场，设固定摊位87处，临时摊位100处，水泥鱼池2个，自来水供应点3处。1989年底，斜滩镇也建成一处874平方米的农贸市场。年，县城工业路清和桥头建起一座中型农贸市场占地2640平方米，设固定摊位160处。聚得乐对面建起翰宁市场，占地2260平方米，有摊位183个；东区建起综合农贸市场，占地800立方米，有固定摊位50个；县医院左侧建起新城市场，占地1400平方米，有固定摊位90个，大大方便了附近民众。

批发网点情况如何

1958年以前，国营商业的批发网点均在城镇，1958年3月，纱布百货公司在斜滩和福安赛岐设立专业采购批发组。6月，县城、斜滩设食杂批发部。随后又在南阳、武曲设批发点。1959年的国营批发点，有斜滩的副食品、工业品、生产批发组和城关的采购转运站。1963年设斜滩贸易批发部和食杂批发组。1966年5月，斜滩设三级批发商店。1970年设斜滩综合批发组。1975年批发点增至5处，1982年有批发点10处。1989年主要批发点有8处：①鳌阳百货批发部，设在县城胜利街4号，经营商品6000多种。1989年销售额333万元，纯利1.67万元；②斜滩百货批发部，设在斜滩镇新兴路28号，经营商品3000多种。该批发部负责向竹管垅、斜滩、武曲、凤阳、平溪、下党等6个乡（镇）供货。1989年销售额94万元，纯利润1000元；③糖烟酒公司鳌阳批发部，设在县城解放街149号，经营商品500多种。1987年起实行租赁经营，年上交利润1.2万元。④纺织品公司鳌阳批发部，设在县城解放街208号，经营商品2500多种。1989年销售额181万元，纯利3.15万元。⑤纺织品公司斜滩批发部，设在斜滩镇新兴路4号，经营商品3000多种。1989年销售额83万元。⑥石油公司斜滩批发部，设于斜滩下街，属于报账单位。⑦石油公司鳌阳批发部，设在县城解放街74号，经营与效益并入公司统一核算。⑧烟草公司鳌阳批发部与斜滩批发点，均属报账单位。

零售网点情况如何

民国时期，私营商业零售网点主要集中在鳌阳与斜滩两地。1939年，全县有私营商业零售网点 347 处。民国 30 年，减为 248 处。解放后，县内商业零售网点除国营、供销商业外，个体商贩多为综合杂货，专营的有医药、布匹、水果、蔬菜、肉类几个行业。1950 年，全县有商业零售网点 251 处，其中 250 处为私营。1965 年，全县有商业零售网点 300 多处，其中 90% 为国家商业、供销经营。1986 年，为个体商业发展的高峰期，当年全县商业零售网点达 1987 处。1988 年降至 1415 处。1989 年底，全县有商业零售网点 1101 个，平均每 195 人有 1 个供应点；饮食店 125 个，平均每 1714 人有 1 个供应点。零售网点中，个体有证商贩 928 家，占 84%，加上农户兼营的无证小卖部，网点已遍布常住人口达 30 人以上的自然村，从地区分布上看，鳌阳镇 145 家，斜滩镇 99 家，南阳镇 89 家，犀溪镇 87 家，这 4 个乡（镇）占全县网点的 45%。

商品购销情况如何

据《寿宁待志》记载：明万历年（1573～1619），已有安徽商人至寿宁贩运食盐。由于寿宁无大宗土特产，至清康熙时（1662～1722），寿宁民间习俗仍"不事商贾"。

道光二十四年（1844），武曲梅洋村人林锡庚开设"济生堂"，诊病卖药。光绪三十三年（1907），周宁县人陈朝毅在斜滩开设"复兴号"商店，股东资金 5000 元（大洋），经营批发兼收购，全盛时期店员达 40 人。省内的政和与浙江省的庆元、景宁、龙泉及江西省的广丰、乐平等县的商号都有给"复兴号"进货。1932 年，复兴商号的私钞，曾流通至省内的福州及浙江省的温州等城关。

抗日战争爆发，海运阻塞，来自上海、温州、福州的货源中断。随着沦陷区的扩大，县外无货可进，日用生活必需品如盐、煤油、火柴、布匹等都供应不上。据有关资料记载：当时寿宁、泰顺边境居民消费的食盐、水产由福鼎桐山城西，经柯岭、浮柳、茭阳，入泰顺墩头，经二魁、洲滨过葛家洋入寿宁岭头、门针槛、西浦，接寿宁至泰顺古道。全长 85 千米，其中寿宁境内 7.5 千米。1939 年，全县有商店 347 家，至 1941 年，减至 248 家。抗战结束，国民党又发动内战，法币贬值，市场凋零，商店纷纷倒闭。1950 年，虽有 250 户私商，但多为亦工亦农的夫妻店，全县社会商品零售总额仅 81 万元（旧币）。

经过土改，生产发展。1952 年私商营业额恢复到 128.2 万元，比 1950 年增加 96%，加上国营和供销合作社商业，社会商品零售总额达 168 万元，比 1950 年增加 1.08 倍。1957 年，社会商品零售总额为 351 万元，又比 1952 年增加 1.1 倍。1961 年，市场供应紧张，与 1960 年相比，卷烟减少 81%，棉布减少 80%，化肥减少 42%，社会商品零售总额也下降 21.2%。1962 年起，虽逐年有所增加，但直到 1965 年才达到 610 万元，比 1957 年增加 74%，比 1960 年增加 0.8%，此后，除 1968 年比上年下降 8.3%、1970 年比上年下降 5.2% 外，其余均直线上升。1978 年，社会商品零售总额达 1481 万元，比 1965 年增加 1.4 倍。1989 年，社会商品零售总额 7139 万元，为 1950 年的 88.1 倍，1952 年的 42.4 倍，1957 年的 20.3 倍，1965 年的 11.7 倍，1978 年的 4.8 倍，1981 年的 2.7 倍，1985 年的 2.05 倍，比 1988 年增加 5.8%。

商品采购渠道如何

寿宁的手工业品、农副产品参与交换的品种数量不多，且多为产销直接见面。明代向县外购进的商品主要为食盐、海产（鲨鱼、干鳗），江西（黄麻）布，也有元宵的纱灯。清咸丰年间（1851～1861），中药铺发展，向县外购进的药材品种增加，至 1931 年，全县经营京果、杂货、糕饼的商店近百家，占坐商总数的三分之一，向县外购进的商品也大幅度增加。大商号批零兼营，每年茶季、油季多到福州、温州进货；小本经营的，每隔 3～5 天合雇一名挑工到福安、赛岐或浙江省平阳、泰顺的百丈口等地购进小批量货物。

自 1950 年 1 月寿宁县成立国营商业机构到 1989 年的 40 年间，寿宁的国营商业各公司购进的商品，范围由小到大，种类由少到多，质量由低档到高档。到 1989 年，经营的肉菜禽蛋、糖烟酒、纺织品、百货、文化用品、鞋帽、石油、五金、交电、化工、建材、机电设备等类商品达 3 万多种。县外购进的货源，占总值的 95%。县内采购的除农副产品外，地方工业产品也逐年增加。

工业品采购渠道如何

1950～1956 年上半年，货源由中国百货公司福安分公司代为组织。1956 年第三季度起，县百货公司自行向外进货。凡属国家计划分配的一类工业品，与国计民生关系较大的二类工业品和紧缺商品，均由公司按季向福建省驻上海办事处召开的供应会提报计划，经平衡分配后调进。三类小商品，省外向上海和浙江省的温州采购，省内向福州、厦门、龙岩等地的二级站购进。1958 年，按城进货，重要的工业品只能由上海、福州供应。

1962 年，中央通知，集中统一分级管理的商品，按经济区域组织流通，三类工业品允许跨区域直接向厂家进货。寿宁除棉布、棉纱、汗衫、背心、卫生衫裤、棉毡、床褥单、肥皂、火柴、搪瓷制品、机制纸、煤油、元钉、铁丝、全胶鞋和中央、省管的中西药品、药械以及物资系统计划分配的物资，仍按上级核定指标调进外，其余均为自行采购。

1959 年开始供应建材，购进水泥 16.4 吨，玻璃 16 箱。1963 年首次大批量调进钢材，年调进量为 15 吨。

1965 年，地区商业局赛岐工业品站成立，县外购进由上海改向赛岐填报要货的数量和时间，由该站召开商品供应平衡会议核定供应。

1970 年，重新强调按行政区域进货，即使向产地调拨，也要按赛岐站的平衡计划调进。1979 年后，恢复按经济区域购进，允许省内无货省外补，除计划内商品由赛岐站提供外，大多从外省外地自行调入。

1985 年，改革流通体制，实行多渠道少环节进货。从此，国营商业的购进只为全县货源的一部分。为适应参与竞争的需要，国营商业依靠信息情报，选购路程近、费用低、多品种、补缺口的商品，力求做到适时、适量、适销。

国营商业对地方工业生产的扶持，集中表现为包销产品和保证原材料供应。在计划体制中，支持地方工业，是各公司的铁任务。1960 年，商业局内就曾设地方产品办公室，派员驻厂，从产、供、销各个环节提供服务。只要质量符合要求，价格适宜，一律优先收购。从当地购进的产品主要有酒、纺织品、粗纸、民用锁、伞等。

农副产品采购渠道如何

寿宁副产品采购主要是生猪和蔬菜：

一是生猪，1953 年以前，寿宁的生猪是自产自销，当时供销社刚建立，收购价格优惠，不少农民到供销社登记预约送售。1955 年，农村饲料不足，城镇猪肉需求量增加，货源紧缺。5 月，县财委发出通知，生猪由供销社统一组织收购。规定养猪户自宰自销的生猪，应在 50 千克以上，并须经区公所批准，自己雇请工商局登记的屠宰户宰杀。当年供销社收购生猪 6254 头。1962 年起，国家对收购生猪实行奖售政策，每 50 千克生猪，奖售稻谷 50 千克或化肥 25 千克。（初期还另外奖售咸鱼 5 千克，化肥 2.5 千克，白糖 1 千克，毛线 0.5 千克，平价猪肉 5 千克，并由商业局的畜牧场或国营农场供应平价猪崽 1 头）。1963 年，实行"购二留八"或"购三留七"的办法，派购部分按平价，础成部分按议价，平价部分给奖售。10 月起增加奖售布票，宰杀生猪实行供销社"一把刀"，控制自养自食，自产自销。

1965 年，为解决猪苗缺乏问题，规定"见母必留，先留后选"，阉猪需经大队主干批准。1975 年，限制自宰生猪。收购生猪实行指派办法，完不成任务的大队，不准自宰生猪；生产队之间或社员之间，未完成的队、户、按应承担的派购任务上交差价款。具体政策在 1978 年 9 月以后略有调整,改为"按户派购,购半留半,先购后留",允许"二把刀"宰杀。国营食杂公司除平价供应猪肉外,实行保本微利,议购议销。1978 年,收购生猪 1.53 万头。1981 年起,全县派购任务为 4000 头,一定三年不变,奖售改为斤猪斤粮。1984 年起,取消奖售,实行差价补贴,每 50 千克补贴 7.5~8 元。1985 年 5 月取消派购,实行议购议销。1989年,全年收购生猪 8452 头,外调 5000 头,1976~1989 年,累计收购 45.7 万头,累计外调 2.5 万头。1989 年,农民自养自销 2.33 万头,占生猪出栏总数的 61.6%,计划收购只占 38.4%。

二是蔬菜,清代以前,寿宁的蔬菜自产自给。民国时期,县城街头有蔬菜早市,产销直接见面。1958 年,人民公社办食堂,全民炼钢铁,城镇居民蔬菜紧缺,由城关镇各大队的蔬菜生产专业队生产少量蔬菜供应机关单位。1960 年,国营副食品经理部从湖北、江西调进萝卜、白菜、空心菜、丝瓜、苋菜种籽 2.86 吨,从浙江调进菜苗 0.75 吨,供应农村社队栽种。1962 年,允许农民自由种菜,产量猛增。此后,供应居民的商品菜,实行划片包干,就地供应,不足部分向外县购进。1972 年,县委决定在城关的梅溪、斜滩公社的斜滩和楼下,南阳公社的南阳 4 个大队建立蔬菜基地,划出 45 亩良田(核减"三定"粮食产量 19 吨),生产商品菜应市。1978 年,从城关镇茗溪大后后墩洋划出 45 亩良田,作为蔬菜基地,安排 18 个劳力组成专业队,聘请河南的农民技术员陶学海,引种耐寒高产的山东大白菜获得成功,并向全县推广。专业队生产的蔬菜由食杂公司包销,大白菜每千克 0.06 元,比市价低 0.10 元。这一年,专业队生产蔬菜 175 吨,只向外县调进蔬菜 117 吨,基本满足县城居民的需要。1980 年,又在安章大队增设蔬菜组,专业队的用地扩大到 100 亩。1985 年上半年,基地提供蔬菜 138 吨,占市场供应量的 50%。1989 年,基地供应县城居民的蔬菜 29 类 78 个品种,日平均上市 40 吨。个体菜贩 6 户 10 人,从县城外购进供市的大 菜和高档菜约占县城销售量的 16%。其他乡(镇)蔬菜仍为自产自销。

商品销售和商业流通体制改革情况如何

1950 年以前,寿宁的内贸市场都是私人经营。1950 年,国营贸易公司在斜滩设营业处。1952 年,全县各区办起供销合作社,内贸的经营方式,供应定额和物价,开始逐步纳入计划经济的轨道。1979 年后,经济体制改革,形成多种经济成份,多种经营方式,多种流通渠道,减少流通环节的管理体制。在商品流通领域中,国营商业发挥着主渠道作用。为保证供应,平抑物价,繁荣经济,稳定社会,国营商业承担起调节市场、促进生产、指导消费的任务。

国营商业对市场的领导，以占领批发市场为起点。经过 1953 年的粮食统购统销和 1954 年的棉布统销，促进了对私商的社会主义改造。到 1956 年，国营、供销和半社会主义性质的商店零售额达 362.2 万元，占全社会商品零售额的 92.2%。

随着社会需求量缺口的扩大，批发业务逐渐附着上定额供应的框架，到 1960 年，计划分配取代了批发推销，国营商业成为全县工业品批准供货的总管家。1960～1989 年，计划供应的商品品种，从少到多，再从多到少。1985 年后，按计划统配的商品也划出一部份实行价格双轨制。

1990 年，县属流通企业全部实行承包经营。1993 年，商业企业推行"国有民营"改革，县商业局实行经营责任制，对台胞购物中心、百货公司、纺织品公司等 14 个柜（组）、门市组推行"国有民营"改革。经县政府批准，商业总公司将零售网点量拍卖，由员工个人经营。2001 年，采用"领取补偿金和以补偿金入股组建有限责任公司"等多种改革措施进行商业企业改革。原县商业局所属的国有商业企业及县供销社所属的集体企业完成了计划经济条件下商品流通主渠道的历史使命，取而代之的是民营商业企业及个体企业。1990 年，全县个体工商户 1905 户，从业人员 2070 人，注册资金 278.5 万元；到 2005 年，全县个体工商户增加到 2680 户，从业人员 3050 人，注册资金猛增到 4335.28 万元。社会消费品零售总额也从 1992 年的 7797.3 万元，增至 2005 年的 65193.9 万元。2015 年，全县个体工商户达 7155 户，从业人员 8156 人。社会消费品零售总额达 19.59 亿元。

国营商业计划供应情况如何

国营商业计划供应主要指棉布、猪肉、食糖、卷烟、石油等的计划供应：

一是棉布供应，1954 年每人定量 5 米，1957 年增至 5.3 米。1960 年降为 0.83 米（分两期发放，上半年发 60%，下半年发 40%）。1960 年起，购买毛巾等小针纺织品和布胶鞋都要布票，这一规定执行到 1967 年。1961 年起，全县棉布销量恢复到 87 万米，人均 6 米。此后，除 1972 年为 68 万米，1973 年为 71 万米外，每年销量都在 73～82 万米之间。1983 年取消布票，敞开供应。

1972 年寿宁开始供应化纤布，当年供应量为 9 万米，1974 年迅速增至 21.7 万米。1972 年～1980 年，8 年间累计供应化纤布 156 万米。大大缓和了棉布供应紧张的状况，1983 年后棉布可以敞开供应。

二是猪肉供应，1958 年开始实行限量供应，厂矿工人和公路民工每人每月 0.5 千克。1959 年，全县生猪收购量比上年减少 5854 头，上调增加 476 头，原来的限量供应改为不定期供应。1974 年，军人食肉凭票供应。1977 年起，每逢节日给非农业人口供应定量的平价猪肉。1984 年下半年，非农业人口每人每月发 0.5 千克肉票，按平价供应，亏损部份由财政补贴。1985 年 5 月开始，非农业人口每人每月发给猪肉补贴款 2 元，按季度发放，到 1988 年取消补贴。猪肉价格放开，自由买卖，随行就市。

三是食糖供应，1959 年开始按人口逐级分配指标，凭购货证（疾病或生育补贴按批条）定量供应。1960 年 10 月起，压缩工业用糖指标，食品工业以咸代甜。1960、1961 年，国营商业公司拨出 8 批红糖计 22.6 吨，作为病员医疗辅助品。1962 年，国家职工每人每月供应 50 克，其他人口每月 40 克，1977 年人均每月供应 150 克。1989 年仍凭票供应，非农业人口每人每季度 1 千克，平价供应的亏损额由县财政补助。

四是卷烟供应，限量供应始于 1959 年，供应办法虽与食糖相同，但多不定期，唯独春节能保证供应。烟票按处级、科级、一般干部和工人、非农业人口、农业人口五个层次发放，高层次数量多些，供应高级烟；低层次数量少些，供应低级烟。1983 年后，高低档烟价差拉大，群众消费水平提高，"文化大革命"时期畅消的等外品"经济"牌、"鹭江"牌香烟，均被淘汰。

五是石油供应，1961 年起，煤油列为奖售物资，照明用油凭购货证供应。1978 年起，柴油、汽油均列为统配商品，机动车用油按季定量，农业机具按台数和马力分配。1983 年起，供应议价汽油，1985 年起石油敞开供应。

六是其他，如酒、水产品、火柴、肥皂，自 1959 年开始限量供应。1961 年，胶鞋、热水瓶、棉纱制品、羊毛织品、铝锅、牙膏、电筒、电池都实行限量供应。1962 年，实行凭购物券购货，购货券分专用、普通 2 种，专用券限于奖售，普通券供应非农业人口购货。1980 年以后，陆续敞开供应，凭批条购买的品种转为电视机、洗衣机、自行车、缝纫机、电风扇、电饭煲和电冰箱等。1989 年起，所有日用工业品，全部敞开供应，任人选购。

物资交流的情况如何

早在 1952 年 9 月，县人民政府就在县城、斜滩、南阳、平溪等地举办物资交流会，参加交流的达 69.6 万人次，购销额 253 万元（旧币），其中私商和农民各占38%。交流会期间按质论价，并对度量衡进行检查。1953 年，全县举办 9 次交流会，购销额 53 万元，国营与供销商业的比重上升到 34.5%。1955 年，供销社内部每月 20 日召开一次商品调剂会。1957 年，县商业局组织 500 多种未与群众见面的新品种补充到基层。1959 年，供销系统召开小型交流会 148 次，成交总额 45.4万元。1961 年 6 月，县商业局邀请浙江龙泉县商业局及县轻工业系统各厂参加交流，根据"互助互利、等价交换"的原则，签订供销合同 112 份，总值 50 多万元。

1979 年，在放开搞活的形势下，国营与供销商业分别于 4 月、9 月、11 月召开商品供应会，设立样品会展，展出主要商品 1500 种，成交 61 万元，组织调剂 3 万元，接受退货还款 5.3 万元。

1981 年 4 月和 9 月，县商业局举办两次工业品展销会，9 月的一次设 4 个展览馆、展出商品 3500 种，有 86 家县外、省外客户参加，成交 45 万元。1982 年举办 5 次展销会和订货会，其中百货公司的一次展销会，展出商品 4000 多种，成交 37.5 万元。当年，供销系统的展销会规模也愈办愈大，形式越来越多样化，仅第一季度，就举办大小展销会 31 次，销售额 23.3 万元。1983 年供销系统召开展销会 147 次，售出滞销商品 16 万元。1987 年商业系统的秋季展销会，共展出商品 8000 多种，成交额 75 万元。展销活动还扩大到基层，举办单位除了携带新兴的，当令的，未与群众见面的商品外，还带上商品目录和账簿巡回展销，一改过去在批发中硬性搭配滞销商品的做法。

通过展销加强了同外地厂商的联系，从 1983 年起，根据"互利互补"的原则，发展跨行业，跨地区的横向联营，先后与广东的湛江、浙江的泰顺以及省内的连江、建瓯、政和与地区内的宁德、福安、霞浦。柘荣等县（市）实行商业上的产销联营，产品联销。这种做法，既开拓了经营，方便群众，又提高企业的经济效益。

饮食行业的情况如何

饮食业主要为流动人口服务，毛利较高。1939 年，鳌阳 76 户坐商中，有 5 户从事饮食业；斜滩 150 多户坐商中，有 10 户从事饮食业；犀溪乡 22 户坐商中，有 2 户从事饮食业。主要经营馄饨（俗称"扁肉"）、面条、米糕、糍粿、粉干、酒菜等。

1963 年，全县有饮食业商店 30 家，从业 51 人。其中，国营 1 家 8 人；集体 6 家 12 人；公私合营 2 家 5 人；个体 21 家 26 人。1980 年增至 40 家 138 人。1989 年，全县有国营饮食店 4 家 13 人；个体饮食店 121 家 155 人。仅县城一地就有饮食店 39 家，饮食摊点 18 处，零售额约占全县的 75%。1990 年，全县有饮食业商店 205 家，其中国营 1 家，集体 15 家，民营 189 家，从业 612 人，社会总产值 230 万元。1997 年，有饮食业 386 家。2005 年，全县有饮食业商 465 家，从业人员 1460 多人。

县城的米粉，斜滩的馄饨，南阳的米糕，是寿宁县传统风味小吃；县城的炒粉丝、鲜蒸甲鱼、鲜蒸水鸡与斜滩的鲜蒸鳜鱼、鲜蒸淡水鳗及武曲的清水煮毛蟹均为寿宁的特色名菜。

服务行业的情况如何

　　寿宁县的服务行业主要为旅店（宾馆、酒店、公寓）、理发（美容）、摄影、日用品修理等。1939年，鳌阳镇有4户从事服务业，其中，理发2户。斜滩镇有17户从事服务业，其中，理发5户，客栈12户。1963年，全县从事服务业46家78人，其中，国营4家21人；公私合营7家22人，个体经营35家35人。1980年全县从事服务业的国营、集体、个体商店计有53家117人。1987年，全县从事服务业的有155家242人，其中旅店业22家69人；理发业35家48人；洗染业1家2人；摄影业14家17人，日用品修理业83家106人。1988年，全县从事服务业的有187家277人，其中国营3家22人，集体3家17人，个体（有证）181家238人。

　　1990年，全县旅店、美容理发、洗浴、摄影、刻印、打字、广告、维修等行业共270多家，从业人员390多人。1995年以来，全县大兴卡拉OK歌厅，仅县城就有18家。1998年，县城工业路拓宽及商贸城开发，新开旅店公寓20多家，形成了较为集中的住宿区。2005年，私人股份合作的聚得乐大酒店开业，有床位115个，内设大小餐厅、卡拉OK厅、停车场等设施。当年全县有服务行业420家，从业人员750多人，是1980年改革开放初期的7.9倍。

计划内供应的情况如何

　　寿宁县物资局经营的计划内物资主要有金属材料、电机设备、化工建材（纯碱、炸药、玻璃）与燃料（柴油、汽油、机油、煤）。这4类物资由国家统一管理，年度供应计划需逐级上报经平衡后分配到县，物资局根据县计委下达的指标（或批条）供应。

　　一是金属材料。1949年以前，寿宁有少量铜、银、生铁、薄铁等金属材料供应，主要用于制造农业生产工具和日常生活用品。1950～1960年，金属材料供应量很少。1963年，县物资局首次购进钢材15吨（共销出8吨），购进生铁2.5吨。1963～1966年，共购进金属材料13.1万元，销售12.83万元。1984年以前，钢材供应最高年份不过800吨，1987年增至1411吨。1979～1989年，共组织计划内铜57.2吨，伞骨钢丝、炭结丝、铸钢管等金属制品508.6吨，供应县伞厂、锁厂和自来水厂。

　　二是机电设备。物资部门供应的机电设备主要有机械、电工仪表、量刃具3大类。1961年以前，主要经营车胎、轴承、柴油机、钢丝、元钉、自行车座垫、电灯泡、洋镐、闸刀开关、钢珠等。1978年后，机电商品市场竞争激烈，仅从地区机电公司进货，已无法满足市场需求，县物资局采取多渠道进货的办法，直接从厂家进货。并与闽东电机厂、咸宁汽车贸易公司、福安砂轮厂建立业务关系。1979年，从县外调进20台变压器供应南阳公社赤溪电站，100台电动机供应县茶叶精制厂。1986年，组织20多吨铝胶线供应县内各电站。

三是化工建材。1959年开始经营，当年供应水泥16.4吨、平板玻璃16箱、炸药1.85吨、纯碱2.95吨、烧碱0.45吨。1980年，供应水泥1126吨、硫化碱30.75吨、纯碱3吨。仅水泥一项，1982年供应3406吨，1984年为4038吨，1985年猛增到8552吨，1989年升到1.10万吨。1988年3月15日特大冰雹灾害，县物资局组织人员，仅用6天时间，从霞浦、柘荣、福安、周宁等县调回毛毡1666卷，支援灾区。

四是燃料。1959年，县物资部门开始经营柴油、汽油与机油，购销量很少。当年购进柴油1吨、供应10吨。1961年购进7吨，汽油3吨。1981年，物资部门设立燃料公司，经营民用煤。当年购进白煤4.27吨，以倒挂价格供应409.8吨，其亏损由县财政拨补。1987年后，每年供应在500吨以上，居民用煤按户口按季定量供应，2人以下每户每人30千克，3~4人每户100千克，5人以上的户130千克。

计划外供应情况如何

1978年以后，开展物资横向联营，灵活经营，供应计划外钢材9895吨，水泥5.32吨，汽车88辆，轮胎2988套，纯碱66吨，烧碱（固体）84吨。1979年，县物资局积极组织计划外物资投放市场，先后与松溪、政和、庆元、广丰水泥厂及福清橡胶厂、福州化工厂建立固定的业务关系，直接从这些厂家购进水泥、轮胎、纯碱、烧碱等物资。1982年，又组织了40多吨计划外特殊钢材供应县线毯厂。同年，还从省外调进11吨白水泥，供应县百货大楼，以补计划供应的缺口。

据不完全统计，1979~1989年，县物资部门组织的计划外机电设备总值达680多万元，计划外化工建材总值达1400多万元，供应给相关的企事业单位。这就是当年物资短缺年代的一种供应方式。

对外贸易情况如何

寿宁的产品运销海外始于1935年。当时斜滩就有24家茶行经销精制茶叶。1936年，全县有47家茶行，加工"坦洋功夫"红茶422.45吨（其中，斜滩占1/3），经福转口销往香港。抗日战争爆发后，海口封锁，外销出口逐年下降。

1950~1983年，对外贸易经营实行计划管理和行政干预。寿宁只负责组织货源提供给福建省土产、粮油食品、茶叶、医药保健、轻工工艺、五金矿产等几家进出口公司及宁德地区对外贸易公司经营。1983 年 7 月，福建省改革外贸经营体制，在统一对外的前提下，给各地和企业以更多的自主权，适当扩大出口经营权，除国家和省规定统一经营的 39 种商品外，其余均放开经营。

寿宁于 1984 年开始经营板栗出口。1987 年自营出口脱水香菇，向香港购进折叠式自动雨伞材料，供应县伞厂。寿宁时年提供出口的产品，以茶叶、雨伞、蘑菇、兔毛、山茶籽油，美术栏杆花板，工业硅等为大宗。其次为毛皮，羽毛、银耳、肉燕皮、香菇等，共有 23 种产品。1980 年外贸局成立后，出口金额年年递增，其中 1989 年 971 万元，比 1988 年增 52%，是 1986 年的 4.9 倍。

寿宁出口的产品有哪些

寿宁出口的产品主要有茶叶、雨伞、蘑菇、兔毛、山苍籽油、土豆、银耳、肉燕皮等 8 种。现述如下：

一是茶叶，1978 年国营南阳茶场首次精制"炒绿珍眉"，当年出口 25 吨。1979 年全县多点生产炒绿，出口 175 吨。1988 年，出口 348 吨。县茶叶精制厂，1985 年出口 148 吨，1986 年出口 135 吨，1989 年出口 298 吨。成为当年寿宁出口农副产品的拳头商品。

二是雨伞，寿宁伞厂生产的"风华牌"自开二折式雨伞，1987 年销往加拿大 14.4 万把，销往香港 1.12 万把。1988 年扩大市场销往美国、西德、日本、利比里亚、新加坡等国 26 万把，产值达 166 万元。

三是蘑菇，1976～1989 年，寿宁为霞浦三沙罐头厂"水仙花"牌蘑菇罐头提供鲜菇 9706 吨，产值 1934 万元。其中，1985 年 1246 吨，1997 年 1122 吨，1989 年 1922 吨。

四是兔毛，1965 年开始收购 105 千克，1967 年收购 2000 多千克，1981 年达 12.6 吨，1983 年 16.3 吨。1985 年以后多渠道经营，直接销往广东等地。

五是山苍籽油，山苍籽原为野生植物，历来只作青草药。1957 年供销社开始组织收购，蒸馏提炼山苍籽油。1978 年，采购山苍籽油 28.5 吨，1987 年出口 36.8 吨，为产量最高年份。后因国际市场疲软，单价下降，出口逐年减少。

六是土豆（马铃薯），寿宁生产的土豆，黄皮黄肉、美味可口，主要以"福州土豆"品牌销往香港、日本。1972 年～1989 年，共出口 1.92 万吨，其中 1982 年出口 2028 吨，为最高年份。

七是银耳，1964 年开始收购，当年出口 1 吨。1971～1979 年，共出口 22.05 吨。1980 年出口 28.3 吨，总值 18.5 万元，为历史最高年份。

八是肉燕皮，1984年，县外贸发包给福州师傅生产，当年出口4.7吨，产值2.6万元。1989年出口35.1吨，总值30.3万元，为历史最高年份。

此外，1984年钨砂出口5.72吨，价值5.15万元。美术栏杆花板销往日本62万元。迎春工艺厂加工的叶腊石雕，1987年外销10万元，竹编厂、竹筷厂生产的花签竹、羊肉串竹签，1988年外销35.9万元。玩具厂，1989年外销36万元。1988年还出口工业硅、结晶硅、小折椅、羽毛、成品氆等。

1990年以后，对外贸易主要由企业自营进出口。1990年，全县出口创汇12.5万美元；1996年，出口创汇568万美元；2003年，全县出口创汇746万美元。2005年，全县7家对外贸易企业，当年出口创汇765万美元。

中日合资福建三祥工业新材料公司是县内出口大户，主要出口特种合金、氧化锆、单晶刚玉磨料。2004年该公司自营出口创汇530万美元，占全县出口的96%。2015年三祥新材营业收入27727.2万元，实现利润3971.28万元。2016年成为寿宁境内唯一的上市企业。

商品基地建设情况如何

1980年以前，县供销社为保证山苍籽油、马铃薯、蘑菇等大宗产品的货源，从技术、资金、肥料、辅助材料方面，给予生产专业户重点扶持。

1980年，县外贸局成立，为适应改革开放的需要，重点抓长毛兔基地建设。1980~1988年，奖励发展长毛兔，计拨出专款9.3万元、奖售化肥1023吨、供应饲料粮稻谷100吨、麦麸18吨。全县养兔最高年份是1981年，达17.6万只。其中，南阳乡3.28万只，犀溪乡3.3万只。南阳村和犀溪乡的犀溪村、仙峰村各养兔5000多只，居全县各村之首。

外贸部门对1989年以来新增加的雨伞、玩具、小折椅、竹筷、花签竹、握力器等出口产品，给相关厂家以预付款、周转金和进口原材料方面的支持。

1988年，县外贸局与省五金矿产进出口公司同鳌阳镇企业站、县人武部合资共建宏光铁合金厂，1989年出口铁合金286吨，从此，这个企业便成了外贸出口的基地和大户。

商业行政管理的机构有哪些

商业行政管理的主要机构有五家：

一是财政贸易委员会（简称财委），1959年9月初设，时称财贸办。"文化大革命"初期撤销。1968年5月复设，称财贸组。1976年1月改称财贸办公室。

223

1984 年 5 月，改称财贸委员会。同年 12 月改称财政贸易委员会。

二是商业局，1956 年成立商业科，10 年间更名 5 次，1977 年 5 月恢复原称。1990 年，商业局是全县商业的主管局，内设办公室、财务部、业务部、商贸管理部，编制 9 人，下辖百货公司、纺织品公司、糖烟酒公司、食品公司和饮服公司 5 家企业。1993 年，组建县商业总公司，1998 年 3 月撤销商业局，采用事业编制，实行企业管理，内设办公室、财务计划科、商贸管理科、资产运营科、业务科、编制 10 人。2000 年，撤并商管部和资产运营部，新设收费服务中心。2014 年，继续稳步推进置换职工身份和解决遗留问题，对百货大楼、赛岐房产管理、处置、租金收入和税收上缴比上年增加。

三是外贸公司，1974 年 11 月 15 日成立，隶属商业局。1976 年 1 月，商业局与供销社分家，改隶供销社。1980 年 10 月成立对外贸易局，1984 年设外贸公司，局与公司系两块牌子一套人马，政企合一。1989 年底全员 30 人，公司内设人秘、财会、茶叶、土畜产、综合 5 个股。下属长毛兔良种繁殖场、收购门市部各一个，经营县内出口商品。

四是烟草专卖局，1984 年 10 月成立，初期租用国营旅社二层办公。下属机构有烟草公司。1994 年，县烟草专卖局和县烟草公司的烟草业务从原县糖业烟酒公司分出。1995 年 1 月，成立烟草公司劳动服务公司，3 月设立城关专卖管理所，8 月机关内部增设“网建股”，2002 年更名“市场营销部”。2004 年 8 月，取消县烟草公司法人资格，同时成立“福建省烟草公司宁德分公司寿宁经销部”，内设客户服务中心、综合办公室、专卖管理办公室。下设城关专卖管理所、客户服务部、企业全部资产、债务、所有者权益总额全部无偿划转给福建省烟草公司宁德分公司。2005 年，在册职工 41 人，全年销售卷烟 7012 箱，实现税利 667 万元。

五是物资局，1963 年 3 月成立，10 月改为物资科，1967 年并入县计委。1970 年 6 月设物资供应站。隶属县革命委员会生产指挥组计划组。1973 年升格为革委会物资局，内设人秘、财计、储运、业务 4 股。1984 年局改称公司，1996 年恢复局建制。1990～1997 年，隶属县政府，有行政编制 25 人。1997 年 3 月 3 日，县物资局转制为经济实体，成立物资总公司，直属县政府，内设办公室、业务科、财务科，主要经营：铵梯炸药、铵油炸药、膨化炸药、乳化炸药，导火索、导爆索、导爆管、电雷管、火雷管。2005 年商品销售 780 万元，上缴税金 34 万，实现利润 46 万元。

商业企业管理机构有哪些

企业管理机构主要有：百货公司、纺织品公司、食品公司、饮食服务公司、糖业烟酒公司、石油公司、烟草公司和燃料公司8家。

一是百货公司，1950年1月，福安专区贸易支公司在斜滩设营业处。1952年，支公司分设百货、纺织品、粮食油脂等分公司，不久粮食、油脂公司划归粮食系统。中国百货公司福安分公司和中国纺织品公司福安分公司在斜滩设立的综合性机构，为中国百货公司福建省寿宁县支公司。1989年底全员114人，销售额744.69万元。

二是纺织品公司，1983年从百货公司分出，1989年底全员56人，主营纺织品。针织品、棉花批发与零售，共有3000多个品种。公司地址在县城的解放街208号，占地面积1220平方米，营业设施有楼房9座，建筑面积3968平方米。

三是食品公司，1978年3月成立，原系食杂公司的城关食品站，全员34人，下属有鳌阳、斜滩、武曲、南阳、平溪、坑底、芹洋8个食品站和一个养鸡场。主管肉食、禽蛋的收购、调拨、供应业务。公司地址在县城解放街198号，全公司占地面积3255平方米，营业设施有楼房11座，建筑面积3366平方米。

四是食品服务公司，1963年10月从县食杂公司分出。公司下属有饮食店、照相馆、旅社、理发店、饼厂等。公司地址在县城胜利街117号，公司占地面积2242平方米，营业设施有楼房9座，面积4901平方米。

五是糖业烟酒公司，原为食杂公司，成立于1961年12月，1966年改为县贸易公司副食品组，1972年恢复食杂公司，1979年5月改名糖业烟酒公司。1984年10月烟草业务划归烟草专卖局，改称副食品公司。公司地址在县城解放街149号，公司全员37人，有营业用楼11座，总建筑面积4724平方米。

六是石油公司，1979年6月1日成立，原为百货公司石油批发部。1985年5月划归石油系统垂直管理，单位全称：中国石化总公司销售公司福建省石油公司寿宁支公司。全员32人，地址在县城解放街74号，占地7220平方米，营业设施有楼房、库房7座，建筑面积3111平方米。

七是烟草公司，1952年6月，成立"福安专区寿宁县专卖事业分处"。1956年归县商业局管理，更名为"中国烟草专卖公司福建省寿宁县公司"。1984年10月成立烟草专卖局。1985年4月23日烟草公司。全员23人，1989年销售983万元。1990年，销售7854箱，比增23%，2005年销售烟草7486箱，销售额6813万元，实现税利1121万元，比上年同期增长65.58%。

八是燃料公司，1981年4月成立，经营民用煤的采购供应。公司占地面积3500平方米，营业设施有楼房4座，建筑面积609平方米。

寿宁商业计划管理情况如何

寿宁县国营商业公司，自1956年成立之日起，便以执行上级批准的年度商品流转计划作为衡量工作成果的依据。购、销、调、存、财务、基建、网点调整无不纳入计划。为了确保年度计划的实现，除按年度指标编制季度、月份计划外，还通过统计报表逐旬、逐月、逐季检查执行情况，在执行过程中遇到特殊情况需要调整计划时，均报上级批准后执行。

1958年人民公社化后，国营、供销商业统揽市场，国营商业公司的商品流转计划，担负着具体安排全县消费品（不包括粮油供应）的任务。1981年5月，县商业局将紧俏商品经营权下放到商业系统各公司。1982年起，指令性计划开始松动，逐渐向指导性计划过渡。

1985年下半年，全县城乡商店为推销商品举办有奖销售，个体户也联户设奖参与竞争。1988年8月，受外地的争购风影响，一部分消费者连日向银行挤兑，购买各种家用电器、盐、味精、食糖等物资。有的农户一次抢购食盐100多斤，全家人足足可食用5~6年。经过1989年的治理整顿，社会需求得到控制，物价日趋稳定。

1993年，商业企业推行"国有民营"改革，2001年，商业、供销所属企业完成了计划经济条件下商品流通主渠道的历史使命。取而代之的是私营商业企业及个体企业。

储运管理情况如何

寿宁的商业企业在建立初期，大多租用民房，仓储坚持值班保卫、健全分类明细账和定期盘点，加强防潮、防鼠、防火、防蛀、防锈、防爆等，消除事故隐患。1979年后，新建的仓库大量增加，库内增设货架、货垫、安装温度计、湿度计、灭火机、消防泵、水池等。组织职工学习商品保养和安全知识，提高仓管质量，努力降低仓耗。

商品的运输管理，是为"及时、准确、安全、经济"服务。在福寿公路未修通之前，向浙江温州购进的商品，靠小船运抵泰顺百丈口。向福安赛岐购进的，也由小船运到斜滩，然后通过肩挑背驮分运全县各地。自1958年下半年起，除公路沿线实行多点停靠装卸外，还由驻榕小组、驻赛岐转运组根据各网点的要货数量组装整车，直接运达，以减少中转和零担托运。从外地厂家进货的也就地装车直接运达。"减少以至消除对流运输，过远运输，重复运输"，按商品的合理流向，有计划、有目的地选择商品的运输方式。凡外进商品，能陆运的，不水运；能直达的不转运；能整车组装的，决不零担托运，不搞重复装卸，降低运输成本。

财务管理情况如何

财务管理包括资金、费用和利润管理。1956 年以来，寿宁的商业系统各企业实行独立核算。1957 年按人民银行总行规定，专卖公司按批准的进货计划和季末信贷计划额度掌握放贷，其他公司按销售单位获准的季末信贷计划额度掌握放贷。贷款由银行托收结算，现金当日存入银行。1961 年起，公司实行预、决算制度，流动资金只能用于商品的流转。1963 年要求严格执行资金使用计划，计划外采购或追加计划使用资金，需经行政会议或经理同意。1971 年起，企业资金纳入地区、县财政预算。1981 年银行实行存贷分户。1983 年，商业局与人民银行核定各公司平均占用流动资金指标。1987 年商业系统企业实行承包经营管理责任制。1988 年各公司健全内部资金定额管理制度，使用"资金回笼"卡和"在途商品传递卡"，以明确责任，加速回笼，提高资金使用效益。

节约流转费用，历来是企业管理的核心。1956 年公司初建，编制计划时，因购买力多估了 30 多万元，造成仓库积压，利息支付增加，费用水平偏高。1957 年起抓扩大销售。1959 年，开展增产节约，全系统全年节支 22.6 万元，超过专区分配指标的 1.5 倍，被省、地评为"勤俭办企业"红旗单位。1973 年，食杂公司向外购货时，注意将体积不同的商品搭配装运，每 50 千克节约运费 1.20 元，全年节约运费 8000 多元。1975 年，全系统节约包装物回收款 1.54 万元。1978 年，食品公司加强下脚料回收，将猪的蹄角柱、鬃毛、胆囊全部加工利用。1983 年企业内部实行承包，职工自觉扩大经营品种，控制开支。1987 年 5 月，经过清仓，消化积压商品 116 万元，使期末库存中有问题的商品比重减少 94.6%。1988 年削价处理滞销商品 34 万元。

利润是经营成果的综合体现。1957 年商业系统超额完成利润 33%。1963 年起重视核算，利润逐年上升。1983 年实行第一步利改税。1984 年，县财政对商业局系统实行利润包干，核定入库 19.98 万元，超利部分 45% 作为职工奖金福利，35% 作为发展基金，20% 上缴商业局。1985 年实行第二步利改税，全系统（石油、烟草已划出）完成 12.82 万元。1986 年职工退休金实行统筹，各公司企业按规定向商业局交纳统筹费，按工资总额的 25% 支付。1989 年，改向社会劳动保险公司支纳统筹费，按工资总额的 25% 支付。

物资局实行"不赔不赚、收支平衡"的原则，1981～1989 年共盈利 45 万元。1990 年商品流通体制全面改革，县属流通企业全部实行承包经营。全县国有商业实行承包的企业 35 家，员工 236 人；租赁经营的企业 15 家，员工 51 人；国有集体经营的企业 4 家，员工 48 人。1993 年，商业企业实行"国有民营"。2001 年，商业局所属企业退出流通渠道，完成历史使命。

第十三卷

供销合作

寿宁供销合作历史如何

民国期间的合作社，系县政府指导的群众互助组织，通过信贷支持，促进茶叶及畜牧业生产，服务消费。1938 年，省合作处派员来寿宁指导农民筹备组织合作社，先在鳌阳、斜滩、犀溪试办。12 月 3 日，犀溪村办起第一所合作社，有社员 65 人，每人一股，至年底，全县共办起 11 所合作社。业务范围包括信用、消费和茶业、畜牧生产。银行给 11 所合作社贷款 2.5 万元（法币，下同）。1939 年 4 月，成立专营茶叶生产的合作社 7 所，精制茶叶，交茶叶管理机关统一出口，以减少商贩的垄断渔利。1941 年底，全县合作社发展到 50 所，社员 3893 人，4617 股，拥有股金 1.63 万元，当年给 660 户社员发放贷款 28.4 万元。到 1945 年，全县有合作社 84 所，有社员 10031 人，34205 股，股金 39.2 万元。1946 年，国民党发动内战，军费剧增法币贬值，微小的合作股金，成了战祸的牺牲品。

1949 年后分期分批进行土地改革运动所解放出来的生产力，有效地促进了小商品生产，全县进入流通领域的农产品增多，农民对工业品的需求量也相应增加。为了摆脱沉重的中间剥削，供销合作社作为集体化事业的前驱，以方便群众的特有优势，吸引广大农民。1952 年 2 月 26 日，一区率先成立鳌阳供销合作社。6 月 1 日，县成立合作总社。至 10 月 7 日，全县 10 个区（含纯池）均成立供销合作社。到年底，全县发展社员 29516 人（其中女社员 5362 人），收集股金 2.77 万元（人民币旧币）。当时，福安专区财政局拨给大米 50 吨，作为办社基金，国家还规定对供销社的贷款利率比国营企业低 10%，进货价优待 1～5%，邮电通讯、运输费用方面，都给供销社优惠，以扶持供销商业加速发展。建社以来，供销社始终坚持"促进生产、引导生产、保障供应、繁荣经济"的方针，以农民为主要服务对象，在协调工农之间、城乡之间的产销关系，支持农业，扶持农村发展商品生产中，发挥了不可替代的作用。到1989年底，县供销合作社拥有直属专业公司4家，车队1个，基层供销社13个，门市部和购销店101个，派驻福安赛岐镇和福州市的业务机构3个，代购代销店229家；有社员31092户，股份36984股，占全县总农户数的83.5%；有干部职工536人；流动资金1113万元；拥有营业场所、办公楼、职工宿舍建筑面积7万平方米。1989年销售总额3154万元，上交税金27万元，实现利润9.6万元。

1990年，县供销合作社属政府行政序列的自收自支事业单位，没有明确的人员编制，工作人员工资待遇参照当地行政机关编制标准执行，所需经费主要来自社属企业和基层供销社缴纳的行政管理费，县社本部资产（店面）出租收入作为补充。1993年，在保留县供销合作社联合社建制的基础上，成立县供销社企业总公司，实行两块牌子一套人马。1996年5月，县供销合作社联合社退出政府行政机构序列，定为事业单位，核定事业编制20人，所需经费由县财政定额拨补。2005年，县财政给县供销社的年定额补助为14万元。2005年，全县基层供销合作社在册职工168人，所有村购销站已无供销社职工在经营。

供销网点如何延伸

供销社的网点与不同时期的业务分工相适应，布局安排一再调整，总的趋势是逐步向下延伸。建社初期，设置网点的原则是"方便群众买卖，符合经济核算，有利城乡物资交流和充分发挥改造后的私商作用。"1952年，各区基层社在所在地设一个综合门市部，全县在较大的6个村落设分销处，另有2副货郎担深入村庄服务群众。1954年，全县基层社有零售门市部40个，分销处4个，代售店19个，收购站5个，县社设批发门市部3个。1955年，收购代购点增至29个。1956年，网点发展到119个。1958年，人民公社的公共食堂办商店，网点一度增加到463个。1960年，供销社根据"工业品优先供应农村，副食品优先供应城市"的原则，"一肩挑两头"，成为农村商品流通的唯一通道。直到1979年，农村只允许个别个体商贩拾遗补缺，基层社的零售额占市场总额95%以上。

1982年，供销社体制变"官办"为"民办"，为解决"由谁管理、为谁服务，利归谁得"这一根本问题和"独立核算、自负盈亏"的需要，在网点设置上，执行有利于扶持农村社队发展多种经营，有利于参与市场竞争的原则，小型服务加工业改由个人承包。至1989年底，全县设农副产品收购站和生产资料门市部13个，生活资料门市部39个，购销站36个，饮食店1家，代购代销店229家。

合作商店有哪些

1954 年 8 月，全县开始对私营商业进行社会主义改造，由工商科、供销社、税务局联合组成县"对私改造办公室"，具体工作由供销社负责。起初。曾强调农业劳动光荣，将 107 户 146 名小商贩压回农业，但很快就根据"维持改造，就地不动，改变性质"的"踏步走"方针予以纠正，国营、供销商业在控制了批发货源，全面占领商业阵地后，于 1955 年采取降低批发起点，调高批零差价、取消社员优待价和不必要的税收限制，给县城、斜滩两地有困难的个体商贩发放一定数额的贷款等措施，维持私商的生活出路，活跃了市场。1956 年，还安排 170 户 88 名务农商贩复业。

1956 年底，全县原有私营纯商业 150 户，从业人员 249 人，资金 6.83 万元。在对私营工商业的社会主义改造中，共改造 117 户 214 人。其中"一步登天"过渡到供销社的 26 户 87 人；公私合营商店 4 家，10 户 15 人；合作商店 7 家，23 户 49 人；合作小组 7 个，37 户 41 人；代购代销 5 户 5 人，经销 16 户 17 人。

1956 年 9 月，县商业局成立。县城的百货、烟、酒行业私商的改造，均归商业负责。1957 年，贯彻"统筹兼顾，加强改造"方针，做好扫尾工作，又安排商贩 38 户 41 人进入合作商店。合作商店的规模经过调整后，全县有合作店 6 家，门市部 20 个，人员 52 人，资金 0.45 万元，营业额 17.5 万元；小组 13 个，门市部 42 个，人员 63 人。服务公司有公私合营店 1 家，合作商店 2 家，小组 5 个。合作商店主要分布于鳌阳、斜滩、武曲、平溪、南阳等地。1959 年 5 月，公私合营店由商业局统一过度为国营商店。

"文化大革命"后期，个体商贩有所发展。1974 年，有合作小组 6 个，成员 25 人；合作商店 10 家，47 人。到 1979 年，供销社管理的合作商店有斜滩、南阳、武曲、平溪、犀溪 5 家和犀溪乡的仙峰村 1 个小组，共 53 人。1983 年以前，合作商店职员享受国营企业职工的待遇。

农用生产资料供应包括哪些方面

采购和供应农用生产资料，是供销社的主要业务，主要包括肥料、农药、农用薄膜和农具等。据不完全统计，从 1952～1989 年，供销社供应的农业生产资料总值为 8018 万元，为农业生产提供化肥 21.26 万吨，农药 5778 吨，农用薄膜 627 吨，中小农具 254 万件。1954～1956 年还向外县购回耕牛 151 头，在县内调剂余缺 131 头。

寿宁的农业用肥，历来以农家肥为主，商品肥只是少量的牛骨、油籽饼和硫磺。1952 至 1962 年，供销社曾多次派人到江苏、浙江、山西、山东、内蒙古、湖北、河南、四川、甘肃、陕西等省（自治区）采购牛骨。1952 年供销社推广硫酸铵，1964 年普遍使用过磷酸钙，并多方开发肥源，引进推广紫云英，生产颗粒肥料，生产"5406"菌肥和腐植硫酸阿等。1971 年，碳酸氢铵调进寿宁，很快成为最大宗的商品肥。1980 年，开始供应议价化肥，1986 年，供销社在省社驻寿宁扶贫工作队的支持下，肥料年供应量比 1985 年净增 4000 吨。1989 年，国务院通知化肥由供销社专营，年供应量为 1.6 万吨。

1954 年寿宁供销社开始供应农药，当年销出 666 粉和 DDT 杀虫剂 250 千克。1955 年新增供应可湿性 666 粉和喷粉器械，农药供应量增至 1.9 吨。1966 年，寿宁推广"农星 58"实行水稻矮杆化，植物保护跃居首位。当年新增敌百虫、鱼藤精、乐果、西力生、赛力散等农药品种，供应量达 101 吨。1969 年开始使用 1605 粉剂和速杀剂敌敌畏。1970 年开始使用除草剂和稻脚青。1979 年，农药品种增至 22 种。

1983 年，全县推行家庭联产承包责任制之后，农药拆整卖零，方便用户购买，当年供应农药 547.4 吨。这一年全县粮食总产超亿斤。农药由供销社专营后，质量有了保证，数量也满足生产需求。

农具供应从 1953 年开始，当年县社组织铁、木、竹、棕匠制造农具 7699 件供应农村。1956 年销售农具 2.27 万件。1960 年，斜滩、南阳办起农具厂，全县组织工匠 280 人，上门为农民修理各种农具 7.3 万件。组织职工 120 人次，给 116 个大队送售农具 8.6 万件。1966 年为农具销售最多的年份，达 13 万件。寿宁梯田、山垄田占耕地的 80% 左右，田间作业多系手工操作。双人脚踩打谷机，功效高、颇轻便，受到农民欢迎，1966 年销售 1590 台。1979 年后，又生产出电动的、单人型打谷机。县人民政府给生产厂家补助原料差价，每台打谷机按优惠价 45 元（比成本价低 20 元）供应农民，1979～1989 年的 10 年间销出 7235 台。此外，农药机械供应量也不断增加，1979～1989 年累计销售 26224 架，有力支持了农业生产。

农副产品收购情况如何

供销社为广大农民服务，首先从收购农副产品开始。寿宁大宗农副产品主要有七项：

一是山苍籽。山苍籽系野生木本植物，县内分布甚广，长期以来只作青草药。1957 年，供销社在斜滩开始设点收购，用蒸馏法炼山苍籽油。1960 年起，在南阳、犀溪、芹洋等地建立山苍籽生产基地。1969 年全县收购山苍籽油 8.4 吨。1976 年，南阳公社山坑大队的山苍籽基地成为"以副养农"样板的新闻在《人民日报》发表。当年，全县垦复山苍籽成林 2950 亩，收购山苍籽油达 28.5 吨。1980 年收购量猛增到 36.3 吨，创历史最高纪录。

二是马铃薯。长期以来，马铃薯都是农民 6~8 月间的晚餐主食品。在 1982 年普遍实行联产承包责任制，推广水稻杂交良种，稻谷大幅度增加之后，马铃薯才真正成为蔬菜和饲料。1952 年，供销社按"以销定产"的方针推销少量马铃薯。1958 年，向福州市蔬菜公司推销马铃薯 311 吨。1959 年，通过省粮油食品进出口公司出口 112 吨。1961 年，引进"德友一号"良种，单产倍增，色、味和粒重均符合出口和县外市场的要求，寿宁于是成为福建省的马铃薯出口和供种基地。1972 年，出口 127 吨，向三明地区供种 50 吨。1974 年，供销社在县内扶持 45 个点进行扩种，当年收购 1907 吨，外调 1533 吨。1980 年收购 2536 吨，为历史最高水平。

三是蘑菇。1976 年，寿宁县供销社派 18 人参加宁德地区外贸局举办的蘑菇生产技术培训班学习。培训结束后，由他们分别指导全县 473 户农民种蘑菇 8888.89 平方米，产蘑菇 22 吨，纯收入 4.17 万元。1983 年，全县生产蘑菇 13.89 万平方米，总产 375 吨。1985 年种植面积 33.33 万平方米，当年收购 1265 吨。1988 年对菌种生产单位实行许可证制度，在斜滩、武曲试用室外塑料大棚种蘑菇获得成功，为降低成本提高质量找到了新的途径。从 1976~1989 年，供销系统累计扶持菇农种菇 262.11 万平方米，全县 40 个收购点为罐头厂提供合格的鲜菇 9706 吨，菇农收入 1934 万元。

四是毛竹。1958 年，县供销社收购毛竹 5.5 万根，外销 1 万根。1959 年收购 12 万根，销往江苏、浙江和省内的长乐、连江、霞浦、福鼎等地 10.5 万根。1964 年开始收购竹制半成品，当年推销竹片 550 吨，竹筷 118 吨。1974~1975 年销往浙江、河南、辽宁、吉林、山东、内蒙古、四川、陕西、山西等地的白竹筷达 64 万副。1980 年，供销社收购毛竹 11.86 万根。1987 年停止收购。、

五是柴、炭。柴、炭历来是寿宁主要的能源，也是贫苦农民换米度日的主要产品。1954 年供销社推销木炭 3.7 吨。1956 年为福安汽车站提供燃料，收购木炭 447.5 吨。1958 年收购木炭 590 吨，柴 340 吨。1959 年为支援灾区外调木炭 76 吨，柴 2165 吨。1979 年《森林法》公布，禁止毁林搞副业，1981 年物资部门开始供煤，1987 年起不再收购柴、炭。

六是桐油。俗称说"家有千株桐，子孙不会穷"。据《寿宁待志》记载，明代西塘出桐油。民国时期，平溪乡的东溪、湖潭，芹洋的修竹，斜滩镇的石井、山田，南阳乡的官路、布罗林等村，均以桐油为主要经济收入来源。1940 年，全县产桐油 76.5 吨，民国 30 年产桐油 77.5 吨。

1952 年，供销社开始收购桐油。1959 年收购 111.2 吨，是寿宁历史上桐油

最多的年份。1977 年，供销社开始发放垦复油桐扶植基金。1978 年在平溪、芹洋、斜滩、犀溪、南阳等地建立 7 个桐油生产基地，垦复油桐 4724 亩，新辟基地 2550 亩。

七是棕片。棕丝抗潮耐泡，蓑衣、棕袋是寿宁农家防雨保湿的日常用品。棕绳、棕垫用途广泛。全县农村普遍种棕。1966 年，供销社从闽侯购进 9 万株棕苗，无偿发给农民种植。1979 年后，提供自育棕苗 14 万株，供应农村。

1956 年收购棕片 6750 千克。1957 年，适当调高收购价，当年收购棕片 2.73 万千克，加工成蓑衣 1.4 万件，供应农村。1975 年收购棕片 1550 千克，收购棕衣（蓑衣）1383 件，方便农民，发展生产。

副产品收购情况如何

寿宁副产品主要是兔毛、兽皮和野生植物。

一是兔毛。寿宁民间历史上只养肉用兔。1963 年，县供销社从浙江引进长毛兔 4 只，由职工家属试养。1964 年，又从福鼎引进安哥拉种兔 200 只在南阳公社试养，10 月又从浙江购回种兔 345 只，分发全县各地试养。1965 年 9 月，县供销社在斜滩召开饲养技术传授会。1966 年，南阳公社的山坑、院洋、洋边、官洋大队已实现"户户养兔，脱贫致富"，年末全县长毛兔存栏数达 3.3 万只，收购兔毛 581 千克。1970 年，兔毛收购量猛增到 5362 千克。1972 年，犀溪公社的仙峰大队，户均养兔 4.7 只，成为全县养兔的样板村。1977 年，仙峰村的养殖经验在全国兔毛工作会议上介绍推广。

二是兽皮。1953 年，供销社开始经营毛皮，代省土畜产公司收购牛皮 128 张。1955 年扩大经营范围，收购兽皮、杂皮 198 张。据不完全统计，自 1953～1987 年，共计收购牛皮 1.46 万张。其中，1973 年收购 1159 张，为历史最高年份。1955·～1988 年，收购杂皮 53534 张，以 1959 年收购 5419 张为最多。

三是野生植物。境内野生植物，种类繁多。供销部门收购的主要有油料、淀粉、纤维、药材、化工原料等。1956 年，县供销社组织野生资源勘查队，走遍全县 80% 的山村，从深山密林中采集到 931 种野生植物标本，将标本拍成幻灯片，举办 3 期培训班，向 127 人介绍 158 种野生植物的鉴别，分级、加工、采制等方面的基本知识。全县 168 个网点，广泛发动农民参与采集活动。当年收购的野生植物达 173 种，价值 14.6 万元。1966 年增至 40 万元。1967～1976 年，收购芦苇浆纸板 658 吨，酿酒代用品金刚刺片 3394 吨，棕籽仁 145 吨。1954～1989 年累计收购榛油 99.4 吨。

生活资料销售情况如何

根据国营商业与合作商业的分工，供销社负责农村的生活资料供应。

1954年，棉布开始统销。1958年，猪肉、土黄酒也实行定量供应。1959年限制供应的品种又增加了糖、烟、水产品，火柴、肥皂等。1960、1961年扩展至以棉纱为原料的纺织品均凭布票购买，饮食服务供应的粮食复制品一律收粮票，工业品如煤油、羊毛制品、热水瓶、钢铝制品、牙膏、电筒、电池等都限量供应。1959～1978年的20年间，供销社认真执行购货证制度，指导农户消费，保持物价稳定。1979年凭证券供应的商品，只剩下食糖、煤油、肥皂、缝纫机4种。

1980年，10个基层社办起糕饼厂，9个社又建立饮食服务点，当年零售额达1066万元，分别比1978、1979年增加45%和21%。1982年，零售额为1203万元，创历史最高水平。当年，开始供应电视机、自行车、收音机、缝纫机、手表等，销售年年成倍增加。

1983年，全县的个体工商户猛增到1958人，供销社经营锐减，仅卷烟销售就减少10万条。市场经济的发展，供销社经营逐步退出市场竞争的行列。

副食品销售情况如何

建社初期，供销网点少，交通不便，供销社仅经营食盐、酱油、土黄酒、醋和少量干、咸海产品。1954～1966年代营猪肉。1978年以前，副食品货源不足，大部分都按计划定量供应。1979年后，实行价格"双轨"制，市场繁荣，副食品开始敞开供应。

1959年以前，国家按计划提供副食品货源，凭票证供应的副食品有：食糖，每人每月100克；海带每人每月250克，还有食盐、酒类、香烟、干咸海产品等。香烟主要在城镇供应，农村按生产队为单位限量供应，节日每户才一包。1960年国家经济困难，农村浮肿病人增多，食糖只供应病人、孕妇。1962年后，副食品市场缓和。到1966年，除香烟、食糖和粮食制品外，其余不再凭票供应。1981年，全县1000多家个体商贩参与市场竞争，市场繁荣，物价稳定成了社会发展的大趋势。

日用品销售情况如何

供销社的市场，按国营商业与供销合作商业的分工，供销社主要承担农村供应任务。新中国成立初期，农民生活贫困，对日用品的需求以衣着、照明为主，对其他商品要求不高，货源虽缺，供应尚不紧张。对贫困老区供应还进行赊销。1954 年后，农民生活有所改善，消费量也逐渐增多。1956 年，供销网点下伸，在全县设 37 个门市部、29 个分销处、46 个代售点，扩大了工业品下乡。1961 年供销社与国营商业分开各建网点后，实行工业品优先供应农村的原则，煤油、布匹、服装、鞋帽、肥皂、毛绒的等工业品都由供销社的网点供应。1966 年，除布匹、肥皂外，多数商品敞开供应。1973 年，商业局下放少量高档商品如自行车、缝纫机、手表给基层供销社，凭公社革委会批条供应。1982 年后，中高档商品电视机、录音机、收音机、自行车、手表、缝纫机等均敞开供应。国家取消布票、各种商品品种增加，任凭消费者选购。

县联合社是什么机构

1952 年 2 月 1 日，中共寿宁县决定成立县合作总社筹备处。6 月成立寿宁县合作总社，内设秘书、财会、组织指导、推销、供应、计划等 6 个科。1954 年，定名为"寿宁县供销合作联合社"。1955 年更名为"寿宁县供销合作社"。1958 年，根据中共福建省委决定，县社并入商业局。1961 年 6 月根据《商业十条》，恢复供销合作社。1983 年，恢复"寿宁县供销合作联合社"。内设：人事教育科、基建储运保卫科、秘书科、生产指导科、县社检察室、审计财会科。

县供销社有哪些专业企业

县社在组建职能机构的同时，建立专业企业性质的批发机构为基层供销社服务。主要有：农资公司、土产公司、食杂水产果品公司、食用菌开发公司、供销车队。

（一）农资公司原为生产资料经理部，全员 25 人，内设办公室、财务室、业务室，下辖鳌阳、斜滩两个批发部和县城零售部。派驻外地的有赛岐和福州联络小组，负责信息情报和转运工作。

（二）土产公司，原为农产品采购经理部，经营农副产品、日用工业品和废旧物资。公司全员 30 人，内设办公室、业务课、财务计划课，下辖鳌阳、斜滩批发部，废旧物资收购部和 3 个工业零售部。

（三）食杂水产果品公司，1979 年成立，经营海产品、干鲜菜、盐酒、糖、水果。下辖鳌阳兼营批发仓库、斜滩批发组、赛岐转运组和县城的 2 个零售部。公司全员 20 人。

食用菌开发公司，原为蘑菇菌种站，成立于 1978 年。1981 年改称微生物实验站。1987 年 4 月，升格为食用菌服务公司，后改为开发公司。主要经营各种食用菌原材料和辅助材料，并提供技术咨询服务。1989 年公司全员 7 人，生产菌种 9.4 万瓶。

供销车队，成立于 1979 年 9 月，有货车 13 辆，计 31 吨位。当年运输量 25.4 万吨。

基层供销社的情况如何

1952 年初，县委决定鳌阳、斜滩 2 个区为基层供销社建社试点。到 10 月，各区先后建 7 个基层供销社。各区社员就近加入基层社，除日常凭社员证向基层社购买优惠价商品外，年终还可按股领取红利。1958 年以前，基层社被群众誉为自己的商店。

基层社组建初期，大都借祠堂、庙宇、民宅办公，租小店铺设门市部。1989 年基层社营业设施发展到 159 处，总面积 5.7 万平方米。全县基层社的 165 个收购点，除 1958 年 6 月～1959 年 7 月的一段时间实行"五社合一"（即农村供销社、信用社、手工业社、运输社并入农业社），全部交人民公社管理外，长期以来都独立发展，发挥本身的职能作用。基层社体制也有过变动：1955 年，纯池社划给周宁县，凤阳社改称为斜滩社分销处。1958 年 3 月，并入商业局时，5 个基层社全部改为办事处。1960 年 4 月，增设坑底、托溪办事处。1961 年 4 月，增设凤阳办事处，7 月，恢复为 8 个基层社。1963 年 6 月，按经济区设基层社的原则，撤销托溪社，8 月又撤销坑底社。1964 年，恢复凤阳社。1970 年，依照城乡分工的原则，撤销鳌阳供销社。在公社所在地增设岱阳、浩溪、武曲、托溪、大安、竹管垅、西浦 7 个基层社。1981 年 8 月，经县人民政府批准恢复鳌阳社。到 1989 年，全县已有 13 个基层社（下党未设），只是有的因公社迁址而更名。

寿宁供销合作社民主管理情况如何

民主管理是合作经济的基本特征。供销合作社的民主管理，首先通过召开社员代表大会来实现。

寿宁供销社自 1954 年 5 月召开第一届全县社员代表大会，定名为"寿宁县供销合作联合社"之后，1956 年 3 月、1963 年 11 月、1965 年 12 月，都召开过社员代表大会，选举每届的理事会和监事会。在社员代表大会闭会期间，由理事会和监事会选出正、副主任分别主持工作。各基层社也分别在县联社代表大会前，选举基层社理事、监事和出席联社社员代表大会的代表。1983 年代表大会通过了

《寿宁县供销合作联合社试行章程》（以下简称《章程》），产生新的理事会、监事会和出席省社代表大会代表。

基层供销社，按《章程》规定，向联社缴纳其自有社员股金总额20%的股金，可加入联社为社员社；社员社有权合理享用联社业务上的各项设施，有按规定向联社缴纳各项基金的义务；联社社员代表大会，有权审查通过联社财务预决算、盈余分配或弥补亏损等议案。

理事会有贯彻执行党和国家的方针、政策、法令和社员代表大会决议的职责，也有权代表联社与有关方面签订合同或协议。理事会每月开一次会议，需有三分之二以上的理事出席，决议需由出席会议的理事过半数通过。理事会开会时，应通知监事会派监事列席。

《章程》规定，理事会成员不得兼任监事。监事会的职责是：监督检查理事会对政策、法令、上级指标和联社章程和社员代表大会决议的执行情况。监事会主任每季召开一次例会，决议需经过三分之二的出席监事通过。决议用书面通知理事会，并向上级报告。理事会收到监事会决议后，需在15天内召开有监事会列席的会议讨论，否则即应依照其建议执行。

社员代表大会，除选举理事会、监事会、审议工作报告和财务预决算外，还讨论决定经营方针、计划和年终盈余分配的方案等与社员利益攸关的重大问题。1954~1965年，共开过8次县社员代表大会。1953年以前，社员按优惠价购货。1954年起，按股发放红利，当年总红利7836元，为股金的16.3%，占当年盈余的11.3%。1957年全县分红利1.19万元。1959年、1960年的红利，全县统一按股金年利的10%发放，总额为1.68万元。1981年、1982年分红占股金的比例提高到10~15%。1983年总现1.84万元，比例提高到27%。加上清理和扩充股金，1984年的股金总额，突破8万元。1987、1988年，股金发展到17万元和27万元。

寿宁供销社经营管理情况如何

一是经营。寿宁供销社的灵活性，主要体现在方便群众、完成国家收购计划和发展与外县物资交流等3个方面。方便群众是办社的宗旨，组织货郎担走村串户，送货上门，收购土产和废旧物资。农忙期间行政人员分片包干、定点、定时送货到偏僻山村。在自然村开设代购代销店供应盐、烟、糖、煤油等生活必需品，收购少量农副产品。基层社的购销站，既收购兔毛又帮助治疗兔病，既收购蘑菇又指导技术，还介绍化肥、农药的使用常识。

供销社发挥众多的优势，在完成国家统购、派购计划和代购任务后，还根据群众生产生活需求推销农副产品。供销社在向外采购肥料、农药的同时，还根据群众的要求，帮助推销土特产品。

二是管理，供销合作社的企业管理在面向农村提供综合服务的实践中，逐渐形成因时、因地制宜的灵活管理方法。

由于经营的范围广、人员少，顾客多，在基层的网点，通常都营业至晚上8、9点。1981年国家允许个体商户发展，深夜的营业，逐步由个体户替代。

供销合作社的职工，绝大多数来自农村，有的是文盲半文盲，不能适应商品分类明细账的簿记工作。县社一方面组织职工业余文化学习，另一方面加强会计核算，改善经营管理，基层供销社供应零售商品实行拨货计价实物负责制（这种办法简称为"金额法"），简化记账手续。

1983年，开始推行经营承包。1987年，县水产公司门市部实行租赁承包，很快便扭亏为盈。1988年，县属公司和基层社的门市部网点都实行了不同形式的承包。其中，利润大包干的占20%，工资与销售额挂钩的占50%，实行"五定一奖罚"的占30%。行政人员有的按岗位责任完成的比例领取浮动工资。

储运管理，实行直线运输，多点停靠，平溪社、南阳社，不用到县城进货，改变了商品倒流现象。尤其是化肥数量多，损耗大，1978年驻福安县赛岐的联络组建成后，在千米沿线的各个购销点或临时简易仓库，逐一就近卸货，大大节约了流转费用，方便农民就近购买化肥、农药。

粮油经营

第十四卷

寿宁县粮油经营的情况如何

民以食为天，农以粮为本。"手中有粮，心里不慌，脚踏实地，喜气洋洋"。历朝历代都重视粮食储备。明弘治四年（1491），寿宁始建预备仓3所。清乾隆二十七年（1762），县有常平仓1所，贮谷20669石；乡有社仓6所，贮谷4603石。明天顺六年（1462），有五都人孙政，出谷2080石备赈。万历后期（约1613～1615），邑人范建采为边防军助饷8000石稻谷。1941年，县仓和斜滩、平溪仓曾借出稻谷3500吨济荒。

长期以来，寿宁粮食的购销均受自给自足小农经济的制约。最早的购销市场，据《寿宁待志》记载，有明崇祯时（1628～1644）的清渡，有清渡碇步头米行（今属鳌阳镇安章行政村）。1941年，县粮食管理委员会收购稻谷215吨（占当年粮食总产量的1%），供应大米88吨。

解放初期，粮油仍然自由购销，价格随行就市。1954年，为了保证粮食供应，稳定市场，国家实行粮食统购统销政策，当年国家征购的粮食达7230吨，占全县粮食总产量的33.7%；同年销售3108吨，净外调1569吨。从此，寿宁的粮油经营在国家计划的管理下，为支援国家建设和维护社会安定发挥了不可替代的作用。

改革开放以来，县国有粮油经营，由县内粮食购销企业按县政府下达的计划和任务进行收购储备。1990年，收购储备公粮220.98吨，定购204.03吨，为确保购销平衡又追加定购任务41.93吨。1992年收公粮、定购粮311.5吨。1996年，定购价每50千克88.00元，当年收购入库405吨。1998年，全县粮食系统，面向市场，独立核算，自负盈亏。2004年停止公粮征收，粮食流通体制改革全面完成。

市场交易情况如何

寿宁由于交通条件限制，即使遇上粮食大减产，也不能调入大量粮食。解放前，遇上灾荒之年，饥民除了逃荒，留下的就靠挖"山粉"（蕨根）、拔野菜或采竹米等充饥。政府的赈济或借给稻谷毕竟数量有限，当地的殷户，也有低价出粜济困的。经销粮食的几家粮商，虽通过扩大季节差价牟利，但都未能培育粮食市场。在物价暴涨时，粮食还代替货币的流通职能。据《寿宁待志》记载，明崇祯（1628～1644）时，"民间以物付质""所质亦多谷，不皆银"。粮食与其他商品的比价，逐渐形成相对稳定的比率。历史上的比价，至今仍是制定价格的参数。民国时期农村以物易谷，与稻谷兑换率为：猪肉 1∶8；茶油 1∶8～10；红糖 1∶4；机制面 1∶2.5；柴片 100∶3。雇工以谷计酬，长工一年一般为 600 千克，短工每日 1.5～2.5 千克。

什么叫自由市场

粮食在民间的互通有无，自古有之。寿宁与浙江景宁庆元县毗邻的坑底、大安乡，水田多数有泉灌溉，小旱反而高产，但海拔高，经济作物少，每年秋收后，部分粮食销往景宁、庆元，成为当地农民现金收入的重要来源。民国期间，年销量在百吨左右。遇上粮食歉收的年份，政府才限制粮食出县。1941 年夏秋之交，政府除查处粮商囤积的稻谷依公价收购外，县警察局还设卡查缉运往外县的大米。

新中国成立初期，粮食仍然自由交易。1952 年，县城举办全县性物资交流会两次，并分别在各乡设中心交流点 31 个。1953 年又在南阳、斜滩设"墟日"，促进了粮油的自由产交易。

1954 年，实行粮油统购统销后，市场上严禁无证经营粮油。1960 年、1961 年粮油出现黑市交易，大米每斤 4～6 元，茶油每斤 10～12 元。1962 年，粮油完成征购后，允许自由交易。1970 年起，又严禁粮油、副食品上市，取缔自由市场，粮油的自由交易再度转向黑市。

1979 年起，随着改革开放的深入，国家逐步开放农村粮油市场，市场销售粮食除籼米，糯米、粳米外，还有面粉、机面、粉干等。1989 年县城农贸市场经销大米的摊位有 8 个，日销大米 400～1000 千克不等。每 50 千克大米稳定在 65 元左右，每 50 千克茶油为 320 元。

1992 年 4 月 1 日起，全县放开粮、油价格和经营市场，其他企业和个体户经工商行政管理部门注册核准，均可经营粮油。2005 年，粮、油改由市场购销流通，从 1953 年开始实行的粮、油统购统销政策到此结束。

何谓议购议销

粮食议购议销是在国家计划指导下的市场调节，是统购统销的补充。寿宁县的粮油议购议销由基层粮站独立经营。平、议混合保管，分别统计核算。价格随行就市，收购价略高于市场，销售价略低于市场。丰年粮多价跌，则按保护价大量收购，并在省内，地区内进行调节；歉年粮价上涨，便由省内，地区内调剂，按保护价供应，以平抑市场价格。

1966 年开始经营粮食议购议销业务时，由粮食局购销股代管，当年议购粮食 294 吨，议销粮食 306 吨。除稻谷、小麦、大豆、杂粮外，还有甘薯米（俗称地瓜米），到 1970 年，议购粮增至 487 吨。1971～1977 年未经营。1978 年恢复议价购销，当年议购 355 吨，议销 45 吨。

1981 年，县成立粮油议购议销公司。南阳粮站专设议价门市部，其它粮站设平议价综合门市部。议购经营，除每年统购时与生产队协商购进外，也在市场开放时，收购农贸市场的粮油。购销价格，交各粮站掌握，执行高进高出，应有利润的原则。每 50 千克稻谷最低销价，1986 年 22～23 元；1987 年 28 元；1988 年 6 月 37 元；1989 年 12 月 37.44 元。

1992 年 4 月 1 日起，全县放开粮、油价格，由市场自由购销流通，居民在县内外乃至全国范围内迁移调动再也不用办理粮食转移手续了，粮食流通彻底放开了。

粮食征收情况如何

明天顺六年（1462），全县征收秋粮大米 2335 石。

嘉靖十一年（1532），征米增至 2346 石。

万历九年（1581），实行"一条鞭"法，量地计丁，一概征银。

1941 年，改为征粮，正税与附加共征稻谷 18625 石。

1949 年 12 月，省人民政府发布《福建省 1949 年征收公粮公柴（草）暂行办法》，实行"粮多多出，粮少少出，无粮不出"的原则。全县由乡村委员会评定各户的土地产量，张榜公布无讹后，按产量的 11% 计征，当年征收稻谷 1339 吨，柴草 568 吨。

1950 年 11 月，《福建省 1950 年农业税暂行条例施行细则》规定，农业税一律征收稻谷，当年征收 2000 吨，全由中国粮食公司调拨经营。1951 年征收 3540 吨，为历史上最高年份。1955 年，省人民委员会发布《关于粮食定产、定购、定销工作的指示》，公粮改按"三定"的产量依率计征。1985 年，上级核减贫困乡的赋额，实征 572 吨，比 1984 年减少 1113 吨。1989 年实征 531 吨。1990 年，全县安排收购公粮 220.98 吨。2004 年停止公粮征收，延续 1 千多年的被视为"皇粮"的征收制度废止了，彻底免去了农民负担！

粮食统购的情况如何

1950 年 1 月，福安专区贸易公司在斜滩设营业处，统一经营粮油。同时征收农税部门拨来的公粮，参与市场吞吐，平抑粮价。

1953 年，国家建设进入第一个五年计划时期，中共中央颁发《关于实行粮食的计划收购与计划供应的命令》。粮食部门在执行统购统销政策的同时，向农村发放粮食预购定金，帮助农民解决生产资金困难，以促进粮食生产，确保统购任务的完成。1955 年，国务院颁布《农村粮食统购统销暂行办法》，农村粮食实行"三定"：定产、定购、定销。认真计算，逐户落实。寿宁当年征购粮食 6561 吨，占全县稻谷、薯米总量的 25.4%。当年全县人均留原粮 188 千克。

1965 年，执行毛泽东主席关于"备战、备荒、为人民"的指示，实行征购"一定三年"的政策。1965～1970 年的 6 年中，1968 年征购 5346 吨，1970 年征购 2884 吨，其他年份均在 4200～4800 吨之间。1971 年改为"一定五年"，从 1971～1977 年，除 1974 年收购 3066 吨，1976 年收购 3680 吨，1977 年收购 2980 吨外，其他年份均在 4000～4200 吨之间。1972 年，加价收购增至 976 吨，1977 年为 1340 吨。

1979 年，上级将寿宁的征购基数核减为 5300 吨。1981 年，根据省、地规定，实行粮食征购和加价任务"一定五年不变"，以 1979 年为基数，将指标分配到生产队。1982 年 1 月 13 日，国务院颁布粮食征购销售、调拨大包干"一定三年"（1982～1984 年）的规定，宁德地区给寿宁下达包干指标，征购（包括加价）8800 吨，净调出 3500 吨。1984 年，宁德地区给寿宁县老区减购 2450 吨。其中，公粮核减 25 吨，统购稻谷减 945 吨，薯米减 317 吨，加价粮减 591 吨，加价薯米减 572 吨。平均每户核减 124 千克，每人 25.5 千克。

1985 年 4 月 1 日起，国家取消粮食统购，改为合同定购。全县落实 4700 户合同定购任务。在粮价方面，30% 按统购价，70% 按加价。1990 年，全县安排征收公粮 220.8 吨，定购粮 184.2 吨。2001 年起，与全省同步取消粮食定购，2004 年停止公粮征收。

油料统购情况如何

寿宁的群众历来爱吃猪油，县内生产的茶油、菜油大多销往外县。1940年、1941年销往外县的茶油均在50吨以上。1945年降至16吨。

1953年起，县人民政府对油料实行统购，1956年收购茶油80吨，净调出50吨。1957年收购125吨，至1959年增至142吨。1960年，生猪锐减，群众吃不上动物油、茶油交售量降至17吨。1965年，茶油收购量回升到101吨。1971年达到156吨。1973年，全县强行推广双季稻，挤占了垦复油茶的劳动力，生产队对油茶园只采不垦，年产量逐年下降。1976年收购量降至4吨。1981年，随着粮食增产，生猪出栏增加，群众积极交售茶油，收购量恢复到162吨。1982年4月，宁德地区粮食局通知，当年春季收购的油菜籽在地区分配统购任务以内的，按原规定收购奖售，超过一定五年统购任务的按议购收购，当年收购量达256吨，创历史最高纪录。此后，因菜油销路不畅，收购量逐年下降，1983～1988年，共收购152.6吨。1989年停止收购。

城镇居民粮油供应情况如何

寿宁的城镇居民口粮供应，1953年11月～1955年9月，实行自报公议，按计划供应。1955年10起，实行定量供应。

1954年，实行"一人一份"口粮定量供应。由各用粮单位根据需要，按月提出计划，经粮食部门核定发给"购粮证"，实行定户、定量、划区、分月、凭证购粮。口粮定量分为6类25个等级，即：特重体力劳动者2个等级，重体力劳动3个等级，轻体力劳动6个等级，其他脑力劳动者2个等级，一般居民和儿童11个等级，在押犯人1个等级，月定量成品粮最高27.5千克，最低（不满周岁的婴儿）3.5千克。居民食油按定量供应的人口，每人每月供应食油100克，1981年7月增至200克，1985年又增至250克，1989年增至（非农业的）300克。

1964年6月起，定量供应的口粮搭配地瓜米，搭配比例为10%、20%不等。全县定量供应的人口1960年为11741人，月供口粮149.35吨。此后，工厂下马，公路完工，民工解散回乡，1963年定量供应人口减至4739人。1966年动员定量供应人口上山下乡5户27人，1969年又动员上山下乡9户22人。1979～1983年落实政策收回598人。此后"农特非"978人，1989年12月，全县定量供应人口为14613人，月供应口粮96.59吨。

粮油定量供应按照"统筹兼顾、适当安排、合理供应"的原则，既保证城市居民必不可少的口粮、食油需要，又要控制城市人口的定量水平和销售指标。凡属"农转非"，都必须持有机关批准证件，入户准迁证件、粮食供应转移证件，方给办理市镇粮食供应手续。对定量供应人口，半年或一年核查一次，做到人、户、粮一致，外证与内卡、工种与定量相符；对死亡、出国、服兵役的，及时注销粮食关系；因升学、调动、退休、离职、婚嫁而发生人口迁移工种变动的，及时办理迁移和工种调整登记，以防止吃双份口粮或虚报冒领。

工商行业用粮是如何供应的

寿宁的工商行业粮油供应范围包括食品业、副食品业、酿造业、工业等行业用粮，在统购统销以前，由用户直接向市场采购，统购统销以后的供应大体可以分为5个阶段：

一是1953～1959年，实行定额限量供应；二是1969～1976年，凭票供应；三是1976～1985年，按不同行业用粮情况，由粮食部门会同主管部门核批供应；四是1985年起，行业用粮改为议价供应；五是2004年起由用户直接向市场采购，完全回归市场经济。

军粮如何供应

寿宁在明代就有输边军粮。民国时期，政府对驻军和过境部队的粮食供应均分配到殷户，定时、定点、定量交售。1932年10月建立中共寿宁县特别支部至1938年2月工农红军闽东独立师整编入新四军，开往抗日前线，寿宁先后有1万多人，参加红军与游击队。当时军粮的补给渠道有：①向苏区的外围乡村或浙江省泰顺县的边沿乡村购买；②组织群众抗租抗税，提留军粮；③甲坑村土地改革后留下的公粮田交农民耕种（每500千克产量交公粮250千克），每年可收10吨左右；④遇到一时接济不上的情况，也向村中粮食较多的户购买。

1949年以后，驻县的中国人民解放军凭粮食部门和解放军总后勤部发给的供应票证购粮。人民武装警察自1982年起也按人民解放军待遇供应。军队编送的军用粮油、饲料计划，不报人马实力，只需列出品种、数量和需要的地点、时间，介绍信只用部队代号，不用番号。为保证部队用粮的质量，粮食部门还指定设备较好，加工技术较高的加工厂，专门负责加工部队用粮。

1998年以来，粮食购销企业按市场价采购闽北、江西、江苏等地优质大米，面粉及"金龙鱼"等桶装调和油，仍以国家定价供应部队，购销差价由上级财政负担。

农村缺粮户的粮油如何供应

1955 年开始在农村实行"一定三年"和"一定五年"的统购统销政策，每年布置征购都同时安排农村缺粮户的统销。缺粮户的供应标准一般分为三等；8 周岁以上为大口，全年供应原粮 210 千克；1～8 周岁为中口，供应 175 千克；未满周岁为小口，供应 75 千克。另外，单身汉供应 250 千克，双大口每人供应 225 千克。本户实留口粮低于供应标准的部分，由国家给予反销。1958 年后，缺粮户与因受灾造成缺粮的临时供应，都列入回销粮指标。

1982 年，农村全面实行家庭联产承包责任制，加上推广水稻杂交良种，粮食大幅度增产，回销粮供应减少。1986 年起，为彻底解决温饱问题，又增加了回销粮的数量，1998 粮食购销完全面向市场。

种子粮如何供应

寿宁县的种子粮供应，实行"以粮换种，等量或不等量交换，分别作价，差额找补"的办法。种子粮供应分为三个阶段：

第一阶段，自 1957 年开始，当年供应粮种 2030 千克，全部由粮食部门代购、代保管、代供应；第二阶段，从 1959 年 4 月～1973 年，调入的粮种主要由种子公司保管经营，种子公司不便经营保管的，由粮食部门代保管、代供应；第三阶段，从 1974 年起，粮种移交农业部门经营，其中，芹洋、平溪、托溪、大安、坑底等乡仍由粮食部门代保管，代供应。到 1982 年，粮种全部由县种子公司经营，救灾备荒种子仍由粮食部门经营。

定销、季度回销如何进行

定销。1960 年以来，原属居民被精简压缩回农村的人口，历次政治运动中被处理的人员和伴随的家属，以及农业户妇女与居民户结婚农村无粮供应的，全县共 166 户，4370 人，自 1965 年起给予定销供应，在农村回销粮项目内，每人每月供应原粮 12.5 千克，户口寄居民大队。1972 年，改为每人每月供应成品粮 9 千克，列入市镇人口的"其他"项目，并按居民定量供应食油。另外，1986 年，全县有 101 位孤寡老人，每人每月供应成品粮 12 千克。1988 年，县"光荣院"的 30 位老人，每人每月供应成品粮 12 千克，食油 0.25 千克。

季度回销。属于定销对象享受定销供应的国家干部家属和城镇闲散人口以及各单位招收的合同工，自 1967 年起，由粮食部门下达回销粮指标给各乡（镇）掌握，每人每季供应原粮 35 千克。1970 年后，改为造册登记，按季度将享受回销粮的人员名单通知粮站。当时全县季度回销户共 328 户 949 人，至 1989 年度增加到 1867 户 4668 人。

何谓奖售粮供应

在收购生产队和社员出售的农、副、土特产品时，按规定奖售给一定数量的粮食，即奖售粮。这种暂时性的措施，是对商品交换不等价的一种补偿，对于促进生产，保证完成收购任务，确保市场供应和组织出口都有积极作用。

1962～1985 年，寿宁县遵照省制定的农副产品收购计划与奖售标准，在收购粮油时奖给布票或奖售化肥、食糖、胶鞋；在收购油菜籽、生猪、药材、毛皮等农副产品时则奖售原粮。

1973 年，国务院通知奖售范围由 156 种减为 95 种，奖售标准按全国统一规定，诸如油菜籽，交售 50 千克，奖售原粮 50 千克；生猪 1 头，奖售原粮 75 千克，毛重超过 75 千克的斤猪奖斤粮；香菇 50 千克，奖原粮 25 千克等。

何谓民工补贴粮

农业人口及干部职工自带口粮参加国家兴办的水利、公路和其他建设工程，按照该工程的粮食定量标准，由粮食部门补足差额的部分，即为民工补贴粮。由工程兴办单位在编制基建工程计划的同时，编造补贴粮计划，按照规定程序审批。1955～1965 年，寿宁全县共补助 1673.65 吨。1966～1986 年，共补助粮食 1627 吨。1987 年起停止供应民工补贴粮。

粮油保管的仓容建设情况如何

明弘治四年（1491），知县郑弦，始建预备仓 3 所。一所在县治南，即旧际留仓，一所在儒学之东北，一所在县厅之东北。

据《寿宁县志》记载，明万历十八至二十三年（1590～1595）知县戴　设杜仓 5 所。一所在县城，即观音堂；四所在乡，即小东、南阳、大洋、南溪 4 堡。曾积谷 1200 石。至崇祯九年（1636），诸仓尽废。清康熙二十五年（1686），恢复原 5 仓，又增龙溪、渔溪 2 仓。乾隆二十七年（1762），县的常平仓贮谷 20669 石。

1941 年，田赋改征实物，于县城、斜滩、平溪 3 处旧粮仓设仓董保管储粮。县城的县仓，储粮 164 吨。县仓整顿时还收回积欠的借粮（含本息）25 吨。民国

34 年（1945），县田赋粮食管理处所属的各乡粮点仓库，共有三个办事处：一是斜滩办事处，下辖凤阳、武曲、斜滩、南阳 4 个粮库；二是平溪办事处，辖赤岩、纯池、阜莽 3 个粮库；三是鳌阳办事处，辖犀溪、鹤溪，玉壶、鳌阳 4 个粮库。

新中国成立初期，县人民政府财粮科在县城、斜滩、平溪设 3 个区库，接着检修原有公仓，借用地主、富农多余的库房；修理适用的库宇、寺院、公堂；租借民间的仓栈为临时粮仓。

1952 年，斜滩建起砖木结构瓦顶仓 1 所，容量 500 吨。1953 年实行统购统销，储存的粮食逐年增长，上级逐年拨款建仓。至 1959 年，建有苏（联）式仓库 8 座，容量 500 吨。至 1989 年，全县 13 个粮油保管站共建有仓库 53 座，设计容量 1.75 万吨；油库 5 座，油罐 13 个，容量 130 吨。为方便群众送售，在征购大忙季节、全县还设固定收粮点 21 个，临时收粮点 14 个，边收边调点 86 个。

何谓"四无"粮仓

1955 年开始的"四无"粮仓竞赛活动，将粮食的安全储存提高到新的水平。"四无"：即无虫害、无霉变、无鼠害，无事故。1965 年 5 月，全县进行一次大检查，发现托溪仓库 150 吨储粮长期未予清仓，存在不安全因素。1979 年，制定 3 天一小查，10 天一大查，规定手摸无灰，口吹无尘的保粮标准。全县实现"四无"仓容 1.85 万吨。1982 年，全县"四无"仓容占 70%，1983 年占 79%，1985 年占 95%，1989 年已百分之百地实现"四无"。

粮油质量如何检验

粮油入库前，检查员主要凭视、闻、嗑、触鉴定质量是否合格。具体办法有 5 条：①观看粮食的颗粒大小，饱满程度，色泽好坏、有无杂质、有无虫蛀谷粒。②用手或脚揷入时，触感轻松、有响声的干度足；手或脚提出粮堆便粘上粉屑碎末的，说明杂质多或虫害严重。赤脚踏进粮堆，若有烫感，表明该处粮食有可能霉变发热。③用牙嗑粮时响声清脆，一断两截，断面整齐，没有碎片，硬度强的，干度足、质量好。④用耳听粮粒的摩擦声，音响脆的干度足，音响钝的干度差、杂质高。⑤用鼻闻味。发热霉变的粮食有霉味。变质、酸败的油料，带有浓烈的哈喇味。以上 5 种感官检验办法，多是同时进行，互为补充，以便校正。

1970 年后，也用简单的机械检验，如用小盒式手推木砻碾谷，扬去谷壳，然后观察米粒。表皮光滑、不起毛、粉末少的干度合格，脱壳不均匀，表皮起毛、不光滑、碎末多的，为干度不合格。经过砻碾，还可计算出糙米率。

对于仓储粮食，则采用干湿度计，测量计检查水分，预防发热霉变。

粮油调运情况如何

寿宁交通不便，自建县至明万历九年（1581）田赋实行一条鞭法以前，征收的秋粮大多留归县内使用。改为征银以后，民间的社仓多是就近输纳。1941年改征实物。到1958年公路通车以前，出境的粮食除流到浙江省景宁、庆元县的用肩挑外，其余的均肩挑到斜滩，再由小船运往外县。油料则分别销往福州或温州，销往福州的由斜滩运出，销往温州的，则肩挑至浙江省泰顺县百丈口镇，再用船运达。随着公路开通和机耕路向村庄延伸，粮油经短途挑运后，至沿线村庄，由拖拉机、板车运至国家粮库，再用汽车调出。

1954年，实行统购统销以来，粮油要服从统一调拨，地方必须服从中央、局部必须服从全局，调运的交接制度规定，收方在验收时发现货票分离，货票不符，破损被盗，霉坏变质，应立即电告发货方，发方应于5日内派人合同复验，否则，收方有权按实际情况处理，损失由发方负责。寿宁县自从1953～1984年净外调粮食96803吨，其中，1960年6240吨，1973年6502吨，1975年6730吨。这3年的合计数占32年总和的20%。32年间，唯独1957年，经范式人会同副省长高磐九到寿宁调查农民留粮标准后，决定当年不外调，还净调入218吨，使当年的人均留粮达到226千克，但仍比1956年低6千克。1985年净调入粮食720吨，1986年又调入3056吨，1987年至1989年，每年均调入1200吨。1985～1989年，净调入7797吨，体现省委对寿宁农民温饱问题的关心。

1991年6月，"寿宁县粮油质量检测站"成立，对粮油收购、调运、保管和加工各环节进行检验化验，对粮食企业之间的粮油流通质量纠纷进行仲裁，指导和监督粮油企业把好粮油质量关。

2004年取消公粮征收后，储备粮统一集中县粮食购销有限公司城关分公司粮库保管。粮食市场放开后，凡从事粮食收购的法人，国家发给《粮食收购许可证》和《营业执照》后，可直接向农民收购粮食。年收购量不足50吨的个体工商户，无须申请粮食收购资格。

储备粮如何分类

储备粮分战备粮、民代国储和国代民储三种：

一是战备粮。1962年，根据福安专区粮食局下达的战备粮指标（2500吨），寿宁县分别在武曲、斜滩、鳌阳等粮站建立战备仓。1981年，宁德军分区后勤部和宁德地区粮食局确定寿宁只保留鳌阳粮站"506"战备粮3号仓。

二是民代国储。为了方便群众，1957年开始代粮站保管乡回销粮的有鳌阳区的伏际、地洋、芎坑、龙溪、前岭、半岭、亭溪；斜滩区的小溪、甲峰、北山，竹坪；芹洋区的可观、南溪、下党、长溪、圈石；南阳区的磜坑、甲坑等18个乡。

三是国代民储。为解决生产队仓容不足和缺乏科学的保管经验的困难，各粮站代为保管储备粮。粮站按统购价付款，发给储粮周转证，遇灾缺粮时按原价供应。或是发给储备粮存折，不作价付款。粮店收取保管费和保管损耗。

粮油经营管理机构如何变迁

建县初期由县丞、主簿分掌粮赋征收，明弘治十二年（1499）寿宁县县丞、主簿裁革，由典史兼领粮赋征收。崇祯时，县衙有押催钱粮的兵壮22名。

清康熙二十五年（1686），设库子4名，斗级4名，管理田赋收入。光绪时（1875～1908），县衙内设"钱粮"总柜，具体办理完粮纳税事宜。因人员有限，又分别给地方粮柜承包催征，承包人需由殷实富商担保，如期如数征收入库。

民国初期，田赋沿袭清制。1927年，县政府内设3个科，田赋征收属第二科管理。1933年，县政府设"粮食管理委员会"掌管粮食调节，仓库和积谷等事宜，同时设"县公沽局"管理粮食销售业务。1945年，县设田赋粮食管理处。1946年9月，田粮处裁撤，业务交县政府财粮科。

1949年7月，县政府设财粮科，11月分设为财政科、粮税科。1951年粮税科改称粮食科。1953年，福安贸易公司的中粮、油脂两个公司并入粮食科成立寿宁县粮食局。1956年，粮食局在县城、斜滩、芹洋、南阳设粮站，1961年底设坑底、凤阳、托溪、平溪4个粮站，1966年设犀溪、武曲粮站，1968年设大安、岱阳粮站。

1971年9月，县粮食局革命委员会改称"县革命委员会粮食局"，内设政工、秘书、计财、购销、储运等股。1976年10月改称寿宁县粮食局。1981年，局内增设粮油议购议销公司，改属省粮食厅一条鞭领导。1984年下放领导权，归县财委领导。1986年增设纪检室，1989年设立检察室。1990年成立党支部，1991年，成立粮食系统工会、粮食系统内部结算中心，1992年，成立"粮油贸易公司"，1996年增设"寿宁县粮食局驻福州办事处"。1998年，粮油贸易公司实行独立核算。1999年，撤销饲料公司，其业务并入粮油工业公司。2002年，粮食局由县政府部门机构改为县政府部门管理机构，划归县发展计划局管理。基层粮站划为政策性粮食购销企业，独立核算，自负盈亏。

粮油计划管理情况如何

1952 年，寿宁县计划内掌握的粮食，仅有公粮 2163 吨，除安排军队、机关和各服务行业用粮外，余下的投放市场，以平抑粮价。

1953 年，实行统购统销。城镇居民的口粮按月编制计划。机关单位职工的口粮由基层粮点核定数额，定量配售。部队用粮，由部队编送计划，按品种，数量、地点、时间安排供应。农村缺粮的，根据粮情调查核定控制指标下达各乡，不得突破。当年净调出粮食 1177 吨，保证了国家建设的需要。

1955 年，农村粮食实行"三定"，定购三年不变，定销一年一定。当年全县农村回销计划 1345 吨；城镇居民口粮按人分等定量；工商行业用粮，根据实行需要核拨；酒粮和市镇熟食业、复制业、糕点业、副食品业所需粮食的计划，由单位编报，经审核后下达供应调拨令；行业用粮计划，分月份和季度两种，按照计划规定的期限、品种、地点、严格执行。

1953 年，全县征购量达 9077 吨，占总产量的 33.66%，比 1956 年和 1957 年的合计数还多 830 吨。当年农民的留粮只有 168 千克。1960 年，实行少购少销。

1972 年起，实行统一征购、统一销售、统一调拨、统一库存的"四统一"管理，每年征购数量在 6200～6600 吨之间。有效地保证上调任务的完成。

1979 年起，征购基数减为 5300 吨，经过落实政策，恢复居民供应和农转非人数增加，定量也恢复到 1955 年的标准，供应数量相应增加。

1982～1984 年，宁德地区下达"一定三年"粮食包干计划，规定寿宁县征购（包括加价）8800 吨，净调出 3500 吨。1984 年宁德地区又给寿宁老区减购 2450 吨。

1985 年，国家取消粮食统购，减少定购品种，全县合同定购计划 4700 吨，薯米退出征购计划 1616 吨，并取消奖售粮计划。

1987 年，议价转平价的 460 吨指标列入粮食收购计划。

年度粮食计划的编制，以购销计划为基础，测算不同品种的数量，再根据基础库存，测算调拨计划，然后通过平衡会议，按平衡公式和平衡套加以核实。县外调进品种主要为面粉。最多的 1986 年调进 3088 吨。

计划的编审，实行"条块结合，块块为主"。县粮食局每年按县计划委员会的建议和要求参照市场信息，结合县内实际情况，编制计划草案，报送上级审批，组织执行。

粮油价格管理情况如何

寿宁的粮食价格，历来有官价与市价之分。明、清时期，常平仓执行官价；

民国时期，公估局执行官价；解放后，从 1953 年实行统购统销以来，执行国家规定牌价；1981 年后，农贸市场繁荣，粮食除国家经营的议价外，又有了合法的市价。

明正德三年（1508），每升米值银 3 分。万历二十二年（1594），官价每石谷值银 3 钱。清康熙十年（1671），每石米价值银 1 钱。嘉庆年间（1796～1820），年景荒欠，政府倡议"派户"（摊派富户低价粜出一定数量的粮食）平抑粮价，殷富之家也以执行"派户"任务为荣。这种传统方式一直延续至民国时期，遇上青黄不接，每有富户轮流按平价出粜粮食。

1933 年，粮食丰收，每 50 千克稻谷值银元 2～2.5 元，每元银元可买米 18 千克，是民国时期粮价最低的年份。民国 30 年，发生粮荒，政府开放积谷赊卖，以缓和市价。

1949 年后，国营粮食公司的粮价由省物价委员会与粮食厅核定下达，全县统一。每 50 千克晚稻的收购价，1950 年 3.93 元，1953 年提高到 5.82 元，但销价不变。购销牌价倒挂，造成的亏损均由国家财政拨补。至 1957 年，收购价调为 6.05 元，销价 6.80 元。

1963 年 11 月，农村各种籼米不分早、晚、红、白收购全部拉平。薯米从每 50 千克 5.95 元提高到 6.30 元。当时省人委规定，农村销价：低于购价的，与购价持平；高于购价的不动；亦农，亦工、亦商的回销粮、奖售粮、饲料粮也相应提价。退回农村的"过头粮"、按进价供应的种子粮和周转粮，销价按同一品种的收购价加 8%。用口粮换票（流动证）的中学生、支前民工，凡属购销倒挂的，按统销价倒扣 8% 收购。各种补贴粮不属市镇供应指标的都应提价。军用粮票、全国粮票、省粮票、流动证购粮不提价。

从 1965～1966 年粮食年度开始，实行加价奖励，向国家交售原粮人均超过 50 千克的，超过部分的按统购价另给 20% 的奖励金。以生产大队，国营农场为计算单位的，人均超过 50 千克的部分，按统购价另给 12% 的奖励金。稻谷购销同价一值执行到 1979 年 6 月。1979 年 7 月，购价全面调高，晚稻每 50 千克出 9.8 元提高到 11.9 元，销价仍为 9.8 元，又出现了倒挂，由财政补贴。

油料购销价，每 50 千克茶油，1950 年购价 33.12 元；1953 年 32.5 元；1957 年购价调至 59.6 元，销价 66.5 元；1972 年购价调至 90 元，销价 87 元；1979 年购价调全 118 元，销价仍为 87 元。

1985 年，寿宁的主粮（中等晚籼谷）每 50 千克由原来的 11.9 元调为 16.3 元，规定对农业人口的供应实行购销同价，非农业人口的定量口粮销价不动。

1986 年 4 月 1 日起，粮食主要品种实行国家定价、国家指导价和市场调节价 3 种形式。国家定价和国家指导价由省管理。

1987 年，调整合同定购价，每 50 千克晚谷调高 2 元。

1988 年 6 月 1 日起，全省的粮食销售实行地区差价，分为销区的城镇，农村和产区的城镇、农村 4 个价区。寿宁县按销区牌价执行。城镇销价每 50 千克地区差价，大米为 2 元，稻谷为 1.40 元，按城镇销价每 50 千克大米增加 6.25 元。油料按合同定购，给生产队补贴，茶油每 50 千克补 13 元，豆油补 15 元。茶油 50 千克销价为 220 元。1995 年底后，市场粮源充裕，开始出现农民"卖粮难"问题。1996 年粮食定购价每 50 千克调高到 88 元，为历年最高。

国家经营议购议销，是指导市场粮价的重要手段，粮食部门执行"随行就市，销价略低于市价，购价略高于市价"的原则，允许有季节差，地区差，品种差，既做到全年综合计算有利润，又能平抑市价。

2001 年起，寿宁与全省同步取消粮食定购。2004 年停止公粮征收。

票证如何管理

粮油票证是粮油供应的主要凭证。粮食部门于 1955 年建立"以证为主，以票为辅"的票证合一使用的凭证购粮制度。

粮证包括《市镇居民粮食定量供应证》《农村回销粮供应证》《工商行业用粮供应证》。另有《市镇居民粮食供应转移证明》和《农村粮食供应转移证明》。

在全省范围使用的粮票有："全省通用粮票"、"福建省地方粮票"、"福建省侨汇油证票"、"福建省奖售粮票"。此外，还有部队专用的各种军用粮油票证。军用粮票有"军用供给粮票"、"军用价购粮票"、"军用供给马料票"。

粮油证票是计划管理的重要组成部分，有证无票、有票无证都会影响计划供应。粮证是定量的依据，人口变动都要通过粮证体现。凭粮票供应的须持有粮证，方能购粮；只有粮证没有粮票，则不能购买。

1997 年 7 月起，全县城镇居民完全停止凭证供应口粮。从此，粮油购销完全市场化。国有粮食企业由职工自行经营。

财务如何管理

1950 年，粮食部门的财务收支，统由省财政厅粮食局管理。1951 年 3 月建立一切收支必须经过国库的制度，中央粮食与地方粮食的账目，严格分开。粮食的征收和调拨分别记账。

1952 年，县粮食科设立财务会计股，开始独立核算，对粮油企业的固定资产、流动资金进行估价登记。企业的流动资金由银行贷给。1954 年，粮食企业财务收支列入中央财政预算。企业的财务计划由省粮食厅统一下达，财务管理办法由省粮食厅制定，地方财政负责监督。于1956年实行定量、定额、定费用、定器材的"四定"管理。

1958年，粮食工业企业财务列入省财政预算，财务管理下放到县、鳌阳、斜滩、芹洋、南阳4个粮站和南阳粮食加工厂实行独立核算，由县粮食局管理。

1959年，粮食商业企业财务也列入省财政预算，粮食工业改称粮油工业，工业企业的财务也收回省粮食厅管理。

1962年，执行国民经济"调整、巩固、充实、提高"的方针，粮食企业财务收支列入中央财政预算。

1971年，粮食的财务体制下放到省管理，自1966～1971年，粮食总经营量10.7万吨，商业亏损167.3万元，平均每吨亏损15.6元。

1972～1982年总经营量26.9万吨，亏损340.7万元，每吨亏损12.6元。

1983年，省粮食厅规定，从元月起实行一定两年的财务包干，财政体制采取"划分收支，分级管理，层层负责"办法，以扩大企业自主权。1983～1984年，总经营量6万吨，亏损100万元，平均每吨亏损16.7元。

1985年1月，执行省粮食厅、财政厅制定的《福建省粮食企业体制改革试行办法》，将粮油财务下放到县，市，纳入县财政预算，对粮食、商业企业的政策性亏损，粮油提价补贴，按核定的总额，实行减亏分成，对议价和物资企业实行利润留成的办法。4月2日省粮食厅通知，1985年度粮油计划管理实行"购销包干、差额调拨、财务包干"的办法，"少购多销的粮食由各地自负"。1985年对全县15个站、厂进行全面整顿。1985～1987年总经营量8.5万吨，专款20.7万元。1988年第一次出现盈余，年经营近3万吨，利润2万元。1989年，全县粮食系统都实行独立核算。

2000～2005年，寿宁县粮食部门共有204位职工领取补偿金后与企业解除劳动关系。

工商管理

第十五卷

工商管理始于何时

明代，斜滩设有渔溪盐运司，负责检查盐课，缉捕私盐。

清代，禁止私营的商品，主要仍是食盐。

民国时期，寿宁县未设工商行政管理机构。私营工商企业登记和市场管理由建设科和各同业公会兼管。

县人民政府于 1951 年开始设工商行政管理科，办理工商企业登记，加强市场管理，保护合法经营，取缔非法的经济活动。中共十一届三中全会后，在"改革、开放、搞活"的方针指导下，市场规模扩大，集市贸易恢复发展，多渠道的商品流通，对工商管理提出新的任务和要求。

就物价管理而言，寿宁县的物价直至民国二十四年（1935）发行纸币初期均变动不大，抗日战争期间农产品价格暴跌，工业品价格激增，工农产品"剪刀差"扩大，社会经济混乱。国民党发动内战后，货币贬值，物资匮乏，物价飞涨。解放初期，县人民政府采取措施平抑物价。1959 年开始设寿宁县物价委员会，加强物价管理，工业品零售价格趋向稳定，农副产品收购价格逐年提高，"剪刀差"逐步缩小。1985 年农产品收购价格总指数比 1978 年提高 93.1%，工业品与农产品比价渐趋合理。

1980 年，寿宁县设计量管理所，度量衡由市制逐步改为公制，并逐步推行标准化。

1990 年，寿宁县工商行政管理局有编制 26 人。1998 年 6 月，工商系统收归省工商局垂直管理，有编制 30 人，其中行政编制 8 人，事业编制 22 人。2005 年，工商局内设行政执法股、注册管理股、人事教育股、法制股、办公室，加上挂靠的消费者委员会，个体劳动者协会，私营企业协会，共有职工 71 人。1990 年，全县共设鳌阳、斜滩、南阳、平溪、下党等6个工商行政管理所。2005年，全县基层设鳌阳、斜滩分局和南阳、平溪工商所，基层工商所全部升格为副科级单位。体现党和政府对新形势下工商工作的重视。

市场监督管理情况如何

1941年3月1日起，食盐实行凭证供应，取缔金银黑市活动。

1951年，开展"三反"、"五反"运动，县人民政府对投机倒把，抬价杀价、冒牌掺假、偷税漏税等行为，给予严厉打击，市场经济秩序日趋稳定。1952年9月，成立物资交流会领导办公室，制止非法经营，对商品按质定价，检查没收不合格的度量衡器。1953年，寿宁县对粮食实行统购统销，一、二类物资归国家掌握，市场上严禁无证经营。

1958年人民公社化，商业统由国营、集体商店经营，集市贸易中断，市场监督管理被削弱。1961年，允许农村社员参加集市贸易。市场管理部门根据"管而不死，活而不乱"的原则，对个体商贩重新登记、审查、整顿，符合条件者，发给营业执照，并规定税额。1970年，为"割资本主义尾巴"，严禁粮油、家禽、小食品之类上市，农村社员正常交易再次中断。

1978年后 经济搞活，市场放宽，市场管理，咨询服务，依法打击欺行霸市与垄断行为，维持正常贸易秩序。

1984年，允许工商业户以一业为主，兼营其他行业，严格取缔无证经营。

1985～1986年，县工商局先后两次检查县城154家国营、集体、个体工商业户，没收霉变商品189种，失效药品289种，价值3000元；查出产品质量低劣的工厂1家，予以吊销"三证"；烧毁淫秽书籍1402本。

1987年6月，检查13个乡（镇）的136家商店，1989年坚持对市场进行检查监督，处理掺杂、使假、短斤少两等违章案件，收缴非法出版的录音带、图片，淫秽录像等，处以罚款1.17万元；同时评出"信得过"摊、店36家。

1990以后，市场管理重点是打击"假冒伪劣"商品，整治"餐桌污染"。1990年，县工商部门在全县共检查商店、摊点3429户次，度量衡器1495台（件），收缴不合格失准秤具27件；查处市场违章案件79件，罚款5571.30元；查处伪劣化肥39吨；查处伪劣假冒饮料8599吨、酒2564瓶、罐头832瓶、香烟3685条、酱油6669.5斤、其他食品8424.2斤；查处三无低压电器1045件；捣毁制假窝点32个。全县评出消费者信得过商店43家，消费者信得过产品10个。

2005年，县工商部门开展食品安全专项整治，开展"清浊行动"、"新春食品安全大巡查"，对"包装食品安全"、"农产品、水产品、畜产品质量"、"中秋月饼市场"等进行专项整治,立案查处 49 起,取缔制假窝点 10 个,罚款 6.34 万元。

寿宁最早的墟集始于何处

寿宁最早集市始于交通方便、商贸集中的斜滩。

清末,斜滩的"墟日"(每年农历正月十三日),全县各地及邻县群众前来赶墟,墟集规模宏大,货物丰富多样,价格随行就市,双方议价买卖、协商成交。当时参加贸易的主要商品有:稻谷、大米、薯米、茶叶、茶油、桐油、木材、纸张、木柴、木炭、农具、炊具、蔬菜、水果、药材、野味、猪肉、布匹等。

1952 年,根据"城乡互助,内外交流"的方针,县农村工作部和物资交流办公室在县城举办两次全县性物资交流会。接着斜滩、南阳、平溪、鳌阳等区公所所在地先后举办 31 次物资交流会。1953 年,又举办 9 次物资交流会。同年 10 月,在南阳,斜滩设 1 月 1 次的"墟日",在鳌阳、芹洋设 3 月 1 次的"墟日"。1954～1965 年,县工商局、供销社等部门多次召开全县性的物资交流会。此后,各乡(镇)的物资交流会也逐渐形成,斜滩、南阳每月 2 墟,其它各乡每月 1 墟。目前,集市贸易已趋向制度化,方便群众购物,促进商品交流,推动贸易发展和市场繁荣。

打击投机倒把活动的情况如何

打击投机倒把活动由来已久。民国时期,一些粮商趁饥荒或青黄不接之时,囤积居奇,有的甚至将粮食运往邻县高价出售。县政府虽派员到斜滩镇严查,并在毗邻地区设卡缉私,但投机倒把活动屡禁不止。

解放初期,因物资紧缺,一些不法商人也曾囤积居奇,哄抬物价,倒卖金银。1951 年,根据《福建省加强市场管理,取缔投机倒把暂行办法》,县工商行政管理科对一般违法户,按情节轻重分别给予批评教育、罚款没收、吊销营业执照、定期停业等处罚。对坑害群众,扰乱市场的投机商人,则运用行政和法律手段,给予严厉的打击。1954 年,逮捕法办粮食投机商 6 人,毛猪投机商 2 人。1964 年,全县共查处投机倒把案件 39 件,没收布票 140.6 丈,罚款 944 元。1975～1976 年,查处投机违章案件 604 件,罚款 5.8 万元。没收的物资有:有色金属 41.5 千克,香烟 510 条,粮食 6.67 吨,粮票 1500 千克,香菇 100 千克,油茶籽 4824 千克,党参 280 千克。

1977 年 1 月 10 日,工商局、公安局联合行动,开展全县性统一打击投机倒把分子及流窜犯活动。1979 年至 1980 年,累计查处投机倒把案件 856 件,金额

699 万元。1981 年起，根据国务院《关于加强市场管理，严厉打击投机倒把和走私活动的指示》，至 1985 年共查处投机倒把案件 898 件，其中大案 43 件，移交司法机关办理 8 件，罚款 11.69 万元。1985 年，根据省、地工商局关于《从速从严制止生产、销售伪劣商品的紧急通知》，配合政法、税务、卫生等部门进行市场大检查，共查获假药 25 种、劣药 181 种、假 "四特酒" 641 瓶、假香烟 150 条、假茯苓 16.86 吨。8 月 1 日在一中操场当众焚毁。1986～1989 年共查处投机倒把 261 件，其中大案 24 件，罚款 114.89 万元，查获物资有：进口汽车 9 辆、摩托车 3 辆、香烟 6.33 万元、木材 105.11 立方米、白银 2000 克、走私布 4677.45 米、化肥 61 吨、收录机 174 架、黄金 150 克、鳗鱼苗 13.24 千克、电冰箱 50 台、彩电 1853 台、非法出版刊物 2.85 万份。

1990～2005 年，工商部门市场监督管理的重点是打击 "假冒伪劣" 商品，整治 "餐桌污染"。2000 年，查获假酒 1300 瓶、各种饮料 4970 瓶、食品 900 千克、冒牌水稻种子 175 千克。为确保餐桌安全，2001 年，共组织全县性的集中行动 59 次，出动检查人员 1499 人次，查处案件 312 起，销毁冰冻巴西牛肚 125 千克、死猪肉 245 千克、霉变死鸭 7 只、冰冻鸡爪 1860 千克、鸡翅 108 千克、猪肚 95 千克，没收不合格粮食 31699 千克。2005 年，县工商部门开展食品安全专项整治，开展 "清浊行动"、"新春食品安全大巡查"，检查市场主体 1663 人次，查获受甲醛等污染食品 356 千克、"三无" 过期饮料 316 瓶、变质食品 892 千克、过期啤酒 432 瓶；查处侵犯商标专用权酒 247 瓶，取缔制假窝点 10 个，立案查处案件 49 起，罚没金额 6.34 万元。

市场管理费何时起征

民国及以前，县政府未征收市场管理费。

1954 年，按照 "有服务才收费" 的原则。开始在集市收取服务手续费。1956 年撤销交易所，停止服务收费。1976 年 2 月，在县城、斜滩、芹洋、岔头坂，南阳等地设立农贸交易所，收取管理费，但收费项目只限于粮食、油脂、牲畜等。

中共十一届三中全会后，允许农民上市交易，市场服务范围扩大。除当地土特产外，其他工业品、农副产品大量进入市场。根据 "取之市场，用之市场" 的原则，对全县集市摊点，包括国营、集体一律收取管理费。1979 年，城关合作商店划归商业管理，斜滩、南阳、武曲、平溪、犀溪、仙峰等地合作商店划归基层供销社管理，不再征收合作商店的工商行政管理费。自此，管理费征收对象为个体工商业户，按营业额征收 0.8%。1981 年，全县共征收管理费 12.38 万元。

1983 年国家规定管理费征收标准：个体工商业户管理费按营业额的 1% 以下

征收，市场管理费按营业额的 1.5% 以下征收。寿宁县按标准降低 20% 核定定额。1984 年，全县共征收 "两费"（市场管理费和个体管理费）及摊位费 2.08 万元。1987 年征收 15.39 万元，其中临时摊位费 2.77 万元。1988 年，全县两费征收达 19.23 万元。1989 年，全县全年两费征收达 24.52 万元，其中，市场管理费 18.64 万元，个体管理费 5.89 万元。

1990 年，新建城关综合市场，1991 年兴建城关第二市场，1992 年兴建城关小商品市场，1994 年新建城关农贸市场，1995 年新建县花菇市场，1998 年开办蔬菜直销市场。市场建设不断拓展，市场管理日趋规范。2005 年，全县两费征收 35 万元，2015 年全县两费征收 48 万元，其中市场管理费 39 万元，个体管理费 9 万元。

国营、集体工商企业如何进行登记

1951 年开始对国营、集体工商企业进行普查登记。到 1952 年为止，全县共登记 401 户，其中，商业 238 户，手工业 163 户。1958 年登记 258 户，1027 人，其中，国营 103 户 410 人，合营 6 户 72 人，集体 149 户 545 人。1961 年清理整顿工商企业，发给营业执照。"文化大革命" 期间，停止工商企业登记工作，取销合作商店。1978 年重新实行登记发证。

1980 年，全县登记国营、集体工商企业 68 户。1984 年，登记 224 户，6330 人，注册资金 3319.39 万元。其中，工业 93 户，3238 人；建筑业 13 户，857 人；商业 85 户，1993 人；服务业 33 户，242 人。1987 年登记工商业 324 户，9830 人，其中工业 179 户，6628 人；商业 82 户，1592 人；建筑业 14 户，895 人；广播电视 6 户，59 人；其他 43 户，656 人。1989 年，803 个企业重新登记，注册资金 6647.94 万元。

2015 年，贯彻落实注册资本认缴登记制、"先照后证" 制度、外商企业 "直接登记" 制度等工商登记制度改革政策，各类市场登记主体增长显著。新增内资企业 250 户，同比增长 63.3%；个体户 1174 户，同比增长 29.6%。全县共有企业 1536 户，个体户 7155 户。开展 "一照一码" 和电子营业执照发放工作，颁发 "一照一码" 营业执照 351 户，推行企业电子执照和全程电子化登记制度，共发放电子营业执照 190 份。

个体工商企业如何进行登记

清光绪二十九年（1903）颁发《商会简明章程》《公司注册试办章程》和《商

人通例》等，规定各工商企业须经登记注册、领取牌照后始得开业。

1936年，县政府对工商企业的登记管理，与征收赋税、登记户籍和市场管理结合进行。1938年，根据《商业注册登记法》，始给私营工商业者登记发证。1940年，全县申请登记承办茶叶贷款的有63户。抗日战争时期，企业登记管理流于形式。

新中国成立后，在经济恢复阶段，寿宁县曾对个体商贩和企业进行初步调查。1950年，全县有个体商贩254户861人。其中县城56户283人；斜滩1631户356人；南阳34户121人；平溪33户101人。另有私营茶厂4家，造纸厂3家。

1954年，全县有私营工商业513户641人，注册资金11.7万元。其中商业467户572人，资金11.14万元；手工业46户69人，资金0.56万元。当年，开始对私营工商业进行社会主义改造，一部分个体手工业加入6个合作社（组），共43人。80%以上的私营商业，也分期分批按不同行业和区域归口，分别接受改造为国营和供销合作商业。

1957年，全县共有个体商业373户376人，注册资金12.58万元；个体手工业合作社（组）21个，注册资金32.43万元。1958年改造成为公私合营和集体商业101户，股金4.6万元，注册资金10.34万元；集体手工业71户324人，注册资金3.17万元。

"文化大革命"期间，大多数个体工商业被迫停业。剩下的只是一些半工半农的个体手工业者和少量服务型行业。1970年7月，按行业合并、缩减为4个工厂，移交当地人民公社管理。1973年3月，恢复归队的个体工商业者396人。至1978年，个体工商业有6个厂，465人，资金23.43万元。

1979年后，个体工商业发展较快。1981年，增至319户。其中，商业179户，饮食业42户，手工业48户，修理业21户，服务业29户。1984年，允许农业人口从事工商业，个体工商业增至1393户，从业1393人，注册资金103.74万元。1987年，对个体户的登记发证工作随到随批。全县个体工商业户再度增至1520户，从业2029人，注册资金199.4万元。当年还出现城乡合作经营企业18户，124人。

1988年，全县登记发证的个体工商业户为1836户，从业人员2419户，注册资金253.3万元。合营企业23户121人，注册资金82.4万元。

1990年全县个体工商业户1805人，从业人员2070人，注册资金278.5万元。

1994年，《中华人民共和国公司法》实施，全县法人企业达389户，分支机构569个，注册资金15501万元；个体工商业户3731户，从业人员5420人，资金总额2072万元。

1999年，《中华人民共和国个人独资企业法》颁布实施，当年发展个体工商户 353 户，从业人员 580 人，注册资金 520 万元。全县注册登记的法人企业 275 户，营业单位和分支机构 475 户，注册资金 17256 万元；私营企业 178 户，从业人员 1926 人，注册资金 55378 万元。个体工商户 3202 户，4867 人，资金总额 2762 万元。

2005 年，全县在工商部门登记注册从事第三产业的企业共有 351 户，注册资金 14084 万元；从事第三产业的个体工商户 1940 户，注册资金 1840 万元。当年全县各类企业总数 564 户，注册资金 61189.11 万元。其中，内资企业 320 户；私营企业 244 户；个人独资、合伙企业 116 户；外资企业 9 户。全县登记在册的个体工商 2680 户，从业人员 3054 人，注册资金 4335.28 万元。

国营、集体工商业如何监督

1956 年后，寿宁县对工商业的监督管理，由于体制变更，政策不稳，机构不全，时紧时松。1978 年，恢复监督，检查内容有五：①检查企业是否按照国家政策从事生产活动；②检查企业是否登记领取营业执照，从事正当经营；③检查企业有无违反物价、计量政策；④检查企业生产经营作风，有无以次充好，弄假掺杂，欺骗群众等违法活动；⑤检查企业有无偷工减料，污染环境，贪污盗窃行为等。每年都进行定期或不定期的临时抽查或重点检查。至 1983 年，共发现 343 户有不同程度地违反《工商企业管理条例》。对擅自开业和无证经营的 169 户，分别给予批评教育或取缔经营。1984 年，开展企业守法教育，共取缔无证经营 54 户。1986 年 6 月，清理整顿公司，撤销土特产品购销公司和国营商业贸易总公司，吊销诱骗订货定金的寿宁县华侨实业公司的营业执照。1987 年 10 月，清查 38 家公司，有 12 家手续不完备，其中 7 家责成限期完善，5 家责令停办。还查处凤阳工艺厂、寿宁时装厂等 11 户未办理登记发证手续厂家，责成补办。

进入新世纪，市场监督管理以打击"假冒伪劣"商品，整治"餐桌污染"为重点。2000 年，开展专项检查 15 次，立案 38 起，查获假酒 1300 瓶、各种饮料 4970 瓶、食品 900 千克、冒牌水稻种子 175 千克。2001 年，集中行动 59 次，检查处理 312 起，取缔无照经营 9 户，注销不规范的液化气经营户 14 户。2004 年，县工商行政管理加强食品市场监管，聘请食品安全巡视员、特派员、联络员 31 名，开展专项整治 50 次，办结案件 230 起，罚没款 63.87 万元。

2005 年，县工商局建立农资市场监管"三大网络"。全县有 106 户经营农资的单位签订《农资商品诚信经营承诺书》。全县建立农资商品使用效果回访点 20 个；查处农资案件 11 起，案值 20.6891 万元，罚没款 60.9485 万元。查处广达全元化肥有限公司生产、销售不合格化肥大案一起（案值 7.43 万元），查扣不合格化肥 36.7 吨。

个体工商业如何监督

解放后，通过对个体工商业的调查、登记，限制和淘汰那些与新社会不适应的行业。对允许经营的行业，则着重对偷工减料、以次充好、哄抬物价等现象进行监督。1954 年，对私营工商业实行全面检查登记，动员小商贩回乡务农。

1955 年，对硬性停业的，恢复营业 21 人；对已改造的，纠偏复业 49 人。1957 年，手工业者组成集体生产合作社。1958 年人民公社化后，城镇工商业归工业局和银行所属的国营企业管理，乡村手工业、个体小商贩由人民公社管理。"文革"期间，对个体工商户采取"左"的管理办法，使大批工商业户停止经营。

1978 年，实行登记发照制度，严禁无证经营，取缔无证药店 16 家。1984 年，教育个体商户，开展文明经商、优质服务竞赛活动。1988 年对个体工商户进行调查、验照，分类建立经济户口档案卡片。同时，配合个体协会到各乡（镇）巡回宣传，进行职业道德教育和有关政策法规教育。当年，个体工商户违章率比上年同期下降 43%。1989 年，查处个体工商户违章行为 91 起，罚款 1398.7 元。

合同管理情况如何

合同管理由来已久。明、清至民国时期的合同，主要为契约形式的合约。1931 年以后，商业信用摺（金夹）作为商户之间批货、赊销、结账的重要形式。对于融通资金，加速商品流通起了重要作用。

1956～1957 年，经济合同由县计划部门统一管理。1962 年，供销合作社在收购农副产品时，又开始实行合同制。"文革"期间，经济秩序混乱，无法实行合同管理。

1979 年后，随着经济体制改革的深入。经济关系日益多元化，经济合同管理成为工商行政管理部门的一项重要业务。

20 世纪 90 年代，社会处于计划经济向市场经济转型时期，出现"一切向钱看"的不良风气。由于企业、公司、社会成员之间信用缺失、合同欺诈、恶意欠债、坑蒙拐骗等丑恶现象时有发生，假冒伪劣商品随处可见，造成社会经济秩序混乱。强化经济合同管理，重构诚信经营体系极为必要。工商部门一手抓"重合同，守信用"单位的评选，弘扬正气，一手抓合同纠纷案件的受理，强化各类经济合同的鉴证，积极协助企业追回欠款。同时，通过发函调查合同资信、咨询、办案和其他管理手段，为 15 家企业挽回经济损失 68 笔，金额达 167.17 万元。

2000 年，县工商管理部门参与工程招投标 10 次，参与工程验收 31 次，进行拍卖监督管理 4 次。2001 年，开展企业动产抵押登记工作，办理动产抵押登记 4

起，抵押物价值 200 多万元，为企业贷款 1775 万元。

2004 年，开展共建规范市场活动，签订双方责任书，检查合同 85 份，办理抵押合同 2 份，为企业筹集资金 800 多万元。2005 年，加强对商品展销会的登记管理和巡查工作。服务企业，开展动产抵押登记工作，共发放动产抵押登记证 3 份，方便企业贷款 2448 万元。加强对拍卖业监督管理，监督一家拍卖企业在本地开展拍卖活动。

何谓鉴证与监督

先说鉴证，寿宁县的合同鉴证管理始于 20 世纪 50 年代。签订经济合同须经工商行政管理机关鉴证。1982 年 7 月 1 日，《经济合同法》实施后，标的金额在 10 万元以上的经济合同一律要通过工商部门鉴证。对在外地签订后送到县内备案的合同，工商部门也要逐项加以审查，发现无履约能力的企业或违反国家法律、法令、政策规定的合同则及时通知对方企业所在地的工商管理部门予以注销。

再说监督检查。1984 年 12 月，县工商局对全县各工业企业、商业企业经济合同的签订和履行情况进行检查。从 48 户工业企业签订的 4439 份合同和 33 户商业企业签订的 1409 份合同中，发现部分合同格式不规范，条款简单，文义含糊不清，经济责任不明确，有的栏目漏填、错填，当即予以纠正。1985 年查处违法合同 2 起，处罚 5.3 万元，没收入库 3.34 万元。1988 年在企业自查的基础上，重点检查 18 个企业的 4645 份合同（金额 8584.37 万元），发现有问题合同 90 份，追回被骗资金 181.14 万元。县工商局协助追回债款 14.84 万元。

1990 年，县工商部门对 27 家企业的 1932 份经济合同履行情况进行清理，发现 153 份合同条款不完备。1991 年，检查各类合同 3807 份，监督履行合同 382 份。2003 年，引导业主与农民签订合同，发展订单农业，并督促业主严格履行合同，保护农民的切身利益。2004 年开展共建规范市场活动，签订双方责任书，检查合同 85 份，办理抵押合同 2 份，为企业筹集资金 800 多万元。

县工商局如何受理合同纠纷的调解与仲裁

1983 年，县工商行政管理局开始受理经济合同纠纷的调解与仲裁。当年调解合同 1 份，金额 0.9 万元；处理合同纠纷 1 起，金额 1.48 万元，收回欠款 1 万元。1984 年，仲裁纠纷合同 5 起，争议金额 0.54 万元。其中，调解 4 起，移送司法机关 1 起。另外，协助企业处理长期积欠 3 起，收回金额 1.22 万元。1987 年，调解合同 7 起，金额 22.21 万元。其中，书面调解 1 起，口头调解 6 起。受理合同纠纷1起,争议金额6.43万元。仲裁合同2份,金额27.6万元,追回欠贷2.64万元。1988年,对合同履行能力进行调查,为企业挽回经济损失11起,金额210.92万元。1989年,调解合同纠纷案件6起,争议金额11.36万元。其中,书面调解4起,口头调解2起,挽回经济损失108万元。并为企业追回拖欠贷款15笔,21.2万元。

1990年,协助13家企业追回欠款63.86万元。同时,通过各种渠道,为15家企业挽回经济损失68笔,金额167.17万元。1993年,县工商部门协助企业讨回欠款16.1万元。1994年,为企业追回欠款5起,8.6万元。1997年县工商局纠正不合格合同7份,为企业追回欠款3.6万元。1998查处欺诈案件4起,纠正不合格合同4份,为企业追回欠款3万元。

商标如何管理

清末至民国,寿宁的商标多用商号名称。县城的"柳福记"、"柳泰记"、"范鼎丰"、"同仁堂"。斜滩的"陈复兴"、"柳晋源"、"周源丰"等商号都在店门匾上、产品或商品的包装纸上印上各自的商号、厂名。当时,未设立管理商标的专门机构。

1950年7月与1963年4月,国家先后颁布《商标注册暂行条例》与《商品管理条例》,由于寿宁未设立专管机构,商标管理无法落到实处。

1979年,县工商行政管理局根据国家有关商标注册的规定,开始办理商标注册申报业务,至1989年,全县报请国家工商行政管理总局商标局审批的商标共有19个,其中批准注册15个,分别是寿宁县雨伞厂的晴雨伞;武曲蚊香厂的蚊香;岱阳五金厂的水平尺;化工阀门厂的阀门;寿宁茶厂的花茶;寿宁锁厂的挂锁;寿宁县线毯厂的提花线毯;寿宁县薏米仁精加工厂的薏米精;寿宁第一酒厂的酒;寿宁县植绒厂的植绒布;寿宁县无线电厂的电线;寿宁县通用机械厂的离心清水泵,寿宁眼镜厂的光学眼镜片;寿宁精细化工厂的白炭黑和光学仪器厂的眼镜片。

1987年4月,县工商行政管理局增设商标广告管理股,出具商标印制证明、受理商标诉讼案件、检查商标印制单位、没收非法承印"优质味精包装箱",等不合格商标标志等。

1990年,县工商部门核转商标6件,出具印制商标委托证明13份,印制商标76万张,查处商标侵权案件10起,收缴违法商标17400张。1998年,全县注册商标20个。花菇产业有15家企业申请商标注册,县工商部门核准"炭山"、"金菊"、"金穗"、"野珍"、"南山"5个花菇商标。查处商标案件11起,罚款2.4万元。2003年,查处假冒侵权商标案件8起,罚款1.07万元。

截至 2005 年 12 月为止，全县先后注册商标 120 件，其中自然人注册商标 48 件，拥有宁德市知名商标 8 件。2005 年 12 月，县工商部门向省工商局推荐福建三祥冶金有限公司注册的"三祥"、"FSM"注册商标参加著名商标评选。

广告如何管理

清末至民国时期的广告形成单调，内容一般化。即使在全县贸易中心的斜滩，坐商也只是在店面张贴本号经营范围的小广告。饮食店、客栈则挂布旌。条件较好的商号，也只将商品陈列在玻璃柜内。抗日战争期间，市场萧条，实物广告又改为模型、文字广告。

"文化大革命"期间，商品广告被视为"资产阶级产物"，横扫无遗。

1979 年以来，广告成为传播信息、沟通渠道、扩大流通的竞争工具。1981 年，县广播站、县印刷厂先后开始兼营广告业务。1982 年，县工商局根据《广告管理暂行条例》，对全县经营广告的单位进行清理、整顿审查，报省工商局核准，登记发证。1986 年共审查户外广告 89 份，167 张。1987 年，审查户外广告 134 份，369 张，取缔违章大型路牌 1 面，核准成立"广告服务部" 1 个，销毁虚假广告 65 张。1988 年审查户外广告 432 张，对内容不实的广告 163 张，予以罚款处理。

1990 年，县工商部门在县城设广告栏 7 处，审查户外张贴广告 731 份，撕毁内容不实广告 545 张，收缴广告牌 3 块，发放一次性《广告许可证》 14 本。1995 年，验发一次性《广告经营许可证》 52 份，收取广告管理费 2800 元、版面资金 6700 元。

1998 年，中央电视台及《人民日报》海外版为国家级贫困县免费播放、刊登花菇等产品广告。

2004 年，县工商部门查办广告案件 13 件，罚没款 5700 元。

2005 年，开展寿宁县鳌阳镇解放街"广告示范管理一条街"活动，全面规范县城广告秩序。

物价如何管理

1939 年，市场物价由县物价评议委员会管理。1942 年，实施阶价办法，所有物价均以 11 月 30 为准。1946 年春，物价月增，物价管理流于形式。民国 37 年后，货币严重贬值，物价一日数变，乡村以粮食为计价标准，商人则囤积居奇，谋取暴利，政府只能对公教人员实施最低限度的实物配给，物价管理名存实亡。

解放初期，根据"统一领导、分级管理"的原则，严格执行"国家计划价格为主，市场调节为辅"的方针。国家计划的三类农副产品和小商品价格，都要按照生产成本与市场供求情况拟定调整购销价格，报上级有关部门批准后执行。1959年，县商业、供销部门在全县开展全面审价工作。审查百货、针织、文化用品、棉布、五金等五类商品价格共7955笔，纠正错价211笔。

1966年11月10日，县物委在330种商品价格中，查处错价160种，差错率48.4%。其中，高于省、专区核定价格的有154种，多收金额3999.10元。1973年10月，审查百货、食杂、医药公司的商品7591种，1.26万笔，查处错价318笔。

1979年，由于国家提高主要农副产品的收购价格，带动其他商品价格上涨，县商业部门贯彻省委《关于开展物价整顿、严格控制市场物价上涨的紧急通知》，对百货、文具、五金、交电、化工、针纺等6类商品的批零价格进行严格审核，查核5491笔，发现提价29笔，责令一律降回原价。

1989年，推行统一明码标价签，全县使用标价签18万张，普及率达85%。2003年"县价格事务所"更名为"县价格认证中心"。1991年，全县所有行政事业型收费均纳入法制轨道，当年核发新的收费许可证131本。1992年10月，在经营型服务行业实行收费许可证制度。1995年，换发收费许可证218本。年度审验单位252个，审验金额1100万元，合格单位145个，占57.54%；基本合格单位97个，占38.50%；不合格单位10个，占3.96%。2005年全县换发收费许可证105本，审验单位186个，审验收费金额1986.46万元，合格单位183个，占98.39%，基本合格单位3个，占1.61%。市场运作日渐规范。

何谓调价

调价是在计划经济时代，调整商品价格的地区差率，品质差率和批零差率的总称。1954～1955年，棉布类调价18种，百货类调价85种。1957年，有计划地调高黄花菜、芝麻、茶叶、药材、生猪、山羊等50多种农副产品的收购价。1962年，根据中共中央"继续稳定市场物价"的指示，调低芝麻、柴炭等13种农产品的收购价。1964年调整部分生产资料的销售价格。1971年9月，石油价格除汽油外，均有不同幅度的调低。1976年4月，寿宁县商业局调整五金交电商品的销售价格，除白行车、收音机、无线电原件维持原价外，其余商品价格均有调整，同时实行城乡差价。

1981年后，逐步由国家统一定价改为国家指导价、市场调节价。1988年5月25日，工业消费的价格放开后，取消最高限价。

1989年，"粮、菜、油"的价格基本稳定。1990年以后，市场公平交易执法以查处假冒伪劣商品和经济违法案件为主。商品流通，随行就市成了常态。

寿宁商品比价情况如何

商品比价是商品经济的一种初始形态。民国 19 年（1930），每 50 千克稻谷可换食盐 21.3 千克或茶油 5.4 千克；50 千克生猪可换稻谷 389.6 千克。抗日战争后，工业品价格数十倍于农产品价格，50 千克稻谷只能换食盐 3.8 千克，5. 千克柴片只能换食盐 0.33 千克。

1950 年，每 50 千克稻谷可换食盐 13.1 千克或茶油 4.09 千克；50 千克生猪可换稻谷 394.4 千克。1956 年，50 千克稻谷可换食盐 18.75 千克或茶油 4.9 千克；50 千克生猪可换稻谷 291 千克。1965 年，50 千克晚稻谷可换食盐 26 千克或茶油 4.28 千克；50 千克茶叶可换食盐 732 千克或茶油 120.59 千克。

1972 年，每 50 千克稻谷可换食盐 32.67 千克或尿素 21.78 千克；50 千克生猪可换闽江牌缝纫机 0.66 架或肥皂 197.5 条；1979 年，50 千克稻谷可换食盐 39.67 千克或尿素 26.44 千克。1985 年，50 千克稻谷可换食盐 54.33 千克或尿素 37.9 千克；1988 年，50 千克稻谷可换食盐 41.59 千克或尿素 33.89 千克。

何谓城乡价差

民国时期，寿宁的商品购销以斜滩为中心，地区间差价受运费影响，距离中心地远的地方，农副产品的价格低，工业品的价格高。

1958 年福寿公路通车后，运费降低，城乡差价相应缩小。1965 年，农副产品、废品的城乡差价分为 3 种：量多值大的，扣足地区差价；量值一般或量多值较低的，扣足一半地差；量少值低的全县统一价。

工业品的城乡差价，全县划分为 3 个类区。一类区：斜滩、武曲、竹管垅为基价类；二类区：鳌阳、南阳、犀溪、凤阳、平溪、岱阳、大安按基价加 0.5%；三类区：芹洋、托溪坑底按基价加 1%。1966 年取消学生文化用品的城乡差价。

1971 年，农副产品、废品的城乡收购差价，按 5 片安排地区差价。第一片：斜滩、武曲；第二片：鳌阳、南阳、犀溪、竹管垅；第三片：坑底、大安、平溪、岱阳；第四片：托溪；第五片：芹洋、下党。以第一片为基础，各地每 50 千克按片依次递扣地价差 0.50 元。

1973 年的木材销售价，每立方米杉、松、杂木，鳌阳分别为 45 元、36 元、44 元，斜滩分别加 6 元、3 元、2 元，坑底减 3 元、4 元、5 元。50 千克木炭，鳌阳为 3 元，坑底、凤阳减 0.3 元，武曲减 0.2 元，斜滩加 0.3 元，犀溪加 0.65 元。

工业品中棉布、化纤布、针棉织品实行统一价格，其余各类仍按 1971 年所分的 3 类区，以第一区为基价，第二、第三类区，每 50 千克按类区递加 0.50 元。

1980 年，商品价格逐步放开，城乡差价相应缩小。1989 年，农副产品及废品的收购价只减扣增加运费差额。

何谓购销差价

寿宁当地农副产品的购销差，主要体现在粮食的季节差别。1941 年 2～6 月，稻谷的购销差率为 88.7%；7～10 月，则为 211%。

1953 年后，粮食实行统购统销，稻谷、大麦、小麦、黄豆、薯米、油菜籽、茶油等，购价逐年提高，销价一直未变，购销差很不合理。1957 年的购销差率，晚白稻谷 25%、小麦 16%、黄豆 10%、薯米 12%、晚籼米 9%、花生 27%、茶油 12%、菜油 7%。1963 年，早红稻谷、白稻谷、小麦、黄豆购销同价。

1972 年，晚白谷、小麦、薯米、薯粉购销同价。晚白米的购销差率为 1.4%，黄豆 22%，茶油倒挂-3.3%。1987 年，晚粳谷购销差率为-24%～-25%，晚粳米为-23%～-22%。1989 年，粮食类中的购销差率，早籼谷为-16%、杂交谷为-17%、小麦为-6%、花生-22%、杂交米-17%、早籼米-16%、茶油 16.8%、菜油 13%。

在禽、蛋方面，1964 年购销差率：番鸭 15%，鸭蛋 14%，鸡蛋 14%。1977 年购销差率：鸡 18%，番鸭 11%，鸡蛋 12%，鸭蛋 16%。

何谓批零差价

民国以前，寿宁的商品批零差价没有统一尺度。

解放后，与计划经济相适应，国家授权各级主管部门控制商品的批零差价率。1960 年，寿宁县石油类中 70# 汽油、90# 汽油、灯用煤油与 0# 柴油的批零差率分别为 12%、16%、18% 与 10%。

1966 年，百货类的批零差价率：火柴 10%；塑料凉鞋、电池、肥皂、洗衣粉、蜡烛 14%；香皂、牙膏、脸盆 15%；茅台、竹叶青、汾酒 12%；肥皂盒 16%；；鞋油 18%，纽扣 30%；文化类批零差价率：加工纸 15%；针纺织品类：棉纱 5%，白布 10%，棉花 12%，色布 13%，毛布、绸缎 14%，花布、色织布、书包 15%；水产品类：鲜、咸鱼 14%，小什鱼、贝类 20%，海带 15%；糖、烟；酒类：食糖、各种香烟 12%，粮食制品 12～14%；调味品类：酱油 15%；鲜、干果类：香蕉 20%，苹果 17%；干、鲜菜类：白笋干 15%，乌笋干 17%，香菇 12%；日用品类：夏令商品 15%，草席 12～14%，炊事用具 12～15%，卫生用品 12%，各种鞭炮 20%，玻璃制品 18%；小农具类：铁制品 7%，棕、木制品 8%，竹制品 9%。

中共十一届三中全会后，随着改革开放的深入，价格管理逐步放宽，批零差率变化较大，药品类：藿香正气丸、上清丸、十全大补酒、伤湿止痛膏等成药 15%，胆草、半夏、田七、甘草、金银花、厚朴、木通等中药 30%，鹿茸、豹骨 25%；水果类：香蕉 26%，苹果 33%；笋干 15%，香菇 15%；各种香皂 16%；纽扣 30%。

农副产品价格如何变动

明正德三年（1508）夏，寿宁饥荒，大米价格每升值银 3 分。万历二十二年（1594），谷每石值银 3 钱（官价）。清康熙十年（1671），粮食丰收，每石米价只值银 1 钱。

民国初期，农村经济停滞，社会购买力十分薄弱，币值无多大变化，物价的波动性不大。1930 年，寿宁 50 千克稻谷值银元 2.82 元；50 千克桐油 20.58 元；红糖 7.99 元；生猪 23.50 元。1933 年，全县粮食丰收，粮价猛跌，年初每 50 千克稻谷 3.77 元，年底降至 2.17 元。1935 年发行纸币。1936 年 7 月～26 年 6 月，每 50 千克粮价平均 5.5 元。1940 年 3～8 月，每 50 千克米价平均 12 元。1941 年，饥荒，市场粮价飞涨，每 50 千克稻谷由 2 月的 20 元，10 月涨至 33.33 元。1942 年，每 50 千克稻谷售价为 46 元，大米 70 元，薯米与稻谷同价；每 50 千克羊肉 500 元，木炭 10 元，柴片 4 元；1945 年，市场大米每 50 千克涨至 1500 元（法币），比 1938 年上涨 312 倍。薯米每 50 千克 1300 元（法币）。

1947 年，全国物价飞涨。寿宁县 3～4 月 0.5 千克大米 350 元，6 月上升至 1200 元。1948 年 7 月，一个月内米价每 50 千克由 200 万元涨至 800 万元（法币）。同年 8 月 19 日，国民政府颁布《财政经济紧急处分令》发行金圆券，金圆券 1 元兑换法币 300 万元。1949 年 5 月，县内大米每千克涨至金圆券 7 元（即法币 2100 万元）。

1949 年后，国家在第一个五年计划期间，逐步提高农产品收购价格。1950 年，斜滩市场每 50 千克中等稻谷收购价 3.93 万元（旧币，下同），茶叶 17.91 万元，芝麻 65 万元。1952 年稻谷增至 4.83 万元，茶叶增至 50 万元，芝麻增至 77 万元。1957 年，稻谷增至 6 元，茶叶增至 151 元，芝麻增至 90.7 元。为调动农民的积极性。国家有计划提高农副产品的收购价格。1961 年，50 千克中等稻谷、茶叶、芝麻分别为 7.28 元、166 元、95 元，比 1957 年分别增加 21.33%、9.93%、4.74%。

1985 年 4 月，根据《中共中央国务院关于进一步活跃农村经济的十项政策》，粮食由统购改为合同定购，生猪、水产随行就市，按质论价。1989 年，主副食品全年物价指数 118.55，比 1988 年上涨 18.55%。

1991 年 5 月 1 日起，县物价局开始实施粮油价格改革。籼米每 50 千克从 28 元提到 44 元，涨幅 56.03%；茶油每 50 千克从 200 元，涨到 235 元，涨幅为 6.82%。1998 年后，粮油价格放开，由市场自动调节。

工业品价格怎样变动

抗日战争以前，工业品价格基本稳定。1934 年，部分工业品价格略有上升，煤油价格由 1930 年的 0.5 千克 0.17 元（银元，下同）涨至 0.22 元，食盐价格也由 1932 年的每 0.5 千克 0.065 元，涨至 0.10 元。抗日战争爆发后，工业品价格激涨数百倍，1942 年 11 月，食盐价格每千克涨至 12 元（法币，下同）。1945 年，火柴涨价居其他工业品之首，上升 2000 倍；棉布在当年的 1～2 月，每筒（20 匹，每匹长 4.4 米，宽 36 厘米）涨至 4000 元，至 3 月，每筒涨至 5600 元；食盐，2～3 月每千克 108 元，至 6 月，涨至 188 元；食糖，1～2 月每千克涨至 2300 元，至 6 月，涨至 5000 元。

1950 年下半年起，关系国计民生的重要物资均由国家统一掌握和调配，市场供求紧张逐步缓和。至 1952 年下半年，煤油价格比 1951 年下降 44%。1977 年后，随着产品的更新和原材料价格上涨，工业品价格略上升。1999 年以后，工业品价格完全放开，市场依据经济规律自行调节。政府在价格监督和市场管理上，重点打击"假冒伪劣"，整治"餐桌污染"。

度量衡制度如何建立

清光绪三十四年（1908），以尺、升、两为度量衡的主要单位。民国初期规定，凡经商者的衡器一律使用市制，即斤（16 两为 市斤）、两、钱、分、厘（均为十进制）。1928 年 7 月，公布《权度标准方案》，确定标准制、市制并用。此后，由陆续颁布《度量衡法》《修正土地测量应用尺度章程》等多种法规。1939 年统一使用市尺（1 米折 3 市尺），但因寿宁县民贫困，无力购买新的度量衡器具、旧制新制并用，十分混乱。直至 1946 年，仅在商品购销上普及市尺、市秤。

解放初期，度量衡沿用旧制。1958 年，每市斤 16 两改为 10 两。当年贯彻执行国务院颁布的《关于统一计量制度的命令》，确定米制（公制）为基本计量尺度，同时允许保留市制。1973 年，县石油公司的汽油计量实行公升制。1979 年，全县中医处方、中药铺售药计量取消两、钱、分，一律实行克、毫克计量单位。1985 年 11 月，规定全县统一使用公制计量单位，即公尺（米）、公升、千克（千克），严禁制造、修理、使用旧制和不合格的计量器具。

计量单位有哪些

宋朝计量单位，面积采用顷（100亩为1顷）、亩、角、步；容量采用石、斗、升；长度采用里、丈、尺、寸；重量采用担、斤、两、钱、分、厘、毫、丝。明朝计量单位，面积有顷、亩、分、厘、毫、丝。寿宁山高地窄，亩的计算"不可丈量"，只有"计苗为亩"。容量单位有石、斛、斗、升、合、勺、抄、撮；重量单位有担、斤、两、钱、分、厘、毫、丝。

清朝，面积和容量单位大多不变，重量单位丝以下有忽、微、纤、沙等，均为10进制。

1928年，面积采用顷、亩、分、厘、毫，以亩为主单位；长度采用里、引、丈、尺、寸、分、厘、毫，以尺为主单位；容量采用石、斗、升、合、撮，以升为主单位；重量采用担、斤、两、钱、分、厘、毫，以斤为主单位。

国家于1958年，确定公制为基本计量单位，同时改市制16两秤为10两秤。1986年2月，县人民政府贯彻国务院《关于在我国统一实行法定计量单位的命令》，确定以国际单位制为基础的法定计量单位，并规定从1986年开始至1990年为向法定计量单位的过渡期，自1991年起，除个别领域外，不允许再使用非法定计量单位。

计量器具有哪些

清代沿用的衡器主要有"安针"秤。民国时期，常见的度器有裁缝尺、鲁班尺（曲尺），布卷尺。量器有圆斗、方斛、石及各种酒提、油提。衡器有老秤、市秤、戈秤、盘秤、天平等。老秤、市秤又分活动纽钩秤和绳纽钩秤。此外，还有福安秤、斜滩秤等。老秤1斤等于20两（0.625千克），故又称20两秤或200砣，100斤折合市秤125市斤（62.5千克）；福安秤70斤折合市秤100市斤（50千克）；斜滩秤82.5千克折合市秤（50千克）；秤砣有石砣、铜砣和铁砣。新中国成立初期，开始使用台秤（俗称磅秤）。

新中国成立后，衡器变化较大。秤有大秤、手秤、盘秤。大秤以3或10市斤（5千克）为起点，种类有100市斤（50千克）～300市斤（150千克）不等。手秤为1两至30市斤（15千克）。随着建设事业的发展，各种量具和仪器仪表陆续使用，度量衡名称逐渐被"计量器具"代替。医用计量器具有血压计、心电图仪、脑电图仪等。商业计量多用台秤、案秤和容量器等。

商业计量如何管理

民国初年，县城市场、斜滩曾设过公平秤，置有标准计量器具，由专人检查、监督。1937～1941年，商业度量衡先后由县政府第一科、建设科兼管，配有检定员1名，并购置各种斗、升、合量器，各种滴定管、量筒容器及不同重量的砝码、标准天平等标准检定器。检定员主要负责废除旧衡器，推行新衡器，经常检查商店的尺、秤，合格者盖上"同"或"合"字钢印，不合格者盖上"否"或"销"字钢印。对继续使用旧的衡器者，科以罚款。规定罚款5元以下由政府执行，5元以上至300元以下的送县司法处惩办。对使用失准新衡器者则监督其送协成厂维修。管理人员每月到各乡（镇）检查度量衡的使用情况。1940年设立度量衡公卖处，加强度政的推行工作。1942年，省政府令寿宁县设置度量衡公校处，但未执行。民国时期，对县城及斜滩的商业度量衡，由当地同业公会组织行业检查，对其他各乡商用计量器，由于人力、财力所限，无法巡回校检，其管理多流于形式。

新中国成立初期，寿宁的计量管理由工商管理部门负责。1980年，设立寿宁县计量所，设置计量标准器，执行计量监督管理。1981年4月，对全县度量衡器开展普查、普检、普修。至1982年4月全县13个公社（镇）共有202个商业、粮食、供销、茶叶部门接受普查，受查衡器264台，合格率占85%；木杆秤802把，合格率66.57%。受检单位中，国营商业企业受检率95.5%，合格率80.6%；个体商店受检木杆秤164把，合格率76%；农贸市场、集市摊点受检木杆秤165把，合格率61%。

1984年，全县废除绳纽秤，推行双刀纽定量砣新杆秤。全年周检新杆秤2150支，合格率98%。

1985年，贯彻《福建省商用计量器具管理办法》，1986年贯彻《中华人民共和国计量法》，1988年，检定天平10台，台案秤2532台，定量砣1592个。1989年检定天平3台，地秤7台，台、案、杆秤3039台，定量砣66个，量提44个，发现不合格的计量器具68件，予以当场销毁。1990～2005年计量器强制检定台案秤4396台，地中衡139台，血压计1726台，木杆秤4976把，木直尺16710把，压力表58个，定量砣2749台，加油机520台，电能表1914台。通过计量管理，维护交易公平，促进社会和谐。

工业计量如何管理

1982年，全县工业企业建立计量管理科室，并配有专、兼职管理人员，负责单位内各项计量管理。1985年，开展计量定级升级工作，会同宁德地区标准计量所对县线毯厂与锁厂的计量器具普查、计量检测点网络图、计量器具周检计划、计量管理制度和实施计划及计量测试长远规划进行考核，认定已达到三级计量标准。

1986年3月，对创造优质产品的线毯厂、茶厂、锁厂、伞厂进行计量定级考核，均达三级计量标准。对申请定级企业积极提供技术咨询。1987年，对植绒厂、光学仪器厂进行计量定级考核，并认定已达到三级计量标准。7月开始对工业计量器具执行周期强制检定制度，检定项目有：地磅、蒸汽流量表、压力表、电度表、单项电表检验装置、屈光度计，转速表、绝缘电阻接地测量仪、光洁度样板块、平坂测厚仪等。

1988年，县眼镜厂经验收检定，发给合格证。1989年，对伞厂、锁厂、茶厂、线毯厂进行计量三级复核，对通用厂进行计量三级考核，对厦联锁厂、无线电厂、冶炼厂等3个工业企业进行计量验收，均符合标准。

1991年，全县县属企业、乡镇企业及年产值50万元以上的私营企业有52家，产品59种，按标准生产的有52种，工业标准化率88.1%。1997年，寿宁县被省技术监督局确定为"消灭无标生产"试点县。1998年，全县222家企业252个产品中实行执行标准注册登记的有211家240个产品，标准覆盖率95.2%。10月，"消灭无标生产"通过省技术监督局验收。

2005年，县质监局对天福缘茶厂等34家企业标准进行监督检查。对斜滩酒业有限公司、安宁食品厂、龙福食品有限公司等12家涉及安全卫生和人身健康的生产企业标准及产品进行清理审查。帮助三祥冶金有限公司等3家企业制定企业标准。帮助强盛纸业有限公司等2家企业等同采用国家标准，办理标准登记注册企业9家，产品26项。

医用计量如何管理

1950年以来，医用计量器具按行业归口管理。1979年全县中药处方推行公制计量。1983年，全县度量衡普查时，对医用计量器具进行全面鉴定、校正，对不合格的衡器进行改换。1983年5月，对全县15个医疗单位的计量器具进行普查鉴定，其中，血压计76台，合格18台。合格的血压计均登记造册，建立技术档案；58台不合格的血压计责成修理或报废。1987年，抽查93把秤，合格率占89.9%。1988年，根据《福建省第一批强制鉴定工作计量器具目录》，对全县医用计量器具执行强制鉴定。受检的有体温计、体重秤、婴儿秤、酒精计、血压计、糖量计、眼压计、心脑电图仪、酸度计、血球计数器，基本玻璃量器、注射器、分光光度仪、比色计、电导仪等。

寿宁县计量器具生产与管理情况如何

民国以前，寿宁县没有专门生产计量器具的厂家，衡器匠走村串户，边制边卖。1936 年，县城创办协成度量衡制造厂，规模不大，平时只雇用 5～7 个工人。主要生产直尺、木曲尺（鲁班尺）、布卷尺及酒提、油提与各种不同称量的盘秤、钩秤、针秤。月生产直尺 150 支，刀纽杆秤 20 支，绳纽杆秤 20 支，盘秤 20 支。由县政府出售员负责推销，价格也由县政府审定。1940 年，规定度量衡器生产改为公营，所有公司民用度量衡器均由福建省建设厅第一工厂统筹制造，寿宁县协成厂停办。

1958 年 4 月，手工业系统组织制秤组，到 1970 年，共计生产杆秤 1.45 万支。1981 年，全县有制杆秤工人 55 人，经核查，大部分获准外出生产和推销。1982 年，根据《中华人民共和国计量器具检定规格 JJG17～80（杆秤）》的精神，县人民政府规定从 1982 年 4 月 1 日起，对县内国营工厂、集体企业、个体生产者所生产的木杆秤，实行逐把检定，杆秤印有合格标志的，放准出厂。1984 年，给全县 12 家 66 名秤工考核发证。1989 年，对全县已领取合格证的秤工重新复核、检查，给 10 名新秤工发证。两家无证制造非法计量器的竹木直尺制造厂被责令停止生产、销售。

何谓标准化管理

1957 年，寿宁县酒厂酿造红酒，便采用全国同行的质量标准，但检验手段落后，仍凭经验检定。1977 年起，工业企业逐步建立质量管理机构，实行标准化管理。1984 年 10 月，县计量所改为标准计量所，正式实行工业的标准化管理。1985 年，县线毯厂、伞厂、锁厂、阀门厂均按部标和省标进行生产。

1986 年，标准化工作重点是抓产品创优，促进产品质量升级。同年申报部优产品 2 个，省优产品 3 个。寿宁茶叶精制厂的"福寿牌"茉莉银毫茶，参加商业部四年一度的全国评比，感官审评 97.78 分，荣获"全国优质名茶"称号。"福寿牌"茉莉银毫茶和一级茉莉花茶参加轻工部全国茶叶质量评比，感官审评分别为 98.55 和 96.61 分，各项理化指标经杭州茶叶加工研究所检测均符合标准，其农药等有害物质残留均大大低于规定标准。1989 年，根据《标准化法》关于企业产品生产必须依据产品标准组织生产的规定，对全县工业产品标准执行情况进行调查，工业系统 10 家 17 种产品，有 16 种产品按标准生产，标准覆盖率 94%。

2000年，全县产品标准覆盖率保持在95%以上。中日合资三祥镁硅合金有限公司通过ISO9000质量体系认证。2005年，县质监局对天福缘茶厂等34家企业实施标准进行监督检查，办理标准登记注册企业9家，产品26项。

工商行政管理机构如何设置

解放前，寿宁县没有专门的工商行政管理机构。民国时期，工商事务由建设科和同业公会兼管。

1949年7月，寿宁县人民政府设立建设科，配1名工商行政管理干部。1951年4月，设工商科。1957年9月，改为工商行政管理局，1958年7月撤销。1959年9月恢复，与县财贸办公室、物价委员会合署办公，11月再度撤销。"文化大革命"开始后，由打击投机倒把办公室行使工商行政管理组织职能。1972年5月，恢复工商行政管理局，从商业局分出。1979年，局内设人秘股、市管股、企业登记管理股和个体私营经济管理股。下属有城关、斜滩、南阳、平溪、犀溪5个工商行政管理所。1987年12月增设下党乡工商行政管理所。

1982～1989年，工商行政管理局先后增设经济合同管理股、商标广告管理股、财务股、消费者委员会、经济合同仲裁委员会和个体劳动者协会。1998年，工商系统收归省工商局垂直管理，有干部职工71人。2015年10月19日县市场监管局正式挂牌成立。市场监管局由原县工商、食药监、质监局三个局合并而成。现有股室12个，现有干部职工78人。

物价管理机构如何设置

1939年，根据国民政府行政院例会通过的《非常时期评定物价及取缔投机操纵办法》，成立寿宁县物价评议委员会，对上市商品行使监督职能。

解放初期，寿宁县物价管理工作由县人民政府建设科负责。1951年4月由县工商科兼管。1955、1956年县供销合作总社、县商业局先后成立物价管理机构。1957年物价工作由工商行政管理局兼管。1959年5月，县人民政府设立物价委员会专管物价工作。"文化大革命"开始后，机构瘫痪。1979年12月恢复寿宁县物价委员会。1984年3月，物价委员会下设物价检查所。1988年，物价委员会和物价检查所配有专职管理人员6人。全县各工商企业分别设立物价股、科，配有专、兼职物价管理人员7人。寿宁县物价委员会行政上归县计委领导，业务上隶属宁德地区物价委员会管理。

计量管理机构如何设置

1936 年 8 月，由省政府派三等检定员驻寿宁办理度量衡事务。在县长的监督下推行新度量衡制。1938 年，度量衡计量管理由县政府第一科分管，配二等检定员 1 人。翌年，县政府设建设科，度量衡管理工作归建设科分管。1941 年，度量衡事务由建设科兼办。

1980 年 8 月，始设寿宁县计量所，配干部 2 人，职工 1 人，与县科委合署办公，行政属县计委领导，业务属宁德地区计量所管理。1981 年 5 月，在鳌阳镇解放街设衡器检修站 1 个，配雇员 1 人，负责度量衡器检修。1982 年，全县建立系统衡器管理网点，共有专职计量员 1 人，兼职计量员 45 人。1984 年 10 月，改计量所为标准计量所，划归经委管理，在编人员 3 人。1989 年，全县工业企业均建立计量组，并配有专兼职标准计量管理员。

1990 年，强制鉴定的计量器具有台案秤、地中衡、血压计、木杆秤、木直尺、压力表、定量砣。县质监局强检台案秤 102 台、地中衡 8 次、血压计 130 台、木杆秤 201 把、木直尺 9800 把、压力表 13 台、定量砣 2549 粒。2000 年，全社会公用计量标准器受检率 98%。2004 年，县质监局增加对电能表的强制检定。当年全县计量器具强检 2012 台（次）。2005 年，县质监局强检台案秤 552 台（次），地中衡 13 台（次），血压计 81 台（次）、加油机 48 台（次）、电能表 637 台（次）。其中，集市贸易计量器具受检率 93%，加油机受检率 100%；医用计量器具受检率 98%；企业计量器具受检率 86%。

财政税务

第十六卷

寿宁财政、税收概况如何

明清时期寿宁未建立地方财政。1921年，始设财政委员会，审议财政总概算。此时的财政收入主要来自田赋附加、屠宰税附加、房铺宅地税、工商税及各类杂捐、罚金、田赋征收经费、学租等。1936年，全县总收入不到7000元（法币，下同）。抗战胜利后，通货恶性膨胀，财政秩序混乱，各种杂捐、附加大大超过正税。1947年，财政日绌，尽管加重旧税，开办新税，全县总收入仅28556万元，仍然入不敷出，上级补助7264万元，占总收入的25.44%。

新中国成立后，人民政府着手于恢复经济，整顿财政，改革税制。随着国民经济的发展，县财政收支规模也不断扩大。1950～1989年，共组织预算内财政收入人民币8599.46万元，其中各种税收7767.72万元，占总收入90.38%。上解中央和省财政1709.46万元，县预算财政总支出18689.57万元。

1990年，预算内财政收入1002.5万元，年收入首次突破千万元大关。1993年，县委、县政府提出"半县花菇半县茶"的经济发展战略，税源不断增加，财政收入大幅增长，从1992年的1254.7万元增加到1998年的5799万元，年均增加35.82万元。1994年，全国实行分税制财税改革，消费税全部收归中央，增值税实行分享，中央75%，地方25%。2003年，全省农村税费改革全面实施，取消屠宰税和除原木外的农业特产税。2004年，免征农业税。2005年，全省统一取消农业税及其附加，取消除烟叶外的农业特产税。2005年，全县财政总收入7016.94万元。其中，地方级收入3648.1万元。

2015年，全县公共财政总收入5.61亿元，同比增长7.1%，高出全市平均增速2.1个百分点，位列全市第三，市内山区县第一；地方财政收入4.3亿元，同比增长14.4%，高出全市平均增速8.9个百分点，位列全市第一。

财政管理体制如何建立

明、清时期，财政管理实行中央集权制，县级财政不独立，一切赋税收入归朝廷。县设钱谷师爷掌管全县钱粮，负责征解，实行统收统支。县级开支依照朝廷制定的标准，在应上缴的赋税项下抵留支用。明万历九年（1581），征银4800两，上缴1600两。崇祯元年（1628），征银5116两，上缴3300两。清康熙二十五年（1686），奉旨豁免地丁银1736两，实征银4113两，上缴2377两。

1912年，县财政收入全数上缴解省，支出由省财政核拨。民国10年，寿宁县财政委员会审议县公署的财政总概算，在不增加支出总额的情况下，对总概算中的各项开支可作合理的增减。财政委员会审核财政收支在15天内完成，并签注意见复呈县公署，发现违法收支，还要列举事实连同审核情况送呈省政府。1936年7月1日，实行《福建省地方预算、计算、决算、征收办法》，开始编制县财政预算，建立县级财政。1946年取消县级自治财政，恢复中央、省、县三级财政体制，实行分层核结交代的管理办法。

1949年7月，县人民政府成立，新的财政管理体制尚未建立，采取向地主、富农、工商户预借粮食、派募粮款的办法，以支援人民解放军早日解放全福建。1950年3月，政务院发布《关于统一国家财经工作的决定》，开始实行高度集中的统收统支体制。寿宁县的财政支出向福安专区公署财政科报销领取。

1953年3月，实行"固定收入、固定比例分成收入、调剂分成收入"的分类分成办法，寿宁县正式建立财政预算制度，编制年度财政收支计划，收支指标由省核定。县财政支出，用固定收入和固定比例分成收入拨抵，不足部份由省财政在商品流通税、货物税的调剂收入中补助。

1956年，建立乡级财政，实行"统一领导，分级管理"的财政制度。1958年，实行"以收定支，五年不变"的财政管理办法，编制县财政预算。1959年，原下放给县的商业企业收入划归省财政，恢复专项拨款制度。1966年，粮食企业收入改为上缴利润。1967年，取消"小固定收入"。1968年起，执行"收支两条线"的管理制度，财政收入上缴中央，财政支出由省分配下拨。1976年，再次实行"定收定支，收支挂钩，总额分成，一年一定"的管理制度，核定寿宁县机动财力为20万元。

1980～1981年，实行"增收分成，收支挂钩"的管理体制。县财政对行政事业单位试行"预算包干"的管理办法，结余留用，超支不补。1982年，宁德地区对寿宁县实行"划分收入，分级管理"的"分灶吃饭"办法，核定基数和递增缴补，一定三年不变。1987年，对企业实行"包死基数，确保上缴，超收多留，欠收自补"的管理体制。1988年，县对乡（镇）实行"分级包干，一定两年"的办法。

1990 年，县财政实行"统一领导，分级管理"，全面实行大包干，"划分收支，核定基数，定额缴补，增收分成，短收扣支，分级包干，超支不补，一定两年"。1994 年，中央实行分税制财政体制改革。2001 年，根据分税制的精神，确定"划分收支，核定基数，收支挂钩，短收扣支，分级包干，一定三年"。

2003 年，福建省农村税费改革试点全面实施，实行"五取消、一稳定、一改革"的税改政策，取消除原木外的农业特产税、屠宰税，切实减轻农民负担，促进农村发展、农民增收和社会稳定。2005 年起贯彻全面取消农业税及附加，取消除烟叶外的农业特产税政策，寿宁县全面取消了农业税和特产税。

税收管理体制如何

明、清时期，赋税实行中央集权的管理体制。主体税种田赋、丁粮，以及各种正税附加和工商杂税等均由朝廷确定，县里只负责征收上缴。明代，税政由知县掌管，配主簿 1 名协助催征。清代设钱粮局，配备柜书粮差，并将全县分为上、下东区和上、下南区，由地方胥吏分区承包代征。

民国初期，承袭清制，仍是中央集权的统一管理制度。地方赋税仍由地方士绅私人承包（俗称粮柜），按户发给串单征收。1928 年，中央国民政府将税收划分为国税（中央税）和地方税，并实行中央和地方两级管理体制，分设机构分别征收。寿宁县设立烟酒稽征所，负责征收各种国税，而地方税则由财政委员会和县财政科管理，由地方粮柜承包代征。民国 25 年，寿宁县设立地方税经常征收处，负责征收省、县地方税。民国时期，税收管理体制混乱，地方性苛捐杂税名目繁多，寿宁县政府自行摊派的各种田赋附加等多达 17 种。

1949 年后，县人民政府成立寿宁县税务（国税）稽征所和地方征收处，分别征收国税和地方税。1950 年国税、地方税两个机构合并，成立寿宁县税务局，税收实行统一管理。1961 年，根据"调整、巩固、充实、提高"的方针，中央收回一些税收管理权限。1988 年 11 月，国务院重申中央和地方各级政府的税收管理权限。1989 年 1 月，税务经费划归省税务局垂直管理。

1994 年，中央实行分税制财政体制改革，1991～1998 年，县财政对 14 个乡（镇）也实行"总额包干，调剂使用，节约归己，超支不补"的包干办法。

2001 年，根据分税制的精神，确定"划分收支，核定基数，收支挂钩，短收扣支，分级包干，一定三年"的管理体制。

2003 年福建农村税费改革试点全面实施。2004 年，寿宁将农村中小学教师工资全部收归县管，确保了农村中小学教师工资按时足额发放。2005 年全面取消农业税和特产税。

何谓财政预算内收入

明、清时期，寿宁县财政属于类预算，即全县全年财政收入总额由朝廷规定，只在奉旨或奉户部公文时，才可增减。赋税也是全部预算内收入。

明天顺六年（1462）年，全县田赋为钞 42 锭 7 贯、丝 2 斤 12 两，米 2335 石。弘治三年（1490）增办银课，岁征 558 两，至嘉靖十八年（1539）才免除。弘治五年（1492），除课钞 39 锭 1 贯有岁办的杂皮弓、箭等外，还要按丁摊派徭役差银。至万历九年（1581 年），实行"一条鞭"法，一概征银，年征 4800 两。崇祯元年（1628）征银 5116 两，崇祯三年（1630）征银 4938 两，崇祯四年征银 5014 两，崇祯八年征银 4994 两，崇祯九年征银 4949 两，超过 4800 两的部分均系奉文加派和捐助。

清顺治三年（1646），颁发《赋役全书》。至顺治十年，寿宁赋税恢复明万历间（1573～1619）原额。康熙二十二年（1683），全县征银 3792 两。从康熙五十年起，滋生人口永不加赋。康熙五十一年征银 4436 两。雍正二年（1724），丁赋摊入田亩负担，丁银实征 664 两。乾隆二十七年（1762），征银 2873 两，米 48 石。光绪三十四年（1908），征钱 7228 贯。

民国时期的财政收入，除赋税外，还有违警罚金、田赋征收经费等项。赋税中有田赋附加、屠宰税附加、房铺宅地税、工商税及各类杂捐。1936 年，银元与法币等值同时流通，全年财政预算内收入为 6900 元（法币）。1941 年，全年财政收入 12.19 万元（法币）。

1949 年 7 月，县人民政府成立，即接管改造旧的财税机构。1950 年，全县财政预算内收入为 17.4 万元。1978 年为 245.18 万元，1989 年为 876 万元。1990 年为 1000.25 万元，1998 年为 5799 万元，2005 年，全县财政收入 7016.94 万元。2015 年，全县公共财政收入 5.61 亿元，增速位列全市第三，市内山区县第一。

何谓财政预算外收入

明、清时期，寿宁县没有预算外收入。

民国时期的预算外收入，包括乡（镇）警备班经费，月薪米的差价。1943 年，全县财政收入预算外收入 83 万元（法币，下同），1944 年 39.6 万元。1945 年 110 万元。

自 1956～1989 年，除 1963、1964、1965、1968、1988 无财政预算外收入外，29 年的预算外收入累计为 473.55 万元。其中企业事业收入 167.53 万元，占预算外收入的 35.38%；工商、农业、公用事业附加收入 174.52 万元，占 36.85%；特种资金收入21.2万元，占4.48%；其他收入110.3万元，占23.29%。1979～1989年累计预算外收入273.11万元。1989年预算外收入10.90万元。

1990～2005年，全县预算外资金收入共36608.4万元，占同期预算内收入的83.36%。可见，预算外收入与预算内收入一样，都是政府财政资金重要的组成部分。

何谓乡（镇）预算内收入

1950年，乡（镇）财政开始有预算内收入。1956年，曾建立过乡（镇）级财政预算。1958年人民公社化，以公社为单位，对全社会居民实行统一收益分配。1959年改为"统一领导，队为基础，三级核算，各计盈亏"的分配体制，核算单位下放到生产大队。1963年政社合一，公社既是一级政权，也是全民性的经济实体。当年，全县各乡（镇）财政收入为4100元，1964年4975元，1966年2232元。

1967～1984年，乡（镇）财政实行统收统支，税收收入直接上交县财政。

1985年，建立乡（镇）财政所，县对乡（镇）财政的管理实行"核定基数，超收分成，减收相应核减支出"的办法，乡（镇）财政正式建立一级预算。1986年，全县乡（镇）财政预算内收入468万元，1987年290万元，1988年300万元，1989年317.30万元。

1993年以来，随着茶叶、香菇产业的兴起，乡镇财政收入有较大幅度的增长，至1997年达到4168万元。2004年，乡镇财税体制改革，国税收归县管，农业税免征。2005年，乡镇财政收入1283万元，占全县地方财政收入35.17%。

何谓上级补助收入

明、清时期，财政收入只向上级解缴，上级不予拨补。

1936年，福建省开始拨款补助寿宁。当年省库补助0.49万元（法币，下同）。1947年补助收入7264.54万元，其中，中央补助免征田赋收入3337.76万元，补助免征公粮收入294.8万元，补助实物收入498.76万元，补助户政经费600万元；省补助带征田赋收入2083.2万元。

1953年上级开始对寿宁拨款补贴。当年，给予预算内补助42.4万元，为全县财政总收入的4.85倍。此后，上级逐年都给寿宁补助。1953～1989年，寿宁共得到上级财政预算内补助总额为11585.15万元。1990～2005年，上级补助收入共计88750万元，是同期地方级财政收入的2.02倍。

何谓财政预算内支出

明、清时期的存留支应和杂支的标准，一律由朝廷规定，裁复均须奉文执行。开支项目有官吏、衙役的俸禄与纲徭银、驿站费、师廪、士兵月粮，社会抚恤及公务杂支等。

明万历二十年（1592）寿宁县存支银 3200 两。万历四十五年减 1200 两，天启年间（1621～1627）扣 398 两，至崇祯十年（1637），存支总额减至 1650 两。

清初，寿宁经过清顺治三年（1646）、顺治六年两次兵灾，户耗赋虚，至顺治九年奉裁的支出达 216 两，存留支给为 1690 两。顺治十四年，裁减廪粮和生员费用 149 两，存留支给 1561 两。康熙二十五年（1686），经过裁复，存留支给 1560两。乾隆二十七年（1762），存留支给 1028 两。

1936 年，寿宁县预算内财政支出为 1.13 万元（法币，下同），1941 年 16.58万元，1947 年 6546 万元，分别为当年财政收入的 1.63 倍，1.36 倍和 2.29 倍。

1949 年 7 月，寿宁县人民政府成立，当时为争取全国财政经济状况好转，收入全部上缴，支出也统一向上级领取，大多数干部实行供给制。支出方面，主要是保证新政权进行社会改革的需要，行政管理费为重点支出项目。

1953～1989 年，全县预算内财政支出累计为 18610.67 万元。其中社会文教卫生支出 7368.97 万元，占 39.6%；经济建设支出 5579.22 万元，占 29.8%；行政支出 4719.68 万元，占 25.36%。

1990 年，全县预算内支出 2701.5 万元；1995 年预算内支出 5592 万元；2000 年，预算内支出 10452 万元；2005 年，预算内支出 15173 万元。

1990～2005 年，全县预算内资金累计支出 136475.5 万元。其中经济建设支出15451.1 万元，占 11.3%；科、教、文、卫支出 53554.7 万元，占 39.2%；行政管理费支出 21004.6 万元，占 15.4%；救济抚恤支出 6506.9 万元，占 4.8%；其他支出 39957.8 万元，占 39.3%。

2015 年，公共财政预算支出 17.73 亿元，同比增长 18.4%。

何谓预算外支出

民国时期的预算外支出，有乡（镇）警备班经费、月薪米差价。1943 年 83 万元（法币，下同），1944 年 39.6 万元，1945 年 110 万元。

自 1956 年起有预算外支出（其中，1963～1965 年、1968 年无此项支出），至1989 年，预算外支出累计 583.06 万元，其中企业支出 247.77 万元，占 42.5%；农业支出 58.52 万元，占 10.04%；文教卫生支出 75.36 万元，占 12.9%；城市公用事业支出 36.42 万元，占 6.25%；上缴国家重点建设支出 6.44 万元，占 1.1%。

1990～2005 年，预算外支出 36000.1 万元，占同期预算内财政支出 136475.5 万元的 26.37%。预算外资金支出主要用于地方性生产建设事业、公益事业、城市维护和文化教育支出等。

乡（镇）支出的情况如何

1953 年，寿宁开始有乡（镇）财政预算内支出。当年支出 4337 元，其中，小学教学设备修理费占 71%。编入县财政决算的乡财支出还有：1963 年 4090 元，1964 年 4757 元，1966 年 2332 元。

1967～1984 年，乡（镇）财政支出向县财政报销领取，每月核销一次。

1985 年，各乡（镇）成立财政所。1986 年乡（镇）级正式由预算内支出。全年共支出 428 万元。1987 年支出 584 万元。1988 年支出 531 万元。1989 年支出 677.7 万元。

1990～2005 年，寿宁乡（镇）财政支出 45778 万元，占同期全县预算内财政支出的 33.54%。1992 年以来，国家连续几年较大幅度地增加公务员工资，乡（镇）财政支出呈现较大幅度的增长。

什么叫上解支出

明万历九至二十年（1581～1592），每年上解 1600 两银。崇祯十年（1637），上解银达 3300 两。

清康熙二十五年（1686），实起运银 2377 两。乾隆二十七年（1763），起运银 1835 两。道光四年（1824），起运银 3310 两。

1935 年，上解福建省的正税和附加 1.53 万元（银元），1936 年上解 1.59 万元（法币，下同），1938 年上解 2.33 万元，1941 年上解 2.19 万元，另征稻谷 201.55 吨。1947 年上解支出有国税、省税、田赋代征金等计 2434 万元。

1949～1958 年没有上解支出。1959 年上解 33.14 万元。此后至 1989 年、除 1966、1967 和 1976～1980 年这 8 年没有上解任务外，其余年份累计上解总额为 1709.46 万元。其中，1982 年上解的数额包括中央向地方借款 22 万元，1987 年上解的数额包括中央借款 69 万元。

1990～2005 年，上解总额 2476.6 万元，占期间财政支出的 1.78%。上解支出主要包括上解省级耕地占用税分成，省监狱犯人伙食补贴，省再就业调补金、气象预警支出和归还农村基金会、城市信用社中央专项借款等。

田赋税收的由来如何

田赋，人头税是清以前政府的主要税种，与时势相适应，附加时多时少。明崇祯时的加派、暂输、税契曾高达522两。至于造解黄册、县官的迎新送旧，更是"用一开二或开三四"，"最为民害"。清雍正二年（1924），摊丁入亩，地赋包括人头税，但苛捐繁多。1938年，各类杂捐占总收入的40.5%。

1949年后，县人民政府废除了各种苛捐杂税。农村以土地和特产为征税对象，负担合理，人民得以休养生息。随着社会生产力的不断发展，工业蒸蒸日上，商业日趋繁荣，税源逐年扩大，农业税比重逐步降低。2000年，全县取消粮食定购任务，不再收购定购粮，只收公粮（农业税）。2003年，农村税费改革开始实行"五取消、一稳定"取消除原木外的农村特产税、屠宰税。2004年，减免农业税，不再收公粮。2005年全面取消特产税，从此，工商税收入成为寿宁县财政收入的主要来源。

明、清时期的税制如何

明代，寿宁县的赋税以田赋（土地税）、丁粮（或丁银、人口税）为主，辅以盐课、矿产税、契税、房产、地租、茶课、酒课等。明初沿用前代的"两税法"，即地税征银，产税摊役，分别于夏秋两季征收。万历九年（1581）推行"一条鞭法"，实行赋役合一，计亩征粮，并附以纲、徭、机、站之征，按"丁四粮六"的比例分别在田赋门和户口门下分摊征收。明末，虽"附役于赋"，而"赋且日增，似合而分"，并增加辽饷、剿饷、练饷、助饷和均输等加派，农民的负担日重一日。

清初，整顿旧赋制度，简政轻税，与民休养生息，职役、田账与丁粮一并征解。顺治、康熙年间（1644~1722），减免一些苛捐杂税。雍正年间（1723~1735），推行"摊丁入亩"的田赋制度，开征部分工商税收。道光年间（1821~1850），赋税加重，出现了耗羡和其他各种附加。鸦片战争后，清政府将战争负担与战败赔款转嫁到人民头上，加重赋税，开征新税。寿宁县在原征收的地丁、盐课、茶捐、酒捐、契税的基础上，新开征厘金、印花税、杂捐（随粮捐、铺捐等）和牙税等杂税。

民国时期的税制怎样

民国初，赋税承袭清制。北洋军阀统治时期，各种附加、杂捐不断增加，超过正税。1928年，划分国、地两税，厘金改为营业税和货物税。1932年，寿宁县税收分为省、县地方税。属于省税的有田赋（地丁粮米）及各项附加费、铺税、契税、屠宰税、普通营业税、牲畜营业税、烟酒牌照税、锅炉税等，属于县税的有田赋附加、契税附加、屠宰税附加、房铺宅地税、船捐、牙捐等。

1937年，税种赋额剧增，苛税杂税多于正税。1939年，开征非常时期过份利得税。1940年，开征遗产税。1941年，田赋改征实物。1946年，内战爆发，通货恶性膨胀，名目繁多的赋税几经演变，形成了盐税、直接税、货物税、田赋税、田赋和地方各税5个税系。寿宁县征收的有货物税、营业税、所得税、印花税、过份利得税、田赋、屠宰税、契税、房、营业牌照税、使用牌照税、筵席税、娱乐税、因地制宜税等。民国末期，国民党政府财政濒临破产，税收制度在寿宁无法执行。

新中国成立以来的税制如何

1949年7月20日，寿宁县人民政府成立，根据华东税务管理局规定的"一般照旧，个别废除"的原则，寿宁县废除旧的苛杂、摊派，开征货物税、印花税、屠宰税和营业税4种。1950年1月30日，根据国务院颁布的《关于统一全国税收的决定》和《全国税收实施细则》，寿宁县开征货物税、工商业税、棉纱统销税、印花税、交易税、屠宰税、车船使用牌照税、存款利息所得税、特种消费行为税、代征盐税等。1953年1月起，"简化税制"，寿宁县征收的税种有：商品流通税、货物税、工商业税、屠宰税、牲畜交易税、印花税、利息所得税、文化娱乐税。

1958年，改革工商税制，将商品流通税、货物税、营业税和印花税合并，试行工商统一税。1962年开征集市交易税。1966年2月停征集市交易税。同年，停征牲畜交易税和文化娱乐税。1982年，寿宁县征收的税种只剩工商税、工商所得税和屠宰税。

1983年1月，寿宁县试行国营企业利税改革，"以税代利，税利并存"，1984年10月起，完全"以税代利"。至1989年底，寿宁县征收的税种有：产品税、增值税、营业税、国营企业所得税、集体企业所得税、城乡个体工商业所得税、奖金税、个人收入调节税、建筑税、车船使用牌照税、城市维护建设税、屠宰税、房产税、城镇土地使用税、牲畜交易税、印花税、筵席税、盐税和国营企业工资调节税以及国家能源交通重点建设基金、教育附加预算外调节基金和福建省开征的以工补农、以工建农基金。此外，农业税、农村特产税和耕地占用税由财政部门征收。

1990～1993年，全县税收的征收（除财政部门负责征收的农业四税外）均由税务局负责。1994年税制改革，税收收入分为国税收入和地税收入。

何谓国税征收

1994 年实行分税制后，县国税机关负责征收的税种有：增值税、消费税、外商投资企业和外国企业所得税、内资企业所得税（仅指对三家商业银行、邮政、电信、烟草、保险、中国石油化工等中央企业和汇总额缴纳所得税的企业的监管以及对农村信用合作社所得税的征收管理）。1994 年 9 月～1997 年初为地税系统代征部分个人所得税，1994 年 1 月～1996 年 1 月代征国家能源交通重点建设基金事业发展费，1997 年开征国务院批准征收的文化事业建设费。1997 年 1 月～2002 年 12 月征收金融、保险企业缴纳的营业税中超过 5% 的部分。1999 年恢复对居民个人的储蓄存款利息所得征收个人所得税。2001 年开征车辆购置税，2002 年 1 月 1 日起，新办企业所得税划归国税部门征收管理。1994～2005 年全县国税收入 26033 万元，其中增值税收入 23162 万元，消费税收入 21 万元，企业所得税收入 622 万元，个人所得税 1036 万元，外资企业所得税 897 万元，车辆购置税收入 29 万元。

何谓地税增收

1994 年 9 月，寿宁县地方税务局成立，负责征收管理的税种有：营业税、城市维护建设税、地方企业所得税、固定资产投资方面的所得税、筵席税、个人所得税、资源税、城镇土地使用税、土地增值税、房产税、车船使用税、印花税、屠宰税，以及地方税滞纳金、补税、罚款。1994～2005 年，全县征收地税 16464 万元，其中营业税征收 9391 万元，个人所得税、资源税征收 21 万元，房产税征收 611 万元，印花税征收 124 万元，城市土地使用税 31 万元，车船使用税征收 63 万元，城市维护建设税 646 万元。

何谓流转各税

寿宁流转各税共有 15 种，分别是：货物税、商品流通税、工商统一税、工商税、工商业税、营业税、临时商业税、摊贩营业牌照税、产品税、增值税、城市维护建设税、盐税、交易税、牲畜交易税和集市交易税。

何谓收益各税

寿宁收益各税共有 8 种：一是农业税（田赋、丁粮），持续 2000 多年，2004

年全面免征农业税；二是特产税，1954年开征，2005年，全面取消特产税；三是所得税（即工商所得税）；四是集体企业所得税，1984年10月设立；五是城乡个体工商业所得税，1986年设立；六是国营企业所得税，1983年4月开征；七是个人收入调节税，1988年底在县茶厂首征劳务报酬个人调节税3603元；八是利息所得税，1950年开征，1959年利息所得税废止。

何谓财产、行为各税

寿宁财产、行为各税共有13种：一是房产税，1942年开征房捐；二是城镇土地使用税，1935年开征房铺宅地税；三是契税，明代，年课契税35两；四是印花税，1927年起征印花税；五是屠宰税，1915年开征；六是车船使用牌照税，1943年开征；七是奖金税，1984年开征国营企业奖金税；八是国营企业工资调节税，1989年起征；九是特种消费行为税，1950年起征；十是文化娱乐税，1956年开征，1966年9月停征；十一是筵席税，民国时期开征；十二是建筑税，1984年开征；十三是国家能源交通重点建设基金，根据国务院1982年12月15日发布的《国家能源交通重点建设基金征集办法》，寿宁县于1983年1月开始征集。

明、清、民国时期的税源概况如何

明、清时期，寿宁县的税源主要为官田、民田和丁口，各种徭役、摊派和附加也是以丁口和地亩数为依据。其他如盐课等由建宁府征收、盐商代办。

明建县初期，寿宁有官田、山、塘、园地343顷79亩，民田295顷26亩，民地64亩。人口共编为22图220甲。时全县有2200户，纳税人口8537人。明万历四十年至崇祯四年（1612～1631），寿宁黄册编审丁口人数为2710户，11933人，其中男子成丁3027人，妇女5505人。据《寿宁待志》，当时全县220甲中，"民贫"和"民极贫"的有70甲，"粮颇难"和粮额"难完"的有30甲，还有近30甲的人口因此相率逃亡。崇祯四年至崇祯六年（1631～1633），寿宁审定丁口时，已有三、四甲全部逃光，人口锐减，村落凋敝。田地荒芜。崇祯八年至崇祯九年（1635～1636）间，寿宁旱荒，历年所积之钱粮"一空如扫"，"民无余欠，库无余财"，县民以"竹米"当粮，境内欠粮抗税事件不断发生。

清初，寿宁有官田地47顷63亩8分3厘，民田地316顷5亩4分3厘，人口12095人。清顺治三年（1646）后，全县逃亡人口达3670人，占当时总人口的30%，抛荒田地105顷43亩，占当时田地总亩数的26%。清王朝不得已于康熙二十二年（1683）豁免寿宁逃亡丁口，荒芜田地地丁银1700多亩。此后，寿宁县赋役较前减轻，人口逐渐回升，至道光九年（1829），寿宁人口增至 22818 户，131400 人。清末，寿宁的茶叶、酿酒业等逐步发展起来，开始出现农产品工商税源。

民国时期，寿宁的赋税对象主要仍为田地和人口。虽无人口税，但各种摊派却基本上按人口计算，而田赋为最为重要的赋税收入，以稻谷为最大宗。当时，寿宁工商业发展较快，特别是斜滩镇，上连寿宁县城、政和及浙江边界，下通福安等沿海城镇，形成寿宁商业集市贸易中心，1929～1936 年达到全盛时期，寿宁的国税机构因此设在斜滩。当时寿宁年产茶叶 1000 多吨，其中的 500 多吨是经斜滩商业大户"周源丰"号收购加工精制而成。"周源丰"、"郭丰记"、"谦受益"等商号生产经营的瓶装酱油等产品，由水路运往福安赛岐港，达省城福州，再由福州转销香港等地。

新中国成立后的税源如何

1949 年 7 月至 2005 年，寿宁县的税源变化较大。20 世纪 50 年代，因国家经济建设刚起步，寿宁工商业开始发展，全县税源主要分布于农村。征收对象主要是茶叶、家酿酒、牲畜屠宰、竹、木以及植物油和蔗糖；城乡小工商业户，税额甚微。公营企业只有人民银行寿宁支行、邮电、卫生院、福安贸易公司斜滩营业处、新华书店 5 家，年负税额 1000 元。工业交通空白。此后，随着国家经济建设的不断发展，寿宁的经济面貌发生了巨大的变化。特别是十一届三中全会以后，寿宁经济步入脱贫致富、加快发展的快车。至 1989 年，全县有纳税户 1005 户，其中国营企业 82 家，集体企业 179 家，个体经济户 744 户。

1994 年税制改革，税收收入分为国税收入和地税收入。1994～2005 年全县国税收入累计 26033 万元，地税收入为 16464 万元。"十二五"期间，寿宁的综合实力更强，产业支撑更好，发展后劲更足，财税收入突破 5 亿元大关，年均增长 18.1%。

何谓税源培养

1959 年以来，寿宁的税务系统先后采取多种形式，扶持发展农副业生产，以增加税源。1959 年培养税源 92 项，增加税收 3.1 万元。1979 年，税务局及各基层税务所在全县有 16 个支工点、5 个支农点。城关税务所对濒临下马的城关花炮厂予以支持，报请上级减免税收 1/4，积极支持该厂发展生产，产值比上年增加 2 倍，税利增加 1.24 万元。

1977年起，财政部门给9家工业发放小型技术项目信贷周转资金，贷款10.3万元。1979年给线毯厂贷款5万元，6次给予"以利（税）还贷"，贷款87.5万元，使该厂1988年实现税利55.34万元，其中税收22.87万元，居全县工业企业之首。1982～1989年，财政部门先后39次给16家工业企业和2家商业企业贷款782.8万元，使企业效益提高，税源扩大，除如期归还贷款外，全县1988年工业税收比1978年增加近2倍。

何谓税收减免

明代税收减免的项目为裁、扣、减。明万历十九年至崇祯九年（1591～1636），寿宁共裁、扣、减上解银1298.7两。

清康熙十七年（1678），寿宁丁逃田荒，二十二图里排以赔累难堪，吁请题蠲。至二十二年（1683），豁免征银1736.62两。

1928年，裁撤厘金，此后还废除一些苛杂。1947年，国民党政权财政崩溃，税制混乱。

新中国成立后，国家废除了民国时期的苛捐杂税，对农民实行稳定税征，增产不增税。在工商税收方面，寿宁作为省重点扶持的老区贫困县，享有减税优惠待遇。贫困乡村的新老企业免征所得税5年，外地的单位和个人到寿宁的贫困乡投资兴办的开发性企业也可以免征所得税5年。乡（镇）集体或个人新办水电、火电厂免征税收5年。此外，对城镇二轻工业系统的集体企业在1981～1983年期间利润增长部分，所得税减半征收。1983～1988年，全县报批减免税收120万元，其中集体企业所得税减免10万元。

行政经费如何管理

寿宁县人民政府成立后，对南下干部和新参加工作的人员，实行供给制；对学校教师和留用的原国民党政府人员，保持原来的工资水平，实行薪金制（比供给制的待遇高60%）。1950年，供给制人员改为包干供给制，单位食堂包干伙食，衣服、鞋子、蚊帐、棉被由国家发给，每月另发5包卷烟价款和洗理费，经费由省、地审批。

1955年起，试行预算包干。包干范围：人员工资、补助工资、职工福利、人民助学金、公务费、修缮费。全数由国家拨款的单位，试行"预算包干，结余留用，超支不补"的办法。有经常性收入的事业单位，实行"定收入，定支出、定补助，结余留用"的办法。

1984 年，改革行政事业单位的经费管理，年度预算包干指标下达后，各单位根据业务需要安排使用，不需报批。各单位利用现有条件、设备、技术对外服务收入的纯收入，除应缴税金外，可将 70～80% 用于发展事业，20～30% 用于集体福利和奖励。各单位的单项费用，也可采用各种形式包干。

公费医疗如何管理

自县人民政府成立至 1953 年，享受供给制的国家工作人员，按单位证明到指定医院就诊，医疗费由单位逐月汇总向财政部门报销。

1954 年起按核定享受公费医疗的工作人员数和月定额，拨给县医院掌握。1956 年后，机构和人员增加，医院难以统筹使用，遂改为系统包干，由卫生部门核发，交行政主管部门自行管理。1969 年起，核定每人每月 2.5 元，直接向所在单位报销。

1980 年，按单位实际人数，年人均 30 元，包干使用，超支不补，节余留用。

1987 年，实行"委托（医院）管理，定额发证，定类医疗，节余归己"的办法。个人定额按工龄分 10 年以内、11 年～20 年、21 年～30 年与 31 年以上 4 个档次，年定额分别为 30 元、36 元、48 元与 60 元，离退休干部、二等残废军人每年 72 元。

1988 年起，住院床位费用由病员自负一部分。癌症和二等残废革命军人的医疗费，财政另拨备用金，交县公费医疗办公室掌握。

1992 年 2 月 18 日县人民政府召开县长办公会议，形成了《关于修订、完善寿宁县公费医疗管理制度的会议纪要》，决定：对住院医疗费用与个人适当挂钩，按工龄分档次：10 年以内自付 12%，11～20 年自付 10%，20～30 年自付 8%，31 年以上自付 6%，中小学教师按以上标准的 5% 负担，离休干部个人不负担。

1993 年度随着财政体制的改革，公费医疗管理制度出原来全县统筹管理，改为"分灶吃饭，分级管理"：一是省部属条管单位，按省核定标准，每人每年 60 元，拨给单位自行管理，包干使用；二是各乡（镇）党政机关、事业单位干部职工和中小学教师每人每年 110 元，由各乡镇统筹使用；三是差额拨补事业单位，每人每年 110 元，由单位包干使用；四是属县级财政拨款的县直机关、事业单位干部、职工和中小学教师由县公费医疗管理办公室统筹管理。

1994 年 6 月起，住院费用在以往负担标准的基础上，再由用人单位负担 10%。

1996 年 1 月，寿宁县人民政府出台《关于建立干部职工特大病风险基金若干办法的通知》，对特大病患者的医疗费实行统筹管理，以减轻干部职工的医疗费用负担。

基金的筹集办法：享受公费医疗的干部职工每人每年 24 元，县财政预算拨款1996 年度每人每年 20 元，之后每人每年递增 5 元。

基金的使用范围：凡医疗费用超过 2 万元以上部分由风险基金支付，按医疗费用分段累加法报销，具体标准为：5000 元报 90%；5001～10000 元，报 92%；10001 元以上报 97%，退休人员自付比例减半执行，最高限额报销 30000 元。

以上制度一直延续至 2000 年底，从 2001 年 1 月起我县正式实施城镇职工基本医疗保险制度。

寿宁县公费医疗管理成效明显，人均医疗费用支出居全省最低水平，管理措施和效果居全省先进行列。1989、1992、1998 年度三次被授予全省公费医疗管理"先进单位"，每次都得到省卫生厅、财政厅 5 万元的奖励和表彰。

乡（镇）财务如何管理

乡（镇）年度预算，由乡（镇）财政委员会编制，提交乡（镇）人民代表大会审查，然后报县批准。县正式核定后的预算，如需追加或减少，应补编预算，再报县批准。预算的执行，要按月编制收支计划，上报县财政。由县财政拨给的专项补助或固定收入，如需调剂使用，要报县批准，乡（镇）自筹收入的支出项目的调剂使用，由乡（镇）人民政府批准，报县审查。创办小型企业或将自筹收入用于非生产性项目，也应报县批准。乡（镇）财政收入，必须及时存入银行（或信用社）专户管理，不得坐支抵解。

1985 年，乡（镇）财政所成立，县给乡（镇）核定基数，财政收支下划管理。1987 年，核定乡（镇）行政事业单位每人每年公务费 250 元，村委会干部每人每年补贴 360 元，乡（镇）会议费按每个行政村 200 元拨给。

1988 年规定，因调整价格，增加工资或经济改革措施，导致乡（镇）财政收支变动，除上级和县人民政府另有规定外，不再调整包干基数。如遇国家增加新税种，调整农业税负担，以及企事业单位的隶属关系变更，则相应调整基数或单位结算。县直各部门未经县人民政府批准和县财政局同意，不得自行下达增收减支任务，否则，乡（镇）可以不予执行。乡（镇）不设金库，收入按规定限期上缴，支出由县按月下拨。

农村税收如何管理

1959 年，根据中共中央、福建省人民委员会关于农村税收管理的一系列规定，寿宁县人民委员会制定颁发了《关于农村人民公社工商税收征收办法的暂行规定》和《农村人民公社税收管征意见》，并结合寿宁县交通不便，农村税源分布广，零散税源多，不易管理控制的特点，采取"按经济区域划片包干，各税统管"的管理形式和"巡回检查，查定征收，代征代扣"等征收管理办法。农村主要税源不同时期的征收管理办法分别为：

（一）茶叶，1952 年以前，对茶贩和收购茶叶的单位实行登记报税，不论公营、私营都必须纳税。1953 年起，取缔私人收购，加工茶叶税收全部改由国营茶叶收购站或茶叶加工单位负责代扣代缴，直接向税务机关报税。1985 年后，茶叶市场放开，茶叶收购加工平等竞争、自主经营，茶叶税收分片包干，直接征收。

（二）家酿酒，1952 年以前，"限制酿量，先税后酿，禁止出售"。1982 年以后对自酿自用的家酿酒不再征税。

（三）屠宰税，民国时期，由经征所和经征人员直接征收。边远乡村委托保甲长代征。1950 年 4 月起由税务局派员直接征收。

（四）植物油，规定油籽加工成植物油，应办申请手续，经税务登记，方可生产，税收一律于植物油出厂时征收。1984 年征产品税，1987 年改征增值税。

（五）农业税（含特产税），农业税主要征收稻谷，特产税征收货币。1949～1953 年以户为纳税单位，1954～1957 年以户、初级农业合作社和高级农业合作社为纳税单位，1958～1960 年以人民公社、生产大队为纳税单位，1961～1984 年以生产大队为纳税单位，1985 年起由生产队分配到户缴纳公粮。2004 年取消农业税，2005 年取消特产税。

其他农、林、牧、副产品，自产自用的产品不征税。

城镇工商税收如何征收管理

1950 年 1 月，政务院公布《工商业税暂行条例》。寿宁县自 9 月起，对城镇私营工商业户的营业税和所得税实行自报公议定期定额征收，公营企业则采取自报查账的征收管理方法。1953 年起，扩大查账征收户，减少定期定额户数，整顿健全民主评议组织，改进民主评议的征收办法。1978 年后，经济成分由原来的"单一型"向"多元化"发展，商品交换方式丰富多样，税源结构和分布情况变动很大。税务部门根据福建省 1982 年制定的《税收征收管理制度》和国务院 1986 年 4 月发布的《中华人民共和国税收征收管理暂行条例》，对必须纳税的工商业户逐一登记、纳税鉴定、纳税申报、票证管理以及税务检查等方面，都逐步制度化。

1990 年，县税务局实行"一人进厂，各税统管，征管查合一"的管理模式。1991 年开始逐步推行税收的计算机管理和电脑软件开发应用，最终实现电脑信息化管理，极大提高了税收征管质量和工作效率。

1998年4月，设立税务服务大厅，让纳税人主动申报纳税。2003年10月8日，大型征管软件"中国税收征管信息系统"正式开通并顺利运行，税收征管步上科学化的新台阶。

1998～2005，县国家（地方）税务局民主评议行风、政风，连续8年获得第一名。

何谓利润监交

1957年起，根据福建省《公私合营企业利润解缴办法的临时规定》和《福建省以下税务机关监督国营企业汇解利润办法》，寿宁县税务局设兼职的汇解检查员，具体负责全县国营企业的利润监汇、监交工作。1958年9月，省级有关部门的直属企业百货公司、医药公司、食杂公司、食品公司、县供销社、茶叶局、物资局等单位的利润监交工作改由财政部门办理。此后，管理体制改革，以上企业的利润监交又由县税务局监交入库。

1980年11月，县属国营企业的利润监交业务改由县财政部门统一办理，税务机关只承担省属企业的利润监交工作。1984年10月，实行"利改税"，国营企业由原来的上缴利润改为国家向企业征收所得税，利润监交也改由税务机关对国营企业征收。

何谓群众护税、协税

1950年，全县城乡集镇按地区划区，成立群众性护税、协税组织，设民主评议委员会和复议委员会。在行业、户数较多的鳌阳、斜滩、南阳等地，成立总评议委员会，下设若干个行业的评议小组。召集工商界代表会议，检查税收政策贯彻情况，研究负担比例，纠正、平衡城乡税负。县税务机关还组织举报人员，建立群众性密报网络。

1951年，在税源比较集中的较大的乡村设置税收委员，协助宣传税法，督促纳税人及时照章纳税。1952年，鳌阳镇工商业者联合会制定的《鳌阳镇工商业营业额公平合理负担暂行公约》推广到全县各乡（镇）。1956年7月，在5个乡设置财税干事，协助乡财粮做好相应财税工作。1959年11月，开展纳税缴利红旗竞赛活动，在鳌阳镇召开工商企业纳税缴利竞赛大会，各企业间开展挑应战。1963年，重新健全、建立评议委员会、复议委员会和摊贩委员会，建立纳税小组，开展打击投机倒把活动。

1980年以来，人们的法制观念和纳税意识增强，群众护税、协税形式也发生改变。县公安局、检察院、法院、工商、审计等部门积极协助、配合税务机关征税。在农村由村委会干部协助税务机关代征零星分散的牲畜税和屠宰税。

同时，充分保护纳税人的合法权益，实行延期纳税申报，延期缴纳税额、退还已征税款等，让纳税人享受国家规定的合法权利，享受"老、少、边、贫"地区的税收优惠政策，1990～2005年，全县共减免营业税456万元、企业所得税561万元。

对偷抗税如何处理

1954年，全县共查处违章案件427件，补罚税款4627.83元。1963年12月，县税务机关查处一起私制、私销酒曲案件时，违章人抗拒检查，公开抗税，受到法律制裁。1984年5月，县副食品公司由于管理混乱，擅自印制发票600本15万份，偷、漏税款，税务部门给予罚款569.75元处理。1958年7月和10月，武曲乡先后发生两起抗拒车船使用纳税情况检查的抗税案件，造成执勤的税务干部重伤，犯罪分子被依法拘留。

1987年7月，县检察院在税务局设立税务检察室，专门负责处理重大的偷、抗税案件，先后依法处理偷、漏税款万元以上的大、要案多起。鳌阳镇发生一起抗税案件，税务机关依法将其出售的商品扣留、变卖、抵偿税款和罚金，抗税人由公安机关拘留审查。

1990～2005年，全县共查补税款1500万元。

何谓监察审计

1950年，县财政部门就开始执行财政监督任务。1955年，县财政部门检查21个单位，其中区、乡级20个，查处贪污900元，挪用公款2000元，虚报冒领400元。1957年审计检查9个单位，其中水电站基建返工浪费、贪污盗窃和违纪支出达1.35万元。1961年，检查发现交通局将公路基建的材料变卖、民工业务收入列入特种资金计1.8万元。平溪公路将救灾款、救济款挪用于畜牧场、茶厂基建达1万元。1963年，清理收回小金柜资金2.67万元。1964年收回小金柜资金1.5万元。1965年，检查5个单位，发现收款不开收据，付款以少记多，贪污600元，重领救济款200元，公杂费超支500元，伙食费超支1100元。

1966年"文化大革命"开始，财政监察、审计中断。1979年恢复财政监察。同年，全县开展财经自查、互查，共查处违纪金额28.6万元。

1983年8月，全县的财务审计工作由县审计局统管。1983～1989年，县财政、审计、监察，共查出各类违反财经纪律的资金 646.32 万元，其中上缴财政金额 76.57 万元。

何谓清理存款

1960 年 10 月 1 日，成立寿宁县清理存款办公室，由财政、银行与单位配合，边清查，边定案，边上缴，清理上缴县财政共 23.43 万元。此后，清理存款逐步成为制度。1961 年，通过复查落实，县一级冻结存款 60.7 万元，其中行政事业费 28.1 万元，预算内资金 23.96 万元。1963 年，冻结水利工程结余款 1.21 万元。1964 年，国家收回冻结存款 10.74 万元，对 1964 年以前漏冻的重新补冻 1.82 万元。1968 年 12 月 31 日，冻结各机关单位存款 24.85 万元。1969 年底，冻结存款 12.81 万元。1979 年，冻结存款 80 万元，占银行余额的 20%。

财政管理机构如何设置

明代，寿宁县的"赋役、岁会、实证"均由知县掌管。

清代，县丞、主簿分掌"粮、马、征税、户籍"。

1921 年，县公署设县财政委员会。1939 年，县设财政科，乡（镇）设经济股，管理县、乡（镇）财政工作。1945 年，县设田赋粮食管理处，1946 年，改称田粮科。

1949 年 7 月，寿宁县人民政府成立，旋即设立财粮科。11 月改设财政科和农税科，全县 5 个区均设农税助理员。1952 年 10 月，县财政科复称财粮科，区农税助理员改称财粮干事，全县 7 个区设财粮干事。1953 年，农税科并入财粮科。1954 年 4 月，县财粮科改称财政科。1958 年 7 月，县财政科改称财政局。

1963 年 10 月，县财政局复称财政科，恢复人民公社财政机构，配备公社财粮员，建立公社财粮委员会。1967 年 3 月，县财政局由"中国人民解放军寿宁县人民武装部生产领导小组"接管。1968 年 5 月，寿宁县革命委员会生产指挥部下设财贸组。10 月，财政、税务、金融 3 家合并成立寿宁县革命委员会财税领导小组。1970 年 2 月，财政、税务、银行 3 家合并，成立寿宁县革命委员会财税局。1971 年 9 月，改称寿宁县革命委员会财政局。1975 年 5 月 1 日，税务局、银行机构另设。1977 年 5 月，复称寿宁县财政局。1982 年，全县 13 个社（镇）均设财政组。1985 年改称乡（镇）财政所。

1990 年县财政局内设人秘股、预算股、农税股、企业股、事业股、商业股、农财股、监察股、会管股、综合股、控办，编制 42 人。1992 年成立国资股，

1996 年升格为国资局。1996 年 4 月成立农税稽查队，2001 年撤销。1997 年成立外经股。1998 年成立社保股、基建股。2001 年成立采购办，税改办。2002 年 5 月成立监察室。2005 年县财政局内设人秘股、预算股、综合股、基建股、事业股、社保股、企业股、外经股、会管股、采购办、商业股、农财股、监督股、控办、税改办，编制 34 人。

税务管理机构如何设置

明代，未设税务专门机构，由主簿催科赋税。清代设钱粮局（配备柜书、粮差）办理经征业务。

民国时期设过多种税政机构，多门治税。寿宁县设有国税机构和地方税机构。

国税机构。1914 年，县设烟、酒税机构。1927 年，设烟、酒税稽征所。1935 年，设立福建省盐务管理局寿宁县斜滩查验所。1937 年，县设立所得税机构。1942 年，设立田赋粮食管理处。1943 年 6 月，设立寿宁税务查征所。

地方税机构。1921 年，地方各税由县财务委员会和县财政科管理，地方的田赋由地方粮柜承包代征。1936 年 7 月，县府设立经征处，经征地方各税，同时撤销钱粮柜和屠宰税机构。8 月，全县各税、捐统一并为经征处征收。1937 年 6 月，寿宁县经征处在鳌阳、斜滩、平溪 3 区设立经征分处，12 个乡分设经征所。1940 年 10 月，全县经征处在册人员 72 人。

1949 年 12 月，设立寿宁县国税办事处。1950 年 4 月，设立寿宁县人民政府税务局，斜滩、南阳、平溪设税务所。1951 年 11 月，县税务局改称寿宁县中心税务所，1955 年 9 月复称寿宁县税务局。1958 年 10 月，税务机构并入财政局，1961 年 12 月，又从财政局分出，基层设 5 个税务所。

1968 年 10 月，财政、税务、银行三家合并，成立寿宁县革命委员会财税领导小组。1975 年 5 月，分设税务局。

1983 年 8 月，经省人民政府批准，寿宁县税务局在犀溪设税务申报检查站。1987 年设寿宁县李家洋税务检查站。1988 年 3 月，寿宁县成立税务稽查队。1990 年，县税务局编 98 人，内设办公室、人事教育股、监察股、税政股、征收管理股、计划会计统计股、稽查队、县检察院驻县税务局检察室等 8 个机构。1997 年 8 月撤销县检察院驻县税务局检察室。同年 10 月机构改革，内部科室均升格为副科级，编制不变。2003 年 3 月又进行机构改革，局内设办公室、税改科、征管法规科、人事监察科、计划税务科、征收科（同时负责管理办税服务大厅）、信息中心、稽查局，编制不变，实有干部 80 人。2005 年 7 月，县税务局内设机构降格为正股级。

基层税务机构，1990年1月～1995年9月，城关、坑底、斜滩、凤阳、武曲、南阳平溪7个乡（镇）设税务所，其他7个乡设税务驻征组。1996年9月，撤销城关税务所，成立城关税务分局（副科级）。1998年4月，成立办税服务大厅。2003年3月机构改革，撤销基层税务所和驻征组，成立鳌阳、南阳、斜滩三个分局。鳌阳分局负责鳌阳、坑底、大安、托溪清源等5个乡（镇）的税收管征；南阳分局负责南阳、犀溪、竹管垅3个乡（镇）的税收管征；斜滩分局负责斜滩、武曲、凤阳、平溪、芹洋、下党等6个乡（镇）的税收管征。

财政监督机构如何设置

民国以前，寿宁县未设立财政监督机构。1921年，寿宁县公署始设财政委员会，办理县公署财政总概算的审议，对县公署总概算的财政预算在不增加支出总额的前提下，对部门行业的经费可以决定增减，对财政预算中的违法收支，可列举事实审核情况呈送县政府处理。

1950～1956年，县人民政府在财政科行政股内设财政监察员，承办全县的财政审理工作；1957～1966年取消监察员，县财政监督由财政、银行、工商部门联合监督审计；1967～1968年，财政审计职能由"中国人民解放军寿宁县人民武装部生产领导小组"取代；1969～1980年，寿宁县的财政审计工作由财税金融机构联合管理。1980年，财政局重新配备财政监察干部，承办全县财政审计工作。

1983年8月成立审计局，内设行政事业、企业审计股。以《审计工作暂行规定》《中华人民共和国审计条例》《国务院关于违反财政法规处罚的暂行规定》和国家财政部、审计署发布的《违反财政法规处罚的暂行规定施行细则》等审计法规为依据，采取强制性手段审计行政、事业、企业单位的经济状况和财政财务状况，揭露、纠正、制止各种违反财政管理有关规定的错误和弊端，并由审计人员对违反财政管理法规的部门、单位的工作人员提出惩处意见和办法，采取必要的措施防范违反财政管理法规的错误和弊端的发生。全县现有审计干部16人。

金融保险

第十七卷

寿宁资金融通的历史如何

　　寿宁县的资金融通，在明、清时期只有当铺、钱庄和民间互助会。民国时期，有国家银行寿宁办事处和信用合作社。1949 年寿宁解放后，县人民政府接管了属于官僚资本的银行和合作金库，建立起社会主义金融机构，在稳定币值、融通资金、促进经济建设等方面都发挥着重要作用。1978 年后，金融业迅速发展，全县金融机构发展到 6 家，组成了比较完整的新型的社会主义金融体系。进入新世纪以来，金融改革不断深化，金融机构的业务处理实现电子化操作。2005 年，全县金融机构各项存款余额 118936 万元，比 1990 年增长 19.91 倍。

什么叫钱庄、当铺

　　寿宁的钱庄始于清朝末年，由资金雄厚信誉颇高的商号兼营，在县城有"福记号"、斜滩有"晋源号"。当时钱庄的市票，面额有 1 角、2 角、5 角、1 元 4 种，票长 18 厘米，宽 12 厘米，上方印有商号名称，中间竖印"凭票支银 × 角（1 元）"，两旁印"保持信誉，随到随兑"字样，下端编列字号及年、月、日，加盖发行商号图章。凭票可兑换银元，故又称"大洋票"。起初在县境流通，以后亦通行福州、温州，后期增办汇兑业务，汇兑手续费 3%，民国初期停业。

　　当铺出现较早，约可追溯至建县初期。当时的典当行业不挂招牌，不公开，抵押的也不是珍贵物品，只将地产、房产和财物典当。当价为抵押品的 7 成、6 成甚至对折。房地产典当到期按典金取赎，取赎前，典者使用不付租，典出者借钱不付息。财物典当，期限多为 3~6 个月，价值高的可延至一年；无力取赎的，还可办一次转期手续；如再无力取赎，抵押品归当铺所有。典当业以县城和斜滩居多，解放后消失。

寿宁银行的概况如何

福建省银行寿宁金库成立于 1936 年 7 月，次年 4 月成立斜滩汇兑所。1940 年 1 月 1 日，寿宁金库和斜滩汇兑所改为分理处，经营储蓄、存款、放款、贴现及代理财政金库。7 月，斜滩分理处改为斜滩营业所。1942 年 3 月，寿宁分理处改为福建省银行寿宁办事处，斜滩营业所改为三等办事处（统一记账）。同年 9 月斜滩办事处撤销。

解放后，国家银行在寿宁县的分支机构有：中国人民银行寿宁县支行、中国农业银行寿宁县支行、中国工商银行寿宁县支行、中国人民建设银行寿宁县支行、县邮政储蓄银行和县农村信用合作联社（简称"县联社"）。

中国人民银行寿宁县支行的机构如何设置

1949 年 7 月 20 日，县人民政府接管福建省银行寿宁办事处。同年 10 月，成立中国人民银行（简称人行）寿宁县支行，隶属福安专区中心支行，内设秘书、会计、业务、农金、出纳 5 个股。1950 年，斜滩、南阳、平溪设营业所，武曲、凤阳、纯池（今属周宁县）、托溪、坑底设流动组，代理农村的生产、生活的放款和收贷工作。1952 年 1 月，附设保险公司（股级）代理保险业务。1956 年 5 月，设立中国人民银行城关储蓄所。同年，斜滩营业所改为斜滩办事处。1968 年 6 月，改称寿宁县人民银行革命委员会。1970 年 2 月，与县财政局、税务局合并，成立寿宁县革命委员会财税局。1975 年 4 月，金融业务从财税局分出，恢复中国人民银行寿宁支行。1984 年 10 月人行机构撤销，业务由工商行代理。1986 年 9 月，中国人民银行寿宁县支行重新恢复。

1990 年，县人行内设人事秘书股、综合业务股、会计发行股，有干部职工 32 人。1992 年 6 月，增设副科级纪检监察员。1994 年 4 月设立纪检监察室，为宁德市金融系统监察室驻寿宁支行机构。1997 年 11 月，增设农村金融管理股和保卫股。1998 年 2 月，会计国库股与货币发行股合并为营业室。1999 年 3 月成立党组。2003 年 12 月，金融监管业务从县人行分出，成立"中国银行业管理委员会宁德监管分局寿宁办事处"，内设机构综合监管股更名为信息调统股，撤销农村合作金融管理股。2005 年，县人行内设机构为办公室、营业室、信息调统股、保卫股，有干部职工 29 人。

中国农业银行寿宁支行的机构设置如何

1956 年 10 月 4 日成立中国农业银行（简称农行）寿宁县支行，下设农业放贷和信用合作 2 个专业股，与人行合署办公。1957 年 8 月农行撤销，业务并入人行。1964 年 1 月 1 日恢复农行，下设人秘、农金、会计、信用合作社 4 个股。同时，设立城关、斜滩、凤阳、芹洋、南阳 5 个营业所。10 月第二次撤销农行，业务并入人行。1965 年 7 月，恢复农行。10 月第三次撤销后又并入人行。1980 年 1 月，恢复中国农业银行寿宁县支行，下设人秘、农业信贷、工商信贷、信用合作、会计出纳、计划拨款 6 个股，将原人民银行设在各乡（镇）的 9 个营业所改为农业银行的营业所，并增设岱阳、大安、竹管垅 3 个代办所，在县城设会计储蓄专柜。

1990 年，县农行内设 10 个股室，下辖 18 个营业网点，有在职员工 92 人。1993 年 1 月，成立县银信经济投资公司。1996 年 9 月 28 日，县农村信用合作社与县农业银行脱离隶属关系。1997 年 5 月 13 日，"中国农业发展银行寿宁县支行"成立，农行 5 人划归农业发展银行，农村金融商业性业务和改革性业务彻底划分。农业银行向国有商业银行过渡。2005 年，干部职工 54 人。

中国工商银行寿宁支行是何时成立的

1984 年 10 月，成立中国工商银行（简称工商行）寿宁县支行，并代理人民银行业务。内设人秘股、信贷股、计划股、出纳股、储蓄股和行长室。下设 3 个储蓄所。1986 年 9 月人民银行恢复，工商行代理业务划归人行。1987 年 9 月，增设保卫股。1988 年 5 月，人秘股改为人事股，另设办公室。

1990 年，支行内设办公室、人事股、信贷股、计划股、会计股、出纳股、储蓄股、保卫股及 4 个储蓄所。1992 年 4 月，内设股室改称科室，业务职能不变。1992 年 8 月，成立寿宁县技术协作公司和寿宁县融资信贷劳动服务公司。1999 年 11 月，支行降格为中国工商银行宁德分行寿宁分理处。2000～2005 年，内设机构精简为综合管理部、业务部、营业部和第一储蓄所。2005 年有干部职工 58 人。

中国人民建设银行寿宁县支行是何时成立的

1978 年 5 月，成立中国人民建设银行寿宁县办事处，专门负责党政机关、企事业单位和厂矿等的基本建设资金的监督与拨付。1979 年 2 月，撤销建行办事处，正式成立中国人民建设银行（简称建行）寿宁县支行，内设行长室、综合会计股和业务股。1980 年 11 月，更名为中国人民建设银行福建省寿宁县支行。1988 年

9月，开办现金出纳业务，成立储蓄专柜。同年11月18日，在胜利街建立第一储蓄所，次年12月，在解放街建立第二储蓄所。1989年，设综合会计、集资、投资信贷、建筑经济4个股，履行财政和银行的双重职能。

县邮政储蓄银行是何时成立的

1987年10月，寿宁县邮电局开办邮政储蓄业务，12月斜滩邮电支局、平溪邮电所、凤阳邮电所相继开办邮政储蓄业务。1992年8月~1993年9月，南阳、犀溪、清源、竹管垅、芹洋、大安、坑底、托溪等邮电支局（所）陆续开办邮政储蓄业务。1993年，县邮电局增设储汇业务股。1996~1997年，平溪、犀溪、清源、竹管垅、芹洋、大安、托溪等邮电所相继停办邮政储蓄业务。1997年12月，鳌阳邮电支局开办邮政储蓄业务。1998年11月，邮电分营，邮政储蓄隶属县邮政局。2002年，建立农村邮储"虚拟网点"，在斜滩、武曲、南阳等乡（镇）组织发展"八闽通"话费代缴业务，全县有2800户"八闽通"用户话费由邮储代缴。同年，开始赠送"学子绿卡"，投递录取通知书时，对上大学的新生进行邮储业务宣传。2003年，与太平洋保险、财产保险及闽发证券合作，同时开展代发工资、失业金、银证通业务，实现邮政金融业务多渠道增长。

信用合作社的发展历程如何

1949年至1952年，农村信用合作业务由人民银行兼办。1953年1月，建立寿宁县信用合作社，在武曲、凤阳、纯池、托溪、坑底设流动组。1954年，全县有信用社53个，信用组76个。信用社、组遍及全县95个乡。1955年5月，全县信用社增至76个，信用组减至31个。1956年10月，农村信用合作业务划归县农行，属集体所有制合作金融组织。1957年8月，农行撤销，信用合作组织并入人行。1959年，信用社改为信用部，全县设66个分部。1971年3月，重新组建乡级信用社13个、大队级信用站109个。1980年1月，农村信用合作社事业划归县农行农村信用合作股分管。1984年，农村信用站撤并为97个。同年10月，召开全县各信用社社员代表大会，民主选举信用合作理事会和监事会为信用合作社的最高权力机构。1987年8月28日，召开信用社社员代表大会，成立寿宁县信用合作社联合社（简称县社）。

1990年，县联社内设社务组、财务组、稽核保卫组，有干部职工92人。1996年10月，县联社与县农业银行脱离行政隶属关系，由人民银行负责监督管理。2005年7月，福建省农村信用社联合社成立，由省联社负责业务指导。当年，县联社有职工 116 人，内设综合部、业务部、风险管理部、财务部、稽核监察部、出纳保卫部，并在 14 个乡（镇）设分支机构。

刺桐红村镇银行的发展历程如何

2014 年 2 月 19 日，根据中国银监会福建监管局《关于寿宁刺桐红村镇银行有限公司筹建的批复》（闽银监复〔2014〕28 号），由泉州农村商业银行发起，携手寿宁优选 7 家优质企业共同筹建寿宁刺桐红村镇银行有限公司。2014 年 06 月 19 日成立寿宁刺桐红村镇银行有限公司，注册资本 5000 万元。现有员工 21 人。内设综合管理部、财务运营部、风险管理部和营业部。公司经营范围包括吸收公众存款；发放短期、中期和长期贷款；办理国内结算；办理票据承兑与贴现；从事同业拆借；从事银行卡业务；代理发行、代理兑付、承销政府债券；代理收付款项及代理保险业务；经中国银行业监督管理机构批准的其它业务。（依法须经批准的项目，经相关部门批准后方可开展经营活动）。截至 2015 年底，全行各类存款余额 23949.20 万元。各类贷款余额 16534.17 万元。实现账面利润 395.41 万元，上交税收 196 万元。

保险公司何时成立

1952 年，保险业务由人行代理，主要业务有财产保险和人身保险。1957 年 6 月，保险业务从人行划归税务局，1958 年重新并入人行，并在人行斜滩营业所内设保险工作组。1959 年春，保险业务停办。1984 年 10 月正式成立中国人民保险公司寿宁县支公司。1985 年，在全县各乡（镇）农行营业所和代办站附设 12 个保险代理处，另在鳌阳、斜滩两镇设立专职保险代理处。1987 年，鳌阳、平溪设保险代办站。1988 年，县车辆管理站设车辆保险代办站。

1996 年 2 月，财产保险、人寿保险分业经营，原中国人民保险公司寿宁县支公司分设为"中保财产保险有限公司寿宁营业部"和"中保人寿保险有限公司寿宁营业部"。2003 年，两家保险公司改制上市，分别更名为"中国人民财产保险股份有限公司寿宁营业部"和"中国人寿保险股份有限公司寿宁县支公司"。

2000～2005 年，中国平安人寿保险公司、中国太平洋人寿保险股份有限公司、泰康人寿保险公司和中国平安财产保险公司先后入驻寿宁设立服务部和办事处。2005 年，全县保险机构保费收入 2288 万元，比 1990 年 73 万元增长了近 32 倍。

寿宁境内流通的银币有哪些

　　自明、清至民国，在寿宁境内，流通的硬通货主要有银、银元、铜元、铜钱。银价贵，铜价贱，所以数额大的用银支付，数目少的用铜钱支付。商品交易在未有银元以前按银的重量计算，政府征收赋税也要用白银交纳，民间交易多为碎银。明正统时（1436～1449），将银铸成锭，有小锭、中锭、大锭之分，因形如元宝，故又称"银元宝"，仅个别富户存储。明中叶，外国银元开始流入中国，在县内流通的有墨西哥的"鹰洋"、英国的"杖番"和日本的"龙洋"。清光绪十五年（1889），铸有盘龙图案的"光绪元宝"银元开始在县内流通。

　　1914 年北洋政府铸的"袁大头"银元、民国年间国民政府铸的孙中山头像银元（俗称"小头"）及面额为 2 角、1 角、5 分的银铺币也开始流通。1933 年，"船洋"银币也在市面流通。此后，以上各种银元在寿宁境内广泛流通。

　　中华人民共和国成立后，统一使用中国人民银行发行的人民币，禁用银元，银元由银行收兑。

何谓铜钱

　　铜钱在县内流通最广，数量最多。据 1983 年武曲承天村出土的铜钱中有唐武德四年（621）铸的"开元通宝"和唐肃宗乾元（758～759）时制的"乾元重宝"。宋代的铜钱，共 34 种。有太平兴国年间（976～984）的"太平通宝"，淳化年间（990～994）的"淳化元宝"。至道年间（995～997）的"至道通宝"等。目前民间偶尔还可见到明代的"洪武通宝"，清代的"顺治通宝"、"康熙通宝"。铜钱多为 1 文面额（1000 文为 1 贯，折银 1 两，后期抵大洋 1 元）。"康熙通宝"还有 50 文和 100 文的。清光绪二十六年（1900）铸的铜币称"铜元"，每枚当制钱 10 文，每 100 枚换银元 1 元。民国时期改为 300 枚铜币换 1 元。

　　此外，民国初年发行的铜质纪念币，形似清铜元，正面为国民党党旗和中华民国国旗（"五色旗"）图案及"中华民国开国纪念"字样。背面旁环麦穗、中铭"十文"。

纸币有哪些品种

　　纸币从元代至今共有 7 种：

　　一是宝钞。寿宁流通的纸币有元代的"中统元宝交钞"和"至元通行宝钞"，但数量不多。明朝初期发行"大明通行宝钞"，官府规定缴纳赋税一律要用"宝钞"，强迫民间通用。

二是法币。1935年11月4日，全国实行新货币制度，取缔私商发行的市票，并规定中央银行、中国银行、交通银行、中国农民银行4行发行的钞票为"法币"（不兑现的法定货币），面额有主币1元、5元、10元和辅币1角、2角、5角6种，与银元等值使用。县民用银元兑换法币，要外加贴水3%。民国33年（1944），因法币贬值，头寸不敷，发行面额为1千元、5千元的法币。民国35年（1946）又发行面额为1万元、5万元法币。时5万元不值当年的1元，小额法币犹如废纸。

三是苏区票。寿宁岗垄一带苏区，工农红军发行一种苏区票，仅在统一规格的白纸上写明金额，加盖印戳，限于县内东、西苏区流通。民国27年（1938），闽东红军整编北上抗日后停止使用。

四是关金券。1947年，关金券在县内流通，1元抵法币20元。

五是金圆券。1948年11月，市场上流通的金圆券有5元和10元面额两种，分别印有林森头像和蒋介石头像，当时规定金圆券1元换法币300万元，200元兑黄金1两，2.4元兑银元1元，4元兑美金1元。民国38年（1949）6月金圆券贬值，每500元换银元1元。

六是旧版人民币。解放后，严禁黄金、银元流通，统一使用中国人民银行发行的人民币，面额有壹佰元、贰佰元、伍佰元、壹仟元、贰仟元、伍仟元、壹万元、伍万元。

七是新版人民币，1955年3月1日起流通新版人民币，以新版人民币1元折合旧币1万元。新币面额有1分、2分、5分、1角、2角、5角辅币和1元、2元、3元（1963年取消）、5元的主币。同年还发行1分、2分、5分3种铝合金质硬币。1957年12月1日，发行10元面额纸币。1989年4月27日发行面额100元和50元纸币。到1989年底为止，县内流通的共有41个版面12种面额的人民币。1990～2005年，县人行认真组织各银行做好损坏人民币的回收销毁工作，提高流通中人民币的整洁度。

何谓辅币

寿宁境内流通的辅币，民国初期有福建省铸造的黄花岗七十二烈士墓型的1角、2角银币和广东银毫。1937年，有民国政府铸造的青天白日图样的铜元辅币，面额为1分，规定100枚换法币1元，价值为其他铜元的3倍。

1955年3月1日起开始流通1分、2分、5分、1角、2角、5角辅币（新人民币）。

何谓民间代用券

清末民初，部份大商号发行私钞（大洋票），与银元等值使用，可兑现银元，面额有1角、2角、5角和1元4种，出票的有县城的"福记"，斜滩的"复兴"、"晋源"等商号。1931年后，鳌阳、斜滩有34家发行私钞、土票，1935年被取缔。民国时期在一些农村还使用1分、2分、5分面额，上书"市乏铜元，立条找补"等字的民间代用券，每年的茶季最盛行。同时在个别地区还盛行"钱摺"，由商号发给守信顾客，凭摺登记取货，年终一次结算。

寿宁货币流通的状况如何

寿宁货币流通在1935年以前均用现金支付方式，1936年，开始有转账结算方式。解放后货币流通方式有现金收付和转账结算，单位之间的资金往来，多通过银行转账结算。长期以来，银行履行着总出纳的职能。

1950年起，寿宁县货币投放的趋势是：投放少回笼多。至1984年，县内各银行、信用社的货币流通量累计达73258.3万元，其中投放36078.3万元，回笼37180万元。

1985年后，城乡集市贸易活跃，商品流通扩大，货币流通加速，寿宁由原来的现金回笼县转变为投放县。1988年，投放11417.5万元，回笼9957.6万元，投差1459.9万元，为寿宁历史上投放最多的一年。1989年，县内各行执行"控制总量，调整结构，保证重点，压缩一般，适时调节"的货币信贷政策，货币投放的增长幅度得到控制。

何谓流通纪念币

纪念币是中国人民银行根据国家在各个时期的需要，具有特定的主题、限量发行的人民币，可同时在市场等价流通使用。1990～2005年，人民银行共发行流通纪念币55套87种。由于纪念币、钞发行量少，多被人们珍藏，市面上并无流通。有的纪念币县级银行没有发行。当每次发行纪念币、钞时，人民银行均按照上级行的有关规定，通过商业银行、信用社向社会进行公开发行。

寿宁存款情况如何

"存款立行"是金融机构生存与发展的根本出发点。存款分企业存款、财政存款、机关团体存款、农村存款和信托存款。

企业存款，有活期和定期两种，分工业、商业、外贸、集体、个体工商业、建筑企业等存款项目。1950 年末本县企业存款存额为 0.2 万元，1960 年上升到 45.9 万元，1966 年下降到 35.2 万元，1977 年末达 146.7 万元，1978 年为 150.5 万元。此后，经十年改革开放，到 1989 年，企业存款总额达 1030.8 万元。

2005 年全县金融机构各项存款达到 118936 万元，比 1990 年 5975 万元，增长 19.91 倍。

财政存款，包括中央财政、地方财政、预算外和建行财政存款 4 大类。1950 年，全县财政存款余额为 2 万元。1952 年起上升幅度增大，1968 年突破百万元大关。1974 年达 168 万元（其中，地方财政存款 96.7 万元），1986 年达 230 万元，为历年最高峰（其中地方财政存款 177 万元）。

机关团体存款，主要包括机关团体预算存款和机关团体一般存款。来源主要为财政拨款，不计息。1975 年年末寿宁县机关团体存款不足 50 万，1978 年为 66.6 万元，1989 年年末存款余额 203.1 万元。

1990 年，单位存款余额 2712 万元，2005 年增至 35586 万元，增长 136.12 倍。

农村存款，包括乡（镇）企事业存款、集体农业存款、信用社存款等。1978 年，全县此项存款余额为 75.9 万元，其中信用社存款 64.2 万元。1989 年达 576.9 万元，其中信用社存款 543 万元。

信托存款，开办于 1984 年，当年存款额 86.8 万元。1987 年达 700.1 万元。

储蓄的情况如何

1936 年，寿宁金库就曾开办储蓄业务。民国 27 年，省合作处派员到寿宁，指导农村建立信用社，储蓄业务逐渐普及。当时存款来源均为社员入股的股金。1939 年，各储蓄分支处成立，国民政府还颁布由邮政局发行的"节约建国储蓄"。1940 年 1 月成立福建省银行寿宁县分理处和斜滩分理处，城镇储蓄业务进一步发展。1942 年，县组织储蓄实践分会 444 个，吸收会员 4440 人。

新中国成立后，随着人民生活的改善，储蓄业务也相应发展。1956 年 7 月 1 日开办活期有奖储蓄。1961 年 5 月开办整存整取定期储蓄。1981 年 9 月后新增住房储蓄、耐用消费品储蓄、有奖贴花储蓄、定额有奖贴水储蓄、保值储蓄、定额有奖有息储蓄、金字塔连环有奖储蓄、小星星有奖储蓄、同乐有奖储蓄、摸奖储蓄和工资储蓄。1979 年，全县城乡储蓄额 221.08 万元。1989 年底，全县城乡个人储蓄存款余额达 2270.4 万元。与 1978 年比，城镇储蓄增加 25 倍，农村储蓄增加 9 倍。

1990 年以来，全县各金融机构在"存款立行"的思想指导下，大力发展储蓄业务，大量吸收城乡居民的闲散资金。2005 年，全县金融机构储蓄存款余额达 83350 万元，15 年间增长 23.52 倍。

工商信贷情况如何

1936 年，寿宁金库开始经办工商业户和民间的少量存、放、汇兑业务。1950 年起，工商信贷主要用于支持私营工商业。1951 年开始发放手工业贷款 1000 元。1952 年对国营商业和专业公司直接发放商品流通贷款，当年商品贷款余额 4.5 万元。1955 年达 18.7 万元。

1956 年，银行的信贷方针是"支持生产，支持收购"，工商信贷主要用于支持商业，为供销社的农业生产资料供应和农副产品收购提供资金。至年底，工商贷款余额达 71.4 万元。

"大跃进"时期，1958～1961 年，各项贷款发放数成倍增长，尤其是商业贷款，年末余额均超过百万元。

"文化大革命"期间，银行作用降低，工商信贷业务原地踏步。1977 年，工商贷款恢复正常，当年余额达 542.1 万元。1984 年 10 月县工商银行成立，工商贷款业务从人民银行划出，明确工商信贷的基本任务是：积极组织资金，促进工商业生产持续、稳定、协调发展。贷款种类有商品周转贷款、临时贷款、专项储备贷款、联营贷款、技术改进贷款、小额设备贷款、网点设施贷款、大修理贷款、科研开发和新产品试制开发贷款、票据贴息贷款等。1989 年底工业贷款 2159.1 万元，商业贷款 1927.3 万元。

1997～1999 年，各金融机构累计发放工商企业贷款近 2 亿元，支持县烟草公司、硅镁公司、新华书店、饮服公司、五交公司、五金塑料厂、二轻工业公司、农资公司、种子公司等企业发展。2002 年，县工商银行向福建三祥冶金有限公司发放贷款 300 万元。2004 年县工商银行向县星耀气体有限公司发放贷款 1000 万元。2005 年县工商银行向福建三祥冶金有限公司、福建天禧御茶园有限公司、县振华眼镜公司等 10 多家企业发放贷款 7775 万元。通过贷款推进技术革新和科技进步，提高经济效益，为实现四化建设的宏伟目标服务。

农业信贷情况如何

民国时期，农业信贷有信用贷款和冬耕贷款，用于购买肥料种子、修理农具、联合购买耕牛、家畜和生活费用。至民国 34 年（1945），寿宁农贷总额为

205.03 万元。贷款时实行监放制度，利率 2 分 6 厘，利息以月计算，期限 6 个月，还款时利随本清。但因数额有限，大部分农民急用时仍借高利贷。

解放初期，在"深入农村，帮助农民，解决困难，发展生产"的方针指引下，提倡自由借贷和国家贷款相结合。1952 年全县发放生产、生活贷款 5.14 万元，耕牛农具贷款 1.33 万元，收回到期农贷 1.88 万元。1956 年全县发放生产、生活贷款 21.92 万元。1957 年贷款 26.99 万元。1960 年，增加水利、耕牛、农具、肥料、种子等项贷款，共发放 56.09 万元。1962 年，又增加农村基本建设贷款和长期无息贷款。1970 年加强农业基础设施建设，农贷余额增至 129.4 万元。1976 年，"农业学大寨"，全县发放农业贷款 103.1 万元。1979 年，支持农、林、牧、副、渔全面发展，发放农业贷款 228.8 万元。1982 年落实农业生产责任制，当年共发放中、短期和季节性农贷 307.9 万元。1987 年，推广袋栽香菇，发放专项贷款 102.7 万元。1986 至 1988 年底，共发放扶贫专项贷款 473.3 万元，其中，农业银行和信用社发放 237 万元。

1990 年，县农业银行发放农业贷款 1739 万元。1996 年，农业银行发放 1000 多万元贷款支持农业生产，并代理农业发展银行发放粮食贷款 400 万元。此后，支持农业发展贷款主要由农村信用社承担。

投资信贷情况如何

1980 年，县建行开办投资信贷业务，发放小型基本建设贷款 5.6 万元。1981 年发放 0.25 万元。1986 年，为保证重点项目，支持县创办中法合资企业——莱森柯花岗岩石板材有限公司，发放专项贷款 50 万元。至 1989 年底，县建行共发放技术更新改造贷款 445.33 万元，收回 257.68 万元，年末余额 384.60 万元；发放各项委托贷款 226.06 万元；发放建筑业贷款 539.4 万元，收回 472.4 万元。

此外，县工商行发放技术改造、小额设备、商业网点设施、大修理等投资贷款，其中，1986 年给重点项目麻竹坪水库发放人行委托贷款 680 万元；1987 年给精细化工厂发放技术改造贷款 70 万元，给铁合金厂发放省委托贷款 80 万元。1975～1989 年，共发放集体工业设备贷款 203.5 万元。

县农行 1956 年发放农田基本建设贷款 1328 元、生产设备贷款 1.95 万元；1976 年发放农村基本建设贷款 90 多万元；1987 年为支持罐头厂发放技术改造贷款 173 万元。

何谓贷款豁免

1971 年 9 月，根据国务院有关清理农业贷款的规定，除"四类"分子（地主、富农、反革命分子、坏分子）外，对 1961 年以前发放的长期无息贷款给予豁免。经过召开贫农代表会议，对欠款户进行评议，认定符合条件的，列表造册，报请县人行批准。全县共豁免人行发放的贷款 38.3 万元。其中，1955～1956 年冬发放的 3～5 年贫农合作基金低息贷款 2.34 万元、农业贷款 32.69 万元、社员个人贷款 3.18 万元、其它贷款 0.09 万元。豁免信用社发放的贷款 8.36 万元，其中集体贷款 0.55 万元、社员个人贷款 7.81 万元。

贷款豁免在一定程度上减轻了人民群众的负担，但也给以后的收贷工作带来一些不良影响。

寿宁公债发放情况如何

1937 年 10 月，救国公债劝募委员会福建省分会寿宁支会成立，先后召开 2 次委员会议，对劝募对象、数量、实施规定和交款时间进行研究，决定将第二年到期的救国公债息金全部献给国家。全县任务为 57 份，总额 8 万元，至当年底劝募工作结束前，完成劝发 48 份。1941 年，发行战时公债，成立福建省劝募总队寿宁县农工商业支队，队长由县长兼任。全县任务 8 万元，只完成 3 万元，户认额为 10～50 元。同年 10 月 10 日发行同盟胜利公债，至 1942 年全县认购 7 万元，1943 年完成 59.1 万元。

新中国成立后，为恢复生产、发展经济，发行过多次债券。1951 年 1 月，中央人民政府政务院发行第一期人民胜利折实公债。全县推销 300 份，年息 5 厘，分 5 年还本付息。每份值为大米 3 千克，面粉 0.5 千克，白细布 1.3 米，柴炭 8 千克。1954 年 1 月起，连续 5 年发行国家经济建设公债，年息 4%，除 1954 年发行公债期为 8 年外，其余均为 10 年期还本付息。1960 年，福建省发行地方经济建设公债，年息 4%，全县任务 4 万元，完成 3.53 万元。1987 年向单位发行国家重点建设债券 9.12 万元，期限 3 年，年利 6%。1988 年县人行代理发行国家建设债券，期限 2 年，还本付息，年利 9.5%，城乡居民购买获得的利息收入免征个人收入调节税。

1989 年，为支援国家重点建设，国家能源投资公司、国家原材料投资公司、国家机电轻纺投资公司、中国石油天然气总公司和铁道部联合向全国城乡居民发行 3 年期基本建设债券，并规定利率比 3 年定期储蓄的利率高 1 个百分点，另加保值补率，不计复息。全县共发行 28 万元。同年 9 月，发行中华人民共和国 3 年期保值公债 70 万元，利率比人行 3 年定期储蓄高 10%，干部、职工每人认购 100 元。当年，还代理发行国家特种国债 8.5 万元，其中企事业单位 8 万元，待业保险机构 0.5 万元。

寿宁国库券发放情况如何

1981年，县人行开始代理国家财政发行国库券，年利4%，5年后抽签，按中签号码分5年还清本息。当时只向机关团体、企事业单位和农村社队发行，全县共认购11万元。1982年起，国库券发行范围扩大到城乡个人，年利8%（单位购买的年利率仍为4%）。交款期限，单位为1月1日至6月30日，个人为1月1日至9月30日。偿还时间为发行后的第六年开始，单位5年5次（每次偿还20%）还清本息，个人则按抽签号码5年5次还清。1985年，提高国库券利率，单位购买的为5%，个人为9%。1986年利率分别提高为6%和10%。到1989年，全县共购买国库券213.90万元。其中单位购买54.28万元，个人购买159.62万元。

1986年，县内开始兑换偿还国库券。中签到期的国库券兑换期为每年7月1日至9月30日，由县工商银行、县农业银行和乡（镇）基层营业所、代办所代理兑换。至1989年，全县共兑付国库券本金27.33万元，利息9.43万元。

2000～2005年，全县兑付个人国库券本息分别为36137.78元，2693.77元，5913.64元，2467.49元，2859.32元，1683.18元。

2005年，华福证券福州营业部业务延伸至寿宁，经营A股股票开户业务。此前的1997年，清源乡农民张云就已通过四川某证券投资股票，成为闽东第一个炒股的股民。

金融部门对现金如何进行管理

民国时期，现金由寿宁金库与斜滩汇兑所分别管理。

1950年，县人民银行开始管理现金。由发行库根据上级银行核定的命令限额投放回收现金。限额不够，向上级银行申请补足；限额有余，则电报上级银行予以收回。当年底，县人民银行共有库存现金3.74万元。1952年，斜滩营业所设立发行库，规定库存现金代管最多限额为2万元。

1956年起，县人民银行、农业银行的现金管理均由计划股负责，管理方式仍按核定命令限额投放。1978年后，各行相继恢复与建立，各自对现金分别实行统一管理。县人行对各行的库存现金实行限额监督。对各行政、企业、事业单位的现金也限定库存金额，超过核定限额的要按规定交存银行。银行有检查监督库存现金的权责。发现违反规定，可予处罚。

1980年12月31日，县人行对全县76个单位的库存现金进行清理，发现库存流动资金报损17.13万元，占总数的17%。1988年11月，在全县范围内对479个单位的现金收支情况和库存现金进行检查、清理，收回超额库存现金38万元。年底，县工商行实现 6 年现金收付无差错。1989 年，全县各行共投放现金 11049.2 万元，回笼 9825 万元，负差为 1224.2 万元，比 1988 年负差 1459.5 万元减少 235.2 万元。当年全县各行库存现金为 167.5 万元。

1990 年，全县投放现金 11734 万元，回笼 11729 万元。2000 年 4 月起，现金管理呈逐步放宽趋势。开户单位提现原则上限于基本账户，严格控制临时账户提现；专用账户除特定用途（如工资、农产品采购资金）外，不得提现；一般存款账户不准提现。制定大额现金支付审批权限的规定，对基本账户单笔或当日提现超过 50 万元，专用账户和临时账户单笔或当日提现超过 20 万元的，须由开户银行支行审批，报县人民银行备案。对基本账户当日提现超过 100 万元，专用、临时账户当日提现超过 50 万元的须由开户银行市分行审批，报市人民银行备案。储户单笔提现超过 5 万元以上的须出示身份证，单笔提现超过 20 万元，须提前一天预约。

工资基金如何管理

1960 年起实行工资基金管理，具体规定有 5 条：

一、凡发给职工个人的劳动报酬和按国家规定发放的津贴、补贴等，不论其资金来源如何，属于国家统计局规定的工资总额组成范围的，均应纳入工资基金管理；

二、各单位根据国家下达的年度总额计划，编制工资基金使用计划，送单位所在地开户银行，由银行监督支付，超过计划指标的，不予支付；

三、企业的奖励基金应按国家规定提取；

四、各专业银行负责监督各单位使用工资基金的情况；

五、各单位不得在各项业务收入中坐支现金，不得假借其他名义或巧立名目，向职工发放变相奖金和实物。

寿宁县发放的职工工资主要有 2 种，一种是行政、事业单位人员工资，另一种是企业单位人员工资。1981 年 7 月以前，职工工资一律由县劳动部门审定，县财政核拨。1981 年 7 月起，行政事业单位职工工资由县人事部门审定，县财政核拨；企业单位职工工资由县劳动部门审定后，经银行核拨。1989 年，全县全民所有制单位职工工资支出为 1262.53 万元，其中，行政人员支出 258.36 万元，事业人员支出 522.98 万元，企业人员支出 481.19 万元；城镇集体所有制单位职工工资支出为 262.92 万元，其中行政与事业人员支出 31.43 万元，企业人员支出 231.49 万元。

基本建设基金如何筹集和管理

一是基建资金筹集，县建设银行在办理贷款业务的同时，积极做好企业存款和储蓄存款业务，积累基建基金，支持县内基本建设。1978 年，在县建行开户的有 82 户，年末存款余额 26.47 万元。1988 年代理发行重点企业建设债券 7300 元。1989 年代理发行重点企业建设债券 3000 元、基本建设债券 8800 元。同时开办储蓄专柜，建立储蓄所，吸收社会闲散资金，增强建设资金实力。开办活期、定期、存本取息、零存整取、定活两便、住房及耐用消费储蓄、有奖贴花储蓄、金字塔连环储蓄、小星星儿童储蓄、同乐有奖储蓄、大额有奖储蓄等业务。1988 年开办储蓄 2 个月，年末储蓄存款余额即达 35.2 万元。至 1989 年底，县建行共开户 745 户，年末存款余额达 135.48 万元。所筹集的资金，作为基建基金的一部分，用于支持寿宁县基本建设与企业技改。

二是基建资金管理。县建行对基建资金的拨付作出四项规定：①按计划拨付资金，即所有基建资金都要提前半年存入建行，并经建行签注意见，上报审批，列入年度基建投资计划后，方能给予考虑拨付，杜绝计划外项目的发生；②按程序拨付资金，即所有项目都要坚持先勘察、后设计，先设计、后施工，先施工、后验收的基建程序，按照基建程序拨付相应的资金；③按进度拨付资金，即按照"完成多少工作量，给多少钱"的原则，10 万以上的项目拨付 25% 备料款（10 万元以下拨付 50% 备料款），工程进度在 50% 以内拨付 45% 进度款，超过 50% 以上的部分，再拨付 50% 进度款，预留 5% 工程尾款，待竣工验收后给予拨清；④按预算拨付资金，即按基建支出预算和批准的项目概预算拨付资金，超过基建支出预算的资金建行不予垫付，超过批准概预算的资金必须办理概预算追加手续和年度投资计划后，方予拨付资金。每个具体的项目都由设计部门编制预算书，建行审核预算书作为拨付资金的依据。项目竣工后，由施工单位编制竣工决算书，建行审核决算书，作为基本建设结算的依据和项目最终作价的依据。

怎样取缔、清理、整顿基金会

1993 年 11 月，寿宁境内第一家基金会成立，此后，全县一哄而上共批准成立基金会 34 个，一度扰乱了境内的金融秩序。

1997 年，县人民银行与公安机关联手打击非法金融活动。依法取缔无证经营的鳌阳镇鳌东农村合作基金会、安顺农村合作基金会和托溪村农村合作基金会。对县融达投资贸易公司和民营企业联谊会以公司名义非法吸收公众存款进行查处，对托溪乡陈某等 3 人非法集资携款逃跑事件进行立案。

1998 年后，为保护储户利益，安定稳定社会，县委、县政府联合下发《关于调整充实规范农村合作基金会工作领导小组的通知》，对农村合作基金会开展清理整顿工作。2000 年元月 6 日，县政府印发《寿宁县清理整顿农村合作基金会工作实施方案的通知》，决定从当年 4 月 1 日起，全县所有农村合作基金会必须立即停止吸收新的存款，停止发放新的贷款，暂缓支付各种存款和利息，并组成工作小组着手开展基金会的清产核资工作。通过清产核资，全县农村合作基金会存款余额 2760 万元未兑付，贷款余额 2200 多万元未收回。

为缓解存款兑付的资金压力，避免爆发挤兑风波，县政府成立"寿宁县清理整顿农村合作基金会专项借款管理办公室"，授权县财政局向地区申请及办理专项借款等相关事宜。向上级拆借中央专项资金 1400 万元，用于兑付应急拆借资金。县委、县政府成立寿宁县农村合作基金会清欠专项工作领导小组。下设专项清欠工作小组。信隆、蟾溪基金会按 75% 比例兑付储户存款（包括置换过拨），其他基金会大部分自行处置或落实划分股东债权债务经济责任。

2001 年 7 月，信隆、蟾溪、安章、林山最后四家农村合作基金会清盘关闭。全县农村合作基金会的储户存款从原来的 3200 万元降为 194 万元，借款从 2700 万元降为 800 万元，分别下降 93.94% 和 70.4%。

2004 年 2 月 20 日，清偿工作完毕。

金融机构如何进行经济核算

1938 年，根据《改善地方金融机构办法纲要》，地方金融机构的会计核算实行"账目按旬报部审核"，"并按目制成分类表报部查核"。当时的金融账簿、凭证，均采取统一格式，上署"簿记"字样。

解放后，县人行用旧银行账簿、凭证。1951 年，开始使用省分行统一印制的账簿、凭证。1954 年，开始推行苏联国家银行会计核算制度。1962 年起，县内各专业银行分别执行总行、分行各自颁发的有关会计工作的若干规定、守则。

寿宁的金融业会计记账，1953 年以前采取收付记账法，1954～1962 年改用借贷记账法，1963 年起，恢复收付记账法。

1985 年后，县内 4 家银行加强内部财务管理，严格财经制度，努力提高信贷资金信用效益，确保年利润计划的完成。1985 年，全县 4 行 1 社共盈利 68.35 万元。1988 年，县、乡（镇）两级金融单位盈利达 107.07 万元。

何谓转账结算

金融业的结算方式有现金结算与转账结算两种。县人民银行为现金出纳中心和转账结算中心。现金结算主要用在单位对个人以及单位之间的零星支付。其他专业银行只办理转账结算。转账结算必须严格执行中国人民银行制订的结算规章制度，切实维护收付双方的正当权益。县内的各项经济来往，除符合国家现今管理规定可以用现金支付外，都必须经各有关专业银行办理转账结算。县内机关企事业单位之间发生的货币收付大部分都是采取转账结算方式。

寿宁县各行转账结算方式有3种：异地结算、同城结算和县内结算。结算种类有银行汇票、商业汇票、银行本票、支票、汇兑、委托收款。单位与个人办理转账结算，必须严格遵守银行结算办法和有关规定。账户不准出租、出借，不准签发空头支票和远期支票。

1984年以前，转账支票起点为30元，1985年后改为50元。转账支票有效期为3天。1985年起，改革转账结算制度，恢复银行票汇结算，开办汇票贴现业务，增办委托收款，改进托收承付结算，减少现金使用，加速资金周转，促进商品流通。

金银兑换情况如何

寿宁县民历来有储藏金银和金银制品的习惯。民国初期，金银仍在市场上自由交易，银元使用面甚广，当时还有专用的金银器物押款办法及办理收兑简章。1935年11月4日起，以中央、中国、交通、农民4家银行所发行的钞票为法币，凡持有银币及类铜币者均须兑换法币。当时还规定以金银为原料进行工业、艺术加工的行业，须经政府审核发给加工许可证。制造银器、银饰应以化学银为原料，含银量不得超过30%，并由县金融机构负责监督执行。直至民国末期，县政府虽多次禁止金银流通，由于法币失去信用，民间仍继续使用金银交易。

解放后，县人民银行对金银实行管理，归口收兑。初期比价比较低，1953年1月起提高银元与白银牌价，白银每市两（16市两为0.5千克，下同）兑11500元（旧人民币，下同），甲类银元每枚兑11500元；乙类银元每枚兑11000元。1953~1956年间，寿宁县民间金银流通基本停止，金银持有者均自觉到银行兑换。当时1钱黄金兑人民币9元（新版），因此银行兑收金银量猛增。1954年，全县共收兑黄金2530市两，甲类银元313枚，杂牌银元1251枚。

1958年，寿宁县民响应中共中央号召，将金银售给国家支援祖国建设。"文化大革命"期间，社会动乱，掀起一股抄家浪潮，没收了一批金银首饰，并送交银行收购。20世纪70年代末期，走私分子在县境内大肆收购金银首饰，银元每枚收购价高达10～20元。进入80年代后，由于国家加强对金银的管理，经过多年收兑，再加走私外流，县内金银兑换减少，收购量逐年下降，社会流通量甚微，民间存储也不多。80年代中、后期，随着群众生活水平提高，装饰上也趋讲究，国家允许销售金银首饰，民间金银流通量稍增。

外汇解付情况怎样

寿宁县侨眷少，国外汇入不多。民国时期的外汇，由福州市汇丰银行承办，多以银元解付。归侨携款回乡，均在福州兑换成法币。县内未经营外汇业务。

解放后，侨汇业务由中国人民银行寿宁县支行代理承办。外汇解付采用按当地物价指数保本保值以及优惠利息的办法。因寿宁偏远闭塞，直至20世纪70年代中期，外汇业务数额极少。

改革开放以来，重视吸引外商投资，发展与侨、台、港澳同胞的联系和往来，外汇业务量有较大幅度增加。国外或港澳台地区汇入县内的外币统由省、地人民银行办理，折算成人民币，委托县农行解付。1984～1989年，县农行共解付外汇折人民币17.82万元。

保险事业发展历程如何

寿宁县的保险事业始于1952年，当时的保险范围有财产保险和人身保险。业务由人民银行代理。小学教师率先参加人身保险，每人每月交保费5角。1953年，在一些乡（镇）试办耕牛保险，保险后农民不注意管护，耕牛死亡多，年底即停办。1954年，对运输工具、财产及旅客意外伤害实行强制保险。1957年6月，保险业务划归税务局，1958年8月又并入人民银行，设立保险工作组。1959年，保险业务停止。

1984年10月，成立县保险公司，保险业务从县人民银行划出，成为独立核算的经济实体，保险项目增加，业务范围扩大，当年全县投保142户，保险收入7万元。1985年投保531户，保险收入16.49万元。至1988年底，全县投保30865户，保险费收入72.29万元。

随着居民生活水平的提高和社会各项事业的发展，各类保险险种增多，业务不断发展。保险范围有企业财产、汽车、挡风玻璃破碎、拖拉机、摩托车、货物运输、承运人责任、家庭财产、简易人身、集体养老金、个人养老金、村干部养老金、旅客意外伤害、驾驶员意外伤害、团体人身意外伤害、学生平安、绝育手术、独生子女平安保险等 18 种。2005 年，全县保险机构保险费收入 2288 万元，比 1990 年 73 万元增长了近 32 倍。

境内有哪些保险机构

寿宁境内现有 6 家保险机构，分别是：①中国人民保险公司寿宁县支公司，系国有独资保险企业，1952 年成立。②中国人民财产保险股份有限公司寿宁营业部（简称"县人保财险"），1996 年 8 月成立。③中国人寿保险股份有限公司寿宁县支公司（简称县人寿保险），1996 年 8 月改制，2003 年升格。④中国平安人寿保险股份有限公司宁德中心支公司寿宁营销服务部（简称"县平安人寿"），2000 年开始业务。⑤中国平安财产保险股份有限公司宁德中心支公司寿宁营销服务部（简称"县平安财产"），2005 年 10 月 18 日成立。⑥中国太平洋人寿保险股份有限公司寿宁营销部（简称太平洋保险），2002 年 11 月成立。

保险理赔如何进行

在严格防范和科学鉴定的前提下，保险公司对承保对象遭遇的灾害和事故，及时予以查勘理赔。1952 年，鳌阳小学教师周某参加人身保险 3 个月后病故，保险公司及时给予理赔 300 元，从此，保险信誉迅速提高。

1982 年恢复保险业务，当年理赔 11 户，金额 2.86 万元，赔款支出比保险收入多 0.58 万元，及时理赔，有效提高人民投保的积极性。

1988 年是理赔金额最大的一年，3 月 1 日，斜滩交流大桥架被洪水冲垮，保险公司理赔 5.64 万元，使大桥得以重新修建。同年 3 月 15 日，全县遭受历史上罕见的冰雹袭击，理赔 32.77 万元。10 月 27 日，县百货仓库发生火灾，理赔 21.9 万元。当年共理赔 603 户，金额达 101.46 万元。

1991 年农历正月初三，县麻竹坪水库发生沉船事故，39 人遇难。经调查，该船严重超载，且驾驶人员无证驾驶，经请示人保福建分公司后，从协助政府稳妥处理事故的角度考虑，通融赔付 10 万元，捐助 6 万元。

1996 年，台风"贺伯"袭击寿宁，人保寿宁支公司理赔 50 多万元。1999 年 9 月 26 日斜滩镇发生大面积的火灾，受灾户数达 120 户，理赔 93 万元。2001 年，双湖公路南阳段一座民用桥梁被冲毁，中保财险寿宁营业部理赔 13 万元。

2003 年，由于强风暴雨造成损失，赔付双湖二级公路工险 100 余万元，赔付牛头山库区 30 万元。2004 年 2 月 17 日，县运输公司车辆在杭州绕城高速发生追尾事故，人保财险寿宁营业部理赔 52 万元。

2005 年 5 月 14 日，牛头山二级水电有限公司发生一起车祸，车上人员死亡 2 人，车辆全部损坏。人保财险寿宁营业部理赔 70 万元。同年 6 月、8 月、9 月由于洪水造成牛头山二级水库大坝、厂房受损，人寿财险寿宁营业部支付赔款达 70 余万元。

城乡建设

第十八卷

城乡建设成效如何

寿宁的县城建设，始于明景泰六年（1455）建县之时。在首任知县和主簿、教谕、训导的主持下，建县署、学校，筑庙坛，城垣，修津梁，置铺递，为寿宁县的城乡建设奠定了基础。

清初，寿宁的城乡建设在明代的基础上又有发展。公共建筑增添了部分庵、堂、寺、庙与宫观，祠堂、公署、学宫也多次修葺。至清末，民房建筑已出现二、三层楼房。民国时期，县城虽新建了县公署、中山堂、初级中学及公共体育场，但变化不大。

解放后，县人民政府致力于改变县民的生活与居住条件。1950～1978年，县人民政府共投资1817.17万元用于基本建设。先后在县城与各乡镇兴建一批公共建筑，改造一批旧的建筑物，并开始重视县城的给水供电、园林绿化与环境保护。

中共十一届三中全会后，前10年，县政府用于基建投资达4919万元，相继建起了百货大楼、邮电大楼等一批高楼大厦，民房建筑亦趋向钢筋混凝土结构与高层次。

桥梁建设方面，1987年改建永清桥；1994年重建子来桥；1995年新建西虹桥；1997年重建翠屏桥；2002年新建清和桥。

城区供水，1998年11月24日，六六溪小（一）型水库竣工通水，为城区生活用水提供了新水源。2015年4月22日，寿宁县城区自来水应急水源项目启动，该项目位于大安乡大熟村后坪洋，水库坝高36米，水库库容168万立方米，调节库容130万立方米，总投资5500万元。

供电方面，1990年，县电力公司首次采用吊车配合立杆，完成胜利街10千伏线路改造。1994年县城街道拓宽后，重新安装路灯。1999年，新安装变压器6台。

2004年12月16日，城关电网改造动工，2005年完成环城路、工业路电网改造。

公共交通方面，1993年，县城出现第一辆人力黄包车。1995年，电动黄包车现身街道。1998年，境内第一辆出租车上路。2002年，县逢源汽车出租有限公司挂牌运营。1999年11月，福安汽运公司寿宁分公司经营的"寿宁县通达公交有限公司"正式营运。2013年9月，寿宁县亿通公交有限公司成立，经营城市公交。

城内园林绿化、三峰公园绿化、街道绿化、蟾溪治理均见成效。

1990年～2005年，县城建设发展较快，按照"东扩西联、一城两区；拓宽一线，南承北接；三区联动，全面发展"的总体思路，县城道路拓宽，市容改观，供电、供水、环境保护等市政设施日益完善。

茗溪新区开发情况如何

1993年1月，县委、县政府决定成立"茗溪新区开发建设指挥部"，开发与中心城区相邻的茗溪新区。通过茗溪新区的开发，将县城面积由1.23平方千米扩大到3.9平方千米。

一是征地。茗溪新区委先后征收水田17.73公顷，林地3.33公顷，合计21.06公顷。前后两期共计征收耕地、林地、园地24.26公顷。

二是基础设施建设。1997年6月30日动工，投资200万元改造河道，将后墩溪改道与茗溪交汇，修筑防洪堤1700米，拦河坝2座。1993～1997年，投入500万元，建成大桥和铺设从自来水厂经茗溪村通往际头仔的柏油路。1996年，投资180万元，修筑长1000米，宽18米的新区水泥路。2003年，投资100万元，建成武装部环岛至一中宽24米的水泥主街道。1998年，茗溪新区委投资300万元，完成新区自来水管网架设和路灯安装。1995年，新区委建成蟾溪大桥，2004年，投资100万元，建设国防大楼右侧长30米，宽24米的水泥钢筋桥梁一座。

经过20多年的建设，茗溪新城区已初具规模，现有居民15000多人。

县城东区开发成效如何

寿宁县委、县政府2007年9月13日成立寿宁县城市综合改造建设指挥部，下设办公室，抽调人员组成安置征地拆迁、规划工程、资金筹措、后勤保障4个小组开展工作，正式启动县城东部新区开发建设。新区规划面积2平方千米（东至公墓、西至环城路、南至打梆洋、北至禾洋路下），一期核心区面积1800亩，总投资43亿元（其中政府投资6.5亿元），可容纳3万余人，现已建成。

新区地处蟾溪之滨。为了发挥山水优势，充分展示"一湖两岸"的特色风采，规划实施遵循"统一设计、统一规划、分步实施、滚动发展"原则，坚持"高起点、高标准、高水平、现代化"的标准，利用"核心、绿地、水脉"达到青山绕城，绿水活城、文化兴城、活力塑城的目标。体现显山、露水、亮丽、透绿的特色。

新区开发，民生至上。安置拆迁，合情、合理，合法周详。三个月完成 125 座民房、9 家企业、2 座庙宇和 800 座坟墓的拆（搬）迁工作。共征收土地 1800 多亩。涉及鳌东、梅溪、蟾溪、北凤 4 个村居 602 户、3113 人，整个过程平稳、祥和、有序，群众普遍感到满意。

县城东区已成功挂牌出让土地 344.5 亩，出让金额达 6.36 亿元。新增建筑面积 125 万平方米，其中居住建筑面积 115 万平方米，公共建筑面积 10 平方米。新区二期规划的山外小区 260 亩（含检察院用房、安置房）、打榔洋小区（轻工业区）300 亩，已完成土地征收。

一期投资项目 45 个，主要建设内容包括：① 40 米宽、1500 米长的梦龙街，把新老城区联成一片，形成有机整体；②沿 3 千米蜿蜒曲折的蟾溪河，按 50～100 米宽的河面修筑了防洪堤、拦河坝、人工湖、呈现"一城山色半城湖"的自然景观；③在人工湖两岸、梦龙街两旁，建设梦龙广场、湖滨大道、文昌阁、文化长廊、车站、市场、停车场、公安业务用房、县医院、计生服务大楼、青少年活动中心、行政服务中心、市场监督局、第六中学、景山林场、四星级廊桥宾馆等；④修建了寿宁大桥、杨梅桥、福清桥、清梅桥、登云桥。这些项目的建成使寿宁成为融行政办公、商务居住、文化休闲、教育卫生、观光旅游于一体的山水新城。（根据东区办提供资料整理）

城墙修建在何时

寿宁于明弘治四年（1491）始议修建城墙，弘治十八年筑成。城墙周长 770 丈（1 丈≈3.3 米）、高 16 丈、厚 1 丈。设东、西、南、北 4 个城门，2 个水门，同时建土木结构城楼 4 座。嘉靖五年（1526），城楼改为石木结构，城门用铁皮包裹。嘉靖四十一年（1562），倭寇攻陷县城，城墙雉堞全部被毁。隆庆五年（1571），大水漂走关墙。万历二十年（1592）重修，塞北门，另开小东门。崇祯年间（1628～1644），城墙复崩，跬步可登。崇祯末年（1638～1642），知县区怀素任上，全面修复各门，凿嵌石额，并命名东门为"日升"，西门为"怀勋"、南门为"望丰"，小东门为"宾阳"。现仅存"日升"门石匾，系清康熙六年（1667）邑令李滋生所题。于 1958 年列为县级保护文物。

1958 年 3 月，拆除东门边的文昌阁和西门，拓宽胜利街（横街）。此后，又拆去南门，拓宽为解放街（直街），其余旧城墙址于"文化大革命"期间，先后被居民占用建造民宅。但四至范围隐隐可见。

街巷布局情况如何

明代，寿宁县城有三条街。第一条衙门前街（即今横街），东起文昌阁，西至"怀勋门"，全长300余米，宽6米。街北建衙门署廨，街南是民宅。当时的商店大多集中于衙前街一段。第二条直街，北起子来桥，南至"望丰门"，也称南门，全长360米，宽6米，第三条小东门街。由直街中心"凉亭兜"通往小东门，全长120米，宽4米。清代，人口增长，直街逐步发展，街面商店增至20多家，主要经营杂货、医药、布匹、京果、食杂及豆腐、烟酒、糕饼、点心等。民国初期，衙前街改称横街，县城商店发展至30多家。1939年商店增至65家，1946年增至135家。同时，直街改称"大街"。大街两旁延伸的里弄有后叶弄（蟾溪巷）、新街仔弄（梅溪巷）、蔡家弄、朱厝弄、下范厝弄、城郊弄、上马弄、下马弄等8条巷道。

1949年后，县城建设日新月异，旧的街道先后改造、拓宽，并重新命名。现有解放街、胜利街、工业路、环城路、人民路和26条巷道。

解放街，即旧"直街"，全长1120米，1958年拓宽为正中道7米，两旁人行道各1.5米；子来桥两旁各加宽1米。1972年、1980年先后两次铺设水泥路面。1994年5月解放街动工拓宽至18米，全长1115米，1996年3月竣工。沿街挤满各种商店，为县城商业中心。

胜利街，即旧衙门前街，全长1540米，1958年拓宽为正中道7米，两旁人行道各1.5米。1972年、1981年、1989年先后铺设水泥路面。1992年12月胜利街（旧衙门前街）拓宽改造工程动工，1996年3月竣工。街道北侧是以县委、县人民政府大院为中心。街道往西是县建设银行、工商银行、电影院、财政局、税务局、物资局、农机公司、建委、技校；往东是县中医院、鳌阳中学、百货大楼（超市）、纪检委、老干部局、老年大学、老年人活动中心、邮电局、文化馆、公安分局、寿宁宾馆、民政局、交通局、供电公司等单位；南侧沿蟾溪桥以西至建委为民宅、铺面，蟾溪桥以东现已拆去农贸市场、原工商局所在成为空旷地带，原来的纺织品公司门市部产权已成私有，现由移动公司租用。过街便是新华书店、农业银行、日升大厦和新兴的农贸市场等单位。胜利街两旁多为机关单位，是县城的政治、文化和金融中心。

工业路，1981年自胜利街的寿宁宾馆东侧沿蟾溪东坝至鳌虹桥，铺设7～9米宽、530米长的水泥路。1996年6月16日，工业路拓宽改造动工，12月30日竣工，改造后的工业路长200米、宽16米，大型农贸市场、花菇市场、工会、公寓、酒家、职业学院寿宁分院等在路的两旁排列。往日低矮的民房，如今也建成了凌云大厦。

环城路，1979 年 12 月动工修建，1981 年 9 月竣工。从岩底碓至翰宁农贸市场与胜利街连接，路面宽 6.5 米，长 2006 米，1989 年铺设水泥路面。路旁两侧有消防大队、变电所和三祥公司车间等，大量是民房。2015 年，拓宽改造岩底碓至变电所地段 530 米，路面拓宽至 9 米，重新铺设水泥路面。

人民路，1997 年 5 月 19 日动工拓宽，同年 12 月 30 日竣工，改造后的人民路宽 7.2 米、长 200 米，从根本上改善了鳌阳小学师生和附近居民的交通环境。

县城除大街外还有 26 条巷道，连接解放街的有 17 条：蟾溪巷、人民路、友谊巷、慧星巷、合群巷、新兴巷、水井巷、梅溪巷、上马巷、下马巷、红商巷、朝阳巷、扬马巷、仙宫巷、鳌虹巷、城南巷。连接胜利街的有 7 条：上留巷、东门新巷、杨梅里巷、北凤巷、飞凤新村巷、高厝下巷、城北路巷。与工业路连接的有 2 条：广场新村巷和村尾巷。

县城有几座桥梁

县城（含茗溪新区和东区）有 18 座桥梁，其中有木拱廊桥 4 座，公路桥、石拱桥 14 座。4 座木拱廊桥分别是：飞云桥（俗称后墩桥）、升平桥、仙宫桥和登云桥（又称杨梅桥）。见于文字记载最早是明正统十三年（1448），县人吴永忠筹建的西成桥，嘉靖二十四年（1545）改建更名为蟾溪桥。1984 年改建为石拱桥，更名为蟾西桥。类似这样建筑的木拱廊桥，还有位于旧衙门前的子来桥，位于城东的升平桥和位于城南的仙宫桥。其中子来桥清乾隆年间（1736～1795）因毁于火而改建成石拱桥。升平桥曾圮于水，明隆庆五年（1571）重建，清乾隆四十三年（1778）又重建。仙宫桥建于乾隆年间，1987 年重修。登云桥（俗称杨梅桥），清乾隆三十六至三十八年（1771～1773）兴建，南北走向，长 33.8 米、宽 4.2 米、拱跨 30 米，桥屋为 4 柱 9 檩，台梁式木构架，17 开间、72 柱，双坡顶。2013 年东区建设，此桥迁至上游，修旧如旧，至今游人不绝。

此外，明天顺年间（1457～1464）于城郊建造 4 座石拱桥。其中西振桥位于城西旧城隍庙前；北镇桥位于城北坑底桥；阜民桥（亦称南镇桥）位于城南今石油公司宿舍楼前。明嘉靖年间（1522～1566）建东镇桥 1 座，位于城东日升门前。1959 年，西振桥、阜民桥先后改为公路桥。

1974 年兴建红卫桥（民办公助），位于城东小东门以北；1982 年兴建鳌虹桥，位于城南职业学院寿宁分院以北；1980 年兴建环城公路桥 1 座，位于旧植绒厂门前。1984 年建城西桥，位于水电局门口。1987 年将木拱廊桥永清桥拆、卖改建石拱桥。1994 年拓宽改造胜利街时，重建子来桥（石拱），1995 年新建西虹桥（石拱）和蟾溪大桥，1997 年重建翠屏桥，2002 年新建清和桥，2003 年拆除红卫桥。

2008～2015 年寿宁县城东区兴建，在往上游搬迁登云桥的同时，兴建寿宁大桥、杨梅桥、清梅桥（拓宽）和福清桥，为寿宁县城桥梁建设增添了一道亮丽的风景。

寿宁境内几多园区

"一园五区"是指依托福建寿宁工业园区和双湖二级公路，带动"南阳、武曲、际武、三祥、日洋浦"五大工业集中区。

福建寿宁工业园，位于南阳镇周边，包括南阳、洋边、秀洋、花岭、含头公路沿线，创建于 2012 年，2006 年经省政府批准设立省级工业园区，是闽东电机电器千亿产业群的组成部分和寿宁县承接浙东南产业转移的重要平台。园区总体规划面积 666.66 公顷，分两期实施，一期 333.33 公顷，以金属加工、电子电机电器为主导产业；二期 333.33 公顷，主要以高新技术、农副产品加工、文化创意等为主导产业。目前正依托南阳试点小城镇开发建设，规划了高新技术产业园、梦龙产业园、物流园等功能区，加快产业的园区集聚，2010 年已落户恒富金属、天泰铜业、天晶多晶硅等 9 家企业。

际武工业集中区，位于犀溪武溪村、际坑村境内，创建于 1998 年，规划面积 116.54 公顷，是闽浙边界工业集中区。现已落户企业 25 家。项目总投资 15.7 亿元，其中东宇环保机械有限公司、宇业阀门锻造有限公司、恒力汽车空调配件有限公司、宁德昱立商标布有限公司、福建圣华铸造有限公司、福建强宇石化机械有限公司、华昊新材料有限公司、宁德中都幕墙装饰有限公司等 14 家企业已建成投产。

武曲镇工业集中区位于武曲镇境内，创建于 2003 年，规划面积 100 公顷。至 2011 年，园区已落户大裕精密铸造、汇通铜业、金汇特种合金、亘生金属等 38 家企业，其中规模以上企业 16 家，2011 年工业总产值 22.43 亿元，财税收入 4600 多万元。

南阳省级试点小城镇。2013 年 1 月，南阳镇列入省级试点小城镇，规划总面积 12 平方千米。60 米南阳大道、40 米渔溪大道和梦龙文化产业园、高新技术产业园、综合性工业园区，已落户企业 27 家。"两镇同城"架构已见雏形。

寿宁县杨梅洲峡谷国家森林公园，位于寿宁坑底乡和景山林场辖区内，公园规划面积 3225.67 公顷，森林覆盖率 96.28%。集险、峻、奇、秀于一体的杨梅洲峡谷隐藏在群山深处，长约 14 千米，峡谷深 60～350 米，水位落差 50 余米。仙岩景区位于大安境内，完整地保存着福建规模最大的高山杜鹃林，有"万亩杜鹃，十里长廊"之称。秀美的青山造就了森林公园瑰丽多姿的气象景观。清晨云蒸霞蔚、傍晚日落熔金；雨后初晴，青雾缥缈，万顷卷舒；冬日雾凇，琼树银花，晶莹剔透，宛如人间仙境。

寿宁省级地质公园，2014年12月由福建省国土资源厅批准成立，2015年12月揭碑开园。公园总面积43.76平方千米，分为杨梅洲和南山两个园区，主要以花岗岩地貌和水体景观为主，兼有木拱廊桥、状元故里等文化景观，历史文化悠久，生态环境优越，遗迹景观分布集中。其中杨梅洲园区地貌形态为山岳——峡谷地貌，山体高耸，崖壁、石柱、石蛋形态独特，气势磅礴；峡谷蜿蜒曲折，瀑布、深潭、壶穴频现，地貌类型齐全，各种景观交相辉映，构成一幅绚丽多姿的山水画卷；南山景区石墙、石柱、崖壁以及大小不等、形态各异的石蛋各展风姿。"黄龙洞"形态独特，景观奇异，规模巨大、造型独特的壶穴群静静地诉说着滴水穿石的漫长历史。

寿宁古银洞国家级矿山公园，2015年12月29日福建省国土资源厅批准成立，2016年6月21日在大安炭山村举行揭碑开园仪式。2017年12月经国土资源部批准，成功申报为国家级矿山公园。古银洞矿山公园位于大安、坑底、犀溪三乡交界处，是一座以展示银矿开采遗迹景观为主体，以石灰岩采矿遗迹治理、地面塌陷遗迹治理等环境更新、生态恢复手段展示为核心，融合官台矿工起义、太监府遗址等人文景观于一体的综合性矿山公园。该公园分为官台山、太监府两个园区，规划面积25.87平方千米。据史料记载，官台山明朝称"官寨山"。当地银矿的白银生产量，在当时福建乃至全国金融市场流通中占有重要地位。其中大宝坑银场是闽浙四大银场之一。

供电、供水情况如何

1951年，寿宁县城建起第一座火电厂。1956年，建起国营杨梅仔水力发电站，装机容量50千瓦，仅够县城粮食加工厂和县直机关照明。60年代末、70年代初相继建成大门和"七一"电站，基本解决县城工业用电和城郊村庄照明。1971年后，在南阳洋边建起大门三级电站，与"七一"电站并网。1974年，在小托水库兴建双溪一级电站，解决了县城枯水季节用电问题。1974～1978年，建成车岭电站，并在南阳洋边建立变电所。1989年，在县城村尾建起第二变电所。1990年，完成胜利街10千伏线路改造。1994年，县城街道拓宽后重新安装路灯，1999年安装变压器6台。2004年12月16日，城关电网改造开工，2005年，完成环城路、工业路电网改造。

供水方面，1980年以前，县城居民用水，取自蟾溪和住宅区的老水井。明代以来，城内公用井有状元坊、半月山下、城郊弄、虎头山下、上榴、江西堂、村尾等7处水井。井水清澈甘美，常年不枯。1982年，位于街旁的状元坊水井封闭。其余各井仍沿用至今。

1980年12月在蟾溪上游鬼神潭建成自来水厂，日供水1000吨。1987年扩建后，日供水量6000吨。1998年11月24日，六六溪小（一）水库竣工通水，为城区生活用水提供了新的水源。2005年，自来水公司当年为城区居民供水8000吨。

园林建设情况如何

寿宁城关的园林建设可从4个方面来解读：

一是城南公园，明天顺年间（1457～1464），城南建有懿政行祠，俗称马仙宫。宫前有一座"玉带桥"，横跨蟾溪之上。桥下溪中养有成群的鲤鱼，遇洪水冲散，水退即还。人在溪边淘米洗菜，群鱼趋食，全不畏避。桥左有"观鱼台"，置有空心木鲤鱼一尾，长1.2米，游人梆敲木鲤，群鱼即齐聚台边水中，供游人观赏。至今该处仍称"鲤鱼梆"。清代寿宁县训导莆田人宋际春有诗云："濠梁鱼乐妙谁猜？水土矜期本绝埃。我未鼓琴先出听，一声梆响鲤齐来。"形象论述了当年人们观鱼的情趣。1936年，扩建为城南公园，面积2万平方米，内有花圃、池塘。有专人管理，负责养鱼植荷。1942年，又在玉带桥头建一牌坊（上塑一只雄狮），大书"还我河山"4个字。另置游船2艘供游人于桥下溪中玩赏。

二是革命烈士陵园，又称蟹山公园。位于城东蟹山之上，占地3.47万平方米。1960年建成，尔后陆续进行扩建。园内的建筑物依山势分上、中、下三部分，下层是飞檐画栋、精美古朴的"思源亭"、"迎宾亭"，四周遍植花草树木；中层屹立高16.8米的"革命烈士纪念碑"，四周围着石栏杆；上层是外观呈八角形的烈士墓室。墓室四周种植苍松翠柏。步入陵园，令人顿感庄严、肃穆、恬静、清新、舒适、美好。不忘先烈、继续前进，每年清明，干部职工、教师学生扫墓献花，寄托哀思。节假日游人络绎不绝。

三是三峰公园，位于鳌阳镇老城区、茗溪新区和际头仔三个片区之中，规划占地面积170.86公顷（2563亩），主要建设内容包括四个入口广场、景区道路交通、文化园林、绿化景观提升工程及配套基础设施项目。2016年6月17日三峰公园一期工程通过招标，建设面积2.724公顷（40.86亩）。8月12日，三峰公园景区一期工程东主入口开工建设。2017年5月12日三峰公园（景区）二期建设项目通过招标，建设用地约10.66公顷（160亩）。主要建设内容包括两入口广场（含人、车入口）及部分基础设施，南入口广场、综合停车场、游客服务中心，公园绿化系统（环山步行道约 7.5 千米），辅助入口道路、休息观景区、绿道驿站、公园市政综合管线系统、污水管线、供电、电信管线以及辅助设施等。至 2017 年 8 月基本完成一、二期的土地征收，建成东入口广场、文化园林、绿化景观工程及配套的相关设施，南入口广场、综合停车场、游客服务中心以及部分配套基础设施。北入口广场的文化园林、绿化景观工程及配套的相关设施和公园绿道系统及配套的相关设施正在施工中。力争通过 8 至 9 年努力，建成一个风景优美、生态环境良好、景观丰富，服务设施完美、满足不同层次的游客需求的综合性城市山地公园。三峰公园建设对于提升整个城区的品位有重要意义。

四是庭院小园林。民国时期，县政府、县党部与鳌阳小学内置有花圃花台。20 世纪 50 年代，斜滩小学建有花台。60 年代，县一中、二中的校园内种有大量花草树木。80 年代初，在开展"文明礼貌月"活动中，县委、县人民政府大院内率先建起花圃。随后，林业局、茶厂、线毯厂、无线电厂、一中、鳌阳小学、实验小学等单位为美化环境，都在庭院绿化中投入了一定的人力、财力。进入新世纪以来，在县城居民的庭院中，凉台上种花，种盆景的不是少数，成为市民生活中的一大亮点。

鳌阳镇概况如何

鳌阳镇位于县城中部，东与南阳镇交界，西与托溪乡接壤，南和清源乡毗连，北靠大安乡，是全县政治、经济、文化、教育、交通中心。镇区面积 8.9 平方千米，其中旧镇区面积 1.23 平方千米，茗溪新区 2.5 平方千米，东部新区 3 平方千米，辖 8 个社区 3 个行政村，常驻人口 6.5 万人。其中户籍人口 13819 户，41926 人，流动人口 2.3 万人。镇政府驻地海拔 746 米。随着 G4012 溧（溧阳）宁（宁德）高速福安至寿宁段和寿（宁）庆（元）二级公路通车，缩短抵达周边市县的距离。镇区距宁德市区 135 千米，至福州 219 千米，到南平市 278 千米，离浙江省温州市 184 千米，离丽水市 181 千米。2015 年土地利用现状为：耕地 705.66 公顷、园地 79.43 公顷、林地 3396.07 公顷、草地 92.90 公顷、城镇村及工矿用地 257.47 公顷、交通运输用地 94.20 公顷、水域及水利设施用地 85.25 公顷，其他土地 221.28 公顷。辖区年均降雨量 1907.5 毫米，年均气温摄氏 15.2 度，年均无霜期 265 天。全镇气候温暖湿润，雨量丰富，森林复盖率 69%。农业以种植业为主，特色农副产品有：花菇、茶叶、马铃薯、中华猕猴桃、油茶、反季节蔬菜、花卉、蘑菇等。

初具规模的产业有：冶金、食品、木竹玩具、轻纺、陶艺、建材等。

享誉国内外的产品有：花菇、茶叶、氧化锆、乌金陶、石雕、木雕等。

寿宁
县情九百题

境内有贯木拱廊桥四座、冯梦龙宦寿遗址、千年古刹三峰禅寺等人文景观和舞龙舞狮、吊九楼等特色民俗文化。2015 年，全镇实现工业总产值 9.53 亿元（其中规上企业产值 8.11 亿元），公共财政收入 9638 万元，固定资产投资 10.9 亿元，农业总产值 1.06 亿元，农民年均纯收入 11601 元

为什么人人都称斜滩为古镇

斜滩山清水秀、地灵人杰，是闽东四大古镇之一。以"溪流稍阔少石"可通小船的优势，斜滩成为寿宁县的物资集散地和本省的政和、周宁，浙江省的庆元、景宁、泰顺等的土特产、日用品转运埠，早在清末、民初便已相当繁荣。民国时期的福建省银行寿宁营业所、解放初的国营贸易公司寿宁营业处均设斜滩。镇内诸景如龙舟竞渡、狮潭映月、屏峰波翠、虎口涛声皆独具风格。

斜滩镇位于寿宁南部，镇人民政府驻地斜滩村，位于东经 119° 32′，北纬 27° 19′ 内。距寿宁县城 32 千米，距宁德市 122 千米，距省城福州市 206 千米。

全镇总面积 18.60 平方千米。现辖 15 个行政村，1 个居委会，114 个自然村，192 个村民小组。2015 年，全镇总户数 6181 户，总人口 21021 人。镇驻地海拔 87 米，年平均气温 19.8 度，属中亚热带农业气候区。

境内的长溪（又称斜滩溪），全长 56.5 千米，为寿宁最大的河流。早在明代，就有人开始运用"斜滩槽"（又称"溪溜"）贩运食盐，从事商业活动，斜滩以水运优势成为全县商品中心和物资集散地。1958 年福（安）寿（宁）公路通车后水运衰落，陆运兴起。

斜滩经济以农为主，在发展农业的同时，林、牧、副、渔各业也获得发展。

斜滩地灵人杰，文人名士辈出，1949 年以前，有卢金锜、卢赞虞、卢鸿、郭彭年。1949 年以来有何隽、何修、周孝培、郭公木、卢少洲、何宜武等，曾名噪一时。革命先辈詹如柏、范式人、胡天亮、江朝林、王广寿等曾在境内进行过活动，先后有 27 位斜滩籍革命先烈为建立新中国和建设社会主义献出了宝贵生命。他们给斜滩的历史增添了光彩。斜滩儿女至今有 36 人获得博士、硕士学位，40 多人被提升到副处级领导岗位。

光绪三十四年（1908），斜滩就创办了"龙滩公立初等小学堂"，现代教育开始起步。1960 年，寿宁二中创办于斜滩。1978 年，全镇共有中、小学 58 所，在校学生 3601 人。1988 年，学校发展到 64 所，学生增至 4174 人。现全镇有中、小学 6 所，教师 293 人，学生 3817 人。

斜滩是闽东与寿宁的文化古镇、名镇，2017 年中国优秀旅游品牌推广峰会在北京隆重召开。全国 23 个单位分别获得"中国最美休闲度假旅游目的地"，其中，

寿宁斜滩成为福建省唯一荣获殊荣的单位：中国最美文化生态旅游名镇。为进一步改善古镇的面貌与人民群众的生活，斜滩正沿着党和政府制订的目标，继续努力，再创辉煌。

为什么说武曲是寿宁的南大门

武曲梅洋是林栋的家乡。武曲大韩是红色少年张高谦的故乡。武曲镇位于县城东南部，是寿宁的南大门。东、南与福安市潭头、社口交界，西同凤阳镇相邻，北和斜滩镇、竹管垅乡接壤，辖 12 个行政村，户籍人口 4074 户 1.3 万人，其中少数民族 130 多人。镇政府驻地海拔 63 米。G4012 溧宁高速福安至寿宁段在大韩村设枢纽互通，距寿宁县城 36 千米。行政区域总面积 61.6 平方千米。2015 年土地利用现状为：耕地 615.33 公顷、园地 1899.64 公顷、林地 2855.15 公顷、草地 188.90 公顷、镇村及工矿用地 126.53 公顷、交通运输用地 117.53 公顷、水域及水利设施用地 177.34 公顷、其他土地 178.86 公顷。辖区年均降水量 1800 毫米，年均气温摄氏 20 度，年均无霜期 300 天。全镇属山地地形，赛江支流两溪纵贯镇域。境内有石壁山水库，岭尾水库、龙际水库、后坑水库，滋润田园。森林覆盖率 49%。主要农作物有：水稻、甘薯、茶叶，野生动物有黑麂、河麂；矿产资源有花岗岩、锰、铁、硫矿。2015 年，全镇工农业总产值 26.07 亿元。公共财政收入 4183 万元，农民年人均纯收入 9977 元。

境内有全国青少年德育教育基地张高谦烈士陵园和清朝礼部侍郎林栋的故居。

为什么说寿宁好南阳

俗话说，"寿宁好南阳，福安好穆阳"。南阳位于寿宁县的东南部，东邻犀溪镇，西接清源乡，北靠鳌阳镇，南界福安上白石镇和范坑乡，辖 20 个行政村，户籍人口 8646 户 28300 人。镇政府驻地海拔 519 米。境内省道 202 线纵贯南北。G4012 溧宁高速福安至寿宁段在镇区设枢纽互通，距县城 8 千米。行政区域总面积 126.27 平方千米。2015 年土地利用现状为：耕地 1631.54 公顷，园地 1851.44 公顷，林地 7682.09 公顷，草地 154.96 公顷，城镇村及工矿用地 348.07 公顷，交通运输用地 229.60 公顷，水域及水利设施用地 245.86 公顷，其他土地 483.57 公顷。辖区年均降雨量 2021 毫米，年均气温摄氏 15.1 度，年均无霜期 241 天。全镇属雨量充沛的中亚热带山地气候，森林复盖率 69%，主要农作物有茶叶、水稻、太子参、猕猴桃等，主要矿产资源有白云石、铁矿、叶腊石、花岗岩、明矾石、石墨、高岭土等。南阳小城镇建设初具规模。40 米渔溪大道大部分硬化，60 米南阳大道建成通车，35 米中兴大道开通，两镇同城双向四车道建成。渔溪 110 千伏变电站竣工投入使用。南阳工业园区 23 家企业落地，园区工业总产值 18 亿元。

境内有含溪革命纪念碑、纪念馆、报国祠、廊桥等省、县文物保护单位和元宵福、乡人傩等特色民俗文化。

2015 年，南阳镇工农业总产值 26.5 亿元，公共财政收入 1500 万元，固定资产投资 8.8 亿元，农业总产值 2.5 亿元，农民人均纯收入 1.03 万元。"寿宁好南阳"已从历史变成现实。

为什么说犀溪镇是寿宁的旅游重镇

犀溪地处闽浙交界，是寿宁通往"长三角"的东北门户，东邻浙江省温州市泰顺县罗阳镇，南与福安市范坑乡交界，西靠大安乡、南阳镇，北与坑底乡接壤。全镇辖 12 个行政村，户籍人口 4852 户 15286 人。镇政府所在地海拔 345 米。境内省道 202 二级公路横贯西东，G4012 溧宁高速在镇区设枢纽互通，距寿宁县城 26 千米，至浙江省泰顺县城 14 千米。镇行政区总面积 133.45 平方千米。2015 年土地利用现状为：耕地 1155.98 公顷、园地 748.5 公顷、林地 10322.54 公顷、草地 155.94 公顷、镇村及工矿用地 188.85 公顷、交通运输用地 194.83 公顷、水域及水利设施用地 233.77 公顷、其他土地 344.27 公顷。辖区年均降雨量 1678 毫米，年均气温摄氏 17.6 度，年均无霜期 240 天。全镇属丘陵地带，海洋性季节气候，受太平洋季风影响，雨量充沛，森林覆盖率为 70.3%。粮食作物以水稻、甘薯为主，水果有桃、李、苹果、橘、梨、柿、梅、板栗等。经济作物以茶叶、榛油、黄豆为主。

犀溪文化生态旅游以溪流为纽带，以文化生态为基础，以廊桥和古民居为特色。境内有"千年名村，状元故里"文化园林西浦和号称"海西第一漂"的犀溪漂流。每年吸引福州、宁德、浙江温州等外地游客数十万人，是寿宁的旅游重镇。

境内有甲坑革命遗址，贯木拱廊桥和"鳌阳第一家"的宗族祠堂等省、县文物保护单位和竖茶灯、百家宴、八宝灯、钱棍舞等特色民俗文化。

2015 年全镇实现工业总产值 24.74 亿元，公共财政收入 884.7 万元，固定资产投资 8.72 亿元，农业总产值 1.85 亿元，农民人均纯收入 1.26 万元。

平溪镇概况如何

平溪镇地处宁德、南平两市，寿宁、周宁、政和三县交界点，位于县城西南部，东与芹洋、斜滩、凤阳三个乡（镇）交界，东北与下党乡接壤，南邻周宁县纯池镇，西接政和县澄源乡，北靠浙江省庆元县举溪乡。全镇辖 18 个行政村，户籍人口 7280 户 27018 人。政府驻地平溪村，海拔 550 米。省道 202 线贯穿全境。在建的寿政二级公路和规划中的省道纵三线将提升平溪成为寿宁西南重镇。镇所在地距寿宁县城 48 千米，至周宁县 78 千米，到南平市区 82 千米。行政区域总面积 139.81 平方千米。2015 年土地利用现状为：耕地 1595.46 公顷，园地 1707.87 公顷，林地 9480.02 公顷，草地 214.88 公顷，镇村及工矿用地 1123.68 公顷，交通运输用地 107.44 公顷，水域及水利设施用地 264.48 公顷，其他土地 486.71 公顷。辖区年均降雨量 1708.8 毫米，年均气温摄氏 16.5 度，年均无霜期 248 天。全镇属山地地貌，形似飞蝶从西北向东南倾斜，群峰耸立，沟谷交错，森林覆盖率为 69.5%。水电矿产资源丰富，已开发的有岭兜、溪底、东溪、亭下等电站和湖潭叶腊石、屏峰红石等矿山，待开发的有储量超 100 万吨的湖潭石英石矿。富硒土壤分布广泛，脐橙、毛竹、锥栗等经济林种植均成规模。

境内有葫芦门、肖家大院、南溪公馆、仙崖寺、文昌阁、碇步等文物保护单位，还有风景秀丽的鬼足洞、天堂湖、莲花坂、老虎冲等旅游资源。2015 年全镇实现工业总产值 3.3 亿元（其中规上企业产值 2.49 亿元），公共财政收入 224.4 万元，固定资产投资 1.64 亿元，农业总产值 1.18 亿元，农民人均纯收入 8623 元。

凤阳镇的特色是什么

凤阳镇位于寿宁县南部，白云山北麓，宋代地名叫阜宅、棠洋，俗称长洋头。明、清时期它又被称为"凤池"，清光绪年间易名"凤翔"，民国年间改名凤阳沿用至今。古往今来，在中国地名上叫"凤阳"的地方至少五个，在这五个"凤阳"中，以安徽凤阳县、福建寿宁县凤阳镇两地，人文历史底蕴最为深厚。寿宁县凤阳镇距今已有一千多年历史，荟萃中原文明，有闽东"高原明珠"之称。

凤阳在唐末到南宋中期，隶属长溪县（今霞浦县），1245 年福安建县，改隶福安县。1455 年寿宁建县后，始属寿宁县辖。清朝凤阳属南乡。民国时期，斜滩镇属第二区。1952 年，凤阳独自设第七区，下辖 11 个乡。1959 年，设凤阳人民公社。1984 年改凤阳乡，2015 年改为凤阳镇，下辖 13 个村委会。

凤阳名片有 3 张，中国晚熟锌葡萄故乡，国家山地自行车比赛训练基地，"坦洋功夫"原料生产基地。

凤阳气候特点：四季分明，夏无酷暑，冬无严寒，雨量充沛，平均海拔 650 米，年平均气温 13～19 摄氏度。年平均降雨 1800 毫米，无霜期 245 天。旅游观光景点有：黄兰溪水库、龙井瀑布、锣鼓山、结仙顶、大业坑自然风景区、十里葡萄观光果园、千层醉美梯田、凤阳古民居群、明清古建筑群。森林资源有：林地6933.33公顷，666.66公顷高山茶园，266.66公顷毛竹林，2000公顷生态公益林，266.66公顷晚熟葡萄园。主要作物：水稻、甘薯、生姜、马铃薯、黄豆、锌葡萄、水蜜桃、梨子、柑橘。

人文景观：①青铜器时代古文化遗址：官田的阿芦岔、园丫垛、界山岗遗址、凤阳红菇栏山、半洋遗址、天香村长坂岗遗址。②大房1000多年前宋代古窑窑址。③明清古廊桥、临水宫、宗祠、慈济堂和东峰寺、华岩庵。

明寿宁知县冯梦龙编撰的《寿宁待志》称"十甲住葡萄洋村，出细茶"，这个葡萄洋村就在今天的凤阳和周宁泗桥乡之间（即今红阳村）。明万历十二年贡生柳元《山居赋》中写到"觞泛葡萄，盘堆苜蓿；饮一醉以消愁，吟一篇而脱俗。"说明当时寿宁有种葡萄、酿造葡萄酒的习俗。目前，凤阳下半岭村还保存一株树龄600多年的葡萄树。故又称耕读凤阳。2015年凤阳实现工业总产值3.62亿元（其中规上企业产值2.84亿元），公共财政收入162万元，固定资产投资2.35亿元，农业总产值1.76亿元，农民人均纯收入1.06万元。

清源镇的概况如何

清源镇位于县城中部。东与南阳镇交界，南与斜滩镇接壤，西和芹洋乡毗连，北邻鳌阳镇，西北与东南分别靠接托溪乡和竹管垅乡。全镇辖16个行政村，户籍人口5225户17589人。乡政府驻地海拔901米。福寿公路穿境而过，距县城8千米。行政区域总面积81.2平方千米。2015年土地利用现状为：耕地1605.64公顷公顷、园地973.76公顷、林地4594.49公顷、草地141.69公顷、乡村及工矿用地171.42公顷、交通运输用地88.87公顷、水域及水利设施用地128.02公顷、其他土地416.33公顷。辖区年降雨量1790毫米，年均气温摄氏16度，年均无霜期247天。境内温暖湿润，夏无酷暑、冬无严寒，是度假避暑胜地。气候垂直差异明显，雨量充沛，森林覆盖率68.78%。粮食作物以水稻，甘薯为主，经济作物以茶叶、花卉、果蔬为主，食用菌以花菇为主。

境内有清朝建筑武翼第，系三品武翼都尉卓麟英的故居（详见《人物春秋》卷）。还有西山顶、百步岭生态园、乌石岭梯田，"车岭车上天"的车岭和梦龙天池等人文景观和自然资源。

2015年，清源乡实现工业总产值12.08亿元（其中规上企业产值10.8亿元），公共财政收入564万元，固定资产投资4.92亿元，农业总产值2.9亿元，农民人均纯收入9645元。近年来，清源乡在推进项目建设，发展特色产业，实施精准扶贫，发展社会产业，创建国家级生态乡镇方面多有建树。

坑底乡的概况如何

坑底乡地处闽浙两省泰顺、景宁、庆元、寿宁四县交界的雁荡山余脉和鹫峰山脉交接处，位于县域东北部，东邻浙江省泰顺县碑排乡、罗阳镇，南与大安乡、犀溪镇接壤，西和浙江省庆元县官塘乡毗连，北同浙江省景宁县家地乡为邻。全乡辖20个行政村，户籍人口5344户18715人。乡政府驻地海拔865米。鳌枫公路横贯西东，距寿宁县城27千米，至浙江省丽水市景宁县城89千米，至庆元县城90千米。行政区总面积197.71平方千米。2015年土地利用现状为：耕地1619.01公顷、园地66.38公顷、乡村及工矿用地152.92公顷、交通运输用地135.01公顷、水域及水利设施用地307.34公顷、其他土地496.40公顷。辖区年均降雨量1929毫米，年均气温14.5度，年均无霜期201天。

全乡为中山丘陵，针叶林、阔叶林交错密布，植被密度极高，森林覆盖率84.6%。粮食作物以水稻、甘薯为主。

境内生态旅游资源丰富，有千年古刹小东寺，有省级地质公园杨梅洲风景名胜区，有苔坑原始森林，有闽东第一峰山羊尖以及长岗头、三条漈瀑布和木拱廊桥群，有司前、地洋、三条漈3大库区，是理想的避暑、度假、休闲胜地。玉壶集中安置区建设初具规模，"美丽坑底"建设在活水处理、垃圾中转、街道改造、寨岗公园建设、封山育林、发展林业等方面均取得成效。2015年，全乡实现工业总产值2.35亿元（其中规上企业产业1.52亿元），公共财政收入394万元，固定资产投资1.76亿元，农民人均收入8840元。

大安乡建设情况如何

大安乡位于县域东北部。东与犀溪镇交界，东南与南阳镇接壤，南与鳌阳镇相连，西邻庆元县江根乡，北接坑底乡。全乡辖16个行政村，户籍人口5029户16575人。政府驻地海拔863米。鳌（阳）枫（枫洋）公路横贯西东，寿庆二级公路，斜穿境内。距寿宁县城9千米，至浙江省庆元县城90千米。行政区域总面积128.16平方千米。2015年土地利用现状为：耕地1554.27公顷、园地157.80公顷、林地10025.25公顷、草地217.96公顷、乡村及工矿用地135.39公顷、交通运输用地125.39公顷、水域及水利设施用地15.12公顷、其他土地446.40公顷。辖区年均降雨量2347毫米，年均气温摄氏16.2度，年均无霜期275天。全年气候温暖湿润，夏无酷暑、冬无严寒。局下桥溪、泮洋溪从西向东贯穿境内。高山卜蛇林海拔1415米，森林覆盖率78.7%。粮食作物以水稻、甘薯为主。主要经济作物有：马铃薯、玉米、茶叶、花椰菜、小尖椒、薏米、太子参、白术等。主要水果品种有：柿、梨、油奈、苹果、柿、板栗等。土特产有：香菇、木耳、金针菇、可孢菇、滑子菇等。主要矿产资源有：金、银、钨、煤、高岭土、叶腊石、花岗岩等。

境内有官台山古银洞国家级矿山公园，号称"闽浙四大银场"之一的大宝坑银场便在官台山中。仙岩杜鹃花海、村头至洋洋古民居、古村落等一批人文生态旅游点正在开发。2015年，全乡实现规上企业产值9508万元，公共财政收入152.3万元，固定资产投资1.12亿元，农民人均纯收入9322元。

芹洋乡概况如何

芹洋乡位于县域西南部，距寿宁县城23千米。东毗清源乡，南邻斜滩镇，西界平溪镇和下党乡，北接托溪乡。全乡辖17个行政村，户籍人口4827户17892人。政府驻地海拔458米。童（童洋）岔（岔头坂）公路穿境而过，寿（宁）政（和）二级公路横贯境内。行政区域总面积88.0862平方千米，2015年土地利用现状为：耕地1491.16公顷、园地1282.20公顷、林地4701.86公顷、草地247.85公顷、乡村及工矿用地95.42公顷、交通运输用地115.57公顷、水域及水利设施用地394.87公顷、其他土地479.69公顷。辖区年均降雨量2020毫米，年均气温16.9摄氏度，年均无霜期252天。全乡地势陡峭、属山地地形，九岭溪、长濑溪流经乡域，森林覆盖率55.6%，主要农作物有：水稻、甘薯、马铃薯、大豆、中药材、茶叶、脐橙等。

境内有"九岭爬九年"的九岭和尤溪木拱廊桥群，还有牛头山水库、茗坑水库、雾下洋电站水库等人工湖景观。

2015年，全乡实现工业总产值1.53亿元，公共财政收入646.32万元，固定资产投资2.14亿元，农业总产值16720.6万元，农民人均纯收入9007元。

竹管垅乡概况如何

竹管垅乡位于县域东南部，距县城22千米。东与福安市潭头镇接壤，南连武曲镇，西北与清源乡毗连，东北与斜滩镇为邻，北靠南阳镇。全乡辖9个行政村，户籍人口2687户7967人，其中以畲族为主的少数民族746人。政府驻地海拔599米。福寿公路穿境而过。行政区域面积41.26平方千米。2015年土地利用现状为：耕地350.96公顷、园地891.18公顷、林地2512.65公顷、草地69.64公顷、乡村及工矿用地46.61公顷、交通运输用地64.20公顷、水域及水利设施用地86.64公顷、其他土地103.96公顷。

辖区年均降水量2270.3毫米，年均气温摄氏19.7度，年均无霜期为245天。

境内群山重叠，云雾缭绕，地势南北狭长，东西略短，形似恐龙，从西北向东南倾斜，森林覆盖率61%。盛产茶叶，是福建省著名的茶乡。主要粮食作物以水稻、甘薯为主。有麻竹坪水库、横山水库、刘坪水库、坑兜水库等人工湖景观。2015年全乡实现工业总产值19420万元（其中规上企业产值13320万元），公共财政收入200.8万元，固定资产投资8783万元，农业总产值9898万元，农民人均纯收入9470元。

托溪乡的概况如何

托溪乡位于县域西北部，地处两省二县交界处。东与鳌阳镇、清源乡交界，南邻芹洋乡，西连下党乡，北与浙江省庆元县岭头、江根两乡接壤。全乡辖15个行政村，户籍人口4614户。乡政府驻地海拔452米。童（洋）托（溪）公路经政府驻地与庆元县岭头乡对外公路对接，距寿宁城区29千米，至浙江省庆元县城58千米。行政区域总面积115.48平方千米。2015年土地利用现状为：耕地1586.12公顷，园地522.94公顷，林地8197.07公顷，草地344.31公顷，乡村及工矿用地108.97公顷，交通运输用地104.58公顷，水域及水利设施用地145.86公顷，其他土地538.57公顷。辖区年均降雨量1616毫米，年均气温摄氏17度，年均无霜期为263天。乡境属山地地形，鹤溪在乡域流过，森林覆盖率71%。主要农作物有水稻、毛竹、黄栀子、茶叶等。主要矿产资源为花岗岩石矿。境内有山际、沙潭、溪洲三个水库及黄山仙岩、双苗尖等自然景观。

乡里积极推进农业"一村一品"发展战略，发展优质茶、大红花油茶、反季节蔬菜、香菇、毛竹、中药材等富民高效农业，增加农民收入；发展黑山羊、贵妃鸡、芦花鸡等特种养殖，带动畜牧业发展；发展泥鳅苗养殖、大红花油茶、反季节蔬菜、香菇、毛竹、中药材等，建设农业生态乡。2015年全乡实现规模以上工业产值7800万元，公共财政收入224万元，固定资产投资20723万元，农民人均纯收入7791元。

下党乡概况如何

下党位于寿宁县域西部。东毗托溪、芹洋两乡，南邻平溪镇，西界政和县澄源乡，北接浙江省庆元县龙溪乡。全乡辖10个行政村，户籍人口1952户6922人。乡政府驻地海拔471米。出乡公路过溪源与寿政二级公路相连，距寿宁县城43千米，离浙江庆元76千米。行政区域总面积64.97平方千米。2015年土地利用现状为：耕地655.74公顷、园地278.18公顷、林地4787.35公顷、草地324.76

公顷、乡村及工矿用地 37.89 公顷、交通运输用地 58.46 公顷、水域及水利设施用地 119.57 公顷、其他土地 234.66 公顷。辖区平均降雨量 1709 毫米，年均气温 16.5 摄氏度，年均无霜期 248 天。森林覆盖率 81%。粮食作物以水稻、甘薯为主，经济作物有茶叶、脐橙、锥栗、猕猴桃、毛竹等。矿产资源主要有红色花岗岩、钨矿等。境内旅游资源丰富，革命遗址、奇石飞瀑、古道关隘、寺观庙宇、古民居村落、木拱廊桥群保存完好。始建于明代、重建于清嘉庆五年的鸾峰桥，跨度 37.2 米，是世界单孔跨度最长的木拱廊桥。它是习近平同志跋山涉水、三进下党的历史见证。经过帮扶，昔日近七成老百姓生活在贫困线以下的下党乡，2016 年实现工农业产值 2.4 亿元，农村居民人均可支配收入 11305 元，总人口贫困率下降为 2%。寿宁和下党脱贫致富的显著成效，就是对习近平总书记这些年来殷殷牵挂的最好回报。

村庄建设情况如何

1949 年以前，寿宁县各村公用建筑多为木结构或土木结构的祠堂，寺庙、桥梁和凉亭等。全县共有祠堂 658 座，建筑面积 13.16 万平方米；寺庙、凉亭 369 座，建筑面积 3.52 万平方米；桥梁 188 座，总长 4324 米。其中，建筑面积最大的是三峰寺，面积 5510 平方米。

新中国成立初期，村庄的行政办公场所和学校均设在宗祠或土改时期没收的地主房屋里。合作化以后，随着集体经济的发展，大部分大队（行政村）先后建起办公楼，自然村也相应建起生产队部或乡村综合楼，做到"有房议事"。到 2005 年，新建的村庄公房建筑总面积约 10 万平方米。其中清源乡角林村 2002～2005 年筹资 300 多万元建起角林山庄和角林森林公园。角林山庄占地 360 平方米，主楼建筑面积 1440 平方米，角林公园占地 4 平方千米，路网 6000 多米。武曲承天新建村委楼和文化活动中心楼，安装路灯、铺设管道、修缮学校、清洁垃圾、绿化四旁、养花种草，使村庄成为宜居村。全县公房 328 幢，建筑面积 23.04 万平方米。

新中国成立前，全县农村民用住宅建筑面积 94.93 万平方米，多为土木结构的两层楼房。结构形式，除宽敞的中厅之外，以两侧作卧房，后厅作厨房。猪、牛圈和柴、草间则分别搭盖在房前屋后。也有人畜混居的，厕所、猪、牛、禽均圈在房中，多为贫困人家。富裕人家的房屋，诸如清源的"武翼第"、西浦和泮洋的古民居，对于采光、排水、庭院与围墙的布局、安排都很讲究。

解放后，农村住宅条件逐步改善，但建筑结构在 1982 年以前仍土木结构为主。随着经济发展，社会进步，民宅建筑标准也逐年提高。1982 年以后，新建住宅多为3层，瓦房结构。到2005年12月底，全县城乡共登记私人住房3197幢，建筑面积93.34万平方米，单位集资房220户，建筑面积2.646万平方米。共发放房屋产权证4172本，建筑面积121.15万平方米。2017年，经过严格的考查评选，"中国老年宜居城市"花落寿宁。

建筑队伍情况如何

民国时期，寿宁建筑业以木工为主，较大的工程是师傅带徒弟承建。各业之间，木工、泥工、石工的协作，多由承包方或东家安排，没有组成建筑队伍。

1952年3月，县城成立以木工为主的城关建筑工会，有会员30人。因设备简陋，且用手工操作，只能承建双层的砖木结构楼房。1957年，正式成立"地方国营建筑工程公司"，人员增至75人。1961年下马。1962年组建县属集体性质的"寿宁县建筑社"，有职工90人。1976年，复称"建筑工程公司"，人员120人，拥有机械设备141台，总功率1282.52马力。1985年4月经省建委核定为三级建筑施工企业。公司地址位于县城环城路12号，下设3个分公司，4个车间，能承建12层的民间建筑与跨度24米的公用房及高度50米的水塔。至1989年，公司有正式职工179人（其中，工程师3人，助理会计师1人，技术员、施工员34人），合同工，临时工180人。

1970年，鳌阳成立镇属集体企业"城关建筑社"，1985年5月改称"寿宁县第二建筑公司"。有机械设备45台，总功率319马力，能承建6层的民间建筑和跨度18米的公房、仓库及高度45米的烟囱。1982年5月，经省建委核定为四级建筑施工企业。1989年有职工154人（其中，助理工程师1人，施工技术员9人），下辖3个施工队。

1984年11月，成立"寿宁县建筑工程联合社"，隶属县企业局，为联合体性质的乡（镇）企业，社址设在县城解放街南路2号；有机械设备13台，总功率197.5马力，能承建4层砖混结构房屋。1988年3月，经地区建委核定为五级建筑施工企业。1989年有干部、职工80人，其中施工技术员5人。

斜滩镇的"建筑修缮队"，成立于1966年，1974年改称"斜滩建筑工程队"，1976年6月又改称"斜滩建筑工程公司"，为乡镇集体企业。1988年，经地区建委核定为五级建筑施工企业，能承建4层砖混结构的建筑物。1989年有职工76人，其中，技术、施工人员6人。

1984年成立南阳建筑队，从业人员36人；1985年成立的武曲乡建筑队，从业人员58人；1985年成立县劳动服务公司建筑队，从业人员47人；1986年成立的县农房建材公司建筑队，从业人员55人，均属六级建筑企业。

建筑施工技术如何

明代寿宁县的民房全是单层（高约 3.5 米）土木结构，格式以榴厝为多，方柱圆椽。富豪或官宦人家房屋则分别建成两进、三进的堂屋，堂前多用石板砌 3 级台阶，正中过道用鹅卵石铺设各种花纹图案。厅大房小、采光好，但利用率低。

清代，住房仍以土木结构为主，多为两层（高约 6 米），楼房改用圆柱方椽，正中的过道改用石板铺砌。富家的住宅，门、窗多雕刻着象征吉祥的各种花草、动物的图案，拱斗大方、美观。公共建筑物中部分祠堂、庙宇、亭台、楼阁、庵堂檐角上翘，工艺水平较高。

民国时期，仍沿用清代格式，以土木结构为多，砖木结构建筑极少。高度开始向 3 层发展（高限 10.3 米以内），增设楼厅。开始引进粉刷、三合土、土墙着色、马头墙以及夹板墙等装修技术，公房建筑中采用空斗墙（青砖筑成的空心墙）围护，屋内的地板、壁、柱等均用红漆上色。

1950 年，新建砖木结构的公安局办公楼，采用油漆、装修、砌砖等技术。1961 年，由原福安专署建筑公司承建的人民会场，采用横跨 18 米的无柱木屋架结构技术，开始使用钢筋水泥。1975 年，在斜滩镇用钢筋水泥建造墩距为 40 米的 X 型公路桥。1977 年，始用混合结构、无柱钢木屋架技术建成横跨度达 22 米的寿宁影剧院。

1980 年后，全县住房大多向高层发展，县城城区公用楼房多在 4 层以上。建筑企业开始实行多工程结合。民房建筑也由过去的联合式转向单门独户的独立式。建筑结构已向混合结构、框架结构发展。内部装修也改用 106 涂料刷面和瓷砖贴面装饰技术。楼板用料由木板发展到钢筋水泥。1980 年竣工的寿宁车站，候车厅跨度 12 米，采用"井"字形屋梁；停车棚采用"丫"字形钢筋混凝土柱梁。1989年 12 月竣工的县石板材厂，车间跨度 18 米，厂房主体层高 8.5 米，吊装预制钢筋混凝土屋架，门窗采用铝合金等材料。以上两大建筑，均由县第一建筑公司承建。

2004 年，县建筑设计室更名为县建筑设计院，单位资质上升一级，有工程师3 人，并有县建筑工程质量监督站负责全县建筑工程的实体质量监督。

设计施工情况如何

民国时期，县内尚无专业设计队伍，一般建筑由木匠设计，个别难度大的，则向外地聘用设计人员。1955 年，县内始由水利技术人员设计砖木结构楼房。1979年 1 月，县建筑公司技术设计室转归县建委管辖，并经省建委核定为独立核算的丁级建筑设计室。人员由原来的 3 人增至 10 人，其中：工程师 1 人，助理工程师 2 人，技术员4人，有微型计算机1台，具有勘察、建筑设计、结构设计、工程预算、水电设计能力，能承接土建设计及概算预算任务，能完成跨度不超过7.5米的6层混合结构、跨度15米3层的框架结构、5吨单梁吊车的单层厂房和车库设计以及采用标准图的中小型独立烟囱、水塔和水池的设计。到1989年底，共完成328幢各种建筑物的设计，累计建筑面积25.33万平方米，总造价1620.21万元。

施工设备，民国以前，建筑施工设备只有木工、泥水工、石工工具。解放后，随着建筑业的发展，施工设备逐步机械化。1989年拥有汽车7辆、拖拉机8台、卷扬机10台、电焊机与对焊机8台、锯木机7台、木工刨床4台、水泵5台、砖机2台、刨铁6台、破碎机3台，推动设计施工上升水平。

工程管理情况如何

寿宁从1985年开始整顿建筑市场，主要是解决无证设计、无证施工、越级承包和任意招雇外地建筑队、施工偷工减料、工程质量低劣等问题。1988年12月成立"寿宁县建筑工程指标投标领导小组"，设立办事机构开始对工程投标与定额测定。1989年5月3日，县城道路建筑工程首次招标，1989年，全县有90%的工程纳入监督网络。

1990年开始，县住建局强化招投标管理。1998年以来，严格按照《建筑法》的要求，建设中应该进行招投标的项目，需施行工程招投标。1990～2005年，本县招投标工程175项，其中公开招标工程27项，建设面积53839平方米，占27%；邀请指标工程96项，建筑面积109673平方米，占55%，直接发包工程52项，建筑面积35894平方米，占18%。通过强化招投标管理，为国家节约资金13267万元。

工程造价，1998年，县建设局成立"工程建筑咨询事务所寿宁办事处"，取得合法预决算资格，对施工预算、招标投标、竣工审查等开展造价管理、工程监督。通过安全检查，发现隐患，实行整改。质量监督，按《工程质量监督工作系则》操作，出具《质量监督报告》，发出质量整改通知书，使建筑管理工作落到实处。

环境保护污染治理情况如何

1986年，以环保部门为主，开展以工业为主的污染源调查。调查结果表明，寿宁的废水、废气、废渣，已日益妨害着生态环境：①工业万元产值废水排放量250吨，工业废水主要来自造纸工业。②1989年，全县年燃煤6565吨，其中工业燃煤量5531吨，民用燃煤量1034吨；耗燃料油2400吨。年废气排放量2518.2

万标立方米。在年废气量中，燃烧所产生的废气量1124万标立方米，其中废气量1394.2万标立方米。工业万元产值废气排放量455万标立方米。③全县工业废渣年排放量为330吨，其中，可利用130吨，占总排放量的39%；堆存200吨，占总排放量的61%。废渣主要来自饮料、纺织、造纸等行业。万元产值排放2.08吨。④其他，如县医院年污水排放量为1万吨，污水虽经阴井三格沉淀池处理，排入蟾溪后经化验，每毫升污水仍含大肠杆菌群2500个。

党和政府对污染治理开始重视，1985年12月成立环境保护委员会，下设办公室、与县排污收费监理所合署办公。根据环境保护政策，对各污染严重的单位限期治理，并按环境保护法的规定标准征收超标排污费5394.8元。

环境卫生治理情况如何

1971年，县城鳌阳镇始设专业环卫队1个，有工人2人。尔后逐年扩大服务范围，增加人员，并配备专车运送垃圾。每日清扫街道1.3万平方米，日清理垃圾15吨。1984年3月、1987年6月，环卫所先后两次在山外蛤蟆穴头征地0.12公顷作垃圾堆放处理场。1992年8月，又在山外七星墩征地0.23公顷作垃圾堆放场。至2005年，县城日产50～60吨垃圾。

20世纪50～60年代以前，境内农业生产主要依靠农家肥。城乡民居内多有天井，把家庭生活垃圾清扫堆放在天井中，任其发酵，晒干后焚烧作农家肥。猪牛栏粪则堆在灰寮内，开春以后猪牛栏粪上山下田。20世纪80年代，由于化肥的大量施用，商品套房和冲水马桶的普及。传统农家肥逐渐弃用，再加上商品的过度包装，城镇居住人口增加，导致城乡生活垃圾急剧增多。

环卫所成立以前，城区垃圾量不大，或由农户、生产队拉去作农家肥，或集中在山外垃圾场焚烧处理。从1997年起，环卫所配合相关部门开始谋划建垃圾无害处理场。

目前，城区街道分四级：一级清扫保洁是胜利街、解放街、人民路、工业路，清扫保洁21000平方米；二级保洁是环城路、茗溪新区、清扫保洁面积5600平方米；三级清扫次街道及主巷道和四级清扫小巷道，由鳌阳镇负责。

2017年，县委、政府给机关单位分划县城卫生区，每月让干部职工到各自的卫生区清扫半天或一天，大张旗鼓在城区清理违章搭盖，城区面貌为之一新。

环境美化情况如何

1972～1989年，县城的解放街、胜利街、工业路相继铺设混凝土路面，全长

4600 米，面积 4.6 万平方米，并在路旁植树 4400 多株；在机关单位建立花园、花圃、花台 200 多个，种花 2 万多盆、面积 3.5 万平方米。

20 世纪末 21 世纪初，先后开发茗溪新区和县城东区，县城面积扩大 3 倍。特别是东区 40 米宽的梦龙街全线贯通，蟾溪拦河筑坝 3 千米，蓄水成湖，"一城山色半城湖"，梦龙广场、湖滨路、文昌阁、文化长廊、福清大桥、清和桥、杨梅桥、寿宁大桥、行政办公、商务居住错落有致，每逢夜里、霓虹灯下，人来车往，络绎不绝，仅用 10 年，一座山水新城拔地而起。

房产管理情况如何

一是建房管理。1985 年底，县建委设立城镇建设办公室，1986 年 1 月成立城镇建设监察中队，负责县城规划区各项建设的审批和监督，符合县城规划的发给"建筑许可证"，并注明建筑的层次、结构、面积、标高、四面采光、通风道路及悬挑等具体数字。城镇建设监察中队对照"建筑许可证"，专门负责监督。对无证或不按"建筑许可证"规定建造的予以拆除或罚款。

二是公房管理。寿宁县公房管理有两种情况：一种是国家拨款投资建的，属县财政局管理；另一种由全民或集体单位自建自管。县财政直管房的建设，名义上属县财政局，实际上仍由使用单位的部门（单位）自行管理。单位自管房在 1958～1978 年，也由县财政拨款。1978 年后，由国家、地方财政和企事业多层次、多渠道投资。

1958～1989 年，全县公房建筑面积为 84.99 万平方米。住房实行供给分配管理制。住户由单位配给公房，房租每月每平方米为 0.03～0.12 元不等，全县公房长期供不应求。至 2005 年 12 月底，全县共登记公房 328 幢，建筑面积 23.04 万平方米。

三是私房管理。1979 年以前，居民自建住宅的很少。中共十一届三中全会以后，城乡居民生活水平普遍提高，住房条件亟待改善。1984 年，县政府对县城和 13 个乡（镇）所在地进行总体规划，1986 年 6 月交付实施。至 2005 年底，全县共有私人房屋 3197 幢，建筑面积 93.34 万平方米。单位集资房 220 户，建筑面积 2.646 万平方米；单位公房出售 427 户，建筑面积 2.13 万平方米。

四是房屋登记。1985 年 8 月开始至 12 月鳌阳镇住房调查登记完成。经过校正核实，全镇房屋总面积 49.66 万平方米，其中，钢筋混凝土结构 2110.7 平方米，混合结构 9.28 万平方米，砖木结构 15.32 万平方米。

所有权登记发证，1988 年 10 月县建委在斜滩镇所在地进行房屋所有权登记发证至 1989 年 4 月基本完成。共登记公、民房 559 座，568 户，占应登记发证的

86%。1989年8～10月，在鳌阳镇地区进行房产登记发证。登记公房133个单位，占应登记的97%。填发所有权证347本。已登记的建筑面积30.56万平方米，登记民房913座，占应登记发证的42%。填发所有权证1260本，共有权证29本。已登记的建筑面积13.54万平方米。至2005年底，全县共发放房屋产权证4172本，建筑面积121.15万平方米。

房地产开发与管理情况如何

寿宁县房地产开发起步比较晚，进度也比较慢。1990年，全县房地产开发生产总值507万元。2001年增加到1779万元。2005年达到5200万元。其间全县仅有一家资质4级房地产开发企业。2002年，县住房公积金管理中心开发建设"寿宁县闽浙边贸商城"，占地面积2660平方米，总投资1500万元，总预售面积3.5万平方米。其中商品住宅面积1.07万平方米，商业用房面积0.43万平方米，溜房2万平方米。

2004年，宁德住房公积金管理中心寿宁办事处开发建设"宁和花园"（一期），占地面积14466平方米，总投资3000万元，总预售面积39985.20平方米，其中商品住宅33323平方米，商业用房面积6662.2平方米。

2005年宁德住房公积金管理中心寿宁办事处开发建设"宁怡花园"，占地面积86666平方米，总投资1200万元，总预售面积15819平方米，商品住宅15299平方米，商业用房面积520平方米。

2005年，宁德住房公积金管理中心寿宁办事处开发建设"日升大厦"，占地面积2049平方米，总投资3600万元，商品房面积30100平方米。

1990～2005年，全县加强对房地产市场的管理，有效制止非法房地产交易，整顿和规范地产市场秩序，严肃查处违法违规销售行为。

房产管理到2005年12月底，全县共登记公房328幢，建筑面积23.04万平方米；私房3197幢，建筑面积93.34万平方米；单位集资房220户，建筑面积2.646万平方米；单位公房出售427户，建筑面积2.13万平方米。全县共发放房产产权证4172本，建筑面积121.15万平方米。

住房公积金归集、贷款情况如何

一是公积金归集。1996年，县烟草公司率先推行住房公积金制度，从当年1月1日起，该公司75人享受住房公积金待遇，按月工资总额个人和单位各5%归集，全年归集额为50000元。1998年，全县公积金归集到位有28个单位，753人，余额 66.98 万元。当年 12 月 1 日起停止住房实物分配，并逐步实行住房分配货币化。新房新制度，老房老办法，新建住房只售不租。

1999 年 7 月 1 日起，住房公积金缴交率从原来的 5% 提高到 6%，有条件的单位适当提高。全县 145 个单位，公积金归集 113 家，占应归集单位的 87.93%。全县应享受公积金对象 4836 人，已享受 3461 人，占 71.5%，归集余额 175 万元。到 2005 年 12 月底为止，全县 199 家企事业单位 7526 名职工累计归集住房公积金 5970.29 万元，累计归集余额 4886.97 万元。

二是公积金贷款。1999 年，宁德住房公积金管理中心寿宁办事处开始为公积金缴存人发放公积金贷款，当年发放 15 户，15 万元。2005 年，公积金贷款发放 428 户，2139 万元。1999～2005 年，全县公积金贷款累计发放 1828 户，5834 万元。

住房制度改革情况如何

1997 年 5 月 30 日，成立宁德住房公积金管理中心寿宁办事处，与"住房资金管理中心"合署办公。住房制度改革的主要举措有五项：

一是公有住房出租。1991～1992 年，经调查核实，全县公有住房共 430 套，1.85 万平方米。1992 年 5 月 30 日，县政府决定从 6 月 1 日起统一租金标准，每平方米月房租不低于 0.18 元。之后，住房租金逐年增加，以双职工平均工资的 10% 测算，在 1992 年实行统一租金标准的基础上翻一番。1993 年，全县有商业局、财政局等 57 个单位收取房租费，专户储存房租费 13.4565 万元，用于维修费用 0.3 万元，余额 13.1565 万元。

二是公有住房出售。1992 年 9 月，县法院 25 套住房以标准价（259 元/平方米）出售给内部职工。1993 年 8 月 8 日，"三委楼"三幢共 104 套公房进行申报登记。1994 年 11 月 7 日，县委、政府专题研究"三委楼"的公房出售问题。同年经评估论证，并按程序履行审批手续，对"三委楼"、商业局、工商局、供电公司等单位的 169 套公有住房，按标准价（每平方米 362 元和 480 元）全部出售给职工，回收资金 142 万元。

1995 年起，公有住房一律按成本价出售，超面积的一律按市场价计算。当年累计出售公有住房 229 套，1.43 万平方米，占总量的 85%，回笼资金 297 万元。至 1999 年底，全县累计出售公有住房 319 套，7.73 万平方米，占总面积 93.5%，回笼资金 388 万元。

三是建设解困房。1995 年 9 月 6 日，县政府成立"寿宁县解困住宅建设开发有限公司"，从事解困房的开发经营，兼营部分商品房开发。该公司为全民所有制，实行独立经营，自负盈亏。同年，县政府将原明、清两朝县衙门旁的红楼、青楼拆除，在其原址新建二幢机关干部住宅楼（红楼小区），总建筑面积 7280 平方米，设计三室一厅一卫生间的单元套房 63 套。1996 年 6 月，红楼小区两幢解困房 63 户居民入住。

四是筹资建房。境内集资建房始于 1994 年，以单位牵头干部集资为主。1996 年，按照科级干部 85 平方米，一般干部 70 平方米的标准，组织个人自筹资金，在解放街尾城南牌坊下，联建住宅一幢，占地 1550 平方米，建筑面积 7750 平方米，安排无住房户 26 户。至 2000 年，先后有县政府、建委、林业局、物委、税务局、财政局、农业局、车岭二级电站、供电公司、体委等 10 个单位集资建房 310 套，面积为 3.81 万平方米，总投资 1775.03 万元。

五是实行住房工龄补贴。2005 年，县政府转发《关于离退休人员住房工龄补贴实施意见》，确定补贴对象和补贴金额：1. 补贴价位每平方米 4.02 元；2. 实行住房公积金前的虚龄；3. 职务，职称以退休之时的职务、职称为准；4. 一般离退休人员 70 平方米、科级离退休干部 85 平方米、处级离退休干部 100 平方米、厅级 130 平方米，按照"先离休、后退休"的原则，分期分批解决。第一批 2000 年以前退休人员，发放 851 人，总额 868 万元；第二批 2001～2009 年退休人员的住房工龄补贴分 3 年兑现。

土地管理情况如何

解放初期，土地征用较少。1958 年人民公社化，土地由集体统一调配使用。1966 年起，加强基本建设土地征用的审批管理，民用或公用征地减少。1966～1989 年，共征建房用地 152.27 万平方米，其中耕地 97.47 万平方米。

土地审批。1952 年以来未办理土地审批手续，农村农民可在自有的林地上建房。1958 年起，政府规定个人建房由生产队申报，公社审核，报县财政局批准。1966 年改由民政局审批。"文化大革命"后，转县计委管理。1979 年划归基建局管理。1986 年 8 月成立"土地管理局"，专门负责全县土地征用与划拨工作。各乡（镇）也相应设置土地管理所。负责征用土地审批，查处违法建房用地，征收土地管理费和土地征用后的管理。2002 年 8 月，寿宁县土地管理局、寿宁县地质矿产局合并为寿宁县国土资源局。

城乡建设、土地管理机构如何设置

一是城乡建设机构。1937 年，县政府配有合作指导员，负责建设工作。1939 年，设建设科。1945 年 8 月以后，建设科配有科长及工作人员 5 人，主管业务范围很广，城乡建设只是其中的一项。

寿宁县人民政府成立后，即成立建设科。1955年成立寿宁县计划委员会。基建工作由县计委直接管理。1960年2月设建设局，1963年10月复设建设科。1965年3月，改设城镇建设委员会，1966年2月复设建设科。

"文化大革命"期间，机构瘫痪，城乡建设工作停顿，县革命委员会成立后，城建工作归县革委会计划组管理。

1977年9月复设寿宁县基本建设局，1984年更名为"城乡建设环境保护局"。1986年改称"寿宁县建设委员会"，增设城镇建设警察中队，改规划办为城建办。1988年增设"房产权登记发证办"。1989年增设房地产管理所、房地产交易所、建管股，全员25人，其中行政编制8人，事业编制17人。

二是土地管理机构。明、清时期设布政司，分管土地工作。

1940年，设地政科。1947年，设"田赋粮食管理处"取代地政科，土地由田赋粮食管理处管理。

1949年7月，县人民政府成立，即设财政科、民政科分别兼管地籍、土地征用。10月，民政科改称民政局，地籍和土地征用均由民政局管理。1951年3月，成立地籍管理办公室。6月，地籍办并入农税科。1953年3月，农税科并入财粮科，地籍办理由财粮科负责。1969～1973年，土地管理先后由县革命委员会办事组、民事组负责。1976年划归县计划委员会。

1986年9月成立土地管理局，内设办公室，土地征用审批股、土地监察股、地籍调查登记股。14个乡（镇）均成立"土地管理所"（2008年5月更名为"国土资源所"）。

2002年8月，原县土地管理局、县地质矿产局合并，成立寿宁县国土资源局。2012年11月县政府机构改革方案批准县国土资源局内设5个职能股室：办公室、法规监察股、建设用地管理股、地籍与规划测绘管理股、矿产开发与地质环境股。下属4个事业单位：国土资源监察大队、土地收购储备中心（副科级）、土地开发整理中心、地产交易事务所。14个派出机构：（乡镇）国土资源所。2015年11月加挂"不动产登记局"牌子，成立副科级事业单位"不动产登记中心"，中心内设综合股、登记股、权籍股。

城建系统的事业、企业机构如何设置

事业机构有两家，一是建筑设计室，1967年5月成立，1978年，建筑设计室划归县基本建设局管理。1984年建筑设计室从局中分出，另设县建筑设计室，定为事业单位企业管理。2004年，更名为"县建筑设计院"，单位资质升为丙级。

2005年有人员8人，其中工程师3人；二是县环境卫生管理所，1973年成立环卫队，编制2人，隶属卫生防疫站。1980年3月，划归基本建设局管理，同年10月，改称环卫所，为集体事业单位，编制16人。1989年5月，改为全民事业单位，编制20人。1995年一次性新招人员7人，编制增加到25人，1997年，向社会公开招聘环卫所正副所长2人。2005年，内设办公室、财务室、环卫督查室、实有人员65人，其中正式工37人，聘用编外保洁工28人。

企业机构有三家：1.自来水厂，1979年5月成立。1980年12月自来水厂建立投产，人员增至16人。1986年6月，经地区建委批准，扩大为日生产能力6000吨，1989年6月竣工。

1990年以来，县城坑底桥、上留、茗溪一带部分居民自筹资金，从山涧泉眼引水自供自用。

1996年，完成六六溪水库初改，完成引水迁厂。1998年11月24日，六六溪小（一）型水库竣工通水，为县城生活用水提供了新水源。2005年，县自来水厂更名"寿宁县自来水公司"，当年每天为城区3.8万人供水6000～8000吨。

2.农房建材公司，1985年10月成立，属企业单位，有员工8人。1987年，公司下设建筑工程队和排水管道安装队。1989年，共有正式职工16人，主要经营寿宁县地方建筑材料及制品，承建和出售商品农房，加工、开发农房建材资源。

3.建筑公司（详见本卷25条"建筑队伍"）。

政党活动

第
十
九
卷

中国共产党寿宁地方组织发展历史如何

中国共产党地方组织活动始于 1930 年冬。1932 年 10 月，中共寿宁特别支部成立，党的组织开始得到迅速发展。此后，中共领导寿宁人民与国民党统治当局展开长期英勇顽强的斗争。

土地革命战争时期，中共领导的寿宁苏区是闽东革命根据地的重要组成部分。尽管国民党当局对寿宁苏区曾多次进行疯狂的"围剿"，寿宁的党组织遭受过严重的破坏，革命几度遇到挫折而转入低潮，但"野火烧不尽，春风吹又生"，寿宁境内党的活动始终没有停止过。1935 年夏，以寿宁岗垄为中心的福寿根据地，曾建立过中共福寿、寿宁、寿泰、寿景庆 4 个县委和中共含溪、阔丘、奖禄等 17 个区委。在中共领导下，寿宁岗垄地区的人民群众成功地坚持了艰苦卓绝的三年游击战争。

1938 年 2 月，闽东红军整编北上抗日。1945 年，在中共闽北游击队的支持下，寿宁南区的党组织恢复活动。1948 年 2 月，成立"中共闽浙赣区党委城工部闽东工委寿宁县直属支部"，有党员 20 多人。

1949 年 7 月，寿宁解放，结束了国民党在寿宁的统治。新成立的中共寿宁县委，领导全县人民进行剿匪反霸、镇压反革命、抗美援朝、土地改革、"三反"、"五反"和其他社会改革运动，肃清旧社会的残余反动势力，纯洁革命队伍，巩固人民民主专政，大力恢复国民经济。到 1956 年，全县基本完成对农业、手工业和私营工商业的社会主义改造，开始有计划地进行社会主义经济建设。同时，加强党的建设，对党员不断进行全心全意为人民服务的思想教育，发挥基层党支部的战斗堡垒和党员的先锋模作用，保证了寿宁县的社会主义事业顺利发展。但是，1957 年后，在反右派、"大跃进"、"人民公社化"、"反左倾"等一系列政治运动和经济工作中，存在"左"的错误，使全县一大批党员干部受到不同程度的打击，党内民主作风遭到破坏，生产秩序被打乱，影响了国民经济的发展，特别是 1966 年开始的"文化大革命"，使各级党组织受到冲击，一度处于瘫痪状态。1971 年 2 月虽然恢复中共寿宁县委，但由于受"左"倾错误的影响，寿宁的各项工作仍处于徘徊局面。

中央十一届三中全会以后，随着对"实践是检验真理的唯一标准"认识的逐步深化，党的工作重心开始转移到社会主义现代化建设上来。1987 年起，中共寿宁县委坚持"一个中心，两个基本点"的基本路线。1990～2005 年，中共寿宁县委先后作出"以水聚财，以电兴县"、"茶县酒城"、"半县花菇半县茶"等重大决策。带领全体共产党员和全县人民同心同德，艰苦奋斗，"两个文明"一起抓，把寿宁县的各项事业不断推向前进。

中国国民党寿宁县党部的情况如何

中国国民党寿宁地方组织建于 1926 年冬，时称中国国民党寿宁县党务筹备委员会。此后，几次变更名称，至 1937 年，称中国国民党寿宁县执行委员会（简称县党部）。

1933 年后，县党务办事处开始倾力协助国民党军队"围剿"工农红军，镇压中共党员和苏区革命群众。随着中共领导的革命力量不断壮大，迫使国民党的党务工作在寿宁难以开展。至 1937 年，全县党员不上百人，只在斜滩、犀溪等几个地方成立党小组。第二次国共合作时期，县党务办事处也在县内进行过一些抗日宣传活动。1944 年 10 月，国民党与三青团合并后，全县有党员 2000 多人。1949 年 5 月底，寿宁解放前夕，县党部头目仓皇逃离寿宁，县党部自行解体。

新中国成立前中共寿宁地下党组织情况如何

1930 年 10 月，范浚受中共福州市委派遣回寿宁大安村开展秘密活动。12 月，在大安村组织寿宁县第一个中国共产党领导的秘密农会组织——贫农小组（后改为赤色农会小组）。次年 5 月叶秀蕃也受中共福州市委派遣回寿宁鳌阳，与范浚一道以教书为掩护，从事革命活动。1932 年 10 月，中共福州中心市委特派谢廷清来寿宁，在鳌阳镇蟾溪文山里叶厝主持成立中共寿宁县特别支部。特支隶属福州中心市委领导，支部书记兼组织委员会叶秀蕃、宣传委员范浚、交通委员范式人。特支下辖 18 个党支部，131 名党员。

1933 年 5 月，叶秀蕃被派往福鼎县工作，6 月，范浚、范义生在犀溪乡仙峰洋头底村组织成立中共寿宁县县党部，书记范浚（后由范义生接任），县党部隶属福州中心市委领导，下辖 15 个支部，122 名党员，同时撤销特支。

1935 年 8 月，中共闽东特委福寿办事处在犀溪甲坑村成立（主任范式人）。办事处下辖的中共寿宁县委于同月在大安乡炭岔头成立（书记韦芝祥），县委下辖含溪、阔丘、奖禄 3 个区委，共 3 个支部，13 名党员。

此外，土地革命战争时期，在寿宁与泰顺、景宁、庆元、政和、周宁、福安等交界地区还先后建立"中共福寿边委（后改称中共福寿县委）"、"中共福寿中心县委"、"中共寿泰县委"、"中共寿宁县委"、"中共寿景庆县委"、"中共寿泰景庆中心县委"等党的县级组织。

1936 年，由于中共闽东特委错误地在内部开展肃清所谓"AB 团"的斗争，中共寿宁县委因领导人被错杀而解体。1937 年底，中共寿泰景庆中心县委转移到政和新康口村，改称中共寿政庆中心县委。1938 年 3 月，因领导人牺牲而解体。

1945 年，中共福建省委先后派左中美、陈贵芳、江作宇等到寿宁南区活动，寿宁的党组织开始恢复。1948 年 2 月，中共闽浙赣区党委城市工作部闽东工委派组织部长叶健荃到寿宁县建立"城工部闽东工委寿宁直属支部"，发展党员 21 人。1949 年 6 月，城工部寿宁直属支部主要成员离开寿宁，大部分党员转到福安活动。

新中国成立后的寿宁党组织情况如何

（一）中共寿宁县委员会（1949.10 成立～1956.6）

1949 年 10 月 18 日，中共寿宁县委正式成立，由委员 5 名组成，其中书记、副书记各 1 名；11 月，增补常委 1 名。1952 年 8 月，书记郭人健上调福安地委机关任职，上级党委同时任命史光明为书记。1955 年 8 月，书记史光明上调，由副书记靳三军接任书记。这期间，上级党委还数次调整充实了县委其他领导人。

书　记：郭人健　史光明　靳三军

副书记：郝贵堂　杨泽生　史光明　靳三军　马景春　王甲贤

常　委（书记、副书记均为常委，从略）：

　　　　王乐道　许　威　杨泽生　陈邦兴　常博厚　马景春

　　　　李希莲　靳三军　赵恒强　土甲贤　毋康侯　王登榜

执　委：史光明　黄　明

委　员：吴全安

（二）中共寿宁县第一届委员会（1956.6～1963.2）

1956 年 5 月 27 日至 6 月 2 日，中国共产党寿宁县第一次代表大会在县城召开。出席会议的正式代表 89 名（其中妇女代表 10 名），列席代表 27 名，旁听 4 名。

大会选举产生了中共寿宁县第一届委员会委员 16 名、候补委员 4 名。

大会选出的县委委员（16 名）：

王登榜　王甲贤　毋康侯　申德贵　狄超荣　吴建华　马廷峰

马景春　崔贤礼　桑振泉　陈殿贵　侯廷荣　阎玉峨　靳三军

叶尧明　卢广宇

大会选出的县委候补委员（4 名）：

王维春　史传良　张朝平　叶明荣

大会选出的县监委委员（7 名）：

王甲贤　毋康侯　吴建华　狄超荣　崔贤礼　叶明荣　卢广宇

大会选出出席省第一次党代会代表（5 名）：

王登榜　吴丁浩　张　瑛（女）　张朝平　靳三军

本届县委第一次全体会议选出县委常委 5 名，其中第一书记 1 名、副书记 2 名。

大会结束后，县委领导人变动，由上级党委任免。其中，1957 年 6 月，第一书记靳三军上调，省委任命王明章为第一书记。

1959 年 6 月，县委设书记处。

1. 设县委常委会阶段（1956.6～1959.6）

第一书记：靳三军　王明章

第二书记：马景春

书　　记：马景春

副书记：马景春　王甲贤　吕居永　冯廷志

常　　委（书记、副书记均为常委，从略）：

毋康侯　王登榜

2. 设县委书记处阶段（1959.6～1963.2）

第一书记：王明章　吕居永

书记处书记：吕居永　王甲贤　冯廷志　魏锦荣　狄超荣　王汉忠

常　　　委（第一书记、副书记均为常委，从略）：

毋康侯　黄象和　狄超荣

（三）中共寿宁县第二届委员会（1963.2～1968.4）

1963 年 2 月 25 日至 26 日，中国共产党寿宁县第二次代表大会在县城召开。出席大会的正式代表 163 名（其中妇女代表 14 名），列席代表 22 名。

大会选出的县委委员（19 名）：

吕居永　王甲贤　王汉忠　魏锦荣　黄象和　狄超荣　毋康侯

冯太坤　郭秀珍（女）　侯廷荣　卫庆义　赵恒玉　缪步宋

李继英　麻善官　吴建华　崔贤礼　桑振泉　叶尧明

大会选出的县委候补委员（4名）：

史传良　安元生　王陶生　黄秀娇（女）

大会选举产生中共寿宁县第二届监察委员会委员9名，其中书记、副书记各1名。

大会选出的县监委委员（9名）：

李继英　麻善官　吴建华　缪步宋　卫庆义　陈震池　宋传福

魏锦荣　赵恒玉

大会选出出席省第二次党代会代表（5名）：

许　威　吕居永　王汉忠　狄超荣　林时鼎

本届县委第一次全体会议选出县委常委7名，其中书记1名、副书记2名。

大会结束后，县委领导人变动，由上级党委任免。

书　记：吕居永

副书记：王甲贤　王汉忠　李继英　陈象细

常　委（书记、副书记均为常委，从略）：

魏锦荣　黄象和　狄超荣　毋康侯　卫庆义

（四）中共寿宁县第三届委员会（延续，1976.10～1978.3）

1976年10月粉碎"四人帮"后，县委书记仍同时主持县革委会工作，党政领导机构合署办公。县委领导人变动，由上级党委任免。其中，1977年12月，书记张海明上调，上级党委任命田泽林为书记。

书　记：张海明　田泽林

副书记：王甲贤　王小德　马新民　周洪悦　李章岩

常　委（书记、副书记均为常委，从略）：

周洪悦　凌尚武　卫庆义　毋康侯　周乃会　史传良

李维勤　李章岩

（五）中共寿宁县第四届委员会（1978.3～1984.9）

1978年3月20日至22日，中国共产党寿宁县第四次代表大会在寿宁县城召开。出席大会的正式代表317名，其中工人代表38名、农民代表160名、其他劳动人民代表22名、解放军代表3名、干部代表79名、知识分子代表15名、妇女代表43名。

大会选举产生中共寿宁县第四届委员会委员25名、候补委员3名。

大会选出的县委委员（25名）：

田泽林　王小德　周洪悦　李章岩　周月俊　毋康侯　凌尚武

卫庆义　骆阿章　蓝亦发　冯国胜　叶孚旺　刘持忠　刘　松

肖志新　李金洪　严成让　吴光桃（女）　吴桂忠　陈代进

张良厚　林日强　范志勤　范京州　谢梦熊

大会选出的县委候补委员（3名）：

连德仁　吕观录　沈成财

大会选出出席省第三次党代会代表（2名）：田泽林　夏林秀（女）

本届县委第一次全体会议选出县委常委9名，其中书记1名、副书记4名。

大会结束后，县委领导人变动，由上级党委任免。其中，1979年1月，书记田泽林离任，上级党委任命张道荣为书记。1983年11月，书记张道荣离任，上级党委任命李林清为书记；同时，根据党中央关于干部"四化"的要求和精简精神，对县委领导班子进行了全面调整。

1. 1978年3月至1983年11月阶段

书　记：田泽林　张道荣

副书记：王小德　周洪悦　李章岩　周月俊　李林清　郑仲腾

　　　　王甲贤　尤柯利　陈锦福

常　委（书记、副书记均为常委，从略）：

　　　　凌尚武　卫庆义　毋康侯　骆阿章　蓝亦发　董春淮

　　　　杨得禄　谢梦熊　余嘉亨

2. 1983年11月至1984年9月阶段

书　记：李林清

副书记：尤柯利　陈锦福　何团经

常　委（书记、副书记均为常委，从略）：

　　　　余嘉亨　张茂先　张林金

（六）中共寿宁县第五届委员会（1984.9～1987.10）

1984年9月22日至24日，中国共产党寿宁县第五次代表大会在鳌城召开。大会正式代表345名，出席316名。

大会选举产生中共寿宁县第五届委员会委员26名、候补委员3名；选举产生中共寿宁县纪律检查委员会委员11名。

大会选出的县委委员（26名）：

尤柯利　叶孚旺　占（詹）乌妹　　占（詹）秉三　　刘　松

刘典宝　李林清　李启龙　何团经　陈锦福　陈其景　余嘉亨

余盛彭　张茂先　张林金（女）　张恒锦　张庚午　严成让

肖志新　吴桂忠　吴光桃（女）　周月俊　范志勤　郭孔增

黄兆清　黄天镇

大会选出的县委候补委员（3名）：

陈光鸿　范良满　钟兴城（畲族）

大会选出出席省第四次党代会代表（2名）：

李林清　缪步邵

本届县委第一次全体会议选出县委常委7名，其中书记1名、副书记3名。11月，中共宁德地委同意寿宁县第五次党代会选举的县委领导人任职。

大会结束后，县委领导人变动，由上级党委任免。

书　记：李林清

副书记：何团经　陈锦福　尤柯利　黄锦坤　苍震华　包应森

常　委：余嘉亨　张茂先　张林金　魏观谋　卢渊同

（七）中共寿宁县第六届委员会（1987.10～1987.12，未任满）

1987年10月15日至17日，中国共产党寿宁县第六次代表大会在鳌城召开。出席大会的正式代表312名。

大会选举产生中共寿宁县第六届委员会委员26名、候补委员4名；选举产生中共寿宁县纪律检查委员会委员12名。

大会选出的县委委员（26名）：

尤柯利　卢菊兰（女）　　卢渊同　叶孚旺　刘　松　刘启进

刘典宝　严成让　李启龙　李林清　李启何　吴光桃（女）

吴尚宇　何团经　邱金兰（女）　张林金（女）　陈守铭

范世攀　范良满　林光中　周祖南　钟兴城（畲族）　黄锦坤

龚纯淮　詹厚注　魏观谋

大会选出的候补委员（4名）：

蓝清元（畲族）　李启厚　张廷发　缪章发

本届县委第一次全体会议选出县委常委6名，其中书记1名、副书记3名。

大会结束后，县委领导人变动，由上级党委任免。

书　记：李林清

副书记：何团经　尤柯利　黄锦坤　包应森　黄兆钱

常　委（书记、副书记均为常委，从略）：

魏观谋　卢渊同　吴尚宇

1990年1月后续任领导人名录：

书　记：黄兆钱

副书记：陈铭玉　魏观谋

常　委：卢渊同　连德仁　杨金柱　林智仁

（八）中共寿宁县第七届委员会

中共寿宁县第七次代表大会于1990年11月23日至25日在鳌城召开，出席大会正式代表188名。

中共寿宁县第七届委员会领导人名录：

书　记：黄兆钱

副书记：陈铭玉　魏观谋　连德仁　薛成康　叶干铃

常　委：卢渊同　杨金柱　林智仁　龚纯淮　王素敏　刘正霄
　　　　林建军

（九）中共寿宁县第八届委员会

中共寿宁县第八次代表大会于 1993 年 11 月 8 日至 10 日在鳌城召开，应到会正式代表 193 名，实到会 188 名。

中共寿宁县第八届委员会领导人名录：

书　记：黄兆钱

副书记：叶干铃　连德仁　薛成康　刘信华　江振长　张水松
　　　　吴学林

常　委：杨金柱　林智仁　刘正霄　林建军　兰清元　兰　玉
　　　　郑家森　何世明　张水松　吴学林　刘美森　李美连

（十）中共寿宁县第九届委员会

中共寿宁县第九次代表大会于 1998 年 11 月 25 日至 26 日在鳌城召开，到会代表 197 名。

书　记：郑向忠

副书记：刘信华　张水松　吴学林

常　委：兰清元　兰　玉　何世明　刘美森　李美连

（十一）中共寿宁县第十届委员会

中国共产党寿宁县第十次代表大会于 2003 年 11 月 28 日至 30 日在寿宁举行，到会代表 206 名。

书　记：郑向忠

副书记：刘信华　李美连　陈炳辉（挂职）　王建闽

常　委：刘学斌　林盛宝　王步金　王　斌　陈　健　林蔚虹

（十二）2006 年 7 月 7 日，中国共产党寿宁县第十一次代表大会

书　记：刘信华

副书记：雷仕庆　唐航鹰

常　委：刘信华　雷仕庆　唐航鹰　林盛宝　王步金　黄清亮
　　　　包江苏　林蔚虹（女）　雷祖铃（畲族）　朱建波
　　　　郭　奇

纪委书记：黄清亮

（十三）2011年7月2日，中国共产党寿宁县第十二次代表大会

书　　记：卓晓銮（女）

副书记：黄国璋　王步金

常　　委：卓晓銮（女）　黄国璋　王步金　黄远航　冯　坚

　　　　　陈信文　姚锡铃　黄　侠　李淑英（女）　刘春民

纪委书记：黄远航

（十四）2016年7月29日，中国共产党寿宁县第十三次代表大会

书　　记：汤孔忠

副书记：张成慧　张　彪

常　　委：汤孔忠　张成慧　张　彪　卓仕平　李淑英　刘春民

　　　　　代　晔　郭海鸣　孙绍洪　简树铃　雷春雄

纪委书记：孙绍洪

县委工作机构如何设置

1949年10月起，县委机关内设机构有：

县委办公室（秘书室）。1949年10月设立秘书室，1956年3月增设办公室，与秘书室合署办公。1975年9月与县革委会办公室合署办公。1980年9月独立办公。

组织部。1949年10月设立，1975年3月改称中共寿宁县委组织组。9月恢复组织部。

宣传部。1949年10月设立，1957年3月与县委文教部合并，称宣教部。1975年3月改称中共寿宁县委宣传组。9月恢复宣传部。

纪检委。1950年2月设立中共寿宁县纪律检查委员会。1956年1月改称寿宁县监察委员会，1984年7月升格为县级机构，改称中共寿宁县纪律检查委员会。

统战部。1953年设立，与秘书室合署办公，1955年并入宣传部，1980年11月重设。

党校。1961年创办，其前身为1955年3月开办的县委干部训练班。1967年2月停办，1973年5月恢复。

党史研究室。1961年10月设立党史资料编写委员会，1967年2月撤销。1981年3月重设党史资料征集委员会办公室，11月改称党史资料征集领导小组办公室。1987年3月改称党史资料征集编写委员会，1988年3月与地方志编纂委员会合署办公，12月改称党史工作委员会，1989年9月改称党史研究室。

政策研究室。1984年5月成立县委办政策研究室，1985年5月升格为县委政策研究室。

对台办。1980年成立对台工作领导小组,1982年5月设立对台工作办公室。

报道组。1958年11月始设,"文化大革命"中机构瘫痪,1981年3月重设。

政法委员会。1982年5月设立,1984年1月启用印章,3月配备专职书记。

文明办。1983年9月成立寿宁县"五讲四美三热爱"活动委员会办公室,与宣传部合署办公。1984年9月分开办公。1988年1月改称中共寿宁县委精神文明建设领导小组办公室(简称文明办)。

老干部局。1983年8月成立县人民政府老干部局,1989年3月改隶县委。

机要局。1989年11月,县委办公室机要科升格为县委机要局。

信访局。始设于1954年(具体事务由秘书室办理),正式成立于1981年5月。

县直属机关党委会。1964年10月成立,1967年2月停止活动,1972年5月重新成立。

文教部。1956年5月设立,1957年3月与宣传部合并为宣教部。"文化大革命"初期自然消失。

农村工作部。前身是1949年10月成立的县农民协会,1954年改为生产互助合作部,7月改称生产合作部,1959年改称农村工作部,"文化大革命"初期自然消失。

工交部。1956年4月设立,1962年6月与财贸部合并为工交财贸部。"文化大革命"初期自然消失。

财贸部。1953年设立财经委员会,1955年7月改称财政贸易工作部,1962年6月与工交部合并为工交财贸部。1964年10月改称工交财贸政治部工作办公室。

《寿宁人民》报社。创办于1958年5月。1961年2月停刊后报社撤销,共出版395期。

基层党组织情况如何

1949年10月中共寿宁县委成立后,随即组建基层组织,至年底先后建立5个区分党委,6个机关党支部,有党员78人。1950年8月,设第六区党委。1952年5月设第七区党委。至1953年,全县有区党委7个、党支部63个(其中农村51个),党员415名。1955年9月,撤销第六、第七区党委。1956年,全县按行政区划改设鳌阳、斜滩、南阳、芹洋4个区党委。同年5月举行中共寿宁县委第一次代表大会时,全县共有4个区党委、2个镇工委、2个政府机关党组、52个乡党委和95个基层党支部,党员发展至1561人,党的组织建设开始步入正轨。

1958年撤乡改社,全县建立23个人民公社党委,不久合并为20个。1959年底撤区并社,全县调整为8个公社党委(下辖131个大队党支部)。1961年5月,全县建立 5 个区党委（下辖 45 个小公社党委）、3 个县属公社党委。有党支部 263 个（其中农村党支部 234 个），党员 2418 名。1965 年 7 月再次撤区并社，全县建立 1 个镇、12 个公社党委。至年底，全县建立 178 个党支部，共有党员 2589 人。

1966 年，"文化大革命"开始。1968 年 6～12 月，各社（镇）相继成立革委会核心小组，取代党委领导职能。同时，各大队党支部开始恢复活动。1969 年 8 月～1971 年 10 月，全县 13 个社（镇）先后撤销革命委员会核心小组恢复党委，并对基层党支部进行"全面整顿"。全县有 185 个党支部（其中农村 155 个）恢复工作。1972 年 5 月，县直机关党委恢复，下辖机关党支部 34 个，有党员 425 名。年底全县有基层党委 14 个，党支部 201 个，党员 3518 人。

1984 年 9 月，实行机构改革，撤销 12 个人民公社党委、建立 11 个乡党委、2 个镇党委。1988 年 1 月，增设下党乡党委。至 1989 年底，全县有基层党委 15 个（农村 14 个），党总支 8 个，党支部 395 个（农村 279 个），党员 6506 人（农村 5021 人）。

1993 年、1996 年、1999 年乡镇党委分别进行换届选举，其中，1999 年 10 月，全县 14 个乡镇分别召开党员代表大会，选举产生乡镇党委领导班子 14 个、成员 187 名。2002 年 9 月至 12 月底，全县乡镇党委进行换届选举、共选出党委委员 140 名，新班子中，女干部 13 人，其中女乡长 2 名，非党副乡长 5 名。

2005 年，全县共有共产党员 10182 人。

机关党组、党委如何设置

寿宁县人民政府党组，成立于 1953 年 6 月。1955 年 7 月改称寿宁县人民委员会党组，1968 年被撤销。1983 年 8 月重新建立，有成员 10 人，设书记、副书记各 1 人。

寿宁县人民武装部党委，成立于 1961 年 7 月，由县委书记兼任书记，另配副书记 1 人，1986 年增设副书记 1 人。

寿宁县政法党组，成立于 1955 年 3 月，1986 年 4 月被撤销。1979 年 4 月重新组建，设书记、副书记各 1 人。1982 年 5 月撤销。

寿宁县公安局党组，成立于 1966 年 4 月，1968 年被撤销，1989 年 5 月重建，有成员 7 人，设书记 1 人，副书记 2 人。

寿宁县法院党组，成立于 1972 年 12 月，1977 年 5 月撤销。1989 年重建，有成员 5 人，设书记 1 人。

寿宁县人大常委会党组，成立于 1982 年 6 月，有成员 7 人，设书记、副书记各 1 人。

寿宁县供销社党组，成立于 1983 年 12 月，设书记 1 人。

寿宁县政协党组，1986 年 5 月成立，成员 3 人，设书记 1 人。1987 年 10 月增设副书记 1 人。

寿宁县人民检察院党组，成立于 1989 年 5 月，有成员 5 人，设书记 1 人。

至 2005 年底，全县共设县人大、县政府、县政协三个县级党组，设法院、检察院、公安局、工商行政管理局、国家税务局、食品药品监督局、质量技术监督局、寿宁县国土资源局和工商联等 9 个县直机关党组。

中国共产党寿宁县历次代表大会情况如何

中国共产党寿宁县第一次代表大会于 1956 年 5 月 27 日～6 月 2 日在鳌阳隆重举行。正式代表 89 人，列席代表 27 人，旁听 4 人。大会主要议程：传达毛泽东《论十大关系》，讨论贯彻意见；听取和审议县委、县监察委员会的工作报告；听取和审议县委关于 1956～1957 年的生产规划；选举县委委员、监察委员和出席中共福建省第一次代表大会代表。

中国共产党寿宁县第二次代表大会于 1963 年 2 月 25～26 日在鳌阳举行。正式代表 163 人，列席代表 22 人。大会主要议程：听取上届县委工作报告；选举产生中共寿宁县第二届委员会和县监察委员会；选举出席福建省第二次代表大会代表；通过工作报告和《继续高举三面红旗，进一步巩固人民公社集体经济，发展农业，争取 1963 年农业生产全面丰收》的决议。

中国共产党第三次代表大会于 1976 年 2 月 15～18 日在鳌阳举行。出席大会正式代表 311 人。大会主要议程：听取和审议县革委会党的核心小组组长所作的报告；选举中共寿宁县第三届委员会；通过《关于深入进行思想和政治路线方面教育》的决议。

中国共产党寿宁县第四次代表大会于 1978 年 3 月 20～22 日在鳌阳举行。正式代表 317 人。会议听取和审议县委工作报告，选举产生寿宁县第四届委员会和纪律检查委员会，选举出席市省第三次党代会代表。

中国共产党寿宁县第五次代表大会于 1984 年 9 月 22～24 日在鳌阳举行。正式代表 345 名，出席大会 316 人。会议听取县委工作报告，听取和审议纪律检查委员会工作报告，选举产生中国共产党寿宁县第三届委员会和纪律检查委员会，选举出席中共福建省第四次代表大会代表。

中国共产党寿宁县第六次代表大会于 1987 年 10 月 15～17 日在鳌阳举行。出席大会的正式代表 312 人。大会听取、通过中共寿宁县五届县委和纪律检查委员会的工作报告，选举产生中共寿宁县第六届委员会和纪律检查委员会。这次大会是寿宁地方党组织历史上第一次按任期举行民主选举的大会。

中共寿宁县第七次代表大会于 1990 年 11 月 23～25 日举行。正式代表 190 名，出席大会的正式代表 185 名。大会听取、审议通过中共寿宁县第六届委员会和纪律检查委员会的工作报告，选举产生中共寿宁县第七届委员会委员 25 名、候补委员 4 名，选举产生中共寿宁县纪律检查委员会委员 13 名；选举黄兆钱为县委书记，陈铭玉、魏观谋、连德仁为县委副书记，卢渊同、杨金柱、林智仁、龚纯淮为县委常委，林智仁为中共寿宁县纪律检查委员会书记。

中共寿宁县第八次代表大会于 1993 年 11 月 8～10 日举行。正式代表 197 名。大会主要议程：听取、审议通过中共寿宁县第七届委员会和纪律检查委员会的工作报告，选举产生中共寿宁县第八届委员会委员 25 名，候补委员 5 名，选举产生中共寿宁县纪律检查委员会委员 15 名；选举黄兆钱为县委书记，叶干铃、连德仁、薛成康为县委副书记，杨金柱、林智仁、刘正销、林建军、蓝清元为县委常委，林智仁为县纪律检查委员会书记。

中共寿宁县第九次代表大会于 1998 年 11 月 25～26 日举行。正式代表大会听取并审议通过中共寿宁县第八届委员会和纪律检查委员会的工作报告；选举产生中共寿宁县第九届委员会委员 26 名，候补委员 4 名；选举产生纪律检查委员会委员 15 名。选举郑向忠为县委书记，刘信华、张水松、吴学林为县委副书记，蓝清元、蓝玉、何世明、刘美森、李美连为县委常委，李美连为中共寿宁县纪律检查委员会书记。

中共寿宁县第十次代表大会于 2003 年 11 月 28～30 日举行，正式代表 208 名，大会听取并审议通过中共寿宁县第九届委员会和纪律检查委员会的工作报告，选举产生寿宁县第十次委员会委员 26 名、候补委员 4 名，选举产生中共寿宁县纪律检查委员会委员 17 名；选举郑向忠为县委书记，刘信华、李美连、陈炳辉、王建闽为副书记，刘学斌、林盛宝、王步金、王斌、陈健、林蔚虹为县委常委，王建闽为中共寿宁县纪律检查委员会书记。

新中国成立前党领导的革命活动情况如何

中国共产党在寿宁县有组织的地下革命活动始于 1930 年 10 月。同年 12 月，范浚在大安村组织全县第一个秘密革命组织"赤色农会小组"。1932 年 4 月，在寿宁西区大安村成立"红带会"组织，这是中共领导的寿宁第一支农民武装组织。同年 10 月，中共寿宁县特别支部在鳌阳文山里成立。1933 年 5 月，在南阳乡赤陵洋村成立闽东第一个县级苏维埃政府"寿宁县革命委员会"，下辖 6 区、6 个乡。同年 10 月，寿宁第一支正式的红军武装"闽东工农游击第七支队"在南阳龟岭村成立。1934 年 1 月 4 日，第七支队攻占南阳并建立红色政权。

1934 年 12 月，以第七支队为基础，在福安和尚洋成立"中国工农红军闽东独立团第十六连"（简称"红十六连"）。6 月中旬，红十六连夜袭南阳院洋守敌，取得重大胜利。1935 年 9 月，中共闽东特委福寿办事处在岗垄成立。1938 年 2 月，闽东独立师整编北上抗日。4 月，政和"新康口事件"发生，中共寿政庆中心县委书记范振辉被杀害。1947 年 3 月，在闽北游击队的配合下，南区党的组织得到恢复和发展，并在上党、神坑、溪源头、黄坑、上屏峰等乡村相继成立农会，会员210 人，南区游击队也发展到 1000 多人。1949 年 7 月，寿宁南区游击队配合中国人民解放军九十三师和浙南游击队解放了寿宁全境。

新中国成立后寿宁县委的主要活动情况如何

1949 年 10 月，中共寿宁县委成立后，根据中共福安地委的剿匪工作部署，采取"政治上瓦解，军事上打击"的方针，配合部队开展剿匪反霸斗争，安定社会秩序，同时开展征粮、减租、改造村政权和发展生产等项工作，开始全面恢复国民经济。

1950 年 12 月，成立寿宁县土地改革委员会，在县委的统一领导和部署下，分 3 期进行土地改革。到 1952 年 3 月，全县土地改革顺利完成，实现"耕者有其田"。1951 年 2 月，根据中共中央关于"严厉镇压反革命活动"的指示，县委指挥全县统一行动，逮捕一批反革命分子和不法分子，保障土地改革的顺利进行。6月，组织发动全县人民投入"抗美援朝"运动，全县掀起捐款捐物，参军参战和订立爱国公约热潮。年底，县委在全县干部中开展"反贪污、反浪费、反官僚主义"的"三反"运动。随后又在工商、经济界开展"反行贿、反偷税漏税、反偷工减料、反盗骗国家财产、反盗窃国家经济情报"的"五反"运动，对纯洁革命队伍，巩固人民民主专政，推动各项工作的开展起到良好的作用。

1953 年起，对个体农业、手工业和私营工商业实行社会主义改造，领导农村建立农业生产合作社、信用合作社和供销合作社。至 1956 年底，全县基本完成"三大改造"。

1957 年，县委在全县开展学习《正确处理人民内部矛盾》为主题的反官僚主义、主观主义和宗派主义的整风运动。7 月中旬开展反右派斗争，至 1959 年上半年运动结束。全县有 27 名干部和知识分子被错误划为"右派分子"，受到不应有的打击。

1958 年 8 月，开展宣传"总路线"，"大跃进"，"人民公社化"，全县 290 个高级社改建为 23 个人民公社，实行"政社合一"的领导体制。由于"左"倾错误的影响，全县出现大办食堂、大办养猪场、大炼钢铁的场面。县委提出许多不切合实际的口号，致使高指标、瞎指挥、浮夸风和"共产风"在全县严重泛滥。

1964年1月，县委在传达贯彻中共中央《关于目前农村若干问题的决定（草案）》（即前十条）和《关于农村社会主义教育运动中一些具体政策的规定》（即后十条）的同时，在全县48个公社108个大队继续开展面上社会主义教育运动。"社教"运动延至1966年"文化大革命"开始才结束。

1966年5月16日，中共中央发出《中国共产党中央委员会通知》开始"文化大革命"。不久，大批党政领导干部和一些干部群众被诬为"走资派"、"修正主义分子"，遭到"造反派"揪斗，造成了不少冤假错案。1967年2月，由于"造反派"非法夺权，县委领导机构瘫痪。1968年4月15日，寿宁县革命委员会成立，行使党政大权。1971年2月，中共寿宁县第三次代表大会召开，党的活动开始恢复。县委继续贯彻"以阶级斗争为纲"的路线，开展"工业学大庆"、"农业学大寨"，大搞农田基本建设。1976年初又开展"反击右倾翻案风"运动，10月，中共中央一举粉碎江青反革命集团，"文化大革命"宣告结束。

中共十一届三中全会以后，中共寿宁县委根据"解放思想、开动脑筋、实事求是、团结一致向前看"的思想路线，对"文化大革命"中所造成的冤假错案作了全面复查，落实和纠正，大批受打击迫害的领导干部重新走上领导工作岗位。同时，纠正了反右派中的错案，对在"反右倾"、"四清"等历次政治运动中受处理的案件，也进行了复查结案。还进一步落实地下党政策，为17名地下党员恢复了党籍。此外，还给已改造为劳动者的"四类"分子（地主、富农、反革命、坏分子）全部摘了帽。

1981年起，县委在农村推行家庭联产承包责任制。1986年，县委把脱贫致富工作列入主要议事日程，制定"三年脱贫，五年摘帽，八年做贡献"的目标。1987年起，县委在全县广泛开展党的基本路线教育。

1990年县委提出"茶县酒城"的发展战略，1991年提出"以水聚财，以电兴县"的战略，1994年提出"半县花菇半县茶"的战略，2003年提出建设"闽浙边界山区一流县"的构想，2013年提出"两镇同城"发展战略，2016年提出"清新寿宁，难忘下党"建设生态茶乡的发展战略。

中共党组织建设的情况如何

1949年10月，中共寿宁县委成立，即开始党的基层组织建设。建立5个区党委、6个党支部，并注意培养工作中的积极分子，1952年上半年，开始小心谨慎、有领导、有计划地吸收条件成熟的积极分子入党。1953年，重点在农村互助组、合作社中发展党员，以增强基层党组织的力量，当年发展党员 295 名。1956年春，县委遵照"整社必须结合整党"的指示，对农村党支部开展为期两年的全面整顿。

1958 年经过整党后，全县发展共产党员 450 名。1962 年，党的建设重点是对农村党员的教育训练和农村支部的整顿。1963～1965 年，全县共发展党员 102 名。

1967 年，由于"文化大革命"的冲击，党建工作被迫停止。1971 年吸收新党员 216 名。1978 年 12 月以后，开始重新培养和吸收优秀知识分子入党。在 1984年、1985 年发展的党员中，知识分子占 47%。

1985 年 7 月，根据《中共中央关于整党的决定》和省、地委部署，县、乡、村三级党组织分期分批进行整党，至 1987 年 9 月结束。共整顿党支部 41 个，改选 57 个，参加整党的党员 5860 人，整党后准予登记 5572 人，占 95.1%。

1988 年 9 月开始民主评议党员，至 1989 年 10 月结束。全县 15 个基层党委，377 个党支部，6458 个党员，共评出合格党员 6196 名，占 96%；基本不合格党员 133 名，占党员总数的 2.1%；不合格党员 130 名，占 2%。在基本不合格和不合格党员中，除限期改正外，开除党籍 7 人，除名 45 人，劝退 37 人，取消预备期 14 人，纪律处分 33 人。1990～2005 年，共发展党员 3759 名。

中共寿宁县委的宣传工作情况如何

1949～1950 年，县委根据省、地委关于剿匪工作的指示，开展声势浩大的剿匪宣传活动，张贴标语、召开大小会议、演出街头剧，广泛深入宣传剿匪的意义和政策，发动群众揭发检举、提供匪情。同时，县委宣传部还就党的税收和货币政策、改造国民党旧职人员以及征粮、减租、反霸等一系列方针政策开展宣传。1951 年，在镇压反革命、贯彻生产十大政策和组织爱国增产竞赛的同时，运用演讲、广播、黑板报等形式大张旗鼓地宣传"抗美援朝"运动。使"抗美援朝、保家卫国"成为全民运动。一时间参军参战，捐款捐物形成热潮。1953 年，全县普遍学习贯彻中共在过渡时期的总路线，使党的方针政策家喻户晓。

1956 年在全县广泛深入地开展《全国农业发展纲要》和合作化政策的宣传活动。1958 年，宣传"总路线、大跃进、人民公社"，提出"赶美超英"的口号，掀起"大跃进"、"人民公社化"运动。1959 年，又开展整风和民主选举的宣传活动。1965 年，宣传贫下中农和干部中的好人好事、典型经验，对干部、群众进行政治思想教育，以提高他们的觉悟。

1966 年，"文化大革命"初期，先后开展"破四旧、立四新"和"最高指示"的宣传活动。1971 年 9 月，林彪反革命集团被粉碎后，开展"批林批孔"运动。

1975年，掀起"工业学大庆"，"农业学大寨"的宣传活动。1976年，粉碎"四人帮"后，县委组织1227人的宣传队伍，在县内全面宣传中共中央（1976）24号文件，宣讲江青反革命集团的罪证材料。

1978年，广泛进行新时期总任务和新宪法的宣传学习活动，全县培训宣传骨干2610人，办宣传专栏285期，放幻灯476场，订守法公约1543份，受教育13万人。年底，全县普遍开展"实践是检验真理的唯一标准"的学习，宣传和讨论，开始在理论上澄清是非，从思想上拨乱反正。

1982年3月，县委组织第一个"文明礼貌月"宣传活动，掀起"五讲四美"、"学雷锋做好事"活动。1985年，为庆祝第一个教师节，县委组织尊师重教的宣传活动，表彰一批先进教育工作者。

1990年5～11月学习江泽民《五四讲话》，1991年，广泛学习中共党史，党建理论，1992年2月起侧重学习、宣传、贯彻邓小平南巡谈话精神。1993～1994年，学习《邓小平文选》一、二卷。1996年学习邓小平中国特色社会主义理论和新党章。1999年，组织学习宣传《公民道德建设实施纲要》。

2004～2005年学习宣传"树立科学发展观"、"加强党的执政能力建设"、"建设社会主义新农村"以及新宪法，构建社会主义和谐社会。

中共寿宁县委的党员教育情况如何

20世纪50年代初期，县委坚持教育党员、干部要到群众中去访贫问苦，与群众打成一片，站稳无产阶级主场，严格执行党的各项政策，紧紧依靠群众搞好各项工作。1953年，县纪检委发出通知，要求全县党员、干部走群众路线，遇事要和群众商量，反对强迫命令、脱离群众的官僚主义作风。提倡党员带头搞好互助合作，杜绝土地出租、雇工、放高利贷及投机倒把等不良现象。要求各乡镇发扬民主，搞好普选，并以坑底乡工作组组长违反选举法的事例教育全县党员。12月12日，县委、县纪委又联合下文，要求全县党员和干部遵守统购统销政策，不得勾结、包庇奸商抢购粮食，不准放高利贷、买青苗、搞投机倒把。

1954年，县委组织党员学习七届四中全会《关于增强党的团结的决议》和全国第二次纪检会议精神，教育党员、干部向破坏党的团结的不良倾向作斗争，克服骄傲自满情绪，强调服从组织分配。

1955年，县委创办干部培训班，开始有计划地培训党员、干部。组织党员学习中共七届六中全会《关于农业合作化问题的决议》，教育党员坚持走农业集体化的道路，带头把土地耕牛、农具和生产资料折价入社，促进农业、手工业、私营工商业的社会主义改造。当年全县评出61名模范共产党员。

1960年，国家进入困难时期，县监委决定：党员、干部要同群众同甘共苦，不准搞特殊化，不准多吃多占，不得利用职权到食品部门"开后门"。1961年开展整风整社，县委号召党员、干部自带被子与群众同吃、同住、同劳动，共渡难关。同年中共寿宁县委党校成立，党员的教育，培训进入正规化、系统化。1962年，农村党员受训人数达1998人，占农村党员总数的95.13%。同时在党员、干部中广泛开展向雷锋同志学习的活动。

"文化大革命"开始后，全县掀起学习毛主席著作，人人背诵《为人民服务》《纪念白求恩》和《愚公移山》（"老三篇"），党员要带头学习"无产阶级专政下继续革命的理论"，党员教育出现"左"的错误和形式主义。

1978年8月，县委组织全体共产党员学习《关于党内政治生活的若干准则》和新党章，教育党员坚持党性，反对派性，坚决肃清"四人帮"在寿宁的流毒。在县委党校先后举办59期党员培训班，参加学习的党员5978人次；上党课11次，听课590人。同时，各基层党支部普遍健全每月"三会一课"（组织生活会、党员会、支部会、党课）制度。1979年，县委贯彻中共十三届三中全会精神，教育党员必须完整、准确地掌握毛泽东思想的科学体系，把工作重点转移到社会主义经济建设上来。

1981年，县委、县纪检委规定党员干部"八不准"（不准为亲属与子女的升学、就业、招工、工转干、农转非等开后门；不准行贿受贿；盖房必须严格审批手续；不准损公肥私；不准用公款送礼请客；不准巧立名目滥发奖金或私分公物；不准侵吞没收的赃款；不准搞封建迷信、赌博；不准铺张浪费，拖欠公款必须限期归还）。

1983年，县纪检委发出《关于制止干部盖房问题的通知》，要求干部如实申报建私房的土地、资金和"三材"来源，接受审查。

1984年10月，县委举办为期4天的《关于建国以来党的若干历史问题的决议》学习班，县直机关党支部书记和各乡（镇）党委委员共86人参加学习。当年起，县委宣传部、党校有计划地组织举办一系列学习班、培训班和读书班，参加学习的党员、干部达3100多人次。

1986年，县委宣传部为学习贯彻中共中央《关于加强社会主义精神文明建设的通知》和关于整党的决定，举办党员培训班15期，在县、乡（镇）直机关上党课167次。同年，县委党校举办《政治经济学》《辩证唯物主义和历史唯物主义》《法律常识》读书班5期，参加学习人数851人。1987～1989年，又先后举办《马克思主义哲学》《对外贸易》《建设有中国特色的社会主义》等读书班8期。

1989年，县委宣传部、党校还联合举办6期副科级以上领导干部、机关企事业单位党支书、中小学校长学习班，比较系统地学习中国共产党的基本知识、社

会主义初级阶段的理论、民主和法律知识。同年 7 月起，县委在两个月内，先后
5 次召开县直机关干部和副科级以上领导干部大会，还召开各种小型会议 20 多次，
组织党员干部学习"两院一部"通告，促使 43 名贪污、受贿犯罪分子在限期内投
案自首。

1990~2005 年，根据各个时期的政治任务和党的中心工作，全县先后组织学
习《马克思主义哲学学习纲要》、《社会主义初级阶段理论与党的基本路线》、邓小
平关于建设有中国特色社会主义理论、《邓小平文选》（第三卷）和《关于社会主
义若干问题学习纲要》、社会主义市场经济知识，以及江泽民《关于领导干部一定
要讲政治》等论著。在理论学习的同时，开展形势政策宣传、思想政治教育和精
神文明建设，把党员教育活动搞得既轰轰烈烈又扎扎实实。

中共寿宁县党的纪律检查成效如何

1950 年 2 月~1956 年 5 月，县纪律检查委员会受理案件 477 件，涉及党员
300 人，其中县级领导干部 5 人。经检查审理，除由本人作反省检查，给予批评
教育外，受党纪处分的有 73 人。

1957~1966 年上半年，县监察委员会共受理贪污挪用、投机倒把、盗窃国家
集体财产、腐化、赌博等各种违法乱纪案件 203 件，涉及党员 170 人。

1978 年 7 月，恢复中共寿宁县纪律检查委员会。至 1989 年底，共受理党员
违纪案件 378 件，其中贪污受贿 62 件、赌博 51 件、违反计划生育政策 44 件、以
权谋私 25 件、破坏森林 22 件、违反财经纪律 14 件、腐化堕落 11 件、投机倒把
9 件、诈骗 5 件、渎职 3 件、打击报复 2 件，涉及党员 388 人（其中县级领导干部
2 人）。经审理，有 172 人受到党纪处分。

1992 年 1 月~2005 年 12 月，纪检监察机关立案查处党员干部违纪案件 536 件，
给予党纪处分 422 人、政纪处分 74 人。同时对 4 起安全生产类事故进行调查，给
予相应企业相应的行政处罚，责令施工企业和当地政府管理部门整改，进一步建
立健全生产规章制度；对有关责任人，移送司法机关 1 人，通报批评单位 1 个。

2000~2005 年，通过效能督查，诫勉教育 112 人次，效能告诫 63 人次，移
送司法机关立案 1 件。

案件复查是纪律检查工作的重要方面，1962 年，县委对在"拔白旗"、"整风
算账"、"反右倾"、"新三反"、"整风整党"等历次运动中受到批判的党员、干部
逐一进行甄别复查，对纯属错误处分的 606 名党员、干部分别给予平反，对部分
错的 509 人予以修正结论、减轻处分或取消处分，对处分尚属正确或基本正确，
但措施不当、"帽子"戴得不妥的 406 人也予以修改。通过甄别纠正，有 45 人恢

复党籍，13 人恢复干部资格，还给 24 人补发工资。

中共十一届全会以后，县委陆续对"文化大革命"期间的"清队"、"整建党"、"一打三反"运动，1948 年的"城工部事件"、1957 年的"处理不纯分子"、1959 年的"反右倾"运动、1964 年的"四清"运动等历次运动中被处理的党员进行复查核实，除 37 人维持原处分外，160 人恢复党籍，22 人撤销处分，28 人减轻处分。

1979 年，对 1957 年反右派斗争中被错误处理的 21 人进行复查，经甄别落实，对已清洗回家的 17 人予以重新收回安排工作，3 人撤消原处分。

1981 年根据上级有关精神，继续纠正冤、假、错案，共有 9 人给予恢复党籍，4 人给予恢复公职，59 人宣布予以恢复名誉。通过平反纠错，体现党的"实事求是"、"有错必纠"的原则，增进党内团结。

中共寿宁县委的统战工作情况如何

20 世纪 50 年代初期，寿宁县委一度设立统战部，开展统战工作。1955 年机构并入宣传部。"文化大革命"中，寿宁县的统战工作被取消。直至十一届三中全会后才恢复。1980 年，县委召开 400 多人参加的县直机关党员、干部大会，传达中共中央（1979）76 号文件和中共福建省委（1980）1 号文件，部署新时期的统战工作，学习统战工作的基本任务：实现台湾归回祖国，完成祖国统一大业，团结一切可以团结的力量，发展壮大革命的爱国主义统一战线，改变视统战工作为"可有可无"、"无足轻重"的思想倾向，并确定一名县委副书记分管统战工作，把统战工作纳入议事日程。1986 年 7～8 月，县委统战部组织 3 个小组分头深入 14 个乡（镇）40 多个村委会和县直机关 80 多个单位，走访侨、台属家庭，收集归侨、台胞的人口、经济、生活等方面资料，并造册登记。

1979 年，县人民法院对侨属卢红伽因在"文化大革命"中被判刑 20 年一案进行复查，改判 8 年，第二年又再次改判无罪，撤销原判。同时，依照有关政策，给被划为地主的 20 个三胞家属改变成分，并给一些贫困侨属发放生活补助费。1980 年，根据"热情接待，多做工作，不卑不亢，文明礼貌，真诚相见"的原则，接待港、澳、侨胞 3 人。1981 年给 16 户"三胞"亲属发放困难补助款 640 元，接待来访 70 多人次，处理来信 30 多件。

1987 年 6 月，在凤阳乡召开"台属"集资办企业现场会。同年接待 109 位"三胞"人员来信来访。1988 年，在台湾的《民生报》上刊登"寻人启事"46 则，接待来信来访 132 人次。

1989 年，经调查登记，全县去台人员共 142 户，眷属 860 人；去港、澳及外国 449 户，眷属 174 人；归侨 4 人。同年，接待来信来访 250 人次，处理信件 52 件，接待侨胞 2 人，台胞 21 人。

解放战争期间寿宁籍起义投诚人员有 28 人（其中起义 24 人，投诚 4 人）。1980 年，对于在"文化大革命"中受审查批斗的 3 人予以恢复政治名誉，对 8 名生活困难的人员每月由民政局发给定期补助 6～8 元。

1980 年，落实政策中，对在 1956 年社会主义改造中参加国营、公私合营企业的原工商业者共 113 人进行区别，划定为劳动者 90 人，并对其中在历次政治运动中被判刑、处分的 18 人予以纠正平反，2 人予以减轻处分，被退职、开除的 7 人重新收回安排工作。同年，对全县原被划为"右派"的 27 人进行全面复查，给其中属于错划的 26 人改正平反，并给曾被判刑、管制和劳教的 7 人撤销原判，9 名失去公职者重新安排工作。已死亡的给其家属补发埋葬费、抚恤金和困难补助费，还给符合规定的 6 户 30 人户粮"农转非"，并发给困难补助费 5450 元。

1981 年，给"文化大革命"中受到错误批判、审查的 283 名知识分子平反改正，并给其中 56 人恢复公职。

中共寿宁县委的宗教工作情况如何

1962 年 9 月，成立寿宁县宗教工作领导小组，负责管理全县宗教事务。此后，每年均召开一次全县寺庙主持会议，贯彻宗教信仰自由政策，保护正常的宗教活动。"文化大革命"期间，县宗教工作领导小组被解散，寺庙中的佛像、法器遭造反派毁坏，部分寺庙被拆除或占用，僧尼被勒令还俗。

1978 年后，县委重视落实宗教信仰自由政策，为在"文化大革命"中遭受批斗的教徒平反，恢复名誉，并清退三峰寺、凤阳寺、大莲庵、万福寺、普应寺等被占用的院舍、土地共 929 平方米，发还或折价赔偿所有寺庙被抄财物。

1980 年，县委统战部印发《全面贯彻宗教信仰自由政策》的小册子 300 本，作为广大僧尼和干部、群众学习的资料。1981 年，召开全县佛教工作会议，到会僧尼代表 50 余人，成立寿宁县佛教协会，并制定《僧众爱国守法公约》。

1984 年 7 月，县委统战部在三峰寺召开全县寺庙负责人会议，传达省委第五次宗教工作会议、省佛教协会三届一次常务理事扩大会和第四次寺庙生产经验交流会精神，要求各寺庙发扬"农禅并重"的优良传统，积极发展生产。

1987 年 3～5 月，县委统战部对全县 54 座寺庙进行造册登记。并在三峰寺召开 52 所寺庙住持会议。鼓励僧众爱国守法，发展生产。是年，三峰寺不慎失火，造成重大损失，省、地、县民政部门和佛教协会给该寺 28 位僧尼发放救济款 2330 元，救济粮 3500 千克，茶油 200 千克，棉衣、棉被各 16 件（床）。全县各寺庙也发起募捐活动，帮助三峰寺重建。至 1988 年底，募捐款达 26 万元，省、地拨款 2 万元，共计 28 万元，使三峰寺得以重建。当年，全县各寺庙"农禅并重"生产稻谷 61.5 吨、甘薯米 12.5 吨，人均占有粮食 205 千克。同时收入茶叶价值 1.5 万元、茶油价值 5000 多元、药材收入 3174 元，改善了僧尼的生活条件。

寿宁县的信访工作情况如何

20 世纪 50 年代初期，人民来信较多，信访工作由县委和人委秘书科兼管、干事兼办，并建立登记、转办、答复、存查等制度。

1953 年，县委成立"人民来信委员会"，同时对信访工作进行检查，并作出决定：对任意积压人民来信的干部和压制人民批评、建议的官僚主义分子，应给予批评、教育，情节严重的应给予纪律处分，成绩突出的给予表扬奖励。县直各有关单位，各区均配备专职或兼职信访干部，建立工作制度，设立 15 个意见箱。当年，县、区共收到人民来信 5700 件，结案 4633 件。

60 年代初，对人民来信来访工作的处理，坚持政治挂帅，专人负责，全党动手，事事结合。具体措施是：1. 公社书记回县开会期间，会前做好准备，会中"送上门"，抓来信处理或催办结案；2. "请上来，派下去，汇报研究解决"；3. 委托县委各部门领导"捎信"下乡，协助调查处理，并逐步建立"分工负责、归口管理"的信访工作责任制，减少信访工作中的分工不明，互相推诿现象。

1965 年，建立"县长接待日"制度，县长每月接待群众，由信访工作人员负责安排并协助办理。"文革"期间，信访工作瘫痪。

1978 年 9 月第二次全国信访工作会议召开后，寿宁县信访工作得到恢复。1981 年，县委、县人民政府信访办公室实行合署办公，定编 5 人。同时建立县、乡（镇）村三级信访网，各乡（镇）均成立信访组，配备专、兼职信访干部 75 人，181 个大队建立民事调解组，有兼职人员 776 人。为进一步贯彻"分级负责，归口管理"的信访工作原则，制订了《信访干部守则》和《来访群众注意事项》。

1985 年 11 月，恢复"县长接待日"制度。到 1989 年 8 月，由信访办牵头负责安排，共接待群众 48 批、案件 2192 件次，办理结案的 1248 件次，占接访总数的 71.7%。这与习近平同志当年倡导"四下基层"中的信访接待下基层是高度契合的。

何谓县党部

1926 年冬季，中国国民党福建省党部派员到寿宁建立党务筹备委员会，设委员 3 名，次年发展预备党员 13 名，秋季建立中国国民党寿宁县特派员办事处。

1928 年春，省党部派员设立县指导员办事处，经重新登记，合格党员 14 名。1929 年，成立中国国民党福建省寿宁县独立区分部。不久，县独立区分部更名中国国民党福建省直属寿宁县区分部执行委员会。1932 年春，区分部撤销，由省党部派特派员到寿宁开展党务工作。12 月复设县特派员办事处，负责党务工作。

1933 年 6 月，中国共产党领导的武装斗争爆发，一批县政府的契税征收员被镇压，省党部特派员离职潜逃。

1934 年 6 月，省党部派指导员重新修葺办事处，主持党务工作。1937 年秋，省党部下令撤销特派员办事处，设立中国国民党寿宁县执行委员会（简称县党部），有党员近百名，实行党部书记长制。

1942 年，全县党员发展至 300 余名。召开全县第一届党员代表大会，出席代表 42 名，大会选出执行委员 3 名，监察委员 1 人。

1943 年冬，召开全县第二届党员代表大会，出席代表 139 名，选出执行委员 5 名，监察委员 3 名。

1946 年 8 月，县党部组建计划委员会，训练委员会和特种会议。

1947 年 10 月，党部奉令改组，实行国民党与三青团合并，全县三青团员 375 名（有党籍 58 人），经甄核有 107 名团员并入国民党，建立统一委员会。并按"关于在群众团体与各社会机构中建立党团组织"的指令，在全县组织合作社党团 7 个，农会党团 8 个，代表会党团 4 个，百货、医药、茶叶、参议会、佛教会、妇女会党团各 1 个。同时，在县直属区分部设监察员 10 名，乡（镇）区分部设监察员 107 名。这年全县有国民党员 2029 名。

1949 年 5 月底，解放在即，书记长柳和施逃离县境，县党部自行解散，区党部、区分部也相继瓦解。

国民党在寿宁的主要活动如何

1926 年冬，寿宁县党务筹备委员会创办《鳌志周刊》，因遭县长陈保俊反对而被查封。1927 年 5 月，南京国民党实行"清党分共"，颁发《清党条例》，县成立"清党办公室"。由于当时寿宁尚无共产党组织，便以一些贪官污吏为"清党"对象。

1934 年 1 月，中共领导的游击队和红带会攻占南阳村，革命形势高涨，省政府派陈齐煊师，会同浙江省保安团（团长陈式正，后升任第八十四师师长）进驻寿宁。国民党寿宁县当局在城内抓丁派款，组织壮丁队，以抗拒游击队进城。2 月县党务办事处组织"福寿联防办事处"、"清乡委员会"，出动 4000 多人，进攻岗垄苏区，镇压中共领导的武装革命斗争活动。此后，寿宁境内战火连绵，国共两党军队的"围剿"与"反围剿"战争持续 3 年之久。

1937 年 7 月 7 日，抗日战争爆发，国共实行第二次合作。1938 年 2 月，中共领导的工农红军闽东独立师队伍在宁德后堂整编为新四军三支队六团北上抗日，境内的国共斗争暂时告一段落。国民党寿宁县党部成立各界抗敌后援会与兵役宣传调查委员会，创办《寿宁周刊》，举办国民精神总动员宣传周，劝募捐款和征兵，并举办战时民校，设立民运小组，进行抗战救国的各项活动。

1943 年，寿宁国民党组织以党参政，各立门户，宗派斗争激烈，同年冬召开的全县党员代表大会前夕，一些头面人物纷纷到各乡拉票，结果使出席大会代表多达 189 名。1944 年春，中国国民党寿宁县执行委员会书记长柳心泰受另一派指控有"容共"之嫌被免职，书记长由叶光汉接任。年底叶光汉劣迹败露被撤职。中国国民党福建省执行委员会改派龚幼翰为书记长。同年，为"扩大组织、广征党员"，由乡、保长包办入党，全县党员数增至 5800 人。连地痞、流氓、赌棍、嫖客之类也被拉入党内充数。

1947 年 10 月，由国民党和三青团合并建立的统一委员会，在县、乡区分部设立监察员，以加强对党团监督，防"奸"防共。

1949 年，中国人民解放挥师南下，5 月底，中国国民党寿宁县统一委员会书记长柳和施和县长叶培松眼看大势已去，先后弃城逃跑。7 月 13 日，中国人民解放军三野十兵团三十一军九十三师解放寿宁，国民党在寿宁的统治结束。

中国三民主义青年团寿宁地方组织情况如何

1944 年春，中国三民主义青年团（简称"三青团"）福安分团先后派郭华甫，叶渊鸿到寿宁担任三青团寿宁区队筹备员。1945 年 6 月，三青团福安分团又派卢建勖到县指导，发展团员 30 余名。数月后，设立三青团寿宁团队筹备员办事处，省支团部派股员王立汉担任筹备员，到任 1 月后擅自离职，筹备员一职仍由叶渊鸿兼任。同年 11 月，筹备员办事处改称三青团寿宁分团筹备处，书记高仕荣，主任叶渊鸿。1946 年 3 月，三青团寿宁县第一次代表会议召开，出席代表 22 人，中心议题是：设计团务工作，扩充基层组织等，后因种种原因，三青团寿宁分团始终未成立，后期发展的团员也未经任何培训就"草率"办理入团手续，至 1947 年，共发展团员 375 名，建立区队 5 个。同年 10 月，实行党团合并，寿宁县 375 名三青团员经甄核，170 名并入中国国民党。

县政权、政协建设情况如何

寿宁自明景泰六年（1455）建县至清朝末年（1911），由封建政权任命知县，统揽县政大权。1912年，废除帝制，成立寿宁县公署。1946年，成立寿宁县参议会。民国时期的政府，代表地主阶级利益，政权掌握在少数豪绅手里，县参议会也是地主豪绅的代言人。

寿宁县自1954年6月开始实行人民代表大会制度，县人民代表大会常务委员会为县人民代表大会常设机关。"文化大革命"期间，县人民代表大会制度被废止。1976年底，人民代表大会制度重新恢复。1980年12月，召开第九届人民代表大会。至2015年，寿宁县共召开17届人民代表大会。

1984年3月，成立中国人民政治协商会议寿宁县委员会，实行政治协商、民主监督。至2015年，共召开过8届政治协商会议。寿宁县的政权建设和政治民主制度日趋完善。

1949年7月，寿宁县人民政府成立，在中国共产党的领导下，即组织全县人民开展剿匪、反霸减租、镇压反革命和土地改革运动，建立基层人民民主政权，恢复国民经济。1953年，贯彻中共中央制定的过渡时期的总路线，对农业、手工业和私营工商业进行社会主义改造，并开始有计划地进行社会主义建设。1958年，在"大跃进"、"人民公社"运动中，各地"大办工业"、"大炼钢铁"、"大办食堂"。1960年底，开始纠正工作中的"左"倾错误，并对国民经济进行调整。至1965年，调整工作基本完成。县人民政府根据中共中央制定的一系列方针、政策，继续带领全县人民进行社会主义建设。

"文化大革命"初期，县人民政府领导机构和工作机构处于瘫痪半瘫痪状态。1968年，县革命委员会成立后，行使人民政府的职能，工作机构也逐步恢复。

1980 年底，撤销县革命委员会，重新恢复县人民政府。

实行改革开放政策后，全县农村推行各种形式的联产承包责任制，调动农民劳动生产的积极性，使生产力落后的寿宁农村焕发生机。20 世纪 80 年代以来，坚持以经济建设为中心，寿宁经济和社会各项事业迈出了崭新的步伐。1986 年到 2016 年，县人民政府领导全县人民脱贫致富，全县贫困率从 36% 降到 5%，经济发展，民生改善，社会和谐，经济综合实力明显增强。2015 年，全县地区生产总值 68.9 亿元，公共财政收入 5.61 亿元，其中地方公共财政收入 4.3 亿元，同比增长 14.4%，高出全市平均增速 8.9 个百分点，位列全市第一。城镇居民人均可支配收入 20238 元,，农民人均可支配收入 10745 元。2015 年 8 月 10 日福寿高速公路，福安至寿宁南段建成通车，寿宁人民迎来高速公路新时代。

各界人民代表会议概况如何

新中国成立后，劳动人民翻身作了国家的主人。根据宪法规定，人民代表大会是人民行使权力的机构。寿宁县各界人民代表会议，是县人民代表大会召开之前的协议机构，代行人民代表大会职权。1949 年 12 月～1954 年 2 月，寿宁县共召开过 2 届 15 次人民代表会议，出席会议的代表由工、农、商、学、兵和干部、知识分子组成。代表产生方式有下列几种：1. 机关、部队、学校等有组织的群众团体代表由直接选举产生；2. 农民、手工业工人和商业代表，初期采用推选的办法，逐步筛选，好中选优。以后采用投豆选举的办法，候选人坐成一排，每人背后放个碗，选举人手握黄豆（黄豆数和应选代表人数相同）分别投入自己信任的候选人碗里，按豆数多的中选；3. 民主人士、知识分子、少数民族代表则用聘请的办法，由县筹委会发聘书邀请出席。

县各界人民代表会议选举产生的常务委员会，在休会期间，负责办理日常事务。

各界人民代表会议的职权是：听取县人民政府工作报告，进行讨论并提出建议和批评；向县人民政府反映人民的意见和要求，讨论并建议有关改革事宜；向人民传达并解释县各界人民代表会议的决议，协助县人民政府动员人民共同实施；选举县人民政府县长、副县长和县人民政府委员。

各界人民代表会议共举行几次会议

1949 年 12 月～1952 年 8 月，寿宁县第一届各界人民代表会议共举行 11 次会议。除第 10 次会议外，各次会议都选举产生常务委员会。

1952 年 12 月～1953 年 9 月，寿宁县第二届各界人民代表会议共举行 4 次会议。

一、二两届会议共举行 15 次会议，代行人民代表大会职权。

各届人民代表大会概况如何

1954 年，根据中华人民共和国宪法规定，寿宁县通过普选，开始建立人民代表大会制度。至 2015 年 12 月，寿宁县召开 17 届县人民代表大会。

县人民代表大会的产生，第一届至第八届采用间接选举，由各乡（镇）人民代表大会选举产生。第九届起，改为直接选举，各选区根据县选举委员会分配的代表名额，由选民直接选举。

第一届人民代表大会代表 148 人，共召开 5 次全体代表会议。

第二届人民代表大会代表 154 人，共召开过 2 次全体代表会议。

第三届人民代表大会代表 165 人，共召开过 2 次全体代表会议。

第四届人民代表大会代表 179 人，共召开过 2 次全体代表会议。

第五届人民代表大会代表 200 人，共召开过 2 次全体代表会议。

第六届人民代表大会代表 205 人，只举行 1 次全体代表会议。

第七届人民代表大会，1968 年 4 月召开，选举出革命委员会主任、副主任、委员。

第八届人民代表大会 1978 年 3 月举行，出席代表 318 人，选出革委会主任 1 人、副主任 7 人。

第九届人民代表大会代表 249 人，第一次会议于 1980 年 12 月 28～31 日举行。

第十届人民代表大会代表 299 人，共召开 3 次会议。第一次会议 1984 年 9 月 26～29 日举行。

第十一届人民代表大会代表 244 人，共召开 3 次会议。第一次会议 1987 年 9 月 19～23 日举行。

第十二届人民代表大会代表 248 人，共召开 4 次会议。第一次会议 1991 年 1 月举行。

第十三届人民代表大会代表 258 人，共召开 7 次会议。第一次会议 1994 年 1 月举行。

第十四届人民代表大会代表 177 人，共召开 6 次会议。第一次会议 1999 年 1 月举行。

第十五届人民代表大会代表 177 人，共召开 6 次会议。第一次会议 2004 年 1 月举行。

第十六届人民代表大会代表 178 人，共召开 6 次会议。第一次会议 2008 年 1 月举行。

第十七届人民代表大会代表 179 人，共召开 6 次会议。第一次会议 2012 年 1 月举行。

县人大常务委员会机构如何设置

1949 年 12 月 11 日，寿宁县第一届各届人民代表会议选举产生县各界人民代表会议常务委员会，常务委员会设主席和副主席。1950 年 3 月设立办公机构，配备专职干部。1954 年 6 月，寿宁县第一届人民代表大会选举产生县人大常务委员会，作为人民代表大会的常设机关。1955 年 9 月 21 日，第一届人民代表大会第四次会议撤销县人大常务委员会，同时成立县人民委员会，由县人民委员会取代县人大常委会职能，人民代表的提案均交人民委员会办理。

1980 年 12 月 28 日召开第九届人民代表大会，恢复县人大常委会，选举产生县人大常委会主任 1 人、副主任 4 人、委员 8 人。同时设立县人大常委会办公室。1984 年 9 月，县人大常委会增设法制、财经、教科文卫、民政民族 4 个组。1986 年 5 月，上述各组改称委员会。1989 年元月，民族委员会改为农村经济委员会。

1990 年，县人大常委会机关内设办公室、法制工作委员会、农村经济工作委员会、财政经济工作委员会、教科文卫工作委员会。1998 年，新增"人民代表工作室"，2000 年 8 月，设立"信访接待科"，隶属人民代表工作室。2005 年，法制工作委员会改为"内务司法工作委员会"，机关编制 24 人，其中行政编制 21 人，工勤编制 3 人。

民国时期的"国大"选举简况如何

1947 年 11 月，选举"行宪国民代表大会"代表，省分配寿宁"国大"代表 1 名，县政府成立选举委员会，负责选举事宜。经推选产生代表候选人何宜武、柳和施 2 人，何、柳竞选激烈，互相争夺，难分上下，后经旅省寿宁籍同乡出面调停，双方进行"协商"，并完成政治交易后，柳和施退让，何宜武当选为"国大"代表，出席在南京召开的"国民代表大会"。

明、清县署机构如何设置

明景泰六年（1455），寿宁始设县署。县署设知县，为一县之长官，总揽县政大权。自建县至明末的 190 年中，共有历任知县 58 人。知县属下设县丞 1 人，辅佐知县处理县政；主簿 1 人，负责管理文书、簿籍档案，并掌管印鉴，为橡吏之首；典史 1 人，负责监察、缉捕、狱囚、管理地方治安；巡检 1 人，为地方常设武装机构巡检司负责人，负责巡逻警备。

明天顺二年（1458），增设教谕 1 人，为县学教官，执掌文庙祭祀，教育全县生员；训导 1 人，为县学教官副职，协助教谕教诲所属生员。此外，还有医学训科（医官）1 人，负责管理医药；阴阳学训术（阴阳学官）1 人，管理天文、占候、星卜、相宅、选日之流；僧会司 1 人，专管佛教事务。

明弘治十二年（1499），县民吴泽，以县小事简，勿须设立县丞、主簿二职，上奏朝廷，获准裁革。

清代沿用明制，县署最高行政长官仍为知县。署内设三班六房，三班是：皂班、壮班、快班；六房是：吏房、户房、礼房、兵房、刑房、工房。增设布政分司，专管赋税和民政事务；按察分司，为防守公署，负责巡逻警卫；道会司，掌管道教事务。

光绪年间（1875～1908），撤阴阳学训术、僧会司、道会司。光绪三十一年（1905）增设数政事业。宣统三年（1911）7 月，增设劝学所，辅助办理教育行政事务。

清顺治元年（1644）至宣统三年（1911）的 268 年中，历任知县 69 人。明、清两朝寿宁共有知县 127 人。

明、清时期，县以下行政机构设坊、里、都、图、甲。全县设 1 坊、2 里、12 都、22 图、220 甲，分别置里正（或里排）、图长（亦称图董）、甲首等，通称地保或地方。清雍正六年（1728），废都图，全县设 7 境 8 乡 112 村。乾隆年间（1736～1795），取消乡、村，重设坊、里、都、图，至乾隆末年，全县有 2 坊（城坊、犀溪进士坊）、2 里、17 境、12 都、26 图。

民国县公署、县政府机构如何设置

民国元年（1912）废帝制，改县署为县公署，改知县为知事。县公署官制仍沿袭清朝。1914 年，县公署设知事、县佑，下属机构还有监狱所、劝学所、禁烟所，巡警教练所、代办所和邮政信柜等。

1927 年，县公署改为县政府，知事改为县长。县政府设县长、秘书，下属机构有第一科、第二科、厘金局、教育局、公安局、监狱所、猪捐局、烟酒局、烟土局、契税处、邮政代办处、民众教育馆，各配局（科、所、馆）长或主任 1 人。

1935 年，裁局改科，增设第三科。1937 年，增设递步哨所，抗敌后援会，改民众教育馆为民众书报所。1938 年，撤销禁烟科，增设司法处，第四科（掌管建设事务）、第五科（掌管警卫事务）和赋税经征处。

1940年，增设警察局。1942年，第一、二、三、四、五科改为民政、财政、教育、建设、军事科，并设福建省银行寿宁办事处。

民国时期，县以下基层机构时有变更。民国初，分区设署，署名为区自治会。1928年，实行县、区、村、闾四级制，全县共设5个区，每区分别成立区公所和村公所，区公所为地方自治机关。区、村、闾各置区长、村长、闾长1人。1929年，村里改为乡（镇），设立乡（镇）公所，置乡（镇）长1人。1935年，区公所改称区署。1936年，实行"连坐切结"的保甲制度，区下设联保，联保下设保，保下设甲，分别配备联保主任、保长、甲长各1人。1937年，全县3个区，15个联保，193个保，2453个甲。1942年，撤区，乡（镇）直属县政府。至1949年1月，全县有11个乡（镇），107个保，1339个甲。

1912年~民国38年6月，历任县长共38人。

新中国成立后，县人民政府机构变化如何

1949年6月6日，"寿宁县善后委员会"接管国民党寿宁县政府。7月20日，寿宁县人民政府成立，暂隶属中国人民解放军三十一军九十三师。8月，改属福建省军管会领导。9月，又改属福建省第三行政督察专员公署（1950年改称福安专区专员公署）。

1955年9月21日，县人民政府改称县人民委员会（简称县人委会），仍隶属福安专区专员公署。1967年，由于"文化大革命"的冲击，县人委会瘫痪。3月，成立"中国人民解放军寿宁县人民武装部生产领导小组"和"寿宁县驻军支左接待站"，行使县人委会职权。1968年4月16日，成立寿宁县革命委员会（简称县革委会），隶属福安专区革命委员会。县革委会总揽县党政大权。1971年2月，中共寿宁县委恢复工作，与县革委会合署办公。

1980年1月，县革委会与中共寿宁县委分开办公。12月，撤销县革委会，恢复县人民政府机构，隶属宁德地区行政公署。

1949年7月20日~2015年12月底，共有县长22人（其中县革委主任6人），副县长66人（其中县革委会副主任11人）。

县人民政府有哪些直属机构

1949年7月寿宁县人民政府初建时，设立秘书室、会计室、民政科、财粮科、文教科、建设科、公安科等工作机构。此后，机构设置时有变化。机构最少的是1950年11个机构，1968年12个机构。最多是2005年12月，县政府职能部门机

构有县政府办公室、审计局、人事局、环保局、民政局、老区办、老龄委、人防办、信访局、公安局、司法局、教育局、广电局、计生局、卫生局、文体局、发改局、建设局、国土局、劳保局、监察局、统计局、科技局、茗溪新区委、旅游局、物价局、农办、农业局、林业局、农机局、水利局、脱贫办、气象局、乡镇企业局、经贸局、财政局、交通局、粮食局、供销社、外经局、税务局、编办、工商局、移民局、安监局、药监局等46个。

县人民政府有哪些基层机构

1949年7月，县政府沿用民国时期的乡（镇）保甲建制，全县设1镇10乡、107保、133甲。8月，平溪、鳌阳、斜滩设区人民政府，配区长1人，副区长1～2人。10月增设托溪、南阳两个区。同时改区人民政府为区公所，区公所为县人民政府的派出机构，区长由县人民政府委任。1950年8月，增设第六区公所（驻纯池）。9月，废除保甲制，全县设立81个乡（镇），并建立乡（镇）人民政府，乡（镇）人民政府委员和主席由选举产生。1952年5月，增设第七区公所（驻凤阳）。

1955年9月，第六区划给周宁县，全县调整为鳌阳、斜滩、平溪、托溪、南阳五个区，下辖2镇87乡。同时改乡（镇）人民政府为乡（镇）人民委员会。

1958年9月，实行人民公社化，全县组建23个政社合一的人民公社和123个生产大队，分别成立人民公社管理委员会和大队管理委员会，公社配社长1人，副社长1～2人，大队配大队长1人。

1965年7月，撤区并社，全县建立13个人民公社和127个大队。1968年4月，公社、大队管理委员会更名为公社、大队革命委员会。1980年11月，党政分开，恢复管理委员会。

1984年9月，改革体制，撤社建乡，全县建立13个乡（镇）人民政府。1988年1月增设下党乡。2015年全县设7镇7乡：鳌阳、斜滩、南阳、犀溪、武曲、平溪、凤阳为镇；大安、坑底、清源、竹管垅、托溪、芹洋、下党为乡。

寿宁县人民政府有哪些重大的政务活动

1949年7月，寿宁县人民政府成立，迅速建立工作机构，稳定社会秩序，完成支援前线任务。年底，根据县第一届各界人民代表会议第一次会议的决议，结合征粮、减租、改造村政权和恢复生产等项工作，开展剿匪反霸斗争。

1950年12月，成立寿宁县土地改革委员会，开展土地改革运动。全县80个乡分三批进行土改：第一批 23 个乡，到 1951 年 4 月结束；第二批 20 个乡，7 月开始，10 月结束；最后一批 37 个乡，1951 年 11 月开始，1952 年 3 月结束。

1953 年起，县人民政府以领导农业合作化运动为中心工作，首先在农村普遍组织生产互助组，随即试办初级农业生产合作社。1955 年，全县建立初级农业生产合作社 121 个，互助组 2218 个。1956 年开始创办高级农业生产合作社，至 1958 年，全县成立高级社 290 个，91.49% 农户加入高级社。

1958 年 5 月，贯彻"鼓足干劲，力争上游，多快好省地建设社会主义"的总路线。掀起大办人民公社运动，9 月全县建立 23 个人民公社。至年底，全县办起公共食堂 1300 多个、托儿所 950 多所，建造各种炼铁炉 1781 座，并动员全民伐木炼铁，浪费了不少人力物力。

1961 年后，贯彻国民经济"调整、巩固、充实、提高"的方针，致力恢复和发展国民经济。1966 年"文化大革命"开始后，各级政府受到冲击而相继瘫痪。1968 年 4 月成立"寿宁县革命委员会"，执行"左"的路线，坚持"以阶级斗争为纲"，大搞"斗、批、改"，"割资本主义尾巴"，取消家庭副业和农贸市场，国民经济遭受挫折。

中共十一届三中全会后，全县工作重心转向社会主义经济建设。贯彻改革、开放方针，在农村普遍推行各种形式的联产承包责任制，改革不合理的规章制度。同时，将计划生育作为基本国策，列入政府重要议事日程，提倡"晚婚、晚育、少生、优生"，对计划外生育实行经济处罚等。

据 1985 年统计，全县人均收入在 200 元以下、人均口粮 200 千克以下的贫困村 109 个，占全县行政村总数的 59.5%；贫困户 1.4 万户，占总户数的 30.88%，贫困人口 7.38 万人，占总人口的 34.9%。1986 年，寿宁县被列为福建省 17 个贫困县之首。

1987 年县人民政府调整充实县脱贫致富领导小组，实行县领导、县直单位和乡（镇）挂户定点"一定五包"和"一挂三年，限期脱贫"的目标责任制，形成"领导下点，干部轮换，定期汇报，年终验收"的制度。省、地、县三级共派出 120 多人常住 41 个行政村；乡（镇）机关 61 个单位，130 人挂钩 65 个行政村；村干部、党员 520 人联系 2013 户，全县共建立 7000 多个扶持户。

1990 年至 1992 年共治理水土流失面积 1.91 公顷。同年 6 月，在全国第五次水土保持会议上，寿宁县被评为全国水土保持先进单位。

1992 年，新西兰政府无偿援助 438 万元支持寿宁发展林业生产。1995 年 3 月通过中期评估，项目取得显著的社会、经济和生态效益。

1994 年，制定全县"八七"扶贫攻坚计划，确定今后四年解决 2 万人口的温饱问题。1998 年，继续对年纯收入 1000 元以下的 1360 多在册贫困户和部分残疾人安排扶贫。

1997 年，通过三级努力，寿宁县通过"两基"验收，基本普及九年义务教育，基本扫除青壮年文盲。期间，国有企业改革任务基本完成。县城胜利街拓宽，解放街、工业路改造、拓宽，茗溪新区动工建设。

2007 年 9 月动工开发建设县城东部新区，规划面积 2 平方千米。一期核心区面积 1800 亩，总投资 43 亿元（其中政府投资 6.5 亿元），可容纳 3 万人，2015 年建成。2015 年"十二五"规划全面完成，地区生产总值比 2010 年翻了一番；财政收入突破 5 亿元大关；贫困人口从 2010 年的 2.37 万人减至 1.2 万人。农民人均可支配收入从 2010 年的 5824 元提高到 11080 元。教育投入年均增长 16.19%，办学条件改善，教育质量稳步提升。医疗卫生投入年均增长 25.92%，初步形成三级医疗卫生保健网。2015 年 8 月 10 日福寿高速公路福安至寿宁南阳段正式通车。

第二十卷 政权政协

377

人民政协历届委员会会议情况如何

1984 年 1 月，寿宁县政协筹备组成立。同年 3 月 25~29 日，政协寿宁县第一届委员会第一次会议在鳌阳举行，正式成立中国人民政治协商会议福建省寿宁县委员会。第一届委员会委员 56 人，其中，中共党员 22 人，占 39.3%；党外人士 34 人，占 60.7%；另外，女委员 11 人，占 19.6%。选举产生主席、副主席和常务委员共 14 人，组成政协寿宁县第一届委员会常务委员会。刘松为主席，叶景春、郭孔增、丁天乙、叶允吾、何邦浩、刘秉乾、苏笑容（女）为副主席。

政协寿宁县第二届委员会第一次会议于 1987 年 9 月 19~23 日在鳌阳举行。第二届委员会由委员 63 名组成，其中，中共委员 25 名，占 39.7%；党外人士 38 名，占 60.3%；另外，女委员 8 名，占 12.7%。会议听取和审议第一届政协常委会工作报告和提案办理情况报告，选举产生第二届政协常委会。刘松任主席，何邦浩、刘保元、钟兴成、刘秉乾、苏笑容（女）任副主席。

政协寿宁县第三届委员会第一次全体会议于 1991 年 1 月 8 日至 12 日在鳌阳举行，出席委员 81 人。会议由主席团主持，会议审议并通过何邦浩代表常委会所作的《工作报告》、肖兴团所作的《提案办理情况报告》。全体委员列席第十二届人民代表大会第一次会议，听取和讨论《政府工作报告》及其他各项报告。会议选举政协寿宁县第三届委员会主席、副主席、常务委员。连德仁当选政协主席，钟兴成、何邦浩、郑希由、苏笑容（女）、陈芝林当选副主席，组成政协寿宁县第三届委员会常务委员会。

政协寿宁县第四届委员会第一次全体会议于 1994 年 1 月 12 日至 16 日在鳌阳举行，出席委员 98 人。会议审议并通过郑希由所作的《常委会工作报告》、苏笑容所作的《提案办理情况报告》。全体委员列席第十三届人民代表大会第一次会议，听取和讨论《政府工作报告》及其他各项报告。会议选举产生政协寿宁县第四届委员会主席、副主席、秘书长和常务委员。连德仁当选政协主席，郑希由、何邦浩、苏笑容（女）、钟兴成、陈芝林当选副主席，龚恒宁当选秘书长。

政协寿宁县第五届委员会第一次全体会议于 1999 年 1 月 9 日至 12 日在鳌阳举行，出席委员 120 人。会议审议并通过钟兴成所作的《常委会工作报告》、叶乃炳所作的《提案办理情况报告》。全体委员列席县第十四届人民代表大会第三次会议，听取并讨论《政府工作报告》及其他各项报告。会议选举产生政协寿宁县第五届委员会主席、副主席、秘书长和常务委员。连德仁当选政协主席，钟兴成、郭孟春、夏鹏、叶乃炳当选副主席，吴廷旺当选政协秘书长。

政协寿宁县第六届委员会第一次全体会议于 2004 年 1 月 3 日至 5 日在鳌阳举行，出席委员 122 人。会议审议并通过钟兴成所作的《常委会工作报告》、叶乃炳所作的《提案办理情况报告》。全体委员列席县第十五届人民代表大会第一次会议，听取并讨论《政府工作报告》及其他各项报告。会议选举产生政协寿宁县第六届委员会主席、副主席、秘书长和常务委员。刘美森当选为主席，钟兴成、夏鹏、叶乃炳当选副主席，吴传洪当选为秘书长。

政协寿宁县第七届委员会第一次全体会议于 2007 年 1 月 15 日至 17 日在鳌阳举行，出席委员 132 人。会议审议并通过钟兴成所作的《常委会工作报告》、夏鹏所作的《提案办理情况报告》。全体委员列席县人大十六届一次会议，听取并讨论《县政府工作报告》及其他各项报告。会议选举产生政协寿宁县第七届委员会主席、副主席、秘书长和常务委员。刘美森当选为主席，钟兴成、夏鹏、王宏雄、张恒振当选副主席，吴传洪当选为秘书长。钟春妹等 23 位同志当选为常务委员。

政协寿宁县第八届委员会第一次全体会议于 2011 年 12 月 15 日至 18 日在鳌阳举行，出席委员 138 人。会议审议并通过刘美森所作的《常委会工作报告》、夏鹏所作的《提案办理情况报告》。全体委员列席县人大十七届一次会议，听取并讨论《县政府工作报告》及其他各项报告。会议选举产生政协寿宁县第八届委员会主席、副主席、秘书长和常务委员。刘美森当选为主席，夏鹏、叶乃炳、王宏雄、张恒振当选副主席，叶家坤当选为秘书长。叶少敏等 27 位同志当选为常务委员。

福建省新闻记者采访团对县政协主席专访的题目是什么

2003 年 9 月 27 日，福建电视台、福建日报社、福建画报社、福建广播电台、《政协天地》杂志社、《人民政协报》社等六家新闻媒体组成的福建省新闻记者采访团到县政协采访。记者问："请你用最简洁的语言介绍你当了三届县政协主席，

13年都做了些什么？有什么体会？有哪些业绩？"连德仁主席用"八个字，四句话"作了概括：

"八个字"是"贵在主动，重在实效"：即主动接受县委领导，主动深入基层调查研究，主动参政议政，建言献策，主动为全县经济和社会各项事业发展尽职尽责，虚功实做，切实不表面，尽职不越位。

"四句话"是：第一，我们抓得最早的是改善政协机关的办公条件和工作环境。1991年元月我到政协，当年购买工作用车，次年动工兴建办公楼，连续5年，每年基本建设投入10万元，改变了"破车子、没房子"的状况。目前，我们县政协机关的工作条件是闽浙边界8个山区县中最好的；第二，我们做得最多的是深入基层调查研究。每年搞3～4个专题，每个专题都有调查报告。凡是我参加的，调查报告我自己动手写。13年来，我动手写的调研文章约30万字，大部分收入《肝胆相照》一书；第三，我们抓得最紧的是干部交流。13年间换了5任政协办公室主任，3任调研室主任，3任联络室主任。还有若干位副主任，进出20多人次。从根本上改变了以往到政协、统战部门"出生入死"的状况；第四，我们做得最实的是著书立说、存史育人。13年间我主持出版11期《文史资料》、23期《寿宁诗刊》，新近还出版了《寿宁文物》和《让历史告诉未来》两本专辑，用委员们的话说是"期期称特色，辑辑吐馨香"、"能解其中味，篇篇皆辛苦"。新闻媒体对寿宁政协的工作表示满意，并作了专题报道。

县政协主要活动有哪些

政协寿宁县委员会成立以来主要做了六个方面的工作：

一是协商监督，参与了历届县人民政府、人大、政协及部分单位的人选、部分工业和城市建设项目，寿宁县"七五"至"十二五"发展规划的讨论、修改；参与解放初期"善后委员会"及其他民主人士的平反问题等重大工作的协商；全体委员列席历届县人民代表大会，参与讨论县人民政府工作报告、国民经济计划和县财政、人民检察院、人民法院工作报告；实行委员季谈会制度，就县委、政府的中心工作和群众关心的热点问题，集思广益，出谋献策；就全县的经济、教育、党风、农业、工业、物价和廉政等方面的工作，提出意见和建议。

二是社会工作，县政协积极参加农村"扶贫"工作，对挂钩点进行指导、帮扶。1985～1988年，政协挂钩平溪乡东溪村，使该村38户贫困户中的31户脱贫；1990～2005年政协在继续参与包村挂点的同时，积极参与工业经济、"三农"、教育卫生和精神文明建设；2006～2015年政协积极参与茗溪新区和县城东区建设规划的制订和建设工作，为寿宁经济和社会各项事业发展献计出力。

三是"三胞"工作，1984年以来，县政协会同有关部门认真落实中共统战政策，退回1户归侨和2户旅美侨胞在土地改革中被错误没收的房屋28间，总面积500多平方米。负责接待回乡探亲的寿宁籍"三胞"300多人次。同时，帮助部分"三胞"亲属实现赴美、赴港、台探亲。

四是征集文史资料。1984年5月至2015年底，县政协共编辑出版《寿宁文史资料》14期。诸如《冯梦龙在寿宁》《寿宁历史名人录》《寿宁当代名人录》《寿宁民俗》《寿宁土改回忆录》《明、清两朝的寿宁知县》《寿宁文物》《让历史告诉未来》《时光掠影——寿宁老照片》等，都颇具地方特色。

五是成立诗社、书画研究院。1988年端午节，成立寿宁诗社，至2015年，共出版《寿宁诗刊》39期。其中：1～8期为单页，9～39期为专辑，每期都有一个议题，诸如，纪念建国、建党、建军、建县的；纪念冯梦龙宦寿380周年的；纪念诗社成立25周年的，还有部分社员的作品专辑等。从各个侧面反映寿宁的时代风貌。2001年10月，成立寿宁三峰书画研究院，有会员50多人。至2015年，先后举办4次书画展，200多幅书画作品参展，出版《三峰书画研究》专刊3期，每期印数500册。

六是联谊交往，1988年，寿宁县政协与浙江省的景宁、泰顺、庆元、文成四县政协联合决定每年召开一次五县"政协教育协作会议"，持续了13年至2002年。每年轮流在其中的一个县举行，各县政协领导、教育局长、中小学优秀教师参加会议，交流教育教学经验，探讨教书育人，提高教学质量。1999年12月，寿宁县第二次承办闽浙毗邻五县政协教育工作联谊会。

第二十一卷　群众团体

群众团体发展的历程怎样

明、清时期，寿宁没有全县性的群众团体组织。民国时期，有少年团、童子军、三民主义青年团寿宁分团筹备处、妇女运动委员会、农民协会、商会等群众团体，有过一些活动，以商会的同业公会和后期的三青团影响较大。

解放后，在中共寿宁县委领导下，寿宁县先后建立农民协会、工会联合会、共青团、妇女联合会、工商联合会、科学技术协会、文学艺术界联合会（简称文联）、残疾人联合会（简称残联）、归国华侨联合会（简称侨联）、红十字会、计划生育协会（简称"计生协"），以及各涉老部门学会、协会。这些群众团体按照各自的章程，围绕党委的中心工作，参政议政，开展各项活动，成为共产党联系人民群众的桥梁和纽带。

什么叫行业工会

1927年春，进步知识分子魏汾在寿宁县城组织第一个由店员、学徒参加的工会，要求店主改善劳动条件、增加工资，要求平等自由，同时发动群众支援国民革命军北伐。在当时有过一定影响。4月，蒋介石发动"四·一二"反革命政变，该工会终止活动。

1932年5月，福安县共产党人詹如柏在武曲乡大韩村建立船工秘密组织，开展革命活动。随后，乡内的塘西、西塘、承天、南岸等村也组织起船员工会。这些工会组织以捕鱼、运货为掩护，替中共地下组织运送军用物资。1935年农历正月十五日，他们掩护闽东独立师1000余人安全过河。与此同时，店员出身的郭文焕（福安人）在斜滩镇组织店员工会，旨在维护小商贩利益。1939年4月，中共福安县委在斜滩一带组织船民工会，积极协助运输抗日物资，并为新四军运送兵员。

1951 年 3 月，县人民政府在斜滩镇建立店员工会、手工业工会和码头工会，共有会员 117 人。5 月，成立教育工会筹备委员会。接着，邮电工会、医务工作者工会等 37 个基层工会组织相继成立，全县有会员 346 人。此后，随着社会主义建设的发展，基层工会组织逐年增多。至 1989 年底，全县有基层工会组织 210 个，会员达 7000 多人，占全县职工总数 9340 人（不含个体劳动者人数）的 75%。

县总工会都有哪些活动

县总工会成立于 1957 年 9 月 8 日，有委员 9 人。1957 年 9 月至 2003 年 12 月 9 日共召开 11 次工代会，第 11 届工代会有委员 21 人，常委 9 人。工会的主要工作有五项：

一是宣传教育。1951～1957 年，县工会根据中共寿宁县委确定的中心工作，广泛宣传抗美援朝、土地改革、镇压反革命、"三反"、"五反"等政治运动和各个时期的路线、方针、政策。1958～1963 年，开展以"三面红旗"为中心，以阶级斗争教育为主要内容的宣传，广泛组织职工开展学雷锋、学张高谦活动。1973 年开展"学习、贯彻《鞍钢宪法》"和"工业学大庆"活动。1979～1989 年，经过"拨乱反正"，大力宣传中共十一届三中全会以来的路线、方针、政策，宣传职业道德和企业民主管理。

二是生产竞赛。1952 年，县工会便组织有关单位开展爱国主义劳动竞赛。1953 年，银行工会有 7 人获银行系统省级"二等劳动模范"称号，粮食工会获粮食系统专区级一等奖。1955 年，县供销社有 156 人参加竞赛，有 7 条合理化建议被采纳，增加效益 2364 元。1958 年，有 8 个单位参加竞赛，30 多人获地区级奖励。1960 年，职工提出合理化建议 1579 条，被采纳 1183 条，增加效益 4.91 万元。1964 年，全县有 18 个企业的 163 个班组 906 名职工投入"好班子竞赛"活动。1979～1984 年，普遍开展"安全、优质、低耗"的技术革新和"产品信得过"活动。1985～1989 年，先后组织开展"为企业做贡献"、"献计献策"和"双增双节"活动，有 92 个单位 5361 人次提出 5198 条合理化建议，被采纳 2512 条，增加效益 777.01 万元，有 17 个单位受到省、地、县表彰。

三是技术革新。1965 年，县农械厂改革刀、钻具，提高工效和质量，生产的打谷机被评为全区第一；县印刷厂利用旧的号码机和自行车的链条制造数纸器，简化装订工序；县第一酒厂改革车间炉灶，半年节约柴片 100 多吨；县阀门厂先后研制出 150 种新产品。据统计，1981～1989 年，全县工会系统有 11 人荣获省级劳模或先进工作者称号，有 5 人荣获全国劳模或先进工作者称号和"五一"劳动奖章。有 20 个单位受到省、地级表彰，其中有 9 个单位被评为省级先进单位。

四是开展文化体育活动。1951 年，斜滩镇工会创办职工业余学校。1975～1978 年，县工会组织各基层工会举办业余文艺汇演。1981 年 5 月，县建立工人俱乐部，内设放映厅、阅览室、学习室、舞厅、文艺活动室。1982 年国庆节，举办职工业余美术、摄影、书法展，展出作品 95 幅。1983 年起，俱乐部坚持双休日开放阅览室和活动室。1984 年起，节假日增加彩色电视转播和电子游戏项目。1985 年春节，举办以《"振兴"第一唱》为题的迎春折枝诗会。1986 年，开展职工业余摄影展览和行业技术表演。1982～1987 年，县总工会共举办 9 期文化学习班，参加学习的 667 人次，举办业余摄影班 1 期，参学 30 人。1987～1989 年，举办职工业余文化学习 43 期，参加学习的 560 人次；举办安全劳保学习班 12 期，参训 825 人次；有 96 个单位参加"振兴中华读书演讲活动"，参加者达 1000 多人次，出席省、地、县演讲 46 人次。

五是职工福利。"为企业增效益，为职工谋福利"是工会工作的两大课题。1952 年，斜滩一位码头工人病危，无钱就医，工会给予补助 5 元，并发动职工捐助 20 元，使他得到及时治疗。1955～1956 年，银行、粮食、税务系统给 265 位病灾困难户职工补助 7181 元。20 世纪 50 年代末 60 年代初，县财政拨给工会用于职工困难补助款达 7.68 万元，享受补助的达 4300 多人次。同时，工会送 6 位体弱的职工到北戴河、福州、厦门等地疗养；1983～1985 年，先后又送 22 位职工到西安、福州、连江、厦门等地疗养；还组织女工 317 人接受妇科保健普查。1989 年，县供销社 1 名职工受灾，工会为他发动募捐 3000 多元。犀溪花炮厂发生爆炸事故，造成职工烧伤，工会组织职工捐助医疗费上万元。进入 21 世纪以来，工会组织开展"送温暖活动"，开展金秋扶贫助学活动，春节期间慰问离退休省部级劳模。2003 年以来，每年举办职工迎春、"三八"妇女节、"九九重阳节"活动，给贫困职工送温暖。

历次工会代表大会概况如何

1957 年至 2005 年 12 月，寿宁县共召开 11 次工会代表大会：

第一次于 1951 年 11 月召开，中心议题是：成立县工会联合会筹备委员会。号召全县工人组织起来，开展"增产立功"运动，恢复和发展生产。大会选出委员 11 人，其中主席、副主席各 1 人。

第二次于 1957 年 9 月召开，正式成立工会联合会，深入开展"增产节约"运动。选出委员 9 人，其中主席、副主席各 1 人。

第三次于 1968 年召开,号召全县职工投身"文化大革命"运动,抓革命,促生产。

第四次于 1973 年 9 月召开,贯彻中共"十大"精神,开展社会主义劳动竞赛,大搞技术革新和增产节约,调动一切积极因素,团结一切可以团结的力量,夺取革命生产双胜利。选出委员 24 人,其中主席 1 人,副主席 2 人。

第五次于 1979 年 1 月召开,学习中共十一届三中全会公报和全总"九大"文件,在全县掀起一个生产建设高潮。选出委员 25 人,其中主席 1 人,副主席 2 人。

第六次于 1984 年 7 月召开,提出新时期工会工作的主要任务:提高职工队伍的政治素质和文化素质,推行职代会制度,完成企业民主管理,整顿基层工会组织。选出委员 27 人,其中主席 1 人,副主席 1 人。

第七次于 1987 年 9 月召开,广泛深入地开展"坚持四项基本原则,反对资产阶级自由化"的宣传教育工作和"双增双节"运动,进一步完善、健全职代会制度,提高民主管理和参政议政水平。选出委员 21 人,其中主席 1 人,副主席 1 人。

第八次于 1990 年 10 月召开,到会代表 152 人,选举产生委员 20 人,常委 7 人,经费审查委员会委员 3 人,女职工委员会委员 5 人。

第九次于 1993 年 10 月召开,到会代表 119 人,选出九届委员 19 人、常委 7 人,经费审查委员会委员 3 人,女职工委员会委员 5 人。

第十次于 1998 年 12 月召开,到会代表 129 人,选出十届委员 21 人,常委 8 人。经费审查委员会委员 5 人,女职工委员会委员 7 人。

第十一次于 2003 年 12 月召开,到会代表 135 人,选出十一届委员会委员 21 人,常委 9 人,经费审查委员会委员 7 人,女职工委员会委员 7 人。

何谓职工代表大会

寿宁县自 1979 年 3 月起,在全县企事业单位逐年分批建立职工代表大会(简称职代会。教育系统称教代会,供销系统称供销合作联合会),作为职工行使民主管理权力的机构,在企事业内部实行民主管理。

职代会代表人数的比例为:第一线代表占 5%,科技管理人员占 30%,行政领导及车间科室代表占 20%。代表总数中女代表占 20%。

职代会举行时,在大会预备会上选举产生的主席团负责人主持会议。职代会设立生产经营、规章制度、生活福利、干部评议监督等专门工作委员会(或小组)。在职代会闭幕期间,由工会委员会负责职代会的日常工作,组织职工参加民主管理和民主监督,负责审议职代会有关提案,审定临时决定的问题,检查督促有关部门贯彻执行职代会决议和提案的处理,办理职代会交办的其他事项。

到 1989 年底，在全县企事业单位共成立 97 个职代会，其中教育系统 36 个，商业系统 5 个，金融系统 5 个，粮食系统 5 个，工业系统 12 个，二轻工业系统 4 个，交通系统 3 个，其他 27 个。

何谓少年团、童子军

1938 年 11 月，国民党当局在寿宁成立福建省少年团寿宁县支团部（简称少年团），以锻炼身体、努力学习为宗旨，吸收 12～16 岁少年儿童入团。主要活动有：早上参加晨呼队，每天 5 时到校集中，各执梅花刀或猴子棍上街，沿路高唱抗战歌曲，呼喊抗日口号。平时帮助教师维持秩序，轮流站岗、检查卫生。还参加写字、国语、算术、体育等各项竞赛活动。抗日战争胜利后，少年团停止活动。

1941 年 3 月，寿宁县立初级中学成立童子军团，全校学生 135 人全部参加。童子军团团长由校长兼任，配教官 1 人。此后，队员数随学生数的增多而逐年递增。童子军穿着统一服装，每周按规定课时开展训练（一般为 3 节）。抗日战争期间，童子军组织抗日宣传巡回队，上街劝募。

少年先锋队的组织活动情况如何

1933 年夏，寿宁县革命委员会成立后，东、西、南区所有建立苏维埃的村庄，都成立由中国共产党领导的少年先锋队和劳动童子团。当地 15 岁以下的少年儿童全部参加童子团，15 岁以上则加入少先队。10 月，寿宁县革命委员会在赤陵洋集中 100 多名身体健壮的少先队员进行为期 2 个月的集训，从中挑选 20 多名队员组成闽东工农游击第七支队。

1952 年，寿宁县"中国少年儿童先锋队"正式成立。1953 年 10 月改为"中国少年先锋队"（简称"少先队"）时，全县有队员 1311 人，辅导员 22 人。1956 年 6 月 1 日，召开首次全县少先队员代表大会。1964 年，全县有 94 所小学建立少先队组织，队员达 7409 人，并编成 157 个中队。"文化大革命"期间，少先队组织被"红卫兵"、"红小兵"组织所取代。1978 年，重新恢复少先队组织。1987 年起，实行全童入队，全县少先队员达 31219 人，适龄儿童入队率达 89%，有少先队辅导员 818 人（其中校外辅导员 28 人）。1988 年 12 月召开全县少先队第二次代表大会，成立寿宁县少先队工作委员会。1989 年底，全县有少先队员 32280 人，适龄儿童入队率达 91%，有少先队辅导员 851 人（其中校外辅导员 32 人）。

1952 年建队初期，主要进行爱祖国、爱人民、爱劳动、爱科学、爱护公共财物的"五爱"教育。1961 年 2 月 6 日，大韩村少先队员张高谦为保护集体羊群光荣牺牲。1962 年 3 月共青团福建省委追认他为"优秀少先队员",并将其列为全国十大少年英雄之一。全县掀起"学习张高谦,做个好队员"活动。1987~1988 年有 18 位辅导员受省、地表彰。

1991 年 2 月举行"张高谦牺牲 30 周年纪念活动"。2001 年 2 月,全县少先队开展"校园拒绝法轮功"活动。2003 年 12 月第十届宁德市少先队工作学会在寿宁召开。2004 年 9 月,团县委、县少工委举办"平安寿宁"故事大王赛,14 名同学分别获得一、二、三等奖。2005 年 4 月 5 日宁德市少先队、县少工委举办的"张高谦精神体验营"开营。同年为纪念建县 550 周年,团县委和教育局联合举办"南山杯""爱我寿宁,展我风采"寿宁县首届少先队风采大赛,绘画、摄影、书法、手工作品等多项获奖。

共产主义青年团的组织机构如何演变

1934 年,中共福寿县委在福寿边区建立共青团福寿县委,开展团的活动。1935 年冬,共青团福寿县委含溪中心区委成立,书记缪冬利。同时,各乡村党组织都积极开展建团工作。按"历史好,社会关系好,工作努力,保守秘密"等条件,先后发展 100 多名共青团员,建立 20 多个乡村团支部。1938 年春,寿宁革命转入低潮,团组织自行解散。

1949 年 10 月,成立中国新民主主义青年团寿宁县工作委员会筹备委员会。1950 年 6 月,建立县直机关团支部,有团员 17 人。至 10 月,全县有团支部 4 个,团员 54 人。12 月,召开全县各界青年代表大会,成立新民主主义青年团寿宁县工作委员会(简称团工委)。至年底,全县有 7 个乡团支部,17 个团小组,567 名团员。1953 年 2 月,召开寿宁县首届团员代表大会,正式成立中国新民主主义青年团寿宁县委员会。全县建立基层团支部 67 个,有团员 1238 人。1957 年 7 月,中国新民主主义青年团寿宁县委员会改称中国共产主义青年团寿宁县委员会(简称团县委)。至 1964 年,全县有团支部 261 个,共青团员 5112 人。"文化大革命"期间,县革命委员会政治处设群运组,负责共青团工作。1972 年 9 月,召开共青团寿宁县第八次代表大会,恢复团县委。1984 年 12 月,召开共青团寿宁县第十一次代表大会。同年全县建立 16 个基层团委,365 个基层团支部,有共青团员 6768 人,占青年总数的 14.6%。1989 年底,全县有基层团委 18 个,基层团总支 10 个,基层团支部 369 个,共青团员 9214 人,占青年总数的 18.8%。1990 年 10 月,召开共青团寿宁县第十三次代表大会,出席代表 241 人,代表全县 9324 名共青员,选出委员 22 人,其中书记、副书记各 1 人。1993 年 10 月召开共青团寿宁县第十四次代表大会,出席代表 132 人,代表全县团员 9517 人,选出委员 23

人，其中书记 1 人，副书记 2 人。1996 年 11 月召开共青团寿宁县十五次代表大
会，全面实施跨世纪青年人才工程，大力推进共青团服务万村脱贫致富奔小康行
动，为实现"九五"计划建功立业。1999 年 12 月召开共青团寿宁县十六次代表大
会，全面贯彻落实团中央十四大精神。出席会议代表 133 人，代表 9996 位共青团
员，选出委员 25 人，其中书记 1 人，副书记 2 人。2002 年 10 月召开十七次团代
会，出席代表 94 人，代表团员 10931 人，选出委员 25 人，其中书记 1 人，副书
记 2 人。带领青年解放思想，开拓创新，与时俱进，为实现寿宁现代化建设的宏
伟目标而努力奋斗！

共青团有哪些主要活动

1935 年，共青团福寿县委含溪中心区委组织团员投入反对国民党"围剿"的
游击战争，负责根据地的巡逻、站岗、放哨，并为红军送信。1950 年，团组织
带领广大团员积极投入恢复生产、剿匪反霸、土地改革、镇压反革命、抗美援朝
等运动。1952 年，组织机关团员参加"三反"、"五反"运动，发动农村团员开展
"爱国增产竞赛"。1955 年，在农业合作化高潮中，团员青年带头入社。9 月，全
县 25% 的团员加入农业社，60% 的团员参加互助组，有 412 名团员分别担任正副
社长、社务委员、会计和互助组长。团组织号召团员青年踊跃参军，当年报名应
征青年中，团员占 80%。1956 年，组织团员、青年学习《全国农业发展纲要》（草
案）。1963 年，全县各级团组织广泛开展学雷锋、学张高谦活动，结合讲"三史"
（村史、社史、家史），对广大团员、团外青年进行社会主义教育。1969 年起，根
据中央关于整、建团的通知，在全县范围内开展整、建团。至 1971 年 5 月，全县
188 个团支部，经过整顿的有 167 个；经过整团恢复过组织生活的团员 4653 人，
占团员总数的 98%；暂缓过组织生活 62 人，占 1.3%。另外被开除 13 人，劝退
30 人，留团察看 2 人，严重警告 5 人，警告 4 人。整顿期间，纳新 286 人，156
个团支部改选了支委。

1979 年，共青团组织以"四化"建设为中心，带领广大团员、团外青年投身
改革，开展"五讲四美三热爱"和争当"新长征突击手"等活动。当年，有 1 名青
年荣获"全国新长征突击手"称号。1984 年，广泛开展农村青年实用技术培训工
作，全县共举办农村青年实用技术培训班 455 期，受训青年达 16.52 万人次。全
县团员、团外青年共造林 13 万亩，种植各种果树 20 万株，养鱼 100 多万尾，开
垦茶园 8400 多亩，创办"青年之家"210 个，写出各种学习心得体会文章 2 万多
篇。1987 年，开展"党的知识"竞赛和"党在我心中"为题的论文征稿活动，有
20 位青年获得县级最佳奖，有 100 多篇小论文获得好评。1988 年，开展以"前进

中的寿宁"为主题的系列教育活动，举办"改革在我身边"、"改革与青年"、"改革与我家"等征文比赛，共收集论文 600 多篇。1986～1989 年，全县受国家、省、地表彰的团员青年 181 人次，其中有 1 人被授予"全国新长征突击手"称号，1 人被评为"全国青年星火带头人"。武曲乡象岩村团支部和芹洋乡可观村团支部被共青团福建省委命名为"红旗支部"。

新世纪以来，团县委组织开展"闪光在鳌城，奉献在老区"为主题的"学雷锋、学赖宁、学高谦树新风活动"，全县有 4 万多名青少年为民办实事 6 万多件。13 个团组织获省地"三学一树"先进单位称号。先后开展了"三百青年包百村，争创小康献青春"、"青年文明号服务一条街"、"校园拒绝法轮功"和"阳光助学"等活动。

388

何谓妇女运动委员会

1938 年，国民党当局指导组建寿宁县妇女运动委员会（有委员 11 人）。为唤起妇女国民责任心，改善妇女生活，指导妇女为社会服务，妇女运动委员会协同国民政府禁止妇女缠足和溺弃女婴，在县城开展纪念"三八"国际妇女节和发动妇女参加针织刺绣等活动。1949 年，随着国民党政权的垮台，县妇女运动委员会消失。

何谓妇女联合会

1950 年下半年，寿宁县民主妇女联合会筹备委员会成立。当年坑底、纯池（今属周宁）两乡首先成立妇女组织，参加人数有 525 人。至第二期土改开始，全县大多数乡（镇）均已成立妇代会。1951 年 7 月，召开寿宁县首次妇女代表大会，正式成立寿宁县民主妇女联合会。1958 年，寿宁县民主妇女联合会改称"寿宁县妇女联合会"（简称"县妇联"）。至 1963 年，全县建有 99 个基层妇代会组织。"文化大革命"期间，县妇联并入县革委会政治处群运组。1972 年 10 月召开寿宁县第五次妇女代表大会，恢复妇女联合机构。到 2005 年共召开 12 次妇女代表大会。县妇女联合会内设办公室、宣传部、生产权益部、儿童少年部，编制 6 名。全县有乡镇妇联 14 个，村妇代会 196 个，社区妇代会 7 个，县直机关妇代会 4 个。县妇女联合会下辖县机关幼稚园，教职员工 21 人，在园幼儿 340 人。

妇联会有哪些主要活动

妇联会的活动主要体现在，发动妇女参政议政，组织妇女参加生产建设和维护妇女儿童的合法权益等三个方面：

首先是发动妇女参政议政。解放前，受封建礼教的禁锢，绝大多数妇女不能参加社会活动，政治地位低下。解放后妇女获得翻身。全县各级妇女组织根据上级精神和妇女特点，按照中共寿宁县委的部署，利用"妇女之家"、"妇女活动中心"与夜校等阵地，广泛宣传中国共产党的方针、政策，组织妇女学政治、学文化，发动妇女剪长发、松小脚，走上社会，投入生产备荒、减租减息、剿匪反霸、土地改革和抗美援朝运动。当时，全县妇女为抗美援朝捐款 1939.71 万元（旧版人民币）。一批优秀妇女还先后被选上领导岗位。到 1952 年，全县有乡人民政府女委员 44 人、农会女委员 72 人、团支部女委员 6 人。1956 年，全县 84 个高级农业生产合作社和 93 个初级农业生产合作社均有一名女的副社长，还有 2 人担任高级农业生产合作社社长。1959～1960 年，妇女学科技，试种水稻和甘薯 4735 亩，造林 17719 亩（其中"三八"林 5761 亩）。1964 年，开展社会主义教育运动，全县有 95% 的妇女受到教育。1949～2015 年，历次寿宁县人民代表大会、中共寿宁县代表大会和政协寿宁县委员会均有一定比例的妇女代表，还有一些妇女被选入中共寿宁县委、县人大、县政协的常委会。其中，1978 年 3 月召开的中共寿宁县第四次代表大会，有妇女代表 43 人，占代表总数的 13.56%；1980 年 12 月召开的寿宁县第九次人民代表大会，有女代表 63 人，占代表总数的 25.3%；1984 年 3 月成立的政协寿宁县第一届委员会，56 名委员中，有女委员 11 名；1987 年 9 月召开的寿宁县第十一次人民代表大会，有 3 名妇女当选为人大常委，占常委总数的 20%；同年 10 月召开的中共寿宁县第六次代表大会，有妇女代表 58 人，占代表总数的 16.7%，并有 4 名妇女当选为县委委员，占委员总数的 15.4%。

其次是组织妇女参加生产建设。解放后，妇女开始走出家庭，参加生产劳动。1956 年，贯彻男女同工同酬，实行男女平等政策后，全县有 14600 多名妇女参加农业生产劳动，占半劳力总数的 67%。1958 年，在"大炼钢铁"中，男劳力外调，农业生产由妇女负责，出现"花木兰队"和"刘胡兰队"等妇女姐妹突击队。1959 年，全县妇女参加农业生产劳动人数占妇女总数的 90% 以上。1972～1978 年，全县各社队先后出现妇女耕山队、"三八"突击队、"三八"打石队，改变"妇女守灶头，坐门头，抱孩子，晒日头，劳动生产不露头"的状况。1979 年，全县有妇女耕山队 6 个，营林 680 亩，开垦茶园 67 亩，管理茶园 280 亩。当年，县、社、队妇联发动妇女饲养长毛兔 7 万只。至 1982 年上升到 18 万只，年产兔毛 12950 千克，产值 52 万元。1989 年，全县开展"女子爱国储蓄"活动，共认储 8 万多元。当年还组织妇女 26524 名参加"双学双比"竞赛，创值 3018 万元。随着经济建设的发展，专业户、重点户逐年增长。1990～2005 年，全县涌现100 名县"妇女增收致富带头人"、200 名"双学双比"女能手、100 名县级"少生快富"妇女劳动能手、400 名县级"巾帼文明标兵"。

第三是维护妇女儿童合法权益。早在清光绪二十九年（1903），寿宁籍进士林栋就曾赋诗反对男人留辫、女子缠足。民国初期，县政府颁发《禁止妇女缠足》条例，但未认真执行。

新中国成立后，广大妇女才真正挣脱封建礼教的束缚。1950 年 5 月《中华人民共和国婚姻法》颁布，妇女儿童的人身权益得到法律保护。一些虐待妇女和干涉婚姻自由的犯罪分子受到惩处。土地改革运动中，童养媳也分得一份田地，经济上独立，择偶也就不再受封建礼教束缚，大批童养媳和受包办婚姻压迫的妇女得到解放。1958 年，为解决妇女的后顾之忧，全县建立 45 个托儿所，入托幼儿 3500 多人。1975 年，寿宁县有幼儿班 43 个，入园幼儿 1671 人，入园率 14.7%。1981 年，新婚姻法颁布，县妇联印刷新婚姻法手册 500 多本分发全县，并在全县巡回展出 170 多幅宣传图片。竹管垅公社江后大队原有 38 名童养媳，至 1982 年有 26 人解除了婚约，2 人办理了离婚手续。1984 年，全县成立各级维护妇女儿童合法权益委员会 197 个，创办幼儿园 7 所，幼儿班 76 个，托儿所 3 所。1992 年，广泛宣传《妇女权益保障法》，建立妇女儿童权益保障机构，解决妇女权益保障方面存在的困难和问题。全县有 3 名妇联干部被县法院聘为特邀陪审员。妇联会认真做好妇女信访接待工作，积极参与社会治安综合治理，组织妇女参与禁赌、禁毒专项斗争。1996 年，下发《九十年代寿宁县儿童发展规划纲要》、《寿宁县妇女发展纲要（1991～2000 年）》，成立"寿宁县妇女儿童工作委员会"。2002 年，下发《寿宁县儿童发展纲要（2001～2010 年）》、《寿宁县妇女发展纲要（2001～2010 年）》，重新调整寿宁县妇女儿童工作委员会成员，建立起分级、分项、分年度的实施纲要规划目标责任制，形成推动全县妇女儿童工作的组织体系。

历次妇女代表大会概况如何

1951 年 7 月至 2002 年 11 月，寿宁县共召开 12 次妇女代表大会。历次妇女代表大会概况如下：

第一次，1951 年 7 月召开，128 位代表大会参会，中心议题是发动妇女参加"土改"与抗美援朝运动，宣传贯彻《婚姻法》，选出主席、副主席各 1 人。

第二次，1956 年 12 月召开，与会代表 97 人，中心议题是宣传贯彻男女同工同酬原则，发动妇女向科学文化进军。选出委员 17 人（其中主席 1 人，副主席 2 人）。

第三次，1957 年 12 月召开，146 位代表参会，中心议题是贯彻勤俭建国、勤俭办社和勤俭持家方针，发动妇女参加生产劳动，提倡省吃俭用，把余粮售给国家，支援国家社会主义建设。选出委员 23 人（其中常委 7 人）。

第四次，1962年2月召开，111位代表参会，中心议题是发动全县妇女鼓足干劲，积极发展家庭副业生产，战胜经济暂时困难。选出委员23人（其中常委7人）。

第五次，1972年10月召开，204位代表与会，中心议题是号召全县妇女立即行动起来，掀起一个反对买卖婚姻、早婚、抱童养媳与大破"四旧"、大立"四新"的群众运动。选出委员21人（其中常委7人）。

第六次，1978年10月召开，285位代表参会，中心议题是遵循中共十一大路线，揭批江青反革命集团干扰破坏妇女工作的罪行，讨论和制定新时期妇女工作任务。选出委员23人（其中常委7人）。

第七次，1982年7月召开，237位代表到会，中心议题是贯彻执行中共十届六中全会精神，胸怀全局，立足本职，为建设四个现代化而奋斗。选出委员25人（其中常委7人）。

第八次，1985年3月召开，297位代表与会，中心议题是动员全县妇女奋发图强，投身改革，为振兴寿宁、开创寿宁妇女工作新局面而奋斗。选出委员25人（其中常委7人）。

第九次，1987年12月召开，中心议题是动员妇女立足实际，投身改革，积极开展"增百、节百、储百"和争当"女状元"活动，为寿宁"三年脱贫、五年摘帽、八年做贡献"建功立业。选出委员25人（其中常委6人）。

第十次，1992年11月召开，171位代表与会，中心议题是大力推进脱贫致富奔小康，开展"双学双比"、"巾帼建功"、"五好家庭"、"三八绿色工程"等活动。选出常委7人（其中主任、副主任各1人）。

第十一次，1997年12月召开，140位代表与会。中心议题是贯彻实施《妇女权益保障法》、《寿宁县妇女发展纲要》和《九十年代儿童发展纲要》，进一步拓展"双学双比"、"巾帼建功"和"五好家庭"活动。选出县妇联执委21人，常委10人（其中，主席1人，副主席2人）。

第十二次，2002年11月召开，120位代表参会。中心议题是贯彻党的十六大精神，大力推动男女平等、《妇女权益保障法》、《婚姻法》、《寿宁县妇女儿童发展纲要（2001～2010）》，实施"春蕾计划"，组织发动妇女在两个文明建设中建功立业。选出县妇联执委25人，常委10人（其中主席1人，副主席2人）。

第十三次，2007年11月召开，119位代表出席，选出主席1人，副主席2人，常委9人。

第十四次，2012年11月召开，120位代表出席，选出主席1人，副主席2人，常委9人。

第十五次，2017年11月召开，121位代表出席，选出主席1人，副主席2人，兼职副主席3人，常委11人。

何谓农民协会

1930 年 12 月，共产党人范浚在大安交溪秘密开展革命活动，建立第一个贫农小组，有 29 人参加。1931 年初，大安一带农会发展到 15 个。夏季，叶秀蕃开始在鳌阳发展农会会员。接着在仙峰、花岭等 8 个村也建立起农会组织。这时期的农会会员，以后均成为红带会、赤卫队、工农游击队骨干。1933 年夏，县内的东、西、南三区有 64 个村成立苏维埃政权，农会组织公开，专门负责当地的分田、分粮工作。1938 年 2 月，闽东红军改编后北上抗日，苏区的农会活动停止。

1940 年 1 月 28 日，国民党当局在鳌阳镇成立农民协会（简称农会）。1945 年，全县建立 11 个乡（镇）农会，有会员 2626 人。当时的农会曾发动农民购买抗日救国公债。

1949 年 10 月，中共寿宁县委决定成立县农会筹备委员会。11 月，各区召开农民代表大会，成立区农会。年底，全县 80 个乡中有 76 个乡成立农会，有会员 2496 人。1950 年 4 月，召开寿宁县第一次农民代表大会，正式成立寿宁县农会。全县各乡农会下设 401 个小组，有会员 4817 人。在土地改革运动中，从成份划分到五大财产（土地、房屋、浮财、耕牛、农具）的没收到再分配，农会履行基层政权的权力。土改中，农会会员发展至 42853 人，占全县农业人口的 38.09%。1954 年 5 月，设立中共寿宁县委生产互助合作部，各级农会组织随着互助合作运动的发展而逐步取消。

何谓贫农团

1932 年 5 月，随着境内中共领导的农会组织的相继建立，县内下南区的大韩村首建贫农团。不久，发展到该乡的长岭岔、后曲等村。此后，根据革命的需要和贫苦农民的要求，贫农团逐渐发展壮大。1933 年 3 月，范浚、范义生等领导的岗垄贫农团，先后在仙峰、含溪等地开展"打土豪、分粮食"斗争。随后甲坑、郑家坑、谢坑、麻竹宅、富家村、南山下等村也建立了贫农团。贫农团员不论男女都参加站岗放哨。当红带会、游击队与国民党军队、民团作战时，贫农团则担负着抢救伤员和送饭送菜任务。1934 年底，中共含溪中心区委提出"抗租抗债、除捐灭税、分田分地"的斗争口号、贫农团直接参与分田和代耕"红军田"。1935 年春，县境内的革命活动转入低潮，贫农团解体。

何谓工商联合会

1949 年 11 月，鳌阳和斜滩设立工商小组，有会员 86 人。不久改名为鳌阳、斜滩商业联合会。1952 年 10 月，商业联合会分别改组为寿宁县鳌阳、斜滩工商业联合会筹备委员会。其主要职能是：团结全体会员，遵守共同纲领和政府的政策法令，协调行业、劳资间的关系，稳定市场。

1958 年 11 月，寿宁县召开工商联合会首届会员代表大会，成立寿宁县工商业联合会，选出委员 11 人。同时，在斜滩成立分会，在南阳、平溪设工商小组。此后，分别于 1962、1965 年元月，召开工商联合会第二、三届代表大会，分别选出委员 15 人和 12 人。其职责是以自我教育为主，组织会员学习社会主义革命理论，参加经济建设，并与原工商业者取得联系。"文化大革命"期间，工商联被错误地作为"资产阶级组织"而砸烂，会员受批斗，办公地点被占用，活动停止。

1988 年 8 月 25 日，召开寿宁县工商业联合会第四届代表大会，恢复工商联。大会选出执行委员 14 人（其中常委 7 人），由县政协的一位副主席兼任工商联主任，有会员 101 人。

1989 年，为提高工商联吸引力和增强服务性活动，新发展 7 名企业会员、24 名个体会员，至年底共有 124 名会员。经县工商联调查，了解到在海外寿宁籍工商业者有 38 户，分布于美国、日本、马来西亚、印度尼西亚、香港、澳门等 10 多个国家和地区，他们多数从事商业、服务业。工商联通过各种渠道加强与海外寿宁籍工商业者的联系，为扩大开放，深化改革服务。

1990 年 9 月 20 日，召开寿宁县工商业联合会第五次代表大会，选举产生 17 名执委会组成人员。1993 年 10 月 19 日，召开寿宁县工商业联合会第六次会员代表大会，选举产生 15 名执委会组成人员。1997 年 6 月 6 日，召开寿宁县工商业联合会第七次会员代表大会，选举产生 17 名执委会组成人员。

作为工商联的基层组织，1995 年 12 月 12 日，南阳商会成立；1996 年元月 27 日，斜滩商会成立；同年 4 月，县私营企业联谊会成立；1998 年 3 月 6 日，武曲商会成立。1998 年 6 月 18 日，寿宁上海商会成立；同年 6 月 26 日，县汽车运输同业商会成立；1999 年 7 月 19 日，县眼镜同业商会成立。到 2005 年，寿宁县工商联共有会员 348 名，分布在全县各乡镇及域外的上海、福州、泉州、北京、广州、西安等地。

何谓商会

清宣统三年（1911），斜滩镇成立第一个盐业同业公会。此后，先后成立茶业、油业、南北杂货、百货等同业公会。各同业公会都有各自的章程。1924年，斜滩镇的同业公会联合组成商会。1931年，国民党当局批准成立斜滩屠宰业同业公会。在推选公会执行委员时，由国民党当局派员监督。次年，斜滩京果业同业公会成立。该公会当即开展商业状况调查，改善贸易方法。此后，相继成立的酱豉业、绸布业、国药业、糖业、船业、油坊、麦坊等同业公会。1937年，县政府发出《关于不加入同业公会，不缴纳会费之公司行号的制裁办法》。1939年11月，福建省主席陈仪致函国民党寿宁县党部，要求各商号的从业人员，在限期内加入同业公会，否则，由商会转报主管官署依据《行政执行法》处罚，直至勒令停业。至此，所有从业人员全部入会。1945年4月5日。京果业、茶业、国药业、百货业、盐业、糖业等商业同业公会在斜滩区公所召开寿宁县商会筹备会，开始组建县商会。7月1日，寿宁县商会在斜滩正式成立，选举产生理事、监事13人。商会成立后，组织全体会员努力改善经营，加强协作，促进对外贸易，抑制物价上涨，稳定市场，维护和发展公共事业。

1937年，在全民抗日活动中，商会贡献第二年的救国公债息金，积极参与政府部署的禁毒（鸦片）宣传活动。

何谓个体劳动者协会

1983年，县政协与县财委、工商、税务、粮食、供销、农行、总工会、团县委、妇联等26个单位，组成寿宁县个体劳动者协会首届代表大会筹备小组。12月6日，召开寿宁县个体劳动者协会第二届会员代表大会，选出委员9人。至1989年底，县个体劳动者协会下属有7个分会和6个直属组，会员850多人，其中鳌阳180多人。

何谓科学技术普及协会

寿宁县科学技术普及协会成立于1957年。1959年底改称寿宁县科学技术协会，与县科学技术委员会合署办公。1961年撤销。1979年4月，根据中共福建省委《关于加强科技工作的决定》，重新恢复，并再次与县科学技术委员会合署办公。1984年与县科学技术委员会分开，独立办公。

1987年，第二次科协代表大会召开，选举产生县科协第二届委员会，选出委员33人，常委11人，主席、副主席各1人。

1992年2月，召开第三次科学技术协会会员代表会，选举产生委员41人。

1998年7月召开县科协第四次会员代表大会，选举产生由37人组成的寿宁县科协第四届委员会。2005年，全县约有科技人员4000人，其中县科协系统学会、协会37个，会员2018人，专业研究会34个，会员576人；科普小组172个，科技示范户1947户。乡（镇）科协14个，会员640人。

何谓文学艺术界联合会

寿宁县文学艺术界联合会（简称文联），成立于1989年4月29日，有委员11人，主席由中共寿宁县委常委1人兼任。其所属群众文艺创作团体有：文学协会、冯梦龙研究会、寿宁诗社、戏剧协会、书法协会、美术协会、摄影协会、音乐舞蹈协会、青年美术协会。

主要活动有：1990年2月，召开一届文联二次会议，选出主席1人，副主席2人，秘书长1人。5月举办"闽浙九县（市）摄影联展"，同年举办首届根雕艺术作品展，完成《中国民间故事集成福建卷·寿宁分卷》的编写。1991年，举办"闽浙毗邻四县青年歌手赛"、"寿宁县艰苦创业表彰文艺晚会"、"主力军心声音乐创作演唱比赛"、"建党七十周年文艺晚会"、"国防教育书画展"。1993年，县文联召开一届九次会议，选举产生主席1人，秘书长1人。为纪念毛泽东同志诞辰100周年，举办《毛泽东的情和爱》《人民领袖毛泽东》等图片展。1994年，为庆祝中华人民共和国成立45周年，举办书法、美术、摄影、征联等系列活动。1996年，寿宁二中音乐教师卢培玉获全国同行业歌曲比赛铜奖。1997年组织"奔小康、迎回归"文艺采风。1999年，举办新中国成立50周年"文艺联欢晚会"。

2000年，举办《希望之路》摄影图片展。寿宁诗社召开第四届代表大会。2001年成立"县硬笔书法协会"，举办《寿宁县硬笔书法八人联展》。同年11月12日寿宁"三峰书画研究院"成立。

2002年9月，县文联一届十次会员大会召开，选出主席1人，秘书长1人。编著《寿宁文艺十年成果录》。2003年评选"德艺双馨"文艺家，开展"闽东茶文化探源"文艺采风活动。2004年举办《牛头山水电杯》《今日寿宁》摄影比赛。

2005年开展"党心民心心连心"活动，举办《难忘驻村岁月》征文比赛活动，举办《历史的跨越》和《老年书画展》。画册《锦绣寿宁》出版发行。

何谓寿宁县社会科学界联合会

寿宁县社会科学界联合会（简称社科联）成立于2013年12月。

2013年12月30日召开第一次代表大会，选举产生第一届常务委员会。所属有哲学、老区、思想政治、税务、法学、诚信促进会、监察、传统文化、教育等多个学会（协会、研究会）。2014 年联合中国民俗文学学会、北京大学传统文化发展基金会、福建通俗文化促进会等共同主办"2014 中国·寿宁冯梦龙文化高峰论坛"。2015 年与宣传部联合主办"贯彻社科普及条例，深化法治福建建设"为主题的科普宣传系列活动。

何谓归国华侨联合会

1980 年，寿宁成立侨联小组。1987 年 6 月，召开全县归国华侨、侨眷第一次代表大会，成立寿宁县归国华侨联合会，选出委员 7 人。主席由县政协的一位副主席兼任。

1990 年 12 月，召开第二次归侨侨眷代表大会，选举产生新一届侨联委员会。

1994 年 9 月 29 日，召开县第三次归侨侨眷代表大会，选举产生第三届侨联委员会。县侨联认真贯彻中国共产党的侨务政策，维护归侨、侨眷的合法权益，重视发挥侨属优势，吸收侨汇，创办农、工、商实体企业。1997 年，县侨联开展侨情普查：全县共有新移民、出国人员 305 人。1990 年 10 月 26 日，爱国诗人、归侨卢少洲逝世，侨联、侨办在斜滩召开追悼会；2001 年美籍华人何淑端女士捐资 23 万元，在斜滩兴办幼儿园。

何谓老人联合会

1984 年 6 月，武曲乡成立全县第一个老人长寿会。1987 年 12 月 22 日，寿宁县老人联合会成立，设名誉会长 4 人、会长 1 人、副会长 5 人、理事 13 人。至 1989 年，除托溪、下党两乡外，其余乡（镇）均成立了老人会组织，共有会员 16500 多人。会员中 60 岁以下的占 25%。全县老人组织有资金 50 多万元。

老人会发扬敬老、养老、抚幼、爱幼的传统美德，普遍开展"我为人人，人人为我"的互助活动，维护老年人的合法权益，净化社会风气。1986 年 10 月，鳌阳镇老人会向全县提出"重生前孝敬，轻死后排场，丧事从简，不办酒席"的倡议，得到全社会支持。《福建日报》作了专题报道。

1987 年，全县有 1417 名生活困难的"五保"户对象得到老人会的帮助。鳌阳、南阳、斜滩、武曲、犀溪、凤阳 6 个乡（镇）老人会给辞世的会员亲属补贴丧事善后费 15 万元。当年，全县各乡（镇）老人会积极配合县民政局实行殡葬改革，推行火葬。1988 年，县人民政府规定重阳日为敬老日。每逢重阳节，各乡（镇）老人会均开展敬老宣传和各种娱乐活动。至 1989 年，全县有 280 户敬老之家受到县人民政府的表彰。

寿宁残疾人联合会情况如何

1989年12月，寿宁县成立残疾人联合会。2002年10月，升格为正科级单位。1998年起，全县14个乡（镇）设立残联，并配备兼职理事长。县残疾人就业服务所1995年成立，2004年更名为县残联劳动就业服务中心。

残联的主要活动有：一是康复训练，1990～2005年底，县残联完成白内障康复手术992例，培训12家残疾人家长，对18例智力缺陷者进行智力训练，对265例残疾人进行肢体训练。给8例脑瘫患者进行脑瘫训练，给30例肢体残缺者安装假肢，为16人开展聋儿语训2期，为48例儿麻患者实行儿麻纠正手术，发放残疾人用品用具240件，配发助听器32副；二是培训，1990～2005年，送省级残联参加盲人按摩培训8人次；参加市级残联印刷技术、电脑运用、果树栽培和管理培训3期24人次；本级残联聘请技术员开展食用菌栽培、茶叶种植与加工等地方特色性、实用性培训12期，280人次；三是就业，1990～2005年底，县残疾人劳动服务中心为2883位残疾人实现在农村就业，为997位残疾人实现在城镇就业，为60位残疾人实现在异地就业。

寿宁红十字会的情况如何

寿宁红十字会成立于1959年，1966年停止活动，1989年3月恢复。1990年5月，成立县实验小学青少年红十字会。1992年，全县各乡（镇）人民政府也相继成立红十字会。2005年，县红十字会会长由县政府分管副县长兼任。办公室挂靠卫生局，定编1人，由卫生局分管副局长分管，业务经费由卫生局统一管理。

1990～2005年，寿宁县红十字会先后向国际红十字会联合会、中国红十字总会、福建省红十字会、市红十字会争取到大米、饼干、帐篷、棉被、衣服、鞋子等物资，价值人民币150万元，分发给全县受灾户、特困户、五保户和孤寡老人。2004年，印度洋海啸，红十字会倡议全县捐款救灾，募集善款3万多元上缴省市红十字会。2005年，帮助4个白内障病人复明，手术费全免。1990年开始每年开展无偿献血活动。2005年，社会无偿献血者日渐增多，献血量也逐年增加，基本满足本县医院医疗用血需求。

寿宁计划生育协会情况如何

县计划生育协会（简称计生协会）成立于1989年8月。1990年，各乡（镇）计划生育协会成立。203个行政村也成立计划生育协会。

主要活动有：2000 年，开展"创建合格村（居）计生协会和争创一流村（居）计生协会"活动，要求计生协会充分发挥"带头、宣传、服务、监督、交流"五大职能作用，为育龄群众提供生育、生产、生活服务。2002 年，全县有 31 个村计生协会达到一流标准；94 个村计生协会达到合格标准。2005 年，全县创建一流村计生协会 92 个，创合格村计生协会 111 个。

关怀计生困难户，2000 年，县计生协会走访慰问生育 2 女即实行结扎手术的"二女结扎户"、独生子女户、计生困难户（简称"计生三户"）367 户，送慰问金 7.65 万元。全年扶持"计生三户"1169 户，发放扶持奖金 12.56 万元。2001 年，计生协会组织医务人员为贫困母亲义诊 400 多人次，免费送药 5000 多元。

2005 年 8 月，开展"金秋助学"活动，当年通过募捐集资 1.2 万元，资助 20 名结扎户贫困女生，每人 600 元。当年，给 359 户二女结扎户发放小额贴息贷款 131.5 万元，以帮助发展生产。

寿宁慈善总会情况如何

根据省委、省政府关于 2013 年全省各县市慈善总会全覆盖的要求，县委、县政府高度重视，12 月 4 日，县政府发文成立了以县长黄国璋为组长，县政府副县长卓仕平、县政府副调研员叶建根、县政协副主席王宏雄为副组长的寿宁县慈善总会筹备工作领导小组，下设办公室，由县民政局副局长叶允全担任办公室主任。12 月 26 日，寿宁县慈善总会第一次会员大会暨寿宁县慈善总会成立大会召开，大会选举叶建根为会长，王宏雄、张寿春为副会长，叶允全为秘书长。大会聘请郑义正、陈增光、吕居永、缪耕山、卓晓銮、黄国璋、兰清元、刘美森为高级顾问。

4 年来，寿宁县慈善总会紧紧围绕民生问题，服务大局，传播慈善文化，增强社会慈善意识，动员和组织社会力量积极参与，助力精准扶贫，开展了一系列帮扶困难群体的社会救助及社会公益事业工作，取得较好的成效。

募集做大慈善基金。创办本会专刊《寿宁慈善》；在各乡镇设立慈善法宣传栏；与县民政局、司法局、文艺团体和学校联合开展慈善法宣传；利用电视、网络等媒体普及慈善知识，传播慈善文化。县政府制定印发《寿宁县人民政府关于促进慈善事业健康发展的实施意见》，规定每年农历九月一日为寿宁县慈善日。由于省市慈善总会、县委县政府、各乡镇、县直单位的鼎力支持，寿宁县内外企业家爱心人士的慷慨解囊，共募集慈善基金 633 万。

积极开展各类项目救助工作。春节慰问困难家庭；重阳节慰问困难老人；"六一"国际儿童节慰问困难留守儿童、特殊教育学校学生、脑瘫病儿；助力考上大学的困难学子，圆梦大学；帮助因重大疾病陷入困境的困难群众等等；累计发放各类救助资金 290 多万元，帮助各类困难群体 5800 多人。

联合成立志愿者服务队。县慈善总会与寿宁县职业技术学校、县中医院分别成立志愿者服务队。每季度到一个边远山村开展下乡义诊、送医送药活动。慈善总会牵头，与县计生局、县计生协会、县中医院共同开展三年医疗扶贫活动，制定《2017—2019 年医疗扶贫活动方案》，安排医疗扶贫经费 20 万元，减轻特别困难群众的就医负担，防止因病致贫、因病返贫。

发挥桥梁纽带作用。与有关单位一起，联系省市企业和县内外乡贤企业家，为他们支持寿宁公益事业和扶贫事业充当桥梁纽带，获定向捐赠资金 1167 万元，用于三峰公园等社会公益项目建设，以及农村扶贫项目建设。向省市慈善总会争取资金，建成亭溪村、木场村、岱阳村 3 座慈善幸福院，让困难孤苦老人有一个幸福之家。

公安司法机构的概况如何

1936 年以前，寿宁未设专门司法机构，司法事务由知县（知事、县长）兼管。1937 年 11 月，县政府始设司法处和警佐室。

1949 年 7 月，县人民政府成立，便设立公安、司法机构。1949～1989 年，寿宁县的司法机关在剿灭土匪、镇压反革命、保护土地改革等一系列改造反动的社会基础的斗争中，在历次政治运动以及在维护寿宁县的社会治安、打击犯罪活动、加强法制建设的斗争中，做了大量艰苦的工作，充分发挥了职能作用，有效地巩固了人民民主专政，保护了人民的生命财产安全。

1990～2005 年，县公安机关每年针对不同时期的治安形势集中开展专项整治斗争、加强安全防范措施。县交通警察部门贯彻落实《中华人民共和国交通安全法》，消防实行分级管理制度并建成"119"火警接警中心。至 2005 年公安部门共破获刑事案件 3092 起，查处治安案件 1000 多起。县检察机关依法开展刑事、经济、法纪、控告申诉、监所等监察，实行检察长接待群众来访日制度，共批准逮捕 1608 人，提起公诉 2507 件 1328 人，立案侦查经济犯罪、职务犯罪 247 件 253 人。县审判机关依法开展刑事、民事、经济、行政审判，共审结刑事案件 1203 件，1627 人，审结民商事案件 10000 多件，县司法部门开展法制宣传，指导人民调解工作，组织实施法律援助，同时提供公证、法律顾问、法律援助等法律服务，取得良好成效。

民国时期的治安管理机构如何

民国以前，由典史管理监狱。清代，典史手下有书手、门子、皂隶、马夫。

民国时期，监所归司法处管理，看守所长兼监长。

1937 年 10 月以前，寿宁未设警察机构，公安事务由县政府第五科（军事科）兼办。11 月，设警佐室，配警佐 1 人。1938 年 8 月，设城区警察所。所长由警佐兼任。同时设斜滩分驻所和犀溪、平溪两个派出所。全县有警长 3 人，警士 22 人。1940 年元月，县设警察局，下辖城区、斜滩、平溪 3 个警察所，共有警官、警士 28 人，其中局长 1 人，巡官 3 人，警长 3 人。另有义勇警察 324 人，在各乡执行任务。民国 34 年 3 月，增设侦缉所（配所长 1 人，探员 7 人）和乡村警察推行队（队长 1 人，队员 12 人）。1948 年，重新设立斜滩、平溪两个警察分所，人员增至 63 人。

新中国成立后的公安机构发展历程如何

1949 年 6 月，寿宁县善后委员会接管国民党政府，设治安股。7 月 13 日，县人民政府成立，改设公安科。10 月 11 日，成立县人民政府公安局，当时有工作人员 8 人，警卫队员 19 人。1950 年，公安局内设治安、政保、审讯、秘书 4 个股，另辖公安队、看守所。各区（除斜滩外）配 1 名公安助理员。1951 年 7 月，县司法科的监所移交公安局管理，局内增设劳教股，在鳌阳、斜滩两地设教育所。1952 年，撤销鳌阳、斜滩教育所，全县公安助理员改称公安干事，县设劳教中队。1955 年，公安局增设政治协理室，保卫股，将审讯股改为预审股，公安队改为武警中队。1958 年，设城关派出所。1959 年 1 月，公安局改称政法公安部，7 月复称公安局。1963 年 1 月，成立公安局消防总队和消防指挥部。1967 年 5 月，成立公检法军管组，下设办事组、办案组、侦破组，取代公检法机关职能。1970 年 2 月，设县革命委员会政治处人民保卫组，军管组消失。1973 年 4 月，撤销保卫组，设立县革委会公安局，局内复设各股（室）。1975 年 8 月，改称寿宁县公安局。1977 年，局内复设政治协理室。1979 年增设行政拘留所。1980 年设刑事侦察股。1984 年县公安局各股改科，政治协理室改称政工科、1985 年设户政科。1986 年又设行政科。1987 年 3 月县交通局监理所划归公安局管理，同时成立交通警察大队。10 月，成立交通管理中队。1988 年 6 月，组建县城保安联防队。

1988 年 8 月，鳌阳、斜滩派出所升格为公安分局。鳌阳分局有干警 10 人，斜滩分局有干警 7 人。1983 年，各乡（镇）均设派出所。林业部门在景山林场设林业派出所。1988 年增设下党乡派出所。1957 年 7 月起，看守所由公安局管理，主要负责管理各种刑事犯罪分子。

民国及其以前的治安管理情况如何

寿宁地处偏僻山区，经济落后，交通闭塞，县民多聚族而居，谦让相处；与他姓毗邻，总求和睦，好息事宁人。"以生平足迹不履公庭"为"后学矜式"，因而治安较邻县为好。

一是治安，明天顺 7 年至康熙十五年（1463～1676）的 200 多年间，发生过 14 次重大兵事，只除第一次的王彭、陈亮、叶福等扰乱，不曾载明是否寿宁籍人外，其余 13 次，均来自境外。其中倭寇入侵 3 次，县外游匪串扰 6 次，叛军、渣兵过境掳掠 4 次。除康熙元年（1662）守备李昌本曾带兵堵御海寇，因寡不敌众，奋战身死以外，历史上均无驻军保护县民的记载。

民国时期，军阀割据，官匪合流，民不聊生。境内相继有吴德标、周玉光、何金标、李阿步、叶阿才、李成灿、李奶恩、李阿栋、李流娄、阮十字妹、杨显殿、刘东芳、缪周齐、李石木、范建安、吴正任等匪股为患。其中，何金标股匪曾发展至 600 余人，猖獗于闽东、闽北、浙南一带。国民党当局虽曾派兵征剿，但一时难以平定，人民生命财产安全无法保证。1938 年，县政府设立警察所，训练警察人员、负责清查户口，整理城区保甲、设卡置哨，管理特殊行业，处理民事纠纷。抗日战争胜利后，警察所倾力于防共、"清共"，盯梢中共地下党员。警察人员明里抓赌禁妓，暗里参赌嫖娼，敲诈勒索，无恶不作。

二是禁烟，清代鸦片流入寿宁。1928 年，鳌阳、斜滩、平溪、南阳等地均有烟馆，寿宁边远村庄如源佳墩、红桃洋（葡萄洋）、赤岩、纯池、三门桥、豪洋（以上后 5 村今属周宁县）与山头垄、下修竹等村，均有种植罂粟。1935 年 11 月，福建省禁烟委员会寿宁县分会成立。12 月设立禁烟处。当年县政府提出"二年禁毒，六年禁烟"口号，并印发张贴禁烟布告和"奉令严禁私种鸦片，违者处死刑"的标语。督促区、乡、保、甲长挨家查察，发现罂粟种子，即予没收，种植者拘送法办。1936 年 1 月 15 日，发现第四区（托溪）山头垄、下修竹、源佳墩等地有罂粟苗，县政府派兵铲除，同年 3 月，发现四区丰谷村有罂粟亩余，即派保安队前往查铲，抗拒的种烟户被枪决。对吸鸦片烟者，限期登记受戒。至 1936 年 3 月底，全县共登记烟民 293 人（女 2 人），领取普通限期戒烟执照 44 人，领取贫民限期戒烟执照 153 人，因贫无力领照 96 人。1937 年，县政府分别在鳌阳、斜滩、南阳开设土膏（鸦片）店，专营鸦片，不准私人运、销。同时，封闭私人烟馆。设限戒所和戒烟所，对烟民实行勒戒。1938 年 3 月，县卫生院附设戒烟所，将吸鸦片者集中到卫生院戒烟。1939 年 10 月，全县尚未施戒的烟民 156 人，其中一些人戒而复吸。县政府规定 50 岁以下烟民年内全部戒绝。至 1940 年 6 月，有 131 名烟民停止吸鸦片。撤销县土膏店和各地限戒所，1941 年，县政府宣布禁烟完成。

三是户籍，明代，户口编入黄册，户有民、军、匠3等，民分儒、医、阴阳；军分校尉、办士、弓兵、铺兵；匠分厨役、裁缝、马、船之类。黄册十年一造，清初，县署为加强户口管照，下令编制户口牌甲，"户给印牌"，书其姓名户口，"出则注所往，入则稽所来"，户口五年一审。1937年，由联保办事处举办户口异动登记，抽查保甲户口，各区按月向县填送报表。城厢联保由城区警察所负责。1938年，国民政府开始征兵，户口管理日趋严格。1939年起，18～45岁的男子，前往邻乡，需保、甲长出具证明；往外县，需持县政府发给的通行证。1941年，各乡公所设户籍管理员，编造全乡户口清册，各户门前悬挂木制户口牌，以备查验。1933～1936年，为"查缉"革命人士，国民政府曾发过"良民证"和"国民身份证"，对境内来往人员严加查问，许多贫苦农民被国民党疑为中共党员而遭拘捕。

新中国成立后如何清除匪患

1949年，原国民党军政人员，有的于机关南撤时受命潜伏破坏，有的出于阶级本性，趁人民政府新建之际，武装抗拒人民民主革命。他们杀害农会干部，张贴反动标语，并与县外国民党残余势力联络，又伙同县内地主恶霸纠集反动民团残部，利用迷信活动发展组织，在农村还公开抢财物，抓妇女，甚至袭击人民政府区公所，伏击人民解放军，抢走军队护送的人民币，粮食及军械、物资等。为害最大的是原国民党政府斜滩乡乡长范乃扬为首的股匪。1949年6月，范乃扬与国民党政府县长叶培松一伙在斜滩被善后委员会队伍击溃后，即与李承堂（国民党的平溪乡长）一起逃往福安，投入"福建人民谋生队"。7月22日，谋生队被中国人民解放军第九十三师解除武装。范遂率残部30余人潜回寿宁，收罗散匪、兵痞、流氓500余人，组成"海防司令部闽东反共游击第三团"，窜扰浙南、闽东各县。范乃扬化名范英，自任团长，柳权（国民党的县军事科长）为副团长。团部下设三个大队：第一大队120人，枪80余支，活动于一区（鳌阳）的泮洋、五区（南阳）的犀溪以及与浙江省泰顺县交界地区；第二大队280人，枪150余支，活动于一区的坑底和四区（托溪）以及与浙江省庆元县交界地区；第三大队134人，有轻机枪1挺，卡宾枪、手枪及步枪95支，活动十六区（今周宁纯池乡）的禾溪、四区的碑坑、上党和三区（平溪）的平溪、修竹及政和与庆元县边界地区。1950年3月，范乃扬与马祖岛的国民党海防司令朱绍良接上关系，遂将队伍扩编为"中国人民救国军第三纵队闽浙边区游击总队"，范任总队长，陈文基（国民党的犀溪乡长）任副总队长。总队下辖3个支队，8个大队，18个中队，34个分队，拥有匪徒1500人，长短枪600多支。

1949～1952 年底，全县被匪徒杀害的中共区乡干部、解放军战士、农会干部、民兵和群众计 73 人。1949 年，被匪徒抢走 24 支长、短枪和大量军用物资。1949～1950 年底，全县遭土匪抢劫 182 次，受害 727 户，被抢财物折合人民币 3667 元。1949 年 8～9 月，受匪策反，有乡警卫班和区干队成员 6 人，拖枪投匪。

1949 年 10 月，县公安局成立剿匪委员会和情报委员会，组织各区、乡公安员 36 人，情报员 76 人，配合中国人民解放军第二十八军二四九团二营和福安军分区独立团警卫连及县公安大队、区分队、分驻各区，组织联防。宣传"首恶必办、胁从不问、立功赎罪、立大功受奖"的政策，瓦解匪徒。依靠群众，侦察匪情，主动出击。12 月，消灭范乃扬股匪 1 个中队，击毙 1 人，活捉中队长以下 30 人，匪徒自新 27 人，缴获长短枪 27 支。1950 年，经过 15 次较大的战斗，共击毙匪徒 41 人，击伤 21 人，生擒匪徒（包括托溪匪首吴正任）301 人，匪徒投降、自新 265 人。缴获机枪 1 挺，长短枪 302 枝，子弹、手榴弹、利刃一批。收缴的物资（包括黄金 4 两）价值 11.3 万元。

1950 年 11 月，毛泽东主席电令中国人民解放军第十兵团："限期半年，肃清福建境内一切成股匪徒"。1951 年 1 月 16 日再次电令："务必早日肃清匪祸"。20 日，驻二区（斜滩）剿匪部队包围横山村南马鞍山范乃扬匪巢，次日凌晨击毙匪首范乃扬及匪参谋主任 1 人，活捉 4 人。29 日，范匪余部 2 人自新。5 月 5 日，下房民兵击毙匪副团长柳权。1952 年 7 月，擒获匪首刘东芳。至此，全县土匪全部肃清。3 年中，共击毙土匪 48 名，俘获 904 名，登记自新 1188 名，缴长短枪 600 余支，结束了土匪横行寿宁的历史。

寿宁县人民政府如何禁毒和查禁淫秽物品

1952 年 7 月 28 日，县人民政府成立清毒指挥部，开展禁烟（鸦片）、禁赌、禁娼工作。全县查处烟馆 36 处、贩买鸦片案 74 起、种植罂粟 1868 户，逮捕其中情节严重的罪犯 44 名，并按时间划线，分为历史犯罪、一贯犯罪、现行犯罪，区别处理。在 1950 年 2 月 24 日以前吸毒、贩毒或生产毒品的，为历史犯罪；1950 年 2 月 24 日～1950 年底的为一贯犯罪；1951 年以后的为现行犯罪。由于经过镇压反革命运动，禁毒工作进展较顺利。但藏匿的鸦片至 1958 年扫除残余反革命分子时才收缴干净。1950～1958 年，公安机关共收缴鸦片 18.2 千克。

福建实行特殊政策对外开放以来，经济发展迅速，流动人口增加，海外的淫秽录像带和其它淫秽物品也流入县内。1985 年，公安机关根据上级部署，查禁淫秽物品，取缔非法代客录音点 2 个，查出非法复制录像带 7 片，收缴淫秽录像带 13 片。1987 年，共查获、收缴淫秽录像带，裸体扑克与黄色照片、书刊 124 件。

1990年，县公安部门开展扫除卖淫嫖娼、走私、制作、贩卖、传播淫秽物品、拐卖妇女儿童、私种罂粟、吸食贩运毒品、聚众赌博、利用封建迷信骗财害人等社会丑恶现象和犯罪活动。全年查处赌博91起，卖淫嫖娼14起。1992年查处赌博案211起，治安处罚666人次；查处卖淫嫖娼案49起，处罚76人。1995年，县公安机关成立"打击赌博专业队"，全年查处赌博案217起。1999年，公开销毁电子赌博机31台。2000年春夏之交，县公安部门开展"禁娼禁赌"专项斗争，查处卖淫嫖娼案5起15人；赌博案82起720人。

2002年，境内开始出现"六合彩"赌博违法活动。公安部门开展打击"六合彩"赌博专项斗争，至2004年，共集中行动16次，查破"六合彩"赌博案59起，捣毁"六合彩"赌博窝点50处，抓获组织或参与"六合彩"赌博活动的现行犯罪分子202人。2005年，先后出动警力970多人次，捣毁赌博窝点84处，受理赌博案件239起，其中，"六合彩"赌博立案53起，刑拘27人，治安拘留60人。

如何管理枪支、爆炸物品和特种行业

1951年6月，对非军用枪支进行登记造册。1981年2月，对持用枪支（小口径步枪、猎枪）实行发证管理。1983年6月，收回不符合规定佩带枪支的党政干部的枪支。

1984年10月，执行《中华人民共和国民用爆炸物品管理条例》，县公安局举办爆破、安全、监爆、爆破物品仓管及采购、押运人员培训班。1985年，对生产、储运、使用、销售爆炸物品的单位进行整顿，经审查，发给安全许可证5本，储运许可证5本，爆破员作业证120本，仓管员作业证120本。

特种行业管理，1950年1月起，县城旅店列为特种行业，由公安机关管理。1985年7月，对全县的旅店、印刷业进行整顿清查。经审查批准，给67家旅店（其中个体51家）、19家刻印店发了营业证。

如何管理户籍

1949年10月，县公安局成立，内设治安科负责管理全县的户口。1951年，县公安局开始使用统一的户口迁移证。1953年，公安局与人口普查办公室联合开展全县首次人口普查，核实、澄清全县所有户数及人口，建立户口簿册和户政管理规章制度。1956年，全县统一使用户口簿登记户口，并对全县30128户重新填发户口簿。1958年，县公安局增设户政科，专管全县户政。1987年，各乡（镇）派出所均设1名户籍民警，农村户口变动划归派出所管理。

继参与 1953 年的第一次人口普查之后，县公安部门又参与 1964 年 6 月和 1982 年 7 月的两次人口普查和年度的人口统计年报汇总工作，及时掌握全县农业、非农业人口及常住、暂住人口的状况。1954～1989 年（缺 1967～1971 年的数字）的 31 年，全县净迁出 3993 人。其中，1973 年净迁出最多，为 910 人；1965 年净迁入最多，为 789 人。1981 年开始对外来人口进行管理。1982 年外来暂住人口为 2595 人，1989 年外来暂住人口为 1076 人。

1976 年，开始办理出入境定居户口手续，至 1989 年 12 月，全县共有 52 人经上级批准出境定居。1985 年，开始办理出入境探亲，2005 年出境 952 人次，入境 198 人。2014 年办理护照 3324 份，港澳通行证 3361 份，台湾通行证 700 份。

2003 年 6 月开始放宽户进城迁移政策，规定凡符合以下条件者，凭有关证明，可随时办理户口进城迁移手续：①在城关购地建房、购房、集资建房已入住的；②在东城区购地建房并办理相关手续的；③在县城投资办企业，年上缴税收数额达 5 万元以上或进城经商满 5 年以上且有固定住所的；④为促进寿宁县经济发展而引进的所有有中、高级职称的科技、管理人才和具备大学本科以上学历的毕业生；⑤父母投靠子女，子女投靠父母、配偶互相投靠的；⑥8 月起应征入伍服兵役和逮捕劳教人员不再办理户口注销。

居民身份证制发情况如何

为适应改革开放的新形势，1985 年 9 月，全国人大常务委员会通过了《中华人民共和国居民身份证条例》。寿宁县 1987 年 11 月开始，经调查、摸底、登记、核实、造册、拍照、填卡、发证，至 1989 年底共发放居民身份证 129275 份，占全县应发证人数的 87%。1991 年 1～8 月制发居民身份证 1937 张。1993～1994 年，制发居民身份证 14018 张。1995 年，制发居民身份证 5551 张，1996 年制发居民身份证 5094 张，1997～1999 年制发居民身份证 28954 张。2000 年，完成全县居民身份证号码登录工作，制发居民身份证 13262 张。2005 年，办理居民身份证 1124 张，加急居民身份证 1000 多张，临时身份证 1500 张。查询微机信息 2 万多次，同时全面办理第二代居民身份证。2014 年，受理临时身份证 1316 人（次），受理二代身份证 15614 人（次）。

综合治理情况如何

1985 年 3 月，寿宁县成立社会治安综合治理委员会。6 月，根据中共宁德地委提出的全面落实综合治理社会治安各项措施的要求，由分管政法工作的县委副书记和县政府副县长分别兼任综治委主任、副主任，县政法委、公安局、检察院、法院、司法局等单位负责人任综治委员。下设综治办公室、普法办公室，由县公安局和司法局负责人分别担任办公室主任、副主任，协调配合。全县13个乡（镇）及部分行政村与乡直单位均建立综合治理领导小组，由车与厂、商店与公司、厂和公司与主管局签订治安管理合同，健全完善门卫、值班守护等安全防范管理责任制。各行政村党支部向乡党委承包治安工作和普法教育工作，农村普遍修订"乡规民约"，各户订立文明守法公约。1985年，全县签订治理承包合同279份，农户订立文明公约4152份。1986年10月，在鳌阳开展"以法治城"活动，整治交通秩序，净化环境卫生，县城各种违章行为逐渐减少。

1987年4月，县政府批转县公安局《关于内部单位推行安全保卫责任制的具体意见》，对62个单位的治保小组进行整顿，对外来的暂住人口和常住的无户口人员进行登记。8月开展打击拐卖妇女儿童和取缔卖淫嫖娼活动，查处拐卖妇女儿童的人贩子60人，解救妇女儿童18人。同时抓获赌徒405人，其中拘留处罚95人。

1988年，摧毁以青少年为主的盗窃、寻衅斗殴团伙"龙虎帮"，抓获主要成员27人；抓获赌徒294人。7月，对市容进行3次清理整顿，拆除47处非法搭盖棚架。

为加强治安管理，县政法委和公安局、人民检察院、人民法院等单位除做好平时的接待来访工作外，还参加每月农历十五日的县长接待日活动，接待来访群众，解决实际问题，使社会更加和谐。

镇压反革命的情况如何

1950年，对因出身贫困而沦为经济匪的，经教育认罪后给予出路。对1950年8月以前自新（包括骨干分子）和俘获的匪徒，不予处刑，还发给回家生产补助费。对一些匿枪"投诚"经释放后又继续为匪的惯匪，以及一小撮坚持反动立场的官僚地主、劣绅、反动会道门徒，则分别情节，给予惩办。1950年10月10日，中共中央发出严厉镇压反革命活动（以下简称"镇反"）的指示。1951年1月31日，中共福安地委召开会议，部署全区统一行动。2月15～18日，在县委逮捕了一批反革命分子与不法分子。同时，从福州、南平、崇安、政和、福安、周宁和浙江省的泰顺、龙泉、景宁等地捕回一批散匪与反革命分子，根据中共中央确定的"镇压与宽大相结合"、"首恶必办、胁从不问、立功赎罪、立大功受奖"的方针政策，予以分别处理。接着大张旗鼓地宣传为巩固人民民主政权，必须严厉镇压反革命的必要性，发动群众揭发控诉，就地召开公审大会，将罪大恶极的、不杀不足以平民愤的反革命分子处以死刑（其中土匪占51%，恶霸占22%）。截至

1951 年 6 月，全县共召开控诉会 107 场，参加会议的群众达 3.8 万人次，在会上揭发控诉达 2300 人次。经过镇压反革命，有力地推动了土地改革运动。由于镇反运动迅速猛烈，工作欠细致，产生了一些错捕、逼供现象。中共寿宁县委发现后，及时纠正，释放了一批被错捕者。1956 年 7 月～1957 年 1 月，在机关内部开展"肃反"（肃清反革命）。1958 年，在全县农村开展扫除残余反革命工作，挖出了一批漏网的历史反革命分子。全县有 671 人自首，交出子弹 431 发，手榴弹 4 枚，土炮一门，国民党政府委任状 424 张，刀会符书 177 件。此外，还有部分印信、证章、银元、赌具、鸦片。1961 年，机关内部再次开展"肃反"。至此，反革命分子基本肃清。

何谓取缔反动会道门

1951 年 5 月 8 日，"中国救民义军"头子李承柳，在杨溪头（今下党乡）组织大刀会会徒 201 人武装暴动，杀害中共平溪区委书记李鸿儒和杨溪头村农会干部 4 人，抢走长枪 1 支。岱阳、凤阳乡亦出现有会道门徒造谣破坏，扰乱社会治安。公安机关根据上级关于取缔会道门的方针政策，深入上述地区讲清宗教、迷信组织与反动会道门的界线，宣传对待迷信组织和组织内的个别反革命分子以及会首与会徒的区别，另召会徒自新。至 1952 年底，有 1181 人到人民政府登记悔过，共收缴长短枪 10 支、刀矛 1551 把、银元 1200 块，还有大量"法衣"、"法旗"等迷信物品。

1953 年，对取缔不彻底的 36 个乡进行补课，逮捕大刀会首要分子，集训审查骨干分子 61 人。对登记退会的 2037 名会徒，发还入会费 2549 元，银元 212 元。同时收缴长枪 2 支，"法刀" 1000 多把，朱砂 1.4 千克，鸦片 0.4 千克以及大量的"法书"、"法袋"。1953 年 4 月，公安机关派出 21 名干警深入 18 个乡对取缔会道门工作进行扫尾，共收缴土枪 1 支，"法刀" 16 把，银元 806 块，朱砂 0.8 千克，"法衣"、"法帽"、"法书"等 349 件。并促使 191 人自新。11 月，取缔武曲、凤阳 2 乡的"瑶池道"，逮捕首要分子并动员 35 名道徒登记退会。至此，全县反动会道门组织全部被取缔。

监管改造情况如何

建县之初，便有典史管理监狱。冯梦龙任知县时，曾添造"轻监" 1 间，不使轻加于重。但"县少重囚"，监狱"时时尽空，不烦狱卒报平安"。至清代，县典史以下有书手 1 名，门子 1 名，皂隶 4 名，马夫 1 名，办理缉捕与监管事务。全县年开支囚犯粮银 9 两。民国时，监所属司法处管理，看守所长兼监长。每名人犯每日口粮 0.65 千克，菜金 40 文，虽有"患病由卫生院派医生诊治，重症酌情保外就医"的规定，但因房舍狭小，空气窒郁，"死亡亦有所闻"。当时的监所也曾组织囚犯从事编草鞋，打绳索等生产。

县人民政府成立初期，看守所由司法科管理。1951 年 7 月移交公安局管理。1956 年，新建土木结构看守所 1 幢，面积 200 多平方米。1980 年改建为钢筋混凝土结构。改建后的看守所，光线充足，卫生条件好。对所内的人犯规定有学习、反省、生活、卫生等制度，以促进改造。

对罪犯实行劳动改造始于 1951 年。当年，在押犯在菖蒲洋开垦耕地 186 亩，种植水稻、甘薯、茶叶等作物；在铁场办石灰厂，在县城、斜滩办火电厂；在车岭、渡船头创办农场、畜牧场。经过劳动改造，437 名罪犯获得释放。1955 年，上调 50 名青壮年罪犯参加铁路建设。1957 年 4 月，在西浦建立劳改农林场，垦复油茶园 106.66 公顷，茶园 53.33 公顷，毛竹 26.66 公顷，种植水稻 4.66 公顷。1963 年以后，劳改人员全部由福安专署公安处劳改科管理。

劳改工作始终坚持"思想改造第一，劳动改造第二"的方针，犯人的伙食费，1958 年每月 6 元，1989 年每月 28 元。参加劳动的犯人口粮按当地同等工种定量供应，没有参加劳动的犯人（包括未判决犯人），按当地居民定量供应。每年发给单衣 1 套，衬裤、背心 1 件，棉衣 3 年 1 件，棉被 5 年 1 床。参加重体力劳动的每年发 4 双鞋，轻体力劳动的每年发 3 双鞋。患病犯人除在管理人员监护下及时就医外，对于年龄在 55 岁以上的，肢体残疾的，以及严重气管炎病患者，可予保外就医。对患重病，刑期在 5 年以下的犯人，恶性传染病或精神病犯人，经治疗无效，不论刑期长短，均给予保外就医。

1958 年秋，对当时认为不服从管教，又不够逮捕条件的四类分子集中到斜滩改造两个月。此后，便以小乡（相当于行政村）为单位用集训班、专业队、农场等形式，创办劳动教养队 22 个，集训劳教人员 1362 人。这批人于 1959 年春转由大队的治保委员会监督改造，在摘帽之前，每月召开一次训话教育会，只许规规矩矩，不许乱说乱动。1966 年以前，四类分子摘帽 664 人。1973～1974 年，纠错 93 人，摘帽 113 人，至 1984 年，除死亡或迁出外，全部予以摘帽。

消防机构如何

明、清至民国时期寿宁未设消防机构，历来有冬夜打更，提醒居民防火。一遇失火，四邻遭殃。明崇靖二十四年（1545），大火烧毁城内 500 余家住宅；万历七年（1579），又有 400 余家遭火灾。民国时期，斜滩镇民间自发组织的"龙江救火队"，置有人力压水泵 1 台，水枪 20 多支，还有消防桶等简单灭火设备。城内的政府机关和乡公所及个别商户也备有少量水枪，用于防火应急。民间灭火虽无固定组织，但逢火警，无论昼夜，县民均主动带上水桶、斧、锯等工具赶赴现场灭火。

1952 年，县公安局在斜滩"龙江救火队"的基础上，组建以机关企业单位为主的"民间消防队"。1961 年，鳌阳派出所配专业消防警察 1 人，置水泵 1 台。各单位分别组织"义务消防队"，购置一批水枪，消防桶、灭火器及安全帽等。1964 年，县成立安全委员会，下设义务消防总队，由 3 个大队，25 个中队，56 个分队，633 位队员组成。同时增添一批设备。1973 年，县公安局设消防股，配专职干部 2 人。1980 年，执行消防兵役制，县消防中队由专业消防兵组成。

1990 年，县消防大队全员 16 人，拥有消防车 2 辆、水泵 2 台、水枪 5 支、水带 30 盘。1995 年有消防车 1 辆，全县建有消防栓 18 个。1999 年购买 1 辆箭头消防车，2002 年又购买 1 辆水罐消防车，至 2015 年，消防大队有消防车 4 辆。

1991～1998 年，县消防大队开展安全大检查 65 次，发消防整改通知书 135 份。1999 年发《监督检查通告书》96 份、《火灾隐患整改通知书》3 份、《行政强制措施决定书》3 份、《火灾隐患整改通知书》4 份。1990～2005 年，全县共发生火灾 224 起，经济损失 674 万元，死亡 8 人。2001～2005 年，出警灭火 106 次，出动车辆 136 辆次，出动警力 754 人次，抢救财产 7102 万元。

1990 年 9 月寿宁县南阳青年义务消防队成立，由农民、个体户和手工艺者组成。建队 27 年来，南阳青年义务消防队出警近千场次，扑灭各类火灾 560 场，排除火灾隐患 230 多处，挽回经济损失上亿元。同时协助公安打击各类违法犯罪 40 余次，调解民事纠纷 130 多次，参加抢险救灾 220 多次，开展消防、安全普法宣传 38 场次，执行社会治安巡逻任务 1000 多个日夜。足迹遍布闽、浙边界，被人们称为"山里的 119"、"身边的 110"、"救死扶伤的 120"、"快速反应的 122"。2011 年 12 月，获评"全国志愿服务先进集体"。队员们多是当地的致富能手和行业标兵。

检察机构如何设置

1935 年，寿宁县司法处的检察官由县长兼任。1936 年设军法处，至 1940 年，由专职军法承审员代办检察官事务。1941 年军法处撤销，军法审判官改任司法处检察官。

1955 年 3 月 15 日，成立县人民检察院，配备专职干部 2 人。首任检察长由中共寿宁县委组织部长兼任。7 月，配专职检察长，由最高人民检察院任命。

1958 年，院内设办公室和一般监督，审判监督，监所监督 3 个股，全员 12 人，1959 年的反"右倾"运动，批判检察机关"强调监督，忽视专政"，机构遂被削弱。1960 年，工作人员减至 8 人。"文化大革命"中检察机关被撤销。1979 年元月，正式恢复县人民检察院，设刑事检察科、法纪检察科、经济检察科和办公室，配备干部 13 人。1980 年，设检察委员会。1985 年，增设林业检察科。1986 年 3 月，设监所检察科。1988 年 3 月，增设控告申诉科。1989 年 2 月，刑事检察科分设刑事检察批捕科和刑事检察起诉科。至 1989 年底，院全员 38 人，其中，检察员 14 人。

1993 年，增设政工科。8 月，原贪污贿赂举报室更名举报中心。1995 年 8 月，设民事行政检察科。1996 年 5 月，经济检察科更名为反贪污贿赂局。1998 年 8 月，设行政装备科。2003 年 8 月，刑事检察批捕科更名为"侦查监督科"，刑事检察起诉科更名为"公诉科"，法纪检察科更名为"渎职侵权检察科"，政工科更名为"政治处"，增设"监察科"和"职务犯罪预防科"。2004 年 8 月，增设"检务督察科"、"人民监督办公室"和"法律政策研究室"。2005 年底，全院 46 人，其中正副检察长 4 人，检察员 24 人，书记员 7 人，法警 1 人，工勤 5 人。

刑事检察情况如何

刑事检察分侦查监督、审批监督和死刑临场监督：

一是侦查监督：（一）批捕审查，1955 年，公安机关提请批准逮捕案犯 348 名，经审查决定批准逮捕 228 名。1958 年，县人民检察院与县公安局、人民法院三家联合"就地复查、就地批捕、就地预审、就地起诉、就地判决"，实行预审员、检察员、审判员会查，领导挂帅，党组决定，办理各种刑事案件。当年批捕人犯比 1955 年增 8.77%。1965 年，在受理公安机关提请批捕人犯中经审查，有 21 名不批准逮捕，3 名退回补充侦查。

1983 年，贯彻实施新的《中华人民共和国宪法》和中共中央关于"依法从重从快、一网打尽"的指示，严厉打击刑事犯罪活动，全年受理公安机关提请逮捕案犯比 1982 年增 317.14%，经审查批准逮捕数也比 1982 年增 202.85%，不准逮捕 3 件 15 名。公安机关撤回 5 件 13 名，退回公安机关补充侦查和检察院直接补充侦查的 8 件 12 名。

（二）起诉审查，1955 年，县人民检察院受理公安机关移送起诉的案犯 63 件 77 人，经审查决定起诉 62 件 76 人，不予起诉 1 人。1957 年，受理公安机关移送起诉 155 人，经审查后，决定起诉 134 人，免诉 1 人。1965 年，受理公安机关移送起诉 18 件 16 人，结案处理 16 件 14 人。其中，不予起诉 4 人，建议作另行处理 10 人。

1979～1983 年，受理公安机关移送案件 170 件 190 人，决定起诉 146 件 163 人，免予起诉 22 件 25 人，不予起诉 4 件 4 人。1989 年，刑事检察起诉科受理公安机关移送起诉和免予起诉的案件 59 件 103 人，决定起诉 50 件 75 人，免予起诉 3 件 16 人；受理自侦部门移送起诉和免予起诉的案件 23 件 32 人，决定起诉 4 件 4 人，免予起诉 15 件 21 人。

二是审判监督，县人民检察院成立后，根据法律规定，对审判活动进行监督。1955 年出席法庭支持公诉 6 起。1957 年，出席法庭支持公诉 102 起刑事案件，并对其中 6 起量刑畸重的刑事案件提出抗诉，县人民法院核对事实后，对 6 名罪犯予以减刑。1979 年，出席法庭支持公诉 8 起，1980 年，出庭支持公诉 25 起（刑事案件）。对 1 起诈骗、拐卖人口案件的定性不准、量刑畸轻提出抗诉，经宁德地区中级人民法院复审，对 2 名拐卖人口罪犯分别加判刑期。

1999 年，对 1 起故意伤害案，一审法院改变定性认定为侵犯住宅罪，判处被告有期徒刑一年，社会反映强烈，检察院提出抗拆，二审以故意伤害罪改判被告有期徒刑六个月。2000 年，检察院对 1 起奸淫幼女、猥亵儿童案的量刑畸轻提出抗诉，二审改判加刑。2000～2015 年，县人民检察院共提出抗诉案件 6 起，均被市院采纳支持。

三是死刑临场监督。1979 年以前，死刑临场监督由福建省人民检察院宁德地区分院派员执行。1979～1989 年，受宁德地区分院委托，县人民检察院先后 5 次派员临场验明罪犯正身，履行处刑监督职责。2001～2002 年，县人民检察院配合县法院组织公判大会 9 次，公判 56 人，公捕 13 人，执行死刑监督 4 人，临场验明罪犯正身，履行处刑监督职责。

经济检察情况如何

1955～1965 年审理经济案件 50 件 80 人。1980 年，重点选择一批企业单位开展经济检察，共受理 25 件，其中立案侦查 7 件，审结 6 件，决定起诉 2 件。1986 年，受理经济案件 12 件 34 人，立案侦查 8 件 21 人，决定提起公诉 5 件 10 人，免予起诉 5 件 10 人，另行处理 2 件 14 人，共追回赃款 9.3 万元。1989 年，共受理各类经济案件 45 件 57 人，立案侦查 26 件 33 人，提起公诉 5 件 5 人，免予起诉 17 件 23 人，另行处理 4 件 5 人，追回赃款 39.5 万元，挽回经济损失 52 万元。

1990 年，县检察院共受理各类经济案件 63 件，立案 35 件 41 人，侦结 34 件 40 人，起诉 7 件 7 人，免诉 26 件 33 人，追赃 71 万元。1992～1993 年，县人民检察院共立各类经济案件 38 件 38 人，为国家和集体挽回经济损失 70 余万元。

1997~2000 年，共立案各类经济案件 45 件 49 人，其中大案 10 件，为国家和集体挽回经济损失 140 万元。2005 年，县人民检察院立各类经济案件 8 件 8 人，其中大案 3 件 3 人，副科级以上干部犯罪 2 人，追赃 11.1 万元，为国家和集体挽回经济损失 37.5 万元。

法纪检察情况如何

1980 年起，共受理刑讯逼供、诬告陷害、非法拘禁等违法乱纪案件 11 件，其中立案侦查 1 件，会同有关部门查处 7 件，平反纠正冤假错案 1 件，赔偿损失、检查认错 5 件。1986 年，受理法纪案件 10 件 16 人，立案侦查 2 件 4 人，逮捕 4 人，提起公诉 2 人。1989 年，共受理法纪案件 12 件，立案侦查 3 件 5 人。

1990 年，县人民检察院共受理各类渎职、侵权案件 33 件 55 人，初查 21 件 43 人，从中立案 6 件 8 人。1981 年，受理 19 件 39 人，立案 8 件 16 人。1992~1995 年，受理 5 件 99 人，立案 9 件 18 人，其中 1994 年立案侦查县内首例破坏选举案件。1997~2005 年，共立各类渎职、侵权案件 18 件 32 人。

2014 年共立职务犯罪案件 15 件 17 人，人数比升 33%；其中科级干部 3 人，比升 200%；大案 10 人，比增 55%；为国家挽回经济损失 263 万余元，比升 190%。

监所检察情况如何

1980 年，县检察院配合公安局、法院对看守所进行 8 次检察，帮助整顿监规和建立监所检察制度。对个别武警替在押犯购买烟、酒、火柴等违禁品和为在押犯传递信件、纸条的违反监规行为，经核实后，提出纠正意见，给予严肃处理。

1985 年进行 3 次清监查号，协同公安局、监所对 43 个收容对象和 258 个拘捕对象进行清理，除在押 25 人外，共清出 233 人。1986 年 7 月，在提审人犯时，发现已判决的流氓犯刘某（判有期徒刑 7 年），在上诉期间，欺凌殴打同号人犯，在查清全案并核实证据后向法院起诉，依法加判刘犯有期徒刑 5 年，加原判刑期 7 年，共计 12 年。

1989 年，检察院派员驻看守所小公，设立各种表、簿、卡，对每名入所人犯逐项登记，发现该所未按规定将未判决人犯某甲安排监房外劳动，多次口头通知仍未得到纠正，便发出《纠正违法通知书》，将该犯收回监房关押。检察中发现超期羁押 53 人次，未及时投劳 4 人，都及时提出纠正意见。

1990~1992 年，检察院坚持"四查"，即隔日巡查，每日重点查，节日全面查，特殊情况突击查。对超期羁押、未及时投劳及其他违法现象和存在问题提出纠正建议 256 次，发出《纠正违法通知书》6 份，纠正超拘留期 20 人，超侦查期 19 人，超审到期 41 人。

1994～1998 年，检察部门，实行羁押案犯检察登记卡制度，加强日常巡查，杜绝犯人逃跑、自杀、闹监等事故，确保侦查、起诉、审判工作的顺利进行。2003～2004 年，按照高检院的统一部署，深入开展治理超期羁押专项行动，全面启动羁押期限届满预警机制，基本实现无违法关押、释放，无超期羁押，无混关、混押，无违规提讯提解的目标。

控告申诉检察情况如何

1957 年起，县人民检察院受理控告申诉来信 359 件，其中检送控告 202 件，申诉 44 件，民事纠纷 16 件，检察院自办案件 258 件，转有关部门办理 54 件。1981 年，受理人民来信来访 831 件次，其中自办 41 件，立案逮捕罪犯 3 名，处理历史遗留申诉 2 件，平反、纠正错案 2 件。

1986 年接待来信来访 561 件次，其中，属于首次信访的 421 件次，共检举控告各种犯罪线索 78 条，复查纠正错案 2 件 3 人。1989 年，接待来信来访 694 件（次），首次信访 566 件（次），控告申诉科自行查办 2 件，院内业务部门查办 190 件。与反贪肃贿斗争相适应，控告申诉科兼设举报室，为业务科提供案源。同时，坚持参加每月一次的"县长接待日"活动。

1990～1993 年，检察院共接待来信来访 1947 次。本院办理 157 件，转其他单位处理 1670 个件，充分发挥"窗口"和"桥梁"的作用。1996～1997 年，共受理信访件 215 件次，院办 85 件，转其他部门处理 169 件。1999～2000 年，"检察长接待日"共接待群众来访 110 人次，检察长批阅来信 75 件，受理刑事赔偿申诉案件 3 人。2001～2003 年，共受理群众来信来访 413 件次，院内办理 89 件，转其他单位办理 254 件，办理上级院和人大机关交办督办案件 11 件。

2004～2005 年，县人民检察院共受理群众信访 203 件次，向本院各部门分流办理 46 件，移送其他单位办理 157 件，开展"检察长接待日"活动 50 次，办理检察批办件 62 件。

审判机构如何设置

建县至 1935 年，寿宁的审判工作均由知县（知事、县长）掌管。1936 年，县设军事法庭，"军法官"仍由县长兼任。1937 年 7 月，过渡性机构司法处开始独立审判，1940 年，司法处始设专职承审员、书记员（后改称审判官、书记官）、录事、检验、通译、执法人员和法警（1941 年以前称庭丁、公丁）。至 1946 年，司法处有工作人员 14 人。

1949 年 10 月，寿宁县人民政府设司法科，配 1 名书记员，以县人民政府名义审判刑事、民事案件。至 1950 年 1 月底，共配工作人员 10 人，县长兼任科长。1951 年 1 月，为镇压反革命、保卫土地改革，成立寿宁县人民法庭并设审判委员会。同年 8 月，在全县 6 个区设分庭，分庭的审判长、副审判长分别由各区的中共区委书记、区长兼任。当时全县有专职司法干部 12 人。1952 年，县人民法庭组织两个巡回审判小组，到各区就地办案。1953 年 7 月，为第一次直接选举工作服务，在全县 7 个区建立临时的普选人民法庭。

1954 年 10 月，成立寿宁县人民法院，司法科的审判业务移交县人民法院。院内设秘书室、刑事审判庭、民事审判庭，配备干部 12 人。1955 年 4 月，成立审判委员会。1967 年 2 月，法院职能被军管组取代。1970 年 2 月，县革命委员会设政治处保卫组，执行法院职能。1972 年 12 月，恢复人民法院建制。1981 年 10 月，成立经济审判庭。1984 年 11 月，在鳌阳、斜滩、平溪、南阳成立 4 个基层人民法庭。1989 年 4 月，成立行政审判庭。同年 12 月，成立审判监督庭和信访办公室。1988 年 12 月，成立林业审判庭。1989 年 9 月，成立执行庭。

1990 年，成立"告诉申诉庭"替代审判监督庭和信访办公室。1994 年，成立"研究室"，撤销财计科。1999 年，"林业审判庭"正式作为法院内设机构，并统一改用专项行政编制。2001 年，执行庭升格为"执行局"。2000 年，撤销鳌阳人民法庭，成立"民事审判第二庭"。2003 年 4 月，成立"少年审判庭"。2005 年，县人民法院共有内设机构 11 个：包括，8 个审判法庭，执行局（内设执行一庭、执行二庭），办公室，政治处和司法行政装备处，一个直属机构：司法警察大队；一个派出机构；斜滩人民法庭；一个派驻机构；纪检组、监察室（合署办公）。共有干警 57 人（其中审判员 36 人）。

民国及其以前的刑事审判情况如何

封建时代，统治者对于地辟路艰的寿宁，是"小乱不管，大乱论斩"。备遭官兵践踏的县民，以畏官守法为家传祖训，仕何纠葛都唯县官决断是从。明万历年间（1573～1620），知县蒋诰规定"笞罪亦许种松自赎"。崇祯年间（1628～1644），知县冯梦龙在辩明一起诬告案时，不轻信口供，不滥用刑具，不匆忙下结论，现场取证，判明是非，至今传为美谈。

清康熙、雍正年间，尹镛、马大纪任知县时，注重教化，执法严明，监狱全空。

民国时期，寿宁被视为"健讼冠于全闽"。寿宁的文明诉讼传统表现为双方当事人，途中常同行同宿，相敬如宾，对簿公堂虽唇枪舌剑，庭审结束则相处如初。当然也有诬告案件。1937年，县长杨树森曾发布告示："控告本府员役，可递交县长亲启；无妥实铺保者，概不受理；查无实据，具状人又抗传不到的，以诬告论罪。"1941年，曾以诬告罪判处原告8个月徒刑。1940年9月，赤陵洋保长黄登彝被害，新任保长要抽黄姓祭祀银充作保办公费，村民黄大炮不允，保长便唆使被害人家属控告黄大炮杀人。10月9日，县警察局即往赤陵洋缉拿黄大炮，虽经多次审讯，被告矢口否认，证人口供也前后互异，拖至1941年12月10日，县军法庭才判决黄大炮无罪。

1934年，设司法处，当年，受理刑事案件179件，审结167件。1936年，县又设军法庭，负责审理盗匪、贪污、吸食鸦片、海陆空军事案件。同年，国民党政府加紧镇压革命，秘密审讯共产党人，只要有人密报某人参加共产党组织，警察局立即将嫌疑人拘捕到案，严刑逼供，作出"有罪"判决。据统计，1934～1935年，全县共拘捕嫌疑犯60名。1936年，因军法庭不予受理而死于狱中的就有27人。

民国后期，县司法处、军法庭除镇压革命外，也受理一般刑事案件。有钱有势人家与司法人员勾结，即使犯罪，也多逍遥法外，平民百姓有理无钱也告不准。

新中国成立后的刑事审判情况如何

1949年，县司法科、人民法庭、审判委员会及各区人民法庭分庭为保卫土地改革、保卫合作化，保卫粮食统购统销，共审理刑事案件2227件，其中反革命案件占49%，破坏经济建设案件占15%。

1955～1966年，共审理刑事案件1726件，其中反革命案件占27.5%。1966年，全县仅有反革命案件与刑事案件24件，为1950年以来案件最少的年份。

"文化大革命"开始后，法院工作处于瘫痪状态。1972年恢复法院建制，至1976年，审结刑事案件96件118人，其中判死刑2人，无期徒刑2人，无罪释放1人，免于刑事处分3人。1977～1978年，审结刑事案件40件48人。1979～1982年，审结刑事案件133件164人。

1983年，根据全国人大常委会颁布的《关于严惩危害社会治安犯罪分子的决定》和《关于严惩严重破坏经济的罪犯的决定》，按照"依法从重从快"的方针，至1985年，共审结刑事案件166件212人。其中，判处并执行死刑3人，判处5年以上有期徒刑的38人，宣告无罪的1人。1986～1988年，审结刑事案件122件163人。1989年审结刑事案件54件81人。

1990～2005 年，县法院共审结刑事案件 1084 件 1421 人。其中判处 5 年以上有期徒刑的 187 人，5 年以下有期徒刑的 591 人，拘役 78 人，管制 1 人，宣告无罪的 2 人，免予刑事处分的 34 人。

民事审判情况如何

新中国成立后，寿宁的民事案件，以婚姻纠纷案居多。土地改革时，宣传贯彻《婚姻法》。1952 年，受理婚姻纠纷案件 322 件。经审理查明，属于包办婚姻 263 件，判决离婚 231 件，调解离婚 43 件。

坟墓纠纷在寿宁是仅次于婚姻的民事案件。1962～1968 年，受理坟墓纠纷案 97 件。1980～1983 年 32 件。1984 年后，此类案件趋少，但纠纷依然存在。

1979 年后发生的民事纠纷中，土地、房产、宅基地、山林案件所占比例相对上升，1979～1989 年，全县受理土地、房产、宅基地、山林纠纷案件 408 件。1986～1989 年，判决结案的民事案件有 227 件。

1992 年以后，县法院审结的民事案件明显增多。从 1990 年的 386 件骤然增到 1992 年的 851 件，2000 年达到 1207 件。1990～2005 年，寿宁人民法院共审结民事案件 11001 件，平均 687.8 件。其中，婚姻家庭、继承类 2323 件，权属、侵权类 1344 件。交通、医疗、工伤事故案件在 2001 年之前难得一见，但 2002 年以后，年年皆有。

2003 年，县法院按最高法院规定，对确有困难的当事人，尤其是老弱病残、下岗职工、农民工追索赡养费、抚养费，抚恤金、养老金、劳动报酬以及人身事故医疗费用，减免、缓交诉讼费用 78 件，金额 8 万多元；为未成年人指定律师出庭辩护，为 1 名聋哑人聘请翻译，保障弱势群体合法权利。2005 年，审结所欠农民工工资案件 28 件，标的 159 万元。

香菇、茶叶是寿宁的支柱产业，为切实保护菇农、茶农的合法权益，县法院面向农村，送法上门，重点加强巡回审查。1997 年，共审查香菇、茶叶购销等经济纠纷案件 65 例，为菇农、茶农追回货款 93 万元。1999 年，审判人员深入菇、茶市场，宣传新的《经济合同法》，不断拓宽案源，全年审结经济案件 98 件，其中审理菇、茶和企业经济合同纠纷案件 82 件，经济标的达 473 万元。

经济审判情况如何

1981 年起，经济审判庭负责审理购销合同和借款合同等纠纷案件。1981～1983 年，审结经济案件 15 件。1984～1987 年，审结经济案件 174 件，标的达 169 万元。1988 年审结经济案件 70 件，标的金额 119 万元。1989 年审结经济案件 113 件，标的金额 125 万元。其中借款合同 75 件，占 66.3%，标的金额 74 万；购销合同 38 件，占 33.7%。

1983～1989 年，法院经济审判庭派员到县外调解企业贷款纠纷案件 89 件。1988 年，县植绒厂与外地厂商的 21 起经济合同纠纷标的金额达 41 万元，法院派出 5 位干部，于 9 月 22 日～12 月 7 日，主动与 14 个省（市）、49 个县（市）的有关单位联系，调解结案 20 件，标的金额 28.94 万元，为县植绒厂收回货款 10.73 万元。

1989 年，县人民法院受理银行被拖欠的借贷纠纷案件 105 件，标的金额 103.06 万元；审结 75 件，当年收回欠贷 50 多万元。

行政诉讼情况如何

1987 年，县人民法院成立行政审判庭，1987～1989 年，共受理当事人不服行政机关的行政处罚决定和其他行政处理决定的行政案件 12 件，经审理维持原裁决 6 件，撤销 3 件，变更、裁定各 2 件。1989 年审结行政案件 7 件，其中，治安处罚行政案件 5 件，换证及卫生处罚各 1 件。维持原行政裁决 3 件，改判 2 件，撤回起诉 2 件。

1993～2005 年，县法院共审结各类行政诉讼案件 233 件，年均 17.9 件。1997 年，县法院受理行政诉讼案件 19 件，结案 17 件。执结公路稽征、税务、卫生环保执行案件 85 件。1998 年，审结行政案件 15 件、受理非诉讼行政执行案件 91 件、执结 90 件。1999 年，犀溪村第四、五、六村民小组诉县良种场土地纠纷案，通过法院与政府协调配合，村民主动撤诉。

何谓申诉复查

1949～1989 年，县人民法院共复查刑事案件 3330 件，宣告无罪 153 人。1979～1989 年，复查刑事案件 1545 件，其中，宣告无罪 143 人，发放冤狱费、财产补偿费和困难补助费 15.81 万元。自 1956 年县人民法院开始复查 1955 年的"肃反"案件起，1959 年、1961 年、1962 年又陆续复查了 1958 年"放卫星"式办理的刑事案件 1100 件，纠正 189 件。1979～1989 年，复查纠正刑事案件 359 件，37 人，其中宣告无罪的 143 人：一为"文化大革命"中所谓恶毒攻击领袖的案件；二为第二次国内革命战争时期的"五老"（老地下党员、老交通员、老接头户、老游击队员，老红军）案件；三为"寿宁县善后委员会"全案及历史遗留案，地下党员被错杀案。1979 年，复查刑事案件 267 件 292 人，其中，宣告无罪 9 件 9 人，免予刑事处分 8 件 8 人，不予刑事处分 3 件 3 人，更改定性 8 件 8 人，其他处理 15 件 17 人。对错判且关押时间较长、损失较大的，以及家庭经济确实困难的 19 人，发给补助款 2790 元。

1982～1984 年，根据中共中央和福建省委有关文件精神，开展对"五老"案件进行复查工作，3 年中共复查申诉案件 152 件，其中宣告无罪 26 件 26 人；免于刑事处分 18 人，减刑 3 人，更改定性 2 件 2 人，不予追究责任 1 件 1 人；移送外县人民法院及上报地区待批各 2 件 2 人，其他处理 1 件 3 人。

1985～1989 年，根据福建省市级人民法院提出的"坚决、彻底、尽快、妥善"地复查历史案件的要求，确认"善后委员会"为革命的群众组织，复查后认定属于错杀的 4 人，宣告无罪 28 人，不予追究刑事责任 12 人；还复查了受此案件株连的案外案 179 件，因该案而含冤屈死的当事人遗属，盛赞审判机关"泽及枯骨"。"善后委员会"一案的彻底平反，确定国民党在寿宁县的政权于 1949 年 6 月 6 日结束。

在民事案件的申诉与再审方面，1977～1986 年，十年间法院共受理 35 件，审结 20 件，其中维持原判 19 件，多为房屋产权纠纷，部分改判 1 件，达到申诉复查的目的。

司法行政机构如何设置

1980 年 11 月设司法局，配备局长、秘书、律师、公证员各 1 人。1981 年，局内设公证处，法律顾问处。1985 年，设基层工作科。1988 年，设办公室、法制宣传科。1982 年，各乡镇设司法助理员 1 人。1986 年，各乡（镇）以司法助理员为主，招聘离退休干部和爱好法律工作的农村知识青年，组建司法办公室，向当事人收取有限额的调解经费，作为业务开支。1987 年，乡（镇）司法办公室下设法律服务站，经司法局组织业务培训考核审批，有 29 人领到宁德地区司法局发放的乡（镇）法律服务工作者证书。

1989 年，司法局内设法制宣传股、基层工作股、公证处、律师事务所、办公室。各乡镇设立司法办公室，由乡镇配备 1 人担任司法助理员。司法办下设律师事务所。1997 年 11 月，大安、斜滩、武曲、竹管垅 4 个乡镇司法办升格为"司法所"并挂牌。至 1998 年，各乡镇司法办全部组建为司法所，为股级行政单位，归司法局管理。2003 年，司法所人员全部由县司法局收编。至 2015 年 12 月，全县 14 个基层司法所共有编制 24 人。经省司法厅注册的基层律师服务机构 7 个，领取法律服务执业证的法律服务工作者 31 人。1990～2005 年，全县乡镇基层司法所共调解各类民事纠纷和轻微刑事纠纷 15247 件。

法制宣传情况如何

1950～1951 年底，寿宁县土地改革运动中，抽调工作人员 839 人参加土地改革，在全县 80 个乡通过各种会议、墙头小报和专栏，开展《中华人民共和国土地法》宣传，受教育 9.61 万人次。

1981～1989 年，根据中央有关文件精神，在中共寿宁县委领导下，县司法局以《宪法》《刑法》《刑事诉讼法》《婚姻法》《民事诉讼法》《经济合同法》《兵役法》《森林法》《土地管理法》《继承法》以及《民法通则》《治安管理处罚条例》为主要内容，举办 5 次法制宣传教育活动。通过宣传栏、法制知识讲座、有线广播、在中小学开设法制课等形式，宣传法律知识。

1985～1989 年，全县参加法律知识学习的干部工人有 4188 人，占干部工人总数的 92%。对在校学生，除在中、小学设"法律常识""思想品德"等课程外，县普法办公室还先后在学校举办法制宣传讲座 59 场，听讲学生达 5900 多人次。1986 年起，面向农村，县、乡广播站每天都安排半小时的法律宣传讲座。此外，司法局还派宣传车到各乡镇开展法制宣传。1988 年，南阳乡还举办法律知识竞赛，参赛人员 50 多人。

1990～2005 年，全县广泛实施"二五"、"三五"、"四五"普法，全县受教育人数达 61.07 万人次，发放法律常识读本、传单 27.65 万份。县委、政府表彰普法、用法先进集体 84 个，先进个人 105 名。

民间调解情况如何

寿宁的民间调解，历史悠久。明代，《寿宁待志》载："两姓构怨不休，亲知欲为解纷，使乙子释甲为父，立券而罢"。清代，十分尊重"和睦族邻"、"解息争讼"的长者，誉为善民。但终因民间调解依附于宗法制度，有时有理的一方，在族规的约束和族长的高压下，被迫认错；加上清代的民事审判，是以维护族长权威为前提，因此常有民事纠纷，形式上虽然审结，而事实上却留下积怨。民国时期，国民政府颁布过《民事调解法》和《区乡镇坊调解委员会权限章程》。民间由亲戚长辈斡旋调解纠纷，省却因长期构讼备受官吏敲诈之苦。但有的调停人（俗称"公道人"或"讲话人"），多与豪绅勾结，每每为强者作伥，一到门理事，不问原由，便令被诉方供膳，付酬，民间称其为"地头蛇"。

1951 年土地改革运动中，乡人民政府就设有调解委员会。1954 年，政务院颁布《人民调解委员会暂行组织条例》(简称调委会条例),乡村调解工作开始走上正轨。寿宁县历经换届选举,组建基层调解委员会192个,有调解员694人,分布在全县各乡(镇)村。调解员以《调委会条例》《治安管理处罚条例》为法律依据,认真贯彻"调防结合,以防为主"的方针,至1989年,共调解各类民事纠纷和轻微刑事纠纷达2.03万件,使68件可能引起凶杀、械斗、自杀的案件化险为夷。其中1989年调解民事纠纷2503件,避免矛盾激化29件。

2003年,全县14个乡(镇)成立乡(镇)人民调解委员会,截至2005年,全县有乡(镇)调委会14人,村居调委会203个,共有调解员6979人。

1990~2005年,全县共调解各类民事纠纷和轻微刑事纠纷15247件,化解平息可能引起凶杀、械斗、自杀的案件126件,将恶性案件化解于萌芽状态。

何谓公证

1980年,寿宁县人民法院民事审判庭始设专人办理公证业务。1981年转归司法局公证处办理。1981~1989年,公证处共办理各类公证1798件,收费2.06万元,其中经济合同公证1624件,涉外经济合同公证32件。1989年,办理各类公证84件,其中经济合同公证39件,民事公证27件,涉外经济合同公证18件,收费0.6万元。

为保证各类合同的全面履行,公证员对协议条款中不确切的字句,逐一推敲,对可能损害某方利益的条款,均面向对方说明,建议进一步协商修改,对明显违法或带有欺诈性的内容,则予以删除、纠正,否则拒办公证手续。1984年经过公证的64份良种购销合同,应收良种20500千克,实入库18290千克。公证处责令违约方退回定金,偿还违约金。县良种场的宿舍楼基建公证,公证人员在回访中,发现施工质量有问题,且不能如期竣工,公证处给承包方提出书面意见;在验收时,便严格按照经过公证的合同责成承包方对质量不合格的6处返工加固;最后对质量不合格又未返工的部位组织双方协商,扣发工程费1120元。

1990~2005年,县公证处共办理各类公证3481件,收费35.5万元,其中国内民事公证1156件,国内经济合同公证1582件,涉外民事公证579件,涉港澳台公证192件,解答咨询1126人次。2014年办理各类公证事项567件,其中国内民事公证407件,国内经济公证73件,涉外公证95件,涉港澳台公证65件,收费总额163650元。2014年,县公证处有工作人员5人,其中四级公证员3人。

律师事务受理情况如何

明清时代寿宁就有讼师。民间流传将"溜竹伤人"改为"竹溜伤人"，就是讼师将故意伤害开脱为意外事故的实例。

1979年，县人民法院设专职律师，县司法局成立后，设法律顾问处，县人民法院专职律师归属司法局。1985年，按福建省司法厅通知，法律顾问处改称律师事务所。至1979年，有工作人员5人，其中有四级律师1人，另有三级律师1人。

1981～1988年，县律师事务所受理各类案件318件（其中外县人民法院管辖的占50%以上）；代写法律文书2660份，收费4万多元；接待及解答法律咨询1万多人次。经过一审辩护，刑事案件宣告无罪2人，免于刑事处分3人；通过上诉减刑4人（其中死刑改判无期徒刑1人），分清责任，追究漏罪2人；为被害人申诉，使罪犯由死刑缓期执行改判立即执行的1人；为被告人申诉减刑2件4人。经过申诉，撤销民事终审裁定1起。1989年，县律师事务所理各类案件94件，其中民事代理50件，刑事辩护29件，非诉讼代理2件。

1996年1月，福建杨清律师事务所成立。原公办律师事务所（4人）改为合作制，更名为"福建博知律师事务所。2005年，杨清律师事务所解散，县内仅有一所博知律师事务所，专职执业律师3人，兼职律师1人。

1990～2005年，律师事务所共受理各类案件1241件，其中刑事辩诉254件，行政代理82件，民事代理905件。担任常年法律顾问108家，收费108.4万元。此外，律师受聘法律顾问，为政府行政决策、产业集群建设、基础设施建设和"三农"问题提供法律服务。

民政老区

...

第二十三卷

民政事务机构如何演变

寿宁管理民政事务的机构，在明代有收养孤老的养济院，在清代有布政分司。1931年，县政府设第一科管理民政。1939年，改称民政科。民国时，县政府虽颁发过赈灾和优抚条文，但由于政局不稳，财政拮据，加上官吏弄权，实际多未实施。

1949年7月，县人民政府成立伊始即成立民政科，着手建设基层政权，办理优抚、救灾、恤孤、济贫等事务。"文化大革命"初期，民政机构一度瘫痪。1972年2月，县革命委员会政治处设民事组，负责民政事务。此后，基层政权建设、婚姻登记、优待抚恤、赈灾救济、社会福利、复员退伍军人安置及革命老根据地建设等项工作逐步加强。1954～1989年，县人民政府共发放烈军属、革命残废军人抚恤补助款344万元。县政府先后安排168名复退军人在县、乡（镇）企业工作，帮助195名复退军人兴办各种经济实体，走上脱贫致富奔小康的道路，还有111人经组织部门考核分别担任乡（镇）、村的领导职务。

在赈灾扶贫方面，1949～1989年，共发放社会救济款593.5万元。在保护合法婚姻、发展社会福利事业、加强革命老区建设等方面，主动为国家分忧，为群众解难。1981年5月，复设寿宁县老区建设办公室，至1989年，共投放老区建设款218.5万元，支持部分老区乡村修建学校、公路、水利，发展工农业生产，为老区早日脱贫致富奠定了基础，加速了寿宁经济的发展和社会繁荣。

1991年，成立"县双拥工作领导小组办公室"。1996年，成立"县勘界工作领导小组办公室"。2002年8月，机构改革后，县民政局内设计划财务股、社会团体登记办公室、民办非企业单位登记管理办公室、救灾救济股、优抚股、复员退伍军人和军人离退休干部安置办公室、基层政权建设股、社会福利和社会事务股。

县老龄工作委员会办公室、双拥工作领导小组办公室、城市社区建设领导小组办公室均挂靠民政局，民政局编制 12 人。

下属事业机构有县光荣院（福利院）、县烈士陵园管理处、县殡葬管理所（与殡仪服务站合署办公）、民政局储蓄所。

何谓优抚

明、清时期，官府给从征人员和民兵以优抚。明代，抽征民兵每年发给补助银 48 两。清代，全县"存恤孤老夏冬衣布银 4 两 5 钱"。

1938 年，省政府拨给救济军属准备款 1600 元（法币，下同），县政府筹集6500 元，商界募捐 3000 元，救济抗日军属。当年 7 月 7 日，县政府在县体育场召开追悼抗战阵亡战士及死难同胞大会，并通电全县，停止娱乐活动，禁屠畜禽，素餐 1 天。并令县佛教分会召集会员对阵亡将士及死难同胞进行礼忏，以示诚敬。

1939 年 6 月，对贫困军属，只由保内公产项下提供津贴。至 1941 年，共发放救济款 1.12 万元，1943 年春节期间，县劳军会发放募捐救济款 6025 元，布鞋2158 双。

1937～1942 年，先后成立"寿宁县出征抗敌军人家属优待委员会"、"寿宁县劳军分会"和"寿宁县优待军属基金会"，办理安抚军属、募集发放优待款物等事务。同时对家庭赤贫、生活困难、患病无力治疗、丧事无法处理、遭意外事故和无法养育子女的军属、烈属，规定由保、甲长或户主直接向优待委员会申请救济。县政府还颁布《国民优待抗战军人家属公约》，强调"抗战军属有困难者，应尽力帮助解决，有灾患者，应尽量设法救济"，每逢年节要给抗属送礼，有婚嫁喜庆应向其致贺。

解放后，中共寿宁县委把优抚工作摆上议事日程，人民群众缅怀革命烈士，尊重革命军人及其家属。1949 年 8 月起，县人民政府在每年的"八一"、元旦、春节期间，都组织"拥军优属慰问团"，深入乡村慰问烈军属，广泛开展拥军优属活动。并以联欢会、座谈会等形式，向驻军和烈军属、残废军人贺节拜年，提高优抚对象的政治地位。拥军优属工作已成为各级人民政府和人民群众的经常性活动和优良传统。

何谓优待

优待，是县人民政府给烈、军属以优厚的待遇。包括群众优待、政府优待和拥军优属：

一是群众优待。1951 年，规定年龄在 18～50 岁的农村男劳力，均有为烈军属代耕的任务。当年，全县为 271 户烈军属代耕 2284 个工日。1956 年，全县优待 68 户 191 名烈、军属 1018 个劳动日。1959 年，全县烈、军属有 155 户 540 人享受优待 3500 个劳动日。1965 年，全县享受优待对象 686 户 2755 人，共优待工分 46.31 万分，以工分换取粮食 82.35 吨，发放现金 2.3 万元。农村实行联产承包责任制后，1982 年起，对烈、军属的劳动优待改为现金优待，每人每年优待 185～360 元。由大队向社员群众征收上交公社，由公社统筹支付。当年，全县享受优待的共 549 户 549 人，发放优待金 5.88 万元。

二是政府优待。县人民政府对生活有困难的优抚对象，按其家属经济收入水平，采取临时补助或定期补助的形式分别给予实物或现金补助。1. 临时补助。临时补助款逐年由县拨给区、乡，通过民主评议，确定补助金额。1954～1989 年，全县累计发放临时补助款 86.29 万元。2. 定期补助。新中国成立后，县人民政府对烈士的父母、配偶、子女和军属实行定期补助。至 1952 年，县人民政府共发放补助粮 72 吨，款 8.16 万元。1962～1966 年，全县累计给 557 人发放定期补助 50 万元。1967～1980 年，全县累计给 1448 人发放定期补助款 138 万元。1981 年起，定期补助对象扩大，标准提高，至 1989 年，全县累计给 4938 人发放定期补助款 908.17 万元。

三是拥军优属。"饮水思源，居安思危"，每年"八一"、元旦、春节期间，县、乡（镇）人民政府均组织"拥军优属慰问团"向驻军、烈军属、残废军人贺节拜年。1953 年，开展全县性的"一个人做一件好事"活动。全县为烈军属积肥 3 吨、送柴片 1.1 吨、食糖 13 千克、糍粿 400 千克、食盐 17 千克，慰问信 167 件，贺年卡 1600 张，人民币 3.72 万元。1987～1989 年底，宁德地区（含寿宁县）有 72 个单位，向寿宁县光荣院捐款 1.28 万元，还赠送电视机、洗衣机、暖气机、收录机、床架、蚊帐、被单等用品，让烈、军属孤老人员安度晚年。

何谓抚恤

1950 年，根据国家内务部颁布的《革命军人牺牲病故褒恤暂行条例》、《民兵民工伤亡抚恤暂行条例》和《革命工作人员伤亡褒恤暂行条例》的规定，革命军人、党政企事业单位工作人员及参战的民兵、民工因牺牲、病故或致残的均享受抚恤待遇。享受抚恤的对象，由县人民政府发给证书，凭证书领取抚恤金。

1949～1952 年，全县共发放抚恤粮（包括优待补助粮）72.06 吨。1954 年，省人民政府拨给寿宁县抚恤款 6.77 万元。当年评定抚恤对象 156 户，其中烈属 150 户，病故军人家属 6 户，共发放追恤款 2.76 万元。1956 年，经评定批准的烈士 145 名，追恤 106 户，发放抚恤金 2.1 万元。1964 年，全县重新评定享受"五老"

抚恤补助对象 333 人，发放抚恤金 1.37 万元。1962～1968 年，全县共发放抚恤金 2.54 万元。1969 年起，对复退军人身体健康状况进行调查，发现患病无力治疗的，给送往地、县、乡（镇）医院及时治疗。病人的医疗费从优抚经费中开支。

1987 年 5 月，经调查核实，有红军失散人员 228 人被列为抚恤对象，享受定期补助。10 月，定期补助改为抚恤。抚恤标准每人每月 15 元、20 元、25 和 30 元，共 4 个档次。1988 年 8 月，按照国务院颁布的《军人抚恤优待条例》规定，抚恤标准再次提高，每人每月按 20 元、27 元、36 元 3 个档次予以补助。1989 年，全县享受抚恤对象 221 人，共发放抚恤金 7.03 万元，平均每人每月 26.5 元。

1990 年，全县共发放定期抚恤金 9.6 万元。1999 年，发放一次性抚恤金 1 人 4 万元。2005 年，全县享受抚恤人员 924 人，全年共发放定期抚恤金 137 万元，比 1990 年提高 14 倍。其中，享受定期抚恤革命烈士家属 451 人；因公牺牲军人家属 60 人；病故军人家属 1 人；因公牺牲病故的国家机关工作人员和人民警察家属 412 人。

烈士褒扬情况如何

民主革命时期，寿宁县有许多英雄人物在与敌对势力进行英勇斗争中光荣献身。1951 年起，县人民政府配合福安专区行政公署老区工作组，到鳌阳、南阳、大安等地开展烈士普查工作，收集烈士事迹。经县人民政府审查、核实，至 1957 年 10 月，全县初步评定革命烈士 888 名。1964 年 10 月，根据福建省民政厅的部署，在全县进行革命烈士情况普查、核实，澄清烈士的出生年月、籍贯、入伍时间、原工作单位、职务以及牺牲时间、地点、原因。1965 年，全县评定革命烈士 897 名。"文化大革命"期间，烈士评定工作停止。1980 年，恢复烈士补评工作。至 1989 年底，共评定土地革命战争、抗日战争、解放战争、抗美援朝、对越自卫反击战以及从事各种革命工作和保卫国家财产光荣牺牲的寿宁县籍烈士共 904 名（女烈士 12 名）。其中，土地革命战争时期牺牲的 765 名，抗日战争时期牺牲的 80 名，解放战争时期牺牲的 16 名，解放后抗美援朝和对越自卫反击战中牺牲的 38 名，其他 5 名。

1980 年开始编写《寿宁县革命烈士名录》，1984 年刊印成书，共收录 897 名烈士简历。1984 年 4 月、1988 年 9 月，又分别编写出《寿宁英烈》第一、二辑，收录了叶秀蕃、范浚等 52 位烈士的生平事迹。

1952 年，县人民政府组织人员收集到 90 位烈士遗骸，并集中存放。1956 年，在鳌阳西门外建 1 座烈士纪念塔，烈士遗骸迁入塔内。1960 年，因修建公路又将烈士纪念塔迁往县城东门外螃蟹山。当年清明节，在螃蟹山动工兴建烈士陵园，

12 月竣工，陵园占地面积 3.47 万平方米。1964 年 7 月再次扩建，至 1989 年，陵园占地面积 3.50 万平方米，建筑面积 813 平方米。其中烈士陵墓 150 平方米，安葬 101 位革命烈士的遗骸。革命烈士纪念碑高 16.8 米。每年清明节，县直机关党政领导、干部和工人、教师及学生均前往陵园祭扫瞻仰，向烈士敬献花圈。

至 1989 年底，全县共发《革命烈士证明书》904 份。1990～2005 年，根据《烈士褒扬条例》和《军人抚恤条例》，按有关程序审批和恢复革命烈士 9 人。

何谓救济

据《寿宁待志》载，明代，县城建有际留仓、预备仓（后改称社仓）各 1 所，于青黄不接时，出粜或借谷给贫民。明万历年间（1573～1619），知县戴镗重建社仓 5 所（其中，县城 1 所，乡里 4 所）。清康熙二十三年（1684），给孤贫户发放月粮银 58 两。

民国时期，县政府设第一科管理民政事务。民国 23 年（1934）11 月，福建省政府拨给寿宁救荒赈灾款大洋 1000 元。民国 26 年，第一区（鳌阳）后坑乡、第二区（斜滩）2 处火灾，受灾 100 多户 800 余人，损失 93.98 万元（法币，下同）。灾后，福建省政府及粮务会拨给救灾赈款 9.1 万元。同年 11 月 26 日，成立"非常时期难民救济委员会寿宁县支会"，各区设"国难防务募捐委员会"。同时设立难民收容所，以备沦陷区民众逃难应急。民国末年，社会救济仅靠县民募集少数钱粮赈济灾户，亦有富户煮粥施舍贫者。

解放后，中共寿宁县委、县人民政府十分重视社会救济工作，积极开展防灾、抗灾、救灾及社会救济活动。对于受灾户，县人民政府尽力从财力、物力上予以关怀支持，解决受灾户的生活生产困难。1950～1989 年，共发放社会救济、救灾款计 823.53 万元。

值得后人铭记的是 1989 年 7 月 21 日晚，下党乡发生百年不遇的暴雨洪灾，下屏峰村 30 多座民房被毁，土墙坍塌，5 位村民罹难，62 户 332 人受灾。王兆国省长和宁德地委习近平书记一行冒雨赶到受灾现场，视察灾情，部署抗灾救灾和灾后重建工作。给受灾最重的 32 户村民，每户发放 1500 元救灾款，并帮助解决公路、防洪堤坝、学校修缮资金 100 万元，以解燃眉之急。

赈灾的情况如何

1952 年 7 月，境内发生水灾，冲毁店铺、桥梁、房屋、路亭 27 处，淹没耕地 998 亩，损失稻谷 117.31 吨。县人民政府为支持受灾户恢复生产，发放无息贷粮 110 吨、救灾款 6000 元。1953 年春，相继发生旱灾、涝灾。中共寿宁县委和县人民政府及时部署以抗旱防涝、保护种苗为中心的救灾活动，组织干部深入灾区，领导灾民修复水利 1125 条，帮助灾区人民抗灾。1956 年，境内又遭干旱和台风袭击，县人民政府发动干部奔赴各灾区，修复水利 964 条，并发放救灾款 1.12 万元，贷款 0.71 万元，支援灾区开展生产自救。1957 年，斜滩等乡受灾雹袭击，县人民政府发放救济款 0.11 万元，棉被 450 床，棉衣 1277 件。1959～1961 年连续 3 年发生严重自然灾害，县人民政府共发放救灾款 31.82 万元。1963 年，发生春旱，9 月 3～7 日，又遭受 14 号强台风袭击，全县水稻倒伏 1.06 万亩，闭花 2.64 万亩，稻谷减产 1656.85 吨，甘薯受损 533 亩，减产 82.85 吨，当年县政府发救灾款 3.79 万元。1967 年 3 月，坑底浩溪一带受大冰雹袭击，其中浩溪大队共受灾 787 户，3700 人，县人民委员会拨给专项救灾款 0.2 万元，塑料薄膜 4000 米，帮助受救群众渡过难关。1988 年 3 月 15 日，平溪、芹洋、清源、鳌阳、斜滩等 5 个乡（镇）的 55 个行政村，受特大冰雹袭击，房屋是"家家漏雨，处处通天"，受灾群众达 9560 户 46118 人。灾后，中共福建省委、宁德地委、县委、县人民政府发放救灾款 4 万元，救灾粮 81.95 吨，救济衣被 542 件（床），并发动全县开展救灾捐款活动。全县捐款 4.7 万元，安定了灾民生活，稳定了社会秩序，使灾区生产得到迅速恢复。

1990 年，全县发生暴雨、台风、泥石流等自然灾害 13 起，倒塌民房 1785 间，损坏 8925 间；火灾 20 起，烧毁房屋 1920 间，损坏房屋 910 间。当年受灾 11.2 万人，死亡 8 人。民政局全年共下拨救灾款 68 万元，救灾粮 3250 斤，救济灾民 21622 人。在习近平同志的大力支持下，当年完成下党乡下屏峰村家园重建工作。

1990～2005 年，全县累计发放救灾款 1916 万元。

困难救济的情况如何

由于地理条件的制约和生产力低下，历史上寿宁常发生春荒夏旱，给人民生活带来困难。1952 年，县人民政府发放春荒救济款 0.52 万元，购买大米 36.11 吨，还拨出无息贷款粮 70 吨，解决了 7306 户 22611 人的粮食困难。冬季又发放救济服装 1650 套，棉被 63 床，棉花 525 千克救济困难户。1961 年，省人民政府、福安专区行政公署拨给寿宁救灾粮大米 966.5 吨，大豆 10 吨，面粉与线面 3.5 吨，并救济浮肿病人。1962 年，严重春荒，县人民委员会发放救济款 1.2 万元，棉被 316 床，棉衣 738 件，衣、裤 5245 件，帮助群众渡荒。

1964 年，全县评出困难户 333 户 333 人，发放救济金 5.77 万元。1967 年，给困难户 2480 户 11160 人发放救济金 7.25 万元。1970 年 5 月，县革委会除一次性发放救济金 3 万元外，还发放冬令救济物资：棉被 423 床，单衣 61 件，单裤 726 条，棉衣 1016 件。1972～1980 年，上级共拨给寿宁县社会救济款 94.83 万元。人民解放军还给寿宁送来了救济物资：棉被与被单各 420 床，卫生衣 420 件，卫生裤 1370 件。1981～1989 年，全县发放社会救济款 355.65 万元。

1983～1989 年底，县民政局根据有关规定，给予 60 年代精简退职回乡的年老体弱、长期患病、生活无依无靠的 134 人发放定期定额救济款 20.19 万元。

复退军人安置情况如何

1951 年 10 月，寿宁县成立复员委员会，开始接收复员、转业军人。1952 年 6 月，复员委员会改称转业建设委员会。根据"随回乡，随安置，随入社"和"妥善安置，各得其所"的精神，1950～1956 年，全县共接收复员军人 779 人。1956 年 7 月，安置 356 人，其中安置在农业社的 185 人，企业单位的 171 人。

1968～1971 年，共接收退伍军人 556 人，安置在机关、企事业单位的 506 人，回农村参加农业生产的 50 人。1978 年后，退伍军人重点安置农村。1985 年，县、乡相继成立军、地两用人才服务机构，为 480 名退伍军人建立人才档案，对退伍的军、地两用人才给予"三优先"（技术培训优先，提供资金优先，招工招干优先）。1985～1989 年，共接收退伍军人 986 名，其中军、地两用人才 491 名，已经使用的 444 名。安置在县级以上企事业单位工作的 168 人，其中，担任科级以上领导职务的 55 人，安置在乡（镇）企业单位工作的 67 人，担任村级领导职务的 56 人。举办各种经济实体 76 个，安置退伍军人 195 人。扶持退伍军人发展生产资金 66 万元。

1990～2005 年，全县共安置接收退伍军人 1365 人。其中农业户 1353 人，基本安置回农村；非农业户口 192 人。2002 年以前安置在机关、企事业单位 74 人；2002 年以后，逐渐过渡到以货币安置为主。2002～2005 年，全县共有 118 名非农业户口退伍军人得到货币安置，发放安置金 173.6 万元。

移民安置情况如何

1984 年，兴建麻竹坪水库，水库淹没区内有 38 户 181 人需要迁移。县人民政府在水库指挥部设移民办公室，办理移民安置工作。为 168 人办理农转非，粮食由国家定量供应；为 42 人安排工作。凡被拆除的房屋按建筑面积每平方米 6 元作价发给建房款。大部分农户迁入县城新建住房。安置中，国家投资 11 万元，帮助移民新建房屋 13 座。县城东区建设移民 160 多户，800 多人一律就近安置。

收容安置情况如何

1937 年 11 月 6 日，成立"非常时期难民救济委员会福建省分会寿宁支会"。1938 年，在鳌阳、斜滩、平溪 3 区成立 15 个难民收容所，办理难民赈济事宜。难民收容所的款、物，由联保办事处和同善社负责筹集。1939 年 5 月，浙江省庆元县遣送上海战区的难民 103 人至寿宁鳌阳，收容所发给每人每日膳费法币 0.1 元（儿童 0.06～0.08 元），共发放 33.9 元。同年还收容过境返湖南的难民 7 人，发给膳费 7.9 元。1942～1944 年，共收容过境难民 97 人，发放难民救济款 50.16 元。

1949～1989 年，民政部门与公安部门密切配合，共收容遣送难民 40 人次，发放收容遣送经费 1409 元；收容弃婴 83 名，并作妥善处理；收埋无人认领的尸首 114 具，发放丧葬费用 1.14 万元；还为 76 名精神病患者免费治疗，共支出医疗费 2.18 万元。

社会福利事业发展情况如何

明弘治年间（1488～1505）县始设养济院。正德年间（1506～1521），县署在城南的五里亭与城东的金钗洋置山地作漏泽园。清康熙二十四年（1685），知县赵廷玑捐俸银 20 两，买得城南王家洋山地 1 片，作为义冢。同治十二年（1873），在三峰寺岭尾上侧万寿堂（俗称江西堂）建养育堂，收养孤儿弃婴。1944 年，叶家亩、叶宜荣等 13 人捐资在城西老鹰丘建造一义冢，安葬抛露骸骨。此外，还有一些民间福利义举，如同善团体、富户募捐的社仓、义仓、路会以及施粥、舍棺等。

解放后，中共寿宁县委和县人民政府十分重视社会福利事业，对丧失劳动力的民众实行"五保"（保食、保穿、保烧、保住、保葬），并制定了一系列社会救济制度，创办一批社会福利企业，使社会福利事业有了很大发展。

1989 年，全县有"五保"户 1968 人，采取县、乡、村三级负担办法解决五保户生活困难，县解决每人每月菜金 20 元，每五年发给一床棉被；乡（镇）统筹解决粮食，每年不低于干谷 250 千克；村解决住房问题。1990 年，县政府颁发《关于切实做好五保供养工作的通知》，县上成立五保基金会，每年给每个五保户供应 240～250 千克原粮，由乡统筹、村包干；每月发给每位五保户 60 元生活费。县民政局与斜滩、托溪、大安联办 3 所敬老院，收养"五保"老人 24 人，敬老院兴办林茶场，实行以场补院。清源、平溪两乡也成立五保基金会，实行统筹供养。

1996 年，县长与各乡镇长签订《农村养老保险责任状》，要求：每年每人口粮 300 千克，菜金每人每月 20～30 元，五年更换一床棉被并帮助解决部分医疗费和丧葬问题。民政局投资 2.5 万元，建成武曲镇养老院，7 名五保户入院。1998 年，全县共有五保户 2910 人，其中集中供养 62 人。同年，鳌阳镇茗溪洋创办一所窗口式养老院。2014 年新建鳌阳、托溪、下党三个乡镇敬老院，新建农村五保幸福园 5 个。

何谓农村"五保"

根据 1956 年 6 月 30 日全国第一届人民代表大会第三次会议通过的《高级农业生产合作社示范章程》规定，对乡村损失劳动能力，生活没有依靠的老、弱、病、孤、寡人员，实行"五保"。当年，全县 78 个农业生产合作社中，享受"五保"供应的有 447 户 591 人，供给谷子 8750 千克。1957 年，全县五保户 118 户，221 人，每人供应口粮 200 千克。

1959 年，全县建 13 个敬老院，安置五保户 118 人。根据入院人员的身体素质，组织他们参加轻微的体力劳动。斜滩公社敬老院开展副业生产，入院者每月发给零用钱 2～7 元。1964 年，全县有五保户 1097 户 1370 人，由生产队供给粮食 210000 千克，平均每人 153.3 千克。同时，县人民委员会还发给生活补助费 1.91 万元，平均每人 13.98 元。1965 年，全县有五保户 1157 人，由生产队供给粮食 210000 千克，平均每人 181.5 千克。县人民委员会还发给每人生活补助费 27.29 元。

1982 年，全县有五保户 1528 人。1987 年，全县有五保户 1328 人。1988 年，经过普查，全县有五保户 1400 人，其中，基本口粮已落实的 770 人，占 55%；责任田已落实的 1120 人，占 80%；缺乏住房的 630 人，占 45%；生活无着落的 74 人，占 5.3%。五保人员中有能力自耕责任田的 280 人，占 20%；雇工帮耕分成粮食的 840 人，占 60%。1989 年，全县有五保户 1968 人。为解决"五保"人员的生活困难，当年由民政局与斜滩、托溪、大安 3 个乡（镇）分别签订《联办敬老院协议书》，各办敬老院 1 所，每院安置"五保"人员 5～20 人。

何谓"五老"照顾

1964 年，开始评定"五老"。当年共评出"五老" 1168 人，对其中的 333 名生活困难者实行救济，共发放救济款 1.37 万元，人均 40.99 元。尔后，即对"五老"中的困难户实行定期补助，共 156 人，每人每月 5～10 元。"文化大革命"中，"五老"定补被取消。

1978 年后，开始落实政策，平反一批民主革命时期的冤假错案。至 1983 年，全县共补评"五老" 234 人。当年全县共有"五老" 708 人，其中，中共老地下党员 33 人，老交通员 180 人，老接头户 73 人，老游击队员 399 人，老红军 23 人。县民政部门对"五老"中的孤老实行定期补助，月人均补助 15 元，粮 12 千克。至 1989 年，尚有 582 位"五老"健在。当年，全县共发放"五老"定补款 2.27 万元，定销粮 14690 千克。1988 年起，每年春节期，县人民政府均派人慰问"五老"，并赠送慰问品。

何谓低保制度

1998 年 1 月起，初步建立城市居民最低生活保障制度，资金由县、乡两级按 8∶2 分担。城市居民最低生活保障每户每月按 90 元、80 元、60 元、50 元、30 元五个档次发放。全县当年共发放 6 万元。

1999 年，政府出台《寿宁县城乡农民最低生活保障制度暂行规定》，在鳌阳、斜滩、武曲、犀溪 4 个乡镇试点。县、乡、村按 4∶4∶3 的比例，共同承担资金筹集。同年 7 月，首批 117 户低保户共 128 人领取补助金。全年共发放低保金 10 万元。2000 年，全县城镇居民有 125 户 285 人列入低保户。

2001 年，在全县范围内开展低保对象普查，城镇居民保障对象增加到 404 人，全年共发保障金 14.19 万元。农村农业人口有 135 户 153 人享受最低生活保障待遇。全年发放保障金 10.13 万元。全县全年计发低保金 24.32 万元。2004 年，城镇居民最低生活保障工作进一步完善，全县 931 户 1594 人纳入低保，人均补助标准 46.8 元，全年发保障金 84.022 万元。当年，省政府下达寿宁县的 9075 名农村低保指标分解到各乡镇，3 月底低保补助金发放到低保对象手中。全县月发保障金 41.9 万元。年发低保金 603.6264 万元。

2005 年，新增城镇低保对象 76 户 140 人，提高 40 户 45 人的补助标准。全县共有 1005 户 1734 人享受城镇低保待遇，最低生活保障达到单人户 150 元 / 月、多人户每人 140 元 / 月，全县月发保障金 80420 元。农村人口全县共有 6366 户 10035 人（其中五保户 2815 人）享受农村低保待遇，月发保障金 483745 元，人均月补助 48.2 元。年发低保金 676.9984 万元。

寿宁县有哪些福利企业

为了发展社会福利事业，县人委会于 1959 年 1 月，在县城成立社会福利综合厂，安置社会救济对象 45 人，从事缝制衣裤、编草鞋、织草席、打绳索等项生产。1960 年 9 月，该厂改组为烈军属缝纫组，1970 年并入手联社。

1984 年 12 月，县成立民政开发公司。1985 年 5 月，改称社会福利公司。

1988 年又改称民政福利公司，下设服装（缝制救济衣、裤、被单、被面等）、玩具、食品、皂素、眼镜、化工、叶腊石加工、竹编等厂，安置 78 位残疾人员就业。

1987 年 11 月，县人民政府在城西创办光荣院、福利院各 1 所，占地面积 1632 平方米，建筑面积 1100 平方米，国家投资 20 万元，社会募捐 1.17 万元。院内置有洗衣机、暖气机、彩色电视机、收录机，并配有医务、护理、炊事等服务人员。当年 12 月 21 日，首批孤老红军战士、烈军属、残废军人及 50 年代参军复员老军人及三残人员共 22 人入院休养。

1996 年 6 月，创办于斜滩镇斜滩村的福民茶厂，安置 58 位残疾人就业，年创产值 65 万元。2003 年开始，全县 20 名父母双亡的孤儿得到省慈善总会"助孤工程"项目资助，每人每年领取助养金 1000 元。

2005 年 3 月，创办于福建寿宁（南阳）工业园区的福建恒富有限公司，以"取之社会，回馈社会"为宗旨，安置残疾人 16 人。

2005 年，投资 280 多万元，在清源乡际头仔村建县社会福利院（与光荣院合并），占地 3033 平方米，建筑面积 1373 平方米，有 46 个床位，安置"五保"老人 36 人。

老区的由来与分布情况如何

民国 22 年（1933），寿宁县先后建立过 64 个区、乡、村苏维埃政权，并建立了县级苏维埃政权，老区人口 8 万人。民国 22~26 年（1933~1937），苏区村庄被毁 53 个，房屋被烧 1.59 万间，被拆 6599 间，苏区群众被抓走 1527 人，被杀害 1253 人，4800 多人被迫外逃，绝户的达 1779 户，因饥饿、疾病死亡的达 9816 人。

解放后，寿宁县于 1953 年被评定为老苏区。全县有 10 个老区乡（镇），老区行政村 162 个，老区自然村 936 个。1989 年，有老区户 41001 户，占当年全县总户数的 78%；老区人口 185979 人，占当年全县总人口的 89.1%。

老区建设情况如何

解放后，中共寿宁县委、县人民政府领导老区人民恢复生产，重建家园。1951 年，县人民政府设立老区建设委员会，下设办公室，开展老区建设工作。

1949 年 10 月~1952 年，县人民政府为帮助老区人民恢复生产、重建家园，共拨出补助粮 12050 千克，补助款 1.05 万元，修建房间 2744 间，茅屋 379 间，增添耕牛 265 头。福建省人民政府和福安专署还派员到老区调查人民生活，拨给老区建设资金 0.32 万元。以一区的大安与五区的院洋、仙峰 3 个为重点，新建房屋 26 座 452 间，修理房屋 50 座 371 间，发放冬令救济款 0.25 万元，购买衣裤、布料 2658 套，棉被 46 床，还解决 141 户 521 人的吃、穿、住困难。

1954 年，全县拨出老区建设费 7.34 万元，为 31 户 99 人新建房屋 65 间，修理房屋 42 间。同时拨给春夏荒、冬令救济款 0.6 万元，减免公粮 648940 千克，拨给路、桥修费 7.16 万元。在李家山、大林、白叶潭、赤溪、外山等老区村庄新建桥梁 5 座。拨给教育事业费 4.66 万元，新建校舍 3 座，修复校舍 6 座。当年夏季还拨给生产补助款 4.09 万元。1954、1955 年，先后在后墩村举办老区扫盲师资培训班 2 期，有老区青年 54 人参加学习。

1955～1956 年，全县共发放老区建设费 15.62 万元，新建房屋 199 间，修理房屋 261 间，修复校舍 21 间，为 121 户老区群众和 6 个老区村的教师解决了住宿问题。1966 年，拨给老区生产补助款 11 万元，补助 14 个村 2323 户，种植茶树、山苍籽、油桐、油茶、毛竹 581.2 公顷，修建灰寮 34 间、牛舍 3 间，购买耕牛 147 头，长毛兔 441 只。

1981～1984 年，全县各部门拨出扶持老区建设款 47.4 万元，扶持造林 706.66 公顷，购买耕牛 86 头，建设饮水工程 4 处，修建水电站 9 座计 361 千瓦，架设输电线路 63 千米，为老区行政村修筑公路、机耕路 31.3 千米，桥梁 4 座。此外，还为老区村改善卫生条件。1984 年 3 月 28 日～4 月 15 日，福州军区副参谋长熊兆仁到寿宁视察老区工作，写出上万字的调查报告——《走访寿宁观感》，指出在偏远老区乡村仍然存在"三缺"（缺粮、缺钱、缺劳力）、"六无"（无公路、无电灯、无大队部、无电话、无新房、无医药），提出改变老区贫困状况的意见和建议，得到各级政府的高度重视。当年，核减老区征、超购粮任务 2450000 千克（其中，公粮 25100 千克，统购粮 1262300 千克，超购粮 1162600 千克）。

1987 年 3 月，县乡签订《寿宁县 30 个老区行政村开展创建两个文明建设活动竞赛协议书》。1988 年，评比结果，凤阳乡的上大洋村荣获老区两个文明建设竞赛第一名，坑底乡地源村第二名，托溪乡阔丘村第三名。当年发放老区扶建款 36 万元。1989 年发放老区扶建款 33 万元。

进入新世纪以来，老区乡村成为脱贫致富、精准扶持的重点，全县发生了翻天覆地的变化：山头绿了，生态环境明显改善了；电灯亮了，广大农村实现用电全覆盖；道路通了，下党通了柏油路，寿宁通了高速公路；衣食足了，温饱问题解决了；楼房高了，寿宁新区高楼林立；实力强了，县级财政是 1986 年的 100 倍；2015 年寿宁获评"全省县域经济发展十佳县"；市场繁荣了，商品琳琅满目，物价相对稳定；看病方便了，老百姓的健康指数进一步提高；教育发展了，2014 年高考上本科线 997 人，名列全市第一，文、理两科前 6 名，有 3 位是寿宁人，2 位学子被北大录取。那个昔日近七成百姓生活在贫困线下的下党乡，2016 年实现工农业总产值 2.4 亿元，农民人均可支配收入 11305 元，总人口贫困率下降为 2%。寿宁和下党脱贫致富的显著成效，就是我们寿宁县、下党乡对习近平总书记这些年来殷殷牵挂的最好回报。

婚姻登记情况如何

民国以前，男婚女嫁多由父母决定，媒妁撮合。年满 16 岁即可婚配。富裕人家，婚嫁讲排场、摆阔气；贫穷人家，多抱童养媳，因不满包办婚姻而造成悲剧的屡见不鲜。民国时期，县政府仍无管理婚姻事务的专门机构，结婚只要公开仪式和有两个以上的证人，即为合法。

1950 年，根据《中华人民共和国婚姻法》，男满 20 岁，女年满 18 岁，方可结婚。结婚、离婚与复婚均到当地人民政府登记。男女双方志愿要求结婚，需持有户籍管理单位出具的证明，到区、乡人民政府去登记；县直机关企事业单位的干部、职工由县民政科（局）承办，领取结婚证，确定合法夫妻关系。1952 年，全县登记结婚 677 对，登记离婚 279 对。1957 年，登记结婚 272 对，登记离婚 95 对。1960 年后，婚姻登记人数逐年增多。1965 年，登记结婚 615 对，登记离婚 73 对。

1973 年福建省革委会规定，晚婚年龄为男 28 岁，女 25 岁，因而结婚不登记的现象较普遍。1981 年，新《婚姻法》规定，男满 22 岁，女满 20 岁为法定婚龄，不再强制按晚婚年龄办理登记手续。1984 年起，涉外婚姻登记由县民政局承办，加盖县人民政府的印章。现役军人离婚须征得军人同意方可办理登记。

1990 年，县政府发出《关于清理违法婚姻补办婚姻登记手续的通知》。至 1991 年底，全县补办结婚登记 10265 对，新办结婚登记 964 对，结婚登记率为 70%。2005 年，县民政局在办理结婚证时向当事人推荐《新婚优孕手册》和《新婚课堂》光盘，自愿购买。在新婚对象中开展《婚姻法》和《人口与计划生育法》及婚育知识、性病防治、优生优育等知识的宣传。

2014 年办理结婚登记 2677 对，离婚登记 417 对，补领结婚证 504 对，补领离婚证 40 人。

地名管理情况如何

1980 年 9 月 1 日，成立寿宁县地名普查领导小组，下设办公室。同时，在大安公社进行地名普查试点工作，10 月在县内全面铺开。普查工作人员深入基层，访问群众，查阅历史资料，反复核实，对可以继续使用的地名加以确定；对"文化大革命"中，被任意更改的地名予以恢复更正；对重复的地名按标准化要求进行调整；对含义不妥、错别字、生僻字的地名逐一更正；对新增的居民点加以命名。

1980 年 10 月～1982 年 12 月，共查对各类地名 2885 处，经标准化处理核定地名 2813 条，主要分为：行政区划和居民点名称、行政企事业单位名称、自然地理实体名称、建筑名称、纪念地和名胜古迹名称 5 大类。还绘制"寿宁县政区图"、"寿宁县城区图"、"寿宁县累年平均气温降水量图"、"粮食作物产量图"、"林、茶分布图"、"老区分布图"以及 13 个社（镇）地名图。1981 年 12 月编成《寿宁县地名录》。

1985 年 5 月，县人民政府根据省人民政府颁发的《地名管理条例》、《福建省地名管理规定》，结合实际情况制定《寿宁县地名管理办法》，地名管理工作开始步入正轨。

殡葬改革情况如何

据《寿宁待志》，明代多行火葬，"村民依山而居，居后为墓"。火葬系"举所停棺火之"。主要原因是地少不堪"宅鬼"。富家有祖坟山，城郊官设漏泽园，仍用土葬。清初，城郊辟有义冢。

新中国成立后，至 1987 年，除部分信仰佛教者实行火葬外，基本都是土葬。1988 年 6 月，县民政局发出《关于推行殡葬改革实行火化的通知》。1990 年 3 月，成立殡葬管理所，与县殡仪服务站合署办公，实行自收自支，编制 8 人。

1989 年 12 月，为解决骨灰寄存问题，县政府委托鳌阳镇老人长寿会在鳌阳镇梅溪村"七星垱"征地 1800 平方米，建设公墓一处，可容骨灰 2880 位；建寄骨灰楼一所，可容 126 个骨灰罐，1990 年 10 月竣工投入使用。

2000 年，专项治理乱建坟墓工作通过地区验收。县委、县政府召开全县殡葬改革会议，强调殡葬改革实行"一把手工程"，并签订殡葬改革责任状。鳌阳、斜滩、武曲、南阳 4 镇划入火葬区。2004 年寿宁殡仪馆选址鳌阳镇梅溪村溪头桥湾。至 2015 年，境内死人基本都是火化。

少数民族事务如何

1949 年以前，寿宁县的少数民族政治上备受歧视，经济上极为贫困，受教育的机会很少。1949 年后，中共寿宁县委、县人民政府执行中央的少数民族政策，从政治、经济、教育各个方面关心少数民族。

1953 年，拨给畲族生活补助款 3134 元，重点解决畲族住房困难。当年在南阳乡四加丘、竹管垅傍洋村新建房屋 20 间，修理旧房 37 间，还派巡回医疗队给少数民族群众免费治疗疾病。1957 年，少数民族干部雷岩德，前往北京、上海、沈阳等地参观工农业生产建设，并在北京中南海受到毛泽东、刘少奇等党和国家领导人的接见。1960 年，又组织 3 位少数民族代表前往上海、北京等地参观。

中共十一届三中全会以后，县委、县人民政府对少数民族工作更加重视。1982 年拨款 6000 元，帮少数民族群众发展茶叶生产和建设饮水工程。1986 年，全县畲族人均收入 180 元、人均口粮 180 千克者，作为扶贫的重点，当年，县政府拨出 1.49 万元支持畲族群众发展生产，还拨专款扶持贫困户 68 户，开辟茶园 4.53 公顷和蘑菇 3200 平方米，种植柑橘 1000 株，养牛 2 头，猪 63 头，架设电线 3 千米，修理校舍 3 所，开办医疗站 1 所。1988 年，全县有 21 所民族小学，共有学生 528 人，县教育局还给少数民族村教师另发补贴款，民办教师每人每月 13 元，公办教师每人每月 3 元。当年，全县少数民族人均收入为 260 元，人均口粮 230 千克，脱贫率达 27%。

到 1989 年，全县少数民族人口计 2350 人，共培养出中共党员 72 人，占 3.1%；国家干部 41 人，其中副县级 2 人，科局级 5 人，一般干部 34 人；大中专毕业生 43 人。现有畲族村 2 个（坑底乡李家洋、竹管垅乡李家洋）。

1992 年，民族干部兰玉（女）被选为党代表，光荣出席中国共产党十四次全国代表大会。

民政工作的行政机构有哪些

民政工作的机构：一是民政局，二是老区建设委员会。

清代，寿宁县曾设立布政分司，主管全县的民政事务。1931 年，县政府设立第一科，主管民政事务。1939 年，第一科改称寿宁县民政科，各乡（镇）公所配备民政干部负责办理民政事务。1941 年，各乡（镇）设民政股，股长由副乡（镇）长兼任。

1949 年 7 月，寿宁县人民政府成立，即设立民政科。10 月，全县 5 个区各配民政助理员 1 人。1960 年 7 月，县民政科改称民政局。1963 年 10 月，复称民政科。“文化大革命”初期机构瘫痪。1968 年 2 月，寿宁县革委会政治处设民事组，行使民政科职能。1977 年 5 月，民事组改称民政局。1999 年，县民政局内设人秘股、计划财务股、优抚股、复员退伍军人安置办公室、救灾救济股、少数民族工作事务股、基层政权建设股、区划地名股、社会事务股，有编制 17 人。

1953 年 6 月，成立寿宁县老区建设委员会。1989 年，有专职干部 6 人。县革命老根据地建设委员会办公室（简称“县老区办”），是主管全县老区工作的办事机构，为县政府正科级议事协调机构。1990～2005 年，机构内设综合事务股、老区建设、资金管理股，编制 4 人。1996 年 9 月 10 日，经寿委办〔1996〕24 号文批复同意成立"县老区建设促进会"，由退休老干部组成，聘请郑义正、陈增光、吕居永等 15 人为顾问。

民政局下属事业机构有哪些

1987 年 12 月，成立寿宁县光荣院、福利院，两院合署办公，一个单位两个牌子。1989 年，共有干部 2 人，职工 5 人。

1988 年 12 月，设立寿宁县民政局储蓄所，有职工 4 人。

1989 年 6 月，设立寿宁县烈士陵园管理处，配有专职干部 1 人，雇用临时人员 2 人。

摆脱贫困 第二十四卷

扶贫机构何时建立

寿宁县是省委重点扶持的老区贫困县之一。据 1985 年统计，全县人均纯收入 200 元以下，人均口粮 400 斤以下的有 109 个行政村，1.4 万个贫困户。全县还有 34.9% 的农民没有解决温饱，如何摆脱贫困？这是摆在县委、县政府面前一个非常严峻的问题。

1984 年 3 月，县委决定成立县"扶贫工作领导小组"，由县长任组长。1989 年"县扶贫办公室"确定为正科级机构，直属县委、县政府和扶贫工作领导小组。1990 年，县扶贫办公室，编制 5 人，内设人秘股、财务股。同年 5 月，全县各乡（镇）成立"脱贫致富领导小组"和办公室，至 2015 年不变。

三年脱贫致富工作成效如何

1986～1989 年，经过 3 年的共同努力，脱贫致富工作取得显著成效：一是温饱问题基本解决，全县共扶持贫困户 2.4 万户次，已脱贫 1.31 万户。贫困户的人均口粮从 1985 年的 160 千克增加到 323 千克；人均纯收入从 1985 年的 148 元增加到 418 元，实现了省委提出的 3 年基本解决温饱问题的阶段目标；二是经济发展速度较快，1988 年国民总收入 1.2 亿元，比 1985 年增长 127.8%，年均递增 31.55%；工农业总产值 1.33 亿元，比 1985 年增长 73.4%，年均递增 20.15%；财政收入 700 万元，比 1985 年增长 73%，年均递增 20.05%；农民人均纯收入 440 元，比 1985 年增长 74%，年均递增 22.4%；三是商品经济有新的起步，全县社会商品零售总额达 5200 万元，比 1985 年增长 49%，城乡贸易繁荣，商品供应充足；四是工业生产上新水平，3 年工业投入 2337 万元，工业产值从 1985 年的 2614.73

万元，增加到 1988 年的 6320 万元；五是林业发展有大突破，3 年全县人工造林 11133 公顷，飞播造林 13733 公顷，封山育林 18666 公顷；六是基础设施建设加强。3 年修建了 6 条县际公路，县内 104 个行政村通了公路，公路总长 498 千米。教育事业发展较快，3 年集资新建一批校舍，大部分危房得到修缮。全县小学"四率"达标，3 年为大中专院校输送学生 850 人；七是人口增长得到控制，人口自然增长率逐年下降，1988 年人口增长控制在 9.3‰ 以内；八是人的精神面貌发生变化。"200 元钱点燃一把火"，启动了贫困户脱贫致富的内在动力。群众从"要我脱贫"变为"我要脱贫"，从要钱要物到要政策、要项目、要信息，许多富裕起来的贫困户主动还贷。全县上下，商品经济观念、效益观念、开放意识大大增强。

单位挂钩帮扶情况如何

1985 年以来，县委、政府决定县直机关单位分头挂钩帮扶贫困乡村，乡里则派干部扶持到户。1992 年，县委重新确定 69 个县直单位挂钩扶持 50 个贫困村，发放扶贫贴息贷款 211 万元。1993 年，选择 20 个农民人均纯收入 500～800 元的行政村，进行"扶贫攻坚"，县领导挂乡，县直 119 个单位挂点，当年投放扶贫资金 174 万元，使这 20 个村基本实现"五通五改"。

1994 年，县政府制定《八七扶贫计划》和《关于扶贫攻坚若干问题的决定》，要求 4 年内解决 2 万人口的温饱问题，确定了 3 个有实力的县直单位，派出 34 名工作队员住村进行结对帮扶，实现"一户一项目，一村一品，一乡多业"。经过挂钩帮扶，20 个村的基础设施明显改善。1996 年，县处级干部每人挂钩 3 个贫困户，560 位科级干部每人挂钩一个贫困户，其他党员和干部挂钩帮扶 1000 个贫困户。1999 年，全县 738 位副科级以上干部，每人结对扶持 2 户贫困户，当年发放小额贷款 70 万元，投入扶持资金 54.4 万元，当年全县有 528 户 2207 人脱贫。

2005 年，县重点扶持 26 个贫困村，投入资金 32 万元，帮助落实开发性生产项目 23 个，基础设施项目 24 个，当年脱贫 2000 人。

市县挂钩帮扶情况如何

2002 年，由市、县领导干部挂钩的 103 个村，帮扶 1007 个贫困户和因病返贫户。共发放小额贷款 140 万元，投入扶持资金 243 万元，其中，市领导和市直单位投入 25.6 万元，县领导和县直单位投入 217.4 万元，帮助 9 个挂钩村建自来水，2 个村通照明用电，3 个村通广播电视，整修进村公路 43 千米，当年 493 户 2070 人脱贫。

省政府连续三年派工作队挂钩帮扶情况如何

1986 年，寿宁被列为国家贫困县。至 1989 年，省政府连续三年派出 3 批 106 名扶贫工作队员到寿宁指导扶贫工作。队员们对扶贫工作感情深厚，全心全意；执行政策，不折不扣；指导精心，献计献策；作风深入，实事实办；上下奔波，任劳任苦；讲究方法，有点有面；内助外引，兴利兴业；成绩显著，劳苦功高。他们驻点进村，足迹遍及 153 个行政村，600 多个自然村，26 个乡村林场，2500 多个农户，抓访贫，抓扶志，抓项目，抓落实，抓检查，抓典型，抓实效，走到哪里，实事好事就办到哪里，荫及千家万户。诸如省第二批扶贫工作队，提出"兴林致富"的重大决策，为建设"绿色金库"出力流汗，办了 10 件实事：①推动幼林抚育、油茶垦复改造 9 万亩；②争取 10 万亩速生丰产林基地、3 万亩板栗商品生产基地；③争取了联合国粮农组织支持的林业开发项目；④培训农民林业技术员 85 名；⑤为"大安～炭山"（7.2 千米）、溪源～杨溪头（17.8 千米）修路拨款 15 万元；⑥筹集良种木苗 50 万株、杉木良种籽 180 斤、板栗苗 2 万株，为斜滩苗圃筹资 9 万元；⑦请林学院教授传授板栗芽苗嫁接技术；⑧引进白蜡虫放养试验成功；⑨为南阳乡万亩林场解决照明经费；⑩为景山林场扩建两个工区 3 万亩。此外，还从不同渠道解决资金 510.8 万元，外汇 27 万美元，钢材 166 吨，水泥 325 吨，工农业生产原辅材料 235.3 吨，化肥 1713 吨。在科技、教育、卫生等方面也均有建树，所办实事举不胜举。

1995～2005 年省市帮扶情况如何

1995 年，省、地挂职扶贫队员给挂钩村争取资金 270 万元，帮助甲峰、横埕、廷加洋、赤陵洋 4 个扶贫攻坚村修公路 26 千米；帮助甲廷岔、官路洋、溪潭、溪乾、半岭、司前、燕窠、峡头、李家洋、彭地等村新开公路 50 千米；帮助建自来水 7 处，解决 3000 人的饮水难题；支持修建学校 8 所，建电视卫星地面接收站 8 个。当年，县直机关支持挂点扶贫攻坚村资金 31 万元，新上开发性生产项目 45 个，7000 贫困人口当年脱贫。

1996 年，省直五个挂钩单位支持资金 400 万元，种植花菇 1 亿袋，产值 5 亿元。当年，完成 7000 人脱贫任务。1997 年，省直五个挂钩单位争取资金 600 万元，帮助开通公路 3 条 30 千米，新建希望小学 2 所。是年，3199 户 15300 人口脱贫。1998 年，对年纯收入 1000 元以下的 1608 户特困户和部分残疾户进行扶贫，其中 360 户由地直机关科处级以上领导干部结对帮扶。是年，发放小额信贷 50 万元，帮助发展花菇 30 万袋，养猪 120 头，养牛 50 头，种植水果、茶叶 33.33 公顷。

当年，543 户 2444 人脱贫。

2002 年，确定重点扶贫 23 个行政村。其中，省派工作队扶持 5 个村：①省老干部局挂钩扶持角林村；②省委组织部挂钩扶持燕窠村、上党村；③省交通厅挂钩扶持大史村、渺洋村。宁德市派工作队扶持 3 个行政村：市广播电视局等单位挂钩扶持半岭洋村；市公安处等单位挂钩扶持山头村；市交通局挂钩扶持木场村。

2003 年，省派工作队为挂钩扶持的 5 个重点村解决资金 100 万元，帮助修通公路 1 条，新建和修缮小学校舍 3 所，4 个村新建自来水，发展 5 个农业综合开发项目。省交通厅拨给角林、渺洋、大史 3 个村公路建设资金 288.4 万元；市交通局拨给木场村资金 16 万元，用于村道、学校和公路修建；市民政局拨给山头村资金 10 万元，用于新建村委楼和学校加层；市广电局和农业发展银行拨给半岭洋村 5 万元，用于修建村道和自来水工程。

2004 年，省、市重点扶持 8 个村到位资金 306 万元，帮助完成 16 项基础设施建设、32 项农业开发生产项目，建设沼气池 23 口。给 167 个贫困户发放病灾补助款 6 万元。当年，脱贫 636 户 2693 人。

2005 年，省、市重点扶持 8 个贫困村，到位资金 379.35 万元，帮助完成 27 项基础设施建设项目、31 个农业开发性项目，种锥栗 107.33 公顷、种板栗 8 公顷，种花菇 30 万袋，种毛竹 17.06 公顷，种小尖椒 6.66 公顷，种乌龙茶 10 公顷，培育 20 个养鸡、养鸭专业户。省、市的帮扶给这些重点贫困村注入了致富的源泉和前进的动力。

2014 年，省、市重点扶贫村 13 个，其中省级重点村 9 个，市级重点村 4 个，争取到各类资金 1100 万元，并精准识别贫困村 49 个，贫困户 3790 户 4075 人，总投资 12568 万元，共有 6 个集中安置点，其中省级示范点 1 个，市级示范点 2 个，全部完成当年建设任务。

何谓政策帮扶

1986 年，给贫困户减免农业税，取消国库券认购任务，给予粮食加价补贴。1997 年，对特困户采取四条优惠政策：一是三年免交各种税费；二是三年免交定购粮；三是三年免交子女上学的学杂费；四是给每个特困户 1000 元财政周转金，发展开发性生产。1998 年，对在外贫困户继续实行"三免"政策。

政策优惠是根本。中央、省、地扶贫政策的实施，不仅进一步减轻了贫困户的负担，使其能休养生息、积蓄力量，扩大再生产，而且激发了群众的生产积极性，增强了生机活力。省定 67 条优惠政策，有利于发挥贫困地区的自主权，增加"造血"功能，促进经济肢体发育。比如，通过减免农业税，取消国库券认购任务，实行粮食价外补贴和粮食"三挂钩"政策，使农民直接受益。据查，托溪乡农民从优惠政策中得到实惠40万元。"以工代赈"，农业开发和老区扶建资金的投入，增加了农业发展的后劲。放宽开业政策，减免税收，使个体工商企业、专业户、联合体等多种经济成分竞相发展。采取让利免税，超收分成，"放水养鱼"，培养财源，促进了乡富、县富。

何谓贴息贷款

贴息贷款，是银行放贷、政府贴息、发放到户的一种贷款。1990年，县扶贫办给2000个贫困户发放贴息贷款40万元，主要扶持贫困户发展种植业、养殖业等中长期生产项目。1991年，县扶贫办给2051个贫困户发放扶贫贴息贷款42万元，用于发展种植养殖业。扶持乡村联合体和个体开发性项目178个、资金157万元。扶持乡、村集体经济项目146个。拨款50万元，扶持50个"空壳村"发展开发性生产项目165个，造林11000亩，种茶1064.5亩，种板栗1625亩，养兔50万只。当年增加村级收入14.8万元，有7个村脱"空壳村"的帽子。

怎样管好用好扶贫资金

1988年底，政府对来自各个渠道的扶贫资金进行一次认真的清理。据统计，3年间，省地投入寿宁的扶贫资金共有3421万元。对资金的使用，政府遵照中央的指示，本着"统一规划，统筹安排，用途不变，渠道不乱，相对集中，重点扶持"的原则，尽量做到统筹安排，形成整体效益。对扶贫资金的使用，提出三点要求：第一，讲效益，投资扶持的项目，要有明显的经济效益和社会效益；第二，重温饱，扶持的贫困户要按计划解决温饱，如期脱贫；第三，讲诚信，扶贫贷款、有偿资金要如期归还。为了进一步发挥扶贫资金的作用，"七五"期间扶持各贫困乡的扶贫资金允许就地周转使用，"以工代赈"、治理水土流失的资金允许部分实行滚动使用。千方百计加强资金的投放回收工作，加速资金周转，发挥资金效益。坚持"资金随项目走，项目随效益走"，克服平均主义。效益好的多给，效益中等的少给，效益差的不给，赏罚分明，激励先进，鞭策后进。

何谓科技扶贫

科技扶贫，主要是指政府的有关部门认真实施科教兴农的战略，不断地向农民传播农业实用技术，让农民分享科技进步的成果。1986～2005 年，全县共为贫困户举办农业、林业、农机、经济作物、水产等各种农技实用培训班、讲座 2549 期（班），受训人数 20.35 万人次；培训农民技术员 2190 人；共为贫困户发放各种农业实用技术和科普宣传资料 2.18 万册（份），帮助贫困农民掌握农业生产实用技术和了解有关脱贫致富信息。420 人参加一年制农民技术培训，其中 310 人领得"绿色证书"。90% 的贫困户劳动力提高了文化水平，掌握了 1～2 门实用技术。全县新建科技示范村 55 个，科技示范户 1330 户，推广科技成果 5 项，先后有 7 人被评为"农村青年科技星火带头人"。许多参加农技培训的贫困户，边听边记，遇到疑难及时请教，直到弄懂为止。乡、村干部一级带一级，争当科技扶贫的带头人，在广大农村掀起一个学习农业技术，普及科学知识的热潮。

何谓教育医疗扶贫

1986～2005 年，县扶贫办共筹集 1562.76 万元，新建或续建农村贫困乡村中小学教学楼 200 座以及 16 所科技学校和 42 所科技文化夜校。1989～2000 年，先后组织医务人员 87 人次深入到 53 个贫困村巡回义诊，并投入资金 29.75 万元，帮助贫困村建立医疗站 26 所。

1999 年，县委、县政府多渠道筹集资金 50 万元，建立贫困户病灾基金，利用资金增值部分补助重病灾贫困户，当年给 26 个贫困户解决 2 万元病灾补助款。至 2005 年，共为 723 户贫困户解决病灾补助款 40.2 万元，有效预防了因病返贫。

何谓造福工程

"造福工程"是贫困村整体搬迁的代名词，是扶贫攻坚的新创造，是一项深得民心的伟大工程。1994 年，县委决定将生产、生活条件恶劣，"一方水土养不活一方人"的偏远自然村，整体搬迁到靠近公路的行政村或乡镇所在地。群众将此举称为"造福工程"。当年安排 14 个乡（镇）120 户 557 人搬迁任务，每人补助 300 元。之后，逐年增加，2005 年每人补助 500 元，全县共投入资金 2677.1 万元，帮助 14 个乡（镇）263 个自然村 2807 户 14347 人完成整体搬迁。其中，1995 年，搬迁 156 户，738 人；1996 年，搬迁 327 户，1693 人；1997 年，搬迁 376 户，1900 人；1998 年，搬迁 296 户，1576 人；1999 年，搬迁 230 户，1036 人；2000 年，搬迁 332 户，1714 人；2001 年，搬迁 317 户，1740 人；2002 年，搬迁 207 户，1122 人；2003 年，搬迁 150 户，767 人；2004 年，搬迁 164 户，837 人；2005 年，搬迁 132 户，667 人。实践证明，"造福工程"是精准扶贫、脱贫致富的治本良策。

小康建设的机构如何设置

1995年5月，成立"县奔小康工作领导小组"，县委书记任组长，县长任第一副组长，分管农村工作的县委副书记和地区小康工作队队长任副组长，分管农村工作的副县长任常务副组长，成员单位有县委办、政府办、组织部、宣传部、政法委、发改委、经贸局、农办、财政局、建设局、交通局、公安局、水利局、教育局、广电局、林业局、科技局、卫生局、农业局、民政局、脱贫办、老区办等30多个单位，下设办公室（简称"小康办"）负责日常工作，办公室主任由县政府分管农业的副县长（常务副组长）兼任。工作人员从相关单位抽调共10人，内设综合组、组织组、宣传组、指导组。1997～2003年小康办内设机构不变，人员7人。2003年5月，小康办撤并到县农办。

奔小康的工作队伍与资金情况如何

一是小康工作队，1995年5月，县委派出第一批小康工作队48人，分赴14个乡（镇）中基础比较好的武曲承天、大安后西溪、竹管垅傍洋等50个行政村开展小康村建设工作。7月，宁德地委向寿宁派出第一批小康工作队8人。

1996年6月，地委向寿宁派出第二批小康工作队15人。县委派出第二批小康工作队100人。各乡（镇）也抽调干部包村挂户开展奔小康工作。

1997年3月，县委派出第三批工作队500人，同时决定全县600多名副科级以上干部每人挂钩帮扶2个贫困户，并任命派驻14个乡（镇）的小康工作队队长为"小康副书记"。

1998年5月，地委向寿宁派出第三批小康工作队12人。县委派出第四批小康工作队300人。1999～2002年，为继续开展脱贫致富奔小康工作，巩固小康建设成果，每年仍然安排80多个县直单位挂村，派出100多名县直干部驻村挂户，开展争创小康活动。

小康村有什么标准

按照省、市要求，结合寿宁实际，本县小康建设的标准是：

农民人均纯收入1300元（1990年不变价）；基尼系数 ≥ 0.304；恩格尔系数 ≤ 50%；年人均动物性食品消费量45千克；人均住房面积15平方米以上；钢筋混凝土结构住房面积比重 ≥ 80%；电视普及率75%以上；劳动力受教育年限8年；安全卫生饮水普及率85%；用电户比重达50%以上；行政村通电话比重 ≥ 70%；

行政村通公路比重≥85%；万人刑事案件≤1件。

小康建设有哪些措施

1995～2003年，县奔小康工作领导小组先后开展"百个单位包百村"、"五百干部联千户"和"当公仆、办实事"活动。采取"一制度"：建立领导目标责任制和单位、干部工作成绩考核制；"二挂钩"：副处级以上领导干部包一个乡，挂1～2个村，带3个特困户，做到不达目标不脱钩；"三责任"：将争创工作分解、落实到各部门、各单位，把各项指标任务分解到位，层层落实，责任到人；"四融资"：多渠道集资，建立争创小康活动基金、县五套班子领导多次带领县直部门和单位到所挂的村开展现场办公，解决资金紧缺问题，为民办实事，强化投入机制；"五到位"：队员到位，蹲点住村，把各项工作落到实处。

同时，建立了7个层次的干部包干负责制：一是县级领导挂乡包村到户，要求每月有三分之一时间深入挂钩点开展扶贫小康建设；二是乡（镇）领导挂钩抓点，并对所挂钩的小康村负领导责任；三是县直机关挂钩包村，与挂钩帮扶的乡村实行捆绑考核；四是职能部门分工负责，做到条块结合，齐抓共管；五是工作队员住村蹲点，把扶贫奔小康措施落实到村到户；六是每个副科级以上干部与两个特困户结对扶贫，帮助发展项目；七是党员、村干部带头劳动致富，扶贫帮困。全县上下形成主要领导亲自抓，分管领导具体抓，有关部门协力抓，包村驻点具体抓，层层抓落实，事事见成效的生动局面。

小康建设成效如何

1996年4月，第一批50个行政村奔小康工作验收合格。1997年，全县65%行政村和70%农户基本实现小康目标。2002年底，寿宁基本完成省委、省政府提出的"基本实现小康，消除绝对贫困和完成造福工程搬迁"三大历史任务。小康综合分值94.5分，已达到小康标准的乡（镇）有11个，小康村165个，占全县行政村的83%。小康户5.2万户，4600人实现造福工程搬迁，7320个贫困户、3.1万贫困人口摆脱了贫困。全县公路里程达1060千米，公路密度每百平方千米达74千米，乡乡通柏油路，194个行政村通公路，100%的行政村通电、修建卫星电视地面接收站、通电话。192个行政村建立有线电视网络，76个村建立广播室。扩建中、小学校舍7.2万平方米。行政村铺设水泥村道35万平方米。改造人畜混居房屋3.6万户，改厕1.5万户，新建村委楼112座，整治村容村貌80个村。

精准扶贫政策知多少

近五年来，寿宁县委、县人民政府遵照脱贫路上"一个都不能少"的指示，提出了六项精准扶贫的优惠政策：

一是造福工程易地扶贫搬迁政策（扶贫办）：①国家建档立卡贫困户易地搬迁每人补助28000元；②省定建档立卡贫困户易地搬迁每人补助13000元；③一般户同步搬迁每人补助3000元。

二是教育扶贫：①学前幼儿保教费和伙食补助每生每年2000元；②义务教育阶段小学寄宿生、初中寄宿生、初中营养餐工程、建档立卡等经济困难家庭生活小学、初中生均有补助；③普通高中每年免学杂费1600元、国家助学金每年3000元；④中职教育每年每生免学杂费2100元，国家助学金每生每年2000元；⑤高等教育，专科生、本科生助学贷款每生每年8000元；研究生助学贷款每生每年12000元，学生在校就读期间的贷款利息全部由政府贴息（教育局）；⑥阳光助学，普通高中一次性补助2000元（团县委）。

三是信贷扶贫：①提供扶贫小额信贷支持，贷款额度每户不超过5万元，贴息标准按实际贷款的5%给予贴息，贴息时限1～2年，最长不超过3年；②大学生创业担保贴息贷款，额度不超过10万元，贴息时间不超过3年（县人社局）。

四是健康扶贫：①免费健康体检（县卫计局）；②每两年接受一次免费妇女病检查；③资助新农合个人缴费（按2017年标准每人补助150元）（县卫计局）。

五是就业扶贫：①享受免费的就业培训和技能鉴定（县人社局）；②可参加"雨露计划"免费培训（县农业局）。

六是社会保障及社会救助扶贫：①参加城乡居民社会保险，按个人缴费部分补助50%，每人每年不超过500元，补贴期最长不超过3年，距法定退休年龄不足5年的贫困家庭劳动力可延长到退休年龄（县人社局）。②纳入享受灵活就业的人员社保补贴对象，按个人缴费部分补助50%（县人社局）；③特殊门诊救助，全年累计救助金额不超过5000元（县民政局）。④住院救助，全年累计金额不超过1万元（民政局）。

劳动人事的历史如何

明、清时期，寿宁的知县及县一级的官员，均由朝廷或上级任命。任职者多系举人、岁贡。在规定期限任满后可连任或另授。三班六房，则由知县选聘。自官员至门子、弓兵的薪俸均按朝廷规定发给。农、工、商各业，由百姓各自选就。

民国前期，县、区、乡各级政府的公务员以及中小学校长的任职，均由省政府委派。1941 年后，科员和小学校长由县政府选报省政府批准录用，其余下属公务员则由县政府自行任用。农、工、商各业仍由百姓各自选就。

解放后，人民政府的主要领导干部由各级党委决定后推荐至各级人民代表大会依法选举或任命，一般公务人员由县自行录用。公务员的录用、培训、考核、晋升，坚持德才兼备的原则和"四化"（革命化、年轻化、知识化、专业化）的方针。强调干部是人民的公仆，必须以全心全意为人民服务为宗旨，并接受群众监督。经过数十年的调整、充实，人事机构日趋完善，人才队伍结构合理，文化程度进一步提升。1993 起《国家公务员暂行条例》实施，1998 年全县推行公务员制度。公务员考录制度进一步规范、合理。2005 年，全县党政机关，事业单位实有人数 6262 人。

劳动就业的录用形式如何

1949 年以前，县民劳动就业以自谋为主，企业工人纯属雇用。民国时期，工人多为手工业个体劳动者。用工制度采取收徒、聘雇形式。拜师学艺、包教包学的徒工，年龄一般在 12～20 岁之间，3 年习艺期间只供伙食，不给工资。艺徒能独立操作后，要支付谢师酬金，数额按约定或自愿馈赠。聘雇佣工，多为陶瓷、砖瓦、榨油作坊、医药等行业，期限有季节性或常年性的，薪金由劳资双方议定，按月或按年支付。佣工工作艰苦，职业没有保障，雇主可以随时解雇。

解放前，农村的地主，富农雇用长工或牧童，时间达 1 年以上，供住宿和衣食，年底给薪，雇主也可以随意解雇佣工。

解放后，县人民政府根据经济发展的需要，安排劳动就业。1952 年起，组织供销合作社，建立手工业生产组和手工业联合社，发展国营、集体企业，开始向城镇和农村招收工人，吸收复员退伍军人和社会知识青年就业。

用工形式除按企业所有制性质分全民所有制和集体所有制工人外，各企业根据生产需要，又有固定工、合同工、临时工、季节工之分。在计划管理上还有固定工、临时工和计划外合同工、临时工之分。

1984 年，改革劳动制度，企业对新招收的工人，实行合同制。户粮关系不转入用工单位，政治、经济待遇与固定工人相同。企业按劳动局分配的指标，由厂长或经理负责录用工人，表现不好的，厂方可通过职工代表大会同意后予以终止合同。工人如不愿继续工作或另有他就，亦可提出辞职或调动。

2014 年 3 月，人力资源社会保障部《劳动派遣暂行规定》颁布实施，劳务派遣用工成为中国企业用工的补充形式，在规范劳动用工，保障被派遣劳动者合法权益，促进劳动关系和谐方面发挥重要作用，从此，临时工时代结束。

工人队伍状况如何

民国时期，全县有手工业工人，店员、船员 221 人。1958 年增至 375 人。"大跃进"期间，各行各业盲目招收农村的劳力，1960 年，全县工人数达 2667 人。1962 年，执行"调整、巩固、充实、提高"方针，大批企业下马，工人下放农村务农。至 1963 年底，全县工人减至 1174 人，其中全民工 723 人，集体工 451 人。1964 年起，工业逐步恢复，陆续招收部分退伍军人、社教积极分子和社会青年充实到厂（矿）企事业单位。1973 年，全县工人总数 2982 人，其中全民工 1264 人，集体工 1718 人。

中共十一届三中全会后，工贸企业兴旺，职工队伍相应壮大。1979 年底，全县全民、集体所有制工人总数上升到 5089 人，其中全民工 3253 人，集体工 1836 人。工人中有女工 1724 人。1987 年，全县工业企业、建筑业有工人 3493 人，其中初级工 2557 人，中级工 299 人，高级工 7 人；年龄在 40 岁以下的 2410 人，41～50 岁的 549 人，50 岁以上的 534 人。工人中有工程技术人员 44 人（助理工程师 13 人，技术员 31 人）；理科大学毕业生 10 人，工科大学毕业生 28 人，经济、企业管理专业毕业的 6 人。

1989年，全县有工人9917人，其中全民所有制工人3462人，集体所有制工人2545人，城乡个体劳动者3910人。

1990年，全县国营及县以上集体企业职工3354人。1995年，国有、集体企业实行劳动合同制，推行合同单位90家，工人4470人。2001年，国营、集体企业基本下马，股份制、个体私营企业迅速兴起，全县国营企业职工176人。2005年，国营企业只剩下自来水公司、坝下电站，有职工132人。

职业培训的情况如何

解放初期，寿宁县企业工人文化素质与技术水平普遍低。1949年，全县331名工人中，文盲占20%，半文盲占30%。1953年，县人民政府举办职工业余教育夜校，扫除文盲。当年工人中的半文盲普遍提高到小学毕业程度。1966年，全县企业工人总数中，文盲、半文盲比例各占12%。

1980年起，县人民政府加强工人的智力开发，先后开办一系列职工业余学校，培训技术工人。1980年，闽东技校寿宁分校成立，设茶叶、会计、水电3个专业。1981年，县一中、二中、三中、城中及平溪、犀溪、托溪、南阳等中学，先后设立职业高中班，并与企业挂钩，有计划地培训专业技术人才。与此同时，县总工会也举办文化、技术"双补"轮训班，以提高劳动者的素质。

1983~1985年，全县参加文化补习考试工人达1331人，及格1131人，其中，参加初级技术补习考试的927人，及格723人。现代企业管理培训135人，全面质量管理培训225人，中级技术职称补课31人，班组长培训44人，各类管理培训175人，经济法培训70人，均全部结业。

1987年，全县参加各种培训的工人576人。1988年，参加培训602人。1989年，全县工业企业、建筑业有480名职工参加资格培训，结业378人；312名参加技术等级培训，结业294人；489人参加适应性培训，全部结业。全县3824名技术工人中，参加文化学习的1304人，毕业、结业651人；参加资格培训420人，结业332人；参加技术培训293人，结业276人。参加文化学习的人数中，高级工11人，中级工320人，初级工135人，学徒工26人，其他工人812人。

1987~1989年，还有190名企业班组长参加过各类培训，已发证的98人，其中初级工28人，中级工68人，高级工2人。

20世纪90年代初，为提高企业管理水平和员工技术素质，促进企业发展，劳动局先后举办企业劳工干部"劳动工资"培训班3期，参加培训236人次；"劳动仲裁"培训班3班，参加培训人员248人次；"劳动保护"、"矿山安全"、"易燃易爆品知识普及"、"防尘防毒安全"、"锅炉压力容器安全"培训班4期，276人参加培训；为电力企业举办 3 期中级工培训班，培训 374 人。举办高级工培训 1 期 56 人。《劳动法》培训，75 人参加。"劳动监察"培训，61 人参加。1997 年，举办"液化气安全管理使用"培训 1 期，68 人参加培训。

1998 年，县劳动局举办下岗职工转业转岗培训，1614 人次参加培训；举办电工培训班 4 期，730 人参加培训。2000 年，举办岗前培训 1316 人次。2001 年，举办电脑、家政、保姆、体育、美容美发、服装行业培训 4 期，共培训 436 人；举办电工操作 8 期，培训 560 人；举办电力企业中级工培训 1 期，培训 50 人；岗前培训 1314 人次。经过考核，当年参加培训的 1046 人中，取得高、中级职业资格证书的有 529 人。

2002 年供电部门举办终端电信维修初级培训、自来水管道工净水工培训、餐厅服务员和岗前培训 4 期共 506 人。同年 7206 人参加转业转岗培训，9300 人参加农村劳动转移培训。2004~2005 年，免费为下岗失业人员举办技能培训、转业转岗培训 4721 人，同年，有 15000 人参加农村劳动力转移培训。

1998~2005 年，通过各种培训，有 1530 人获得电工、电焊工、电脑等初、中级职业资格证书。企业管理人员中有 461 人获得高级、中级、初级职称资格证书。电力企业有 783 人分别取得技师、高级工、中级工资格证书。茶叶企业有 178 人取得中、初级技术职称证书。建筑行业达到初级技术资格 1160 人，中级技术资格 542 人。现在，公务员、参公人员，事业单位人员每年都要参加网络继续教育培训。事业单位人员接受继续教育的培训课时，往往与职称评定挂钩。

劳动管理包括哪些内容

劳动管理主要包括：定员定编，工人管理，待业管理，奖励惩处四个方面。

一是定员定编。1953 年起，劳动管理部门根据企事业单位生产和工作需要，核定人员、编制，规定各企事业不得随意增员。1982 年起，劳动组织列入企业整顿内容，企业实行定员与生产效益挂钩，实行增员不增资，减员不减资，优化班组组合。1987 年，实行厂长（经理）负责制，人事权下放到厂，由厂长（经理）择优录用工人。

二是工人管理。按上级规定，工人管理实行统一领导、分级管理和系统包干管理等办法。劳动人事指标由县劳动局掌握，企事业、工厂需要增减工人必须向劳动局申报，经批准，用工单位方可招收或裁减工人。招收固定工人必须优先为本单位合同工和临时工转正，然后再向社会招收。因生产需要招收计划外合同工、临时工或向农村招收季节工，也须经劳动部门批准后方可签订合同。

工人调动须经劳动部门批准，所有制性质不同的企业单位之间，一般不予调配。但在实施过程中，也存在个别违章现象。

县办的集体所有制企业在 1978 年以前，招工也由劳动局批准并办理手续，1978 年后，逐步改由主管部门批准并办理手续。

1984 年开始改革以固定工为主、统包统配、能进不能出的用工制度，开始实施合同工制度。

三是待业安置。自 1952 年组建供销合作社起，寿宁县就积极创办国营和集体企业，通过招工、招干广开就业门路，安置复退军人、城镇知识青年和农民积极分子。至 1955 年，全县累计安置待业人员 539 人。1958 年人民公社化，全县安置复退军人、城镇知识青年、农村积极分子 2005 人。

1984 年，改革劳动制度，通过考试招收全民合同制工人，劳动部门设立劳动服务公司，扶持个体、联合体企业安置待业人员，帮助结业人员自谋职业。与此同时，开始办理劳务输出业务，1986～1988 年，共组织 5 批 440 人外出就业。1952～1989 年，全县共安置待业人员 7313 人，其中，全民所有制工人 4768 人，城镇集体所有制工人 2545 人。

四是奖惩。首先是奖励，在厂（矿）、企业工人中开展劳动模范、先进生产者、生产标兵和生产积极分子的评选、表彰活动。对工人的奖励分为：表扬、记功、记大功、晋级、通令嘉奖、授予先进生产（工作）者与劳动模范等荣誉称号。同时还给予发明创造者、合理化建议和技术革新者以精神和物质鼓励。

1960 年后，在企业实行奖金制度，奖励对象为劳动模范与先进班组。1978 年以后，根据企业经营管理和经济体制改革的需要，奖金种类逐年增多，有承包奖、超产奖、业务奖、安全奖、月终奖、季度奖、年终奖等。

1982 年起，一年发放一次生产奖和节约奖，奖金在劳动竞赛奖金总额内开支。1985 年工资改革，奖金成为企业职工生活的直接补充，实行奖金不封顶，对效益好的超产企业，奖金允许超过工资额。1988 年，工业企业、建筑业全年发放奖金共 40.3 万元。其中，全民所有制单位工人奖金 13.42 万元，计划外用工奖金 4.80 万元。城镇集体所有制单位职工奖金 22.08 万元。

1979～1989 年，全县受各级奖励的工人有 946 人。

其次是惩处，对违反劳动纪律、没有完成工作任务和不服从工作分配调动的工人，都给予严肃的批评教育；对打架斗殴而影响生产、玩忽职守造成事故而使人民生命与国家财产遭受损失以及违反计划生育、贪污盗窃、投机倒把、腐化堕落、行贿受贿等违法乱纪行为，按其情节轻重，给予行政，经济惩处或追究刑事责任。

对工人的行政处分警告、记过、记大过、降级、撤职、留用察看、开除等。也有处以一次性罚款的。对工人的行政、经济处分，需经厂长（经理）提请职工代表大会讨论决定，并报企业主管部门和劳动人事部门备案。

1979～1989 年，全县工人中受警告、记过、记大过处分的有 25 人；降级、撤职各 4 人、开除 3 人；退赃 119 人。

劳动保护的情况如何

1949 年前，工人的健康和劳动安全，没有任何保障。1949 年后，人民政府采取各种措施，加强工人的劳动保护。主要体现在五个方面。

一是安全检查。1952 年，县人民政府加强工人的劳动保护，每年均组织安全大检查，对企业安全设施的隐患，均及时采取措施加以改造或消除。1960 年起，对重点企业的生产车间和操作岗位以及仓库与建筑工地等实行整改，设置安全标志，做到"生产必须安全，安全促进生产。"

1984 年，县劳动局设置劳动安全监察股，加强群众性的监察检查工作，配专职监察员参与新建、改建、扩建企业和重大技术改造工程项目的设计审查及竣工验收等工作。对安全生产、工作成绩突出的企业单位给予奖励，对有重大事故隐患长期不采取措施解决的要处以 1000 元以上的罚款。

二是劳保用品。1980 年起，根据不同行业，不同工种给国营、集体企业工人分别发放防护服、防寒服、防护手套、防护帽、防护鞋、毛巾、面具、安全带、胶制工作服和雨衣、背带裤、套袖、围裙等，每 1～2 年更换一次。

三是劳保检测。1985 年，县劳动局设置劳动安全卫生检测站，委托县卫生防疫站按国家《粉尘危害程度分级》、《毒物危害程度分级》、《体力劳动强度分级》标准，检测全县工矿企业。检测结果，发现有 6 个企业的作业场所尘毒浓度和其他职业危害超过国家标准，劳动局按管理规定分别提出警告，限期纠正。经定期复查，违者处以罚款。此后，凡新建、扩建、改建和技术改造项目，均严格执行劳动安全卫生设计与审计制度。

四是女工劳保。县人民政府对从事劳动的女工的安全健康十分重视，要求各企业应努力改善女工的劳动条件，合理安排工种。规定女工的劳动强度不得超过四级，月经期间不安排低温和冷水作业，怀孕期达 7 个月以上者不安排夜班劳动，产前产后休息时间工资照发。对于更年期女工的保健，注重定期检查，及时对症治疗。

五是职工福利。县内的国营企事业单位，大都有宿舍、食堂、医疗室、图书室、娱乐室、洗澡房等设施。冬天发烤火费，夏天发降温费，生活困难给予经济补助，疾病有公费医疗，死亡发丧葬费和家属抚恤金。

1986 年，县社会劳动保险公司成立，实行国营与集体企业职工待业保险，按企业全部工人标准工资总额 27%（单位 25%，个人 2%）的比例缴纳待业保险基金，作为破产企业的工人和濒临破产的企业整顿期间被精减工人的待业医疗费、死亡丧葬补助费、供养直系亲属抚恤费、救济费与离退休职工的退休金及转业训练或辞退经费。至 1989 年，县参加劳动保险的工人达 7067 人，占工人总数的 71.26%。

上山下乡知识青年安置情况如何

1969 年，动员城镇知识青年"上山下乡"。县革命委员会成立"四个面向办公室"，负责安排知识青年到农村去接受贫下中农再教育。1969～1977 年，全县共动员初、高中毕业生 928 人到县内 12 个社（镇）插队落户。同时还接收来自福州等地的外籍下乡知识青年 221 人。并将其分配到鳌阳的安章，大安的棋坪，坑底的小东，清源的阳尾、底洋仔，犀溪的仙峰、路口桥，南阳的外洋垱、铁场，竹管垅的江岔，斜滩的北斗洋、蒲洋，武曲的龙虎山茶场、塘西和大韩，凤阳的基德，平溪的清洋茶场和长溪，芹洋的缸窑、尤溪，托溪的际头等地插队。

1973 年 11 月，设立"知识青年上山下乡办公室"，负责知识青年的安置工作。并在全县农村建立 27 个"知青点"，投资 18.89 万元，建"知青楼"12 座共 306 间，占地面积 4000 平方米，建筑面积 7856 平方米。知识青年在农村或公社农林茶场参加劳动 2 年以后，表现好的，陆续给予推荐升学、参军、招工、招干。1978 年，根据中央精神，所有上山下乡的知识青年，全部回城就业。时隔 40 年，在寿宁农村，在知青点，在知青们留下足迹的地方，还可以听到知青与农民同甘共苦、水乳交融，刻苦读书学习，"苦其心志、劳其筋骨、饿其体肤、空乏其身"的历练故事，人们的心灵会受到冲击、震撼、洗礼和升华。

干部的由来如何

明代，县署官员编制有知县、县丞、主簿、教谕、训导、典史、巡检、医学、阴阳学、僧会司各 1 人。清初，增设布政分司、按察分司和道会司，各配 1 人。县署主要官员均由朝廷直接派任。其他役用人员，则由知县聘用，不胜任的可随时辞退，官员政绩的考核，除知县由朝廷进行考核外，知县以下的官吏，则由知县负责进行考查鉴定。一年一小查，三年一大查，以确定功过。或加俸或升迁，或降薪或降职，视功过大小而定。

民国时期的公务员，大多来自各类学校的毕业生，办事员和勤杂人员，由县自行选用。

解放后的干部，初期主要是提拔重用解放战争时期部队和老解放区的积极分子，录用愿意参加工作的进步青年学生。60年代以后主要吸收各类大、中专学校的毕业生以及择优录用农村基层干部。

干部队伍结构如何

民国时期，寿宁县政府的公务员，多为各类学校的毕业生。解放初期，寿宁县的干部来源，有来自山西的南下干部，有来自上海的南下服务团，有国家分配的大、中专毕业生，有寿宁籍的中共地下党员及青年学生，有参加剿匪反霸减租减息和土地改革运动中的积极分子，有从中国人民解放军转业、退伍回乡的军人，也有原国民党政府机关公务员中被留用的人员。

1949年底，全县共有干部130人。1951年增至357人。1958年，干部人数大增，至1959年达928人。1960年，开始精减干部队伍。1961年，减至688人。1963年又上升至1132人，1974年达2281人。1978年后，对历次政治运动中受到不公正处理的干部落实政策，加上引进技术人才，部队转业、以工代干、转干以及大、中专毕业生统一分配，干部人数大幅增加，至1989年，全县有干部3333人。

1990年，全县干部队伍文化程度，大、中专以上占23.41%；中专、高中占54.35%；初中以下文化程度占22.96%。2005年，全县共有干部5989人，本科以上占9%，大专以上占37.65%；中专以上占38.94%，高中以下占14.36%。

干部队伍的年龄，1990年，全县干部中25岁以下占3.51%，25～30岁占18.17%，30～35岁占12.91%，36～40岁占11.41%，41～45岁占10.9%，46～50岁占8.12%，51～55岁占6.01%，56岁以上占5.85%，年龄结构不尽合理。

2005年，全县共有干部5989人。其中党政人员1100人，比1990年增加129.23%，占总数的18.37%；事业单位管理人才1109人，比1990年增加644.77%，占总数的18.52%；专业技术人才3780人，比1990年增加188.23%，占总数的63.12%。

公务员培训情况如何

民国时期的公务员培训，对科员和乡（镇）长以上的公务人员，由县分期分批派送省训练团有关专修科轮训，或送至省、县训练所和巡回训练班进行培训，成绩优秀者视情提拔。培训合格者可晋升1级薪俸。对担任临时性重要工作的人员，则进行临时的训练。当时县内先后设过禁烟工作训练班、新生活运动训练班、征兵工作训练班，每组参训人员在20～30人或40～50人之间。

新中国成立后的干部培训，县委除举办各种训练班和学习班培训当地新参加工作的青年干部外，还分期分批选派部分干部到省、地参加各种训练班学习，回县后担负部门领导或单位骨干。民政、财政、教育、军事、粮食、商业、供销等系统也都举办过专业性的业务培训班，提高了干部的业务水平。

1961 年，县委干部训练班改为中共寿宁县委党校，专门培训县内中层干部。至 1989 年底，参加党校学习的干部累计达 1520 人次。

20 世纪 80 年代，广开学路，组织干部通过广播电视大学、函授、刊授、业余中专、高等教育自学考试等多种途径组织干部进行学习，以提高干部政治理论水平和文化素质。

1984 年 10 月，组织干部参加成人高等教育自学考试。至 1989 年，累计参加自学考试 1717 人次（其中大专 1610 人，中专 107 人）。大专各专业人数：中文 205 人，外语 52 人，党政干部基础科 168 人，法律 446 人，金融 46 人，财政 56 人，统计 267 人，基建 4 人，会计 73 人，农业经济管理 20 人，土木工程 16 人，计算机应用 11 人，教育 49 人，工业管理 33 人，价格学 35 人，人口学 10 人，公安管理 32 人，行政管理 7 人，政治管理 1 人，中医 48 人，农经 31 人；中专各专业人数：护士 17 人，金融 26 人，医士 25 人，工商行政管理 32 人，物资经济管理 7 人。

此外，全县先后选送 100 多人到大、中专院校脱产学习，有 28 人考上经济管理干部学院深造。

1992 年后，对机关事业单位工作人员进行更新知识培训，至 2005 年，共组织各类培训 30 期，参训人员 4562 人次。对专业技术人员，县人事局根据他们参加继续教育的情况进行验证。验证结果作为专业技术人员晋升的基本条件之一。

干部录用情况如何

民国时期的公务员录用，科员以下的办事人员，由科室推荐，经县长批准方可录用。解放后的干部录用有"推荐选拔"、"以工代干"、"考试录用"、"大中专毕业生分配"、"合同招聘"等 5 种形式：

一是推荐选拔。1950 年至 1979 年，以推荐选拔为主，由乡（镇）党委推荐政治思想好、工作能力强的农村干部、积极分子以及表现好的社会知识青年、复员退休军人，经县人事主管部门审查考核，选拔德、才兼优的，报县委审批录用。这种形式沿用将近 30 年，共选用干部 1000 多人。

二是以工代干。1960 年后，干部缺编多从企、事业单位选调工人替代干部工作，称为"以工代干"。至 1981 年底，通过这种形式选用的共有 356 人。1984 年起，全县先后为 246 名"以工代干"人员办理转干手续。

三是考试录用。1980年后，招干开始实行考试录用制度。根据上级下达招干指标，由基层党委提出推荐名单，经政治文化和专业知识考试合格后，择优录用。至1989年，以这种形式录用的干部共有738人。

四是大、中专毕业生分配。1960年以前，干部队伍中的大、中专毕业生较少。1960～1963年，分配到寿宁的大、中专毕业生，多按专业对口安排在教育、卫生部门。1979年后，大、中专毕业生逐年增多，至1989年全县大、中专毕业生达1139人，占干部的34.17%。1990～1997年，分配回寿宁的大、中专毕业生，基本按专业对口全部免考安排到相关部门单位工作。1998年起，国家对毕业生实行双向选择就业。由于寿宁贫困，人才匮乏，对本科以上毕业生实行"绿色通道"就业，至2005年，共录用8人。大专以下毕业生到机关事业单位工作，实行考试录（聘）用就业，至2005年，共从大专及大专以下毕业生中考试录用公务员33人，考试聘用事业单位人员30人。

2000年起，国家推行优秀毕业生"选调"和"选配"就业工作，至2005年，县人事局共接收上级安排16人到乡（镇）机关就业。

五是合同招聘。1984年，开始采用合同招聘录用形式充实基层干部队伍。根据工作性质，制定聘任指标，由基层推荐。农村干部和社会知识青年，经公开考试，短期培训后，由聘用单位与应聘者签订任职合同。农村人口除口粮不转外，待遇与国家干部相同。1984～1989年，全县以这种形式共招收干部98名。

编制设置概况如何

（一）民国时期的编制设置：民国元年（1912），废旧制，分区设署，县下辖3个区，定编30人。1921年，县公署增设财政委员会、劝学所、邮政代办所等机构。人事编制逐渐增加。至1931年，县政府设秘书室，第一科、第二科、定编60人。

1936年，寿宁定为三等县，机构相应增加，县下设2镇8乡，人员编制增至80人。1943年，县政府总编制增至140人。1948年，减为104人。

（二）新中国成立后的编制设置：1949年10月18日，南下干部到达寿宁，建立党、政军机构和5个区分党委。当时全县共有脱产干部130人。其中，国家机关与人民团体74人，文教卫生系统54人，金融系统2人，统一由中共寿宁县委组织部管理。1952年5月，成立寿宁县编制委员会，核定全县干部编制为670人，其中，国家机关与人民团体393人，文教卫生系统236人，金融系统41人。此后，每年均根据上年实际数对照省编委下达的当年编制指标核编一次。1965年，县人民委员会分设机构32个，核定全县干部编制1200人。"文化大革命"期间，编制委员会撤销，职能由革委会政治组代替。

1968年4月，寿宁县革命委员会分设机构减至22个，全县干部编制保持原数。1976年，县革命委员会工作机构增至41个，核定干部编制2281人。1981年3月，恢复寿宁县编制委员会。1989年，县委、县人民政府工作机构增至74个，核定干部编制数相应增加。1990年，全县党政群机关（不包括政法部门）编制684名，实有839人；乡（镇）机关编制422名，实有386人；政法部门编制252名，实有240人；事业单位实有3594人。

1991年，全县党政群机关（不含政法部门）编制688名，实有861人；乡（镇）机关编制422名，实有402人；政法部门编制252名，实有259名；事业单位实有2772人。

1997年，县直机关（不含政法机关）行政编制550名，实有576人；机关后勤服务人员事业编制60人，实有40人；政法系统编制293名，实有271人；乡（镇）机关编制420名，实有428人（不包含后勤人员42人）；全县事业编制4440名，实有4726人。

1998年第一轮机构改革完成，年底全县行政机关编制952名，实有953名，乡（镇）行政编制420名，实有458名（含工勤人员）。乡（镇）事业单位编制总数3333名（含农村中小学教师2466名），实有3054人。

2001年，为准备新一轮机构改革，基本停止机关、事业单位增加人员。

2002年机构改革，县、乡两级机关行政编制从原有970名精简为710名。县级党委工作部门行政编制从原来的133名精简为100名；县级政府部门行政编制从原有319名精简为223名。乡（镇）机关行政编制从原有420名精简为328名。

干部任免情况如何

干部任免，民国时期，县政府主要官员由省政府任命，报国家内政部备案，办事人员由主管官员录用。

1949年后，人民政府职能机构逐年增加，干部队伍不断扩大，干部任免在不同时期有不同形式：1954年以前，县、区级干部由中共福安地委组织部任免。科、局级干部由中共寿宁县委、县人民政府任免；1954～1966年，实行人民代表大会和党员代表大会制度，干部任免事先须经政绩考核，党群团体领导干部的任免，由县委组织部门按照"德才兼备"的原则，深入基层调查考察，评出优劣，报送县委集体审定任免；县人大、人民政府、人民法院、人民检察院等县级领导干部，由中共寿宁县委集体研究推荐，报中共宁德地委审批确定为候选人，然后提交人民代表大会或党员代表大会选举产生；政府机关各部门的正科级领导干部经政绩考核后，由县长提议，县人大常委会审议任免；副科级领导干部经县委组织部门考核，县委审定后，由县委组织部任命。社（镇）党政正副职领导，由社（镇）党代会，人代会选举产生；1971～1977 年，县级、副县级与正科级（含社级）领导干部均由宁德地区革命委员会任免。副社级、副科级领导干部由县革委会任免。

1978 年，恢复 1966 年以前的干部任免制，县（团）级领导干部由一上级党委任免，科级（含社镇）领导干部分别由县人大常委会、县委组织部任免。一般干部由县委组织部与县人事局调配。干部任免前，组织人事部门要履行反复考核与群众评议推荐手续。

1949～1966 年，县委组织部门共承办任免正、副科级（含正、副社镇级）领导干部 583 人次；1967～1977 年共承办任免 175 人次；1978～1989 年共承办任免 811 人次。1989 年底，全县在职干部 3333 人中，正县级 5 人，副县级 21 人；正科级 106 人，副科级 185 人。2015 年全县在职科级以上干部 716 人，其中正处级 6 人、副处级 33 人、正科 292 人、副科级 385 人。

干部调配情况如何

1950 年以前，干部调配以调进为主。1950～1957 年，干部调配以外调居多。1957 年后，为适应山区事业发展，大批中专、高中毕业生分配到寿宁山区工作。1967 年 3 月，军队介入地方"文化大革命"，寿宁县各级党政机构实行军管；大批复退军人调配回乡工作；"文化大革命"中，省、地大批干部下放到寿宁，接受劳动锻炼与思想改造。1978 年后，干部的调配注重专业对口，把组织纪律同个人意愿有机结合，全盘考虑，解决了一部分干部夫妻长期分居的问题。1983 年后，干部余缺多在部门、本系统内调剂，需要跨部门调配的，由县人事局负责调整。从 1979～1989 年，全县共调配干部 1453 人，其中，调进 151 人，调出 564 人，县内调整 738 人。

1992 年起，采取面向社会招考、毕业生分配（就业），农村主干考试聘用等形式不断充实优化干部队伍。

2005 年，全县共有干部 5989 人。其中党政机关干部 1100 人，事业单位管理人员 1109 人，专业技术人员 3780 人。

干部奖惩情况如何

民国期间，县、区、乡公务员每年均进行固定的政绩考核。对政绩优良或单项立功者给予传令嘉奖、晋升、晋级、记功或发给奖赏；对政绩不佳或违法的给予通报、训斥、记过、降职、撤职或移交司法、军法处惩处。

新中国成立后，对干部的考核，每个阶段均有不同的标准和办法：解放初期，对干部的考核，主要以在阶级斗争、生产劳动中的表现为主，对立场坚定、成绩显著的给予评功表模、授予劳动模范或先进工作者的光荣称号，发给奖状、奖旗以资鼓励；对丧失立场、贪污受贿的进行批判、斗争，情节严重者开除党籍和公职。1957年后，执行国务院关于《国家行政机关工作人员的奖惩暂行规定》，每年在全县干部中进行考查、评比。对工作成绩显著的给予表扬，视情给予记功、记大功、升级、晋职或授予奖品、奖金；对表现不好的给予批评教育；对违法乱纪、贪污腐化及渎职、失职造成严重损失的，视情给予记过、记大过、降薪、降职、撤职、留用察看或开除公职等处分，情节恶劣者送司法部门依法惩处。

1979～1989年，全县受到县级以上奖励的干部共有2405人次，其中全国劳动模范1人，省级劳动模范40人次，地区级劳模252人次。1979～1989年，全县因贪污受贿、投机倒把、盗窃国家资财、腐化堕落、违反计划生育等错误受到处罚的151人，其中依法判刑的16人，开除党籍27人，降职降薪4人。

干部考核情况如何

民国期间，县长一级荐任人员的政绩直接由省政府或委托专员公署进行考查；县长以下的其他公务人员则由县长或主管科长负责考查。

新中国成立后，提拔或选用领导干部，事先均经过德、才考核。"文化大革命"开始后，人事考核工作无法进行。1974年恢复领导干部考核制度，建立"老、中、青"三结合的领导班子。中共十一届三中全会后，提拔或选用干部，则先进行德、能、勤、绩考核。县级领导干部由中共宁德地委组织部考核。县主要领导还要经省委组织部考核。科（社）级党政领导干部由中共寿宁县委组织部考核。股级干部由各主管部门考核。

1978～1979年，对县直党政机关和企事业单位的正、副科级以上的在职干部，一年或半年考核一次。考核内容主要是政治表现、任期目标和年度工作实绩，考核等次有优秀、称职、基本称职、不称职或好、较好、一般、差等4个等级。考核方式采取领导与群众评议相结合、平时考查与年度总评相结合的方式进行。对领导班子，则分别按个人述职、民主评议、民主测评、领导评价4个步骤，最后由分管领导给予反馈，并将考核的材料归档。

乡（镇）党政下属领导干部，均由乡（镇）党委自行安排考核时间，一般年终与平时各考核一次。党政机关的一般干部结合年终工作总结与党员评议考核一次。1979～1989年，全县由县委、县人民政府组织的考核共有13次，考核对象5000

人次，为干部的使用、奖惩、调配、培训和提拔提供了依据。

工人工资状况如何

民国时期，寿宁县工人的劳动工资由雇主与雇工双方协议，按劳动时间的长短，分年、月、日或计件结算付工资。解放后，于1952年在企业开始试行工资制。1954年起实行八级工资制。行政事业系统的工人工资，按工人级别套行政事业工资发放。企业系统工人工资，按行业不同分重工业和轻工业、商业级等，均依据八级工资制的原则划分。不同工种同一级别的工资差额一般在1～3元之间。新招收的学徒工在学艺期间一般发给15～24元基本生活费。学徒期满转为正式工时，开始定级，一般实定为一级工，尔后根据熟练程度逐步升级。

1956年4月，改革工资制度，工人工资升级幅度为10.54%；当年505位工人中升级的有127人。改革前，工人人均月工资36.9元；改革后，工人人均月工资41.25元。

1963年8月，又进行一次较大规模的调资，全县全民所有制工人1174人，获得工资升级的有528人。1971年7月，当年升级的有338人。同年，集体所有制工人也进行调资。1977年10月，对工作多年而工资偏低的工人给予调整工资，按规定调整的不超过工人总数的40%，对工作表现不好的缓调。同年，集体企业也进行调资。

1983年10月，对1978年以前参加工作的全民所有制工人全面进行调资。1985年7月，改革工资制度，行政事业中工人工资，按干部工资改革方案实施；企业工人按基本工资加出勤劳动效益评定浮动工资。工资改革前，全民所有制工人月均标准工资为36元，集体所有制工人月均工资标准为32元；工资改革后，全民所有制工人月均标准工资增至61元，集体所有制工人月均标准工资增至56元。

干部工资状况如何

1926～1941年，县长年薪俸为银元300元；科长及主办科员年薪俸为90～100元；其他公务员为30·～70元。1944年，因法币贬值，为保证公教人员最低生活需要，每年按家庭人口每员供应粮食75～112.5千克，扣除粮食价值，尔后以法币补足。

新中国成立初期，干部实行供给制。干部本人及随军的家属，伙食统一由机关供给，生活必须品也由国家统一发给。留用人员仍保留工资制，公教人员实行薪粮制。1952年4月后，全面实行工资制，评定工资级别。1956年9月，干部工资按 26 级工资制执行。分行政、技术、教师、卫生技术等不同的类型。全县 421 名党政、群团干部，调整后人均月工资为 47.5 元。此后，全县于 1963 年、1977 年、1979 年、1982 年、1985 年、1986 年、1987 年、1988 年 8 次调整干部工资。1983 年，按国务院规定，在县以下生产第一线工作满 20 年以上的农业、林业、水利、教育等系统的专业科技人员，从 1983 年 6 月起，每月发给浮动工资 7 元，5 个月后停止。1985 年，改革国家机关和事业单位的工作人员的工资制度，实行基本工资、职务工资与工龄工资等组成的工资制。全县参加工资改革干部 3145 人，月工资总额达 25.04 万元，比工改前增 6.8 万元，人均月增 21.51 元。1984 年起，县决定对农业、林业、水利、教育等专业科技人员，每月发给技术从优补贴（中专 5 元、大专 7 元），并规定毕业生到农村基层工作的向上浮动 1 级工资。

1989 年，县直机关行政、事业单位干部总人数为 3333 人，年工资总额 616.07 万元。正式干部年均工资 1604.15 元，合同制干部年均工资 1375.58 元。

1992～2005 年，国家不断深化工资制度改革，逐步形成一套易操作，有次序的工资管理办法，包括各类工资政策、工资审批、福利发放以及遗属补助 4 个部分，服务对象为机关事业单位工作人员。2000 年 7 月 1 日开始实行国库统一支付工资。

1993 年 10 月之前，延续 1985 年 7 月实行的结构工资制，工资包括基础工资、职务工资、工龄工资、奖励工资 4 个部分，其中教师系列加发教龄津贴，医护系列人员加发"护龄津贴"。

1993 年 11 月 5 日，根据国务院《关于机关事业单位工作人员工资制度改革问题的通知》的规定，从 10 月 1 日起，对机关事业单位工作人员工资制度进行改革。这次改革的特点是建立起适应机关事业单位特点的工资运行体系，工资结构发生变化。机关工作人员（除工勤人员外）实行职级工资制，其工资按不同职能，分为职务工资、级别工资、基础工资和工龄工资 4 个部分，其中，职务工资和级别工资是职级工资构成的主体。机关工资执行岗位技术（职务）工资制，工资由岗位工资、技术等级职务工资和奖金组成。同时，实行正常晋升工资档次的办法，工作人员依据年度考核结果，每 2 年晋升一档职务工资，机关工作人员（除工勤人员外）每 5 年晋升一级级别工资，1993～2005 年，先后 6 次考核晋升调整工资档次：① 1995 年 10 月，在职 5590 人，人均月增资 17.00 元；离退休人员 835 人，人均月增资 21.65 元。② 1997 年 10 月，在职人员 5274 人，人均月增资 22.37 元；离退休人员 916 人，人均月增 22.39 元。③ 1999 年 10 月，在职人员 5417 人，人均月增资 23.00 元；离退休人员 964 人，人均月增资 22.70 元。④ 2001 年 10 月，在职人员 6217 人，离退休人员 1103 人，人均月增资 25.70 元，⑤ 2003 年 10 月，在职人员 6201 人，人均月增资 35.08 元；离退休人员 1246 人，人均月增资 25.80

元。⑥ 2005 年 10 月，在职人员 6258 人，人均月增资 36.20 元；离退休人员 1320 人，人均月增资 23.10 元。

离休人员的待遇和管理情况如何

一是离休人员的待遇和管理。1949 年 9 月 30 日以前参加民主革命并享受供给制待遇及从事地下革命工作的干部达到离休年龄的，实行离职休养制度。寿宁县共有 93 人。1982 年 10 月，县人事局开始办理干部离休，1983 年 8 月后离休干部归老干局管理，至 2005 年，全县有离休干部 43 人，其中享受厅级待遇 1 人，厅级医疗用车待遇 1 人。

1949 年 9 月 30 日以前参加革命工作的老干部离职后，工资均按 100% 发给。寿宁有 3 位 1937 年 7 月～1942 年 12 月 13 日参加革命工作的离休干部，离休后每人每年增发一个半月的工资；11 位 1943 年 1 月 1 日～1945 年 9 月 2 日参加革命工作的离休干部，每人每年增发一个月工资，自有住房而未住公房的县级离休干部发给房屋修理费 4000 元，一般离休干部发给房屋修理费 3000 元。

1996 年，县委、政府规定离休干部（公务员）每人每年 600 元，其中作为健康疗养费发给每人 300 元作为包干使用。1997 年起离休工作单位提高离休人员的特需经费，每人每年提高到 200 元，2003 年提高到 500 元，特需经费主要作为离休干部困难补助使用。

离休干部医疗费实行实报实销，由公费医疗办承办，医疗保险中心成立后，委托医疗保险中心代为管理。

离休干部在政治上享受同级干部的待遇，除参加党的组织生活外，与在职干部同样参加重要会议，学习重要文件。县有关部门每年开展离休干部的慰问、专访、看望活动，举行通报会定期向他们通报工作。2005 年，对曾在寿宁工作，安置在山东、河南、浙江等地的离休干部开展慰问。为丰富离休干部生活，县设立老干部活动中心，派专职人员管理，购置图书、报刊、棋类、扑克、麻将等，供离休干部学习、娱乐。

工人福利情况如何

明、清及民国时期，出卖劳动力的雇工，没有福利待遇，也有少数雇主每季度给雇工补充一次营养品（鸡、兔肉），每年添制一套衣服，小病给他医治。

解放后，工人阶级成为国家的主人，县人民政府规定：生产单位必须为职工创办福利事业，解除职工后顾之忧。1954 年起，工人开始享受福利费、医疗费、病假、休假（女工享受产假）；老弱病残享受退休、人身保险等福利待遇。1958年，城乡普遍办起幼儿园、敬老院、部分企事业单位也创办托儿所，全县各企事业单位均建有职工食堂，较大的企业，还设立医疗室，方便职工就医。规定高空、高温、粉尘等特殊工种定期发给保健营养费，每人每月 6～15 元；职工伤病期间，基本工资照发，医疗费由企业支付；病灾发给困难补助费；死亡发给丧葬费，1978 年起，开始发放物价补贴，每人每月 15.90 元，后增至 32.5 元；另每人每月还发放洗理费 4 元，水电费 3 元，书报费 2 元；夏季发降温费（每人每年 38～56 元），冬季发烤火费（每人每年 11.40 元）。1989 年，全县工人福利费开支为 66 万元，比 1979 年增 14.62 万元。

干部福利情况如何

解放后，全县干部除应得工资外，还有享受各种福利的权利。实行供给制、工龄长的（夫妻都参加工作的），可以享受医疗费、保姆费、子女教育费和多子女困难补助费等；工龄短的干部则只享受困难补助费。1952 年起，干部实行公费医疗。1952～1989 年，干部住院治疗费全部由国家支付。1987 年起，干部门诊实行定额报支。

1950 年，全县国家机关、事业单位干部福利费每人每月 1.4 元。1980 年 7 月起，改为 2 元。年终时，按人数一次性发给各单位，用于干部家庭经济困难或遇天灾人祸时应急补助。1986 年后，大多数单位于年终时按平均数发给每个干部。

全县各机关企事业单位建有干部宿舍、食堂、医疗室、文体活动场所，有的单位还设有健身房。部分干部还享受到外地疗养院疗养待遇。

干部亡故时，按规定发给丧葬费、抚恤金和遗属困难补助费。对未有职业的遗属和未满 18 周岁的子女以及已满 18 周岁仍在校学习的子女，按月发给生活补助费。

根据闽人发（2000）258 号文件规定，从 2001 年 1 月 1 日起，省直机关、事业单位在职人员福利费标准提高到每人每月 15 元，各地可参照执行；退休人员福利提高到每人每月 13 元。由于寿宁县财政拮据，未执行。

退休、退职人员如何管理

新中国成立后，于 1955 年开始对老弱病残的职工实行退休、退职制度。凡 1949 年 10 月 1 日后参加工作的干部，男年满 60 周岁，女年满 55 周岁即可退休。因病失去工作能力，虽不到退休年龄也允许病退。自行辞退的给予退职。

干部退休退职手续，由组织人事部门办理。1978 年后，改由人事局办理，退休后定居何处，由本人申请，有关部门根据实际情况帮助落实解决。退休干部的子女，给予补员1名，安排力所能及的工作（补员制度执行到1984年9月30日）。

退休金根据工龄分别按原基本工资的95%、90%、85%、80%、75%、70%等6级发给。1985年工资改革后，退休金按入伍时间年龄等不同情况，每人每月发基本工资的60～100%不等，并在退休时按职别发给房屋修缮费800～1800元。

退职金原定一次性发给。1979年后，按原基本工资的40%以上分别不同标准发给生活费，每月不低于25元。1985年起改为每月不低于40元。

退休后的医疗费略高于在职干部，超支部分属特殊原因的酌情解决。退休干部亡故，一次性发给丧葬费1000元，家庭困难补助费300元，抚恤费除一次性发给10个月原工资外，另给遗属每月生活补助费。

全民所有制和集体所有制工人，同样享有退休退职的待遇，其退休年龄规定和退休金的发给均与干部相同。但不发房屋修缮费，亡故时不发抚恤费，只给一部分埋葬费。

至1989年底，全县累计有701位干部退休，15名干部退职。65行政、事业单位工人和296位全民、集体所有工人退休。

行政机构有哪些

劳动人事部门的行政机构有劳动局、人事局、老干部局、编制委员会办公室、知识青年上山下乡办公室等。

一是劳动局。民国以前的政府，不考虑社会上劳动就业，因此不设劳动局。

1949年7月起，劳动就业和待业安置由民政科兼管。1955年，县人民政府设立计划委员会，负责企事业单位的职工人事管理工作。1959年，县人民政府计划委员会下设劳动科。"文化大革命"期间，劳动科撤销，由县革命委员会生产指挥部下设的"民事组"，管理企业职工人事。

2002年，劳动局更名为县劳动和社会保障局。内设办公室，职业培训、劳动监察与工资股，社会保障和基金监督股。挂靠单位有劳动争议仲裁委员会办公室。2003年，成立农村社会保险公司。2005年，县劳动和社会保障局行政编制6名，仲裁办机关事业编制2名。内设办公室，社会保险和基金监督股、工资和政策调研股、职业培训和职能鉴定股、再就业办、劳动监察大队。挂靠单位有劳动争议仲裁委员会办公室。下设单位有劳动就业处、社会劳动保险公司、机关社会保险公司、农村社会保险公司、医疗保险管理中心、寿宁县中等技术学校。

二是人事局。1949年以前，县政府公务人员均由上级指派。科室的人事由各科长自行掌管。解放初期，人事工作由民政局兼办。1953年3月，设立人事科。负责政府系统与企业单位干部的人事管理工作（县委系统的人事仍由组织部负责）。1955 年 5 月，县人民政府人事科改称县人民委员会人事科。"文化大革命"期间，人事科被撤销，干部人事管理工作由县革命委员会政治组负责。1978 年 8 月，复设人事局，仍只负责县人民政府系统与企业单位干部的人事管理工作。

1990 年，县人事局编制 7 名。2002 年，人事局编制 14 名，其中行政编制 9 名，退休办编制 5 名。内设机构为办公室、公务员管理股、专业技术人员管理股、考核奖励培训股、流动调配股、工资福利计划股、退休干部管理股。下属单位有人才服务中心。

三是老干部局。1983 年 8 月，县人民政府设立老干部局。1989 年 3 月，改称中共寿宁县委老干部局，专门负责安置离休干部，落实离休干部的政治、生活待遇，2004 年，县委老干部局编制 7 人，内设办公室、综合科、老干部活动中心。

四是编制委员会办公室，成立于 1952 年 5 月，"文化大革命"期间撤销，职能由县革命委员会政治组代替。1981 年 3 月，县人民政府重新组建县编制委员会，恢复编制委员会办公室，定编 2 人，与县人事局合署办公，负责全县机关单位的人事编制工作。1990 年 7 月 10 日，县机构编制委员会办公室编制 4 名，内设综合股、事业编制股。1997 年 10 月，成立"县事业单位登记中心"，1998 年 4 月县事业单位登记中心升格为副科级。1998 年 6 月 26 日，"县机构编制委员会"更名为"寿宁县机构编制委员会"；"县机构编制委员会办公室"更名为"寿宁县委机构编制委员会办公室"，同时挂"县政府机构编制管理办公室"牌子，编制 5 人。2000 年 10 月 25 日，县委编办对外增挂"县事业单位登记管理局"的牌子，2004 年更名为"县事业单位登记管理局"。至今不变。

五是知识青年上山下乡办公室。1969 年初，寿宁县革命委员会成立"四个面向办公室"，负责安排城镇知青到农村接受贫下中农再教育。1973 年 11 月，改称知识青年上山下乡办公室。1979 年，知识青年的就业安置结束，该办公室于 1980 年撤销。

劳动人事部门的事业机构有哪些

一是劳动服务公司，1981 年设立，为劳动局下属的事业单位，地址在县城北凤巷 2 号。它负责县内社会劳动就业安置、待业安置及职工福利服务工作，公司全员 7 人。有办公楼 1 座，建筑面积 336 平方米。

二是社会劳动保险公司，1986 年 2 月设立，为劳动局下属单位，地址在县城胜利街。它主要负责国营企事业单位干部职工的社会劳动，退休养老保险基金的筹集与支付，公司全员 4 人。有楼房 1 座，建筑面积 269 平方米，占地面积 162 平方米。

地方武装

明、清兵备情况如何

寿宁地处闽浙咽喉，境内险隘天成，兵要地理和战略位置在闽东北都具有非常重要的地位。建县前，寿宁分属福安、政和两县。明洪武三年（1370），在渔溪洋（今南阳镇洋边村）设立渔溪巡检司；在赤岩（今周宁县泗桥乡赤岩村）设立赤岩巡检司，分别隶属福宁卫指挥所和建宁卫指挥所，巡检司配巡检1员，书手1员，皂隶2名，弓兵18名，负责缉捕盗贼，维护封建统治，这是寿宁最早的军事机构。

明景泰五年（1454），括州人郑怀茂聚众2000多人，踞官台山（今大安乡辖）黑风洞，武装采矿，与官兵对峙。景泰六年，闽浙都御史刘广衡会同福建按察副使沈讷，率兵征剿，灭郑怀茂部。为统治计，建寿宁县，移渔洋巡检司于官台山寨，增弓兵25名。

明弘治中期（1490～1500），以"闽防在海"而斜滩为境内可由水路直达之处所，遂迁渔溪巡检司于斜滩，弓兵增至100名，仍沿用旧名。

明嘉靖年间（1522～1566），为抵御倭寇侵扰，先后在边境险要道口设隘。嘉靖二十四年，知县张鹤年于闽浙边界建关隘15处，万历二十一年（1593），知县戴镗又设"三关一隘"（车岭关、绝险关、铁关、院洋隘）。守隘之兵，称弓兵，编额200名，其编制每百人为一队，队设总甲一名，小甲一名，由巡捕管理，县令统摄。清代，各关隘的设防为：北路界景宁县的青草隘屯兵76名；东路界泰顺县的黄阳隘屯兵54名；东南路界福安县的院洋隘屯兵110名；南路界福安县的武曲隘屯兵100名；西南路界周宁县的葡萄洋隘屯兵26名；西路界政和县的石门隘屯兵62名，西北路界庆元县的峡头隘屯兵51名，杉坑隘屯兵39名。

除关隘外还有堡寨。全县设置41个堡，分布于主要村落及通道要口。除界福安的余坑堡派兵把守外，其余各堡皆由乡丁民壮保守。一乡有事，四方合力联防。

县城外围布设屯兵之所，称为寨，守寨之兵皆为弓兵，隶属渔溪巡检司。明代，兵无定数，时而奉文裁革，时而详请复旧。至崇祯三年（1630）时，仅有弓兵百名。或名额被占用、或兵员被借用、别用，有名而无实。

清初，除沿用明制外，设按察分司于城西，为县防守公署，统领全县关隘、堡寨的军事行动。

清代为加强防卫，于主要通道沿途的重要村庄及关口增设塘汛，全县共设22个塘。无事则往来巡缉，有事则联络声援。

乾隆年间（1736～1795）增置督捕厅，为锄奸捕盗的专设机构。

国民党政权的地方武装情况如何

民国元年（1912），革除清制，废巡检司。县置警备队，设队长1人，士兵20人，装备长枪20支，短枪1支。至1925年，队伍扩充到50人。同年，又设稽查队，配队长1人，稽查员20人。短枪便衣专事下乡巡查、侦缉。当时，匪患丛生，兵匪一家，昨是匪兵司令，今为官军团长。豪绅结匪拉帮，军阀拥兵自重。

1931年，警备队与稽查队合并，成立保安常备队，下辖2个分队，设队长1人，分队长2人，有士兵84人。1933年，中共领导的革命势力高涨，保安常备队在国民党政府的指挥下配合正规军专事"剿共""清乡"。

1937年11月，县政府奉令将保安常备队分为保安队和常备队。保安队设中队长1人，分队长2人，见习分队长1人，特务长1人，士兵80人。全队有枪75支，专事维护治安。常备队下辖3个分队，设中队长1人，分队长3人，特务长1人，士兵无定员，由中签壮丁随征随补，常年保持58人，有枪59支。同年底，成立义勇警察队。全县设一个大队，下辖3个中队，9个分队；分队下辖9个班，每班由12人组成。全队队警计324人，由免役缓役壮丁充任，集中受训后回到各区及各联保，负责治安和征集壮丁。

1938年6月，成立国民抗日自卫团，原义勇警察队并入该团，由县长兼任司令。自卫团下辖自卫队与后备队及乡（镇）任务队，承担抗日游击、警卫地方和战时服务等任务。自卫团兵源除地方武装外，凡18～45岁未服役的男子，均须经过军训，以备随时补入。该团拥有长短枪1413支。同年7月，拨补师团营区后方营，充实抗日力量。同时又成立县常备队，下辖3个分队，计120人。

1939年1月，国民抗日自卫团改设国民兵团，设专职副团长（团长由县长兼任）。下设自卫队、后备队、预备队。国民兵团统管全县武力量，执行战时抗日任务。

1940 年，县设侦探队，设队长 1 人，队员 20 人。专事侦查、缉捕和"剿共"的任务。同年，县政府设立军事科，为军事行政机构，兼管征兵事宜。

1943 年 2 月，县国民兵团与军事科合并，集行政、征兵、军事于一体，统率全县武装力量。1946 年，抗日战争结束后，国民党发动内战，军队转向对付共产党。县裁撤国民兵团，保留军事科。同时又置保安常备队（简称保安队），下辖 3 个分队，共有官兵 120 人，隶属县军事科指挥。

民国初期，军阀割据，股匪扰民、各乡村地主豪绅纷纷购枪组建民团，自取团号，设团总统领，报县政府备案，团兵 15～60 名不等，武器装备除少量枪支外，多持鸟铳、梭标、大刀等。防御设施以筑碉堡（俗称炮楼）为主。坑底民团防御工事最坚，南阳民团实力最强。1932 年后，民团执行国民党政权"围剿"红军游击队的任务。

新中国成立前的人民武装情况如何

1930 年 10 月，中共福州市委派遣范浚、叶秀蕃回寿宁开展革命活动。在鳌阳、大安等地组织贫农小组、赤色农会。1931 年 4 月，范浚在大安组织起第一支农民革命武装——红带会。1932 年 10 月，亭溪、楹洋、官田场、炭山、炭岔头、村头、泮洋、半岭、伏际、长岗尾、小东、地洋、花岭、洋边、镇家洋、仙峰及南区部分村庄，有上万名农民加入了革命红带会，在中共寿宁县特别支部的领导下，开展"打土豪"、"分田地"斗争。

1933 年 5 月，中共福安中心县委派曾志、赖金标到寿宁，在南阳乡赤陵洋村成立"寿宁县革命委员会"。10 月，经过精选的红带会会员 30 余人，在龟岭村建立闽东工农游击第七支队，赖金标任队长。这支武装后来发展到 100 余人。1934 年 2 月，七支队开赴福安，与部分红带会一起改编为"闽东工农红军独立二团第十六连"，赖金标任连长，范式人任政治指导员。

1935 年 8 月，根据中共闽东特委书记叶飞的提议，中共闽东特委福（安）寿（宁）办事处和福寿中心县委决定：将分散活动的十多支游击队整编为"福寿中心县游击队"，在县南岗垄成立游击司令部，由许威任司令员，统一指挥福（安）、寿（宁）、泰（顺）地区各支游击队的活动。同时在郑家坑组建赤卫总队，设后方办事处，负责红军游击队的军需补给。1937 年 12 月。部分游击队队员被整编入新四军三支队六团，随后开赴皖南抗日前线。

新中国成立后的地方武装建制如何

1949年11月，中国人民解放军福建省军区第三分区警备团派黄明到寿宁组织成立寿宁人民武装大队，执行保卫人民政权的任务。1950年冬，剿匪基本结束，县大队改编为福安军分区独立第二营。

1950年，成立县公安队。1955年改为武装警察中队。1966年6月，纳入中国人民解放军地方部队编制，称寿宁县中队，隶属县人民武装部领导。1982年划归宁德地区武装警察支队和县公安局领导，称"中国人民武装警察部队寿宁县中队"。主要担负维护社会治安、监管在押人犯等任务。

1951年2月，成立寿宁县人民武装部。设部长、科长、文书各1人。1953年增设军事、政工科。1954年12月，改称"寿宁县兵役局"，内设兵役、军事、政工科。1960年3月，撤销兵役局，恢复县人民武装部建制。1967年2月，因"文化大革命"运动，地方党政机关瘫痪，县人民武装部奉命介入地方实行军管。3月，成立"中国人民解放军福建省寿宁县人民武装部生产领导小组"及"寿宁县驻军支左接待站"开展"三支"、"两军"工作。

1986年6月18日，根据中共中央、国务院、中央军委指示，县人民武装部划归地方建制，作为县委的军事部门、县人民政府的兵役机关，全称为"福建省寿宁县人民武装部"。实行地方和军队双重领导，内设办公室、军事科、政工科、负责全县民兵和预备役工作。在乡（镇）设乡（镇）人民武装部。

乡（镇）人民武装部是区、乡（公社）、镇民兵和预备役工作机构。1951年，随着县人民武装部的建立，全县按行政区划相继成立鳌阳、斜滩、平溪、托溪、南阳、凤阳、纯池7个区武装部。尔后随着行政区的变动而增减，最多时为23个，最少时2人。1965年7月以后，设13个公社武装部。1974年增设县直机关武装部。1984年9月，公社改乡，公社武装部改称乡（镇）武装部，全县有13个乡（镇）武装部。1988年元月，增设下党乡武装部。2015年底，全县共有14个乡（镇）武装部和1个县直机关武装部。

明、清时期驻军情况如何

明景泰六年（1455），闽浙都御史刘广衡、福建按察副使沈讷率官军"征剿"官台山寨，于犀溪、赖家洋各设军营屯兵。五月，攻占官台山寨，派千户、百户各一员，率弓兵200名镇守官台山银矿。嘉靖十八年（1539），大宝坑银场矿坑封闭，驻军撤离。至崇祯末年（1641~1643），参将伯颜率兵驻寿防守。

清顺治四年（1647）春，明世裔郧西王朱常湖与部将王祁以鬼足洞为据点，

举旗反清复明，攻陷寿宁县城，杀死清知县吴允焞。顺治五年，清将饶崇秩率兵
500 名，击溃明军，复占县城，并屯兵驻守。顺治十至十八年间（1653～1661），
先后有都司李文立、游击高登远、守备胡登高相继率军驻寿。康熙元年（1662），
为防海寇，守备李昌本带兵驻防寿宁。康熙二至二十五年（1663～1686）先后有
千总顾德、裘以冠、刘祥、李孟光、黄荣等驻守。

雍正十三年（1735），福安游击分拔给寿宁左营千户 1 员，外委千总 1 员，马、
步战守军 120 名，以福宁镇标中、左、右三营兵丁派拔轮防。

国民革命军驻防情况如何

1926 年，国民革命军海军陆战队 140 人，由胡连长带领，驻县清剿卢模正、
何金标股匪。

1930 年，省派教导团（团长肖叔宜）200 人驻防寿宁。同年 6 月，浙江省保
安团团长陈式正带兵进驻境内，清剿许美会股匪。

1933 年春，省防军第二混成旅第一团陈拯部，进驻寿宁斜滩，"围剿"东区
红带会。

1934 年 1 月 22 日，浙江省国民党军八十四师师长陈式正率领 2000 多人，会
同福建国民党新十师陈齐煊部 1 个团，进驻寿宁"围剿"闽东工农游击第七支队
与东、西区红带会。

1935 年，福建保安三团团长易启基率部进驻寿宁"围剿"工农红军闽东独立
师和活动于闽浙边区的红军游击队。

1937 年 1 月 2 日，省派周志群旅、王继祥旅各一部进驻寿宁"围剿"工农红
军闽东独立师与中共福寿中心县委所辖各支游击队。

1938 年 6 月，福建省保安一团到达寿宁清剿李阿步经济股匪。

工农红军发展情况如何

1934 年 6 月 16 日，赖金标、范式人率领工农红军闽东独立团第十六连，到
达岗垄地区开展革命斗争。

1935 年 10 月 5 日，粟裕、刘英率领中国工农红军挺进师（北上抗日先遣队余
部）800 余人，进驻犀溪郑家坑与叶飞、阮英平、范式人率领的闽东独立师会合，
并成立"中共闽浙边临时省委"。同年范义生率工农红军闽东独立师第一纵队，陈
挺率领闽东独立师第二纵队相继进驻寿宁。1938 年春，红军挺进师和工农红军闽
东独立师相继编入新四军，分赴皖南抗日前线。

1939～1947 年，闽北游击队领导人江作宇、胡万当、余三江、叶凤顺、张翼、陈正初等先后率领游击队在平溪、托溪一带开展革命活动。

新中国成立后驻军情况如何

1949 年 7 月 13 日，中国人民解放军第三野战军第三十一军九十三师进驻寿宁，解放全县。10 月第二十八军二四九团二营进驻寿宁剿匪。11 月，第三军分区（福安军分区）警备团参谋长张阿华率部驻县剿匪。12 月，陈挺司令员率军分区警卫连侦察排驻扎斜滩，成立剿匪指挥部。1950 年底，剿匪工作基本结束，指挥部撤销，部队调回军分区。

什么叫募兵制

明代，实行募兵制，民壮参军后，兵士及家属的户籍属于军府，称军户，世代为兵，非经免除，不能脱籍。寿宁自建县起至崇祯十年（1637），有军户 60 户，分布于坊一图的楒洋、坊四图的地源、二都的南阳大蜀、四都的梅洋、五都的南澳、七都的初垄（现周宁辖）等 6 个甲。

清代，除屯卫兵丁及充配为军的本人外，子孙随配入籍的亦称军户。兵员来源仍用招募制。

民国初期，沿用募兵制。1937 年 8 月 30 日开始执行《兵役法》，办理正规兵役征募事务。11 月，成立寿宁县兵役宣传调查委员会。以联保为单位，调查全县壮丁情况。凡年满 20～30 岁的男子列为甲级壮丁，31～40 岁的男子列为乙级壮丁。其中独子、长子、残废或专业学校毕业、旧制中学毕业、历充小学教师、小学校长的可以免役；从事官方公务、家庭唯一劳动力以及具有木匠、铁匠等技艺的可以缓役。免、缓役以外的应服役。壮丁以联保为单位，在县政府派员监督下举行抽签。中签的甲级壮丁由各保、甲长负责监视，待正式征兵时，送县集中入伍。乙级壮丁除免役、缓役、禁役外，中签的多补入自卫队。

1938 年 6 月，开始征兵。群众不愿被征，有伪造免、缓役证书，甚至自断食指的。同年，实行《战时纳金缓役暂行办法》，适龄壮丁因职业或其他原因不能应役的，在交纳一定数量的代役金后，可缓服兵役。

1939 年 8 月，因兵源不足，甲级壮丁年龄改为年满 18～30 岁的男子。1940 年 5 月，甲级壮丁年龄又改为年满 18～35 岁的男子。

当时前方兵源缺乏，地方政府在征兵中徇私舞弊、敲诈勒索，群众纷纷逃避应征。为完成征兵任务，遂强行抓丁入伍。由"一甲一丁"增至"一甲十丁"，逢人便抓，孤儿独子也难幸免。被抓壮丁逐个被捆绑送县集中，移交给接兵部队。押运途中，用索链将两人手臂捆缚。中途逃脱被抓回的，轻则毒打，重则活埋。抓丁造成农民家破人亡，村荒户绝，终于引发了"抗丁"斗争。1939年夏，平溪屏峰村农民蔡得彭组织30多名壮丁上山抵抗抓丁。1940年11月，同村的蔡得余等13个农民，筹款300余元，购枪组织游击队，开展"抗丁"斗争。

1938～1943年，全县每年征集省额兵员600名，中央额兵员1236名。1944年，征集省额兵员200名，中央额兵员930名。1945年上半年，征集中央额兵员755名，前后8年，全县共征壮丁12901人。

1944年春，国民政府在全国范围内发动10万知识青年从军，参加抗日。县政府在中山堂召开各界人士和青年学生参加的千人大会，动员知识青年在此国难当头之际"投笔从戎，为国捐躯"，当场就有80余名知识青年主动上台报名参军。经体检合格的34名青年，在各界人士的欢送声中走上抗日战场。抗战胜利后，青年军或为蒋介石反共的嫡系军队。

何谓志愿兵制

解放初期，为巩固胜利成果和加强国防力量，动员青年自愿报名参军，经体检、政审合格后，一部分补入部队，一部分参加县大队、区中队和公安队等地方武装。1950年底，抗美援朝运动中，有项新福、缪启华等30余人志愿加入中国人民志愿军，奔赴朝鲜参战。1949～1954年，全县共有200余人志愿入伍。

1978年，根据中央军委命令和《中华人民共和国兵役法》规定，人民解放军实行义务役和志愿役相结合的兵役制度。寿宁县在军队服现役的技术性义务兵，服役期满后，申请转服志愿役的37人。志愿兵复员后，由地方政府安排在全民企事业单位工作，享受全民职工待遇。

何谓义务兵制

1955年，国家实行义务兵役制度，由县人民武装委员会负责实施。当年应征报名的达2666人，占适龄青年总数的37.2%。经体检和政审后，批准入伍250人。1957年，执行《中华人民共和国兵役法》，县成立兵役委员会，负责组织领导征集工作。通过宣传，许多人纷纷送亲属报名应征，其中，父母送子的320人，兄送弟的295人，妻送夫的99人，兄弟同时报名的有66人。全县报名应征达1893人，占18～20周岁适龄青年的63.12%。经过体检，政审合格，批准入伍150人。

1955～1989年，共征集义务兵34次，为部队送兵员4239人，其中空军地勤兵 86 人，女兵 10 人。

1990 年，全县出现"参军热"，适龄青年报名率达 98% 以上。1991 年全县报名 4787 名，占适龄青年的 84.92%，1997 年报名 2382 人，经过体检合格 168 人，其中高中毕业生 57 人，占 33.9%。1990～2005 年，全县共征集义务兵 1800 名。

何谓预备役

预备役分为两类，军士和士兵服现役期退伍后，转为第一类预备役。18～40 岁的公民编为第二类预备役。

1956 年 4～9 月，全县经预备役军士和士兵登记，有 39 人被编为预备役军官，377 人被编为第一类预备役，11215 人被编为第二类预备役。

1957 年 4 月，执行中央军委规定，将预备役与民兵组织合二为一。第一类及第二类 18～25 岁的预备役军人中条件合格的编入基干民兵，第二类 26～30 岁的预备役军人条件合格的编入普通民兵。1962 年，对 1950 年 1 月～1954 年底转业、复员的副排级以上干部和 1955 年 1 月～1962 年 8 月期间授予准尉以上军衔的转业、复员干部进行预备役军官登记。

1980 年，执行国务院、中央军委规定，恢复复员退伍军人预备役登记制度。结合整顿民兵组织，对 35 岁以下的退伍军人进行预备役登记，28 岁以下符合条件的退伍军人编入基干民兵，服一类预备役，其余编入普通民兵，服二类预备役。

1989 年，全县 35 岁以下的退伍军人有 1426 名，符合条件服预备役的有 1245 人。

1990 年开始，民兵组织建设严格按照"减少数量、合理布局、突出重点、分类建设"的原则，对全县民兵组织进行全面整顿，清除不合格民兵 62 人，全县基干民兵 3496 人，合格储备率 100%。2003 年，全县在编民兵 30422 人，其中基干民兵 2245 人，占总人口总数的 8.8%。基干民兵中退伍军人 302 人，占基干民兵总数 13.5%。2004 年，民兵总数 32879 人，其中基干民兵 2245 人。

民兵组织建设情况如何

民兵是中国共产党领导的不脱离生产的群众武装组织，早期（1928～1936）称工农赤卫队。1932 年中共寿宁特别支部在大安建立第一支农民革命武装组织——红带会，此后，全县东区、西区、南区均有红带会组织。1935 年 8 月，在郑家坑成立赤卫总队（约 300 人），配合红军游击队开展革命活动。

1950 年，开始组建民兵组织。各区、乡设民兵队，至年底全县有 1293 位青壮年农民加入民兵组织。在土地改革、剿匪中，民兵起了重要作用。

1958年8月，实行全民皆兵。11月28日，寿宁县人民公社民兵师成立，县人民武装部部长兼师长，县委书记兼政治委员，当时全县有男民兵40292人，女民兵29193人。1961年，民兵整组，从基干民兵中选出政治表现好、身体好的列为武装基干民兵。全县共筛选出武装基干民兵1262人，组建武装基干民兵班145个。

1962年6月，根据《关于建立武装基干民兵团、营的决定》，县建立武装基干民兵团，全县武装基干民兵编为7个连，要求做到"召之即来，来之能战，战之能胜"，随时准备参军参战。

1969年8～11月，先后在武曲、南阳、斜滩、平溪、鳌阳、岱阳、浩溪7个公社组建武装基干民兵连850人，合编为武装基干民兵独立营。1974年11月，成立"寿宁县民兵指挥部"和公社民兵指挥部。1978年，民兵列为与野战军、地方军三结合的国家武装力量之一。县、社、大队的民兵师、团、营机构，政治上享有同级革命委员会的待遇。民兵的武器，除按步兵连配备外，还有重机枪、高射炮、六〇迫击炮、八二迫击炮等。

1985年，民兵武器收归县武装部保管。1987年，经过整顿，全县有民兵20331人，其中基干民兵营13个，基干民兵4180人，素质显著提高。

1990年9月，对全县民兵组织进行整顿，全县基干民兵3496人。1996年整顿后，全县民兵营200个，基干民兵3578人。2004年，全县基干民兵2245人。2005年，围绕"提高快速反应能力和综合保障能力"进行民兵整顿，为入闽部队"进得来，过得去，供得上"奠定必要的组织基础。

民兵代表大会总共召开几届

1951年7月3日，召开寿宁县第一届民兵英雄模范代表大会，表彰剿匪战斗中的英雄模范人物。

1952年12月10日，召开第二届民兵代表大会第一次会议。1955年2月26日，召开第二次会议，会期3天，出席会议代表223人。

1962年12月15～20日，召开第三届民兵代表大会，与会正式代表、列席代表、特邀代表共305人。有21个先进单位和先进个人代表在会上发言。会议表彰了24个先进单位和先进个人。推选亭溪公社为省民兵代表大会的单位代表，李启东、吴梅妃等5人为省民兵代表大会个人代表。

1976年10月26～30日，召开第四届民兵代表大会，出席代表353人。芹洋公社溪源大队女民兵连等10个先进单位和先进个人代表在会上发言，会议推选出席宁德地区第三届民兵代表大会的代表38人。

民兵如何进行思想政治教育

民兵思想政治教育以鼓舞士气，激发爱国热情，提高民众国防意识为目的。

一是教育内容。解放初期，以剿匪反霸、肃清反革命分子、巩固人民政权、保卫胜利果实为内容，教育民兵热爱新政权，主动配合剿匪部队作战，肃清土匪，巩固政权，保卫土地改革。

1953 年，开展社会主义过渡时期总路线和"组织起来，走合作化道路"的教育。1955 年进行《中华人民共和国兵役法》宣传教育。1958 年，进行"大办民兵师"和"全民皆兵"教育，加强战备观念。1963 年，对民兵进行社会主义、阶级斗争观念教育，强调端正阶级立场，坚定社会主义方向。同时开展"学雷锋"、"学王杰"活动。1969 年后，以毛泽东的人民战争思想为内容进行经常性的战备教育。同时结合民兵整组与军事训练进行"召之即来，来之能战，战之能胜"的军事化行动教育。

二是教育方式。1949～1955 年，主要由民兵队部负责组织，上级派军政宣传员讲课，以夜校为场所，边学文化，边抓思想教育。1956 年后，农村大办民兵、青年俱乐部，于是就以俱乐部为阵地，开展教育活动。"文化大革命"期间，创办民兵政治夜校，定期定内容进行教育。每年一次军训活动也安排 30% 的时间上政治课。每年的组织整顿，都先抓思想教育。1978 年后，恢复民兵俱乐部，民兵教育仍以俱乐部为阵地。此外，每逢建军节和重大节日、纪念日，都开展"人民战争思想"和民兵的战略地位教育。1985 年起，在全县开展全民国防教育。

1991 年，国防教育纳入农村社会主义教育课题计划。1993 年 3 月，在南阳镇南阳村民兵营进行国防教育试点。南阳村 36 名基干民兵自筹资金 2500 元购买消防服装和设施，建立义务消防队，为维护治安发挥积极作用。

民兵的军事训练情况如何

1949 年，人民政权建立初期，民兵的军事训练由县人民武装委员会负责实施。每年冬季，由乡民兵大队部组织村民兵分队长以上干部学习使用和保管武器，并进行一次实弹射击。1952 年起，军事训练改由"冬训委员会"组织实施。训练结束后，以乡为单位进行评比。评比内容有：军政测验、武器检查、军事体育、文化等。1955 年后，民兵的军事训练多利用每年农闲时间开展 1～2 次（7～8天），训练对象以基干民兵为主，吸收复员军人和三类预备役士兵参加。1958 年，以基干民兵和民兵干部为训练对象，执行"军政并重，劳武结合"的方针和"忙时少训，闲时多训，不占用生产时间"的原则。全县受训人数达 1392 人。1959 年，除步枪应用技术外，又增加轻机枪、重机枪、冲锋枪、六〇迫击炮、五七无后座力炮的操作、发射技术等训练项目。1960年3月，由中国人民解放军九二〇一部队派员代训民兵特殊兵种，全县接受技术训练的人员有无线电话兵475名，工程兵162名，炮兵149名，防化兵60名。

1970年，民兵训练的重点课目有射击、投弹、爆破三大技术及打坦克、打飞机，打空降和防原子、防化学、防细菌战等。空降联防区内的民兵，还进行空降演习训练，民兵干部增加单兵进攻战术训练。1973年，增加刺杀、战术内容。1977年10月，县武装部从全县13个公社武装部基层民兵中抽出男女各一个班，集中县城进行军训效果的检阅和评比，竹管垄、南阳、武曲、斜滩等公社的民兵组织被授予优秀单位称号。1986年，民兵训练依照总参《军事训练大纲》的规定，训练课目有列队、基本射击、应用射击、投弹、爆破、战斗勤务、单兵战术等，受训人数153人。

1987年后，根据"减少训练人数，精减训练内容，改进训练方法，提高训练质量"的原则，各乡（镇）自设民兵训练基地，自筹民兵训练经费（武装部门给予少量补助）。民兵训练由各乡（镇）武装部组织进行。全县参训武装基干民兵1970名，训练课目有应用射击、投弹、爆破和进攻战术。

民兵有哪些活动

一是剿匪。解放初期，全县民兵在中共各级组织领导下为巩固新政权，保卫土地改革，参加剿匪斗争做出了重大贡献。

在第一期土地改革运动中，配合部队剿匪的民兵达3213人次。共缴枪16支，子弹380发，手榴弹7枚。单独执行剿匪任务的民兵有5270人次，缴枪5支，子弹340发。第二期土地改革期间，配合部队抓获匪团长以下骨干和刀会首11人，匪徒124人。

1951年，李家洋民兵配合剿匪部队围歼范乃扬股匪，击毙匪首范乃扬、参谋长叶广裕；凤阳民兵抓获匪首杨飞；泮洋民兵配合部队抓获匪副司令陈文基；下房民兵打死匪副团长柳权。

至1962年，全县民兵在剿匪、肃反期间，共参战58628人次，缴枪70支，子弹1350发，手榴弹30枚；抓获分队长以上骨干分子120人，匪徒280人，瓦解匪徒110人。

二是除兽害。1953～1978年，各乡民兵组成15个打猎队，射杀危害农作物的野猪、豪猪等害兽。1954年，全县有民兵打猎队72个，892人。1955年8月，县人民政府专门召开民兵队长与打猎能手会议，部署除兽害。全县共成立了打猎队 913 个，队员（民兵）1214 人。

1951～1966 年底，全县民兵打猎队采取枪杀、吊杆、陷阱、铁闸、笼捕等办法，共捕杀野猪 688 头，豪猪 578 只，其它野兽 16680 余只。1978 年后，国家提倡保护野生动物，打猎队因此解散。

三是民兵工作"三落实"，1962 年 6 月 19 日，毛泽东主席发出"民兵工作要做到组织落实、政治落实、军事落实"的指示。县人武部从 1964 年起，在全县开展"创造民兵工作三落实先进单位"活动。每年对各乡（公社）的民兵整组、人员落实、政治教育和军事训练等方面进行检查评比，对民兵工作"三落实"抓得好的公社和单位及时给予表扬和鼓励。至 1983 年，全县先后评出竹管垅公社党委、南阳大队基干民兵连、武曲公社象岩基干民兵排等"民兵工作三落实"先进单位 600 多个。

防御设施建设情况如何

防御设施包括：城池、关隘、堡寨、塘汛、练兵场所、碉堡、防空哨所、防空洞。现分述如下：

一是城池。寿宁建县后 50 年，即明弘治十八年（1505），由知县吴廷瑄募役构筑城墙。嘉靖二十三年（1544），全面加以修葺。四十年（1561），知县章锐筑石城，编木关，城池始具规模。四十一年（1562），功甫毕，便被倭寇攻陷，雉堞尽坏。隆庆五年（1571），又遭洪水冲毁。万历二十年（1592）重修，崇祯十六年（1643）复修。此后，历经清代、民国多次修葺。1958 年 3 月拓宽街道，拆除西门、南门，墙址也改作宅基地，现仅存东门。

二是关隘。明代，于县境边陲交通道口、险要处设"三关十六隘"。隘多居高临下，筑有工事，备有擂木、滚石，派兵轮流把守。三关即车岭关（在车岭头）、绝险关（在斜滩南 1 华里，俗称火烧岩）、铁关（在武曲）；十六隘设于闽浙边界的有黄阳隘、碑坑隘、青草隘、箬坑隘、伏际隘、青田隘、榫子栏隘、杨婆墓隘、杉坑隘、峡头隘、双港隘、下党隘。省内界政和界的有石门隘，界宁德的有葡萄洋（今周宁县辖）隘，界福安的有武曲隘、院洋隘。

三是堡寨。明代，境内主要村落交通要口设 41 堡。东路有南阳、仙峰、犀溪、黄阳堡；西路与西南路有韶托、九岭、九岭尾、张广地、芹洋、石亥窑、龙溪、平溪、南溪、庚岭、泗洲桥、葡萄洋、禾溪、赤岩、筇竹溪、托溪、圈石、大泰、上下党、上下屏峰堡；南路有三望洋、青竹岭、大洋、斜滩、元潭南澳、钱塘、东岭后、兰田、大石、墟兜、长洋、基德、余坑堡；北路有大安、青田、大熟、当归洋、上东、稠林山、地源村堡。另有官台山、官田场、大洋、南阳、黄家洋、楼下洋、四大村、安昌、韶托、后村、梅洋仔等 11 个寨。

四是塘汛。清代，在要道沿途村庄增设 22 个塘汛，东路有南阳、院洋、犀溪塘；南路有大洋、斜滩、元潭、武曲、店后、大石塘；西和西南有托溪、山际、杨梅垄、叶洋、九岭、芹洋、尤溪、平溪、南溪、泗洲桥塘；北路有小东，新设青草隘塘。

五是练兵场所。明代，在县城东郊黄家洋（现邮电局处）开辟演武场，供兵勇、民壮习战。清顺治六年（1649），知县饶崇秩鉴于旧东郊演武场场地过狭而且潮湿，遂买民田 20 余亩，移建于城南（今体育场），称南校场。

新中国成立后，驻军与民兵军事训练未设固定场所，大多就地选点。县人武部曾于城东烈士塔后山建简易射击靶场，于野马林建民兵训练场各一处。

六是碉堡。民国初期，村庄进出口通道及富家屋旁多筑碉堡（俗称炮楼），留观察孔、射击孔，防御盗匪或散兵游勇骚扰。民国中期，境内碉堡林立，有地方民团建的，有豪坤地主自建的，有苏维埃政府和工农红军、游击队修建的。除县城和斜滩的部分碉堡有部队据守外，其余多为乡丁民壮自守。苏区碉堡为工农红军游击队驻守。1950 年后，大部分碉堡已撤除或改作他用。

七是防空哨所、防空洞，1958 年后，为防范盘踞台湾的国民党武装空袭空降，在楹当洋设防空哨所，由当地民兵担任执勤任务。在山羊尖、双苗尖两处高山地区设防空降点，与毗连的泰顺、景宁、庆元、云和、政和等县组成防空降联防区，并在其外围设一、二、三道防卫圈，实行军民防空降作战演习，由各县人民武装部按年度轮流值班指挥。至 1979 年，海峡两岸局势缓和，防空哨所撤除，演习停止。

1968～1970 年，执行"深挖洞、广积粮、不称霸"和"备战、备荒、为人民"的指示，根据上级军事部门的指令，县革委会和县武装部在县城进行总动员，建设人民防空工程。

明、清时期兵事情况如何

一是荆棘寨之战。明洪武二年（1369），叶丁香、吴达三占寨作乱，一度侵入青田。朱元璋派延安侯唐胜宗前来镇压。在福宁府李指挥、刘千户及犀溪乡勇的配合下，经过六个月的征战，于洪武十四年（1381）剿灭叶丁香、吴达三为首的荆棘寨寇。缪继鲁、缪廷義因功授义官。

二是官台山之战。明景泰元年（1450），浙江丽水郑怀茂聚众 2000 余人驻官台山黑风洞，武装开采银矿，与官府对抗。景泰六年，闽浙都御史刘广衡，会同福建按察副使沈讷，率领官军进驻寿宁"征讨"，在犀溪和赖家洋各设军营一处。

五月初四，官军派精壮乡民数十人，以犒劳为名混入官台山寨为内应。内外夹攻，寨兵仓促应战，全军覆没。明将沈讷也身中两箭一枪。

三是天顺之乱。明天顺七年（1463）夏，流民为盗，藩台臬司领兵驻县清剿，暮夜设伏兵，截获300余人，擒为首的王彭、陈亮、叶福等10余人。

四是成化之乱。明成化七年（1471）春，浙江山寇周择斌侵入寿宁，蕃祯、何乔新率领精兵80余人截击。杀死周择斌等29人，生擒20人，余众败逃，雨夜涉溪，溺死无数。成化八年，叶佛葱、胡海等又聚众2000余人，由龟岭坑直往上坪，沿途抢劫杀人，巡矿参议陈勃、按察福安、檄义勇官刘斌、李球、刘回广等，会同寿宁布政、按察二司，伏击生擒叶佛葱、胡海。

五是倭寇之患。明嘉靖三十八年（1559），倭寇自浙江方向侵入县境犀溪、南阳、竹管垅一带，奸杀掳掠，百姓深受其害。嘉靖四十一年（1562），倭寇再次从浙江温州犯闽，与从福安、连江等地登陆的海贼会合，于同年十一月十七日攻陷县城，毁坏城防雉堞及四门军事设施。火焚县署，男女死伤无数。该股倭寇后为松溪人所灭。嘉靖四十二年（1563）春，倭寇又犯寿宁，攻陷县城，尽情杀掠后，流窜至宁德漳湾，被戚家军所灭。

六是反清复明之役。清顺治三年（1646），明郧西王朱常湖化装成和尚隐藏在平溪的鬼足洞。顺治四年春，明将王祁僧服入洞见朱常湖，共商"复明"大计。而后，集壮士数百人，以鬼足洞为据点，举旗反清。王祁亲率军众，攻下寿宁县城，俘杀知县吴允淳，抛尸于溪头岭下。因王祁军以白布缠头为号，民间称"白头变乱"。事后，建宁府尹檄政和知县共援寿宁。王祁获悉撤出县城，绕道攻政和。王部军纪严明，所到之处，不取民间一物，沿途投附者甚多。不日即攻陷政和县城，屯兵驻防。

七是土寇之扰。清顺治六年（1649），土寇占据福安，大肆掳掠，波及寿宁县境。顺治十五年（1658），强寇王捞天贼伙，剽掠四都、五都（今竹管垅、斜滩、武曲一带）。梅洋村一妇女，誓不从贼，被其剖腹解肢，投尸河中。

八是海寇之患。清康熙元年（1662），海寇2000余人，犯二都（今南阳一带），掳掠财物，奸淫妇女，守备李昌本率兵阻击，因寡不敌众，奋战身亡。

九是耿变余患。清康熙十三年（1674）三月，耿精忠在福州发动兵变，其属下600多人，经过寿宁，屯聚于九岭的九峰堂。县城防兵，乘机逼饷，闭城掳掠，百姓遭殃。

十是逃兵之祸。清康熙十五年（1676），都尉逃兵经过寿宁，掳掠男人、妇女，全城民众逃避一空。逃兵在城内四处抢劫财物。

民国时期县政府的剿匪战事有多少

民国时期县政府的剿匪战事主要有八次：

一是肃清何金标股匪。1926年，县境内土匪蜂起，以号称"何营"的何金标股匪为最。该股匪聚众600余人，枪300多支，骚扰寿宁，祸及邻县。省政府派海军陆战队胡连长率领官兵100余人，驻扎寿宁清剿。经过数次交锋，挫败何匪。何金标收拾残部百余人逃窜闽北，后被卢兴邦部招安。

二是平定吴稽查兵变。1926年底，海军陆战队稽查员吴德标，因触犯军纪不服处罚，枪杀胡连长，率士兵10余人上山为匪。1927年4月，吴德标率30余人枪，突袭寿宁县城，县警备队徐队长中弹负伤，警员弃城遁逃。吴德标进城勒索饷银2000元后离城，经芹洋、平溪入政和转周墩，沿途杀死无辜百姓7人。周墩当局摆酒接风，设伏兵逮住吴德标，众匪也被缴械。次日，将吴处决。

三是剿灭许美会股匪。1928年，许美会（化名周玉光）聚众千余为匪，拥枪900余支，号称"周营"，祸及闽东、闽北各县。1929年12月～1930年5月6日，他先后两次攻入寿宁县城，掳掠商贾富户，强奸妇女，打死政府守军连长1人。省政府商调浙江省陈式正保安团入寿，分兵驻扎托溪、坑底、犀溪征剿；另选精兵百余人，组成便衣短枪队，每小队10人，深入各地查缉。经半年驻剿，匪众死伤、逃亡、自新者不计其数。许匪见大势已去，潜逃至福安，被共产党人江平杀于太蓬东坑。

四是平靖林乃道匪患。1934年，林乃道（林熙明）以"顺天救国军"名义，啸聚匪众300余人，拥枪160余支，盘踞寿宁、政和边界地区，扰乱闽东北各县，寿宁受害尤甚。1938年冬，福建省保安三团会同五、六两团各派出一个大队围剿。林乃道率残部50余人向建瓯、建阳逃窜，后在建阳被保安团团长易启基收编。林乃道被带至沙县处决。

五是剿灭散匪。1938年6月，李阿步股匪30余人，拥枪16支，在王溪一带拦路抢劫。县长张树檀亲率保安队赴斜滩会同省保安一团第一大队进剿，捕获为匪保长吴其歆等十余人。

六是平息吴发棠兵变。1941年，县保安队新任分队长吴发棠，因队员违纪，被军事科长当街训斥，吴心怀不满，在前往建瓯接枪途经芹洋时，受部下煽动哗变，收缴警察和侦缉队员的枪支，窜至县南与福安交界的白云山为匪。事发后，县长郭振华、军事科长童沛带兵驻扎凤阳督剿。郭派人打入吴匪内部，里应外合，捕获吴发棠及手下3名班长。吴发棠被押送省军法处审理。郭、童知吴在省垣有庇护人，密派亲兵设伏清源乡岱阳头，将吴击毙，以"吴犯在押解途中遭匪截劫，身中流弹毙命"上报。

七是智灭泰顺牯。1941年，泰顺牯股匪100多人到处拦路抢劫，打家劫舍，奸淫掳掠，祸及邻县。县长郭振华派人打入泰顺牯内部，乘众匪熟睡之机，将其枪栓全部卸掉，埋藏于后门山上；接着，潜入卧房，开枪杀死泰顺牯，将其余匪众带回县城接受招安。

八是消灭叶阿才。1943年，有叶阿才、叶老叶股匪80多人危害百姓。省保安团派一个连到县清剿，经深入了解，掌握全部匪情后，一面加紧追剿，一面召集匪属开会，限期自新。不久，即抓获匪参谋长叶老叶（化名老蔡）。叶被送县后，被刖脚示众至死。尔后，匪首叶阿才被其部下打死，其他匪徒全部自新。

境内人民革命战争有哪些战役

境内人民革命战争主要有九大战役：

一是竹毛洋伏击战。1933年4月，县长罗华夫派海军陆战队1个连进犯西区大安。西区红带会领导人范浚，收到中共寿宁县特别支部负责人叶秀蕃送来的情报，便设伏于桥头垄。当海军陆战队进入伏击圈时，红带会发起攻击，击毙陆战队10人，俘虏3人，缴枪7支。

二是攻打南阳，1933年6月，寿宁县革命委员会在福安中心县委的支持下，攻打反动堡垒南阳。由范浚、范义生、范铁民等人率领东、西区红带会员800余人，兵分两路向南阳进攻。攻打上马垱的一路很快消灭了防守奶娘宫的国民党军1个班，缴获步枪17支。但进入南阳街头时，遭到猛烈阻击，伤亡10余人，又退回奶娘宫。攻打龚氏宗祠的一路，因走错路进入死胡同，暴露在国民党驻军的火力网下，伤亡20余人。两路人马遂被迫撤回。

1934年1月4日，闽东工农游击第七支队，在千余名红带会员配合下，乘南阳守军调防斜滩之机，四面合围南阳村。凌晨4时发起猛烈进攻，击溃驻扎在南阳的浙江省保安团一个连，俘虏民团团兵20多人，缴获部分枪支弹药和大批银元。攻占南阳后，镇压了20多名罪大恶极的土豪劣绅，建立了苏维埃南阳村政府。中共寿宁县党部和县革命委员会也迁驻南阳。经过这次战役，七支队与红带会声威大振，吓得国民党县长叶鼎文挂冠逃跑。

三是浴血西门坑底。1933年8月15日，东西苏区红带会会员4000余人在范义生、叶允宝、吴祖武、老占（广东人）等率领下，向坑底民团发动进攻。战斗首先从北边打响，形成包围后，全面发动进攻。战斗持续至17日。因坑底民团工事坚固，又有浙江省保安团增援，红带会员攻下几个隘口，击毙部分团兵，但伤亡达300多人，遂撤出战斗。

四是夜袭院洋。1934年6月16日，工农红军闽东独立团第十六连在连长赖金标、指导员范式人指挥下，从福安县山头村出发，抄小路夜袭院洋国民党驻军某部教导团加强连，击毙该连士兵40人，俘房2人，缴获长短枪71支及大量弹药和军用物资。战斗持续至17日下午3时，红军主动收兵，返回福安境内。

五是智取斜滩镇。1934年农历八月廿二日，闽东工农游击第十支队，在过境的红军第七军团寻淮州部声援下，决定攻打斜滩。支队长张阿晋用计调开斜滩的国民党教导团主力，在内线的接应下一举攻进斜滩镇，火烧民团团总陈尔康、郭弼成房屋，摧毁龙岗和坂尾教堂附近的两座碉堡。陈尔康民团兵败，逃离斜滩。第二天，游击队打开地主粮仓，分粮给贫困乡民，并将缴获的大洋、布匹、药品和枪支弹药全部运回福安中心苏区。游击队也返回驻地大韩村。

六是三角林战斗。1935年农历正月十五日，工农红军闽东独立师第一、二团在三角林与国民党八十四师一部相遇，独立师副师长赖金标当机立断，指挥部队抢占三角林后门山制高点，痛击八十四师。八十四师占领周围山头，企图围困独立师，等待新十师援兵到时合击独立师。赖金标采取疲劳战术，连续不断地派出小分队袭击八十四师，大部队则借夜幕掩护撤出大山顶阵地，跳出八十四师的包围。

七是含溪保卫战。1936年2月，国民党南阳驻军一个连，偷袭中共福寿中心县委和工农红军闽东独立师二纵队驻地含溪村。二纵队得悉后，在陈挺、占金书指挥下，利用有利地形进行阻击。消灭敌军一个排，缴获步枪20支。

八是仙宫岗伏击战。1936年8月，国民党新十师一部600余人，在民团的配合下，从福安、南阳两个方向围攻岗垄苏区。范式人、许威、陈挺、詹金书等指挥工农红军闽东独立师二纵队、福寿中心县游击队计300余人，在赤卫队的配合下，设伏于仙宫岗。新十师进入伏击圈后，独立师二纵队猛烈射击，击毙新十师官兵40人，俘房20多人，共缴获各种枪支70支、手榴弹400多枚和大量军用物资。战斗结束后，含溪赤卫队在荆棘丛中又抓获新十师残兵4人，缴枪4支。

九是奇袭平溪乡公所。1947年11月25日深夜，中共闽浙边区区委副书记张翼和闽北游击总队长叶凤顺、支队长池云宝，率领游击队攻打平溪乡公所。由张翼带王信根1个班，摸进李林芳屋的三层楼簟坪，占领制高点。由雷声带领1个班化装成国民党军队夺取平溪大桥碉堡。由池云宝、蔡众辉带一个班，乘敌开门小解之机，冲进乡公所，解除了乡丁武装。这一仗未费一枪一弹，缴获长短枪20支、轻机枪1挺及一批弹药物资。

新中国成立后有哪些剿匪战争

1949年6月至1951年5月共有五场剿匪战事：

一是"善后委员会"攻击斜滩。1949年6月6日，"寿宁县善后委员会"接管了国民党县政府。建立"寿宁县游击指挥部"（拥有340多人枪）。6月21日凌晨，游击指挥部的3个中队攻打设于斜滩的"闽东绥靖公署"。经过3个多小时的激战，妄图负隅顽抗的原寿宁县县长叶培松、斜滩乡乡长范乃扬匪部弹尽力竭，南逃福安。

二是茶园坑战斗。1950年7月2日，纯池乡（今属周宁）商民10余人贩货途中遭范乃扬股匪第三大队抢劫。中共纯池区委获悉后，立即召集区干部和区中队战士，兵分三路开赴出事地点。其中5位战士追至茶园坑，在民房中发现被劫物资时，却被百余匪徒围困在房屋里。5位战士沉着应战，利用民房土墙为掩体，击退匪徒4次冲锋，击毙匪首叶石头。战斗持续14个小时。次日拂晓，留守区公所的战士和民兵赶来增援，击退匪徒。这一仗，毙匪4名，伤7名，缴获大量弹药、军用品，夺回两批被劫物资。

三是马岭亭战斗。1950年8月3日，县大队队长黄明率9名战士从福安护送两担人民币与部分枪支弹药及军用物资回寿宁。途经斜滩马岭亭附近的溪段，遭范乃扬股匪100多人伏击。黄明指挥水陆两路执行护送任务的战士沉着应战，使匪徒无法靠近船只。战斗僵持3个小时，斜滩区中队赶到增援，控制住左岸马岭亭之敌。黄明大队长乘机飞身上岸，直冲右岸匪阵，伤匪9名，众匪惊恐万分，落荒而逃。

四是击毙范乃扬。1951年1月21日，驻斜滩区李家洋村的剿匪部队，获悉匪首范乃扬躲藏在马鞍山下大山岗，连夜冒雨出发追捕范匪。在当地民兵的配合下，午夜时完成对马鞍山的包围。次日拂晓开始严密搜索，发现范匪隐藏处，击毙匪参谋长叶广裕，俘虏匪徒4人。范乃扬顽抗拒捕，被警备队二班长戚志德当场击毙。

五是粉碎"五八"刀会暴动。1951年4月，南路刀会管带李承柳，召集会首开会，策划暴动。5月7日，会首杨德洁，派杨达弟等30余名会徒去政和取回"法兵符带"和法刀，并将碑坑等村会徒40余人纠集到杨溪头村大王坪集中。号称"太平救国军"，发动暴动，杀害村农会主席杨显云等4人。8日上午，中共四区（平溪）区委书记李鸿儒闻讯后，一面将情况转告四区驻军县大队一连，一面率领区干部、区中队武装30余人奔赴出事地点，在南坡山七宝岗与刀会相遇，战斗中，击毙刀匪2名，李鸿儒书记不幸牺牲。县大队一连援兵赶到，当场毙匪1名，伤数名，活捉2名。会首李承柳一伙遁山逃命。随后，中共寿宁县委立即召集驻军和三区（托溪）、四区民兵及党政干部千余人，合围刀会匪徒。经数日围山搜捕，击毙刀会会首杨德洁、李启章，活捉刀会首张宗祥、张邦居，103名刀会匪徒全部落网。

教育事业

第二十七卷

寿宁教育发展的历程如何

明代以前，寿宁的教育十分落后，科甲寥寥。建县后，依制设县学。明成化年间（1465～1487），又建社学于县治东，但"学校虽设，读书者少"，明季"寿庠诸生不过百五十人，俱散处乡村。"入清后，于康熙二十五年（1686）建义学，雍正二年（1724）设社学5所，雍正七年设"正音书院"，乾隆二十七年（1762）建书院，教育事业有所发展，但举人、进士屈指可数。

明、清时期的官办教育，内容以儒家思想为主，科举以八股文取士，学官与塾师的生活十分清苦。

清末，废科举，立学校。光绪三十二年（1906）和三十四年（1908），县城、斜滩先后创立"官立高等小学堂"与"龙滩公立初等小学堂"。

民国改元，学堂改称学校，一批热心乡梓教育事业的人士，也陆续在各区、乡创办学校。时，学校撤除孔子像，读"经"改为选修。

1934年，全县有县立小学1所，区立小学16所，私立小学2所。全1949年，全县仍只有初中1所，中心小学12所，国民小学49所，中小学生约2000人左右，教员约100人。自然村的私塾仍大量存在。教学内容和方法仍很陈旧。

新中国成立初期，贯彻"维持现状，稳步改造"的方针，将来的学校教员包下来，逐步建立教学秩序。1953年起，学习苏联经验，引进课堂教学"五个环节"，实行"五级记分制"。1957年，教育迈出新步，全县有初中1所，1958年设高中部，学生234人，教员22人；小学161所，学生7209人，教员295人。县城还创办了幼儿园。1960年8月，在斜滩创办寿宁第二中学（初中）。1949～1965年，全县共培养初中毕业生685人，高中毕业生98人，升高等学校28人。

"文化大革命"开始，各校"停课闹革命"。1969年复课，改为春季招生，小学学制缩短为 5 年，中学学制缩短为 4 年（初、高中各 2 年），"社社办中学，村村办小学"，学校办到"贫下中农家门口"。小学下放到大队办，一、二中放到公社办。"文化大革命"后期，还办起一些"小学附设初中班"。这段期间，全县学校、学生数，尤其是中学和中学生大增。由于师资不足、教材单一，教学质量相对较低。

中共十一届三中全会后，经过拨乱反正，恢复学区、中心小学和实验小学，学校工作重点转到教学方面。1983 年以来，县委、县人民政府多次召开研究教育工作的专门会议，作出一系列决定，多渠道筹集资金，解决"一无二有"（校校无危房，班班有教室，学生人人有课桌椅）问题。随着党的知识分子政策的落实，教师的政治待遇、经济待遇、社会待遇相应有了提高，教育事业获得较大发展，教育质量也有很大提高。1989 年，全县学龄儿童入学率达 98.6%，巩固率达 97.5%，毕业率达 99.5%，普及率达 97.4%，实现了"四率"达标。1997 年寿宁县"双基"（基本普及九年义务教育，基本扫除青壮年文盲）在宁德地区率先通过省验收，并代表福建省和宁德地区接受国家"两基"督导检查。自 1977 年恢复高考制度以来，至 1989 年全县向大中专院校输送学生 1238 人。2014 年，全县高考上本科线 997 人，上本一线 300 人，2 名考生被北京大学录取。宁德市理科第一名、第三名，文科第二名。文、理两科前 6 名考生有 3 名是寿宁人，高考名列全市第一，创历史最好成绩。

何谓私塾

私塾旧称"学馆"，始于何时未见史载。至明代，较大的村落均有塾师设馆教书。清中叶，境内有私塾 50 多所。兴办新学以后，私塾仍与学堂长期并存。1935 年 4 月，全县有私塾 68 所，塾师 68 人，学生 1562 人（其中女生 121 人）。至民国 36 年，斜滩呈报当地"私塾林立"。1949 年 7 月，寿宁解放。8 月，县人民政府发布通令，宣布"取缔私塾"。11 月，中心校教育会议又提出："凡设有公立学校的地方一律不得设私塾，设私塾者需呈请备查，改换教材，接受教育科的业务领导。"此后，私塾逐年减少，1952 年全部停办。

私塾类型，一是大村或望族为鼓励族内学童就读，将族内的祭田收入提取一部分作为私塾经费，创办义塾。一是由学童家长议定薪金，推举馆首聘师。也有塾师自己设馆授徒。每所私塾只一位塾师。学生多则 20 余人，少则 3～5 人。一般是 3 年读毕一馆，9 年完成全部学业。每年农历二月初二上学，冬至日结束。多数农家子弟限于经济条件，只读一两年即辍学。

教学内容，第一馆 3 年属启蒙阶段。以授书、背书和写字为基本内容。初学的教材有《三字经》《百家姓》《千字文》《五言杂字》《昔时贤文》等，以后除《四书集注》和"五经"（《诗》《书》《易》《礼》《春秋》）外，还穿插教授《左传》《战国策》《东莱博议》《幼学琼林》等教材。至第3馆时则吟诗、作赋、辨难，并杂学旁搜书、画、数和经世济民的学问。读完3馆，学生资质好的可望成才。

学习方式，学生每天早晨上学，先拜孔子像，再拜塾师，然后背诵已教的课文，继续完成未竟作业。接着，先生点书教读，学生熟读背诵，经先生认可后再点读，如是反复，称为"上书"。教授《论语》时，学生才辅以讲解，称为"开讲"。由于就读时间多为一年，农村私塾教学大多只教识字，少有讲解。塾师教学时，根据学生接受能力和进度，采用个别授业。一所10多人的书馆，书籍有达30～40种的。私塾学规极严，除用戒尺打手心外，还有罚站、罚跪。

塾师经济待遇，教师由学生家庭轮流供膳。启蒙生每年每人另交学费为银元2～3元或谷子70～75千克；较高层次的私塾，学生每人每年交银元10～12元。塾师常年可得银元50元或谷子1500千克。学生考取庠生，必备礼担（内装先生、师母整套衣服及谢师仪和其他礼物），着礼服登门"谢师"。塾师则回赠文房四宝，激励努力上进。

何谓学宫

学宫即县学的校舍，因"先圣生辰、忌辰设祭，皆学中为政"，故与孔庙同设一处，称为"学宫"。

明景泰六年（1455）寿宁置县时，县学与县治同时肇建。明正德三年（1508），知县尹衮对县学进行过翻修。嘉靖年间（1522～1566），明伦堂后建启圣祠，以布政司隙地扩建学宫，右为先师庙，东西为庑，庙前为棂星门；左为明伦堂，堂下分列东、西斋，前为仪门，又前为儒林门；廨、仓、库、橱俱备。万历元年（1573），县令王栋捐银160两，购地凿泮建坊。冯梦龙任内（1634～1638），因"学宫久倾圮"，"益以二十余金"重修学宇，将学门移前，迁泮池于内，架石为梁。又重建棂星门，门外设木屏，泮池亦易木桥。

明代县学只有生员150多人，乾隆二十七年（1762）以后，文教事业有所发展。时员生也不过300多人，多散处农村，且多为富家子弟，贫苦农民难有受教育的机会。当时的教育宗旨是"忠君、尊孔、尚公、尚武、尚实"。平常由教谕或知县每月集中授课1～2次。教育内容以儒家思想为主，除极力向受教育者灌输"君臣父子"的"人伦之教"和"三纲五常"的封建礼教外，要求生员精读经书和古文，着重于作文，也有指导吟诗、作赋、辨难，学习书、画、数以及经济学问。

民国时期，国民兵团占驻学宫。解放后，孔庙曾作为中共寿宁县委机关、鳌阳镇人民政府、县公安局、县检察院等机关单位驻地。1984 年，县公安局改建新楼，学宫建筑全部拆除。

何谓书院

清康熙二十五年（1686），知县赵廷玑捐俸 50 两，购孔庙左边房屋两栋 10 间建义学，岁出束脩延师以训贫士。雍正七年（1729），为矫正土语，奉文设正音书院于城南"江西堂"。乾隆二十七年（1762），知县张金惠选城内公地一所（旧观音堂），移建朱熹祠，因该地"颇宽敞，堪设义学"，遂扩建为紫阳祠书院（亦称下书院，今县实验幼儿园所在地），并拨大熟公田 50 余亩为掌教束金。原义学亦改为鳌阳书院（亦称上书院，旧人武部所在地）。嘉庆元年（1796），知县周祚熙清理寺田为膏火。道光六年（1826），知县孙大焜清厘书院田亩，得谷 370 担，充实书院经费，书院规模焕然一新。咸丰、同治年间（1851～1874），学田崩流，加上佃户拖欠，费用人不敷出，考课有每有名无实，士业荒废。光绪三十二年（1906）兴新学，鳌阳书院改名官立高等小学堂。之后，几经易名，至 1928 年定名为鳌阳小学。而紫阳祠书院于清末被织布局占用，生员被并入官立高等小学堂。1914 年，刘子懿重设义塾于书院，1922 年改办县立女子国民学校。

幼儿教育发展概况如何

1940 年 5 月，省政府要求各县区卫生部门办"儿童保育园"。10 月 1 日，县卫生院创办的儿童保育园开课，第一期招收 4～6 岁幼儿 20 人（其中女生 7 人）。1941 年，2 月开办第二期，招收幼儿 26 人（其中女生 11 人）。每期受训 3 个月，主要课程有"卫生唱游"、"卫生故事"、"卫生常识"及唱游、习字、手工、算术和其他课业。1948 年秋季，鳌阳中心国民学校附设 1 个幼稚班，招收幼儿 30 名（其中女生 14 名），只办 1 年。

解放后，幼儿教育受到重视。1957 年 8 月创办寿宁城关幼儿园，招收幼儿 70 名，设 2 个班，有 4 名教师。1958 年，受"大跃进"影响，各公社和部分大队不顾实际条件大办幼儿园，幼儿班一度多达 120 个。当年 12 月统计，还有 30 个班，幼儿 1186 人。除城关幼儿园 3 个班外，其他 27 班均为民办，城关幼儿园为"半托性"幼儿园，在学幼儿 159 人。1959 年，强调幼儿教育正规化，民办转为公办。1961 年初，全县有公办幼儿园（班）34 个，入学幼儿 3568 人。秋季调整后，仅保留城关、斜滩、南阳 3 个公办幼儿园和 3 个民办幼儿班，共 13 个班，在学幼儿 385 人（其中公办 295 人）。在职幼儿教师 20 人（其中公办 16 人）。"文化大革命"

期间，幼儿教育停办，1969 年恢复时，仅剩机关幼儿园 2 个班。1980 年，县成立托幼工作领导小组，加强幼儿教育，全县 15 个中心小学均办有附设幼儿班。加上部分小学的学前班，全县共有 23 个幼儿班，入园幼儿 1655 人，有教师 57 人。1981 年，城关幼儿园改名"寿宁县实验幼儿园"，拆除旧建筑，新建综合楼 1 座。全园占地面积 1700 平方米，建筑面积 1621.4 平方米。

1989 年，全县除下党乡外，13 个乡（镇）中心幼儿园共开设 60 个班，入学幼儿达 1741 人。36% 的行政村办起了学前班，在校幼儿 1751 人。

1990 年，县幼教事业全面发展，实现乡乡有中心幼儿园，部分行政村办起学前班，配备幼教专任教师。全县幼儿园班合计 133 个班，在校幼儿和学前班幼儿 3853 人，教师 178 人。

1995 年，全县幼儿园 16 所，203 个班，其中民办 94 个班；在校幼儿和学前班幼儿 7186 人，其中民办园班幼儿 3868 人，入园率 51.52%。

2000 年，全县有幼儿园 32 所（其中民办 11 所），169 个班，在园幼儿和学前班幼儿 5960 人（其中民办幼儿园班幼儿 1725 人），入园率 67.9%；全县幼儿园班教职工 243 人，专任教师 199 人（其中民办 34 人）。

2005 年，全县幼儿园 50 所（其中民办 29 所），183 个班（其中民办 56 个班），在园幼儿和学前班幼儿 4766 人（其中民办 1366 人），幼儿班教职工 158 人（其中民办 71 人），专任教师 125 人。

幼儿教育的学制、课程、教研活动有什么特点

幼儿（班）和学前班的学制一般为 3 年，分小、中、大班。刚入园 2.5～3 周岁者为小班，第二年升中班，第三年进入大班。但农村一些学龄儿童仍在学前班就学。

幼儿园的课程，1981 年以前，幼儿教材多为自编。1982 年起，按教育部颁发的《幼儿园教育纲要（试行草案）》，开设语言、计算、常识、音乐、美术、体育 6 门课程。思想品德教育和游戏活动穿插于各种教学之中。每天 6 节课，每节课小班 15～20 分钟，中班 20～25 分钟，大班 30～35 分钟。

幼儿教研活动以园内教师集体学习和自编教材为主。1960 年，县教师进修学校设幼儿教育教研员，负责编写教材和参考资料，印发《幼儿教育通讯》，组织教改试验，举办教养员短训班。教研活动以城关幼儿园为中心，每 2 周举行一次，组织附近教养员观摩教学。"文化大革命"期间，教研活动停止。1978 年后逐步恢复。1984 年，各乡（镇）建设幼儿辅导网，各中心园负责人兼任辅导员，负责全乡的学前班辅导工作。1985 年，县实验幼儿园围绕"综合主题教学"开展教研

活动。1986年起，按地（市）教研计划安排园际教研活动。1990～1996年，针对多数幼儿教师学历未达标的实际情况，全县通过培训和保育、教育研究的有机结合来提高幼儿教师的业务素质。1998年12月，县教师进修学校举办保育员培训班3期，参加培训33人。1998年和1999年暑假，县教师进修学校先后培训幼儿教师3期。2005年，全县125名幼儿园园长和专任教师学历基本达标。

由于经济条件限制，设备较差，幼儿教师发扬自力更生、勤俭办园的精神，教玩具大多自制。县教育局、托幼办在1983、1986、1987年联合举办过3次自制幼儿教玩具展览，一些作品还选送地区展出。

幼教师资培训和配备情况如何

1984年，县教育局和县妇联委托南阳中学设幼教职业班。至1989年，共办3个班，入学115人，学制3年。毕业后，虽由各学区聘用，但分配在中心幼儿园和学前班任教的很少。1988年，全县161名幼儿教师中，幼教专业毕业的仅31人，其余均为民办代课教师。1997年，福州幼儿师范学校在教师进修学校办函授班，招生1班45人，1999年毕业，部分毕业生到民办幼儿园班就业。

1989年县实验幼儿园每个班配2名教师。进入21世纪，县实验幼儿园教学设施进一步完善。2005年，全园13个班，在园幼儿520人，教职员工46人，其中大专学历26人，小学高级教师职称22人。该园多次获省、地、县表彰，被评为"福建省幼儿教育先进集体"、"宁德地区先进幼儿园"、"福建省标准幼儿园"、"宁德地区示范幼儿园"和"市级优质幼儿园"。

初等教育发展概况如何

清光绪三十一年（1905），废除科举制度，诏令各省设立学堂。光绪三十二年（1906），寿宁创办第一所"官立高小学堂"。光绪三十四年（1908）创立"龙滩官立初等小学堂"，因经费无着，只办了一年。

民国元年（1912），"龙滩初等小学堂"复办（1925年改称第六区公立第一小学）。1913年，玉壶创办初级小学，武曲创立国民学校，1915年，平溪创办国民党校；1916～1921年，又有长溪、托溪、南溪、下党、南阳、西浦、龙溪等村先后设立完小或初小。1920年，斜滩郭作鑫创办私立龙岗高级小学。1922年，县城创办女子国民学校，招收8～16岁女子入学，学制3年，学生曾发展至90人。1925年，该校与鳌阳小学合并。1928年春，全县有小学26所，学生327人，教职员工91人。这段期间，新增南阳私立阳中初级小学、赤岩私立子明初级小组和武曲基督教会创办私立育英初级小学，泗州桥、西后坑、岱阳等村也办了完小。1929 年，武曲国民学校与育英初小合并为寿宁第六区第二国民学校，斜滩的第六区第一国民学校与私立龙岗高级小学合并为第六区龙滩小学。1933 年，寿宁苏区革命形势高涨，国民党当局对共产党领导的游击队和革命根据地发动进攻，军事活动频繁，经常占驻学校。1935 年，全县小学只剩 12 所。县府乃"督令停闭初小恢复"，使学校数增至 18 所。县组织实施"义务教育"，办了 12 所县立"短期小学"。

1939 年下半年，各联保驻地成立战时国民学校 36 所。1944 年，中心学校改称"中心国民学校"，全县有中心国民学校 12 所，国民学校 32 所，开设 134 个班级，在校学生 3684 人。此后，基本保持这一体制。1947 年，平均达到两保一校，国民校增至 39 所，但在校学生降至 2996 人，占当年全县学龄儿童的 26.48%。

1949 年 7 月，县人民政府训令各校准备开学，通令取缔私塾。1950 年，全县公办小学有 35 所，85 个班，在校学生 2038 人，教师 95 人。

1953 年以后，贯彻中共中央提出的"整顿巩固、重点发展、保证质量、稳步前进"的方针，针对老、少、边地区文化落后的情况，调整布局，在 15 个教育空白乡设置学校，改"鳌阳中心小学"为"寿宁县实验小学"，将 16 个春季班并入秋季班。1957 年，全县有小学 161 所，248 个班，在校学生增加到 7209 人，教师 295 人（其中民办 68 人）。

1963 年，推行"两种教育制度"，在凤阳学区试办"多种形式小学"（后称"耕读小学"）13 个班。之后，普遍开办"耕读小学"。至 1965 年秋，全县公办耕读小学发展至 134 所，民办耕读小学发展至 203 所，学生数达 10041 人（其中女生 5998 人）。耕读学校的教学由全日制学校（该年全县共 322 所全日制小学）的教师兼任。当年全日制学生总数为 19455 人，入学率上升至 87.1%。

1974 年，学校增至 575 所，学生数增至 29734 人，与 1970 年相比，学校增加 188 所，学生增加 12773 人。1975 年，入学 22104 人，入学率为 96.8%。1976 年 10 月，提出"实现现代化，科学是关键，教育是基础"，小学作为"基础的基础"有了新的发展。1978 年，全县小学生总数达 29676 人。1984 年，小学入学率提高到 96.9%，巩固率、毕业率和初等教育普及率全部达到福建省教育厅所定的三类县标准。

1986 年，《中华人民共和国义务教育法》公布，县人民政府制定普及九年义务教育规划。1989 年，"四率"进入省颁一类标准，教育质量稳步提高。

1990 年，全县有小学 532 所，当年招生 3941 人，在校小学生 25667 人。1993 年，全县共有小学 189 所，当年小学班级 1285 个，招生 4404 人，毕业 4122 人，在校小学生 25056 人。入学率 99.7%，巩固率 99.4%，毕业率 99.07%，全县有小学教职工 1571 人，宣布实施初等义务教育的乡镇和人口覆盖率达 100%。

1997 年 1 月，寿宁县"双基"工作通过省验收。全县初中义务教育阶段适龄儿童入学率 99.75%（女童入学率 99.68%）。全县有小学 189 所，1117 个班，在校小学生数 27401 人，教职工 1599 人。至 2005 年，全县小学 150 所，教学点 99 个，共有 949 个班级，学生 24027 人，教职工 1638 人（专任教师 1563 人）。

初等教育学制沿革如何

书院改学堂之初，小学分初、高两等，初等学制 4 年，高等学制 5 年。宣统二年（1910）初、高两等，学制皆为 4 年。

民国改元，学堂改称学校，有高、初两等的小学称"高等小学"，只有初等的称"国民学校"。1913 年，小学实行"四、三"分段制，即初级 4 年，高级 3 年。1925 年"四、三"分段制改为"四、二"分段制。1935 年，开办短期小学，有独立设置，也有附设于普通小学或其他机关的。以后改两年制，招收 8~12 周岁的失学儿童入学。学生毕业后，如愿继续升入简易小学的经考核可插入二年或三年。1937 年开办的简易（初级）小学均为单独设置，学制 3 年，招收 6~12 周岁的儿童入学，实行全日制教学。因教室安排不下，遂采用"半日两部制"或"全日两部制"，每班每天坚持授课 4 小时。

1949 年 10 月~1952 年，小学沿用"四、二"分段制，初小学生读完四年级一般不需考试即可升入 5 年级。1952 年，一年级新生实行"五年一贯制"，招生 2557 人。1953 年，第三次全国教育会议决定暂缓推行"五年一贯制"。1960 年秋，全县又有 13 个学校，19 个班，招收 5 年制学生 918 人。

1963 年冬，凤阳学区试办耕读小学。1964~1966 年，全面铺开，其形式有半日班制、巡回班、早班、午班、晚班等，但巩固率较差。1981 年停止招生。

1969 年，根据毛泽东主席关于"学制要缩短"指示，小学改为五年制，并改为春季招生。1974 年，恢复秋季招生，仍为 5 年制。1980 年，中共中央、国务院《关于普及小学教育的若干问题》的决定提出："普及小学，涉及中、小学的学制问题，准备逐步改为十二年制，今后一段时间，小学 5 年制与 6 年制并存。"1984 年，寿宁县实验小学、鳌阳和斜滩中心小学及下房小学试行 6 年制，1988 年后，六年制陆续停办，1989 年，全县仍实行 5 年制。

2001 年秋，贯彻落实《国务院关于基础教育改革与发展的决定》，实行"小学五年制改为六年制"，为使"五改六"顺利衔接以及中学招收不脱节，2001 年 9 月~2004 年 7 月，县内小学五年制和六年制并存。2004 年 9 月，开始全面实行六年制。

初等教育的课程如何安排

清末民初，小学课程虽有修身、国文、体操等科，实际侧重于古文。

1915年，教育部颁发的《教育纲要》规定小学课程有国文、历史、地理、算术、体操、图画、修身，高等小学还有读经，格致、博物。高小二年级另设英文课。1919年，废止"读经"；1926年以后，废止英文科。1929年推行"党化教育"；1932年，增设童子军课；1942年，教育部将教学科目修改为团体训练、国语、算术、常识、音乐、体育、图画、劳作和高年级的自然与社会，四年级起加设珠算和算术科。

短期小学课程以国语、算术为基础，辅以公民训练及课间操。

简易小学课程有国语、常识、算术、唱游、劳作、公民训练。

解放初，1950年秋季，部分学科采用省编的新课本。1951年，全部用省编课本。1952年实行"五年一贯制"，各校均采用全国统一课本。1953年国家颁发《教育大纲》，课程设置有语文、算术、体育、唱歌（音乐）、图画、周会等，高年级还有历史、地理、自然，各科均采用全国统一教材。1957年后，高年级开设农业常识，自习、课外活动另行安排。60年代规定，四年级以上学生每年劳动2周，有条件的学校可开手工课。

"文化大革命"初期，小学增加政治课，学《毛主席语录》、"老三篇"，唱语录歌，排演"样板戏"。1969年后，开设"毛泽东思想课"，文化课用省编语文和数学课本；地理、历史等均被取消；体育改为军体；美术、音乐合称"革命文艺"，均无统一教材。

"文化大革命"结束后，自然常识、历史、地理先后恢复。80年代后，除思想品德课用省编教材外，其余均用全国统编教材。

1990年，根据《福建省全日制小学教学计划》，各年级开设思想品德教育、语文、数学、体育、美术、音乐等6门课程。四、五年级增设自然、地理常识、历史常识等课程。1992年，四、五年级增设"社会"课，停设地理、历史课程。2004年，全县小学实施新"课程标准"，小学课程包含"国家课程"和"地方与学校课程"两部分。国家课程为"品德与生活"（一、二年级每周各3节）；"品德与社会"（一、二年级每周各3节，三、四年级每周各2节，五、六年级每周各3节）；语文（一、二年级每周各8节，三至六年级每周各6节）；数学（一至四年级每周各4节，五、六年级每周各5节）；英语（三至六年级每周各2节）；科学（三至六年级每周各3节）；体育与健康（各个年段每周3节）；音乐（各年级每周2节）；美术（各年级每周2节）；"综合实践活动"有"信息技术教育"（小学阶段不少于68学时），"研究性学习"（每周2节，可集中或分散安排，"社区服务与社会实践"（每学年 1 周）。劳动与技术教育（每学年 1 周）。2005 年，"地方与学校"课程一、二年级每周各 4 节，三年级以上每周各 2 节。

学校教学如何开展

明、清时期的私塾、堂馆的办学宗旨以"忠孝"为主，教学方法是单一的注入式，老师讲，学生死记硬背。清光绪二十九年（1903），《奏定学堂章程》规定，初等小学堂办学应以"启其人生应有的知识，立其明伦理爱国家之根基，并调护儿童身体，令其发育"为宗旨，以"识字之民日多"为成效；教学方式强调"以讲解为最要"，并注意"循循善诱之法"；高等小学堂以"培养国民之善性，扩充国民之知识，强壮国民之体魄"为宗旨，开始强调废除体罚，教学上开始实行班级授课制。

民国初期，中央教育部规定以"注重道德教育，以实利教育、军国民教育辅之，更以美感教育完成其道德"为宗旨。中期确定学校的训导纲领为"四维八德"（四维：礼义廉耻；八德：忠孝仁爱信义和平）；训导目的是："培养青年心身之发展和健全与智力学识之提高与增进。"民国时期的教育多为统治式，打骂、体罚学生现象屡见不鲜。教学方法上多采用注入式，各校课程不平衡，农村小学多偏重于识字。

新中国成立后，在中共寿宁县委的领导下，广大教职员工与学生对旧的教育制度、教学方法实行改革。1952 年起，开始贯彻教育部颁发的《小学暂行规程（草案）》，规定办学宗旨是："给儿童以全面的基础教育，使他们成为热爱祖国和人民的、自觉的、积极的成员"，"小学实施智育、德育、体育、美育全面发展的教育"。实行理论与实际一致的教学方法，以上课为教学的基本形式，实行课内、课外相结合，启发儿童的自觉性与积极性。

50 年代后期，贯彻毛泽东主席的"德、智、体全面发展"的教育方针，贯彻"教育必须为无产阶级政治服务，必须与劳动生产相结合"的办学方向，开展教育革命。全县师生停课参加大炼钢铁，支援秋收劳动，并在校内开展勤工俭学活动。60 年代初期，教学秩序走上正轨，全县各学校教师努力钻研教材，克服"满堂灌"现象，学生学习趋向主动。全县教研活动相当活跃。

"文化大革命"期间，正常的教学秩序被冲乱，学校动辄停课，教师不敢抓教学，学生改读"老三篇"与《毛主席语录》。1968 年，继岱阳公社"贫下中农上讲台"之后，全县各公社中、小学纷纷邀请贫下中农代表给师生讲村史、家史，进行阶级教育。1969 年复课后，学农、学军、"开门办学"占用大部分教学时间，教学质量严重下降。1972 年，教育主管部门试图恢复正常教学秩序，强调上好

"社会主义文化课"。

1979 年，新教学大纲颁布。县教师进修学校开展小学教研活动。语文科组织教师探讨"三类课文"（讲读课文、阅读课文和看图课文）的教学，数学推行"尝试法教学"，并进行课堂结构改革。开始应用电化教学。同时还举办教学观摩研究会。先后组织 6 批教师到外地取经，并开展课堂评优活动。对农村小学则实行"分级管理、分类指导、分别要求"，每学期对各校教学分别验收。1989 年初考，全县小学毕业生语、数双科及格率达到 65.2%。

2004～2005 年，全县小学全面实施"基础课程改革"，教学过程注重培养学生的独立性和自主性，尊重学生人格，关注个体差异，满足不同学生的需求，大力推进信息技术在教学过程中的应用，推动电教进小学、上水平。

普通中学发展概况如何

1938 年 8 月，叶森、叶升等在犀溪创办私立育英公学。当时只设 1 个班，招收学生 25 人，有教师 3 人，职工 1 人。不久该校又奉命改称"育英补习所"。1941 年 2 月，省教育厅批准补习所改称为"寿宁县立初级中学"，校址勘定城西天后宫。当年 8 月迁校进城，时有 3 个班，学生 118 人，教师 11 人。1943 年，第一届 49 名初中生毕业。1944 年增至 5 个班，326 人。1948 年减至 3 个班，141 人。

1949 年 12 月 7 日，县人民政府接管寿宁县立初级中学。时有教师 13 人，学生 144 人（实际到校 58 人，其中女生 8 人）。1951 年改校名为寿宁县初级中学，有 6 个班，学生 154 人。教职员工 12 人（其中教师 9 人）。1955 年，更名福建省寿宁中学，有 4 个班，学生 153 人。当年招新生 57 名，毕业 33 名。

1958 年，寿宁中学开始招收高中新生 28 人，成为完全中学。全校有 9 个班，在校学生 323 人。教职员 30 人（其中专任教师 17 人）。当年毕业初中生 31 人。1960 年 8 月，福建省寿宁第二中学（简称"二中"）创办于斜滩。原寿宁中学改称福建省寿宁第一中学（简称"一中"），一、二中两校共有 16 个班级，学生 697 人（其中女生 62 人），教职员 56 人（专任教师 34 人）。1949～1965 年，全县初中毕业生 685 人，高中毕业生 98 人，升入高等学校深造的 28 人。

"文化大革命"开始后，高考、中考停止，教育工作停顿。1968 年，一、二中先后实行大联合，成立革命委员会，校名分别改为"福建省寿宁县第一中学"和"福建省寿宁县第二中学"，原 1966～1968 届的高、初中毕业生分别于 1968 年下半年和 1969 年初"毕业"离校。1968 年起，初中学制缩短为 2 年，改为春季招生，取消升学考试制度，实行推荐办法招生。

1969 年 8 月，寿宁一中改为"寿宁县城关镇中学"，武曲、西浦（1970 年改為犀溪中學）、托溪、南陽、平溪分別辦起公社中學（初中），芹洋小學附設戴帽初中班（次年初中班改為芹洋公社中學），岱陽、竹管垅小學增設初中班，原在城關鎮中學和二中就讀的學生大多數轉回各自公社中學。1970年3月，壽寧二中改名"斜灘公社工農學校"，實行"八年一貫制"，比其他學校提前招收高中新生。當年9月，全縣8所中學連同2所小學的初中班級，共有中學生702人。隨後，浩溪、鳳陽兩個公社也設初中。1971年，大安公社創辦"民兵中學"，至此，全縣13個公社（鎮）均辦起中學。1972年1月城關鎮中學和斜灘工農學校分別復稱壽寧縣第一、第二中學。1976年在芹洋創辦壽寧縣第三中學。1982年創辦城關中學，1983年改稱鰲陽中學。至1989年底全縣共有15所中學（其中，完全中學2所，初級中學13所），初中141個班，在校學生6474名；高中17個班，在校學生1156名。

自1977年恢復高考以來，至1989年，高中畢業生考入高校深造的達1238人，高中和初中畢業考入中專的達1846人。

1993年，全縣普通中學13所，208個教學班。高中招生390人，初中招生3276人；高中在校生1160人，初中在校學生8689人；高中畢業生382人，初中畢業生2184人，初中畢業鞏固率94.27%，升學率44.02%；全縣中學教職工734人（其中專任教師594人）。

1994年3月，省教育委員會認定壽寧一中為"福建省普通中學二級達標學校"。1995年，南陽初級中學更名為"壽寧縣第四中學"。1996年9月"下黨中學"成立並在下黨鄉實施初級中等義務教育。至此，壽寧縣普及九年義務教育的人口覆蓋率達到100%。

1997年9月，增設"犀溪中學分校"，全縣普通中學15所，同年11月，壽寧縣"兩基"工作通過福建省人民政府驗收。1999年，小學畢業生升學初中不再舉行考試。

2001年12月，平溪中學更名為"壽寧縣第五中學"。2004年，寧德市教育局同意壽寧縣中等技術學校招收高中新生。是年，全縣普通中學16所，288個教學班，初中在校學生11602人，高中在校學生3993人，中學教職工1045人，其中專任教師832人。

2005年秋季，壽寧一中遷入茗溪新區新校區，並停止招收初中新生。壽寧縣職業高中遷入村尾校區；鰲陽中學遷入原壽寧一中校址，城關地區小學畢業生全部進入鰲陽中學就讀。2005年，全縣普通中學16所，300個教學班（初中224班，高中76班），在校學生16577人（初中12474人，高中4103人），教職工1085人（其中專任教師912人）。壽寧六中2011年9月正式開始招生。

普通中学的学制与课程如何安排

一是学制，民国时期，初级中学学制 3 年。1949 年后，初中学制仍为 3 年。1958 年，寿宁中学设立高中部，初中、高中学制各 3 年。1969 年，中学改为春季始业，实行"二、二制"，初中、高中各 2 年。70 年代初期，斜滩公社工农学校、南阳学校、托溪"五七"学校、芹洋学校曾实行从小学到高中 8 年毕业的"八年一贯制"。1978 年，全县初中恢复三年制。1979 年和 1983 年，一、二中高中部先后恢复 3 年制。

二是课程，1940 年 2 月以前的初中课程有历史、地理、音乐、劳作、图画、英语、公民、国文、数学、物理、化学、生理卫生、博物等科。2 月以后，增开美术、体育课。课时安排为：英语，三个年级均有开设，每周 4 课时；国文，一年级 6 课时，二、三年级 5 课时；数学，一年级每周 6 课时，二、三年级每周 5 课时；公民，三个班级每周各 1 课时；历史、地理、体育、音乐、劳作、图画、童子军，三个年级每周各 2 课时；生理卫生，二、三年级，每周各 1 课时；物理，三年级开设，每周 3 课时；化学，二年级开设，每周 3 课时；博物（动、植物），一年级开设，每周 4 课时，另外，还开设生产训练课，课时不作硬性规定。

解放后，取消公民、童子军课程。1950 年，初中课时安排为：政治，各年级均有开设，每周各 2 课时；国文，三个年级每周各 6 课时；算术，一年级开设，每周 4 课时；代数，二年级开设，每周 5 课时；平面几何，三年级开设，每周 5 课时；英语，三个年级每周各 4 课时；动物、植物，一年级开设，每周各 2 课时；生理卫生，二、三年级开设，每周各 2 课时；化学，二年级开设，每周 3～4 课时；历史、地理、体育，三个年级每周各 2 课时；音乐、美术、劳作三个年级每周各 1 课时。

1960 年，根据"加强政治、面向生产、精简重复、增加乡土教材，保证提高质量"的原则，初中一年级算术下放小学，高中一年级数学一部分内容下放至初中；增设《平面解释几何》；汉语与文学合并为语文（改以现代文为主）；语音知识下放小学；适当提高理、化、外语程度，减少史、地课时数；初一地理不独立设科，高一不设历史科，史地要求"厚今薄古，详中略外"，着重近、现代史，补充乡土内容；开设"生产基础知识"课（初中一年级改为"手工劳动"），初中二年级为"金木工"，高中一年级为"农业机械"，高中二年级为"电工实习"；初中开设俄语课，初中二年级补授"作物栽培"。1961 年，恢复政治、植物、动物课；政治课内容各年级分别为道德品质教育、社会发展简史、中国革命和中国共产党、政治经济学常识、辩证唯物主义常识。

"文化大革命"期间，执行毛泽东主席指示，"学生以学为主，兼学别样，即不但要学文，也要学工、学农、学军，也要批判资产阶级。"1969 年起，全县各中小学课程一律精简为"政治"、"语文"、"数学"、"工业基础知识"、"农业基础知识"。音乐、美术并为"革命文艺"，体育改为"军体"。每日清早集合出操，称"天天练"；上午第一节课安排"天天读"（读《毛主席语录》）。此外，定时安排"开门办学"、"学工"、"学农"、"学军"。直至 1971 年，强调"上好社会主义文化课"，才逐步恢复物理、化学、历史、地理等几门课。

1979 年，执行教育部颁发的《全日制中学暂行工作条例》（试行草案），初中部开设语文、数学、英语、政治、历史、地理、物理、化学、生理卫生、体育、音乐、美术、劳动技术等 14 门课；高中部开设语文、数学、英语、政治、历史、生物、物理、化学、体育、劳动技术等 10 门课。高二年级实行文理分科（分班）。政治、语文、数学、外语为公共课，文科班侧重历史、地理；理科班侧重物理、化学。

1990～1994 年，按国家教育部规定，普通中学初中开设政治、语文、数学、英语、历史、地理、化学、生物、生理卫生、体育、音乐、美术、劳动技术等课程。高中开设语文、数学、英语、政治、历史、地理、物理、化学、生物、体育、劳动技术等课程。高中二年级开始实行文理分班，除政治、语文、数学、英语为共同必修课外，文科班侧重历史、地理，理科班侧重物理、化学、生物。

1995 年，国家实行新工时制，每周上课 5 天，周课时 35 节，每节仍为 45 分钟，课程内容不变。2000 年起，高中开设"研究性学习"课程。

2005 年至今，全县各中学继续执行国家新颁布课程计划，开好综合性课程，适当开发校本课程。

中学教学如何开展

育英公学，校长叶森治学有方，教学深入浅出、通俗易懂，毕业生文化素质较高。改为县立初中后，规章制度较严密，月考、期考成绩均有统计、公布。学校对学业优秀的学生还颁发奖学金，鼓励勤奋学习。

新中国成立初，寿宁中学即成立教学研究会，制定教学计划，改革旧的教学思想，废止注入式、填鸭式的教学方法，提倡"理论联系实际"，强调各科都要贯穿政治思想教育。1953 年，贯彻《中学暂行规程（草案）》，对学生施行德、智、体、美全面发展的教育，强调学校工作以教学为中心，课堂教学为教学的主要形式。1956 年，废除"百分制"，推行"五分制"。

60 年代初期，寿宁一中语文科，强调提高学生阅读与写作能力，经常练习写字，增加作文次数，命题作文和写作练习间隔进行交叉安排，并进行作文讲评，语文作业要求全批全改。数学的授课与作业的分量比例规定为，初中 1∶1，高中 1∶1.5。理化教学要求联系实际，增加实验。

"文化大革命"期间，取消原有的教育思想、教学制度、教学方法。考试采取"开卷"形式，成绩只评"优、良、及格、不及格"。

1978 年起，各中学的工作重点转移到以教学为中心上来。暑假期间，全县中学教师集中县城研读新的教学大纲，研究国家统编的新教材和教学方法。1979 年，学校致力于学生的智力开发与能力培养，各校积极组织学生参加省、地、县学科竞赛活动。

进入 80 年代以后，县"理科教育学会"、"中学语文教学研究会"相继成立，中学教研活动日趋活跃。1988 年，县教师进修学校设立中学教研室，配备专人抓中学教研。教研人员深入各中学检查教学管理，协助各科教学"单元过关"，并开展教案、作业和教学论文评选活动。以毕业班为重点，组织校际教学研究，传递教改信息，在提高教学质量方面，收效明显。

1995～2005 年，逐步推行"素质教育"和"基础教育课程改革"。教师学习教育理论，改变教育理念，转变教学行为，注意调控、指导，注意学生的参与和互动，引导学生自主探索和合作交流，提高学生素质。各校主动开展"校本教研"，大安中学的"异步教学"、鳌阳中学的"学生自主探索"的教研，都取得可喜的成效。全县开展"研究性学习"，发现式、讨论式、探究式等教学方法逐渐进入课堂。现代教育技术开始在课堂运用，县一中、二中建立校园网站，实现资源共享。

职业中学发展概况如何

1958 年 4 月，《人民日报》社论号召大办农业中学。平溪公社于 1959 年 9 月，率先办起平溪公社农业中学，此后相继创办的有凤阳公社茶叶专业学校、寿宁县茶叶学校和芹洋、南阳、鳌阳、斜滩公社农业中学。全县 8 所"农中"（斜滩公社 2 所），共招生 281 名。1960 年初，坑底、托溪公社也办农中。南阳公社创建"林业中学"。秋季，全县农业中学共有 14 个班级，403 名学生。1970 年，农业中学被公社中学替代。

1981 年，改革中等教育结构，创办职业高中。当年秋季，犀溪中学茶果班，托溪中学兽医班开课。1982 年，平溪中学创办林业职业高中班。此后，相继创办的还有三中的水电专业班，南阳中学的农机专业班，竹管垅中学的茶叶专业班。

1984 年，县教育局先后与县农业局、妇女联合会、水电局、林业局签订了联办西浦职业中学、南阳幼儿教育职业高中班、芹洋水电技术人才职业高中班和寿宁县林业职业高中班的协议书，使中等教育结构改革与社会需要相适应。至 1985

年，正式命名的职业高中有：西浦、芹洋、南阳、平溪4个职业中学。

1985年，寿宁一中附设美术专业班，鳌阳中学附设汽车驾驶专业班。1986年，在鳌阳中学职业高中班基础上创办"鳌阳职业中学"，1989年改称"寿宁县职业高级中学"。1990年，全县职业学校调整为4所：闽东技工学校寿宁分校、寿宁县职业高级中学、南阳职业高级中学和竹管垅职业初中。

1994年开始，闽东技工学校寿宁分校兼收居民户口、农业户口学生，先后开设电脑财会、保安、化工、机电一体化、电子器件、戏剧、服装设计等专业，学生时多时少。同年秋季，南阳职业高中停止招生，恢复校名"南阳中学"，复办初中班。全县职业学校调整为3所。1995年，全县职业学校3所。竹管垅职业初中8个班，县职业高中13个班。毕业生数：初中85人，高中221人；招生数：初中133人，高中182人；在校学生数：初中352人，高中356人（其中工科204人，农科25人，管理30人，财经25人，艺术58人，师范14人），共计708人。教职员工73人（其中专任教师64人）。

2000年，闽东技工学校寿宁分校改名"宁德市寿宁县中等技术学校"（简称"寿宁技校"），仍由劳动部门主管。2005年，全县职业学校3所，竹管垅职业初中7个班，县职业高中29个班。毕业生数：职业初中116人，职业高中327人；招生数：职业初中132人，职业高中483人；在校学生数：职业初中301人，职业高中1374人；教职工117人，其中专任教师99人。

2007年，闽东技工学校与职业高中合并，改名寿宁职业中专。2013年更名为宁德职业技术学院寿宁分院。

中等专业学校发展概况如何

1939年4月，因处抗战时期，为保持正常教学。霞浦简易师范学校迁至寿宁斜滩，借用胡文虎小学校舍上课，共设本科、简师两个专业6个班级。民国29年3月，迁往福安穆阳。

1943年，县立寿宁初级中学，曾设过简易师范科，招生31名。

1958年9月，在全县办起半工半读性质的工业、农业、茶业、商业、卫生等专业学校和简易师范学校，共招生394名。至1959年上半年，只剩下初级师范学校和卫生、农业、工业专业学校，不久工、农业学校下马。卫生专业学校，学制1年半，毕业后安排卫生系统工作。初级师范学校，学制2年，1958年招收1个班，附设在寿宁中学，1960年迁三峰寺，当年毕业学生50名。尔后又招收2个班98名（其中女生10名），至1961年停办。初师90名学生，选出40名编为甲班，经业务培训准予毕业后，安排小学任教员；其余50名编为乙班，学习会计知识，毕业后输送到生产队当会计。

1965年秋,"寿宁县初级农村师范学校"创办于平溪乡长溪村。第一届毕业生48名,多数回乡当民办老师。第二届由于"文化大革命"而停办。

1966年,卫生部门创办"耕读医校",招生33人,学制2年,毕业生26人回乡,7人安排卫生系统工作。

1978年,宁德师范学校在寿宁一中设立分班,由一中教员担任教学。1980、1981年共办两届计毕业96人。

1980年,县卫生系统创办"护士班",招生50人,1982年5月毕业,全部安排卫生系统工作。

1981年5月,闽东技工学校在寿宁设立分校。生源以非农业人口为主。至1989年,该校先后开设茶叶精制、车间成本核算、工厂企业供电、电器运行与检修4个专业,共招收学生583人。1990~1994年,闽东技工学校寿宁分校继续招生。以城镇非农业户口(居民户口)的学生为主,生源来自宁德地区各县、市,毕业后回原籍安排工作,属统招统配(包分配)。学校坚持以素质教育为基础,以专业技能培养为主体,以就业为导向,以校企合作为途径,按照职业岗位和职业工作过程组织教学,实行校企合作、"工学结合",用足用好教育资源。实行订单培养,努力提高学生就业质量。一部分毕业生安排在县内乡镇单位、公司企业、民办幼儿园就业,多数毕业生由学校推荐到福州、厦门、泉州等地就业。1999~2005年,一部份毕业生通过参加高职考试,升入高职院校继续学习;一部分毕业生由学校推荐到达丰(上海)电脑有限公司、东南汽车制造有限公司、冠捷电子集团公司、华冠电子有限公司、厦门DDK集团公司等知名企业就业,就业率达95%以上。

老年大学的办学宗旨是什么

寿宁县老年大学创办于1997年7月,至今已经走过了20个春秋。20年来,学校遵照"增长知识,丰富生活,陶冶情操,促进健康,提高素质,服务社会"的办学宗旨,在县委、县人民政府的重视支持下,解决了办学场所、办学经费,聘请了教师,编写了教材,创办了老年网络教育,取得了丰硕的办学成果。全县已有1所老年大学,两所分校,100多所乡(镇)村老年学校,在校学员7121人,约占60岁以上老年人口总数的16%,形成了县、乡、村三级办学格局。2013年寿宁县老年大学被评为首批全国老年远程教育先进收视点。2014年寿宁县被评为全国老年远程教育试验区。2015年,寿宁县被确定为全国老年远程教育示范区。2015年12月,寿宁县老年大学被评为省级老年教育示范校。福建电视台《金秋》

栏目，对寿宁老年大学作了专题报道。2015 年 4 月 11 日，连德仁校长的《我的老年教育梦》一文获全国第二届"书写人生第二春有奖征文书画摄影大赛"二等奖。2017 年，连德仁为纪念寿宁县老年大学成立二十周年撰写的《我的老年教育梦》一书在海峡文艺出版社出版，为寿宁老年教育发展增添光彩。

农民的扫盲教育如何开展

1932 年，全县 10～50 岁男子和 10～40 岁女子中文盲人数为 5.36 万人，占总人口的 45.13%。1934 年，县政府督令各地办"民众学校"，组织 12～50 岁的少、青、壮年入学，修业时间 6 个月。1935 年，根据省政府颁发的《福建省实施强迫识字教育计划》，全县共办民众学校 100 所，1343 班，责成各区、保强令少、青、壮年文盲就学。至 1937 年，全县扫盲 1923 人。

1938 年，省颁发《战时民众学校办学大纲》和《强迫入学办法（草案）》，寿宁的民众学校改为"战时民众学校"。1939 年，全县共有专、兼设战时民众学校 41 所，51 个班，入学 1780 人（其中女生 30 人）。中心校开办成人班、妇女班各 5 班；国民校开办成人班、妇女班各 48 班。1944 年，各中心校"民众部"有成人学员 44 个班，学生 2683 人，其中女生 1202 人。1947 年，全县办成人班、妇女班各 51 班，学生 3003 人（其中女生 1287 人）。当年毕业 2612 人（其中女生 480 人）。

新中国成立后，县人民政府发出实施"征学"的通令，要求按《教育程度调查册》调查学龄儿童和成人、妇女的文化程度；设立冬学，组织群众参加学习。1951 年底，全县办冬学 56 所，有学生 3994 人（其中女生 1037 人）。至 1955 年，共办冬学 1418 班，学生 38533 人，每人识字在 400～800 之间。

1956 年，参加扫盲学习的农民 20213 人，脱盲 2205 人，其余的人均识字 400～600 个。1957 年，全县扫盲人数达 1122 人，组织 430 人参加高小班学习。

1958 年 6 月，县人民政府向全县人民提出"宁可腿跑断，嘴磨烂，眼熬红，声变哑，誓把文盲扫"的口号，掀起一个声势浩大的万人教、全民学的扫除文盲高潮。全县参学人数达 40032 人，脱盲 27037 人，超过 1949～1957 年扫盲人数的 7 倍。经专署检查组实地检查鉴定，符合基本无文盲县条件。

1966 年，"文化大革命"开始，农民教育工作处在停滞状态。

1970 年，全县办"政治夜校"1362 所，参加学习 8 万人。1974 年，全县办"政治夜校"630 所，教员 745 人，参加学习 38047 人，主要学习《毛主席语录》与报纸上的文章。

1986 年，贯彻省人民政府颁发的《扫除文盲暂行条例》，确定各学区有一位副校长抓农民教育工作。当年，全县共办农民教育文化班 399 个，有学员 7966 人。

其中，扫盲班 354 个，学生 6928 人。

1988 年，除夜校外，坑底、清源、芹洋、斜滩、平溪、武曲、犀溪、凤阳、鳌阳等 9 个乡（镇）还开办"文化技术学校"。当年全县 15～45 周岁的、青、壮年 98647 人中，非文盲达 85914 人，占 87.12%。

1990 年，寿宁实行扫盲"三线"责任制：县乡政府、村委为一线；教育系统为一线；妇联系统为一线。教育部门协调、管理，各部门齐抓共管。年内全县组织 5 次扫盲大检查，共检查了 14 个乡镇 78 个行政村的 84 所夜校。全县村办学面 90%，非文盲率达 92.6%。

1995 年，继续扫除剩余文盲，组织脱盲学员进入巩固、提高班学习。

1997 年，寿宁县 15～40 岁非文盲率为 98.57%，"两基"（基本普及九年义务教育、基本扫除青壮年文盲）工作通过省验收。

1998 年，寿宁扫盲结业 630 人，青壮年非文盲率提高到 98.9%。

2005 年，青壮年非文盲率、巩固率均达 99% 以上，"两率"达标。

职工教育有哪些内容

职工教育包括：文化补习、电大教育、函授和自学考试。

一是文化补习。1951 年 9 月，斜滩镇工会创办职工业余学校 1 个班，有学生 40 人。1952 年 10 月，全县试办职工速成识字班，至年底共办职工速成识字班 4 个，学生 97 人。1959～1960 年，县直机关续办小学、初中和高中文科班各 1 班（初中班学物理、化学，高中班学语文、俄语），均用全日制课本，聘请中学老师兼课，学生 100 人。1963 年开办初中一、三年级各 1 班，学生 90 人，学习时间为早上或晚上。"文化大革命"期间，机关干部学校停办。

1978 年，县直机关干部职工教育改由总工会负责管理。1982 年，根据中共、中央、国务院《关于加强职工教育工作的决定》，开办业余英语班，有学生 100 多人。1983 年，成立"寿宁县职工教育委员会"，组织职工参加文化和技术补课。文化课补语文、数学、物理、化学、历史、地理、生物等科；专业技术课补技术理论。当年文化补习班有学员 99 人。

1986 年，全县有 93 个单位组织职工参加"双补"学习达 2415 人次。至 1986 年全县参加文化补课职工共有 1400 多人，取得文补习合格证的有 1358 人，占应补对象的 92%。

二是电大教育。1982 年秋，成立寿宁县电大工作站，招收电视大学中文专业 1 个班 22 人。1983 年，增办财政、商业大专班各 1 个，有学生 22 人。1984 年，开办党政大专班 1 个班，有学生 24 人。1985 年，又办中文大专班 1 个班，有学生 104 人。1986 年，办财政、工业企业大专班各 1 个班，有学生 22 人。1988 年，办中文、法律大专班各 1 个班，有学生 70 人。同时，招收中专财会班 1 个，有学生 37 人。1989 年，办行政管理、经济大专班各 1 个，有学生 44 人。至 1989 年，全县共办电大大专班 15 个，入学学生 424 人，毕业 115 人。1990 年，电大办水电、机械、电子电器、石雕、财会、汽车驾驶、汽车机修、文档等专业，共有 368 人，均当年毕业。1997~2001 年，电大累计招收自学视听生 419 人，毕业 371 人。2003~2004 年，电大开设"法学"、"会计学"、"园艺学"、"小学教育"等专业，招生 272 人。16 年来，县电大先后开办"法律"、"汉语言文学"、"行政管理"、"经济法"、"文秘"、"财会"等专业，共毕业 541 人。

三是函授。50 年代，福安师范函授部开设函授中师课程，各学区也专设辅导员指导学习。1966 年至 1989 年，全县共有函授毕业生 122 人，其中，本科 43 人，专科 2 人，中专 77 人。

四是自学考试。1984 年 10 月，县高招办开始办自学考试，当年报考 93 人。1986 年，设中专教育自学考试班，有学生 23 人。至 1989 年，共计开考 11 次。1990~1994 年，寿宁县自学考试属宁德考区，由县教育局统一管理，先后开设本科、大专 48 个专业，256 门课程。县内报考人员逐年增加，至 1994 年，县自学考试招考大专、本科共 1347 人，中专 118 人；大专、本科毕业生 50 人，中专毕业 7 人。2004 年起，寿宁设"分考区"，每年开考 2 次，至 2005 年，县自学考试招考人数共 23038 人，毕业 624 人。

教师队伍如何构成

1938 年 7 月，对小学教员进行登记，全县完小有正教员 9 人，代用教员 1 人。初级小学教员中正教员 12 人，代用教员 48 人。1945 年，各中心国民学校、保国民学校的教员多由政府分派，或由校长聘用。新中国成立后，教师队伍有公、民办两种成分，公办教师均为居民户口，口粮由国家供应，工资和福利由国家发放。民办教师中属农村户口的口粮由原籍生产队供应，工资由当地学区发放；属城镇居民的吃国家商品粮，工资由国家财政、地方教育附加解决。1949 年 12 月，全县有中、小学教职员 101 人。1952 年，由于土改后农民子女入学增多，学校班级相应增加，全县公、民办教员增至 202 人。1953 年，全县共有中、小学教职员 278 人。1958~1959 学年度，全县有中、小学教职员 420 人（女 35 人），其中，小学民办教员 150 人。1966 年，全县共有中、小学教职员 697 人，其中，小学民办教员 212 人。

1974 年，全县小学民办教师增至 670 人，占小学教职员数的 55.3%。此外还有代课教师52人，兼职工农兵教师494人。1978年，全县有小学民办教师893人，占小学教职员数的67.4%。

中共十一届三中全会后，贯彻"调整、改革、整顿、提高"的方针，对民办教师进行全面整顿。县人民政府作出规定：1979年底在册的民办教师逐年择优转为正式民办教师。尔后，经考核，符合条件的优先录用为公办教师。1980年，全县有中、小学教职员1861人（女597人），其中，中、小学民办961人。1991～1998年，分配回寿宁工作的师范类大中专毕业生1337人，其中大学本科53人，大学专科610人，中专674人。到1997年，寿宁县教师已满足教学需求。1999～2005年寿宁共考核录用教师402人，其中本科毕业生23人，专科毕业生190人，中专毕业生189人。

2005年，寿宁县教职工3076人。其中：幼儿园班教职工158人，小学教职工1638人，中学教职工1202人，职业中学教职工117人，其他教职工78人（教育局32人，进修校28人，成人中专9人，电大9人）。

教职员的学历现状如何

1932年，寿宁县9位教职员的学历为：省立师范本科毕业2人，初中毕业1人，高小毕业1人，师范讲习所毕业3人，闽海道讲习所毕业2人。1945年，小学教职员学历分别为：大学专科毕业2人，师范毕业7人，高中毕业10人，简易师范与初中毕业及高中肄业87人。中学教职员学历分别为：大学本科毕业2人，大学专科毕业5人，中师、高中毕业5人，乡村师范、初中毕业7人。

1954年，全县小学教职员中，专科学校毕业2人，中师、高农、高中毕业41人，初中、初师毕业33人，普师、高农、高中肄业33人，简师毕业及初师、初中肄业52人。1958年，中学专任教师中，大学本科毕业4人，大学专科毕业及本科肄业7人，大学专科肄业3人，高中毕业、肄业3人。1960～1961年度，全县小学教师中，大学毕业及肄业4人，中师毕业88人，高中毕业37人，高中肄业、初中毕业407人。

1981年，普通中学共有专任教师299人。其中，大学本科毕业33人，专科毕业120人，中专、高中毕业141人，中专、高中肄业5人。1989年，全县中小学共有专任教师1862人，其中，本科毕业97人，专科毕业、肄业274人，中专与高中毕业、肄业104人，初中毕业589人。

1998年，初中专任教师702人，其中本科毕业42人，专科毕业645人；高中专任教师95人，其中本科毕业46人；小学专任教师1445人，专科毕业12人，中专毕业1357人，高中毕业11人；幼儿园班专任教师273人，高师以上毕业4人，中师毕业 142 人，其中幼教专业 44 人，职业高中毕业 67 人，高中毕业以上 11 人，初中毕业以上 49 人，取得专业合格证书 1 人。

职称评定情况如何

1987 年，根据《福建省中、小学教师职务评审组织章程（试行）》精神，经县职改领导小组批准，县教育主管部门于同年 9 月成立寿宁县中、小学教师职称改革领导小组。11 月成立寿宁县中学教师职务评审委员会和寿宁县小学教师职务评审委员会。

1988 年，经省、地、县职改领导小组审批，县公办教员中被评为中学高级教师的 13 人，中学一级教师的 67 人，中学二级教师的 244 人，中学三级教师的 107 人；评为小学高级教师的 183 人，小学一级教师的 348 人，小学二级教师的 311 人，小学三级教师的 5 人。

1994 年，福建省人民政府授予陈元度"特级教师"称号。

2002 年 9 月，福建省人民政府授予叶启宗、姜仕恭"特级教师"称号。

1990～2005 年，寿宁逐年评定教师职称人数累计如下：中学高级教师 188 人，中学一级教师 695 人，中学二级教师 1085 人，中学三级教师 945 人；小学高级教师 1011 人，小学一级教师 1515 人，小学二级教师 1357 人。

师资培训情况如何

1937 年 4 月，县政府曾指派 8 位教师参加"义教师训"训练。1938 年 10 月，又派 27 位教师去福安接受"战时国民学校师训班福宁班"培训，时间 1 个月，并发给合格证书。1939 年 7 月，县保训合一干部训练班培训毕业 32 人。1941 年 7 月，县举办为期一个月的小学暑训班，听课教师 110 人。是年，保送和被录取到简易师范学校乙种简易班学习的 5 人，到丙种简易班学习的 10 人。

1949 年后，师资培训以在职进修为主，形式有短期培训、中师与高师函授、高教自学考试和电大班学习等。

1955 年暑假，县成立教研组，并在三峰寺开办 1 期教师培训班，参加学习 45 人。1958 年暑假，县举办普通话培训班，公办小学教师和大部分民办教师集中县城学习汉语拼音。

1959 年，寿宁县教师进修学校成立，此后，小学教师的培训工作均由教师进修学校承担。1961 年 3 月，开办教师轮训班，培训学员 40 人。1962 年秋，轮训班停办，18 名学员被精简，其余分派小学任教。

"文化大革命"期间，教师进修学校被指责为"贯彻修正主义教育路线"的"翰林院"，1968年12月，第六期学习班结束时被解散。至1976年始恢复进修学校。1977年6月，开始办小学作文教学、语数大纲学习培训班，受训100人。1978～1989年，先后组织补员的中小学教师、民办教师、转正民师以及报考中师函授的教师参加小学、初中的语文与数学教材教法、中学语文、数学教材教法、心理学、教育学等各类培训班10期，共培训2500人次。

此外，对中、小学教师的培训，还采取"走出去，请进来"的办法，学习外地经验以提高教师的业务水平。

教师有哪些政治待遇

1939年，教育部每年8月27日（孔子诞辰日）为全国教师节。1940年8月，福建省教育厅通令每年教师节应举行纪念活动。同年，县政府根据省政府的规定委任鳌阳、犀溪、南阳、斜滩、平溪等中心小学的校长为该校所在地副乡（镇）长。1943年12月后，政府给"教学成绩卓著"的教师发给奖金。1945年，县政府上报2位优良校长。同年6月，县政府根据上级精神，规定受聘的在职教员，非有重大过失，不得任意免职。

新中国成立后，教师的辛勤劳动得到县人民政府的尊重。1949年12月，寿宁县首届各界人民代表会议第一次会议代表75人，其中教师5人。1950年4月，第二次会议代表92人中，有教师6人。当时，全县中、小学教职员中只有中共党员1人，共青团员21人。至1959年，党员增至12人，团员增至87人。

中共十一届三中全会后，教师被誉为"人类灵魂的工程师"，成为工人阶级的一部分，教师地位日益提高。1978年，全县中、小学教师中有3人被评为省先进教育工作者。1982年，由县教育工会牵头，安排一批教职员外出疗养、旅游。1983年5月，全国少年儿童工作协调委员会为从事初中、小学、幼儿园教学工作满25年以上的教育工作者颁发"园丁荣誉纪念章"。1984年有2人被评为全国优秀班主任、省教育系统劳动模范，1人当选为省第六届人民代表大会代表。9月，1人当选为县第十届人大常务委员会委员，1人当选为县政协副主席。

1987年5月，县人民政府为从事教育工作满30年以上的教育工作者举行"庆教龄"活动，有10人被授予地区先进教育工作者称号。1989年后，有3名教师获国家级奖励，其中被授予"全国教育系统劳动模范"称号，获"人民教师奖章"的1人；获"全国优秀教师奖章"、"全国优秀教育工作者奖章"各1人。中、小学校长中获"福建省国际经济文化交流基金会"、"庄重文优秀校长奖"各1人。还有6位教师获省人民政府表彰，由省教委分别授予"福建省优秀教师"和"福建省优秀教育工作者"光荣称号。至 1989 年底，全县教师队伍中有党员 342 人，团员 665 人。

每年 9 月 10 日教师节，县委、县政府领导分别到各校慰问教师，召开表彰会，表彰先进教师和品学兼优的学生。每年春节期间对老教师、特困教职工进行慰问。省政府逐年给从事教育工作 30 年的教师颁发"荣誉证书"。教师参加各种评优评先活动。1991 年 9 月，武曲学区林仁光被国家教育部评为"全国教育系统劳动模范"，寿宁二中的柳柏玉和县教育督导室的龚培被国家教育部评为"全国优秀教育工作者"。1993 年 9 月，武曲中心小学的郑玲玉被国家教委、国家人事部评为"全国优秀教师"。1999 年大安中学的周啸翔被国家教育部评为"中小学劳动技术教育先进工作者"。2003 年 7 月，县实验小学叶守松被中国青协评为"全国优秀教练员"。1990～2005 年，有 42 位教师被评为省优秀教师和优秀教育工作者；133 位教师被评为地区（市）优秀教师和优秀教育工作者。有的教师当选市、县人民代表，出任市县政协委员，参政议政。

教师的经济待遇如何

科举时代，教谕、训导等官员，薪俸由朝廷支出。据《寿宁县志》：清康熙二十一年（1682），寿宁县儒学俸银共三十一两五钱二分。

1934 年，鳌阳、南阳、斜滩、犀溪 4 校教职员中，月薪最高者 17 元（银元，下同），最低者 6 元。1939 年 8 月 30 日，省政府训令：各校教员月薪平均是"多者 60 元（法币，下同）以下"。县政府规定：从下年度起，小学合格教员比照县级待遇，代用教员比照乡级待遇，中学合格教员比照省级待遇支给。

1941 年 5 月，省教育厅通知，退职教职员除给养老金外，自 1 月份起，每月每员另给津贴 8 元。1948 年 7 月，省政府令：县立中学每期向学生征收学米 30 千克，作为充实学校设备、津贴优良教师之用。

1949 年 10 月，寿宁县教职员的薪俸为：县中学，校长 250 万元（旧币，下同），教导 240 万元，教员 220 万元，干事 190 万元，办事员 170 万元，工友 110 万元；中心小学，校长 200 万元，教导 180 万元，教员 180 万元，工友 100 万元；国民小学，校长 160 万元。1950 年，改为实物工资，中学校长、教导主任每月大米 180～187.5 千克；教职员每月大米 82.5～165 千克；小学校长、教导主任每月大米 135～150 千克，教职员每月大米 132.75 千克。1952 年 9 月，恢复货币工资制，小学教员月薪均为 20 万元。

1956 年，实行等级工资制。工资改革前，全县小学教职员月平均工资为新版人民币 31.32 元（行政人员 36.2 元，教学人员 30.47 元）。工资改革后，小学教职员月平均工资 40.16 元（行政人员 47.92 元，教学人员 38.56 元）。民办校实行公办民助、民办公助，县教育局依民办校学生数及教师待遇情况，每月发给一次性定额补助 16 元左右。

1960 年、1963 年，部分教师工资晋升一级，有的提高两级。1963 年，每人增发粮价补贴 4 元。1977～1979 年，3 次调整工资分别为 40%，2% 和 4%。

1980 年，开始实行中、小学班主任津贴，中学班主任每人每月平均补贴 3.5 元，小学班主任每人每月补贴 2.5 元。1981 年，教职员工普调一级工资，少数晋升两级。

1984 年 1 月，老区和少数民族地区 67 所小学的 87 位民办教师，原由群众负担部分（每人每月 10 元）改由县财政拨给。1985 年 1 月起，全县中、小学教师实行教龄津贴，从教 5 年不满 10 年的，每月 3 元；10 年起不满 15 年的，每月 5 元；15 年起不满 20 年的，每月 7 元；20 年以上，每月 20 元。

中、小学教师职称评定后，至 1989 年，全县中、小学公办教师月平均工资分别为 91 元、89.3 元，民办教师月平均工资分别为 44 元、39 元，另从地方教育附加中补助 18.50 元。1989 年底，中、小学公办教师生活补助费增至 64.50 元（含物价补贴）。

1987 年 10 月起，根据国家规定，全县教师工资比同级行政人员增加 10%。

1993 年工资改革，公、民办教师工资都有较大幅度提高。1997 年起，城关中小学教师享受住房公积金待遇。1998 年，对民办代课教师进行调资，编内代课教师月酬金由原来的 170 元，按学历分 3 个档次分别调为 300 元、270 元和 220 元。退养民办教师生活待遇按宁署教人〔1998〕3 号、宁署财事〔1998〕2 号文件规定，也作了适当调整。1999 年，农村中小学教师工资收归县管，保证工资能及时足额发放。2001 年起，农村教师与乡镇干部享受同等的住房公积金待遇。2002 年，公费医疗改为"医疗保险"，在职教职工按本人工资额 2% 缴交医疗保险费（退休教职工不负担医疗保险费），县财政补贴 7%，汇交"医疗保险管理中心"，医疗费由医保部门按规定支付。2003 年，山区补贴终止。2004 年，退休费视不同情况分别增加。女教职工分娩，享受产假待遇。2005 年，寿宁在职教职工人均月工资 1073 元。

教育经费中政府拨款的情况如何

科举时代，教育经费由朝廷核定，从全年征收的丁粮银中存留支付。除学官与儒学衙门吏员杂役的薪俸外，据康熙版《寿宁县志》，每年的开支还有：考核生员试卷茶饼赏纸花红银五两；廪生 20 名，每名廪粮银二两八钱；圣庙香灯银二两五钱二分；廪生"廪饩"，一般以户粮抵除。清时，办学实行"取之于民，敛之于县，而后乃移之于学，给之各生"的经费管理办法。

1932年下学期，省财政给鳌阳小学拨款25元（银元，下同）。1933年，省财政给县立鳌阳小学与区立南阳、斜滩、犀溪小学各补助20元。1934年，全县教育经费岁入9580元（法币，下同），其中省库补助3676元。1935年，由县支付的教育经费4975元，占财政支出的21.62%。1937年，省政府下拨4224元，地、县财政自筹4871元。1938年，省下拨9600元，县财政自筹1125元。1940年，省下拨5.20万元。

1949年10~12月，县人民政府拨给教育经费有大米18.28吨，现金22.95万元（旧版人民币）。此后，与教育事业发展相适应，县财政支出中教育经费拨款也逐年增加。1958~1959年度，县财政支付教育经费13.12万元。1962~1963年度，县财政支付教育经费15.84万元。1966年，县财政支付教育经费34.12万元。1977年，县财政支付的教育经费为88.04万元。1981年，教育经费由省统一管理。当年，国家支付寿宁教育经费171.22万元。1984年，国家拨给教育经费252.24万元。1987年，国家支付的县教育经费增至372.7万元。1990年，财政支付教育经费2701万元；1995年财政支付教育经费559万元；1997年财政支付教育经费8762万元；2004年财政支付教育经费14119万元。省、地（市）、县拨教育经费主要支付在职和退休公办教职员工工资、民办教职工工资补助和上述人员的奖金、福利费及学校公用经费和基建修缮费用、教学设备费以及奖学金、助学金等。

学校收费情况如何

1936年，全县私塾学童1687人，全年收费3834元（银元），平均每人负担2.27元。1941年秋，县立初级中学学生每人每学期交学费8元（法币），共收学费1392元。1942年秋，收学费1768元。

1946年，公立小学不收学费。中心国民学校收卫生代办费50元（法币）。县立初中学生每期每人交学米20千克。1948年，县中学每学期收学费2.50元（金圆卷），另收图书、体育、卫生等杂费0.50元，军训费0.20元，学生自治会费0.10元。

新中国成立后，自1950年起，中、小学收少量学费，并设20%的免费率。1954年，县初级中学收费标准平均为8000元（旧版人民币），免费率20%。1957年，县立初级中学收学杂费5元（不含寄宿生膳费），仍定20%免费率。公立小学和中学的学费必须上缴县教育局，再由县教育局按每名教师每月3元下拨给各校作办公费。

"文化大革命"期间，为减轻贫下中农的负担，学杂费由各校自定，所收学费留校自用。

《义务教育法》公布后，属义务教育的初中、小学不收费，各校根据实际情况向学生收杂费。收费标准及范围，按教育主管部门及物价委员会下达文件规定执行。1988 年，县人民政府颁布《关于调整中、小学学杂费收费标准的通知》规定：高中每生每学期学费 15 元、初中 11 元、小学 8 元。

县实验幼儿园收费标准为每月每生收管理费 6 元，杂费 4 元，保育教育费 2 元。

20 世纪 90 年代以来，每学期开学，由教育、财政、物价、监察等部门和县"减轻农民负担办公室"共同核定各级各类学校收费标准，学校将收费项目向社会公示。2004 年起，有关部门在每学期开学前召开"听证会"，广泛听取社会和家长对收费的意见，而后确定学校收费标准，下达文件，由各校严格执行。

集资办学的情况如何

明、清时期，有过官绅、诸生捐助或筹募经费，修建县学，创办义学，购置学田作为办学基金等义举。清光绪三十四年（1908），创建龙滩公立初等小学堂时，还抽茶捐、屠宰税作为学校经费。

1912 年与 1923 年，平溪民众两次募集资金修建校舍。1915 年斜滩征收茶叶教育捐，每件箱茶收 0.04 元，当年收入 200 多元（银元）。1923 年，斜滩征收教育船埠捐，每艘船只到岸由商户乐捐 0.05 元。1934 年，全县征收教育经费 2672元。

1949 年后，人民教育人民办，实行多层次、多渠道集资办学。1950 年，提倡"公办民助"、"民办公助"发展教育事业。同年办起的第一批民办小学，教师工资分别由群众筹集，国家补助。60 年代，民办小学和耕读小学的教育经费由群众负担 35～55%，集体补贴 25～35%，国家补贴 20～30%。70 年代初期，民办教师除国家补助外，学校所在地生产队、自然村也补助一定数量的粮、款，由生产队公共积累支付。

1983 年 4 月，召开全县教育会议，贯彻中共福建省委三届五次会议和地区教育会议精神，发动群众集资办学，以改善办学条件。1984 年，全县个人捐资 62.1万元。1985 年 7 月，开始征收"教育附加"和"农村教育事业费附加"，当年筹资88.3 万元。1986～1988 年采取多渠道集资办法，全县共集资 196.7 万元。

1988 年，贯彻国务院《关于筹措农村学校办学经费的通知》和省人民政府《关于征收农村教育事业费附加的通知》精神，制定寿宁县 1989 年教育事业费的征收办法。当年，全县筹措教育资金 193.93 万元。1991 年，全县征收农村教育事业费附加 102.6 万元；1995 年为 426 万元；1997 年为 271.6 万元；1999 年为 208.8 万元。

农村教育事业费附加由乡镇征收，拨充学校民办、代课教师工资、拼盘资金及公务、设备购置、扫盲等费用。2004年起不再征收。"城市教育附加"由税务部门按规定征收缴库，由县财政拨充教育经费。

教育经费使用情况如何

清光绪三十三年（1907），寿宁县教育支出银800两，其中，职员年薪银为60两，教员年薪银为250两，书记、仆役工食银为120两，服食用品220两，杂用110两，其他40两。

1928年，全县支出教育经费4600元（法币，下同）。1932年度下学期，鳌阳小学经费支出765元。其中，教职员薪俸655元，办公费80元，杂支10元，特别支出20元。1937年，寿宁县教育经费支出1.07万元。

新中国成立后，教育经费分人员经费、公用经费、基建经费。

一是人员经费。1949年10~12月，全县支付教职工生活费大米3.25吨。1950年，全县小学教职员薪给费支出1.6万元。1958~1959年度，人员经费11.86万元，占教育经费总额的74.69%。1962~1963学年度，人员经费12.70万元，占教育总经费的80.18%。1977年，人员经费65.68万元，占教育总经费82.66%。1981年人员经费111.76万元，占总支出65.65%。1983年人员经费152.44万元，占教育经费总支出的74.51%。1986年支出人员经费257万元，占总支出的75.14%。1989年人员经费支出440.6万元，占教育经费总支出的71.53%。1997年，人员经费2195万元，占总支出8762万元的25%，2004年，教育经费中人员经费4297万元，占教育经费总支出的30.43%。

二是公用经费。1949年10月~12月，全县支付办公费大米4.69吨，人民币22.95万元（旧版人民币）。1958~1959学年度。办公费1.26万元，其中，教学行政费5349元，修缮、设备费2150元、其他经费5095元。公用经费占教育总支出的9.6%。1981年公用经费的支出为58.47万元，占教育经费总支出的34.34%。1987年公用经费支出91.86万元，占教育经费总额的23.8%。1990年，公用经费支出230万元，占教育总支出的8.5%，2004年教育公用经费支出240万元，占教育总支出的1.69%。

三是基建经费。新中国成立后，县立初级中学的基建修缮费用由国家拨款。中心小学、乡村小学新建校舍和房屋修缮经费由群众献工献料，经费由地方自筹和国家拨款补助。1960~1961年度，县财政拨给教育基建经费7.82万元。1983年县委、政府从多渠道筹措资金，改善办学条件，努力实现"一无二有"。1985~1987年，全县共投入建校资金431.95万元，其中，乡、镇、村集资207.49

万元，国家拨款216.46万元。1988～1989年，全县共投入基建经费563.02万元，其中，乡（镇）、村集资361.79万元，国家拨款201.23万元。

1990年以后，社会集资主要用于校舍建设。爱国华侨、港、澳、台同胞、民营企业家沈炳麟、谢路生先生，何淑端、萧玉女士等慷慨解囊捐资建校。1990～2005年，全县个人捐资办教育达483万元。

教育管理机构如何设置

明景泰六年（1455），寿宁置县，同时兴建县学，天顺二年（1458），教谕、训导到任。清沿明制，县设教谕、训导各1人。光绪二十三年（1906），废除科举，取消原学官名称。宣统三年（1911）七月，设劝学所。

民国初年，主管教育的机构仍为劝学所，1922年，改设教育局。1932年改称教育科，全员3人。1936年10月，称第三科，设科长1人，书记1人。1944年，设科长1人，科员1人，督学1人。同时在10个乡（镇）公所设文化股，主管教育工作。1948年，县民政、教育合并为"民教科"。

新中国成立初，设文教科主管全县文教工作，10月改称教育科。

1950年，各区设文教助理员主管全区教育工作。1952年，教育科复称文教科。1954年5月，成立"寿宁县人民政府文化教育委员会"。1956年，中共寿宁县委设立文教部，县人民政府撤销文教科，分设文化科和教育科。1958年7月，教育、文化两科合并，称文教局。1959年，县文教局下辖10个学区。

1960年，各学区设"政治副校长"，负责学区政治思想工作。1963年10月，改文教局为文教科。1968年5月，寿宁县革命委员会成立，在生产指挥部下设文教卫生组，行使文教科职能。

1970年2月，撤销文教卫生组，教育由县革命委员会政治处宣教组主管。1972年8月撤销宣教组，分设宣传组、教育组。1977年5月，教育组改为"寿宁县革命委员会文化教育局"。8月恢复校长制，由中共寿宁县委员会组织部任命公社中学、公社所在地小学及大韩小学、城关幼儿园的校长、园长。

1979年3月，恢复实验小学、各公社教革会改为学区，学区所在地小学改为中心小学。同年，文化、教育局分开，设立"寿宁县教育局"，全员6人。1986年，局内分设秘书、人事、中教、初教、计财5个股，后增设成人教育股、电大工作站、自学考试办公室、生产管理站、教仪站和招生办公室。至1989年底，共有11个股、站、室，全员42人（其中，行政编制7人，事业编制35人）。

1997年4月，县教育局改为"寿宁县教育委员会"，2002年9月，恢复为"寿宁县教育局"。2003年，撤销学区机构。2005年12月，成立"中共寿宁县委教育工作委员会"和"中共寿宁县教育纪律检查工作委员会",由县委分管教育的副书记任教育工委书记。

教育行政管理情况如何

明、清时期,教谕、训导等学官,对所管辖的生员(秀才)进行教诲或差遣。还主持文庙祭祀和考试。

民国初年,教育主管机构的职能是沟通教育行政机关与教育机关之声气,促进教育方法的推行和教育政策的实施,集中统一教育行政整饬兼及教育方法研究,估量教育价值和增进教育效能,批准小学设立、变更及停课,调配教育人事。

新中国成立后,革除旧教育管理制度,"实行民主集中制管理和领导",贯彻新民主主义教育方针,促进新的学校规章制度的逐步完善。20世纪50年代初,县教育行政管理机构的职能是:决定公办小学的设立、变更、停办;批准民办小学的设立、变更、停办;制定教师、儿童名册;申报中学的设立、变更、停办;负责教师的调动和监督学校经费的收支诸项事务。

60年代初期,全日制中小学实行分级管理,中心小学、高小、完小由县统一管理。县文教科负责决定全日制小学的设置或停办,监督学校财务制度的执行,指导中、小学的教学,提高教学质量,掌握各校的教育、教学情况,任命公社所在地小学负责人。"文化大革命"期间,小学下放至大队管理,公社中学由公社管理。

中共十一届三中全会后,教育行政管理工作走上正轨。恢复学区制后,从1982年起,县一中、二中、三中与县进修校的处、室副主任以上的干部,乡(镇)中学副校长与学区副校长、中心校副校长、教导主任、总务主任及完小校长均由教育局任免。至1989年底,县教育局对中、小学与幼儿园、教师进修学校的日常工作,实施全面管理。具体负责学校教育的视察与督导;组织与指导中学、小学、幼儿园开展教育与教学研究,总结经验,提高教学质量;考核中小学正、副校长、教导主任与总务主任;任免乡(镇)所在地中、小学副校长、教导主任与总务主任;教师的选用、培训和跨学区、跨系统调动以及中专毕业生分配等项工作。此外,还负责统筹安排上级政府拨给的教育经费及各种专项款的开支;监督所属乡(镇)学校执行财务和基建管理制度;落实每学年度中、小学招生计划,做好招生、成人教育工作;开展勤工俭学;向学校提供教学仪器等项工作。

1990~2005年,教育局正副局长、教育委员会正、副主任、教育督导室正副主任,按各时期科局级干部管理规定分别由县委、县人民代表大会常务委员会和县政府任命。

县教师进修学校、县一中正、副校长以及县二中、三中的正校长由县政府任免。其他中学、学区、中心小学正校长、县一中和进修校处室正副主任、县二中、三中处室正主任由县委宣传部任免。乡（镇）中学、学区、中心校小学的副校长、教务处、政教处、总务处主任由教育局任免。完全小学校长由学区考核呈报乡（镇）政府任免。

教育教学管理情况如何

清顺治九年（1652），礼部颁布《教条》八款。乾隆五十九年（1794）三月，知县福保、教谕陈仁钧将其全文刻碑竖于明伦堂之左，作为管理诸生的守则。

民国期间，省教育行政管理部门对于教育科长及督导的巡视、中心校长的视导、中小学生成绩考查与升留级及奖惩、转学与升学等项均有较详尽的规定，但未全部执行。

新中国成立后，革除旧的教学管理制度，建立新的规章制度。50年代末至60年代初，根据国家和省教育主管部门制定的各种教学管理规定，县教育主管部门负责督促各校认真执行小学教育计划，注意培养、提高学校领导与教师的素质。"文化大革命"期间，许多规章制度被视为对学生的"管、卡、压"而被停止实行。

党的十一届三中全会以后，随着全国教育会议的召开，教育部先后颁发了《全日制中小学暂行工作条例（试行草案）》和中小学《学生守则》。县人民政府对中小学学籍管理和成绩考核办法作出相应的规定，在教学改革中，县教育局提出"向管理要质量"。多次召开学校管理现场会，努力促进学校管理的民主化、科学化、现代化。

1983～1989年，各级各类学校都建立相应的教学管理制度，落实岗位职责，奖勤罚懒。县教育局对学校建设、人员编制、考勤、考绩、人员调动和工作要求、教学常规、教学档案与表册、学生学籍等项的管理，都作出明文规定；对学校教学质量分类提出目标要求，建立学校档案和教师业务档案，随时检查、巡视、考核、评估。对学生的出勤、学业和操行、奖惩、健康状况，也相应建立档案。全县各级学校都对学生进行三项（纪律、出勤、卫生）评比，逐周公布，对课堂常规进行规范，要求每个班级都订阅"班级公约"共同遵守。教育主管部门随时检查各个学校的教学质量，配合教师进修学校，抓好教学改革和大面积提高教学质量工作。

1990年6月30日，成立寿宁县"普通教育督导室"，为正科级教育事业机构，经费列教育事业费开支。督导人员由股级以上职务或高、中级教师职称人员担任。

县教育督导室根据省教育督导室拟定的《六项督导评估指标》，在全县开展"六项督导"（教育管理、事业发展、队伍建设、教育经费、校舍设备、德育工作）工作，同时对学校管理、教学常规进行随访督查。1992年12月，寿宁县通过宁德地区行政公署"实行义务教育六项督导"的评估验收。随后，县督导室开展对扫除文盲工作的督导。至1994年11月，寿宁县扫除青壮年文盲工作通过省验收。同年，县教育督导室被评为"福建省教育督导工作先进集体"。

1994年起，围绕实施"两基"，县督导室的工作重点是对各乡（镇）组织适龄儿童和青少年按时入学、改善中小学办学条件、依法征收使用农村教育事业费附加、按时足额发放教师工资等方面进行督导。经过三年努力，1997年11月，寿宁县"两基"工作在宁德地区率先通过省政府验收。1998年，寿宁县被国家教育部评为"两基工作先进县"。到2005年，已有县一中、二中、实验小学和鳌阳中心小学等31所中小学通过评估，达到县级"素质教育先进校"的标准。

思想政治工作的情况如何

寿宁县人民政府成立后，废除旧教育制度，学校开始实行民主管理。全县各级学校师生投身于减租减息、镇压反革命、土改、反霸等政治运动。师生深入农村宣传党的政策，参加各种斗争，接受阶级斗争教育。

1951年，抗美援朝开始后，各级学校大力宣传美帝国主义的暴行，发动学生捐款购买飞机、大炮，踊跃参军抗美援朝。1953年，学校掀起争当"三好"学生，做共产主义接班人的热潮，广泛开展"五爱"教育。1957年，着重进行社会主义思想教育，学习毛泽东主席提出的教育方针。1958年开始宣传"三面红旗"，鼓励师生"鼓足干劲，力争上游，多快好省地建设社会主义"。1959年，开始对师生进行"自力更生、艰苦奋斗、勤俭建国、奋发图强"的教育。

1961年2月，寿宁县大韩小学四年级学生张高谦，为保护集体财产而牺牲，全县各级学校普遍开展"学习张高谦"活动。1962年，学校开展访贫问苦活动，请"三老"讲"三史"（家史、村史、社史），忆苦思甜，要求学生"不忘阶级苦，永做革命人"。1963年，各校掀起"学雷锋，做好事"热潮。1964年，学校强调学习毛泽东著作，学习大庆的"铁人"精神，学习解放军，大兴革命化，坚持"四个第一"，发扬"三八作风"。

1978年，各校通过学习和贯彻《中小学生守则》，建立、健全各项规章制度。同时，积极开展"学雷锋、学张高谦"和创"三好"活动。

1981年3月，各校广泛开展以"五讲、四美、三热爱"为内容的文明礼貌月活动。激励学生做"有理想、有道德、有文化、有纪律"的一代新人。

1989年，全县中、小学校贯彻《中共中央关于加强中小学德育工作的通知》与《中小学德育纲要》，推行《中小学生行为规范》。

1990年，全县小学开展"五爱"（爱祖国、爱人民、爱劳动、爱科学、爱社会主义）教育。1994年，贯彻落实《未成年人保护法》。1997年，全县开展"素质教育理论"学习、讨论活动，将素质教育和"五有五无"（课堂有纪律、课间有活动、言行有礼貌、心中有他人、学习有进步，墙上无污迹、桌面无刻划、门窗无破损、地上无痰迹、卫生无死角）教育有机联系起来。1998年，提倡"从小事抓起，从身边做起，讲求实效"。2002年，开展"五小标兵"活动：即在家争做小帮手，争做社区小标兵，争当校园小伙伴，争当环保小卫士，争做生活小主人。2004～2005年，根据上级指示，各小学修订《小学生守则》《小学生日常行为规范》，制定《在校一日规》，结合班队会开展主题活动。

寿宁县教育发展基金会概况如何

2008年11月8日县委、县政府在北京组织召开的"寿宁企业家、乡贤恳谈会"倡导由县政协、县教育局、北京乡友会牵头，由寿宁企业家、乡贤自愿捐款，共同发起并成立了寿宁县教育发展基金会筹备会。

基金会于2008年12月18日经福建省民政厅法人登记，并设立捐款专户；于2009年2月28日（即正月初三）召开寿宁县教育发展基金会第一届理事会第一次会议；同年8月26日召开寿宁县教育发展基金会成立大会。

基金会于2010年6月取得税前扣除资格，2014年参加全省性社会组织评估获得"福建省社会组织4A等级"。

基金会设：顾问12人、名誉会长6人；理事会设理事长1人、副理事长4人、秘书长1人；监事会设监事长1人、副监事长2人、监事5人；理事会、监事会成员均由捐款人担任。刘美森兼任基金会会长，夏鹏任监事长，张显林任理事长，韦芝安任秘书长。

基金会截至2017年12月31日得到单位和个人捐款2784.86万元；慈善公益业务活动经费支出1650万元，奖励助学受益师生达8152人次，净资产总额2612万元。

寿宁县教育发展基金会的成立，标志着寿宁教育发展的新起点，既是教育形势发展的要求，也是寿宁经济建设的需要，更是寿宁人民美好的愿望；他不但为寿宁教育事业发展增加营养，同时助推寿宁教育事业发展。

第二十八卷

科技应用

寿宁科技发展的历程如何

明代以前，寿宁只在"种桑养蚕"、"修桥补路"、"兴修水利"、"烧瓦制陶"等方面讲究应用技术。明、清时期，随着农业技术的发展，铸造、酿酒、纺织和医学等方面的技术也逐渐开始传播。民国时期，由于"战乱"，加上县政府对科技工作不重视，科技发展处于停滞状态。

1949年后，科学技术的研究、推广和应用，日益受到县委、县人民政府的重视，并被摆上重要的议事日程。县人民政府成立科研机构与科研组织，增拨科研经费，研究事业开始起步。特别是1978年全国科技大会以后，县科委、科协组织恢复，初步建立起一支科技队伍，为发展寿宁的科技事业奠定基础。60多年来，科学技术的推广和应用渗入经济和社会事业发展的各个领域，有35项科技成果达到省级以上的研发水平，有11家企业成为福建省科技型企业。

"十二五"期间，以三祥新材为支撑的高新技术产值占规上工业产值比重提高至17%。该公司主导产品高纯度氧化锆的纯度和另一新技术产品单晶电熔铝晶粒控制比率双双获世界第一，均被列入国家火炬计划项目，且生产规模跻身世界前三。三祥公司总工程师叶旦旺取得10项发明专利和13项实用型专利的授权，成为享受国务院特殊津贴专家。

科研单位有哪些

一是县农业科学研究所，建于1959年12月27日，原为鳌阳镇农场，改为县农科所后，迁至童洋村。原有技术员1名，工人4名，试验基地9亩。1989年底，有职工20人，其中技术员7名；试验基地60亩。主要研究：农作物丰产栽培技术、低产田改造技术、旱稻试种技术、土化肥和土农药鉴定技术、水稻良种引进试种、小麦有机杂交及引种试种、杂交水稻试种等40多个项目，完成省、地指定科研项目等。

二是茶叶研究所，1958年成立，属县茶业局管辖。科研经费由茶叶局拨给。建所后，开展过油茶扦插、冬季种茶、茶树短穗扦插、茶园育苗、陈年茶籽育苗、茶树归拼当年采摘与当年修剪、茶园间作等科学试验。

三是中医研究所，1960年成立，归县卫生局管辖。全员3人。1962年与县医院合署办公，1987年4月并入县卫生工作者协会。主要研究：钩虫害、淋病、头癣、浮肿病、食物中毒、急性胃肠炎、关节炎等8种疾病的防治。在研究过程中，收集整理学术论文10篇、医案医话30篇、民间诊断法20余则，单验方1000多条。

四是工业产品研发，三祥新材，成立于1991年，系中外合资的高新技术产业。20多年来，公司专注于工业新材料的研发，现已成为以生产电熔氧化锆、铸造改性材料、单晶电熔铝三大系列产品100个品种的工业新材料制造企业，综合竞争力居国内同行业前列。主要产品电熔氧化锆品质优良，在耐火材料、陶瓷色釉料等领域拥有广泛客户，并已率先进入核级锆材、先进陶瓷等新兴应用领域，业务遍及30个国家和地区。2005年，公司营业收入27727.2万元，实现利润3971.28万元。

何谓四级农科网

1955年，设县农业技术推广站（简称农技站），并选择若干基点乡和基点村，示范农业技术。1958年后，斜滩、鳌阳、南阳、平溪、芹洋、浩溪等公社相继建立农业科学研究所与林业、茶叶、畜牧、农技等27个科学研究站，还有103个大队级农技站和450个生产队农业科学研究组；机关、企业、学校也设有各种研究室（组）53个。全县有专、兼职研究人员1665人，其中专职人员78人。此外，还建立37个基层科协组织，有会员1026人。1961年底，随着县科技机构的撤销，各公社、大队的科研组织也自然消失，公社留1~2名农技员在小范围内进行农业技术指导。70年代初，科研组织逐步恢复，全县设13个公社农技站，各站配2~3名农技员，多数大队相继成立了农科组，生产小队也配有植保员。1978年以后，县、乡、村、组四级农业科学技术网络逐步形成。其中村、组两级以农民技术员、专业户、重点户和科技示范户为基础，同县、乡两级农业科学技术单位联成科技网络。1989年底，全县有14个乡（镇）农技站，258名农业技术员，200多户科技示范户。

学术团体知多少

一是科学技术协会（简称科协），自 1957 年成立以来，开过两届代表大会，成立县级科学技术协会、学会、研究会 17 个，有会员 960 人；乡（镇）级科学技术协会 10 个，有会员 367 人。

二是县级学会、协会、研究会 16 个：（1）农学会，1980 年 6 月成立，有会员 89 人，作过 45 个课题研究，1984～1986 年，举办农技培训和农技讲座 170 场次，听课人员达 1.67 万人次，培养农民技术员 158 名。（2）茶学会，1981 年 3 月成立，有会员 26 人，举办技术培训 8 期，参训 245 人，在省级以上刊物发表论文 43 篇。茶叶科研成果"福寿银毫茉莉花茶"、"一级茉莉花茶"双获国家商业部、轻工部优质产品称号。（3）林学会，1981 年 12 月 4 日成立，有会员 26 人，进行过杉树育苗改春播为冬播、速生丰产林栽培试验、三年桐与千年桐嫁接试验、阔叶次生林改进技术方案等课题研究，在凤阳东岭后林场开展成片猕猴桃人工栽培试验。（4）水电学会，1982 年 4 月成立，有会员 34 人。学会举办过多次学术交流和讲座，参加人数 220 多人次，为寿宁水力资源的开发，特别是薄拱坝的建设作出贡献。（5）医学会，1982 年 4 月成立，有会员 175 人，分 10 个学组。学会对死婴角膜板层移植术、子午流注与优生学、类风湿性关节炎等作过专项研究。组织学术交流和讲座 15 次，到贫困乡、村办培训班 68 期，受训 960 多人次。在省级以上刊物发表论文 30 篇，其中 14 篇在全国性刊物上发表。（6）电影学会，1983 年成立，有会员 23 人。（7）科普创作协会，1983 年成立，有会员 22 人。（8）理科教育学会，1984 年成立，有会员 45 人。（9）气功学会，1984 年 9 月成立，有会员 89 人，开过两次学术交流会，设立气功业务咨询部，参加练习气功的有 165 人。（10）青少年科技辅导协会，1985 年 7 月 11 日成立，有会员 25 人，开展过"四小"（小发明、小创造、小制作、小论文）活动，举办过电化教具使用培训班，在中小学播映《探索自然奥秘》等，效果良好。（11）养兔协会，1985 年 7 月 27 日成立，有会员 210 人，协助政府组织赛兔会，评选优良种兔。开展养兔技术咨询，创办《养兔技术咨询与服务》刊物，向农民提供技术和市场流通信息。（12）生物学会，1987 年 4 月 26 日成立，有会员 34 人，开展过生物咨询调查及"爱鸟周"活动。（13）化学化工协会，1987 年 12 月 13 日成立，有会员 32 人。（14）土木建筑工程协会，1988 年 5 月成立，有会员 52 人。（15）中草药研究会，1988 年 8 月 29 日成立，有会员 44 人，开展过中草药的采集与药材的引种、推广、应用等课题的研究，提供药材生产流通信息，配合有关部门对境内的药材资源进行过普查。（16）检验学会，1989 年 5 月成立，有会员 48 人。（17）水产协会，1989 年 8 月成立，有会员 17 人。

三是乡（镇）科普协会，1982年5月，武曲乡首先成立科普协会，有会员17人。此后斜滩、南阳、芹洋、大安、犀溪、清源、鳌阳、竹管垅、坑底等9个乡（镇）也相继成立科普协会，有会员367人。

四是农村科学技术研究会，1984年9月，武曲成立蘑菇研究会，到1989年，全县共有9个农村科技研究会，有会员119人，其中武曲乡5个，有会员54人。芹洋乡的板栗研究会，1987年9月成立，有会员10人。鳌阳镇食用菌研究会，1988年4月成立，有会员8人。斜滩镇蔬菜研究会，1988年5月成立，有会员42人。大安乡蘑菇研究会，1989年4月成立，有会员5人。

科技队伍构成如何

明、清时期，艺术和技艺精湛工匠未见经传。清中叶，名医有吴珏、郭彭年、叶渊尧等人。民国时期，只有104名教师和7名专科医校毕业的医药卫生人员。

解放初期科技人才缺乏，县人民政府选派了一批年青的知识分子和干部到省和华东区进修培训。1954年，全县有专业人员91人，占干部总数的15%。此后，逐年由国家统一调配大中专院校的毕业生加强工业、农业、林业、畜牧业、教育等方面的科技队伍。1974年，全县有各类专业人员1095人，占干部总数的48%。

1980年10月15日，首次成立县工程技术人员职称评定委员会。评委会设主任、副主任各1人，委员9人，对全县的工程技术人员进行考核，并结合工作成绩予以评定职称。此后，为使这项工作更加完善，于1983年6月9日，再次成立工程技术人员职称评定委员会。1989年，全县获各类技术职称的有2768人，其中高级职称17人，中级职称418人，初级职称2333人。2005年，全县有各类专业技术人员3918人，其中高级职称168人，中级职称1278人，助理级职称1890人，技术员502人，市级拔尖人才和优秀青年人才13人，县级拔尖人才和优秀青年人才20人。

1990年，全县拥有民间技术人员38人。1994年2月，完成第二批农民职称评定，有农民技师1名、助理技师27名，农民技术员110名，助理农民技术员38名。2002年，全县12%的农民取得技术职称，科技进步、科技致富荫及千家万户。

科技人员的政治待遇如何

民国时期，寿宁县专业人才不多，其政治地位低下。新中国成立后，科技人员的政治待遇逐步提高。1956年向科学进军，县委就注意吸收科技人员入党。但在反右派和"文化大革命"期间，科技人员遭受歧视和打击，申请入党一度受到抵制。直至 1978 年全国科技大会后，科技人员的社会地位和作用才被真正认识，政治待遇重新提高。仅 1985 年，就有 180 多位科技人员被吸收为中共党员。1989 年加入中国共产党的科技人员有 75 人，占当年全县发展党员数的 32%，至 1989 年底，全县科技人员中有中共党员 664 名，占当年科技人员总数的 24%，占全县中共党员总数的 9%。

1978 年以来，科技人员进入领导岗位的逐年增多。1985 年，全县有 102 名科技人员担任副科级以上党政领导职务，其中副县级以上 12 人。1989 年，全县有 185 名科技人员担任副科级以上领导职务，占当年科技人员总数的 7%，其中副县级以上的 16 人。

1978 年后，中共寿宁县委和县人民政府对反右派和"文化大革命"中被下放、开除以及错划成"右派"的科技人员，给予落实政策。至 1989 年，全县计平反冤、假、错案 239 件，清理人事档案 1636 件，补发了 19 名科技人员在"文化大革命"中被停发或减发的工资，补发金额达 1.96 万元；清理被查抄的 17 户人家的财产，将原物归还（遗失的予以赔偿）主人。退还被占用的 3 户华侨、侨属科技人员的住房。

1986 年，县人民政府还给 399 位科技人员颁发了"建设寿宁山区荣誉证书"。坚持完善党管人才原则，识才爱才敬才用才理念在全社会蔚然成风。

逢年过节，县委、政府领导都会分头登门慰问德高望重的科技专家，关心他们的生活，倾听他们的意见，对他们所作的贡献给予肯定。党的十八大以来，党和政府始终树立强烈的人才意识，不断巩固完善党管人才这一人才工作的根本原则，不断丰富创新党管人才的方式方法，引导各方面优秀人才为经济社会发展建言献策。有关部门各司其职，社会力量广泛参与的人才工作格局日益清晰，一个精心爱惜人才，用心聚集人才，热心发现人才，诚心使用人才的格局已经形成。

科技人员的经济待遇如何

民国时期，寿宁县专门科技人才寥若晨星，谈不上有特殊的经济待遇。解放后，科技人员逐年增加，经济待遇逐年提高。1984 年，县人事局根据有关规定，给在乡（镇）工作的中专以上的农业、林业、水利科技人员上浮一级工资。1985 年，根据省人民政府《关于进一步做好部份专业技术干部在农村家属迁往城镇落户的工作意见》，助师以上职称的科技人员、中教六级以上、小教四级以上、工龄 15 年以上的大专院校毕业生和工龄 20 年以上的中专毕业生的直系亲属的农村户口给予转为城镇居民户口，当年农转非有 115 户 400 人。此后，至 1989 年，逐年按有关规定农转非 157 户，256 人。此外，安排科技人员配偶及子女就业计 56 户61 人，为 31 对长期分居两地的夫妻调整工作，还给 21 位有突出贡献的科技人才奖励一级工资。

1984 年，中共寿宁县委、县人民政府发出《关于专业技术干部待遇从优的试行规定》，经过多次修订，1989 年正式规定：凡在城关地区的行政、事业单位工作、取得大专学历、受聘中级技术职称且工龄满 20 周年的，取得本科学历或受聘高级技术职称且工龄满 15 年的，在乡（镇）所在地以下地区（含乡镇）工作、取得中专学历满 3 周年，在企业单位工作的具有中专学历或受聘初级技术职称的，除享受国家规定补贴外，县财政再发给每人每月山区补贴费 5 元。凡在县城以外地区的行政、事业单位工作获得大专学历 5 周年、本科学历 3 周年，或受聘高、中级技术职务的，在乡（镇）企事业单位工作、具有大专以上学历或受聘中级以上技术职务的，在乡（镇）以下地区工作、获得大专以上学历的，除享受国家规定补贴外，每人每月另发山区补贴费 7 元。对受聘的离退休专业技术人员、高级技术职务的每月补贴 30 元，中级技术职务的每月补贴 20 元。

科研成果知多少

1960～1989 年，获得地区级以上科技成果奖有 15 项，其中国家级 2 项，省级 6 项。在省级以上刊物发表科技论文 98 篇，其中全国性的 31 篇。

获省级以上科研成果奖项目为：

一、县医院外科采用"复方桉金合剂"治疗化脓性伤口，1960 年获福安专区发扬祖国医学一等奖。

二、县医院与中医研究会合作用针灸治疗聋哑 1 例首获成功，1960 年获福建省中医现场奖。

三、县气象站编写的 1978～1980 年《农业气候区划》，1980 年获国家气象局科研成果三等奖，1986 年获福建省气象局科研成果二等奖，宁德地区科技进步一等奖。

四、县医院的"死婴板层角膜移植术"，1984 年获宁德地区科研成果三等奖。1985 年移植 3 例获得成功。

五、县粮食局"甘薯米储存三年不变质"，1980 年获福建省粮食厅科研成果三等奖。

六、县科委与城关蔬菜队合作研究"蔬菜地膜覆盖栽培技术"，1978 年获得成功，使蔬菜亩产由 2.6 吨提高到 5.65 吨，解决了县城居民的蔬菜供应。1984 年获宁德地区科研成果三等奖。

七、县茶叶技术推广站于1985年研制成功的"茶毛虫核型多角体病毒治虫害"技术，1987年获宁德地区科研成果二等奖。该技术的推广应用，使茶毛虫死亡率达94%以上，成本比化学农药节约61%。

八、县农业局的"农业技术推广"，1988年获福建省农业厅农业科技推广应用三等奖。

九、县科委1988年研制成功的"袋料香菇栽培技术"，1989年获福建省科技星火奖。

十、县茶叶技术推广站的"茶叶自然资源调查与区划"，1986年获宁德地区科研成果奖。

十一、县农业局的"粮食增产研究"，1989年获农业部粮食丰收奖，并获福建省农业厅粮食生产超历史奖。

十二、县农业局的"农技培训"，1982年获福建省农业厅科学技术培训三等奖。

十三、1993年寿宁特种水产养殖场的"乌龟人工繁殖和绿毛龟培养"课题，通过省级验收；同年，普及省柴灶试点项目通过国家级验收。

十四、1995年，寿宁县被评为"全国食用菌先进县"，寿宁花菇在"95中国（福州）食用菌新技术产品交流会"上被全国食用菌协会推荐为优质产品。国家内贸部副部长、中国食用菌协会会长潘遥题词："福建寿宁县——中国花菇之乡"，2000年寿宁获"十佳商品基地县"、"全国食用菌先进县"称号。

十五、斜滩中医骨伤科医生林立树1999年撰写的《胶布固定加超肩横"8"字综合固定治疗锁骨骨折》获国家疑难病优秀论文金奖。

十六、2001年，《麻竹坪水库方型水坝技术研究》、《寿宁县农业气候区划》、《人工调节促进花菇形成技术》等科研成果分别获省科技进步三等奖。

十七、2001年，寿宁茶叶局《茶叶综合丰产栽培技术》获农业部丰收奖。

十八、2003年4月，三祥公司《一步法熔炼二氧化锆颗粒》通过省科技厅成果鉴定："该技术为国内首创，产品质量达国际先进水平。"同年12月，"一步法熔炼二氧化锆"项目被评为"全省火炬计划优秀项目"。《单晶电熔晶粒控制技术》通过省科技厅鉴定："该技术为国内首创，产品质量达国际先进水平。"

1990~2005年，全县科技人员在全国刊物发表科技论文6篇；在省级刊物发表论文42篇；在地（市）级刊物发表论文36篇。

工业科技应用成效如何

（一）制锁、制伞。1983年，县锁厂改进铁包锁的生产技术，以提高铝板利用率为课题，开展 QC 科研项目的研究。将未定冲匙坯改为定冲匙坯，使原材料利用率提高了 14.5%。县伞厂分别研制成功 4 种规格的直杆自动伞、手开缩折伞、自动二节伞和两种规格的易开易折三节伞，打入国际市场。

（二）纺织科技。1979 年，县线毯厂从上海引进先进纺织技术设备，先后进行 5 项技术改革。1988 年产值 336.4 万元，为 1979 年的 19 倍。1988 年 5 月，进行毛毯新产品的研制，10 月投入批量生产。

（三）机械铸造。1954 年，城关铁器厂引进翻砂技术创办铸造车间。1984 年 10 月，县农械厂投资 50 万元，进行技术改造，1985 年为造纸和化工行业生产浆泵、双盘磨浆机和规格磨片等产品。1985 年与天津工程机械研究所共同研制成功各种型号的装载机、推土机斗齿及刀角，其中斗齿于 1987 年 12 月通过省级鉴定，为国家一类新产品，达到国际同类新产品水平。

（四）造纸印刷技术。民国时期，用嫩竹加石灰水生产纸浆造纸。1958 年以稻草为原料生产黑色纸和粗纸、棉纸、白纸等。1966 年，县造纸厂引进造纸新技术设备，以芦苇为原料，采用蒸煮法生产纸板。1969 年，宁德地区拨款 15.4 万元。支援寿宁造纸业的技术改造，试制各类机制纸。1980 年又投资 36 万元，增添技术设备，生产新闻纸、牛皮纸。

寿宁县的印刷业于 1952 年起用油印机印刷。此后，相继采用活字排版印刷。1974 年，县印刷厂进行技术改造，购置先进设备。1988 年 2 月，添置了单色彩印设备。我的处女作《从政文稿》38.9 万字，1991 年 5 月出版，就是寿宁县印刷厂印刷的，许多为此劳作的工人师傅至今还深深地刻在我的脑海里，让我感恩一辈子。

（五）酿造技术。明代，民间就用自制红曲、白曲，酿造红、白米酒及食醋。1974 年，县酒厂用荆棘（俗称金钢刺）、甘薯米酿造红酒。此后，在酿造技术方面，改手工取渣为管道流渣，改手工压榨为机械压榨。采用工业锅炉，实行蒸汽化生产。

（六）化学工业。1986 年，县植绒厂从台湾引进生产植绒设备，用国产粘胶剂生产植绒布。1987 年，生产的植绒布获省优产品称号。1988 年研制成功新型建筑装潢材料——高级植绒壁纸，填补了国内一项空白。1988 年 5 月，县精细化工厂，采取喷雾造精技术生产"白炭黑"，经福建省鉴定达国内同类产品水平，当年投产即创产值 148 万元，创利 23 万元。

（七）电子工业。1983 年，县城待业青年蔡允中等人，采用上海显像管和零配件，组装 14 寸"精诚牌"黑白电视机。此后，又试制成功彩色电视机的信号发生器、遥控玩具小汽车等产品。

（八）光学仪器。1986 年，县光学仪器厂对生产线进行技术改造，生产力提高 3.4 倍。1988 年，寿宁县南阳眼镜厂生产的"金鹰牌"远视、近视系列眼镜，经轻工部抽检，有 2 个品种（散光、老花镜）达到光学系列国家标准。

农业科技应用情况如何

农业科技应用主要体现在九个方面：

（一）优良品种的推广。1956 年，县农业部门开始从省内闽侯、霞浦、福安及广东省分别引进"矮南特"、"广东早"、"万利籼"、"早油尖"等矮杆水稻品种试种。1966 年，全县大面积推广"农垦 58"。1976 年引进杂交水稻良种"闽优 1号"。1980 年，全县种植杂交水稻 6.55 万亩。1989 年，全县种植杂交水稻面积增至 11.5 万亩，占水稻总面积的 95%，当年平均亩产 448 千克。

（二）制种技术。1976 年，县人民政府派农技人员前往广东省海南岛和省内漳州、诏安等地学习杂交水稻制种技术。1977 年，建立制种基地，开始试制杂交水稻种子。1978 年，全县杂交水稻制种面积 3096 亩，产种子 133.1 吨，种植不育系水稻 82 亩，产不育系种子 2.4 吨。1983 年，南阳、犀溪、平溪、凤阳、武曲、鳌阳和县良种场试制成功的水稻品种有威优 3 号、威优 6 号、威优 A 稻、汕优 3号、珍汕 97A 等。1984 年，县良种场试种成功威优 63 号和汕优 63 号。1989 年，全县自制杂交水稻种子 100.1 吨，平均亩产 154 千克，最高单产达 248 千克。

（三）土壤普查。1980 年，县农业区划试点土壤专业按照《福建省第三次土壤普查工作分类方案》，对县内土壤进行分类普查，分出 4 个土类，14 个亚类，36个土属。

（四）垄畦栽培技术。1986 年，在凤阳乡的中低产田攻关示范片中选出 416亩进行垄畦栽培试验，平均亩产 492.4 千克，比普通栽培法增产 92.4 千克。1988年，作为县科技星火项目，向全县推广 9570 亩垄畦栽培，平均亩产增产 45.5 千克，累计增产稻谷 43.54 吨。

（五）优化施肥。1988 年，县土壤肥料站引进福建省农业科学研究院院长刘中柱发明的"优化施肥技术"，在武曲、芹洋、坑底 4 个乡（镇）的 11 个行政村推广优化施肥 5021 亩。共增产稻谷 201.4 吨，节约化肥成本 4380 元。

（六）高山地区的蔬菜生产。1978 年以前，寿宁县每年需从外地调进各种蔬菜 100 多吨。1978 年，县城蔬菜生产组在茗溪建立蔬菜生产基地，用地膜覆盖种植蔬菜瓜果，并采用营养泥块进行育苗，使蔬菜单产有了大幅度提高，缓解了县城蔬菜供应不足的状况。

（七）中低产田改造。1983 年全县亩产在 400 千克以下的中低产田有 10.7 万亩，占水田总面积的 85%。1984 年，县农业局在三望洋和后西溪村开展中低产田协作攻关，1520 亩示范片，平均亩产比 1983 年增产 87 千克，总产量增加 105 吨。

（八）化肥使用。民国时期，境内化肥用量极少。1952 年开始由供销社向社员推广。1953 年全县使用化肥 51.25 吨。1979 年增加至 7552.2 吨。此后，逐年增长。

（九）植物保护。1986 年起，从综合改善农用生态环境着手进行植物保护，用春播马铃薯、各种油菜或紫云英等实行水旱轮作。并在示范片中进行"三病三虫"（稻瘟病、纹枯病、白叶枯病与蠓虫、螟虫、稻丛卷叶螟）的综合防治。粮食损失比 1985 年减少 1.09 万吨。

气象科技应用情况如何

一是天气预报。1979 年起向航天部门拍发航空天气报告及航空危险天气报告。气象站参照各方面提供的有关资料，发播 24 小时、48 小时、旬、半月、月、年等不同期限的天气预报，预报农、林、水利多部门所需的雨季、台风、干旱、秋寒防范等专题性天气预报。

二是气象资料普查。1974 年全县进行气象资源大普查，测量和收集了 900 多个自然村和部分山头的气候资源和主要的灾害性天气数据，编成《寿宁县农业气候资料》。

三是水稻生长期积温长期预报探讨，县气象部门为从热量方面，寻找气温与水稻生长关系，作出水稻生长期积温预报，填补了福建省水稻生长期积温预报法的空白。

四是农业气象区划，1980 年，县气象站从光、热、水三方面，对县内资源进行时空分析，应用农业气候相应原理进行区划，为调整农业结构，发展商品生产及改良品种提供了气候依据。

医药卫生科技应用情况如何

一是药材资源普查。1969、1986 年，县医药卫生部门组织了两次中药材资源普查。普查结果，全县有植物类药材 157 个科，540 种；动物类药材 29 个科，65 种；矿物类药材 3 个科，4 种。境内中药材大部分分布在海拔 500～800 米地区。

一是药材的开发利用。清代，销往外县的有茯苓、木瓜、厚朴。民国时期，松树蔸植菌育茯苓的技术已普遍采用。1958 年起，分别进行的药材引种和野生药材驯化培植，均获成功。1965 年，县医药部门从浙江省东阳引进白术种苗 500 千克，在大安、南阳等地试种成功。1974 年，县医药部门派员到罗源学习种植茯苓的技术，并在境内海拔 800～1000 米、松木资源丰富的地区试种茯苓 7 亩，其中最大的茯苓粒重 23 千克。1983 年，县科委从天津引进天麻种苗 15 千克，在海拔

1000 米的大熟村进行室外无性繁殖栽培获得成功。次年收成最大的天麻粒重 200 克。

三是医疗卫生。1952 年，县医院首次使用"子宫帽药具"避孕获得成功。1973～1977 年，县医院开展针刺麻醉术研究，此后，开始在外科上普遍使用。1986 年 2 月 3 日，县医院外科医师首次为一位颅底骨折、脑挫伤、颅内血肿重病号进行开颅手术获得成功。

水电科技应用情况如何

1957 年，县水利科首次应用砌石重力坝建成杨梅仔水电站大坝。1967 年，采用钢筋混凝土结构筑成清渡拦河坝，总造价比砌石重力坝节省 1/3。1972 年，县水电部门技术人员设计施工的山际水库，利用砌石薄拱坝技术，首创省内砌石薄拱坝厚高比值最小记录（平均厚高比值为 0.109）。1982 年 11 月 20 日，福建省水电厅在寿宁召开现场会，肯定了砌石薄拱坝技术，建议在全省各地推广。麻竹坪水库大坝砌体由原来的 6.2 万立方米减为 4 万立方米，工程量减少 2.2 万立方米，节省投资 219.5 万元，总工程师是丁天乙同志，当时他是寿宁县水电局长。

林业科技应用情况如何

1953 年以前，寿宁造林均用"杉木剪条子，松子靠飞籽"的自然苗。1953 年始建苗圃，实行人工培育实生苗。1973 年，开展 10 万亩用材林基地总体规划设计。1980 年开展 3 万亩速生丰产林基地规划设计。1984 年开展 24 万亩商品材基地规划设计。1987 年开展 10 万亩速生丰产林基地及 1.2 万亩板栗基地的规划设计。

1979 年，斜滩苗圃改春播为秋、冬播育苗试验成功，苗高从平均 30 公分提高到 45 公分，地径从原 0.3 公分提高到 0.4 公分。此后，全面推广冬播育苗。

1988 年，斜滩苗圃、景山林场分别开展杉木嫁接技术研究。从顺昌调入良种杉木穗条与本地杉木实生苗进行嫁接，成活率 79%。同年，在北山苗圃进行三年桐嫁接成功。为培育速生丰产油桐开辟新途径。该苗圃还进行壮苗培育新途径探索，将柳杉春播改为冬播，进行杉木、柳杉混交试验，均获得成功。

1980 年，从美国引进火炬松苗，分别在斜滩苗圃、景山林场、大坪林场及南阳公社林场试种，一年后即达到速生丰产"三个一"（年抽梢 1 米，径粗 1 厘米，苗木蓄积量 1 立方米）的目标。

1985 年，从福鼎县引进意大利杨树穗条育苗获成功。1986 年，在鳌阳地区进行女贞树放养白蜡虫试验也获成功。

寿宁县农业区划情况如何

1980年3月～11月，寿宁作为地区农业区划试点县，由地、县农委、计委、科委牵头，组织县、社干部与科技人员178人，分气候、水利、粮油、林业、茶叶、果树、畜牧、土壤、肥料、农机、农业资源调查、综合农业划等12个专业组，在做好农业资源调查的基础上制定农业区划。

全县以主要农业生产区为主，根据气温与水分条件，分为Ⅰ区：南部、东南部高丘温暖湿润区；Ⅱ区：中部、西部低山温暖潮湿区；Ⅲ区：洞宫山麓中山温凉潮湿区。Ⅰ区、Ⅱ区又根据水分条件的差异，各划分为二个亚区。

Ⅰ区：南部低丘温暖适水区。适宜种植中迟熟水稻，可建立中熟早稻——杂优中、迟熟水稻——油菜为主的一年三熟制，旱地作物以甘薯、马铃薯、小麦为主。该区还适宜于种植茶树，建立稳产高产茶园。Ⅰ2区：南部、东南部、高丘温暖丰水区，适宜种植中熟水稻品种。旱地作物以甘薯、马铃薯为主，小麦作为轮作作物。该区适宜发展茶叶，建立稳产高产茶园，加上山地热量、水分条件良好，还适宜发展杉、松、油茶、油桐、樟木、毛竹等经济林木，坡缓地也可以发展中亚热带果树，为林、茶、粮、油、果综合发展的适宜区。

Ⅱ区（包括Ⅱ1区中部低山温和潮湿区和Ⅱ2区西部低山温和适水区），该区适种中迟熟的单季稻或杂交水稻，低海拔的南坡可酌种双季稻。越冬作物宜以油菜、绿肥为主。旱地以甘薯、马铃薯为主。

该区山地为发展用材林适宜区，避风荫蔽的坡谷、洼地可建立杉木、柳杉、檫树、毛竹高产区。海拔较低、水热条件较好的地区可种樟木、楠木，其余地区均可营造马尾松、黄山松、柳杉、檫树、板栗等树种。

Ⅲ区：洞宫山麓中山温凉潮湿区，该区宜种单季稻或杂优中熟水稻品种，由于受寒害，越冬作物应以绿肥为宜，旱地以甘薯、马铃薯为主。该区海拔较低的向阳坡地是发展优质茶叶的次宜区，茶叶质量好，但产量低。高海拔地区不宜开荒种地，也不宜各种林木生长，仅宜软草生长。

科技普及教育宣传情况如何

1938年4月1～7日，国民政府曾举办过科学运动周活动。解放后，县人民政府经常通过讲座、展览、画廊、幻灯、电影等各种形式进行科技交流，开展科技普及宣传教育活动。

一是建立科普画廊。1979年建立科普画廊1座。至1989年，共编汇宣传栏155期，介绍科普短文6000多篇。1982年后，武曲、斜滩、南阳、凤阳等乡（镇）

科协也办起科普画廊，共编汇宣传栏98期。1984年，获省科普画廊评比三等奖。

二是科普图片展览。1983、1984年，县科委、科协每遇墟日即派员携带科普图片到县内各乡（镇）宣传普及科学、破除迷信知识，受教育达1.2万人次。1988年，县科协将《农村科技致富一千例》图片送到各乡（镇）巡回展览，参观者达3000多人次。

三是科技电影、广播、幻灯。1984年县农业局建立科技电影队，至1987年，在13个乡（镇），126个行政村，311个自然村放映科教片15部，幻灯160片，计510场次，观众达10万人次。县广播站还设立"科学与文化"专题节目，适时播讲科学知识。

四是党的科技方针、政策及法规宣传。1990年以来，在"科技活动周"和"科普日"重点宣传党的科技方针、政策，宣传《科学技术进步法》《科学技术普及法》《科技成果转化法》《专利法》《合同法和福建科技进步管理条例》《科技成果管理条例》及《福建省技术市场管理条例》。1998年9月召开"全县农村技术市场工作会议"。2000～2005年广泛开展"科技进我村，小康进万家"、"科技进百村，入千户，教万人"活动。

如何开展科技培训

1978年以来，县农业部门每年均拨出培训经费1～2万元，共举办农技培训班391期，受训达1.88万人次。举办农技讲座633场，听讲达3.2万人次。县内各职业中学，每年培养茶叶、林业、水产、农技、水电等初级实用技术人员1200多名。1979～1989年，县科委、科协及各学会、协会先后举办各种技术培训班318期，受训达4.11万人次。

1984年，县长率领18名县直机关科级干部到国家科委在省城举办的科技管理干部函授班学习，其中15人取得结业证书，结业率居全区首位。

1981～1987年，全县开设常年性的各种技术培训班89期，参训学员2003人；季节性短期培训班17期，参训学员576人。

2000～2016年，举办各种科普讲座224场，参加听讲6500人次；举办林业、茶叶、水果、蔬菜、食用菌、中草药、畜牧兽医等农村实用技术培训649期，参训17280人次。有3760人先后参加15届"农函大"培训。

科技情报编印情况如何

一是编印科技刊物。1979～1989年，县科委、科协以发展生产为中心，先后编印了《参阅资料》《科技参考资料》《科普宣传》《寿宁科普》《科技资料与建议》《科技信息与咨询》《长毛兔饲养实用技术》《人工栽培天麻》《袋装香菇生产技术》等 10 多种资料、刊物。各学会、协会也先后编印《农技交流》《养兔技术与咨询》《教育通讯》《摄影之窗》等刊物，共 95 期，分发 8.18 万份。在提供科技信息方面，科委、科协还编印了《实用技术手册》1 万多册分别赠送给县直、各乡（镇）直单位和村委会、"两户一体"。

二是建立阅览室。1982 年，县科技阅览室订了 26 个省市的科技报和 120 多种科技杂志，每星期开放 3 天，读者达 1970 人次。1984 年科技阅览室存书达 1.4 万册。同时，县科委、科协还为 200 多个科技挂钩户订阅一份《福建科技报》《科学顾问》和专项科技资料，指导挂钩户发展专业生产。

县科委还与全国多个省、市、县的科研单位建立科技信息联系。

科技咨询、开发情况如何

1981 年以来，全县各学会、协会和研究会组成科普宣传队深入农村及扶贫点，为农民群众提供技术咨询服务。养兔协会在解答技术咨询的同时，还印发《养兔之友》赠送给养兔户。林学会为托溪乡圈石村制订扶贫项目规划《阔叶次生林技术改造方案》。茶学会为清源乡扶贫点指导高产茶叶栽培技术。气功协会于 1986 年开设"气功咨询服务部"。水电学会除提供水力水电技术咨询外，还为县石板料厂与丝绸厂测绘、施工放样。农学会常在墟日开展农业技术咨询服务。武曲承天示范乡的果树、食用菌、茶叶、板栗等 4 个研究会和一所农民科技学校，密切联系群众，使科技咨询服务常态化。

1987 年 4 月，县科委成立科技开发中心，提供各种实用技术、科技情报、科技咨询、现场技术指导。尤其是袋栽香菇项目，从人员培训、菌种生产、原料代购、产品加工到销售提供了一条龙服务。

1990～2005 年，农业科技开发主要有花菇无公害栽培、毛竹丰产、冷凉型名优花卉无土栽培、鲜竹笋加工、反季节蔬菜无公害栽培、黄山松人工林生态系统研究、脱毒马铃薯生长发育及生产技术研究等项目。

工业与高新技术项目主要有：国家火炬计划"单晶电熔铝晶粒控"制技术研究开发，电熔法提炼高纯氧化锆技术研究开发，液态氧节能技术研究开发，钻石锆产品研究开发，电炉熔高纯氧化镁技术研究开发，镍合金产品研究开发，"一步法熔炼二氧化锆颗粒"研究开发等。

科技管理机构有哪些

1959 年 3 月，县人民政府成立科学技术管理委员会（简称科委），1961 年 11 月精简机构，撤销公社科委。"文化大革命"期间，县科委机构瘫痪。1978 年 3 月，恢复科委建制，定编 4 人。下辖地震办、计量所、科技实验站、科技开发中心和武曲乡科委。

20 世纪 90 年代以来，主要科技管理机构有：① 1995 年 12 月，成立"寿宁县食用菌研究所"，隶属县科委，有编制 6 人。2002 年，县科学技术委员会更名为"寿宁县科学技术局"，为正科级事业单位，内设办公室、科管股、技术市场办公室、生产办促进中心，编制 5 人（其中行政编制 4 人，工勤人员 1 人）。下辖科技开发中心、食用菌研究所。②寿宁县农业科学研究所，农业局下属机构，1990 年编制 10 人，其中专业技术干部 6 人，技术工人 4 人。③寿宁县农村社会服务联动中心，2002 年 6 月成立。至 2005 年，全县 14 个乡（镇）相继成立了"农村社会服务联动中心"，成立 120 个村级科技协会（或"农产品生产流通协会"），配备"科技村民副主任"和"农民技术员"。全县有 1947 户科技示范户。

科研管理包括哪些方面

科研管理包括计划、成果和经费三个方面：

一是科研计划管理。解放后到 1976 年，全县未统一编制科研计划，科研计划由主管部门自行安排。1978 年，县科委恢复，开始对省、地下达的科研推广项目实行管理。首先由承担科研任务单位提出书面申请和项目可行性的书面研究报告，然后逐级上报审批，经审查决定立项后，再签订科技三项费用（新产品试制费、中间试制费、主要科学研究补助费）合同，然后付诸实施。

二是科研成果奖励。1983 年 7 月 15 日，县政府制订《寿宁县科学技术成果奖励的暂行办法》。规定：凡培育或引进新品种、新技术，研制或改进技术产品，使应用单位年增经济效益 7 万元以上的定为一等奖，发给奖励证书，奖金 1000 元；年增经济效益 5 万元以上、7 万元以下的定为二等奖，发给奖励证书，奖金 500 元；年增经济效益 3 万元以上、5 万元以下的定为三等奖，发给奖励证书，奖金 300 元。对不能以增产节约价值计算的，如技术安全、劳动保护等方面的科研成果，按其新颖性、先进性和实用价值，从学术水平和社会效益方面经综合评价后授奖。

县科技成果评选委员会的正、副主任由县长、副县长兼任，评委会设委员 9 人，下分粮果、林业、茶叶、畜牧、水电、工交、卫生 7 个专业组。1985 年，寿宁县首次召开科研成果评选大会，评出一等奖、二等奖各 2 个，三等奖 4 个。

三是科技经费管理。科技经费包括科技事业费和科学研究活动经费。解放前，没有专门科技经费。解放初期，科技经费由各部门自行管理。1978 年，为加强科研管理和科研项目的统一安排，科技经费由县科委统筹安排。1980～1989 年，省、地、县共投入科技经费 63 万元。其中，科技事业费由地方财政拨款。科研经费，系县人民政府上报的科研项目经省、地科委立项后，直接拨到县科委的经费，各单位承担科研任务的经费由科委转给。县科委在拨款前，要与承担科研项目的单位签订科技三项费用合同书，按合同条款及其合同履行情况分期分批划拨科研经费。

1997 年 4 月，县委常委扩大会议决定：科普经费按省上规定逐步到位，逐年增加，由县财政统筹安排。1999 年，科技研究与推广经费 30 万元。2003～2005 年为 38 万元。科技三项经费三年来，每年为 5.07 万元。2003 年 8 月，"一步法熔炼二氧化锆颗粒"列为福建省科技型中小企业创新基金项目，获资助金额 100 万元。同年，"单晶电熔铝晶粒控制技术研究开发"列入省重大科技项目，获资助金额 53 万元。2004 年，社会发展项目"茶多酚提取率提高技术研究及应用"和"山区县级科技服务平台建设"中有三项被列入省级重点科研项目，获研究资金约 40 万元。

文化艺术

第二十九卷

寿宁文化发展概况怎样

经 1958 年和 1987 年的两次文物普查发现，新石器时代晚期寿宁已有人类聚居。唐宋以来，一些游宦福建的官员在寿宁定居，他们的子弟成为县民应举的先导。宋乾德三年（965），陈洪轸中进士；崇宁二年（1103）、绍兴三十年（1160）缪昌道、缪从龙祖孙中进士；淳熙五年（1178）、绍定二年（1229），犀溪缪守愚、缪蟾父子先后中特奏名第五和第一。此后虽乏文字记载资料，但建县后不久，就有姜英父子分别中举人。明崇祯年间（1628~1644），著名文学家冯梦龙宦寿，兴文立教，使山区文风渐勃。延至清朝，一批在诗、文、书、画上有造诣的人物陆续出现。梅洋林栋在《梅湖吟稿》中吟咏时事，影响较广。

新中国成立后，在"百花齐放，推陈出新"的文艺方针指引下，县内专业与业余作者以服务于当代的政治中心、经济建设为目的进行创作。1978 年以来，在改革开放的新时期中，先后成立了一批文学艺术团体，诗歌、散文、小说、戏剧的创作与文艺评论、冯梦龙研究等方面很是活跃。《寿宁诗刊》《映山红》成了业余作者们吟诗作赋、展现才华的园地。摄影、书法、美术的成果，在县内外也有一定的影响，还有许多业余作者出版了一大批图书，反映了寿宁的变迁，为寿宁县文化增添了光彩，为社会主义精神文明建设作出了贡献。

文化活动场所有哪些

1938 年，县设民众教育馆（简称民教馆）于县域天后宫，后迁至子来桥头，有书报阅览和棋类活动室。抗日战争时期，在动员民众支援前线及扫盲识字方面发挥了一定的作用。至 1948 年停办时，仅存图书 169 册。

1951 年 4 月 18 日成立县文化馆，设在原民教馆旧址。1964 年，新馆建于新华书店右侧，内设宣教股和文娱股。

1956 年，文化馆下辖的各区、乡文化设施有：斜滩区文化站 1 个，农村俱乐部 41 个，业余剧团 19 个，图书室 52 个，幻灯组 18 个，文娱组 18 个，图书流动站 7 个，木偶剧团 2 个，评话组 4 个。至 1957 年，俱乐部增至 57 个。1959～1965 年，坑底、平溪、南阳、芹洋、武曲、托溪、凤阳、犀溪等公社都建起文化站。"文化大革命"中，这 9 个文化站均被撤销。1978 年，恢复了文化馆建制。1986 年 9 月，文化馆拆迁。2015 年底，全馆人员 5 人。

全县有乡（镇）文化中心站 12 个：（1）斜滩镇文化中心，前身为斜滩文化站，成立于 1951 年 11 月。1960 年，转为民办公助。站址在斜滩街。1987 年集资 8 万多元，新建一座面积 546 平方米的文化中心。（2）南阳乡文化中心，1961 年成立，站址在原公社粮食加工厂。（3）武曲文化中心，1964 年成立，站址在原公社招待所。（4）坑底乡文化中心，1958 年成立，1982 年站址在徐氏祠堂。（5）芹洋文化中心，1962 年成立，1983 年站址在乡政府旧楼。（6）竹管垅乡文化中心，1964年成立，1983 年站址在旧乡邮电所。（7）凤阳文化中心，1965 年成立，1982 年站址在旧茶行。（8）犀溪文化中心，1965 年成立，站址在叶氏宗祠。（9）清源乡文化中心，1984 年成立，站址在乡人民政府旧楼。（10）托溪乡文化中心，1964年 2 月成立。（11）平溪乡文化中心，1959 年成立，站址在乡人民会场。（12）大安乡文化中心，1984 年 7 月成立。各乡文化中心（站）均有 1 个编制。2007 年以来，省拨专款补助支持乡镇建文化中心，多数文化站重新扩建。

县城有哪些文娱活动场所

除民教馆和文化馆外，民国以来，县城还有多处文娱活动场所：

一是城南公园。明天顺间（1457～1464），城南建有马仙宫。宫前有玉带桥，桥左岸有观鱼台。1936 年辟为城南公园。有花圃、鱼池，并置游船，供游人在桥下娱乐。

二是攀桂坊亭。建于明成化十一年（1475）。1921 年重建于城南街口，上建 2 层亭阁，面积 36 平方米，亭上可演戏。抗战期间曾辟为书报阅览亭。

三是魁星阁，明景泰六年（1455），建于城东，原名文昌阁，清康熙间（1690～1722）重建。内有戏台，抗战期间有书报阅览。

四是县中山堂，1941 年建，为当时演戏、开大会的唯一场所。1980 年拆除后改建县百货大楼。

五是县人民会场，建于 1961 年，建筑面积 2234 平方米，座位 821 个。1981

年改称"工人文化宫"，1987 年称鳌城影院。

六是县工人俱乐部，1989 年在城南马仙宫桥前建成县工人俱乐部大楼，总面积 1851 平方米，内设阅览室、图书室、资料室、活动室和舞厅。

七是县影剧院，1977 年建，院址在胜利街 131-133 号，建筑面积 3106 平方米，座位 1252 个，是当年闽东地区著名的影剧院，兴建时得到省委书记廖志高同志的支持。

旧时，剧团到各乡、村，多在宗祠的戏台演出。60 年代后，公社和大队先后建成人民会场，现在大多作为演出场所。

寿宁有哪些文娱活动

抗战以前，文娱活动（除戏剧外）多在节日和迎神时举行，形式有龙、狮、台阁等。抗战期间，开始以歌舞、街头剧等形式宣传抗日。解放后，群众性的文娱活动更加多样化。

1949 年 10 月，南下干部到达寿宁，文艺工作者便组织干群扭秧歌、打腰鼓，并逐步向农村推广。1951 年，县文化馆成立文娱股，便以放映幻灯、展览时事图片和漫画，组织文化担下乡以及出借、代售图书，协助学校排演节目等形式开展活动。1952 年 12 月 24~27 日县人民政府举办首届农村剧团会演，在县一中操场搭盖 3 个戏台，有鳌阳、南阳、犀溪、凤阳等区、乡剧团的演员 148 人参加会演，共演出 16 场，观众达 1.3 万人次。

1955 年，县文化馆配合团县委举办春节文艺会演，农历正月初五、初六两天除组织文艺游行外，共演出杂技、马仔灯、钱棍舞、跑马、快板剧、评话、少数民族歌曲、盘诗、采茶灯、高跷以及时装剧等 11 种形式 33 个节目。节目小型多样、丰富多彩，观众达 5000 多人。

1959 年，举办群众文艺创作和聋哑人文艺会演，共有 42 个文艺节目参加演出，并选拔出《炼铁舞》《歌唱总路线》等节目的演员组成代表队参加福安专区第二届戏剧会演和首届聋哑人文艺会演。盲人演出的《歌唱总路线》被专区选拔参加省聋哑人会演。

国庆十周年，文艺演出遍及城乡，有戏剧、时装剧、歌舞、山歌等 10 多种形式 100 多个节目，共演 80 多场，观众达 6 万多人次。

1960 年，举办第六届群众文艺会演。演员们挖掘地方剧种北路戏，参加专区、省会演，荣获创作奖和表演奖。

三年困难时期，上级提倡劳逸结合，要求开展好群众文化活动。县内每逢节日都举办文艺晚会，各单位排练节目参加演出。各机关单位周末还经常举行交谊舞会。1963年，周震编导的《歌唱竹管垅》参加省农村文艺会演，得到好评，节目脚本由省人民出版社出版发行。叶飞与寿宁小演员握手的照片，登上《福建日报》头版。

1982年2月7～9日，县城举办全县民间文艺会演，13个社（镇）的代表队参演。有鳌阳龙队、龟岭狮队、斜滩台阁（铁板）、坑底越剧、凤阳京剧、西浦瓯剧、洋边闽剧、岱阳木偶戏等。此外，还组织了文艺踩街活动。

1989年元旦至国庆期间，举办了"寿宁县农村摄影大奖赛作品展览"、"联防队一周年纪念晚会"、"第二届金秋卡拉OK歌手赛"、首届寿宁县文化艺术周与新中国成立40周年寿宁县经济社会发展成果图片展览及国庆游园等形式多样、内容健康的活动。特别是文艺踩街活动，有彩车、号队、腰鼓、花灯、台阁、龙灯、舞狮等12种形式，场面热闹异常。10月1～7日的"首届文化艺术周"为寿宁县自1949年以来规模最大，时间最长，参加人数最多的一次群众性文娱活动，城乡参加活动达2万多人次。

寿宁有哪些民间文学

寿宁民间文学主要有三种：一是民间故、民俗传说、人物传说。诸如《天公地母》《梅花鹿》《金鸡岩》等；《九岭与车岭》《初四过端午节》等反映劳动人民反暴、惩凶的故事；《明断诬陷案》《题诗解冤结》《勘血案》等。还有颂扬明崇祯年间（1628～1644）知县冯梦龙的政绩的故事。而《风雨到妻家》等故事，则重现了清雍正年间（1723～1735）进士韦基烈的传奇人生。《数蛋》《读书何罪》《两头啼》《较量》《公平交易》等，描写了斜滩印潭李邦四戏谑财主、宦官、迂儒的近乎笑话的故事。

二是民间歌谣，诸如《长年诗》，也称长年歌，诉说穷人为地主打长工的痛苦遭遇，歌颂不甘受剥削、压迫的反抗精神。《过番歌》是长篇叙事诗，叙述穷人漂洋过海当劳工的悲惨遭遇，控诉资本主义制度的贪婪、剥削和欺压劳工的罪行。《套子山歌》，一般有固定的曲调和格式，如《十把白扇画牡丹》《十粒戒指》《十条手巾》《十二月歌》《纱罗带》等。建国后，旧瓶新酒，常以新的内容入套，宣传共产党和人民政府的政策、法令。儿歌多为摇篮曲，如《月光光》；有对儿童知识启蒙的歌谣，如《锯柴锯竹》《老虎驮猪》。1930年以后反映寿宁的共产党人号召工农起来推翻反动统治的革命歌曲也广为传诵，如《打破旧世界》《歌唱苏维埃》《送郎当红军》等。

三是民间谚语，寿宁民间谚语通俗生动，入木三分，集中反映了劳动人民对社会的哲理性认识。如"凡人凡人总要烦，做人做人总要做"、"等汤难沸，等团难大"、"龙行雨无东西，蛇伤人无南北"，又如"晒裂水头田，饿死单身汉"、"只怨绳短，不怨井深"、"针插壁不痛，插肉才痛"、"天塌下来，茅蒿撑不住"、"穷人无大猪，富人无大团"、"皇帝一日千人骂，乞丐一日骂千人"等等，仔细琢磨，寓意深远。天气谚语，如"春天无定时，爬树穿棕衣"、"早霞水流柴，晚霞天有晴"、"烟囱不冒烟，一定是阴天"、"日晕三更雨，月晕午时风"、"日落乌云涨，半夜听雨响"、"鸡早宿窝天必晴，鸡晚进笼天必雨"、"早晨地罩雾，尽管晒稻谷"等。

寿宁有哪些民间艺术

寿宁的民间艺术有六种：

一是木偶戏班。①吉庆班，清源乡后坑村木偶戏班清道光年间（1821～1850）创立，在县内较有影响。光绪年间（1875～1908）戏班曾到霞浦为知府演过祝寿戏，除赏钱外，还赠有"虽小可观"黄绫横匾。该班原为四平戏（高腔），以后吸收北路戏和平讲戏部分剧目和曲调，众腔杂陈。解放后，除"文化大革命"中受到冲击外，都坚持演出。1986年，因老艺人病故，后继乏人而停演。②福庆班，坑底乡地源村木偶戏班，前身为清嘉庆年间（1796～1820）戏曲班社。光绪年间戏班改演木偶戏。其曲调为乱弹，经常在坑底和浙江省景宁、泰顺边界乡村演出。③祥兴班，1934年由凤阳村农民筹款兴办，唱四平腔、罗罗腔（即北路调），新中国成立后停演，"文化大革命"结束后曾恢复演出，至1982年停演。④可观班，芹洋乡可观村木偶戏班，成立于1962年，主要在斜滩、清源、平溪等地演出，1986年解散。

二是曲艺，只有评书一种，清中叶起在武曲、凤阳等乡流行。较有名气的首推承天村范成芳，从艺50多年，新中国成立后，曾多次应邀参加全县文艺演出，并获得奖励。西浦的"钱棍舞"，武溪、际坑的"八宝灯"，也深受民众的喜爱。

三是高跷与台阁。高跷古称撬戏，清康熙时（1662～1722），便有立春日"人扮撬戏相欢"的记载。这种高脚戏用比人高出一倍的木棍，中间嵌钉小托板，扮演者身穿戏装，脚踏托板，系于木棍之上，高出人群，行走自如，引人注目。台阁亦称攀铁枝，明崇祯时（1628～1644）有迎春妆台阁的记载。至今斜滩镇在每年农历正月十三日仍有演出。旧时选儿童着戏装，坐立于铁架之上，中数人抬着行走。今则置于汽车上行驶展演。

四是民间舞蹈，民间舞蹈多在重大节日和迎神赛会时演出，有龙灯、舞狮、走马灯等项；①"乡人傩"。旧时，有内棚、外棚之分。内棚有《加官》等3个节目，由于封建迷信意识浓厚，随着社会的进步，已被淘汰。外棚纯属技术表演，有《驮神仙》等 8 个节目。流行于南阳、坑底、犀溪、托溪、斜滩等乡（镇）。②舞狮。较有名的是南阳的溪南、麦园丘和龟岭的狮队。龟岭狮队解放后多次参加全县会演。③龙灯，民间有香龙、纸龙、布龙等。以坑底龙灯舞较有名气。④花灯，明代元宵，县城已有色纸花灯，清康熙时（1662～1722）城乡均剪纸为灯，擎之以行，大张鼓乐游戏街市。至今尚存有八仙灯、马仔灯等。八仙灯亦称八宝灯，曲调有《八仙出洞》等 4 种，流行于犀溪一带。1957 年参加全县会演后，选赴地区演出。马仔灯流传于坑底乡的龙溪、李家洋等村。

五是鼓箫班，鼓箫班为民间最普及的娱乐组织。旧时除迎神赛会外，民间举行婚庆与丧葬等礼仪活动多用鼓箫班奏乐。每班 4～5 人，一般打鼓 1 人，正吹（兼胡琴）1 人，大钹（兼大锣）1 人，小锣二面 1 人。其吹唱多为北路戏和二黄、西皮等曲调，有吹牌和唱牌之分，吹牌多为伴奏曲，如《水里鱼》《大八板》《五关仔》《柳条金》《点绛唇》等。唱牌多以戏曲片断、折子之曲调演唱，如《天水关》《打龙袍》《探寒窑》等。近年县城、农村也逐渐不用鼓箫班，以唱片、收录机代替，鼓箫班渐趋湮没。

六是雕塑，解放前，木雕制品多为家具，建筑物装饰，泥塑只限于塑造神佛。近年木雕产品有美术栏杆板、拐杖、台灯架、梳妆台等制品。仿古的精雕美术栏杆板，远销日本等国。平溪叶腊石雕产品，斜滩金光斋印章、艺雕摆设也远销新加坡等地。县城迎春美术工艺厂的精雕龙凤、狮球、水果花卉、人物等摆设也远销台湾、香港、澳门等地。

诗歌散文创作情况如何

旧时历代人都爱吟咏旧体诗词。清道光年间（1821～1850），南阳组织过"月山吟社"。至光绪中期（1881～1896），因经济困难，活动渐趋衰微。1936 年，县长杨树森又一度振兴吟社。抗日战争爆发后，受福安《战时口报》影响，斜滩成立"龙江诗社"，每周聚会一次，酬和吟唱，对宣传抗日起了很好的作用。社长卢雁秋的"战生"折枝"激战气吞三岛影，捐生名逐百花香"被广为传唱。当时，卢雁秋与其子少洲、孙红伽、孙女双修 4 人义卖抗战诗词集，资助抗战经费，被授予奖状。

卢雁秋题福安"战时诗刊"的七绝有："神州劫后泣虫沙，风雨二陵夕照斜。解赋从军歌一阕，笔头花是自由花。""百年家园恨无穷，纸上斑斑血泪红。铁板铜琶歌激越，一时歌唱大江东。""霜风扫漠角声寒，眼底河山片片残。世上需才嗟我老，头颅时向镜中看。"卢少洲的《九一八》七律："如斯国事实堪伤，一夕狼烟蔓沈阳。黑水车飞声激烈，白山北望色苍凉。安边充国空筹策，失地元长竟弃防。平远台前馀涕泪，鼓鼙何处借南塘。"还有卢少洲在东南亚为福宁同乡会所拟的门联："筹赈莫辞劳，要发扬武毅精神，文忠肝胆；抗倭齐奋起，再品量三山风月，双塔云烟。"在华侨中影响很大。卢红伽的《吟从军》七绝："马上鱼刀白似银，马前春草绿如茵。此身要向沙场死，不死沙场负此身。"神韵直逼唐诗。

1979年后，改革开放的春风，催发了文艺创作，古风新体诗如雨后春笋。继1981年的"七一"诗会之后，斜滩和南阳相继成立了"龙江诗社"、"南阳诗社"。1988年端午节，"寿宁诗社"成立，团结爱好者，积极从事诗歌创作。至2016年10月10日，共刊发"寿宁诗刊"40辑，有上百万字之多，平均每年出诗刊1期，成为诗词爱好者的习作园地和寿宁诗词对外联络交流的窗口。

古代的散文创作，见诸文献。选入《福宁府志》的，有明代柳元的《山居赋》。1949年后，县文化馆创办《映山红》，为全县业余作者发表文学作品提供园地。1986年12月，县文学协会成立，加强组织领导，散文创作日趋繁荣。新世纪以来，《映山红》办刊能力、水平也在逐年提高。

小说、剧作成果如何

到目前为止，尚未发现解放前的小说创作。解放后，《福建日报》、《闽东报》副刊发表过寿宁籍作者的小说，80年代以后，新创办的文艺杂志如雨后春笋，有些作品也先后为省内外文学刊物所采用。郑锦明的小说《离婚》、郭玠的《李月英》还获得有关单位的奖励。

1962年，城关小学教师编演歌剧《护羊曲》，歌颂张高谦的英雄事迹。1963年在省纪念张高谦牺牲二周年大会上演出。1964年，县北路戏剧团创作演出北路戏《张高谦》参加省地会演，经省专家帮助改编重排后到全省各地及江西、湖南等省演出，受到热烈欢迎。1965年，由省闽剧团和京剧团移植改编，易名《红色少年》，分别参加华东戏曲观摩和全国京剧现代观摩会演。

新编古装儿童剧《岳云出征》，由北路戏剧团演出，1981年获福建省戏剧节演出三等奖。越剧古装戏《彩莲闹婚》，由坑底越剧团演出，1986年获省第二届农村剧团会演演出奖、精神文明奖与创作二等奖。

文学评论情况如何

1980年以来，文学创作日趋繁荣，文学评论作品也应运而生。寿宁籍作者的文章，较好的曾在《中华戏曲》《新华文摘》等全国刊物上发表、转载。

1985年3月，成立寿宁县冯梦龙研究会，研究冯梦龙的文学成就及在寿宁的施政影响。10月，中国科学院文学研究所等10个单位在寿宁联合举办首次"全国冯梦龙学术讨论会"。研究会向学术讨论会提交了《寿宁冯梦龙研究文选》。

2009年9月，（明）冯梦龙撰写的《寿宁待志》，经陈元度老师注译在海峡文艺出版社出版，《寿宁待志注译》的刊行，对广大读者阅读理解《寿宁待志》大有帮助，对传承梦龙文化、弘扬梦龙精神意义深远。

音乐创作情况如何

土地革命时期，苏区流行革命山歌。解放初县文工团边演出，边传授，音乐、舞蹈活动十分活跃。

寿宁的民间音乐有劳动号子、民歌、情歌、儿歌、花灯曲调等。1979年8月，由县文教局和文化馆汇编成《寿宁民间音乐资料》集，收入山歌《盘呈诗》《十里亭》《补缸调》《货郎小调》；花灯曲《采茶灯》；俗曲《乞丐歌》以及部分宗教音乐。此外还载有《农民苦》《送郎去参军》《打破旧世界》《歌唱苏维埃》《送郎出征》等革命山歌。

现代音乐创作，在抗战和大跃进期间，都有过当地自谱歌曲。80年代以来，应征和参赛作品也有选入歌曲专集的，肖冰的作品《小鹧鸪》获全国"小百灵"赛二等奖。1987年3月，成立音乐舞蹈协会。1988年5月，协会与锁厂举办"首届青年迪斯科舞比赛"。1989年9月，举办"首届金秋卡拉OK歌手赛"。

2001年7月由郑义正、陈增光作词，李式耀作曲的《桑梓情》，由中国民歌手宋祖英演唱，在寿宁引起反响，被海内外乡亲传唱。

寿宁戏剧演出情况如何

《寿宁待志》载："西溪人多习戏，然力不能具行头，多往浙合班。"清嘉庆年间（1796～1820），凤阳廷家洋成立北路戏班。咸丰、同治年间（1851～1874）经常到外地演出，在闽东曾名噪一时。

1935年11月6日成立鳌阳剧社，以京戏为主，1937年以后，多次演出宣传抗日的短剧；1941年10月27日成立动员剧团，编演街头剧，教唱抗日歌曲，主要剧目有《茅店秋月》《昆山之照》和《弃家保国》等。

文工队深入农村，各种短剧十分活跃。1950年12月成立"寿宁县土地改革宣传队"，到各乡、村巡回演出。主要节目有大型歌剧《赤叶河》《王贵与李香香》《九件衣》，还有秧歌剧、活报剧、舞剧、歌曲合唱等。

1953年冬，县文教部门将凤阳村的"合庆班"整顿扩大，成立寿宁京剧团，

1956 年更名为"寿宁大众职业京剧团"。剧团上演过《小仓山》《黄泥岗》《闯王进京》等剧目。

1959 年春节，全县举行文艺会演，凤阳代表队演出北路戏《槐荫记》。1960 年 3 月，县文化部门办起北路戏训练班，聘请老艺人任教，并整理和排练了北路戏《烫火碗》。4 月，参加全省剧种调演，排演了传统剧目《二度梅》。1963 年，北路戏现代戏《张高谦》参加全省第三届现代戏汇演，并赴江西、湖南等地演出。此后，还排演了《赤道战鼓》，并参加省各界人民慰问团，赴东海前线慰问演出。1980 年 10 月，创作演出《岳云出征》，获省演出三等奖。1985 年，省政府拨款 20 万元支持剧团建设。闽东技校也开设了北路戏艺校寿宁分班。1987 年，排练现代儿童剧《流亡剧团的孩子们》，曾赴省演出。2009 年北路戏进入国家级非物质文化遗产名录。

此外，各乡（镇）自办的剧团有：凤阳京剧团、西浦瓯剧团、斜滩闽剧团和坑底越剧团，演出的许多节目均为当地百姓所喜闻乐见。

书法绘画艺术有哪些成就

据《福宁府志》，明代林升、陈友贵曾举楷书入仕。清康熙时（1662～1722），范民誉善楷书。乾隆间（1736～1795），清源吴峨及其外甥南溪李廷森书法颇负盛名，现尚存李的真、草、篆、隶四体寿联 8 幅。民国时期书法知名度较高的有县城的李蔚蕃、夏乃京等。

1979 年后，县文化馆多次举办各种类型的书法展览和大奖赛。1986 年 1 月，成立县书法协会。5 月书协与团县委联合举办"八闽青年钢笔书法邀请赛"。1987 年元月，与浙江省泰顺县联办"寿宁泰顺首届书法展览"。1989 年春节，举行"全县书法临摹展"。国庆节又举办"书法协会会员优秀作品展"。1985 年，卢渊霖获全省青年书法比赛一等奖。卢渊霖、龚扬健书法入国家级展览。叶家佺的钢笔书法颇具造诣，其钢笔书法单行本，于 1988 年由鹭江出版社出版发行。2017 年 6 月，《吴发辰书法作品集》在上海书画出版社出版。李培雄、刘明程、吴发辰、龚扬健、谢万泽、潘吾忠、叶碧仙、张平等人的书法在省市县有自己的位置。

绘画（美术），寿宁人绘画不如福安，历史上的画作传世者无几。清中叶，为时人称许的有 4 家，"吴峨牡丹扬州鹿，建森白菜郑鲤鱼"。邱扬州和郑廷炯的生平不详。吴峨（1707～1780）字雪岑，清源乡岱阳村人，清乾隆十五年（1750）恩贡生。自幼善画花鸟，兼工铁笔。画作《墨牡丹图》、《倚松听涛图》为世人所赞赏，今有作品遗存。龚建森（1779～1860）字维岩，南阳人。谱载其："幼读诗书，勤学书法，笔砚字帖，不惜千金置之座右，及至老年草书尤工，画谱白菜尤妙。求其字者千人，宝其画者百友。"

后续者有陈朝晖、刘文蔚等人。陈朝晖（1804~1874），字文灿，南阳人，县文庙彩绘均出其手。画作《喜鹊踏梅》，为时人所珍爱。刘文蔚（1901~1970），凤阳人，擅长画鹰、虎与山水人物。在上海美术科学习时，曾作《松鹰图》参加全国美展。解放后所作《春夏秋冬配诗山水图》曾参加在长春市举办的全国画展。

1957年，县文化馆成立"业余美术创作小组"。6月，举行首届美术展览，展出各类作品106件。1958~1976年间，美术创作内容多倾向于政治宣传，但其中不乏认真的创作者。80年代初，出现了一批新作者，作品形式与风格均有较大的突破。1987年2月，成立县青年美术协会。1988年1月，成立寿宁县美术协会。通过协会的组织推动，全县绘画、美术创作更加活跃。1988年元旦，美协举办"红、黄、蓝"画展。春节，又举办"迎春画展"。1989年8月，举办"中、小学生书画展"。同年，黄少浩的《卖火柴的小女孩》入选第七届全国美展。林锦春国画入国家级展览。

摄影成效如何

1940年，寿宁始有商业性的黑白摄影。当时县城的摄影营业以走村串户流动经营为主。1954年，转为公私合营。1956年并入地方国营寿宁照相馆。60年代的摄影行业，斜滩有"真影照相馆"，南阳有"东风照相馆"，犀溪有"瓯南照相馆"。70年代以后，平溪、坑底、芹洋、武曲等地都陆续出现从事摄影的固定（或流动）的经营者。

1958年5月，《寿宁人民》报创刊，《闽东报》驻寿宁记者站成立。随后，又成立报道组。有关寿宁县的新闻照片常见诸于报端。1985~1989年底，见于《人民日报》《中国农民报》《福建日报》的照片50张。

1979年5月，县文化局馆、文化馆联合举办首届艺术摄影展。1983年又与周宁联合举办《山乡风情展览》。1984年5月，县摄影学会成立。1985年10月，县文化局、文化馆和摄影学会联合举办"福建省牛年山乡黑白摄影大奖赛"，全省有60多位作者的作品参赛。1987年元旦举办"寿宁泰顺摄影联展"。至1989年，学会会员在省及全国影展上展出和在报刊上发表的作品达169幅，获奖17次。张培基的黑白摄影作品《唐乐的诱惑》，获首届中国旅游摄影赛三等奖。2002年张培基加入中国摄影家协会，他的个人摄影专集《岁月》、《往事》和《印迹》先后在中国文联出版社和中国艺术家出版社出版。此外，加入中国摄影家协会的还有缪长钻、叶虎平。

图书借阅情况如何

1940 年 8 月 29 日，寿宁县图书馆成立，原民众教育馆的报刊图书、文卷、器具移给图书馆。馆址原设天后宫，后迁至卢氏宗祠。同年 9 月 23 日，县政府命令圈石国民学校图书移交县图书馆。1941 年 6 月，图书馆移至叶氏宗祠。12 月，馆址迁妈祖庙。1949 年，馆址再迁魁星楼。

1951 年 4 月，县成立文化馆，馆内的图书室有图书 351 册，阅览室有报纸 8 种，杂志 11 种。1956 年，全县共有图书室 52 个。1964 年 12 月，文化馆新楼竣工，底层设有图书室和阅览室，配专职管员 1 人。

1966 年，"文化大革命"开始，清理烧毁部分图书，借阅工作一度停止，报刊阅览室仍继续开放。1969 年，县成立毛泽东思想宣传站，图书室恢复开放，当时有图书 2000 册，报刊 36 种。1979 年，图书室藏书增至 1 万册。

1981 年，图书室购书 2812 册，购书费 2592 元。1984 年藏书至 4 万册，当年发出图书借阅证 851 本，杂志借阅证 2000 本，月流通量达 3000 人次。1986 年 9 月，文化馆原址转给新华书店，借阅工作随之停止。时，县文化馆藏书 5 万册。13 个乡（镇）文化站图书室藏书共 1.6 万册，其中南阳文化站最多，藏书达 3000 册。

1989 年底，全县非文化系统的图书室、资料室共有 12 个，藏书约 1.2 万册。这些图书、资料只供内部借阅，未对外开放。

图书发行情况如何

民国时期，县城只有一家书店，主要经销小说和学生课本，同时兼营图书借阅业务。1951 年，福建省新华书店福安专区中心支店在县城设门市部，有营业员 1 人。1956 年 6 月成立福建省新华书店寿宁支店。12 月，书店新楼在胜利街建成。1958 年，书店改由地方管理，改称"寿宁县新华书店"。1969 年 12 月，与剧团、广播站、电影队合并成立"毛泽东思想宣传站"。1972 年 10 月恢复原名。1986 年扩建为五层综合大楼，面积 1412 平方米。

1956 年，书店营业额为 1 万元，至 1960 年，增至 2.93 万元，1966 年为 4.66 万元。"文化大革命"中图书发行量失调。1967 年，《毛泽东著作》发行 23.56 万册，占年售书总册数的 45.3%，全县人均 1.7 册，而当年的农业技术书籍仅发行 1899 册。1977 年，图书销售额为 9.15 万元，比上年增 56.8%。1988 年达 70.75 万元，比上年增 55.66%。全县人均购书款为 3.35 元，比 1957 年的人均 0.13 元增加 24 倍多。

由于个体书摊日益增多，国营书店的营业受到影响，1989 年底县新华书店全员 18 人，年销售额只有 85.22 万元。同年，全县有个体书店 14 家，出售图书 5.12 万册，营业额 11.33 万元。

为什么说寿宁个人著书是一道靓丽的风景

唐代著名文学家韩愈认为，"化当世，莫若口，传来世，莫若书"。改革开放以来，寿宁文艺界百花齐放、争相斗艳，个人出书成了一道靓丽的风景。简单分类如下：

一是政论类，有陈增光的《超越贫困》，郑义正的《检察工作的实践与探索》，连德仁的《从政文稿》《肝胆相照》《三农絮语》和《我的老年教育梦》。

二是综合类，有叶恩发的《片片红叶》《军旅农缘》，缪锦梦的《教育生涯五十春》，叶孚旺的《暮年怀情录》，刘廷钦的《暮年拾零》，缪一林的《犀溪乡土文化》《缪麟文稿》，陈元度的《浅草篇》《浅草续篇》和《浅草后篇》，龚俊峰的《慕竹轩随笔》，叶作楠的《沧桑岁月》，叶树福的《叶茂寿宁》和《丹桂飘香》，叶树根的《地名考辨录》，周光钦的《秋影集》，范柏森的《家庭与教育》，徐岩山的《寿宁解放初往事追忆》《难忘南阳岁月》，蔡则杰的《轨迹》，缪存云的《蓦然回首》，萧冰的歌曲集《人生驿站》等。

三是小说散文类，有郑锦明的中短篇小说集《永远的廊桥》，朱雅秀的《仰望星空》，周玉美的《绿罗裙》等。

四是书法类，有李培雄的《李培雄书法作品集》，郑复赠的《砚田犁痕》，吴发辰的《吴发辰书法作品集》，缪长钻的《缪长钻书法集》，刘明程的《刘明程书孔子庙堂碑》《刘明程楷书千字文》《绝妙好词·学生描摹字帖》《3500 常用字楷书临范》《3500 常用字行书临范》，刘明程、卢渊霖和李培雄的《学生钢笔书法教程》等。

五是廊桥类，有龚迪发的《福建木拱桥调查报告》，缪长钻的《廊桥遗韵》等。

六是戏剧研究类，有叶明生的《福建邵武市大阜岗乡河源村的"跳番僧"与"跳八蛮"》《闽西上杭高腔傀儡与夫人戏》和《福建上杭乱弹傀儡戏夫人传》等。

七是摄影类，有张培基的《岁月》《往事》《印迹》和《镜间岁月皆真情》等。

八是新闻类，有吴文成的新闻作品集《中国电视：弱智、白痴》《人生驿站》，李安的新闻文集《山韵》，朱雅秀的《茶乡新韵》等。

九是谱志类，有缪锦梦的《犀溪中学校志》，连德仁的《寿宁连氏志》，杨金留的《寿宁县宗教》，林忠仁编著的《林氏宗谱》，杨寿南的《杨溪头村志》，范柏森的《岗垅革命史》《仙峰村志》等。

十是诗词诗歌类，有卢少洲的《瘦秋残草》；卢红伽的《拜观楼剩草》；卢双修的《璇香阁》；连德仁的《五言诗通鉴故事》《蟾溪吟稿》《成语诗话》《笔端春容》《日昇存稿》和《蟾溪流韵》；缪旭照的《旭斋吟草》《旭斋吟草续集》和《三溪吟稿》；缪存忠的《石泉漫咏》《雪泥萍踪》；叶竹仁的《皮影戏》和《水流四方》；叶柏胜的《滋润沧桑》；谢世芳的《一石吟草》和《素心淡墨》；卢匡桓的《夕霁诗稿》；龚真元的《东斋诗稿》；龚明恺的《水竹斋吟草》；卢任的《茅草吟集》；吴玮的《夕照轩吟草》；周日培的《涵煦斋吟集》；叶于润的《迂庸待正稿》《迂庸习咏稿》和《迂庸诗文稿》；吴开亨的《自娱吟集》；雷云凌的《诗海拾零》；吴佑儒的《岁月心声集》《岁月心声续集》《三言待集》等。

十一是医药类，有徐岩山的《祖传效验秘方选编》《自我保健备要》等。

十二其他类，有黄立云的《天道酬善——爱民清官黄槐的传奇人生》，周玉美的《山溪集》，李安主编的《神奇的官台山》，吴佑儒的《寿宁地名趣传》，刘春民主编的《冯梦龙的民间传说》等。

寿宁档案如何保管

寿宁建县伊始，便有主簿管理簿籍文书。民国21年（1932），县政府配有管卷员专管档案。1949年7月，县人民政府建立档案保管制度，原档案交公安机关管理。1958年12月，成立档案馆，定编3人，开始收藏综合性档案，并负责指导各科室的档案业务。1959年11月，有18个县直机关单位和8个公社成立档案室，配备5名专职干部、28名兼职人员。"文化大革命"期间，档案移交县革命委员会收发室保管。1986年8月，成立县档案局，与县档案馆合署办公，负责管理全县综合性档案，并对机关团体、企事业单位的各专业档案室实行监督指导。目前，全县有各类档案室88个，其中，县直机关单位74个、乡（镇）14个。

县档案馆收藏接收的档案：一是各机关、团体、企事业单位具有永久、长期保存价值的档案资料；二是机构撤销，应由档案馆接收的档案；三是1949年以前的历史档案。此外，还收藏散藏于社会上的有关档案资料。馆内现存档案有：民国时期的两个全宗档案6061卷；1949年7月～1989年底全县86个全宗档案1.25万卷；资料6170册。其中，专门档案有：全县人口普查资料2215卷，林业三定清册233卷，统计资料3294卷；声像档案有：照片659张，录音、录像带18盒，印章468枚。馆藏图书有：明崇祯十年（1637）的《寿宁待志》再版本；清康熙二十五年（1686）的《寿宁县志》木刻本和再版本；乾隆二十七年（1762）修的《福宁府志》；1983年版《福建通志》。此外，还有《史记》、《资治通鉴》、《续资治通鉴》等各种资料70种6170册。还有族谱14册。1992年7月版《寿宁县志》和2017年版（1990～2005年）《寿宁县志》，以及各类个人著述等。

报刊创办、发行情况如何

一是《寿宁周刊》，1936 年，，是县长杨树森创办。该刊内容以号召社会群众革除封建陋习为主，除重要新闻外，还有杂文，民歌等专栏。1937 年 1 月，该刊改名为《新寿宁》，4 月杨树森调离，遂停刊。

二是《寿宁人民报》，1958 年 5 月 1 日创刊，为中共寿宁县委办的地方党报。该报版面为 8 开 2 版，遇国家重要节日和县内发生重大事件时，则扩展为 4 版。报社设在县委大院。该报由县印刷厂承印。初创时，为隔日刊。1959 年 3 月改为 3 日刊。1960 年 1 月又恢复隔日刊，主要刊登上级党报的重要社论、新闻和县内政治、生产运动中的重大新闻、工作经验，并设文艺副刊。1961 年 2 月 28 日停刊，共印刷 395 期，每期发行 3000～4000 份。

三是《映山红》，1962 年创刊，由寿宁县文化馆主办、不定期。1966 年"文化大革命"开始后，先后改为《毛泽东文艺宣传演唱材料》《寿宁文艺》。1979 年复名《映山红》，为 16 开油印本。1986 年 10 月改铅印 32 开本。不久停刊，2013 年复刊，至 2017 年底共出 13 期。主要栏目：文学方面有小说、散文、诗歌、民间故事、文学评论；艺术方面有音乐、戏剧、相声、演唱；还选登一些美术、摄影、书法作品。每期印 1500 本，发行对象是县直机关各单位，乡（镇）文化站与业余作者。

四是《寿宁诗刊》，寿宁诗社成立于 1988 年端午节（6 月 18 日）。诗社成立之初就组建《寿宁诗讯》编辑组，负责组稿、出刊。诗讯由著名诗人卢少洲先生题签，到 1993 年 6 月共出刊 8 期，约 10 万字。1993 年改名《寿宁诗刊》，由省政协主席游德馨题签。到 2017 年底出刊 41 期，约 150 万字。其中，包括社员专辑《迂庸习咏稿》（叶于润著）、《旭斋吟草》（缪旭照著）、《浅草篇》（陈元度著）、《素心淡墨》（谢世芳著）、《三言待集》（吴佑儒编著），共 5 辑。前 8 期系 15 开活页，后 33 辑均为 32 开书本。为了统一规格，便于收藏，诗礼根据广大社员的意见和要求将 1988 年至 1993 年 5 月间刊印的《寿宁诗讯》再版，汇编成册。诗文内容不变，期刊顺序不变。规格按出版编排，文字由缪旭照校对，资金由五届县政协委员会赞助。

通讯报道情况如何

《寿宁人民》报创办后，中共寿宁县委就成立了县委报道组，定编 2 人。60～70 年代，平均每年向各级报刊投稿 50～60 篇。1985 年后，报刊用稿量显著增加。1985 年被采用 276 篇，1986 年 556 篇，1987 年 709 篇，1988 年 636 篇，

1989 年 568 篇。其中袁式林的《重生前孝敬，恶死后排场》，反映鳌阳镇老人会倡议丧事简办，刊于 1986 年 10 月 26 日《福建日报》，获当年新闻稿评一等奖。连德仁的作品《责任制落实三年，上庵村面貌一新》在 1981 年全县好新闻评选中，荣获一等奖。2015 年 4 月 11 日连德仁的《我的老年教育梦》一文获全国第二届"书写人生第二春有奖征文书画摄影大赛"二等奖。

广播事业如何开展

1953 年，建立县广播收音站。1956 年春，改为"寿宁广播站"，6 月 1 日开始播音。1957 年 4 月，成立县广播网建设委员会。"文化大革命"期间，广播站几度易名，先是"寿宁人民广播站"，后与新华书店等单位合称"毛泽东思想宣传站"。1972 年 10 月，复称"寿宁人民广播站"。

广播站创办初期设备简陋。1956 年，始有扩大机、增音机、电唱机等设备。1972 年实行广播载波化，自建发电机房，配有 1 台 8 马力柴油机，1 部 5 千瓦发电机。80 年代后，设播音室、录音室、文艺录音室、机房设备基本实现高档化、现代化。

建站初期，每天 18～20 时播音 1 次，转播节目 100 分钟，自办节目 20 分钟。对农村 3 天播音 1 次，1957 年改为 2 天播音 1 次，每周 6 小时。

广播站自办节目主要有：①新闻性节目，主要是"本县新闻"，诸如"农业学大赛"专题，"人口与计划生育"专题，"扶贫信箱"、"致富门路"、"扶贫第一线"等专题节目。②知识性节目，诸如"时事政治"，农业、林业、法制、卫生等专题广播讲座。"教育专题"，"教育之窗"、"家长和学校"、"精神文明赞"等。③服务性节目，天气预报，"为你服务"，信息和广告。④文艺节目。除转播中央和省台文艺节目外，还播出县内自编的文艺节目。"文化大革命"期间，播送"革命歌曲"和"样板戏"，进行广播教唱，1987～1988 年，还举办"寿宁新貌"、"我难忘的十年"为主题的征文比赛。

1990 年，境内有线广播网覆盖全县 14 个乡镇 60% 以上的行政村。1993 年，县大岗头调频广播电台建成，广播开始以有线广播网和调频广播双重方式传输，转播中央人民广播电台第一套节目和福建人民广播电台第一套节目，覆盖全县 95% 以上的行政村。2004 年 10 月，建成音频工作站，增播自办节目：主要有《寿宁新闻》《精神文明》《计生专栏》《为你服务》等 10 多个专题栏目。坚持每天播放 7 小时 10 分钟，其中，自办节目 3 小时 50 分钟。

电影放映情况怎样

1952 年春，省电影总队四分队七小队到县放映电影。1956 年 7 月，成立寿宁县第一个电影队。1959 年 1 月，成立寿宁县电影放映站。1963 年，放映站改为电影院，院址在人民会场。1967 年，全县有一个电影院、3 个电影队。1971 年，成立电影工作站。1977 年 6 月改工作站为电影发行公司。1976 年，电影队发展到 12 个，1987 年达 16 个，1989 年共有电影队 50 个。1977 年，南阳公社建成第一个社级电影院。至 1989 年，全县陆续有 7 个乡镇建起电影院。

民国 29 年（1940），首映无声的反映抗日战争的新闻纪录片。1952 年，省电影队到县首映黑白故事片《白毛女》《吕梁英雄传》。1973 年 4 月，首映宽银幕的朝鲜故事片《卖花姑娘》。1984 年，首映宽银幕立体电影《欢欢笑笑》。

1955 年，全县放映电影 180 场，观众 7 万人次。1959 年，放映 560 场，观众达 22 万人次。1967 年后，多放《红灯记》《智取威虎山》《沙家浜》等"样板戏"。1970 年，电影放映开始复苏，全年放映 669 场，观众达 35.4 万人次。1976 年放映 2651 场，观众达 123 万人次。1987 年放映 1.25 万场，观众达 412 万人次。此后，由于电视和录像的普及，电影的上座率逐年有所下降。

1972 年以前，县内放映的影片，由地区电影公司统一调度发行。1972 年起，县设专门片库。除地区统一调度以外，16 毫米和 8.75 毫米影片由县电影公司调度发行。

1990 年 1 月，大型革命历史题材影片《开国大典》《辽沈战役》《血战台儿庄》等影片在全县城乡放映。10 月，以宣传尊老爱幼为主题的台湾影片《妈妈再爱我一次》，在县城放映，场场爆满。2002 年，开展农村电影"2131 工程"（在 21 世纪初，基本实现农村电影三个一目标：一村一月放一场电影），把电影放映送到乡村。电视普及以后，县影剧院改为北路戏传承保护中心，不再播映电影。县内有两家私影城，深受年轻人喜欢。

电视普及情况如何

1975 年 6 月，县广播站购进第一台 9 寸黑白电视机。至 1989 年底，全县有黑白、彩色电视机 5000 多台。1977 年始建电视差转台。至 1989 年，全县有电视差转台 22 座，配有各种型号的电视差转机 32 部，发射机总功率为 192W。其中功率较大的差转台有 1977 年 9 月建的鳌阳镇北山顶差转台和 1983 年 4 月建的清源角林电视差转台。1978 年，始在斜滩建立一座系统外电视差转台。至 1989 年，全县有系统外功率大小的差转台 19 座。各种型号发射机 24 部，总功率为 60 瓦。

全县大部分村庄均可收看到中央电视台的一、二套节目或福建台、浙江台的节目。

县卫星地面接收站于 1987 年 2 月动工，10 月竣工，由北京科学院派技术员指导安装天线。从此，县城周边观众可看到音像清晰的中央电视台一、二套节目与电视教学节目。县内电视覆盖率 78%，服务半径 99 千米。

1992 年 9 月，县广电局投资 76 万元建设有线广播电视网。1993 年 10 月竣工，有线电视用户发展到 3000 多户。1994 年 3 月，建成简易编辑系统。5 月建成新闻演播厅，开办有线电视自办节目。1996 年，县广电局投资 60 万元建立 14 个乡镇有线电视站。1997 年，县广电局投资 190 多万元，建设 14 个乡镇卫星电视地面接收站，建成 200 个行政村的卫星地面接收站、电视差转台和共用天线系统。2000 年 5 月，建成非线性编辑系统，12 月建成县城有线电视地下管道工程。2005 年，完成 56 个返盲点行政村和 18 个 50 户以上已通电盲点村的"村村通"建设任务，实现电视全普及。

录像放映情况如何

录像放映始于 1983 年 10 月，起先在县城放映一些港、台录像。至 1985 年，全县有放映场 10 多家，其中 9 家为个体户经营。由于管理制度不健全，各家自找录像节目来源，部分录像场一度曾上映一些黄色录像片。1985 年，根据上级有关音像管理通知，全县录像全面停业整顿。1987 年，县公安局、工商局、广播站组成"音像管理办公室"。1988 年，县文化局参加联合管理，改称"文化市场管理委员会"，对全县录像放映实行统一管理。1989 年底，全县共有录像放映场 24 家，票价每场 0.5 元。行政事业单位共有录像机 33 部负责对内宣传。录像机已开始进入部分小康人家。

1986 年 3 月，因当时的电视差转台无法接收和转播中央台的节目。县广播站便自办"寿宁电视录像转播台节目"，播放在福州设点录制的中央台重要新闻、文艺晚会和省电视台与县委宣传部合拍的反映寿宁脱贫致富的《绿的启示》《寿宁在前进》等电视专题片。1987 年 10 月，卫星地面接收站建成后，县转播台停办。

1987 年，县广播站购进日本产索尼牌投影机一部，福来牌 1/2 单级录像机 1 部。1988 年 1 月办起大型彩色投影场。至 1989 年底，全县共有 4 家投影场。投影电视票价每人每次 0.5 元。

1986 年县委组织部购入索尼牌 1/2 摄像机 1 台，1989 年又购进 M7 型摄像机 1 台。尔后，县委宣传部、公安局也相继购进索尼牌摄像机各 1 台，摄录县内重大新闻、事件和文艺演出、展览等内容。至 1989 年底，县委组织部和宣传部曾拍摄《计划免疫在山乡》《绿的启示》《以工代赈治理水土流失录像纪实》等专题片，分别在省电视台播出。当年，县城只有一家个体经营的营业性摄像。

寿宁有哪些古遗址

1958 年，省文物普查组在武曲乡发现新石器晚期文化遗址 1 处。1987 年 8 月，省、地文物普查队再次在武曲、凤阳、南阳、平溪等 4 个乡发现青铜器时代遗址 15 处，宋代窑址 2 处。采集的标本有印纹硬陶、彩陶和石锛、石簇、石箭头和瓷具、瓷片等。大部分遗址未发现堆积层。

龙头岗遗址，在武曲镇南岸村西 30 米处，面积 420 平方米。

龙虎山遗址，在武曲镇武曲村东约 100 米处，面积 240 平方米。

横山底遗址，在武曲镇大韩村南 1 千米处。

大湾遗址，在武曲镇南岸村南 1 千米处。

园丫驼遗址，在凤阳镇官田村南约 1 千米处。

黄瓜山遗址，在凤阳镇凤阳村西约 1 千米处，面积 2000 平方米。

半洋后门山遗址，在凤阳镇半洋村后门山，面积 200 平方米。

铜平岗遗址，在凤阳镇天香村西北约 200 米处。

界山遗址，在凤阳镇官田村东南约 1500 米处。

大莲庵遗址，在南阳镇大莲庵北约 100 米处，面积约 180 平方米。

墘厝林遗址，在南阳镇墘厝村东约 50 米处，面积约 300 平方米。

兰花林山遗址，在南阳镇南阳村国营茶场北约 30 米处，面积约 500 平方米。

杏底岗遗址，在南阳镇秀洋村西约 50 米处，面积约 300 平方米。

上窑宋代遗址，在平溪镇上窑村庵后岗，面积约 1600 平方米。

大房宋代窑址，在凤阳镇福后村西面，距大房村 1 千米处，分布面积约 1200 平方米。

寿宁有哪些古建筑

一是升平桥（横溪桥），横跨蟾溪，在县城梅溪巷尾。为单孔木拱桥，长 24 米。始建于明天顺年间（1457～1464）。后圮于水，隆庆间（1567～1572）重建。清乾隆四十三年（1778）修建。1986 年被列为县级文物保护单位。

二是日昇门，即县城东门。明弘治十八年（1505）建，清康熙六年（1667）重修。县令李滋生题的石匾"日昇门"，至今保存完好。城楼为重檐歇山顶穿斗式梁架，土木结构。1986 年列为县级文物保护单位。

三是南阳镇洋尾庵板祖祠大殿，明嘉靖二十九年（1550）建。

四是岳阳桥，在南阳村桥底。长6米，用24块条石砌成弧形拱桥，造形独特。明嘉靖十七年（1578）建。清道光二十四年（1844）重修。

五是碑坑水尾桥，在下党乡碑坑村水尾，清康熙六年（1667）建，为垂檐悬山顶木拱桥，长36.5米，宽5.9米，现保存完好。

六是犀溪古戏台，清康熙四十一年（1702）建。

七是犀溪文昌阁，清康熙年间（1662～1721）建。

八是仙宫桥，又名玉带桥。在县城蟾溪下游马仙宫前。建于清乾隆三十三年（1767）。为单孔木拱桥，长27米，长虹卧波、鸢飞鱼跃，是鳌城的一道风景，保存完好。

九是永安桥，在犀溪镇西浦村。清道光二十八年（1848）建。该桥是由16组墩台构成的平面石板桥。全长73米，宽2米，高4米。桥两头建一聚仙亭，亭内两侧石碑详载募捐建桥经过。为县内最长的石板桥。

十是下党文昌阁，清道光年间（1821～1850）建。

十一是东坝，在县城东横桥下约10米处，建于明天顺年间（1457～1464）。崇祯年间（1628～1644）复修，长43米，宽6.6米，保存完好。1986年列为县级文物保护单位。

境内有哪些石刻碑记

一是小东寺佛座石刻，明弘治十三年（1500）刻。面积15平方米，刻着人物，动物造像。

二是星球岩石刻，位于城西蟾溪上游"鬼神潭"东侧。崖壁刻有明嘉靖十六年（1537）南京吏部尚书湛岩水手迹和嘉靖二十五年寿宁知县张鹤年，清道光五年（1825）寿宁县令孙大焜的题跋。石书系鳌阳叶应七手刻。石刻虽受风雨剥蚀，保存尚好。

三是寿宁县界碑，1982年2月，下党乡碑坑村出土明嘉靖二十四年（1545）八月，知县张鹤年立的县界碑。正文刻"寿宁县界"4字，旁刻"去县六十五里"，"嘉靖二十四年八月秋吉旦，知县事贵州普安张鹤年立"，背刻"下党隘"，旁刻"东至浙江田，南至后洋山，北至浙江西溪，西至新康口"。此碑尚存。

四是小东寺石碑，刻"县主饶给帖重兴小东寺记"。碑残，缺立碑时间。

五是清明伦堂学规碑，清乾隆五十九年（1794），寿宁知县福保和教谕陈仁钧据顺治九年（1652）"礼部题奉钦依"所制定的约束诸生的各种"教条"，树碑于孔庙。1984年因基建拆庙，该碑移三峰寺保管。

六是车岭石刻，岭头有清嘉庆十七年（1812）郭宜魁手书的"岭竣云深"，每字 2 尺见方。岭尾升东亭内有"去天五尺"4 字。

七是南山顶摩崖石刻，在城东 15 千米的南山顶龙岩寺附近。分布于门、山顶及寺前池旁，有清道光年间（1821～1850）南阳龚树森题于石门的"日出朝未启，月明夜不关"联句；有每字 1 米见方的"佛界"题字；有道光七年（1827）寿宁知县孙大焜《南山题记》；有光绪十五年（1889）知县何如瑾《重九登南山绝顶龙岩寺俯仰尘世》2 首及兼感时事等题壁；有马来西亚槟城州升旗山佛光精舍住持修静 1986 年重游旧地的题书。

八是革命烈士纪念碑，1964 年，寿宁县人民委员会建于烈士陵园内，碑高 16.8 米，用花岗垒砌，四面均刻"革命烈士纪念碑"7 个大字。碑座正面有中共寿宁县委、县人民委员会镶的"永垂不朽"石匾，背面有中共福安地委、专员公署、军分区的题词："赤胆忠心为祖国，革命精神启后人"。两侧有叶飞、范式人的题词。

九是冯梦龙宦寿纪念碑，1985 年树于县城镇武山前原县衙旧址。碑正面书有原中共福建省委书记项南手迹："冯梦龙宦寿旧址"。

十是张高谦墓前有宋庆龄、叶飞、郭沫若、魏金水等题词、题诗的石刻。宋庆龄题词"学习张高谦，做毛主席的好孩子"石刻入选"中国名碑"。

寿宁有多少革命遗址

革命旧址、遗址有六处：

一是西区农民武装暴动旧址。1932 年冬，范浚在县城西北的大安村创建第一支农民革命武装——红带会。次年 4 月，红带会在大安桥头垄伏击国民党海军陆战队，打响了寿宁西区农民武装暴动的第一枪。1985 年，中共寿宁县委在此立碑纪念。

二是中共寿宁县特别支部成立旧址。1932 年 10 月，中共福州中心市委派巡视员谢廷清到寿宁检查工作，在鳌阳镇文山里叶厝（叫秀蕃旧屋），成立中共寿宁县特别支部。

三是寿宁县革命委员会成立旧址。1933 年，中共福安中心县委派曾志到寿宁协助范铁民在南阳镇赤陵洋村建立闽东第一个县级苏维埃政权——寿宁县革命委员会。1985 年，中共寿宁县委在此立碑纪念。

四是中国闽浙边临时省委成立旧址。1935 年 10 月 5 日，叶飞率领闽东独立师部分队伍，在犀溪镇郑家坑村与刘英、粟裕率领的挺进师会合，举行联席会议，成立了中共闽浙边临时省委。1985 年，中共宁德地委在此立碑纪念。

五是中共闽东特委福寿办事处旧址。1935 年 8 月，中共闽东特委在犀溪镇甲坑村成立办事处，领导福安、寿宁、泰顺边界的游击战争。1985 年，中共宁德地委在此立碑纪念。

六是院洋战斗遗址。1934 年 6 月 16 日，工农红军闽东独立二团第十六连夜袭驻在南阳镇东南 10 千米处的院洋村敌军，歼敌 40 多人，俘虏 2 名，缴枪 71 支。此战为岗垄苏区的形成奠定了基础。

革命文物有哪些

一是寿宁县革命委员会印章。民国 22 年（1933）在南阳镇赤陵洋村成立的寿宁县革命委员会，刻有圆形木印一枚，文曰"寿宁县革命委员会"。现存省博物馆。

二是红军标语。红军挺进师政治部民国 24 年（1935）书于犀溪镇麻竹宅村墙壁的标语："工农团结起来打土豪分田地"；书于坑底乡地洋村郭以钟房屋阁楼房间板壁上的标语："红军是为工农兵分田分地，红军是工农自己的队伍"；"打倒国民党军阀，反对帝国主义瓜分中国，反对国民党抓丁拉伕"。

三是寿宁县革命委员会布告第 126 号（1934 年 1 月 10 日）。内容为加紧分田分地之指示。

四是范式人信件。范式人于 1937 年 2 月写给范振辉的信。现存县档案馆。

五是叶秀蕃、范浚等人合影照片。1929 年 9 月，叶秀蕃、范浚在福州乌石山学校读书时组织的"白水学会"全体会员的合影，现存县委党史研究室。

六是范浚读过的《思想月刊》共 2 册，其中一册盖范浚烈士印章。现存县委党史研究室。

七是叶秀蕃日记，现存叶秀蕃烈士儿子叶明苍家中。

八是马立峰诗篇，现存县委党史研究室。

九是詹如柏用过的《康熙字典》，詹如柏烈士在 20 世纪 30 年代用过（上盖詹如柏烈士印章，并留有烈士手迹）的《康熙字典》6 册。现存县委党史研究室。

十是红带会员暴动用的铳、刀。铳 4 把，刀 10 把，现存县委党史研究室。

十一是叶秀蕃用过的公文箱，现存县委党史研究室。

十二是缪洪骥用过的佩刀（1 把），现存县委党史研究室。

出土文物知多少

一是唐代铜线。1982 年在武曲乡承天村出土一串（240 多枚）古铜钱，最早的是唐"开元通室"，最晚的是宋"绍定通宝"。现存文化馆。1989 年，南阳村陈姓修墓时，从古墓挖出铜钱半斤，共 7 个年号，均为宋代。现在南阳村陈某家中。

二是宋代龙虎瓷瓶。1968 年 6 月 18 日，犀溪村出土 4 件宋代瓷瓶，其中一件有龙、虎及人像堆纹装饰。现存县文化馆。

三是宋石刻香炉。1985 年在改建三峰寺大雄宝殿时出土一石香炉，正面刻"大宋开宝乙亥年孟秋僧献"，背面刻有龙的浮雕图案。该香炉现存三峰寺。

四是金石。①商周祭祀石器，1982 年南阳出土，石器长 41 厘米、宽 85 厘米、厚 3.5 厘米。两面均有打磨痕迹；②明朝枪鼓石与石狮；③明代龚子杰坟墓 8 块石刻，上下分别成莲叶莲花座状，两边浮雕仙女散花，供桌浮雕花卉、如意、麒麟等；④龟趺，青石质，长 1.6 米、宽 11 米。龟背有碑座，碑座槽长 0.77 米、宽 0.13 米，碑已无存；⑤明代石佛；⑥明代铜镜。2001 年南阳镇出土铜镜两面：有字的一面直径 8.3 厘米、厚 0.5 厘米，中为"宝镜"两字，右为"寿山福海"，左为"玉带金鱼"；有花的一面直径 7.3 厘米、厚 0.6 厘米，刻卷草纹饰；⑦明代铁钟。明万历四十年（1612）铸造。原为高山庵钟，后庵废，铁钟存；⑧明代铜佛，佛座刻"大明嘉靖式拾玖（1550），□仲月□□二十六叶发心造像信士"；⑨福寿铜钱，直径 4.5 厘米、厚 0.1 厘米，内外均为不同宋体的 24 个"福"字和 24 个"寿"字。（详见《寿宁文物》）

五是陶瓷：①唐双系陶罐，高 32.5 厘米，口径 17 厘米，底径 10 厘米，腹围 73 厘米。褐陶，夹少量细砂，盘口，矮领，圆肩，鼓腹下收，小平底，肩饰双系；②古墓葬冥器，宋青瓷贴花罐，宋谷仓，宋兔毫盏，清青花露胎鱼纹盘，明龙泉窑花口盘，明五彩江蝠捧寿石榴盘，清蝴蝶图盘，清紫砂小壶、瓷茶壶、瓷罐、陶瓷谷仓等。（详见《寿宁文物》）

传世文物有哪些

一是明代陶质大王塔，存清源乡阳尾张氏祠堂。大金罐式，高 80 厘米，围大 108 厘米，正面书刻"明万历十一年"字样。

二是明代铜香炉（2 只），一只现存南山顶龙岩寺内，系明宣德年间（1426～1435）铸造，炉高 11 厘米、宽 18 厘米；另一只现存清源乡福林庵，亦是明宣德年间铸造，比前者稍小，炉高仅 9 厘米。

三是明代铜观音像（2 尊），一存坑底乡小东寺，为明正德五年（1510）铸造，高 32 厘米；一存三峰寺，为嘉靖二十九年（1550）铸造，重 18 千克，高 62 厘米，底座宽 40 厘米。

四是清代铁钟，存福林庵，铸于乾隆五十年（1785）。

五是清代提刀，存武曲镇承天村范姓家。提刀共 2 把，为范式人祖上范先澄、范先波习武之兵器，铁质，系清同治、光绪年间造，一重 60 千克，一重 40 千克。

六是清初雕刻石狮，有雌雄两座，存芹洋乡尤溪村吴姓农民家。其底座均为小圆盘，工艺精巧。

七是"妙净觉场"匾额。明代福建文学家曹学佺手书。现存南阳镇大莲庵。

八是清代板联。清乾隆间（1736～1795）福宁府尹李拔书赠寿宁县籍名医吴珏板联，上书"一郡久悬卢扁望，三年徒抱树云心"。现存清源乡楼下村吴姓村民处。

九是清道光皇帝赐匾，清道光七年（1827）国学生王国祯偕十一子"百口同居"，当年正月，钦赐给匾建坊。匾存下党乡下党村"王氏宗祠"。

十是清宣统诏书，清宣统元年（1909）正月二十九日颁赠梅洋村进士林栋曾祖父的诏书原件，为套有紫、红、黄三色绫的卷轴，书有汉、满2种文字，卷长186厘米，宽31厘米。诏书首尾部均有双龙纹饰，双龙之间分别为汉文和满文的"奉天诰命"字样，由林栋曾孙林盛铎将它献给国家。现存县档案馆。

十一是祝寿帷屏。清乾隆年间（1736～1895）寿宁知县马大纪赠南阳龟岭张氏帷屏，上方楣眉绣有八仙人物，内装白绫以正楷书写祝辞。现存该张氏后代家中。

十二是清初屏风。清康熙年间（1662～1722），安溪县人文渊阁大学士李光地赠犀溪村叶氏的漆屏风，为折叠片，共12片，每片高275厘米，宽46厘米。现存犀溪村叶姓村民家中。

十三是吴峨画。清乾隆年间（1736～1795）画家吴峨作牡丹图。现在浙江省泰顺县博物馆。

十四是李廷森书画。清乾隆年间（1736～1795）书画家李廷森作石门生小幅卷轴式书画幅。现存县文化馆。

十五是明代族谱。明万历二十三年（1595）修的犀溪乡缪姓家谱，内绘"寿宁山水形胜图"。现存犀溪仙峰岭兜缪姓村民家中。

文化管理机构有哪些

文化管理的行政机构有：（一）文化局，1949年7月，县人民政府设立文教科，主管文化、教育工作。10月，改称教育科。1952年3月复称文教科。1956年7月，文化、教育分设，正式成立文化科。1958年7月，文化、教育科合并，成立文教局。1963年复称文教科。"文化大革命"期间，成立寿宁县革命委员宣教组，行使文教科职能。1977年5月，复设文化教育局，主管文化、教育工作。1979年10月，正式成立文化局，全员5人。（二）档案局，1986年8月设立，为县人民政府管理档案事业的行政机构。全员3人。（三）广播电视局，1989年3月设立，为县人民政府管理广播电视事业的行政机构，全员3人。

文化管理的事业机构有：民众教育馆、县文化馆、新华书店、档案馆、广播站、电影公司、影剧院、北路戏剧团。

文化市场管理，1984 年 10 月，成立县音像管理小组，由县委宣传部、公安局、工商局、文化局、广播站负责人组成，县委副书记任组长。1985 年 6 月，成立县文化市场管理领导小组。1988 年 7 月，撤销领导小组，成立社会文化管理委员会，由分管文化的副县长担任委员会主任。委员会下设办公室，主要负责清查社会上淫秽、反动及非法出版的书刊、音像制品。对社会上的台球、游戏机、书摊、录像场所进行整顿、管理，发放文化行业经营许可证，并指导各乡（镇）社会文化管理小组的工作。

第三十卷

医药卫生

寿宁医药卫生的概况如何

自建县至民国时期，由于科学文化十分落后，寿宁卫生状况一直很差。民居多是人畜同住一个屋檐下，疾病难免，天花，麻疹，麻风，病毒性肝炎等传染病连年流行。

明、清时期，县设医学训科，有医生坐堂，为县民治病。民间也有青草医，用中医术、中药治疗常见病。但多数县民信巫不信医，人口死亡率高。

1936年，开办县立医院，有卫生人员3人。开始用西药治病，但药费极高。民间仍用传统的中医药青草药治疾病。至1940年，全县经批准开业的私人中药店只有30家。

解放后，县人民政府先后设立医疗、卫生、防疫、保健等事业机构，增拨卫生事业经费，改善医疗、防疫设施，扩大医疗队伍，逐步形成县、乡、村三级医疗卫生保健网络。

随着爱国卫生运动和除害灭病工作的开展，防疫工作的加强，地方病和传染病基本得到控制。1953年消灭了天花，1978年消灭了血吸虫，1988年，消灭了麻风病。人民健康水平显著提高，人口死亡率由1955年的11.6‰，降至1989年的4.99‰。

1990～2005年，县政府对卫生事业投入逐步增加。县医院、中医院、妇幼保健所、各乡（镇）卫生院和村卫生所医疗环境和设备不断改善，逐步形成县、乡、村三级医疗卫生服务网络。至2005年底，全县医疗机构292个，其中县级预防保健机构2个，县级医疗机构2个，乡（镇）卫生院13个，公共卫生单位门诊19个，个体诊所8个，村卫生所248个。村卫生覆盖率98.5%。全县医院床位384张，千人均床位1.5张。卫生队伍素质和医疗技术水平不断提高，人民群众的健康水平显著提高，人口死亡率由 1990 年的 4.99%，降至 2005 年的 3.55%。

县级医疗机构有哪些

一是寿宁县卫生院，1936 年 11 月创办寿宁县立医院，院址设在下书院。有卫生人员 3 人（其中医师 2 人），主要医治常见病。1937 年 1 月，改称寿宁县卫生所，4 月又改称寿宁县卫生院。1941 年，卫生院内行政事务由院务会议负责，下设门诊部、救护队、医政组，保健组、总务组。医疗科室有内科、外科、皮肤花柳科、五官科、牙科、妇婴科，卫生员由 2 人增至 30 人。当年门诊男病人 10066 人次，女病人 1594 人次；住院诊治男病人 22 人次；巡回诊治男病人 2098 人次，女病人 647 人次。至 1946 年，拥有病床 20 张。1949 年 6 月，卫生人员减至 3 人，病床减至 10 张。

二是寿宁县医院，1949 年 7 月，寿宁县人民政府接管县卫生院，更名为寿宁县人民政府卫生院。1954 年 10 月，在县城西门建成 1 座建筑面积 480 平方米的门诊楼和 1 座建筑面积 115.5 平方米的宿舍楼。1957 年更名为寿宁县医院。1966 年 12 月更名为寿宁县人民医院。1968 年与寿宁县防疫保健站合并，称寿宁县人民卫生防治院。1971 年 10 月 28 日复称寿宁县医院。1977 年在龙头湾新建宿舍楼 1 座（建筑面积 1590 平方米），1985 年又扩建门诊楼，建筑面积 582 平方米。1989 底全院面积 6621 平方米，其中门诊部、住院部 3175 平方米，职工宿舍 1650 平方米，其他建筑面积 1796 平方米。医院人员和设备逐步充实。1989 年，县医院有病床 140 张，职工 162 人。

1995 年，拆除旧门诊楼，新建一座门诊、住院综合楼，建筑面积 4800 平方米。同年，县医院被世界卫生组织、国家卫生部评为爱婴医院。1998 年，经国家卫生部评定为"三级乙等"医院和省交通事故抢救定点医院。2005 年，县医院占地面积 6600 平方米，建筑面积 13000 平方米，医疗用房面积 9400 平方米，有编制病床 181 张，全院干部职工 220 人，其中卫技人员 176 人（主任医师 3 人，副主任医师 9 人，副主任护师 2 人）。

2012 年县财政投入 9500 万元在县城东区新建了县医院。2015 年 12 月县医院高位嫁接，主动融入闽东医院管理集团。托管后，县医院采取内部分配、人事和财务制度改革，加强医德医风教育，县医院的服务能力和医疗收入明显提升，2013～2016 年连续 4 年业务居全市山区县前列。连续 4 年医务人员收入与医院业务同步增长，社会各界认可度和信任度大幅度提高。2015 年 11 月在国家卫计委抽查的城乡医院对口支援医院中名列全省第一名；在 2016 年下半年全省医疗机构第三方满意度调查中，排名全省 111 家二级以上综合性医院第 20 名，全市综合性医院第二名。

三是寿宁县中医院，1989 年 5 月 12 日，在鳌阳卫生院基础上成立寿宁县中医院，座落在县城胜利街 93 号，是一所集医疗、预防、保健、社区卫生服务为一体的综合性中医院。业务用房面积 1360 平方米，建筑面积 3680 平方米，病床 60 张。2005 年，有职工 60 人，其中，卫技人员 55 人。内设内科、外科、妇产科、检验科、放射科、麻醉科、手术室、B 超室、心电图室等医技科室 17 个。

乡级医疗机构有哪些

（一）鳌阳卫生院。1961 年 2 月创办，内设内科、外科、妇产科、注射室、化验室及中、西医药房。1981 年，在胜利街建综合楼 1 座，建筑面积 884 平方米，1989 年底有医务人员 22 人。内设 10 个医疗科室，2 个门诊部，9 张病床。

（二）斜滩中心卫生院。1940 年 2 月，首办斜滩卫生所。不久，更名为寿宁县卫生院斜滩分院。1941 年 9 月，院内增设妇婴卫生室，创办时有卫生人员 3 人。1943 年，增至 5 人。1947 年停业。

解放后，1953 年 1 月，创办第二卫生所。1954 年 10 月，成立斜滩中医联合诊所。1958 年，中医联合诊所与第二区卫生所合并，成立斜滩卫生院。1959 年，更名为斜滩公社保健院，1973 年 7 月，建门诊、宿舍楼各 1 座，建筑面积 1114 平方米。1978 年经宁德地区卫生局批准，改为中心卫生院。1998 年，全院有医疗科室 13 个，病床 15 张，职工 36 人（其中卫生技术人员 34 人）。能做阑尾、疝气等手术。2004 年，被认定为"一级甲等"医院。

（三）平溪中心卫生院。1942 年，创办寿宁县卫生院平溪分院，有卫生人员 4 人。1958 年，成立平溪公社保健院。1966 年，建成 558 平方米门诊楼。1971 年更名平溪公社卫生院。1978 年，经宁德地区卫生局批准，改为平溪中心卫生院。1983 年投资 21 万元，兴建医疗综合楼 1 座，建筑面积 1578 平方米。

2004，投资 130 万元改建门诊，住院综合楼 1 座，建筑面积 1683.5 平方米，设置病床 30 张。全院职工 30 人，其中卫技人员 25 人，内设医技科室 16 个。

（四）南阳卫生院。1952 年 10 月，成立南阳中医联合诊所。1954 年 7 月，创办第五区少数民族妇幼保健站。同年撤销妇幼保健站，设立第五区卫生所。1958 年，成立南阳公社保健院。1971 年 12 月，更名南阳公社卫生院。1973 年，增设五官科，能做扁桃体摘除、白内障囊内摘除、兔唇修补等手术。1984 年 9 月，更名南阳卫生院。1999 年新建 2000 平方米门诊综合楼，有病床 30 张，2002 年，确定为中心卫生院。2004 年 3 月，通过"一级甲等"医院复审及爱婴医院认定。全院职工 36 人，其中卫技人员 33 人。内设医技科室 20 个。

（五）坑底卫生院。1956年7月，创办玉壶乡卫生院。1958年，成立坑底公社保健院，1971年12月，更名坑底公社卫生院。1984年9月，更名坑底卫生院。该院占地1565平方米，建筑面积930平方米，设病床4张，有职工18人，其中卫技人员17人，内设内科、外科、妇产科、儿科、皮肤科等5个科室。

（六）托溪卫生院。1953年由5家私人诊所合并成立中医联合诊所。1958年改称托溪公社中心保健站。1971年12月改名为托溪公社卫生院。1984年9月，更名托溪卫生院。2005年，投入资金45万元扩建业务用房。卫生院占地面积1185平方米，新旧楼房建筑面积1030平方米，设置病床11张，有职工16人，其中卫技人员14人。

（七）芹洋卫生院。1958年创办芹洋公社保健院。1971年12月，更名芹洋公社卫生院。占地面积1600平方米。1974年建楼房1座，建筑面积400平方米。1977年扩建楼房1座，面积300平方米。2000年新建门诊楼一座，建筑面积290平方米。2005年投资75万元，兴建门诊、住院综合楼一座，建筑面积1200平方米。设置病床4张，全院职工20人，其中，卫技人员17人，内设内科、外科、妇产科、儿科、五官科、皮肤科、急诊科、检验科、影像科、中医科等10个医技医室。

（八）竹管垅卫生院。1966年，创办竹管垅公社保健院，坐落竹管垅街4号，占地450平方米，建筑面积702平方米。因地处偏僻，破旧，不便群众就医。2005年，购民房作为卫生业务用房，占地134.86平方米，建筑面积365平方米，店面3间，设置病床5张。全院职工14人，其中卫技人员12人。内设内科、外科、妇产科、儿科等科室。

（九）清源卫生院。1970年，创办岱阳公社保健院。1971年12月，更名岱阳公社卫生院。1981年7月更名清源公社卫生院，1984年9月更名清源卫生院。坐落在清源乡姜厝街40号，占地面积800平方米。1992年10月，成立寿宁县精神卫生中心。2005年，新建门诊住院综合楼一座，建筑面积776平方米，设置病床40张。全院职工21人，其中，卫技人员19人。设内科、外科、儿科、妇产科、精神科、预防保健等6个科室。

（十）大安卫生院。1970年3月，创办大安公社保健院，1971年12月，更名为大安公社卫生院，1984年9月，更名为大安卫生院。坐落在大安乡红带街38号，占地面积1302.69平方米。1990年，新建门诊综合楼一座，建筑面积1112.88平方米，其中业务用房800平方米。设置病床4张。全院有职工12人，其中卫技人员11人。内设内科、外科、妇产科、防疫科等4个医技科室。

（十一）凤阳卫生院。1954年，第七区（凤阳）成立中医联合诊所。1958年，联合诊所改为凤阳公社保健院。1971年，更名为凤阳公社卫生院。该卫生院坐落凤阳乡街道，占地 2320 平方米。2005 年建综合门诊楼一座，建筑面积 945 平方米。设置病床 4 张。全院职工 13 人，其中卫技人员 12 人。设内科、外科、骨科、妇产科、化验室、B 超室、X 光室、规范化预防接种门诊室等 8 个科室。

（十二）武曲卫生院。1955 年，成立武曲中医联合诊所。1964 年 4 月，联合诊所改为斜滩公社保健院武曲分院。1975 年武曲分院撤销，设武曲公社卫生院。1984 年 9 月更名武曲卫生院。该院坐落武曲镇武兴路，占地面积 1467 平方米，建筑面积 1519.57 平方米，设置病床 5 张。全院职工 16 人，其中卫技人员 11 人。设内科、外科、妇产科、儿科、急诊科、骨伤科、放射科、检验科、规范化预防接种门诊室等 9 个医技科室。

（十三）犀溪卫生院。1954 年，成立犀溪中医联合诊所。1958 年联合诊所改为犀溪公社保健站。1962 年，保健站改为南阳公社保健院犀溪分院。该院坐落在犀溪乡北浦中路 33 号，占地面积 1100 平方米。2005 年，建门诊综合楼一座，建筑面积 600 平方米，设置病床 4 张。全院职工 16 人，其中卫技人员 14 人。内设内科、外科、妇产科、儿科、放射室、心电图、化验室等 7 个医技科室。

（十四）下党卫生院。1988 年，创办下党卫生院，坐落在下党乡新区，占地面积 200 平方米。1994 年，建一层办公楼，1997 年 7 月竣工投入使用。2003 年加层装修，有业务用房 800 平方米，生活用房 100 平方米，设置病床 3 张。全院职工 9 人，其中卫技人员 7 人。设内科、外科、妇产科和注射室。

村级医疗机构有哪些

1958 年，全县创办村级保健站 41 所。1962 年增至 86 所。村级保健站受公社保健院和大队双重管理。1969 年底，平溪公社碑坑大队和托溪公社峡头大队率先办起贫下中农合作医疗站，1970 年迅速推广至全县。至 1973 年，全县有 136 个大队建立合作医疗站，占当时大队总数的 98.55%，有半医半农的赤脚医生 127 人。1986 年，取消合作医疗制度，村民就医自付医疗费。1990 年，全县村卫生所村医共 253 人，全部取得《乡村医生合格证书》。2005 年，全县村卫生所村医 330 人（258 人取得《乡村医生资格证书》），其中中专以上水平的占 80%，连续工作 20 年以上的占 30%。2005 年，全县有 27 名个体医生开设的诊所被核准为医疗机构。

厂矿、学校医疗室有哪些

民国时期，寿宁县初级中学设有医疗室，配校医 1 人。
1958 年，寿宁县印潭铁厂设医疗室，配医务人员 2 人。1960 年取消。

1968~1988 年，县冶炼厂、明矾厂、南阳茶场、龙虎山茶场、一中、二中、车岭电站、景山林场、农械厂、茶叶精制厂、实验小学、鳌阳小学、闽东技校寿宁分校、鳌阳中学、光荣院等企事业单位先后设立过医疗室。1989 年底，全县有企事业单位医疗室 7 个，医务人员 8 人。

私人诊所知多少

清咸丰时（1851~1861），全县有药铺 5 家，清末增至 9 家。

民国时期，全县有同仁堂、仙草林、回春堂、种心堂、万家春、万同春、共和生、杏林春、天禄堂、竹梅居、祝三堂、九如堂等 75 家中药店，均属个体开业。大多由中医医生兼营，少数聘有坐堂医生。民国 29 年（1940），县卫生院批准开业的中医中药店有 30 家。民国 32 年（1943），有从业人员 39 人。

解放后，私人诊所继续营业，至 1952 年，全县有中药店 53 家，私人诊所 4 家，医药人员 179 人。1958 年人民公社化，取消 4 个药店和私人诊所，医药工作者到村保健站工作。1964 年，经福建省卫生厅批准开业的私人诊所有 14 家，"文化大革命"中，又被取消。1982 年，允许个体药店开业，首批 23 家个体药店，经考核合格获准营业。1989 年，全县有私人诊所 177 家，其中聘有坐堂医生的药店有 110 家。

1994 年，县卫生局清理整顿全县医疗市场，打击非法行医，强制关闭 3 家无证诊所。1998 年，县卫生局为 248 个村卫生所核发了新的《医疗机构执业许可证》。2005 年，共培训村医 315 人次，帮助乡村医生不断更新知识，提高业务水平，使 80% 的乡村医生都达到中专以上水平。

寿宁县卫生防疫机构状况如何

1954 年 3 月，设县妇幼保健站，配工作人员 5 人。1957 年 4 月，改称寿宁县防疫保健站，有工作人员 10 人。1967 年，更名为"寿宁县人民卫生防疫站"。1968 年 8 月并入县医院，改称"寿宁县人民医院防疫站革命委员会"。1971 年 2 月恢复防疫机构，称"寿宁县革命委员会卫生防疫组"。同年 10 月 28 日从卫生局分出，定名为"寿宁县卫生防疫站"，至 1979 年，全站人员 30 人。1982 年 12 月，《中华人民共和国食品卫生法》颁布后，由分管副县长与卫生防疫、工商、物价、计量等单位负责人组成贯彻《食品卫生法》领导小组。1988 年，县防疫站内设食品卫生监督科，配有监察人员 4 人，乡（镇）配有检查员 14 人。

1990 年底，寿宁县卫生防疫站人员 36 人（其中，各类卫生监督员 9 人）。1995 年，不再设宣教科和地慢科，增设财务科。2003 年全员 35 人，其中 5 人借调卫生局组建的执法大队。2004 年，县卫生防疫站更名"县疾病预防控制中心"，编制 26 人，内设疾控科、卫生监测科、检验科、结核病防治科、办公室、财务科、口腔科、X 光室、计免室和结核病防治门诊部。

爱国卫生运动如何开展

1952 年 4 月，县人民政府设立寿宁县防疫委员会。8 月更名为寿宁县爱国卫生运动委员会（简称爱委会）。爱委会成员由有关部门领导组成，下设办公室（简称爱委办），与卫生科（后改卫生局）合署办公，承办具体事务。当时主要开展改善水源卫生、规划取水地点、定时清洗水井及大扫除等活动。

1957～1960 年，全县曾 4 次开展以"消灭四害，讲究卫生，移风易俗"为重点的爱国卫生运动。先后清除垃圾 13.65 万吨，清洗下水道 3.08 万条次，迁移厕所 1.28 万处，灭鼠 63.8 万只。

1972 年撤销爱委会，成立"计划生育、爱国卫生、防病灭病领导小组"。1973 年 10 月重新成立寿宁县爱国卫生运动委员会。当年，参加爱国卫生运动达 14 万人次，积肥 13.3 万吨，清理猪圈累计 45.63 万个次，清理阴沟 2.8 万条次。

1982 年起，每年 3 月定为"文明礼貌月"。1984 年 3 月，清理蟾溪河道 1000 余米，拆除猪圈 10 个，厕所 8 间，搬走堆积在河道中的土、石 2.3 万立方米。同时，县人民政府与县直机关 110 个单位签订责任制合同，实行"门前三包"、"门内达标"的卫生制度。

1985 年 6 月，县爱委办与县卫生局分开办公，配有专职人员负责日常工作。1986 年，全县已建自来水厂 13 个（其中有沉淀过滤设备 12 个），受益人口 2.6 万人。1987 年，坑底乡地源村改善饮水条件，移厕所、畜圈于户外，保持房内环境卫生，被中共福建省委、省人民政府命名为"文明村"。

1989 年 4 月，全国"爱国卫生月"期间，县直机关、企事业单位千名职工清理蟾溪和清洗县城街道，清理泥土、垃圾 3000 多立方米，拆除沿溪猪舍 40 多处。有 3000 余名中、小学师生分头到县城各小巷清扫卫生死角。

1990～2005 年，县政府对卫生事业投入逐年增加。通过开展爱国卫生运动，有效地控制各种传染病的发生和流行。人民群众健康水平显著提高，人口死亡率由 1990 年的 4.99%，降至 2005 年的 3.55%。

卫生监测监督包含哪些方面

卫生监测监督包括工厂卫生、食品卫生、学校卫生、公共场所卫生和医院污水等。

首先是工厂卫生监测监督。诸如，印刷厂铅尘，农械厂喷漆中的苯浓度超标，造纸厂污水，植绒厂空气中的氨、噪音、粉尘等是否符合国家卫生标准要进行监测。

其次食品卫生监测监督。诸如食具消毒，商店罐头、糕点、调味品和产品、饮料等。查出伪劣、变质、霉烂的要当场销毁。1988年7～9月，全县检查食品经营单位1218户（次），没收和销毁伪劣、变质食品1783千克。当年，县薏苡仁精厂、第一酒厂与鳌阳粮站第一门市部、国营饮服菜馆、斜滩供销社食品专柜等单位被评为宁德地区食品卫生先进单位。

1989年，全县发放《卫生许可证》519份，发证率达95%；发放《健康合格证》854份，发证率达96.9%。

第三，学校卫生监测监督。1962年，在县一中、二中都配设校医。1964年开设卫生课。县卫生院组织医生、护士深入学校检查学生健康状况。1980年起，根据《中小学卫生工作暂行规定》每年为县城4所学校的学生进行一次健康检查，建立健康卡片。

第四，公共场所卫生监测监督。1984年9月，对县城两所影剧院进行卫生调查和微小气候及细菌监测。结果表明，影院空气中的细菌总数超标，一氧化碳超过国家规定浓度。1986年，对县城8家理发店进行卫生调查，脸盆细菌检出率为87.6%，毛巾为66.7%。经督促，用具消毒工作有了改善。1988年以来，每年对县城的影剧院、录像场、宾馆、酒家、歌厅、商场、客栈、书店等企业进行卫生检查，不合格者督促整改，合格者发放《卫生许可证》。

第五，医院污水监测监督。1984年，县防疫站对县医院排出的污水进行采样监测，检查结果，细菌点数大于16万个/毫升，大肠菌群大于1500个/升，细菌指标及"三氨"含量的均超过标准，主要是病房、厕所、粪便污染所致。1987年，县医院建成一座135平方米的三级无害化病房厕所，所排出的污水基本未超过标准。2008年县医院迁入新址以来，医院污水处理已经完全达标。

寿宁县流行的传染病主要有哪些

（一）天花（痘疹）。民国以前，天花连年不断，病亡人数占发病人数的20%～50%。1928年10月，县城天花流行，3个月内发病人数达300余人，多为2～3岁儿童，死亡50多人。

解放后，县人民政府加强天花防治，1950年4月，以平溪、托溪天花发现区为防治中心，分片接种牛痘苗1.5万人次。1951年，全县发现天花患者2例，

1952 年仅 1 例，此后天花传染病在寿宁绝迹。至 1957 年，全县接种牛痘苗 17.6 万人次。1982 年，停止接种牛痘苗。

（二）麻疹。新中国成立前，麻疹发病率和死亡率约 20%～30%。新中国成立后，麻疹流行仍较严重。1951 年，全县患者达 1902 人，死亡 201 人。1958 年，全县患者达 7955 人，占当年各种传染病患者总数 2.24 万人的 35.51%。1970 年，发病 6650 人，死亡 75 人，发病率为 4340.90/10 万，死亡率为 45.26/10 万。1971 年，开始注射麻疹减毒活疫苗。1978 年发病率下降。1983 年免疫程序正规化，全县麻疹发病率大幅度下降。每年发病率均控制在国家规定的指标内。1988 年，全县只发生麻疹 8 例，发病率为 3.78/10 万。

（三）流行性脑脊髓膜炎（流脑）。每年都有这种病例。特点是儿童居多，爆火型多，蔓延快，死亡率高。1979 年，全县患者 220 人，死亡 13 人。1986 年后，使用 A 群流脑多糖体菌苗注射，教育群众做到三开（开门、开窗、开蚊帐），三晒（晒被褥、晒草席、晒蚊账），不带儿童到公共场所，疫情得到控制。

（四）病毒性肝炎。多是甲型和乙型。清宣统三年（1911）夏秋之交，犀溪仙峰一带肝炎蔓延成灾，当地民谣："宣统二年半，人丁去一半"，指的就是这件事。民国时期，坑底上东一带的肝炎患者有 90% 左右死亡。1971 年，岱阳公社的村尾、竹坪两个大队暴发病毒性肝炎，蔓延至斜滩公社的楼下、新村，发病 144 例，发病率为 35.1%。省防疫站与福州市传染病医院派出专业医师到当地防治。1. 切断传播途径，避免日常生活接触性传染，发动全村大搞卫生；2. 给病人及接触者注射丙种球蛋白；3. 对疫区现场进行消毒。经过防治，病情得到控制。

（五）流行性乙型脑炎（乙脑）。1959 年发病 4 例，死亡 1 例。1966 年全县发病 30 例。1972 年，开始注射乙脑疫苗。同时采取防蚊、灭蚊和服用青草药等措施，乙脑发病率开始下降。

（六）白喉。从 1952 年首例疫情报告至 1983 年，累计发病 283 例，死亡 85 例。其中，1967 年发病 29 例，死亡 5 人。经用百白破三联制剂注射防治，疫情得到控制。1984～1989 年均没发现此病。

（七）百日咳。1955 年发病 379 例，死亡 5 人。1957 年，使用百白破三联制剂注射预防。1963 年发病 1662 例，死亡 2 人。1982 年计划免疫正规化后，发病率迅速下降。当年仅发病 2 例。1988 年以来未发现此病。

（八）结核病。1986 年 5 月，宁德地区卫生防疫部门组织肺结核流行病学调查工作队，对凤阳乡东岭后和官田洋两村进行调查，实检人数 1282 人，受检率为 98.31%，结核菌素试验为 97.8%。检查结果：14 岁以下儿童感染率为 4.33%，15～29 岁组总感染率为 29.04%，结核病患病率为 857.36/10 万，涂阳患病率为 2.34%，空洞患病率为 1.56%。1987 年，采用冻干苗预防肺结核。

（九）麻风病。流行历史较长。明景泰六年（1455）建县后，在城南兴建养济院，收容麻风病人。据《寿宁县志》："寿踞一群最高之处，峦气中人易病，而癞疾传染尤可畏，即至亲亦仇视之。贫儿无援，有未绝而被焚烧者"。直到清代，仍有患者被活埋。解放后，麻风病防治工作得到加强。1953～1983年，全县进行了3次大规模线索调查，确诊患者12人，其中瘤型8人，结核样型4人。1988年10月，经省、地、县麻风病联合考查，宣布寿宁县为基本消灭麻风病县。

（十）性病，俗称花柳病。民国时期，寿宁县卫生院曾设皮肤花柳科，医治性病。1941年，性病患者门诊2025人次，占各种疾病人门诊11682人次的17.33%。解放后，经大规模查治，病人逐步减少。1980～1989年，发现性病32例，尖锐湿疣10例。至今，在县防疫站和县医院还开设皮肤科门诊，诊治性病患者。

（十一）细菌性痢疾。这种由痢疾杆菌引起的肠道传染病，主要通过粪便—苍蝇—食物之间的传播。民间称"赤痢"。县内流行历史较长。1951～1987年，累计发病4422例，死亡15例。1987年8月，大安乡大熟村痢疾暴发流行，共发病88例，死亡2例。

（十二）脊髓灰质炎，俗称"小儿麻痹症"。这种由脊髓灰质炎病毒引起的急性传染病，往往导致肢体瘫痪，对儿童危害极大。1955年，该病被列为法定传染病。1965年曾报告首例病人，至1984年累计发病85例，死亡3例。1977年10月～1978年4月暴发流行，发病61例，为有史记载以来最高的一年。1984年，大安乡大熟村发病3例，1985年以来，未见此病。

地方病防治情况如何

（一）疟疾，俗称"打摆子"。1946年，寿宁疟疾流行，有20%的人口得病，贫困人口因无力购药大批死亡。1954年，全县医治疟疾3031人。病人分布在13个乡（镇）的82个自然村。1985年以来发病率下降，1988年，仅发病21例，发病率为9.64/10万。

（二）丝虫病。1958年，首次开展丝虫病普查普治工作。实检113621人，受检率99.03%。普查结果：阳性3427人，阳性率3.02%。采用海群生一苋一夜方案治疗3105人，治愈率达90.60%。同时发现晚期橡皮腿病人3例，大腿肿大如木桶。1979年后，县卫生防疫部门每年到原丝虫病发病率较高的乡村，进行监测，发现5个乡村有阳性病人19例，阳性率0.14%，至1989年全部治愈。

（三）肺吸虫病。1974年发现首例病例，1978年10月，以此病例为线索，到圈石、大熟、后洋等村进行肺吸虫病流行病学调查，受检人数2047人，发现阳性465例，感染率为22.5%。1974～1989年，全县发现肺吸虫病293例，年均发病率 0.11%。县防疫站对历年查出的患者，均采用硫酸二氯酚口服两个疗程，症状基本消失，胸透正常。

（四）肠道寄生虫害、钩虫病，俗称"黄肿病"。1960 年，普查 51946 人，发现钩虫病患者 9656 人，发病率 18.5%。经用四氯乙烯治疗后，阳性率下降至 1.5% 以下。1976 年 9 月，调查茗溪、斜滩两个大队的 15 个自然村，发现钩虫感染 1576 人，感染率为 64.93%。县卫生防疫部门动员病区群众，加强粪便管理，实行全民服药。

（五）地方性甲状腺肿大（简称地甲病）。1979 年 4 月，寿宁县第一次开展地甲病调查。查出患者 671 人，发病率为 0.4%；1983 年进行第二次调查，查出患者 63 人，发病率为 0.57%；1989 年 9 月，第三次调查地甲病，查出患者 610 人，属轻病区范围，1983～1989 年，对病人均给予碘丸口服治疗。

计划免疫情况如何

1982 年，开始推行计划免疫工作。按程序和年龄组进行麻疹疫苗，脊髓灰质炎疫苗、百白破混合制剂及卡介苗（简称四苗）预防接种，同时建立《预防接种登记卡》。全县登记 35000 名 0～7 岁儿童，按免疫程序预防接种。逐步建立县、社、队三级防疫网络。1984 年，在县城开展计划免疫门诊，开展常年免疫接种工作。1985 年，建立冷链系统，并投入正常运转。1986 年 4 月，县人民政府发出《关于实施儿童计划免疫的通知》及《关于加强计划免疫工作的通知》，开始全面推行《预防接种证》制度。县成立计划免疫组，各乡（镇）卫生院成立防疫组，计划免疫工作进一步加强，经宁德地区防疫站考核，寿宁县 12 月龄儿童四苗单项接种均达到 85% 以上，提前四年达到国家"七·五"规划的接种率指标。1984 年 4 月，省《计划免疫在山乡》电视摄制组到寿宁拍摄开展计划免疫工作实况。至 1988 年，全县有免疫接种网点 200 多个，分布在 14 个乡（镇）的 183 年自然村。1985～1988 年，全县共完成各种生物制剂 33 万多人次的接种任务。四苗接种率连续 3 年达标，基础免疫逐步提高。其中，麻疹疫苗接种率从 1984 年的 71.43% 提高到 1988 年的 99.53%，小儿麻痹症糖丸接种率从 64.76% 提高到 100%，卡介苗从 45.24% 提高到 100%，百白破混合剂从 42.29% 提高到 99.53%，传染病发病率大幅度降低。麻疹发病率从 1984 年的 1.02% 下降到 1988 年的 0.04%，百日咳、脊髓灰质炎分别从 0.78%、0.01% 降到 0。1988 年 10 月，经全国计划免疫审评团审评，寿宁被评为 1988 年度全省和全国计划免疫先进县。

何谓新法接生

新中国成立前，妇女分娩多由老年妇女或专业接生婆凭经验接生，有的还自产自接，不讲究卫生，新生儿断脐器械多为竹片或剪刀，导致部分产妇感染。新生儿脐带断扎不完善，往往导致产褥热和新生儿破伤风、脓炎等。一遇到难产，接生婆强行拖拽胎儿，造成产妇产后出血，母、婴死亡率很高。1937 年，福建省民政厅卫生科派一位助产士到寿宁指导新法接生，因条件所限，无法普及。

1949 年后，寿宁县人民政府改造旧接生婆，培训接生员，推广新法接生。1952 年，开办新法接生培训班 1 期，受训 13 人。

1953 年 11 月 11 日，建立寿宁县妇女保健站，配助产士 2 人。1956 年，培训接生员 239 人。当年新法接生率为 30%。

1957 年，县妇幼保健站与县医院防疫股合并，建立寿宁县卫生防疫站，内设妇幼股。当年，全县新法接生 104 人，产前检查 2912 人次，产后访视 1187 人次。

1968 年，县卫生防疫站撤销，专业人员被遣散。1971 年 10 月恢复卫生防疫站，妇幼股重新开展工作。1978 年后，实行"一躺四消毒"，做到产前检查，产后访视，产时观察，做好产程记录，配全各种接生器械药品，新法接生率逐年提高。

1988 年，全县有妇幼保健医师 2 人，助产士 11 人，妇幼保健员 2 人，接生员 157 人，村级接生箱 115 个。1989 年，全县有妇幼有助产士以上职称 23 人。新法接生 1939 例，新法接生率达 90.1%。孕、产妇死亡率为 0.36‰，婴儿死亡率为 7.96‰。

妇女保健情况如何

妇女保健，据《寿宁县志》记载，1950 年，寿宁县部分妇女使用卫生带。1959 年，首次开展妇女子宫脱垂普查工作，查出患者 537 人，均予免费治疗。

1960 年，第二次普查，查出全县闭经妇女 1597 人，子宫脱垂 994 人，两病治愈 1595 人。1961 年，开始推行"三调三不调"（孕期调轻不调重，经期调干不调湿，哺乳期调近不调远）的劳动保护制度，向全县妇女宣传"四期"（经期、孕期、产期、哺乳期）保健知识。

1976 年，在开展计划生育工作的同时，发现妇女子宫颈糜烂 245 例（其中，Ⅰ度 176 例，Ⅱ度 68 例，Ⅲ度 1 例），对Ⅱ、Ⅲ度者用五倍子治疗子宫脱垂 196 例，给予上托环治疗 55 人，疗效均佳。

1978 年，开展妇女尿瘘和子宫脱垂普查普治工作，查出尿瘘患者 14 人，手术治疗 9 人。子宫脱垂 329 人，全部给予上托环或药物治疗。1980 年治疗宫颈糜烂 585 人，阴道滴虫 220 人，治愈率 80% 以上。1982 年对 329 名子宫脱垂患者进行复查，治愈 170 人。当年起开始定期复查、复治子宫脱垂患者。

1986 年，县总工会女工委员会组织有关部门，在线毯厂、车木厂与商业系统开展妇女妇科病普查普治工作。受普查的 117 人中，有阴道滴虫、霉菌性阴道炎患者 72 人，全部接受治疗。1988 年 7 月，县防疫站创办妇幼保健门市部，开展妇科病咨询和治疗。1989 年 8 月，县防疫站妇幼科又对县城的 13 个企业单位的女工妇科病进行普查普治，受检 233 人，患病 125 例，患病率为 53.60%，均给予治疗。

1996～2005 年，县医院购进先进的医疗设备，选派医生到省、市医院进修，提高妇产科综合治疗水平。住院病人由原来的每年 400 多人上升到近 2000 人，蔡玉美曾成功实施了腹膜外部宫产、盆腔清扫术，扩大子宫切除术，宫颈椎切术，阴式子宫切除术，填补了县医院这几项技术的空白。

儿童保健情况如何

1952 年，对 169 名儿童进行健康检查，并给 162 名有缺陷的儿童免费矫正治疗。1975 年起，每年"六·一"节前都进行儿童体格检查，并为儿童注射各种疫苗。1980 年，为县城所在地的托儿所、幼儿园及几所小学的学生建立健康卡片。之后，各公社（镇）卫生院相继对入园儿童建立健康卡片。1982 年，在全县范围内为儿童接种各种疫苗。当年，对县城幼儿园、托儿所的 705 名儿童进行健康检查，发现异常的 140 人，均与家长配合及时治疗。1989 年为儿童注射各种疫苗 58.50 万人次。

1996 年，县医院成立儿科。至 2005 年，能开展儿科常见病的治疗、重症危重患儿的抢救、新生儿常见病、手足口病、慢性腹痛、厌食、慢性腹泻以及多发病常规诊治等。其中缪长新擅长儿科各种急病的诊疗及儿科常见疾病的诊疗。蔡春尧长期从事内科、儿科的临床诊疗工作，曾前往北京大学附属第三医院儿科进修、学习，多次参加国内、省内各种学术班培训，擅长儿科疾病的诊疗。

人民健康水平如何

人民健康水平，主要从"生长发育"、"死亡率及死因构成"、"平均寿命"三个方面评价：

一是生长发育。1988 年，对县实验小学、鳌阳小学 1894 名学生的生长发育状况进行调查，剔除发育畸形、不足龄及卡片记录不全的 320 名，实测 1574 名。

结果表明：男女生身高、体重、坐高均值与年龄成正比，9岁以前的男生高于女生，10岁起女生超过男生。女生在9～10岁时出现一次性突增，男生至13岁尚未出现突增。其身高、体重、坐高调查如下（各年龄组数字为平均数）：

身高：男孩从7岁的125.78厘米，递增至13岁的140.93厘米；女孩从7岁的114.10厘米，递增至13岁的141.79厘米。

体重：男孩从7岁的30.67千克，递增到13岁的32.96千克；女孩从7岁的19.28千克，递增至13岁的33.23千克。

坐高：男孩从7岁的63.93厘米增至13岁的74.19厘米；女孩从7岁的63.30厘米，递增至76.26厘米。

二是死亡率及死因构成。明、清及民国时期，寿宁人民生活贫困，疫病防治能力差，各种急、慢性传染病和寄生虫广泛流行，加上民间对疾病或久治不愈的疾病，常招巫迎神驱邪，得不到及时有效的医治，死亡率高。

1939年1月，据城区抽样调查测算，死亡率达25%。民国30～37年（1941～1948）人口死亡率除1947年略有下降外，其余年份均是逐年升高。主要死亡原因为疟疾、性病。其中，疟疾患者占1/5强。居疾病死亡首位。

新中国成立后，人民政府贯彻预防为主的方针，广泛开展以除害灭病为中心的爱国卫生运动，人口死亡率迅速下降。1955年全县人口死亡率为11.6%，低于12.28%的全国人口死亡率。

三是平均寿命。全国第二次人口普查，寿宁80岁以上的有200人，占总人口的1.58%，其中90岁以上2人，最高龄92岁。全国第二次人口普查，寿宁县80岁以上有898人，占总人口4.68%，其中90岁以上的43人，最高龄95岁。全县平均寿命66.86岁。1989年，80岁以上的1051人，占总人口的4.94%，其中90岁以上33人，百岁以上老人1名，是凤阳乡基德村徐学贵，男103岁。据第六次全国人口普查数据表明，寿宁人口平均寿命为77.25岁，高于全国水平6.45岁。2014年12月31日，全县80岁以上高龄老人有4683人，存活实足百岁以上老人31人，占户籍总人口的1.13/万。

何谓青草医

明、清时期，民间多用青草药治病。民国时期，各乡均开设有青草药店。武曲徐茂弟用青草药治疗过瘟疫、瘴气。南阳镇龚启右三代开设青草药店，经营青草药有300余种。

1959年，全县有青草医生114人。1960年，县医院外科应用复方按金合剂治疗化脓性创口，获福安专区"积极发扬祖国医学一等奖"，1961年，县中医研究所编写出《寿宁民间草药》（第一集）。1969～1973 年，全县各大队相继建立合作医疗站，"一根针、一把草"，为群众治疗常见病。

1976 年，以穿破石合剂治疗慢性肾炎尿毒症，白菌合剂治疗慢性肝炎，倒扣草治疗腰肌劳损，牛黄汤治疗早期肝硬化均有一定疗效。

1983 年，县医院开展断肠草中毒抢救研究和中草药治疗类风湿性关节炎的临床观察，被列入宁德地区研究项目。1988 年成立寿宁县中草药研究会。1989 年，全县经批准开业的个体青草医有 16 人。

新世纪以来，随着医药市场的开放，青草医在广大农村，特别是接骨、疗伤，很受青睐；不少青草药以清凉解毒、排毒养颜之功，进入药膳行列，来到宾馆餐桌，走进千家万户。

中医有哪些科目

一是内科，寿宁县在光绪以前，防治疾病多为中医中药。医生把临床经验视为已有财富，不肯轻易外传。清代著名医生有吴珏、郭彭年等。

民国时期，寿宁县中医分布不均匀。1943 年全县中医从业人员有 39 家，其中，城内开业的有 8 家，以叶渊尧治内科急症，知名度较高。他曾用川芎、当归、牛膝、红花治愈一怪胎。并用人参、五味、浮小麦治愈厥逆。曾获萨镇冰赐赠的"仁术延年"匾一块。

解放后，提高中医生的社会地位。1951 年成立寿宁县卫生工作者协会，30 余名分散于民间的中医药人员被组织起来，定期学习，互相交流医术。1958 年，全县公立卫生部门有中医人员 11 人，中药人员 11 人。1964 年，杨济苍、郭焘、陈玉铭、陈品怡、叶国源、龚德修、吴祖岐、周祖颐、王祖禹、周光济、陆嘉璋、叶增福、叶桂淼等 13 人被列入福安专区老中医行列。其中，鳌阳卫生院的郭焘医德高尚、医术精良，善治小儿疾病。个体开业的吴祖岐，学术上尊崇脾胃学说，用药以轻灵取胜。县卫生院的杨济苍，学术上主张"仲景为体，丹溪为用"，注重清火、利湿、化痰、祛淤，用药灵活，常数剂即去沉疴。1986 年，全县共有中医药人员 72 人，各乡（镇）卫生院均设有以主治内科疾病为主的中医科，应用中草药治疗常见病。

二是针灸科，寿宁中医常用针灸治病。清雍正年间（1723～1735），中医吴珏擅长针灸和麻醉医术，以"一针救二命"名扬闽东北。

1956 年，县医院设针灸科。中医陈玉铭以针灸、推拿、拔罐等手法配合中草药治疗常见病。1968 年，针灸科增加电针、埋线等疗法，效果更好。

1973～1977 年，县医院开展针刺麻醉研究。其中，1976 年全院手术 94 例，其中针刺麻醉占 77 例，治愈率占 95%。1980 年有针灸人员 2 人。1987 年针灸科更名理疗科，尔后陆续添置一部分理疗器械。1989 年，理疗科有针灸技师、理疗医师各 1 名，微波治疗仪、红外线治疗仪，紫外线灯、电针治疗仪、特定电磁波治疗仪各 1 台。2005 年，开展更年期的针灸调理治疗、带状疱疹的针刺治疗和针灸减肥及男性前列腺增大的针灸治疗。日平均门诊 30 多人次。

三是痔疮科，1958 年，县医院设痔疮科。采用枯痔法治疗内痔，脱管挂线与切开相结合治肛瘘，全院共诊 58 例。1961 年，痔疮科并入外科。1985 年后，南阳卫生院、清源卫生院先后开设痔疮科。采用枯痔注射液治疗内痔，疗效较好。至 1989 年，全县经批准开业的个体中医痔疮科有 2 家。

四是骨伤科，1985 年 2 月，县医院设中医骨伤科，运用传统中医正骨手法治疗骨折及脱位，应用外用中药修复指端缺损，并首次应用中西医结合，开展三关节融合及肌腱移位等手术矫正关节畸形患者，获得成功。1983 年以来，全县经批准开业的个体中医骨伤科有 3 家。1996 年，引进中西医结合的"水针刀治疗法"。2005 年，县中医院和斜滩卫生院能开展骨科内固定等手术。南阳卫生院骨科能开展四肢钢板内固定，髓内定微创手术。

西医有哪些科目

一是内科。西医传入寿宁较迟。清光绪年间（1875～1908），斜滩"大德生"药店有经营奎宁等少量西药。1920 年，有一位基督教传教士到寿宁城内，在新街仔设立教堂，应用西药治疗疾病。1928 年 3 月，杨志金在平溪开设平民医院。10 月，陈兆椿（闽侯人）到寿宁城内开设兆椿诊疗所。1936 年创办的寿宁县医院，以内科为主，配有听诊器、血压计、体温计等简单医疗器械。

1955 年 8 月，寿宁县人民政府卫生院内科住院部设有病床 20 张，配医生 1 人，护士 3 人。1964 年，有内科医生 4 人。1953 年，成功地抢救 1 名口服大量安眠药，持续昏迷 5 天的精神病患者。1988 年，内科添置了超声心动图机，提高心血管疾病的诊疗水平。1989 年，县医院内科设病床 38 张，医师 6 人，护士 10 人。

1990～1999 年县医院主要开展心血管疾病、糖尿病、肾脏病、消化道疾病、血液病、急性中毒、神经系统疾病、呼吸系统疾病、内分泌系统疾病的诊疗。在慢性肺心病、慢性心功能不全、冠心病以及农药中毒的治疗方面取得长足进步。

2005 年，县医院有神经内科、消化内科、心脏内科、呼吸内科、肾脏内科和内分泌等专业组，能开展冠心病、高血压病、慢性肺心病、急慢性心功能不全、中风、消化性溃疡等规范化治疗。其中，吴其钦擅长消化内科疾病的诊治，率先开展消化内窥镜介入治疗，对呼吸、心血管、神经内科疾病有一定的造诣。

二是外科。1932年，叶渊俄在清源开设外科诊所，专治刀枪外伤及皮肤病。1936年创办的寿宁县医院虽设有外科，但无外科医生，由内科医生兼职，只能做脓包切开引流、创口缝合之类的小手术。

1960年10月，县医院组建外科及手术室，购置万能手术台、九头无影灯、进口膀胱镜、切皮机、小儿麻醉机、氧气瓶等医疗器械。1961年起，能做阑尾切除、嵌顿疝修补、胃次全切除、膀胱切开取石、总胆管切开取虫、植皮、肠部分切除等手术。麻醉方式有乙醚麻醉、静脉麻醉、腰椎麻醉、传导阻滞麻醉等。

1985年以来，随着医疗人员素质的提高，医疗设备的改进，难度较大的病症由外科治愈的不断增多，危重疑难病人多就地治疗。

1990～2005年，县医院外科手术由原来的一般普通外科手术，发展到腹部外科的胆囊手术、肝脾破裂修补手术，继而发展到颅脑外科手术，腰椎间盘突出症手术和常见肿瘤手术的开展。其中范世应擅长普外、颅脑、肿瘤外科等疾病的诊疗，能开展普外，颅脑、常见肿瘤的手术。叶竹平擅长肝胆科疾病、甲状腺疾病、乳腺疾病的手术。吴光寿、吴金平擅长泌尿系统结石、肿瘤、前列腺增生、胃溃疡、胃肠道肿瘤、胆道结石等手术。叶清寿擅长骨关节伤病的诊治。王运勤擅长普外科、颅脑外科常见病及多发病的诊治。

三是五官科。1960年10月，县医院能做扁桃体摘除和唇裂修补等手术。1960年，能做眼球摘除手术。1963年，能做白内障摘除手术。1965年，县医院设五官科，开展一般五官科疾病诊疗工作。1983年开展角膜移植研究。1986年利用死婴角膜供体移植3例获得成功。至1989年，五官科有主治医师2人，病床4张，配置轻便裂隙灯，检眼镜片箱、电眼底镜、检影镜。

1990～2005年，县医院增添新设备，利用电脑验光仪和六六视觉手术显微镜等先进设备，开展现代白内障囊外摘除术＋人工晶体植入术，翼状　胬肉摘除术＋干细胞移植术以及抗青光眼各类手术。南阳卫生院夏万云能治疗眼科各类疾病，擅长白内障手术、青光眼小梁切除术和人工晶体植入术等。

四是妇产科。1938年9月，县卫生院配有1名助产士负责新法接生工作。1954年全县有助产士6人，村级新法接生员50人。1961年，县医院外科医生1人，开展剖腹产、卵巢肿瘤切除、子宫全切除、输卵管结扎、刮宫、人工流产等手术。1963年，开展阴道膀胱瘘修补手术。1983年6月，县医院设妇产科。1989年，有主治医师2人、医师2人，助产士12人。

1996～2005年，县医院购进先进医疗设备，选派医生到省、市医院进修，提高妇产科综合治疗水平。住院病人由原来每年400多人，增加到近2000人。能开展子宫下段剖宫产、腹膜外部宫产、各种阴道难产处理和产科合并症、并发症治疗、新生儿复苏、新生儿疾病筛查、全子宫切除，子宫肌瘤剔除、无痛人流及计划生育等手术。其中，蔡玉美曾成功实施腹膜外部宫产、盆腔清扫术、扩大子宫切除术、宫颈椎切术、阴式子宫切除术，填补了县医院这几项技术的空白。

中西医如何结合

1955年11月，成立寿宁县中、西医学术交流委员会。1958年，全县开展"西医学习中医"活动。1960年，县医院建立中、西医会诊制度，广泛应用中西医两种医术诊治疾病。其中用黄土汤治疗溃病出血。乌梅大黄合剂治疗蛔虫性肠梗阻，均取得良好的疗效。1976年后，采用中西医结合治疗乙型脑炎，骨折、传染性肝炎。尿道结石、结肠炎等，疗效甚好。至今，县、乡村三级医疗机构均采用西医的科学诊断技术，中医或中西医结合处方的办法治疗各种疾病。

1990~2000年，中西医结合医疗技术在临床上运用更加广泛，治疗效果更加理想。诸如，对胆石患者，可通过B超影像诊断，确定患者胆囊结石的大小，形态、位置、结合西医的解痉止痛，扩张胆管，促进胆囊收缩，加用中药利胆排石，有利减轻病人痛苦，加速胆囊排石，促进病人康复。县医院的李春光擅长应用中西医结合治疗内分泌疾病、脑血管痉挛、肛肠科疾病等。何邦剑擅长心内科疾病的诊疗。周丽萍擅长中西医结合治疗内科疾病。

寿宁有哪些药材资源

寿宁药材资源丰富、品种繁多，分布甚广。经1969年和1986年两次普查探明的药材资源有：植物药材151科，540种；动物药材59科，91种；矿物药材2种。

一是植物药材，如茯苓、黄精、灵芝草、麦奴、石耳（岩菇）、密环菌、蛇足石松（千层塔）、铺地蜈蚣、铁拳头、金扁柏、水龙骨、金鸡脚、松花粉、杉木油、山药、海风藤、南风藤、杨梅、粟子、穿破石、天仙果、寄生、何首乌、土大黄、黄连、太子参、土人参、马齿苋、牡丹皮，檵木、金刚刺、金樱子、乌药、贯仲、金毛狗脊、猕猴桃、土茯苓、白芍、鸡血藤、南天竹、厚朴、樟脑、常山、杜仲、月季、桃仁、乌梅、枇杷、木瓜、山楂、覆盆子、玫瑰、月季花、黄芪、紫云英、落花生、白扁豆、含羞草、千人拔、绿豆、豌豆、豌豆、苦参、麦芽、浮小麦、玉米须、薏苡仁、马兰、大蒜、葱白、山药、万年青等540多种。

二是动物药材，如，水蛭（蚂蟥）、地龙（蚯蚓），蜗牛、露蜂房、蜂蜡、桑螵蛸、僵蚕、蝉蜕、地鳖虫、蜈蚣、五灵脂、九香虫（放屁虫）、斑蝥、五谷虫、龙虱、五倍子、天牛、蝼蛄、蟑螂、泥鳅、黄鳝血、青蛙、蛤蟆、蟾蜍、鳖甲、龟板、金环蛇、百花蛇（银环蛇）、眼镜蛇、蕲蛇、乌梢蛇、水蛇、青竹蛇、蛇衣、蛇胆、四脚蛇（山鲤鱼）、乌骨鸡、鸡内金、凤凰衣、蛋壳、白丁香、夜明砂（蝙蝠屎）、穿山甲、褐家鼠、松鼠、豹骨、豪猪肚、胆汁、狗鞭、牛角、羊角、山羊血、壁虎、蚱蜢等91种。

三是矿物药材，如白矾、硫磺等2种。

境内植物药材分布依海拔高度而不同，而动物药材则不受海拔高度影响，高、中、低山均有分布，境内的植物药材品种中，蕴藏量最大的檵木，达上千吨以上；其次是金刚刺、金樱子、猕猴桃等，蕴藏量均在百吨以上。

动物药材品种中，年产量最高是蜂蜜，常年产量约500千克。

药材人工种植情况如何

清代，境内已有人工种植茯苓。民国时期、茯苓生产已成为坑底、大安一带农民的大宗经济收入。1949年，寿宁年产茯苓10吨。

1959年，全县划出耕地200余亩、封山1000多亩，办起药材种植场，引种、扩种厚朴、枳壳、木瓜、喜树、苦楝、乌桕、毕澄茄等600余亩。10月，根据国务院关于发动群众广泛采集和充分利用野生植物原料的精神，动员全民上山采集药材，共采集黄精、金樱子、土茯苓等20多个品种48吨。当年，还组织专业队在大安炭山村试验新法生产茯苓2亩，次年收获1.2吨。

1960年，在斜滩引种木瓜3亩，并推广至犀溪上庵、路桥、库坑、赖家洋等地种植，共40余亩。同年，斜滩的渡船头苗圃培植木瓜、枳壳、厚朴6亩；在青珑引种白术15亩；在南阳的山坑、托溪的渺洋种植茯苓150亩。1960年，全县种植药材17个品种，面积500余亩。

1965年，县医药公司派员到浙江省东阳县调回500多千克白术种苗，分别在半岭、坝头、山坑等地种植，面积达20多亩。

1970年，在南阳公社种植白术150多亩。当年，全县还扩种木瓜55亩。1971～1972年，全县种木瓜173亩，年产量15吨。1972年，从山东引进白芍苗，在小东、伏际、茗坑、半岭和野坑林场等地栽种，当年种植22亩，3年后亩产干品150千克。

1974年，药材种植以白术为重点，县医药公司与种植户签订合同，全县共种植白术180多亩，年产白术16吨。

1976年，南阳、犀溪、清源等地种植柳叶牛膝200余亩，当年收购干品5吨。1977年从河南引进怀牛膝、川牛膝种子60多千克，种植面积300多亩，因土质、气候因素影响，亩产仅100千克。

1978年后，药材生产得到发展。当年，大部分农民开始种植太子参，全县种植 300 多亩。县医药公司以每千克 3.20 元价格收购 15 吨。1980 年，种植白术、薏苡、年产量达 30 多吨，1983 年，发放药材种苗款 4495 元，扶持专业户、重点户种植金银花，当年全县种植 1000 多亩。1984 年，种薏苡 506 亩，当年产量 30 多吨。

1985 年后，药农继续种植药材，主要有薏苡、天麻、茯苓、厚朴等 20 多种。

药材生产基地建设情况如何

1958 年，全县建立药材生产基地 66 个。生产方式多为林地间作、经济作物间作、农作物间作。主要生产厚朴、枳壳、银杏、杜仲、川楝、黄柏、乌桕、樟、茯苓、木瓜、白术等。

1973 年，分别在芹洋公社的九峰堂和大安公社的后西溪创办试验场，垦荒 15 亩种植天麻、白术、木瓜、木香、黄连、丹皮、白芍、薏苡等药材，1978 年停办。

1984 年，全县建立 2 个金银花生产专业村，有 68 个专业户，213 个重点户，从事金银花的种植。1988 年春，县林业局引入女贞苗 1 万株，在鳌阳镇溪头桥、后壁洋成片栽培 48.5 亩，成活率达 98.5%。

县内药材加工炮制情况如何

寿宁加工炮制药材传统上采用雷公炮制法，其工艺系身授口传。先将药材切制成片、段、丝、粉等生饮片，部分生饮片可直按配方，部分生饮片以辅料通过炒、煅、烫、煨、炮、炙、煮、蒸等工序加工成熟饮片。加工炮制常以酒、姜、醋、盐为引。对剧毒的半夏、天南星等，则加生姜浸炮、以清除或减轻毒性。

解放后，1957 年，县医药公司曾设加工场，大宗药品由公司统一加工后批发，小批量药品由各药店自行加工。三年困难时期和"文化大革命"初期，中药饮片，加工质量下降。1970 年，医药公司重新建立加工厂，并充实人员，增添饮片机构设备。除照常加工饮片外，还生产杜神曲、炎得平胶丸、六一散、十全大补丸、六味地黄丸、藿香正气水等中成药和红汞水、紫药水、碘酊、黄药水等外科用药。其中杜神曲质优价廉，畅销省内外。1985 年，《药品法》颁布后，停止生产中成药及外科药。加工饮片只按药材的皮、果、茎、根、全草及坚实硬软程度分别进行炮制加工。

地产药材收购情况如何

1954 年，县供销社药材经理部开始大规模地采集、收购地产药材。1956 年，县医药公司设立药材生产收购组。1957 年收购品种 10 个，数量 2.5 吨。1958 年，全县发放药材收购定金 8 万元。1959 年，全县设药材收购点 15 个，收购品种 100 多个，收购量达 19 吨。三年困难时期，药材收购品种和数量下降，医药公司采用奖酬药酒、口服葡萄糖、原粮以及用工业品交换等方式，鼓励群众投售。

1965～1969 年，医药公司采取四、六分值（即按投售金额，四分归集体，六分归社员）的办法，广泛组织妇女、儿童及半劳力采集金银花、夏枯草、龙胆草、鹿啣草、白花蛇舌草等紧缺药材，收购野生药材 47 个品种 40 多吨。

1971 年，全县建立收购网点 45 个。其中，基层供销社 25 个，医疗站 20 个。实行就地生产、就地收购的办法，全年收购药材计 42 个品种 45 吨。

1974～1978 年，县医药公司每年在 8～10 月均抽派人员配合基层药材收购网点，开展小秋收活动，收购大宗的和紧缺药材。

1978 年，采取与基层代购网点或生产专业户直接挂钩的办法，实行生产、收购、调运一条龙承包。1979 年收购 79 个品种 50.2 吨。1982 年，调整厚朴的收购价格和奖售幅度，当年，厚朴收购量达 180 吨。

1985 年，药农重经济效益高的大宗药材生产，轻价格低的小宗野生采集，出现长线品种积压和紧缺品种供不应求的状况。收购的品种和数量逐年下降。此后，因市场价格不稳定，医疗用药采取以需定购的办法面议收购。

1989 年，医药公司购品种有茯苓、太子参、白术、厚朴、金银花、枳壳、木瓜等 22 个，24 吨，总金额 12 万元。

县外调入药材的情况如何

清代至民国时期，药材的调入多数从福州水运经赛岐、福安至斜滩，或由温州水运至泰顺百丈口，而后用人力肩挑至寿宁各地。有个别药行直接从上海进货。

1954 年，寿宁的中药材从福州药材供应站统一调入。1957 年 7 月，县医药公司设中、西药业务员各 1 人，编报半年用药计划，上报福安医药公司，按季度调回供应。1979 年，除向地区医药采购供应站按计划进货外，个别品种直接与兄弟县公司调剂余缺。

1980 年，开始允许多渠道进货，全县医药商业企业、个体企业和医疗单位不单只从二级站或县医药公司进货，县医药公司也有 30% 的药品直接向厂家或产地进货，或与兄弟单位进行余缺品种对换，或从省内外医药交流会上购进，也有向个体商贩购进的。1985 年后，多数医疗单位均到浙江省灵溪县医药市场购进。1988 年经营的药材品种有藤木、树脂、矿物类 123 种；根茎类 92 种；花、草、叶、皮类 79 种；果、籽、仁类 110 种；丹、膏、丸、散类 109 种；成药 111 种。

1989年，由于市场竞争激烈、为防止药品积压，医药公司纯购进余额仅133.8万元。其中，中药（成药、地产）65.53万元。新药（器械）68.29万元。

西药的购进方法与中药相同。

医药商品销售情况如何

寿宁县医药商品的销售有国营与集体的批发和集体、个人兼营等几种经营方式。种类有中药、西药、中成药、医疗器械等。

1952～1956年，全县乡（镇）卫生院和行政村联合诊所及医院药房，均由县供销社药材经理部供应。1957年起，全县药品由医药公司供应。当年，县医药公司中（成）药销售总额17.55万元，1958年为24.70万元。

1959～1967年，医药公司销售中，西药及医疗器械总金额从27.57万元增至32.32万元。1968年为43.52万元。经营的品种、数量、金额逐年上升。

1969～1978年，财务指标执行情况连续递增，销售金额从48.56万元增至92.78万元。资金占用从28.03万元增至41.95万元，纯利从0.06万元增至2.94万元。

中共十一届三中全会后，人民生活水平提高，防疫用药和滋补品类药物销量大增，城乡医药商店亦随之增加。1988年，全县经营药品的商店达309家。各基层供销社及个体户商店兼营蜂皇浆类补品达200多家。

1980年，县医药公司销售金额为129.66万元。至1984年增至191.41万元，利润从11.69万元增至18.69万元。

1985年，由于放开经营，国营公司不再统筹计划销售。集体和个人商店也经营批发。医药公司销售总额降至156.02万元。1986年再降至143.42万元。

1989年，纯销售额为189.17万元。其中药品（器械）114.95万元，中药材（地产上调）35.22万元，成药39万元。年末库存76.25万元，其药品31.07万元，药材45.18万元。流动资金102.73万元，上交税金2.04万元，亏损0.98万元。

医疗行政管理有哪些机构

一是卫生局。

明、清时期，寿宁县设医学训科，由医生兼职，设官不给禄。民国时期，未设管理机构。1936年，由县医院兼管。

1949年7月，县人民政府在医院设卫生股，配医生干事1人，各区公所设卫生文教助理员1人，乡政府设卫生委员1人。

1952年6月，寿宁县人民政府成立卫生科，配科长1人，科员2人。1955年12月，改称寿宁县人民委员会卫生科。

"文化大革命"开始后，卫生科瘫痪。1968年5月，寿宁县革命委员会生产指挥部内设文教卫生组。1970年2月，撤销文教卫生组，在寿宁县革命委员会生产指挥部内设卫生局。1971年9月，改称"寿宁县革命委员会卫生局"。1978年，改名为"寿宁县卫生局"，建办公楼1座，建筑面积450平方米。1989年，卫生局内设人秘、药政、医政、计财等科室，局全员16人。

1993年11月，卫生局设立"世界银行贷款项目办公室"。1998年，卫生局设人秘股、医政股、药政股、计财股、预防保健监督股，编制17人。爱国卫生运动委员会办公室、红十字会办公室、公费医疗管理办公室、农村卫生协会，药检所均挂靠卫生局。

2000年11月，"县公费医疗办公室"划归县劳动和社会保障局下设的县医疗保险中心。2002年底，县政府设立"食品药品监督管理局"，卫生局原药政股人员调入食品药品监督管理局。2002年底，世界银行贷款项目运作基本结束，不再设立世界银行贷款项目办。

2005年，寿宁县卫生局内设人秘股、医政股、预防保健股、计财股、突发应急办，红十字会办、爱卫办、医学会、卫协会。2015年计划生育委员会并入卫生局，改称"卫生和计划生育局"，全员编制11人，其中行政编制10人，工勤人员1人。

二是寿宁县疾病预防控制中心。

1990年底，寿宁县卫生防疫站人员36人（其中各类卫生监督员9人），内设防疫科、卫生科、食品卫生科，检验科、办公室、宣教科、地方慢性病科、口腔科和X光室。

1995年，卫生防疫站全员33人，不再设宣教科和地方慢性病科，设财务科。

2003年，全员35人，其中5人调入卫生局执法大队。2004年，县卫生防疫站更名"县疾病预防控制中心"，编制26人。

三是寿宁县妇幼保健所。

1990年，县妇幼保健所（简称县妇幼所）隶属卫生局，为副科级事业单位，编制13人。2005年，工作人员16人，其中副主任医师2人，主任医师1人，主管护师2人，妇幼医师2人，儿科医师2人，检验师2人，护士1人，收费1人，财会1人，人员经费由财政全额拨款。内设药房、妇保科、儿保科、人流上环室、皮肤性病科、B超室、化验室、男女婚检室、妇科病治疗室、数码电子阴道镜检室，女性宫颈病变等检查室。

四是寿宁县药品监督管理局。

2011年11月8日，县政府将县卫生局药政、药检和县医药管理局的职能归并，成立"县药品监督管理局"（下称"县药监局"）。县药监局为省以下垂直管理的正科级行政单位，经费由省财政统一拨付，分级核算。内设综合股，药品监管股和稽查股。行政编制 12 名，行政工勤编制 1 名，其中科级领导职数 3 名（正科 1 人，副科 2 人），科级非领导职数 1 名，科员 8 名。

五是寿宁县卫生监督所。

2014 年 1 月，设立县卫生监督所。隶属县卫生局，为副科级事业单位，编制 19 人，内设综合办公室，公共卫生监督科，医疗机构监督科，卫生法制稽查室。人员全部由县疾控中心抽调，卫生局医政股人员在工作上与卫生监督所配合，原卫生局的卫生综合执法队撤销。

六是医药公司。

1952 年，私营药店经过社会主义改造，组成公私合营医药商店。1953 年，医药批发开始纳入计划管理。1956 年 11～12 月，中国医药公司福建省寿宁县公司和中国药材公司福建省寿宁县公司相继在斜滩坂头成立。共有职工 13 人，组成两套班子合署办公。1957 年，行政属卫生局管辖，业务属省医药公司管理。

1958 年，药材公司与医药公司合并，改称福建省寿宁县医药公司。1960 年，行政划归商业局管辖。1965 年，医药公司迁县城胜利街 119 号。斜滩的批发部，负责武曲、平溪、竹管垅等公社的药材供应。1970 年 9 月划归卫生局。1972 年恢复寿宁县医药公司，改属商业局。1986 年，县医药公司隶属县财委。1957～1989 年，县医药公司共建有楼房 7 座，建筑面积 4312 平方米，总造价 48.9 万元。1989 年，公司内设行政、人秘、财会、统计、物价、药管、地产药材收购与中、西药批发等 8 个科室，全员 52 人，处在鼎盛时期。

医政管理情况如何

一是卫生人员管理。民国时期卫生人员由县卫生院管理。主要是调查中医中药人员，征收开业执照费，培训牛痘接种员和接生员。社会上中医人员申请中医士证书，要由县长证明报省卫生处批准。1941 年，进行分区调查，限期请领执照，取缔无照营业。当年，全县领到中医士证书的有 13 人，发给开业执照 32 份，取缔无证、无照行医卖药人员 6 人。

解放后，基层卫生人员仍由卫生院管理，院内设医改干事 1 人。1951 年，基层卫生人员改为县卫生协会管理。1952 年 6 月由县卫生协会同卫生科管理。1958 年，各公社均创办保健院（后称卫生院），基层卫生人员由公社保健院管理。1969 年，全县各大队合作医疗站的赤脚医生业务上受卫生部门指导，行政上受大队、公社领导。卫生局每年举办赤脚医生培训班，以提高赤脚医生的业务水平。

1979年，落实知识分子政策。给历次运动中被错误处理的卫生技术人员平反，恢复名誉，并妥善安置。

1981年起，对全县卫生技术人员实行考核，考试、评定职称。当年有22人分别被评为护士、医师、中医师。9月，宁德地区卫生局对赤脚医生进行统一考试，全县151人，经考试合格转为乡村医生。1982年10月，对"文化大革命"中入学的卫生系统的大学毕业生进行考核，考试，授予7人以医师职称。

1985年1月，赤脚医生改称"卫生员"。1986、1988年，宁德地区卫生部门先后两次对乡村医务人员进行考试，全县有45人取得乡村医生资格，26人获卫生员资格。

1986年6月，全县有93人参加宁德地区个体开业行医考试，有23人取得《许可证》，29人取得《暂准证》。至1989年，全县共发《许可证》65份，《暂准证》26份，《临时医生证》14份。取缔不合格无证开业的个体开业者31人。

二是医疗质量管理。

1949年7月～1955年7月，县医院未设病床，也无医疗质量管理资料。1955年8月，县卫生院设住院部，置病床20张，开始制定各科医疗规章制度。1959年，县医院建立24小时全日门诊制，取消急诊范围限制，随到随诊。病房实行医师24小时负责制，同时健立健全了门诊和住院病历保管制度，规定住院医师对每一个住院病人都必须写出完整病历。1960年，县医院制定措施预防综合病房交叉感染，尽量早期诊断，严密隔离，对传染病人的用具、排污物进行消毒处理。

1982年以来，共查处5起医疗事故，3起医疗事件和2起医疗差错。1987年6月29日，国务院发布《医疗事故处理办法》，县卫生局及时予以转发并提出6点贯彻意见。1988年4月，县卫生局制定的《关于乡（镇）卫生院试行承包经营责任制的若干规定》中，对医疗质量作了规定，提出医务人员要树立"病人至上"的观念，认真细致地为病人服务，做到文明行医，正确诊断，合理用药，杜绝事故，避免医疗事故的发生。

1990～1993年，县卫生局制定了《寿宁县卫生工作目标责任制管理方案》。1994年，县卫生局清理整顿全县医疗市场，打击非法行医，强制关闭3家无证诊所。1998年，县卫生局为13个乡（镇）卫生院、21个综合门市部、248个村卫生所核发了新的《医疗机构执业许可证》，2005年换证工作全部完成。

公费医疗管理情况如何

1952年12月，寿宁开始实行公费医疗制度。享受对象为行政事业单位的全民职工和在乡二等乙级以上的残废军人，按人头发给公费医疗证，定点诊治，个人实报实销。

60 年代初期，取消公费医疗制度，按单位人数将公费医疗金额一次性发给单位包干使用，节余留用，超支部分由单位自负。1970 年，取消定额包干，实行凭证就诊。当年，超支医疗费达 3 万多元。1971 年 10 月 3 日起，再次实行定额包干。每人每月 15 元（其中，1972 年每人每月 2 元）拨给各单位统筹安排，住院或转院由县统一掌管。

1981 年起，实行"包干管理，节余留用，超支不补"，按人均 35 元拨给单位包干使用。职工住院的医疗费，医院负担 60%，所在单位负担 40%。

1984 年 7 月，县设公费医疗办公室，配备专职人员办理具体事务。公费医疗实行全额包干，卫生、教育部门和各社（镇）单位承包。县直属行政事业单位按职工数每人每月 45 元承包。离退休人员和在乡二等乙级残废军人，实行发证治疗，实报实销。

1987 年，实行"委托管理，定额发证，定点医疗，节余归已"的办法，定点就医。县直机关行政事业单位的职工到县医院就诊，各乡（镇）及所属单位的职工到各乡（镇）卫生院就诊，工龄 10 年以下的每人年均 30 元；11～20 年的每人年均 36 元；21～30 年的每人年均 48 元；30 年以上的每人年均 60 元。离退休人员和乡二等乙级以上残废军人每人年均 72 元。住院治疗全部到县医院，转院的医疗费用由办理转院手续的单位拨付。特殊病例，如各种癌症的住院医疗费用，由县公费医疗办审核作特殊处理。

1988 年，全县有 4046 人享受公费医疗，公费医疗开支为 31 万元。1989 年，有 4279 人享受公费医疗，开支 37.5 万元。

2000 年，全县享受公费医疗 6888 人，公费医疗总支出 193.89 万元。

2001 年，启动城镇职工基本医疗保险，参保对象为行政机关、企事业单位、社会团体的干部职工，并对全县 110 名患特殊病种的参保人员发给"门诊特殊病种证明册"。当年参保单位 145 个，参保人员 4096 人。到 2002 年 11 月底，全县参保 206 个单位，8052 人。2003 年与市医保计算机联网开通。2005 年，全县参保 247 个单位，参保人数 9329 人，征收保险金 890 万元，完成任务的 99.5%。

药政管理情况如何

一是药工人员的考核登记。1985 年起，对药品经营人员进行审查登记。对原联合诊所人员和从事药品经营工作 10 年以上的人员，采取考核的办法；对具有初中以上文化程度，从事药品经营 5～10 年以上的人员，采取考试的办法。至 1987 年底共考核 246 人，合格 163 人。1988 年 12 月，宁德地区卫生局对全区药品从业人员进行业务统考，全县 169 人参加考试，双科合格 49 人，单科合格 79 人，西药合格 9 人。

二是医药企业的经营审批。民国 25 年（1936），中医药、青草药的开业开始申请办证管理。解放后，1960～1980 年，经营药品都必须申报审批登记。1985 年 7 月～1989 年 9 月，全县有 98 家经营药品的单位及个体，经地区卫生局审批，获《药品经营企业许可证》。

三是麻醉药品的供应。1956～1977 年，麻醉品由地区二级站直接供应县一级医疗单位。1978 年改为县医药公司经营。品种有杜冷丁（片）、鸦片（片）、酸咖啡针（片）等 16 种。全县经批准使用单位二级限量的是县医院，一级限量的是坑底、大安、清源、竹管垅、南阳、犀溪、托溪、芹洋、鳌阳、斜滩、凤阳、平溪等 13 个乡（镇）卫生院。按季度分配、一次性购完。

四是清查伪劣药品。1955 年，查获 2 起以桔梗假冒西洋参和以黄芪冒充沉香的假药案。1984 年 7 月，全县查出的伪药材有人参、天麻、虎骨、珍珠、党参、阿胶、白花蛇等 18 种。1985 年，全县清查 309 家药店，查获假药 27 种，价值 4724 元；劣药 181 种，价值 1270 元。全部集中焚毁。当年，还破获 1 起涉及 27 户的茯苓掺假案，总数达 3 万千克。

1986 年 10 月，县卫生局与县医药公司联合发出《关于查处第二批中药材假劣品种的通知》，在全县开展查处工作。查出假地肤子、珍珠母、细辛、八角茴香、三七等。受投诉、伪劣药品案 8 起，取缔无证商店 4 家。

1989 年，清查药品网点 128 个，受检药品 3.73 万种次。其中，不合格的 82 种（次），不合格率为 0.22%，比 1988 年下降 0.11%。

寿宁县健民卫生事业发展基金会概况如何

寿宁县健民卫生事业发展基金会由县政府、县政协及厦门寿宁商会牵头，于 2011 年 8 月在寿宁举行启动仪式；2012 年 3 月 30 日经省民政厅法人登记；于 2012 年 10 月召开寿宁县健民卫生事业发展基金会成立大会；2014 年参加全省性社会组织评估获得 4A 等级，2015 年取得省税前扣除资格。

基金会设：顾问 8 人、名誉会长 7 人；理事会设理事长 1 人、副理事长 2 人、秘书长 1 人；监事会设监事长 1 人、监事 2 人；理事会、监事会成员均由捐款人担任。刘美森兼任基金会会长，吴传淋任理事长，韦芝安任秘书长。

基金会截止 2017 年 12 月 31 日得到单位和个人捐款 1437 万元（其中定向捐款县医院 351 万元），本基金会实收到捐款 1086 万元；慈善公益业务活动经费支出 775 万元（含定向捐款县医院 351.2 万元），受益医务工作者达 1074 人次，净资产总额 1070 万元。

寿宁县健民卫生事业发展基金会的成立，标志着寿宁卫生事业发展的新起点，既是卫生事业发展形势的要求，也是寿宁经济建设的需要，更是寿宁人民美好的愿望；他不但为寿宁卫生事业发展增加营养，同时助推寿宁卫生事业发展。

第三十一卷

体育运动

寿宁县体育概况如何

寿宁城乡群众性体育活动十分活跃。新中国成立以来，随着山区经济的发展，人民生活水平的提高，体育事业日益发展。十一届三中全会以来，体育竞技水平逐步提高，场地设施建设大有改观，学校体育不断加强。

武术、球类、棋类是寿宁民间传统体育项目。每逢佳节，这些传统体育项目活动十分活跃。各项体育协会应运而生，目前成立了老体协、气功协会、桥牌协会、中国象棋协会、围棋协会、武术协会、农体协、门球协会、太极拳协会、篮球协会、乒乓球协会、钓鱼协会、信鸽协会等13个协会。各协会根据自身特点，发挥自身优势，开展小型多样、丰富多彩的体育竞赛活动，既丰富了业余文体生活，又达到了强身健体的目的。经常参加体育活动的人口有5.5万人，约占总人口的26%。

为了发展竞技体育，推动体育人才的培养，1988年，创办了业余少年体育学校，采取体教结合的方式，先后举办了一中举重班、实小田径班、南阳武术班、射击班等。寿宁一中于1983年被命名为省武术、排球传统项目学校，1988年被命名为省田径、排球传统项目学校。1983年县实验小学被命名为宁德地区田径传统项目学校。

改革开放以来，县各级党政部门重视体育事业发展，投入大量人力、物力、财力，整修、改建、扩建、新建体育场地设施，添置体育运动器材。现全县有运动场1个，小运动场3个，篮球场98个，排球场58个，门球场20个。2016年新建的寿宁县体育馆，占地16.1亩，总建筑面积10703平方米，总投资8577万元。项目包含3112座观众席、标准篮球场、显示屏和音响设备等基础设施，配备室内篮球场、训练房、运动员用房以及室外停车场等辅助设施。

寿宁民间传统体育有哪些主要形式

一是武术。新式火枪未传入以前，民间习武较普遍。一是县民出于防身与抵御盗匪；二是大户人家设馆聘师习武，以守户庄院。武曲乡承天村至今尚存同治、光绪年间（1862～1908）练武的两柄提刀（俗称"关刀"），一柄长3.5米，重60千克；另一柄长3.5米，重40千克。此外，南阳、犀溪两地，也普遍设馆传艺。其中，尤以南阳乡龟岭村的武术较为著名。明嘉靖年间（1522～1566），龟岭村民为防倭、防盗、保田产、保村庄，聘师设馆习武。馆设"双堂厝"内，原馆址内尚存一练武石，重250千克。康熙五十三年（1714），该村张宜玑考中武举，曾获当时省总督觉罗蒲所赠"入谷无双"匾额。光绪十九年（1893）、二十一年（1895），村民张良艾、张良步先后考中武秀才。从此，龟岭村的传统武术名声大噪。

新中国成立后，武术这一传统体育项目进一步发扬光大。1952年，龟岭村张发进在福安专区第一届体育运动会上表演南拳获奖。70年代后，寿宁县一中、实验小学与南阳中学等单位均先后办过武术班，城乡也有不少青年自聘名师或投师习武。1979年，龟岭张发进参加全省武术观摩比赛获南拳、南棍（俗称杖槌）二等奖，1980年、1989年又获得省级比赛一等奖。1989年7～8月，县体委与县武术协会在县城联合举办为期一个月的武术培训班，聘请福建体育学院武术讲师林荫生任主教练，有80多人参加训练。县武术协会也在县城、南阳南岔等地举办4期武术培训班，参加人数达170多人。

寿宁民间南拳术属拳流派，主要拳种有猴拳、狗拳、邱家桩、余家桩等。其特点是步稳、拳刚、势烈，少跳跃、多短拳，以声气催力。拳式以防守为主，进攻为次。

南棍则为一头圆一头扁的棍棒，是唯一不同他处的练武器械。

除县城、武曲承天、南阳龟岭等处外，境内尚武习拳的村庄还有斜滩新村、托溪际头、南阳南岔等地。

二是棋类。除象棋外，民间儿童玩耍的易学简便的棋类有："金、木、水、火、土"、"畚斗棋"、"四横四竖"、"状元棋"、"檩棋"、"贴直"等。

三是赛龙舟。明、清时期，县内即有赛龙舟。民国时期，斜滩的工商界于每年端午节均有举办一年一度的"龙舟赛会"。参赛的"斜滩槽"有6～8艘。赛船一律卸去顶篷，船头装上篾身彩纹的龙头、凤头、孔雀头，船的头尾各置锣一面，每船定位12人，人手一支木桨，正午鸣炮三响，龙舟竞发，以最先到达终点者为胜。终点竖有三角旗作标志。因赛时长达三小时，目的地岸上置黄酒1坛，糖馅面包1筐（100个），犒劳运动员，优胜者可获50元大洋的奖励。

"龙舟赛会"至抗日战争开始后停办。新中国成立后，由于陆路交通日益发达，小木船渐被淘汰，龙舟活动一直未恢复。

四是踢框格。儿童在地上划框格，练习技巧。主要有人头框、六格框 2 种。

此外，境内民间传统体育还有摔跤、拔河、登山、跳绳、踢毽子、放风筝等。

农民体育概况如何

明、清至民国时期，农民的体育活动多在传统节日举行。

新中国成立后，农民体育活动项目逐年增加，球类、田径运动也进入农村。农民常在农闲时节开展体育活动，举行体育竞赛。开展活动比较经常的有斜滩的山田、武曲的象岩、凤阳的刘厝、南阳的山坑、竹管垅的芹菜洋等村。1976 年，竹管垅芹菜洋村建成全县第一个农民体育活动场地。经常在该场地举行球类、棋类竞赛。该村还被评为宁德地区农村体育先进单位。1980 年，斜滩的山田大队先后被评为省、地农村体育先进单位。

1988 年，竹管垅乡农民柳光参加省首届农民体育运动会，获武术比赛太极剑第四名；县第三中学民办教员范信福被评为全国农村体育先进工作者。

1990 年 7 月，"寿宁县农民体育协会成立"。8 月，坑底乡成立全县第一个乡镇农民体育分会。2003 年，组织代表队参加福建省"妈祖杯"乡（镇）级门球比赛，获得第三名；2004 年首次参加福建省亿万农民健身活动乒乓球项目比赛，获男子组第三名；参加宁德市第二届农民（男子）中国象棋比赛获第三名。

职工体育运动概况如何

民国时期，寿宁县的职工参加体育运动的只有县城的公教人员和少数手工业工人、商店职员。活动项目主要有球类和棋类等。1941 年，县政府月给体育经费 150 元，添置了部分体育运动器械。号召公务人员积极参加工余体育活动，规定机关公务人员每天下午提前 30 分钟下班参加体育锻炼，每天清晨升旗前后 40 分钟为体育活动时间。

新中国成立后，职工体育活动更加活跃。1956 年，县人民政府根据上级指示，有县委会、人委、人民银行、供销合作社、公安局、民警队、卫生院、中学及斜滩区委会等单位建立体育协会，开始推行《准备劳动与卫国体育锻炼制度》。同年"五一"国际劳动节举办县直机关单位职工篮、排球与广播体操比赛，并在此基础上选拔一批优秀的选手组成球队，参加福安专区的篮、排球比赛。

1957 年 10 月，全县首届职工体育运动会在县城举行，有 31 个竞赛项目。1960 年 3 月 8 日，全县首届妇女体育运动会在县城举行，150 位女运动员参加比赛。1984年5月27～31日，全县第二届职工体育运动会举行，县直机关、企事业单位7个代表队参加比赛，竞赛项目有田径、球类、武术、团体操及拔河等。同年7月，县代表队参加在福安举行的宁德地区第二届职工男子排球赛，荣获第一名。

1990年起，每年元旦、春节、"三八"节、"五一"节、"五四"、"八一"、国庆节、"九九"重阳节等节日，各机关、企事业单位均会举行趣味体育、健身体育和登山、篮球、乒乓球、象棋、太极拳、拔河等比赛活动，参加体育活动的干部职工累计达20多万人次。

1997年开始，每年举办一次全民健身周活动，设千人环城跑、篮球、乒乓球、中国象棋、围棋、门球、钓鱼、登山、拳操剑舞等活动，每次参赛均有800多人。至2005年，已举办了九届全民健身节。

职工体育运动主要项目有球类（篮球、排球、康乐球、乒乓球）、棋类（象棋、围棋、军棋）和桥牌。寿宁县的桥牌竞赛活动始于1984年。1984～1985年，曾组队参加全省桥牌比赛。男队先后荣获双人赛东、西座与南北座冠军；女队荣获团体第五名、双人赛南、北座冠军。在1986～1988年的宁德地区桥牌赛中，男队曾获三连冠。

老年人体育运动概况如何

寿宁县的老年人历来有参加健身活动的传统。1984年5月11日，县老年人体育协会（简称老体协）成立，同年10月，在县城举办第一届老年人体育运动会，开展了棋类、武术、田径、登山、康乐球等项目的竞赛。此后，有组织的体育活动更加经常化。老年人参与的主要活动项目有武术、体操、棋类、桥牌、老年迪斯科、散步等。尤以气功等开展得最为活跃。1984～1985年，县体委、老体协、气功协会联合举办了5期气功培训班，参加训练的离、退休干部达100多人。

桥牌也是寿宁老年人喜爱的一项体育运动，县老体协会员曾多次参加省、地老年人桥牌比赛，一再夺冠。

1988年，老体协选派2位在职会员前往宁德地区老年人迪斯科训练班学习，返县后举办3期老年人迪斯科培训班，参加人数达100多人。1989年"国庆"节期间，有200多位老人参加登山比赛。此外，每日清晨，县体育场、一中操场、影剧院广场、三峰寺、环城公路、烈士陵园等公共场所，均有老年群体在进行各种形式的体育锻炼。

1990～2000年，县体委、老龄委、退休办、老体协等部门组织老年人日常开展各类专项体育活动。活动项目有太极气功、神形功、大雁功、易筋功、五禽戏、中华益智功、十二经络运行法、三三九乘元功、自然功、气功、迪斯科；有南拳、杖槌、太极拳、木兰拳、舞龙、舞狮、舞剑、交谊舞、木兰扇、秧歌、腰鼓。棋牌有中国象棋、围棋、跳棋、扑克、桥牌、健康麻将等。球有门球、地掷球、乒乓球、羽毛球、台球、气排球、柔力球、乒乓球托板、篮球定点投篮、铅球、保龄球、（土台）、飞镖、套圈。还有登山、健步走、散步、钓鱼。2005年，在全市率先实现100%的行政村成立村级老体协，全县村级老体协201个，有会员10762人。

幼儿园体育概况如何

1957年8月，创办寿宁城关幼儿园。此后，各公社陆续创办幼儿班。当时的自编幼儿教材中，已有幼儿体育的内容，一般一周一节体育课。1975年，在县城举办"六一"幼儿体育运动会，有100多名幼儿参加了拔河、跑步、骑童车比赛。1978年、1982年，又举办了第二、第三届"六一"幼儿体育运动会。1982年，依据教育部颁发的《幼儿教育纲要（试行草案）》编写的教材，在体育课程中开设基础体操、徒手操、轻器械操、体育游戏等项目，培养幼儿的走、跑、跳跃、平衡、投掷、钻爬、攀登等技巧能力。1987年"六一"节，县实验幼儿园举行第一届幼儿体育运动会，比赛项目有团体操、蚂蚁运面包、猴子走钢丝、骑童车等10多项。

1990年以来，按照《幼儿教育指导纲要》要求，幼儿体育着眼于发展幼儿的基本动作，培养幼儿对体育的兴趣，提高肌体功能，增强体质，以保护和促进幼儿健康。寿宁各幼儿园按《幼儿课程标准》，根据幼儿特点，以游戏、活动等形式，并结合音乐、语言、科学、社会等领域的教育活动进行体育教育。开展早操活动，每天半小时，活动形式大多采用集体和自选相结合方式。体育教学活动，每周1~2次，基本采用游戏的方式进行。每天开展1小时左右的户外体育活动，一般在上午幼儿来园时和下午游戏活动后进行，主要是机械运动或利用小型器材进行自主游戏和活动，有时幼儿午睡后的户外活动也安排做操。此外，还经常开展"幼儿体育节"、"小小运动会"、"亲子运动会"等体育活动。

小学体育运动概况如何

清光绪三十二年（1906）创办官立"高等小学堂"时，设有体操课。1925年，体操课改为体育课，一般每周10课时。课时仅次于国语与常识。

1936年，各区、乡（镇）中心国民学校，一、二年级设唱游课，三年级设体育课。每周授课时间，三年级为120分钟，四年级为150分钟，五、六年级为180分钟。体育教材，有中华书局出版的赵光治编纂的小学通用教材，有商务印书馆出版的蔡宾的《新课程标准体育教科书》。各保的国民学校未设体育课。

新中国成立后，教育部强调"儿童应具有强健的身体，活泼、愉快的心情"。体育被列为普通小学基础课，规定每周2课时。简易小学受师资、场地限制，多未开设体育课。1956年起，采用人民教育出版社编写的《中小学体育教学参考书》，各校开始推行第一套少年儿童广播体操。1961年采用《小学体育教材》。"文化大革命"期间，体育课改为军体课。1956～1987年，已先后推行过6套广播体操。1988年，开始推行第七套儿童（韵律）广播体操。

1965～1989年，共举办过全县性中小学生运动会4次，单项体育竞赛45次。1980年以来，县实验小学、鳌阳小学等校，每年都举办校运会。1983年，县实验小学被命名为"宁德地区田径传统项目学校"。

县业余体校普通班，分别于县实验小学、鳌阳小学、凤阳小学、大安小学开设排球、乒乓球、田径、武术、棋类专业，培训了一批小学生体育后备力量，在参加省、地级体育竞赛中，均取得好成绩。

1982年实施《国家体育锻炼标准》以来，至1989年底，全县达标的有9999人，县实验小学、鳌阳小学、凤阳小学、清源小学被评为省达标先进单位。

1991年，县政府批复同意创办"寿宁县少年儿童业余体校"，财政核定事业经费1万元作为少体校专项经费，教练员1名。1993年，县少体校增加体育事业编制1名，计2名教练员。1994年，县少体校输送宁德少体校30人。1996年，完小校全部实施《国家体育锻炼标准》。2002年起，开设《体育与健康》课程，每周2课时，突出小学生的健康标准。检测身高、体重、坐位体前屈，测试50米跑、立定跳远、肺活量等项目是否达标。每学期对学生进行一次检查测试，并将结果写入学习成绩报告本。2004年，县少体校专职教练增至4人，其中事业编制3人，引进编外举重教练1人，另聘5名在编学校体育老师为教练员。2005年，县少体校设有举重、武术散打、乒乓球、中国象棋项目四个重点班。在训运动员有举重项目20人，武术散打28人，乒乓球12人，中国象棋20人。输送省少体校乒乓球1人，厦门市少体校项目1人；输送宁德少体校12名。各校除正常开设"两课两操一活动"外，每年都举办一次全校性体育运动会。多数学校体育达标达90%以上。县体育主管部门和教育局逐年对施行《国家体育锻炼标准》的先进学校和个人进行表彰，成绩突出的报送省、地（市）表彰，先后有7所小学被上级评为先进单位。实验小学、鳌阳小学、平溪小学、大安小学先后被省评为体育达标先进单位。

中学体育运动概况如何

1938年，创办初级中学时，只有早操和课间操，未设体育课。1942年，配兼职体育教师 1 人，体育课教学内容有健康操、田径、球类、单双杠。

新中国成立后，体育列为中学基础课，规定每周 2 课时。1956 年按部编《中小学体育教学大纲》，采用人民教育出版社编写的《中小学体育教学参考书》授课。1961 年开始采用《中学体育教材》。"文化大革命"中，中学体育活动被军体活动代替。随着中学教育事业的发展，体育师资力量相应加强，全县 16 所中学，共有专职体育老师 28 人，其中专科以上毕业的 22 人。中学校运会，除"文化大革命"期间曾一度中断外，1978 年以来，都坚持年年举办。其中，寿宁一中自 1952～1989 年，共举办 26 届，县二中自 1960～1989 年共举办 17 届；县三中自 1976～1989 年，共举办 13 届；武曲中学自创办至 1989 年，共举办 10 届；鳌阳中学自创办至 1989 年，共举办 8 届。

1982 年《国家体育锻炼标准》公布实施，全县各中学普遍开展达标锻炼，至 1989 年，全县中学生达标累计 24407 人，达标 89.3%。1983～1986 年，县一中连续 3 年被评为福建省实施《国家体育锻炼标准》先进单位。县一中于 1983 年被命名为省武术、排球传统项目学校。1988 年被命名为省田径、排球传统项目学校。

1990 年后，各中学积极推动实施《中学生体育合格标准》。1991 年，县一中校运会首次设置举重比赛项目，报名参赛男女运动员 370 人，决出 168 个名次，从中挑选有培养前途的男女学生 20 人组成少体校举重班。至 1993 年，全县中学都实施《中学生体育合格标准》。从 2001～2002 年，体育课改为《体育健康》课，中学生体育的总目标是：运动技能、身体健康、心理健康、适应社会。2005 年开始实施《中学生体质健康标准》和《中学生体质健康标准实施办法》，学校体育除开设"两课两操一活动"外，每年举办一次全校性的体育运动会。县体育主管部门和教育局逐年对施行《国家体育锻炼标准》的先进学校和个人进行表彰，成绩突出的报省、地（市）表彰，先后有 6 所中学被评为先进单位。县一中、二中、三中、鳌阳中学、武曲中学、托溪中学先后被省评为体育达标先进单位。

县体育运动会概况如何

1941 年 5 月，在县立公共体育场举行县体育运动会，分学校与民众两个组。竞赛项目设跳高、撑杆跳高、跳远、铅球、投掷手榴弹、50 米短跑、200 米短跑、4×100 米接力、越野跑、篮球、排球、乒乓球；表演项目有武术、技巧、团体操、民俗游戏、童子军队列等。竞赛按积分评定团体名次，团体前 4 名奖给锦旗。

1952 年 10 月，举办解放后首届体育运动会。县委、县人委、县工交系统、县中学与鳌阳区等单位均组队参加。运动会后选拔 25 位运动员组成县代表队，参加福安专区第一届体育运动会。

1956 年 10 月 1～4 日，寿宁县举行第二届体育运动会。县直机关单位和各区均组队参加。

1960 年 1 月 27 日至 2 月 2 日，举行全县第三届体育运动会。县直机关各系统及 13 个社（镇）均组队参赛，参赛运动员 300 多人。这次运动会打破 15 项县纪录，郑朝训等 3 人达到国家三级运动员标准。

1971 年 8 月 19～23 日，举行全县第四届体育运动会。县直机关 9 个单位及 13 个社（镇）组队参赛，参赛运动员有 560 人。竞赛的项目：田径类有 100 米、200 米、800 米、1500 米、3000 米、4×100 米接力、跳远、三级跳远、跳高、铅球、铁饼、标枪、掷手榴弹；球类有篮球、排球、乒乓球。此外还有拔河等。

1989 年 9 月 12 日起，在县城新建的体育场举行全县第五届体育运动会，县直机关 6 个系统及 11 个乡（镇）代表队，共 484 名运动员（其中女运动员 127 名）参赛。单项冠军 64 个，并评出 4 个风格奖。这届运动会各竞赛项目除中国象棋在斜滩赛区举行外，其余均在县城举行。

县第六届运动会于 1998 年 9 月 17 至 9 月 30 日在县体育场举行，设田径、男子篮球、门球、乒乓球、中国象棋五大项目。全县 14 个乡（镇），县直机关 7 个口共 21 个代表团男女运动员 524 人参加比赛，共决出金牌 112 枚，银牌 113 枚，铜牌 105 枚。鳌阳镇、宣教系统代表团分别获得乡（镇）组和县直机关组总分第一名。

参加地区（市）以上竞赛成绩如何

1975～1989 年，寿宁县曾 29 次组队参加省级各类竞赛，最好的成绩是 1978 年省第七届运动会铁饼第一名。1984 年，省桥牌赛，寿宁队获双人赛东、西座冠军；1985 年，省桥牌赛，县女队获双人赛南、北座冠军。1985 年，省老年桥牌赛在福州举行，李元河、张承纲获双人赛南北座冠军。1986 年省第九届运动会，寿宁县队获男子射击团体第一名。

1990～2005 年，寿宁县曾 15 次组队参加省级各类体育比赛，最好成绩是：2003 年，全国青少年宫"希望杯"中国象棋比赛在珠海举行，陈伊彬获女子冠军。2004 年 10 月，省散打锦标赛在泉州举行，巩校武获 70 千克级男子第一名。

1975～2005 年寿宁县曾 97 次组队参加地区级各类体育比赛。最好成绩是：1975 年地区基层小学排球赛，鳌阳小学获第一名；1976 年，地区少年围棋赛，卢辉获少年组第一名；1977 年，地区青少年棋类赛卢秋获女子围棋第一名；1977 年，地区少年、儿童乒乓球赛，县业余体校获儿童组女子单打第一名；1978 年，地区基层小学排球赛，鳌阳小学获男子第一名，实验小学获女子第一名；1978 年，地区棋类比赛，寿宁县队获少年组中国象棋第一名；1978 年，地区参加省第七届运动会选拔赛，王鹤龄获铁饼第一名；1979 年，地区基层小学排球赛，大安小学、实验小学分获男、女两组第一名；1979 年，地区少年排球赛县一中获女子第一名；1980 年，地区武术观摩比赛，张发进获南拳第一名；刘登东获地区中、小学田径赛铁饼、标枪第一名；1980 年大安小学获地区基层小学排球赛第一名；1981 年，大安小学又获基层小学排球赛第一名；1984 年地区武术观摩赛，县一中获集体基本功第一名；县队获地区第二届工人运动会排球赛第一名；1986 年，地区桥牌调赛，县队获团体第一名；地区老年人桥牌锦标赛，县队获双人赛冠军；1987 年县队获儿童组中国象棋第一名，地区桥牌赛团体第一名，双人赛南北座、东西座冠军；老人运动会桥牌团体第一名，双人赛冠军；1988 年获地区桥牌调赛团体第一名；李光获太极剑第一名；1989 年，地区第三届运动会张发进获南拳一等奖，南棍一等奖；王步跃获刀术一等奖。1993 年，宁德地区钓鱼比赛，寿宁代表队获团体冠军，个人第一名。1995 年，地区小学生运动会，何华清获铅球第一名；1997 年，地区地掷球比赛，寿宁县队获团体第一名；钓鱼比赛团体第一名；邮电系统地掷球比赛团体第一名；1998 年，宁德门球片区赛寿宁获团体第一名。2000 年地区钓鱼比赛，寿宁代表队获团体第一名；2001 年，获地掷球比赛冠军，门球杯比赛冠军；2004 年宁德市少年儿童田径锦标赛李坤获 800 米第一名，柳瑞康获 400 米第一名。

主管体育发展有哪些机构

1938 年 3 月，始建寿宁县公共体育场，为当时寿宁县政府的体育行政职能机构，主管全县的体育事业。定编 3 人，设场长、办事员、勤务员各 1 人，办公地点在西门妈祖庙内。

1949 年 7 月～1955 年，县体育场归属县文教科，配专职体育科员 1 人。

1956 年，成立寿宁县体育运动委员会（简称"县体委"），定编 2 人，实配专职干事 1 人。

1966～1968 年，体育机构撤销，由县人武部派一位干部负责全县军事体育工作。

1969～1971 年，体育工作由县教育组兼管，配专职体育干事 1 名管理体育工作。

1972 年，恢复县体育运动委员会建制，定编 2 名，主任、干事各 1 名。

1975 年，体委机构逐步健全，定编 5 人，主任、副主任各 1 名，干事 3 名，下辖寿宁县普通业余少年体育学校，有棋类、球类、武术兼职教练 5 人。

1990 年，县体委编制 3 人，内设办公室。1997 年编制 4 人。2002 年 8 月，设县文体新局，负责全县文化、体育、新闻出版管理职能，为正科级行政单位，核定行政编制 5 人。至今不变。

体育设施知多少

1937 年，县政府征用城内军队驻防旧址，辟为公共体育场（今鳌中操场）。

新中国成立后，各单位与学校陆续建成篮球、排球场及一些相应的体育设施。1975 年，对原公共体育场进行整修，铺或水泥篮球场，将木质结构检阅台改为石混结构，并建 2 座水泥看台，球场周围上方还配有灯光设备。1983、1984 年又先后修建西、东向围墙。1984 年，在临街方向设置铁栏杆。

1984 年又征地 40.4 亩作为建设体育中心用地，其四至分别为：东至蟾溪；西至村尾群众民房；南至环城公路；北至职业中专。1985 年，经省人民政府批准动工修建，1989 年底竣工。场内有一个 25×16 米的游泳池；一道砖砌 400 米田径跑道道牙以及一条 400 米简易跑道。还建有石混简易检阅台。

1983、1988 年，根据国家体委和国家统计局《全国体育场地普查方案》进行两次普查。至 1989 年底，全县共有运动场 1 个，小运动场 1 个，室外游泳池 1 个，排球场 6 个，篮球场 22 个。此外，各中、小学有供跳高、跳远的沙坑等设施。

1990 年，县体育中心占地 40.4 亩，有 400 米跑道的标准田径场 1 个。26×16 米游泳池 1 个，检阅台 1 个，沙坑 1 个，门球场 3 个，地掷球场 1 个，足球场 1 个。

2004 年，在茗溪新区投资 50 万元建设全民健身活动中心，设室外、室内两大部分，室内设体育综合训练室、健美操房、乒乓球室、棋牌室等。

2015 年，县文体新局开始改造体育中心，投资 580 万元，面积 32 亩，内设田径场、足球场、气排球馆、多功能篮球场、门球馆和标准 400 米塑胶跑道。

2016 年 4 月 30 日，寿宁县以承办十六届省运会比赛项目为契机，在鳌阳镇马尾山建设寿宁县体育馆。项目占地面积 10754 平方米（约 16.1 亩），总建筑面积 10703 平方米，建筑占地面积 5660 平方米，总投资 8577 万元。项目包含 3112 座观众席、标准篮球场、显示屏和音响设备等基础设施，配备室内篮球场、训练房、运动员用房以及室外停车场等辅助设施。2017 年工程竣工交付使用，为开展室内竞技体育训练，促进群众体育全面发展，更好满足广大群众的健身需求创造了条件。

寿宁有哪些农事习俗

解放前，境内汉族妇女受儒家"男尊女卑"、"男外女内"的封建思想的影响，一般不从事生产劳动，只在家中从事烹饪、洗涤、饲养禽畜或纺纱织布等家务。封建意识严重的老年人，不让妇女触摸生产用具及种子，尤其忌讳妇女跨越扁担、拄杖、蓑衣、斗笠等农具。解放后，特别是经过土地改革，妇女地位提高，开始参加生产劳动。中共十一届三中全会后，随着农村联产承包责任制的落实，妇女成为劳动力的一部分，旧时卑视妇女所造成的禁忌已逐步消失。

县民在农业生产方面的习俗，有春季的"做春福"、"鸭子会"，秋季的"尝新"、"做秋福"。

一是做春福，境内农民群众在立春日，为祈祷当年风调雨顺、五谷丰登，各家各户自愿凑些钱，做糍做果，摆设供筵，祈请社主（大王）"保庇"，然后全村户主集体聚餐后"散福"。

二是鸭子会，为禁止鸭子入田糟蹋禾苗，鳌阳、清源、大安一带农村插秧结束后，各家凑钱，户主聚餐，如谁家鸭子入田，餐费就由他家出。

三是尝新，境内在每年立冬日有庆祝丰收的习俗。多数农家在秋收后择日"尝新"。取当年收成的第一批稻谷碾米做饭，佐以第一次收获的蔬菜，全家团聚"尝新"。户主先敬天地神明，再按长幼顺序用膳，最后碗里要留一口饭，预示"年年有余"。

四是做秋福，类似"做春福"，但更为隆重。敬神、聚餐庆丰收之后，全村劳力齐出活，清除村庄路边的杂草、河渠污泥等。

建筑方面的习俗有哪些

建筑行业中以建房的习俗最为繁琐。县民建房，先用罗盘选定坐向，而后择吉日"起座"。奠基时鸣炮动土，石匠奠下中厅磉石，然后祭土地神，办开工酒。以后，按择定日期架木马、做门、梁（栋梁必须用并生杉木为材）。上梁是建房中最为隆重的仪式，上梁时刻一到，披红鸣炮，邀请"好命人"（一般为多子女者）扶梁，由设屋架的木匠悬挂红布和"七宝袋"并进行"唱梁"。上梁毕，当日操办梁下酒，酬谢工匠和助工的亲友。亲友需备粉丝、米糕、机面与助工仪包赴宴。嫡亲要用红布袋装稻谷"压梁"。

新中国成立后，城乡多数人家建房仍沿袭此俗。建房改为砖混结构后，不再"祭梁"。房中带有迷信色彩的繁琐礼俗多被废除。

建桥，境内建筑木拱廊桥的习俗与建房基本相同。建石桥、水泥桥及独木桥无特殊习俗。

垒灶，均要择吉日开工，动工时要以点心（多为面、蛋）招待泥水匠，完工后馈赠仪包。生火时，用糯谷在锅内爆米花，以示喜庆。

其他生产习俗知多少

理发，婴儿满月或新郎理发，需以点心招待理发师，并馈赠仪包。

缝纫，新娘嫁衣，新郎礼服均要择吉日开剪，要给缝纫师傅馈赠仪包，并邀请喝出嫁酒。

烧砖瓦、制陶，在陶器、砖瓦装入窑洞后要先"造窑福"。

狩猎，打猎归来，铳口朝上置于簟坪下，猎获的野兽先割下头、尾祭神。

饮食方面有什么习俗

一是主食，县民一日三餐俱食大米干饭，间或佐以面食。传统的干饭将大米入锅煮沸几分钟，再用笊篱漉入木制饭甑，隔水蒸成。米汤多用作羹汤。稀饭多是漉饭时留下一些与米汤烹调，其味甚佳。

杂粮以甘薯为主，作主食。1982年后，绝大多数人一日三餐均食大米饭。农忙季节，下午加一餐点心，干稀粗细，因家境而异。城镇居民以"一稀二干"，即早餐稀粥，午餐、晚餐干饭。近年来许多人家早餐辅以蛋糕、面包、馒头，或以牛奶、豆浆，或以五谷豆浆代替稀饭。

二是菜肴，常年以蔬菜为主，辅以竹笋、蕨类、野菇及溪鱼、泥鳅、田螺等。新中国成立前，虾苗、虫爱仔价廉味咸，平民亦常食。产季的大路菜多用盐腌，也有以糟腌、酒渍、醋浸或晒干储藏备用。传统的腌菜有芥菜、白菜、萝卜、笋、姜等；干菜主要有笋、萝卜、芋头、马铃薯与若干豆类。20 世纪 80 年代以后，荤菜食用量增加，鱼、肉、禽蛋的烹调方法各异。

待客多用鸡蛋、粉丝或面条煮点心，以红酒煮蛋为待客之最上礼。留客用饭时，或杀鸡宰鸭，或备酒肉，上桌至少 4 菜 1 汤，多则 10 余碗菜肴，以猪内脏、干海产、土特产为主。

20 世纪 70 年代以前婚嫁宴席，每席 12 道菜肴，俗称"四盘八碗"。主菜为粉丝（俗称"蕃薯扣"）、鱼、肉、蛋、笋干、木耳、香菇、禽畜肉、干海产等。70 年代以后，出现冷盘、热炒、全鸡、全鸭、甜食等式样，每席菜增至 16 道，亦有多至 20 ～ 30 道的。

丧事宴席以素菜为主，荤菜只用于犒劳帮工。20 世纪 80 年代后大体与婚嫁筵席的菜肴相同。

三是点心，传统的点心以（米）糕干、蕃薯粉扣为主，不同季节则有面条、粽子、汤圆、馄饨、糍粿等。茶点，农村妇女串门，多是咸菜，间或有炒黄豆、炒葵花籽，爆米花等。

四是饮料，县民人人饮茶，田间劳动多饮泉水。晚餐喝些自制糯米红酒。80 年代起，也有以各种可乐、果汁、啤酒代茶的。现在人们更提倡喝温开水、矿泉水，有人说"水是最好的药"。

服饰方面有哪些习俗

一是衣着，新中国成立前，贫富衣料殊异。富人有绸缎、皮棉，多洋布；穷人多苎布（俗称夏布）、土布。劳动时必加苎麻布罩裙。新中国成立后，县民的服饰、用料均趋向多样化。从中山装到西服，现在更多穿的是休闲的夹克衫。

二是鞋、袜，新中国成立前，多穿布鞋，遇雨，除富人外，便脱鞋出户外，也有穿木履的。劳动时多穿草鞋。夏天少年儿童多打赤脚上学，很少有穿鞋的。耄耋妇女多缠脚。妇女取消缠脚后，大多数穿上袜子。20 世纪 70 年代以后，遇雨多穿雨鞋。上山劳动多穿"解放鞋"，很少人再穿草鞋。

三是发型，未婚女子梳辫子，婚后挽髻。现在则多留运动发、披肩发，顺其自然。小孩留囟发。不少上了年纪的中年男子，还时兴理光头。

四是首饰，妇女首饰有钗、耳环、戒指、手镯等，多为银质。现在则多为金质，金项链、金耳环、金手镯。有的青年男子也戴金项链、金戒指以炫富足，手表则十分普及。小孩也带手镯、挂项牌。

交际方面的习俗有哪些

一是送往迎来，客来，先让座、敬烟、献茶。客去，主人一般要送行。亲戚来时，常请用点心。初次来的客人，还办酒席，也有杀鸡宰鹅的。现在许多人都到酒家去宴请。朋友患病，均前往看望并赠送慰问品。

二是筵席礼节，宴席座次以母亲或妻子的亲族为上宾（俗称"坐大位"）。常猜拳行令以助兴。端上最后一道菜后不久，即燃放鞭炮送客。

三是称呼礼节，新中国成立前，路遇陌生人，若是老年男——则称"翁"或"阿伯"；若是老年女性，则称"阿婆"或"阿姆"；若是中年男性，则称"阿叔"或"阿哥"；若是中年女性，则称"阿婶"或"阿嫂"；若是青年男女，则称"阿弟"、"阿妹"。解放后，不论男女老少，陌生人相遇，一律皆称同志。20 世纪 80年代后，又有称"师傅"、"老板"等。

新中国成立前婚嫁礼俗知多少

旧时，婚嫁多由父母包办，凭媒妁之言，讲究门当户对，同姓不通婚。富者结婚，礼俗繁琐，大摆酒宴，时间长达好几天。贫者多从简，甚至有择大年晚上结婚的，俗称"合房"，即是结婚当晚，新郎新娘各吃一双喜蛋回房就寝。旧时婚嫁，多数需经议亲、订婚、结婚三个阶段。

议亲，一般由男方托媒人向女方提亲，女家首肯后，便书写庚贴（出生年月日）托媒人送至男家。男家则托媒人请女家开礼单（开列聘礼的品种数量），择日订婚。订婚时男家备礼送女家。礼物一般为猪肉、糍粿（或面）、南货（多指海产品）4 样及糖、枣、茶、甘草等，并随带部分聘金。女家回赠礼物，有种子、烟袋、锁匙袋、香袋等。订婚后，每逢春节、中秋节，男家应送礼到女家（俗称送年、"送中秋"）；端午节则女家应送粽到男家（俗称"送节"）。此俗延至婚后 3 年，尔后转入正常，礼物轻重不论。婚龄一般是男 20 岁，女 16 岁以上。旧时代富家子弟往往早婚，而其闺女则多是晚嫁。境内有"十三爷十四娘"，"富人无大男有大女"之说。迎娶前，女家应择吉日请裁缝师傅为女儿裁嫁衣（俗称"开剪"）。女方的嫁妆有被、帐、衣服、布、鞋、袜、布、箱、柜、床、桌、脸盆、水桶等。贫者仅三杠、五杠，俗称"三杠头"、"五杠头"；富者多达 36 杠，俗称"满路红"。男家应按礼单送足聘金和礼物。迎娶前一日，男家备花轿、媒人轿、礼担等，选亲友中最体面者与媒人、吹鼓手、司礼等 10 多人一道，沿途吹吹打打到女家，主要礼物为鸡、酒、菜料（干海产品）各一担，惯例仪包及给女家亲戚的凸蹄、糍粿（或面）等。女方收凸蹄的亲戚多以衣料、鞋、袜、毛巾、手帕、红蛋、贺仪等答谢。当晚（或迎娶当日午间），女家办出嫁酒招待众亲。宴毕，男方代表即催新娘起程。启程时，嫁妆、红布袋、彩旗先行，新娘的花轿随后。新娘每过一道桥均要往溪里丢两个红蛋，俗称"过溪蛋"。花轿至男家门口，由父母双全的一长一幼两名女性（俗称"老接姑"、"嫩接姑"）将新娘挽下轿，牵着新娘缓缓步入大厅。新娘将一包爆米花和两个红蛋撒在地上，让众人哄抢。新郎则由烛弟（由两位父母双全的小男孩充任）提红烛三请到堂。新郎新娘在鞭炮、鼓乐声中依次拜天地、祖宗、父母，然后夫妻对拜。最后，由接姑牵着新娘，烛弟持喜烛将新郎新娘送入洞房。伴娘取酒一杯，先给新郎喝一口，再给新娘喝一口，俗称"唱交杯酒"。伴娘赞吉词，将新郎新娘两头互碰，谓"结发到老"，而后新郎即出房。此时，不论男女老幼均可进入洞房看新娘，吃茶点。拜堂后设酒席招待众亲，席上要排座次，酒桌横向排列，以男家母系亲属，外祖父母与母舅、妗居大位。席中，唢呐班不断奏乐、唱曲，赴席者赠以少量钱币，作"赏钱"。当晚大酒宴散，择父母、兄弟齐全者与新郎新娘共食"佳期酒"。随后是众亲友"闹洞房"。次日办媒人酒，媒人居大位。婚后次日，新娘早起下厨房，先炒爆米花，后切大南瓜，"好命人"说吉利话，预祝日后子孙满堂。早餐后，新郎新娘到厅堂跪拜父母及嫡亲长辈，行见面礼，受拜者以红包馈赠。婚后第七天，由老接姑接新娘到家中做客，俗称"出厝"。婚后一个月，娘家备炖鸡一只，由兄弟或姐妹一人送往男家，看望出嫁的姐妹，俗称"做满月"。婚后一段时间，新娘择日乘轿（或步行）回娘家拜见父母，俗称"做头遍客"。到时，男家派人前往接回。返夫家时，娘家包粽子若干，孵小鸭一窝，备新衣一套送给女儿。也有新郎新娘在婚后第二天双双回门拜见父母的。富者来回均乘轿，女家燃放鞭炮接送，并备酒席接风。岳母炖只全鸡招待女婿，并送给新衣一套。至此，婚嫁礼仪才告结束。

新中国成立后的婚嫁礼俗如何

20世纪50年代初期颁布《中华人民共和国婚姻法》后，提倡自由恋爱，凡结婚均到区公所登记，并领取结婚证。表兄妹结婚、换亲、冲喜亲、抱童养媳以及婚嫁中的繁琐礼俗多被废除。在农村，婚嫁仪式则基本沿袭旧俗。20世纪60年代，取消花轿改步行，但男家要给新娘一个"走路包"。迎娶之日双方各派接姑两名随同接送新娘，沿途由接姑为新娘打伞。其他礼俗依旧。陪嫁家具，原来全由女方负责，现多改以男方为主。20世纪80年代，城关多用小汽车接新娘。

生育方面的习俗有哪些

妇女分娩，俗称"坐月子"。产妇的营养食品主要为米饭、鸡肉、鸭蛋、红酒。忌吃咸菜、咸鱼、酸菜。

婴儿出生后，要备酒、肉向外婆家报喜，俗称"送酒"。外婆家则回以鸡、蛋、婴儿衣裙等。婴儿出生至第三天"洗三旦"，办"三旦酒"宴请亲友。婴儿满月要理发，俗称"剃满月头"，多数人家还办"满月酒"宴请亲友。小孩满周岁，外婆及亲友馈赠礼物，俗称"送晬"。家里应办"晬酒"宴请亲友。席间，家庭主妇抱小孩答谢众人，亲友都说些吉利话。清源、犀溪等地生男孩的人家，在正月十五日晚于家门口或宗祠外的旗杆上挂红灯，并在家中设茶点，招待亲友。犀溪村下半夜还备酒席请村中老人"圆灯"（元宵后出生都在次年元宵节挂灯）。

寿庆方面有哪些习俗

50 岁起，每增加 10 岁，举行一次寿庆，即在当年正月初一日举办祝寿庆典（俗称"做十"）。解放前庆寿时，以孩子的名义将请帖发送给亲友，设寿堂于中厅，张灯结彩，悬挂寿幛、寿联和寿星图等。名人富户还请社会名流书写寿序。当日五更时分，寿者登堂受子孙跪拜，其他亲友则于次日早饭后前往贺寿。寿家备茶点款待，并给每人分发红包一个，俗称"拜寿包"、"百岁包"。平溪一带，初二日寿者家属要回拜，富家请唢呐班随行，逐户回拜。寿宴，多在初一日中午或晚上举行，也有在元宵以前（初二除外）举办。主要宴请嫡亲好友。席间，女婿坐大位，寿宴开始应先吃"长寿面"。县城、犀溪等地有在除夕夜宴请亲朋挚友共进襄寿酒。斜滩、武曲一带，岳父母的襄寿酒安排在正月，由女婿筹办。祝寿的女婿需送厚礼，包括联、幛、匾、屏（选一种）及衣料、鞋、袜、鞭炮、烛、猪脚、糍粿、面、糖、桔等，寿家回赠过半。其他亲友则按辈份亲疏相送礼物，寿家适量收取，答谢仪包若干。

新中国成立后，农村庆寿在形式上多沿袭旧习俗。斜滩等地，有些寿家还在正月里自费请龙狮队或戏班表演助兴。20 世纪 80 年代起，则改以包一场电影或录像供亲友欣赏的形式助兴。

丧葬习俗有哪些

老人逝世，称"归终"或"回去"。明代以前，"寿多火葬"，以后逐渐盛行土葬，即将棺椁葬入土中 3 年，待腐化后取骸骨装入砝瓮（俗称"金瓮"），进行"寄金"，也有直接葬棺的（即生前选好墓地，砌好墓圹，不再开棺取骨）。亲友邻里闻讣，都在入殓前带香纸到丧家吊唁，致送香仪、挽联，堂房宗族邻里有义务相帮丧事劳务的习俗。

　　病者临终，家属到场送别，俗称"送归宗"。异地病人弥留之际，都得设法抬回家中，不得作古在外，认为死在外面是"做门外鬼"，不吉利。垂死者断气后，即烧纸钱、点香。家属速往溪中取回清水（俗称"买水"）为死者擦洗身体，换上生前晚辈女性准备的寿衣、寿鞋等，然后将尸体移至厅堂（未满50岁者多数放房间或厅边）。灵床床板只用3块，死者头枕3片瓦上（现多用小枕头，枕边置布包公鸡1只，草木灰包的粽子1个），双手挽3枝桃树枝于胸前。另置油灯一盏于枕边，床前插香焚纸，日夜不断，直至出殡止。灵堂布置毕，忌狗、猫近灵前。出棺前，在三叉路口焚烧死者被褥、草垫、草席之类。治丧时，儿女要身穿麻布衣，头戴麻布帽，腰系稻草绳，亲属按亲疏分别穿细麻衣、白布衣。门前挂黑色或白色布条，以示邻里。派人将死讯告知亲友。报丧人不论晴雨均带雨伞1把，至亲友家将伞置于厅堂桌上，主人当即明白来意。举哀期间，孝子及亲友轮流侍守灵前，朝夕不离。亲友于灵前点香，行三跪九叩或三鞠躬礼。入殓时辰一到，将死者尸体移至棺内，俗称"封棺"。县城、斜滩一带封棺前要设筵致奠，俗称"柴头祭"。若是女性死者，需等女方亲属到场检视死者遗容、服饰后，始能封棺。出殡应择吉日（忌重丧之日），此为丧葬中最隆重时刻。时辰一到，鸣炮、哭号，哀乐不断，由2～4人抬棺，孝子及嫡亲扶棺痛哭，棺上披红。行时由幡幛和纸白鹤引路，孝子持孝棒（俗称"丧杖"）随后，之后是众家属、亲友。沿途敲锣打鼓，燃放鞭炮，送葬队伍有多达数百人的。丧家给送葬者发白布或黑纱使佩于左臂。部分人家还在途中排设香灯奠酒，俗称"拦路祭"。至预定地点，焚烧孝物，孝子跪伏道旁谢步宾客，一般亲友即可止送，主要亲属则挂白送至墓地（或殡仪馆）。棺木入土（或火化）后，将骨灰送至墓地。随后除去孝帽、孝衫。送葬者换穿吉服，返途中孝子披红，手捧先人遗像前行，安神主牌于祠堂或自家神龛。葬毕，家属办丧酒宴请亲友帮工。筵席散，禁忌言谢，不予挽留。富裕家庭，当晚则请道士为死者超度亡灵，俗称"做殓晚"。根据家庭经济条件定繁简，一般只做一个晚上，也有连续三天三夜的。超度后，将用色纸糊成的"香亭"送入宗祠焚化，俗称"送祠堂"。其他尚有"做七"、"做周年"等。对男未婚、女未嫁及未成年或无子女者，殡葬都从速从简。

　　20世纪50年代后，逐步用追悼会代替吊孝，用遗像代替木主牌位，用花圈挽联代替焚香摆供，用戴黑纱、白花、白布代替披麻戴孝。县城还有抬棺环街一转的习俗。50～70年代中期，丧葬礼仪中的迷信活动逐渐革除。70年代后期起又有所复燃。

传统节日习俗有哪些

　　每年除夕前，各家都清理一下当年的债务，过了除夕，正月不讨债。除夕大多数人家张贴灶神榜、春联。外出者都赶在除夕前回家共进团圆饭。饭后，长辈给晚辈、未成年的家庭成员发"压岁钱"。主妇另蒸新饭，准备明早食用，叫做"隔年饭"。灶坑用干柴留火种，续至次日起火，称"孵年猪"，柴越粗，预示来年的猪就越肥。晚辈守岁时间越长，长辈越能健康长寿。旧时多数人家都在楼厅祖宗神主牌位、灶神位点茶油灯，俗称"照年"。现时，除老寿星给儿孙"压岁钱"外，其余习俗多未保留。

春节，清早，家家户户开大门放鞭炮，说吉利话。全家穿戴一新，按大小辈分"尝甜"，一般饮桔皮糖开水，进食瓜果等。晚辈给长辈拜年，长辈赏给小辈拜年钱。早餐先吃寿面、寿茶、年糕、糍粿，再吃其他菜肴。初一至初三，三餐较为丰盛，至少是不吃地瓜米。群众除舞龙灯外，还给寿星集体祝寿。县城、斜滩、大安、犀溪等地初二日"过白年"，不串门做客。县内还流传：一鸡（初一是鸡的生辰，以下类推）、二狗、三羊、四猪、五牛、六马、七人、八谷、九天、十地之说。

元宵，正月十五日，家家备办丰盛晚宴。新中国成立前，多数村庄均有迎神灯会，还有走高跷、台阁、舞龙舞狮等活动。

清明，为扫墓传统节日。新中国成立前，以祭田出租用于祭坟的费用。如今则按摊派筹款祭扫族中的众墓，也有设"扫墓基金"，每年取利息作为祭坟的费用。

立夏，家家要吃"立夏糊"，用米磨浆，拌上韭菜、墨鱼、猪瘦肉、笋干、虾米、香菇等煮成糊，俗称"焙立夏"。寓立夏梅雨勿使太久之意。旧时南阳村立夏日还有啖青梅之俗，现已消失。

端午，多数地方均是农历五月初四日过节。一早便设供祭祖。初五日，家家户户在门上挂艾（旗）、悬蒲（剑），小孩还佩戴中药香袋。中午全家吃粽，饮雄黄酒，孩童脸上涂雄黄或画龙虎字样，沐浴草药汤。房屋四周遍撒雄黄酒，以避邪驱毒。小孩请新婚的少妇用红头绳箍手腕、脚腕，俗称"系节"。南阳乡端午午时有"浴三汤"。斜滩有赛龙舟。

中元，农历七月十五日，俗称"七月半"或称"鬼节"，是祭祖的日子。解放前中元"祭祠堂"与清明"祭祠堂"合称春秋两祭。

中秋，农历八月十五日，亲友间互送月饼，新婚的女婿给岳母家"送中秋"。礼品有：月饼、猪肉、面、糖、衣料等。当晚多数人家必吃月饼、米糕。斜滩一带当夜小孩常成群结队，结伴唱中秋儿歌，手持小溪石碰击，边走、边敲、边唱，俗称"走中秋"。

重阳，农历九月初九日，农家普遍炊米糕。1988年，县人民政府规定此日为"敬老节"。提倡保护老年人合法权益，尊重老人。

冬至，当晚家家吃"冬节丸"，俗称"冬至搓糍仔"。

敬老爱幼方面有哪些传统美德

晚辈对家中的老人赡养孝敬；族内推举老人管理公益事业，调处族内纠纷；社会上照顾孤老，对老人让路让座，都是县民历来崇尚的美德。

明天启年间（1621～1627），寿宁县城柳必用父目疾失明，医辞不疗，必用每日以舌舔去其父目中的秽毒，岁余复明，寿至80岁。明万历年间（1573～1619），县吏范世雍，两考役满，将赴部。因继母何氏疯疾未愈，绝意仕途，侍汤药三十余年，寝不解衣。类似事迹不胜枚举。解放前，多数宗族置有敬老的公田或一定数量的稻谷补助80岁龄的老者。

1949年后，集体经济向鳏寡孤残提供"五保"，敬老恤孤蔚然成风。竹管垅中心小学少先队第四中队自1983年起，数年如一日，定时给该村孤寡老人柳阿庆、柳庆云（双目失明者）砍柴、挑水、扫地、请医送药，逢年过节还给赠送礼品。

1987年11月，22名孤老红军、烈军属、复员和残疾军人住进光荣院、社会福利院。1988年国庆节，县领导专程慰问凤阳乡基德村百岁老人徐学贵，赠给"盛世期颐"大匾。同年10月13日县人民政府召开"老有所为精英奖、敬老好儿女金榜奖、敬老之家"表彰大会，进一步推动尊老敬老活动。

1982～1989年，全县先后评出"五好家庭"1660个，100多位失去双亲的孤儿，都为宗族邻里收养、照顾。

随着社会主义精神文明建设的深入，敬老爱幼的传统更加发扬光大。坑底乡浩溪村吴增银，丈夫1973年去世，她挑起养活一家7口人的重担，靠饲养禽、畜，种植瓜、菜维持生活，照顾公婆。1975年公公患重病，婆婆因高血压而中风，她为老人喂饭送药、端屎倒尿。尽管经济困难，仍坚持送4个孩子上学，现在都已长大成人，先后考上中学、大学。

武曲乡大洋村林翠莲，其婆婆90岁以后，身体瘫痪，双目失明。翠莲每日喂饭喂药，端茶送水。夏天经常为老人洗澡；冬天，扶老人到室外晒太阳。由于她四十年如一日的耐心护理，使老人享寿101岁。在她的影响下，一家大小17口和睦相处，妯娌都很孝敬老人，乡邻交口称赞。

1976年，竹管垅乡复退军人龚永长因病逝世，其妻又患精神分裂症，儿子龚启雄4岁，无人照顾，同村的龚明和毅然收养了启雄，不久启雄肺结核，明和夫妻俩借钱送他到宁德地区医院治疗，培养启雄上学。1982年，龚明和病重，邻居都劝他把小启雄送给别人，但他却把自己的儿子送给了亲友。1987年3月14日《福建日报》报道了龚明和夫妇《抚孤舍得心头肉，十年辛苦不寻常》的事迹。

新世纪以来，寿宁连续出了三位全国道德模范，她们的事迹令人感佩。一位是徐丽珍。2005 年，凤阳乡的徐丽珍，在温州市大南门名欧咖啡店当服务员拾得 1300 万元巨款归还失主，并谢绝了 1 万元酬谢，她认为"这只是做了一件平常的事"。2005 年被评为"感动温州十大人物"，2006 年被评为首届"全国道德模范"，2010 年，她以优异的成绩考入福州外语外贸学院旅游管理专业学习，成为一名光荣的共产党员。另一位是胡玉荣。"穷人慈善家"胡玉荣，原为县丝绸厂下岗职工，她节衣缩食，倾尽 20 多万元助学行善。她十几年如一日，做着一件又一件平凡的好事，快乐从心底淌出，事迹感人肺腑，是全国"巾帼建功"标兵，获第二届道德模范提名奖，被人们亲切地称为"穷人慈善家"。第三位是范英娇，她是一位农民，2011 年 56 岁，这年 9 月 20 日，她获得第三届全国道德模范提名奖。38 年来，她以一颗朴素善良之心，先后赡养 5 位没有血缘关系的孤寡老人，让他们感受到人间的真情与温暖，让他们安详地走完人生的最后岁月。她以尊老、爱老、养老的行为传承中华民族尊老敬老养老的传统美德。她们都是寿宁人民心目中的巾帼英雄。

尊师重教方面有哪些习俗

境内尊师重教的风尚由来已久，教师和师傅，历来受到学生（俗称弟子）、学徒（俗称徒弟）及家长的尊敬。

在寿宁，教师一向受到社会各界的尊敬。科举时代，弟子考中高科或当官，不论职位多高，回乡时都要拜谒少时授业的老师。明、清、民国时期，执政者每年都有祭孔庙。1939 年，教育部规定每年 8 月 27 日为"孔子诞辰教师节"。次年，省政府下令，开展教师节纪念活动。解放后，教师被誉为"人类灵魂的工程师"。

中共十一届三中全会后，教师地位日益提高。1982 年 5 月，县人民政府为从事教育工作达 30 年的教师举行隆重的"庆教龄"活动。省人民政府逐年给从事教育工作满 30 周年的教师颁发荣誉证书。1985 年，国家规定 9 月 10 日为教师节，寿宁每年都举行庆祝活动。

徒弟艺成出师，即使技艺高超，也仍尊重师傅。解放后，寿宁的工厂企业逐年增加，许多青年工人在老师傅帮带下，掌握各种技术。新世纪以来，国家十分提倡工匠精神，尊师爱徒的美德继续发扬。

夫妻互敬互爱方面的事例有哪些

夫妻之间互相扶养、互敬互爱，寿宁历来涌现不少难能可贵的事例。全国

"三八"红旗手，平溪乡燕窠村妇代会主任张贵花，其夫因外伤致残，长期瘫卧不起，生活无法自理。家中老、小的生活重担都压在她肩上。丈夫多次劝她改嫁，但她总是好言安慰。贵花含辛茹苦，勤俭持家，几年后还清旧债，还专为男人修了一间好住房。她数年如一日，悉心照料丈夫，直到其病逝。事迹邻里皆知传为美谈。

叶明苟，鳌阳镇干部。1976年妻病瘫痪，他为妻子喂饭喂药，接屎倒尿，还要照料3个年幼的孩子，并坚持工作。1980年冬，妻子感到久病不愈，不愿拖累他，有一天偷偷服下安眠药，他发现后耐心劝慰妻子一定要活下去。由于他的精心护理，1987年，其妻已能下床行走，现已完全康复。1986年2月25日《福建日报》报道了他的事迹。

广东籍女青年朱小兰，1976年经人介绍与平溪乡湖潭村阮德辛结婚。次年，丈夫因患眼疾双目失明，20岁的小朱挑起了家庭重担。她照顾病人，料理家务，苦干农活，毫无怨言。不少人劝她改嫁，她说："爱人双目失明了，需要我的照顾，离开他是一种缺德行为。"年复一年，他们互敬互爱，过着幸福生活。

热爱公益方面的美德有哪些

寿宁历史上有许多平时节衣缩食，而为公益事业则慷慨解囊的事迹。诸如独资兴建或捐资修建学校、道路、桥梁，为寺庙修缮捐款、捐物等。

宋淳化元年（990），陈洪轸捐产扩建三峰寺。明季支边，范廷寨助谷8000石。明万历四年（1576），清源乡际头仔村民王应秀捐银30两，在建安竹江渡口，设渡船一艘，为行人免费摆渡。清康熙二十五年（1686），知县赵廷玑捐俸银50两买房屋办学。康熙年间（1662～1722），武溪魏元甲遗孀吴氏捐田16贯（每贯播谷种4千克），兴建寿宁与泰顺边界的黄阳隘下的铜坑亭和茶堂。嘉庆十九年（1814），犀溪村叶世虞等捐资募建福寿桥。道光二十六年（1846），清源村卓秉嵩独资兴建外韦嵩翁桥。1915年，坑底村徐宗仁在司前村闽浙通途上，募捐修建双虹桥，并设茶堂一处，雇专人供应茶水。1936年，县长杨树森为开办寿宁第一所卫生院，捐助大洋200元。1937年，华侨胡文虎捐献大洋3000元，创建斜滩"文虎小学"。1948年，基德村徐奉琛妻郭氏，百岁寿辰不办庆典，将节余下的费用在基德仙宫桥头，兴建"百岁亭"供村民休闲。

1951年9月，为抗美援朝，全县群众纷纷捐款捐物，共捐稻谷490000千克，款811.95万元（旧版人民币），鸡、鸭3000头。美籍华人刘石通，自1982年以来，3次回乡探亲期间，除独资建路桥、修寺庙外，还捐款3万元用于兴办教育及扶贫救灾。侨胞修静法师捐款6000元，资助修建南阳岩庵及南山顶龙岩寺。1989

年 4 月，台胞龚启銮返乡期间，赠给南阳小学、下岭小学人民币各 1000 元，收录机一台，并捐款 500 元资助山坑村修公路。

1989 年，县烟草局捐款 1 万元，支持县消防队购买消防车防火救灾。集资办学方面，更是众力共擎。自 1979～1989 年底，全县集体及个人集资 201 万元，支持办教育事业。1997～2017 年，机关单位及个人集资 81.1 万元支持兴办老年大学，其中，泉州市老年大学支持 1 万元。

乡邻互助方面的美德有哪些

亲帮亲，邻帮邻是县民的自觉行动。1937 年 4 月 11 日夜，斜滩火烧街，楼下村民陈登俊捐米 300 石救济灾民。民国时期，后叶名医叶蒲仙，替穷人看病经常不收钱，穷人借"积谷"，蒲仙常为之担保。临终时嘱咐儿孙，对其手上赊欠的药款勿去索回。

新中国成立后，一方遇灾、八方支援的事例不胜枚举。1989 年，大安乡大熟村一个农民病危送省立医院抢救，病家交不起上万元的医疗费。寿宁籍在榕工作的郭正学、金赞芳得悉后，发动在榕同乡捐助 3000 元应急。同年 7 月 4 日，花炮厂在西浦的炮引工场不慎爆炸，有 11 位女工遭大面积烧伤，其中 2 名因伤势过重当天死亡。全县有 43 个单位及个人捐款 5000 元，寿宁籍在宁德的同乡也捐款 1000 元应急。

20 世纪 80 年代，带动乡邻、亲友脱贫致富的事例更是层出不穷。他们或传授科学技术，或提供资金、物资，或帮助争取项目，或提供种子、种苗、化肥等等。1984 年，南阳下洋仔村许阿琴，靠饲养长毛兔致富，先后赊给 45 户贫困户长毛兔苗 135 只，价值 2400 元。她从资金、兔苗、技术上帮助乡邻，使全村 13 户人家先后脱贫致富。1985 年，全村养长毛兔收入达 3 万多元，户均增收 2400 元。南阳村女鞋匠陈春花，为帮助贫困户共同富裕，曾免费收徒传艺。

义举方面的典范有哪些

明景泰六年（1455），叶思拱为建县创治之需，献地一白二十把（每把约 2 平方米）。后又于成化年间（1466～1487），续献地一百一十把（约计 460m2）扩建县治。

清康熙二十四年（1685），知县赵廷玑捐俸银 20 两，买得三峰寺之东山后及城南王家洋地各一片，作为官山，供平民丛葬。

1985 年，斜滩镇卢阿林捐资 700 余元，在黄竹岗建一座百家坟，把抛露荒野的 100 多具遗骸收集安葬，并在周围种了松柏。

1989 年冬，鳌阳镇老人会在山外七星垱征地 2.7 亩，建公墓一座，安葬火化后的骨灰。新世纪以来，各乡（镇）均以社会集资或独资的形式修建公墓，安葬火化后的骨灰，对节约用地、保护绿水青山均有好处，也属义举范围。

封建迷信方面的陋俗有哪些

一是寻龙。县民择地建房、葬墓，都关心风水的好坏，多凭"风水先生"择吉。20 世纪 60 年代后，随着科学的普及，不信风水的人越来越多。但时下，寻龙陋习大有复燃的趋势。

二是问花、观魂。巫婆将已婚女性比作一棵树，开红花即生女儿，开白花即生男儿。为骗取钱财，便说树上无花蕊，要设法祭度，使之开花。观魂即是巫婆替求神者到阴间地府去探望已故亲人的魂魄。解放后曾一度收敛，近年又有所抬头。

三是做功德，也称做"道场"。人死后，请道士做道场，超度魂灵。近年提倡丧事从简后，此种迷信活动已被部分群众摒弃。

四是迎城隍。1927 年以前，每年农历八月初一为迎城隍节日。

民间陋习有哪些

旧社会，寿宁县民陋习主要有：

一是吸鸦片，俗称"土膏"。清道光年间（1821～1850）鸦片开始输入寿宁，当时县城设鸦片馆数家，吸毒者初为地主豪绅、地痞流氓，继而传遍城乡群众。上瘾者往往身体虚弱，丧失劳动能力，不少人因此倾家荡产，甚至妻离子散。清末民初曾多次禁止，但吸烟者仍为数不少。解放后，县人民政府严令禁烟。1952 年 7 月 28 日，县人民政府成立禁毒指挥部，清查烟馆 36 处，对贩卖鸦片、种植罂粟的犯罪分子，按情节轻重分别予以处理。至 1958 年，吸毒、贩毒已彻底肃清。

二是溺女婴。明代即有溺女婴劣俗。由于生育无法控制，贫民无力养活，常有刚出生的女婴被溺弃。明代，寿宁知县冯梦龙曾"设厉禁，且捐俸以赏收养者。"此后，社会上也宣传劝勿溺婴，或捐助一些抚养费用劝人收养。至清代、民国时期，县民中因生活水平低下，依然存在溺婴现象。解放后，人民生活水平提高，溺婴比较少见。20 世纪 80 年代，国家对生育严加控制，规定一对夫妇只生育一个孩子。由于受重男轻女观念的影响，女婴被弃现象又有出现，但大多由好心人收养。

三是典妻。新中国成立前，妇女社会地位低下，在明代，《寿宁待志》即有"大家非大故不出妻，小户稍不当意如弃敝屣。或有急需，典卖其妻，不以为讳。

或赁他人生子，岁仅一金，三周而满，满则迎归"的记载。此俗至民国时期仍时有所闻。解放后已消失。

四是蓄婢。境内蓄婢始于清末，至民国时期还有蓄婢遗俗。蓄婢是富豪之家事，他们每以少数金钱收买贫困无依或生活困难人家女孩为奴婢，也有强迫无法交纳地租的农民女儿抵债为婢的。为了掩人耳目，在卖契上不写婢女而写养女。婢女生活低下，多被当作牛马使唤。主人稍不顺心便任意打骂婢女，有的甚至被主人污辱，或当牲畜转手买卖。新中国成立后，废除蓄婢制度。

五是纳妾，始于明、清时期，有钱人以妻子不育为由娶妾，虽然合法，但多为社会不齿。民国时期虽有禁令，然禁而不止。解放后，《婚姻法》规定一夫一妻制，重婚罪被处刑罚，纳妾之俗始被禁止。

畲族服饰习俗如何

县内畲族居民勤劳勇敢，男女同耕，团结互助，和睦相处。他们既懂汉语，又保持其民族的语言。畲族穿着多为大襟无领的藏青色苎麻布短衣。结婚礼服为：新郎头戴红顶黑冠帽，身着藏青色长衫，长衫胸前有一方绣龙花纹，黑色布靴。妇女服装式样较多，多穿自织的藏青、靛兰色苎麻布襟，衣领、袖口和右襟多镶花边，男人劳动时腰系围裙。未婚少女梳的是船型盘头发式，后面头发扎成坠壶状，上插少女银簪，从外型看，似戴红边的黑绒帽。斜滩一带畲族少女头顶上还系有一条红带。结婚时，头戴装潢华贵的精致凤冠，身穿镶有红边、矮领黑色大襟，大襟后裾长于前裾。已婚妇女则梳螺旋型或高帽型的盘头发式，发髻更加宽广。盘头上下呈直筒状，稍向后倾，从外型看，似戴黑色的大缎帽，略显稳重。发间环束黑、兰或红色绒线，以区别老、中、青年。妇女参加劳动时，卷裤腿，穿草鞋或打赤脚。平时男女均穿布鞋，女性不缠足，但喜戴银簪、手镯、戒指、耳环等装饰品。已婚妇女戴大耳环，未婚女子则戴小耳环。

畲族婚嫁方面有哪些习俗

旧时代，畲族男女的婚姻也要凭"父母之命，媒妁之言"。但相对来说，其婚姻比汉族自由。青年男女在劳动、赶集、节日、走亲戚或参加婚礼等场合，通过对歌等形式，表达爱慕之情。解放前不与其他民族通婚的习俗，解放后，已有改变。少女出嫁一般不计聘金，陪嫁妆奁除一般陪嫁物外，比其他民族多一套锄头、蓑衣、斗笠等农具。畲族男女拜堂、夫妇不对拜。拜天地、祖宗时，新娘不下跪。结婚宴席上，新娘在一位嫂子的陪伴下，手捧米筛（内放置一对酒杯、两支红烛）

来到席间向客人敬酒，俗称"举盘敬酒"。亲友向米筛内投放小红包。新娘收取亲友所赠，为日后的儿女添置银镯、项圈等吉祥物，以随身佩戴。坑底一带畲族男女婚嫁，双方要互送鸡酒担或仪包，数量多少视家境而异。女子出嫁时，男方要托媒人捎给新娘的弟妹等小辈各一个红包，媒人未及时分发，新娘的弟妹就点起松明火逼照他，直至红包交出为方，俗称"照蛉炼包"。外甥女出嫁时，男方要给女方的母舅送双鞋，女方要给男方的姑母送 6 尺布料。迎娶之日，女方要给公公送双鞋，给婆婆送件衣，给公公送只猪蹄。此外，新娘刚入门，男家亲朋戚友要回避，聘礼要双数。女子 18 岁不出嫁，男子 20 岁不娶妇。

畲族妇女在家庭中的地位一般比汉族妇女高，男女一视同仁，妇女有财产继承权，入赘者必须改为女方姓氏。

畲族生育、寿庆方面有哪些习俗

畲族的生育习俗，初生婴儿一个月内不能见生人。坑底乡一带畲族妇女怀孕后将临盆时，女方父母及其亲属要送"催生饭"。

畲族的寿庆习俗与汉族略有不同，庆寿前要先行祭祖。五十大寿的寿庆在农历正月初六日举行，其余类推。祝寿时，全村歌手云集宽敞处，对唱或轮唱，主家应有歌手登场。唱罢进席，食过再歌，反复进行，至参加者均感疲倦时方休。

畲族丧葬习俗如何

旧时，畲族盛行火葬。先将死者装入棺内，置野外厂寮中，经数年腐烂后即行焚化，骨灰装入金瓮后埋入土中。丧葬过程都是以歌代哭，各种仪式用不同的歌词。至今，坑底一带畲族村落仍流行着长辈逝世时晚辈要在灵前轮唱"守孝歌"或"哭妈歌"。歌词有十唱、十二唱、四十唱 3 种。穿孝服的人 3 年内不能唱山歌；戴孝期间不理发，不参与喜庆活动。

畲族岁时习俗有哪些

畲族的岁时习俗除春节、元宵、清明、端午、中秋、重阳外，还有二月二、三月三、四月八等节日。节日庆典的耗费是很可观的，已成为畲民的一项沉重负担。

畲民过春节，初一凌晨鸡鸣第一声，年轻人即起床燃放鞭炮，主妇则争先赶到溪流上游"汲新水"，用新水煮线面早点。小孩起床即到竹林里去"摇竹"，取春笋长得多且快之意，象征人丁兴旺。初一，晚饭前，备糍、肉、海带等五色生冷食物敬请祖宗，随后即将供品煮熟分食。这一天不到别人家借火。初二至初四则相互拜年。正月初五开始送年，俗称"开年驾"。当日早晨，家家户户大人小孩一起进行大扫除，卯时敲锣打鼓将垃圾送到村外，象征着把一切不祥之物送往远方，一年平安无事。中午，每户1人，自带口粮集体聚餐，俗称"吃新年饭"。席上酒菜由为首者备办，次年更换一人，如此轮流，周而复始。正月初八日，俗称"上八日"，要祭祖。十五元宵，也要祭祖。在整个正月外村来客都要对歌，称为"唠歌"，在谁家对歌，客人红包就由谁赠送，称为"手薪"。

二月初二，为传统歌会，相互探亲访友，称"会亲日"。

三月初三，是传统的祭祀节日，亦是歌会。这一天畲民聚会盘歌，并出村"踏青"，要为大米"穿衣服"，家家户户均蒸乌米饭祭祖，并用乌米饭馈赠亲友。乌米饭是乌稔叶煎汤浸泡糯米，数小时后捞起用饭甑蒸熟。传说吃了乌米饭，干活时可避免蚂蚁蚊蝇叮咬。除缅怀先人外，还有准备春耕，迎接丰收之义。

四月初八日，每年四月初八为牛生日。这一天要让牛休息，并喂好饲料。清晨就把牛放到山上吃露水草。相传这一天，天上会降两个大馒头，牛吃了可以长到千斤重。

每年农历夏至后的辰日为封龙节，是畲族传统的节日。相传，这一天玉皇大帝给畲山"分龙"，象征风调雨顺、五谷丰登。是日，家家休息，备酒菜祭土地神，午餐或晚餐家家吃面条，俗称"分龙面"。斜滩、武曲等乡汉族家庭也崇尚流行这个节日，民间还禁止挑粪，禁用铁器。

畲族狩猎有哪些习俗

坑底一带畲民，酷爱狩猎。每年冬闲、新春时节，常集体上山狩猎野猪、山羊、野兔等野兽。猎户奉祀有猎神。每有猎获，需先将猎取野兽头割下来供神，再将槽头割下给寻找兽踪者，将兽腿割下给命中者。然后平均每人分一分，荷枪上山狩猎者，则多得一份。

寿宁宗教信仰概况如何

县民的宗教信仰，以佛教历史最久，影响广泛。历史上曾有过道教、天主教，现存的只有佛教、道教和基督教。信仰自由，是人民政府的一贯政策。宗教是人类创造的，只要人类在行动和思想上不能完全主宰自己的命运，宗教就有存在的余地和活动的空间。

佛教，于五代后唐年间（924～935）传入寿宁。明代寿宁有寺4、庵44、堂5，清康熙时（1662～1722），剩下寺5、庵19、堂5.其中建于宋代5所、元代2所、明代15所、清初1所。清康熙以后至民国，庵堂寺庙大增。1949年6月，全县有庵堂寺庙64所。僧尼148人。1965年，全县有庵堂寺庙41所，僧尼131人，其中，1950年后出家的68人。1989年底，在册庵堂寺庙55所，其中寺28、庵24、堂2、阁1，常住僧尼357人，其中僧97人，尼217人，居士43人。僧尼中已受戒的有95人，其中僧45人，尼50人。此外还有少数未报经有关部门审批而建的庵堂。

1990年，全县各寺庵堂阁中常住僧尼357人。2005年，全县佛教活动场所常住人员426人，其中经省佛教协会认定，省民族宗教厅备案的佛教教职人员29人。境内佛教影响广泛，普通信众遍及城乡，无法统计。

境内道教发祥于北宋，盛于明、清。主要为正一派，也有个别道观为全真派，道士带发修行，不常住宫庙，穿着与常人无异，也可以娶妻生子。境内道教以巫术、神仙方术、阴阳五行学说、黄老思想、谶纬神学为主要内容，将日月星辰河海山岳和祖先视为神灵顶礼膜拜，同时附会了诸如玉皇大帝、八仙、阎王、十八层地狱等世俗传说。其影响遍及农村，在广大民众中自然存在。普通信众无法统计。境内道士常住宫庙的不多，基本也没有登记。

寿宁县现有的寺庵，除城郊的三峰寺、观音阁外，均处高山峡谷之间。三峰寺约建于后梁开平三年至后唐清泰二年间（909～935），是县内创建最早的寺院。其次是建于宋代的坑底乡小东寺、清源乡显仙庵、托溪乡西岩寺。历史上较有影响的庵堂寺庙，除鳌阳的三峰寺，南阳的龙岩寺外，香火较旺的还有鳌阳的观音阁，南阳的大莲庵、岩庵，斜滩的福寿寺，托溪的西岩寺，芹洋的天堂庵，清源的天湖庵等。龙岩寺曾被省佛协评为二等先进单位。

佛教的组织状况如何

1938年，国民党寿宁县当局批准成立寿宁县佛教分会，有会员25人，明照为第一届理事长，明洁为第二届理事长。抗日战争胜利后，明洁返回福州鼓山涌泉寺，寿宁佛教分会活动停止。

1962年4月，寿宁县宗教领导小组成立，有组长1人，组员4人，负责管理全县宗教事务。此后，至1965年，每年召开一次全县寺庵住持会议，贯彻党的宗教政策。

"文化大革命"期间，寺庵遭冲击，佛像、佛经、法器均被毁坏。岩庵、万福庵殿宇被拆，三峰寺、华岩庵、天湖庵、凤阳寺分别被乡（镇）的厂（场）、学校占用，土改时分给寺庵的土地，被所在地大队收回，僧尼被赶出寺庵。年迈体弱无依靠的僧尼，改由当地"五保"。

20世纪70年代，僧尼陆续潜回庵堂寺庙，耕云锄雨，发展生产，逐年恢复佛教活动。随后，陆续向社会募捐，修缮殿宇，塑造佛像。1978年，人民政府重申宗教信仰自由。1981年1月21日，寿宁县寺庵住持会议在三峰寺召开，选出寿宁县佛教协会第一届理事会和会长、副会长、秘书长。为了提高僧尼素质，县委统战部和县佛教协会，先后推荐10多位僧尼到省佛学会预科班、中专班、大专班学习深造。

近年来，寺庙贯彻"农禅并重、以寺养寺"的方针，发展生产增加收入。目前，全县寺庵共有水田145亩，农地61亩，菜地29亩，茶园204亩，人均口粮180千克。大部分僧尼达到县内居民中等生活水平。

1984年3月，僧步亮当选政协寿宁县第一届委员会常务委员。1987年9月，僧品晃当选政协寿宁县第二届委员会常务委员。1981年以来，先后4次在三峰寺召开寺院住持会议，交流寺庵活动情况。1978年，经省、地宗教部门批准，三峰寺、龙岩寺分别被列为省、地级对外开放寺庙，1986年9月，马来西亚华侨修静法师回寿宁旅游期间，曾住三峰禅寺和龙岩寺，并给僧尼们传经布道。

基督教的概况如何

清光绪二十六年（1900）五月，基督教由中华圣公会（原名安立间会）传教人徐承泽传入寿宁。光绪二十八年（1902），陈德谦在县城新街仔购置一栋旧式楼房作教堂，进行传教活动，因教徒甚少，活动一度中断。

1918年，福安县人林蔽章、武曲乡人王正新，又在武曲、斜滩一带传教，并在武曲建立教堂。1923年，购买斜滩民房1栋作教堂。至1949年，县城、斜滩、武曲3处中华圣公会共有教徒111人，其中男63人，女48人。20世纪50年代初，龚渤勋经常在武曲、横山、南岸、徐家池等地活动，发展教徒。土地改革中，部分地主成分的教徒被镇压，剩下教徒大都自动与教会脱离关系，不再做礼拜。县城的教堂分给复退军人居住，武曲的教堂被征用作小学校舍，斜滩教堂被征用做粮站。至1954年，寿宁的中华圣公会完全消失。

"文化大革命"期间，浙江省泰顺县有一批人迁到寿宁县犀溪乡居住，其中，有基督教徒暗地进行宗教活动。1974年，传教士吴云起多次到犀溪、坑底发展教徒。在犀溪乡的武溪、际坑、犀溪、西浦和坑底乡的杨梅洲、水绕洋等村建立8个家庭聚会点。有教徒70多人。每次聚会，均由泰顺教会派人主持。1989年，全县有基督教徒736人（其中已洗礼的172人），有教堂2座（在武溪、际坑），聚会点35个。为加强爱国主义教育，寿宁县选派基督教义工人员6名，参加宁德地区宗教事务局举办的基督教"三自"（自治、自养、自传）爱国会短期培训班，学成回县主持礼拜，讲解圣经。1989年底成立了寿宁县"三自"爱国会。

1990年，全县有基督教徒736人（其中已洗礼的172人），分布在鳌阳、斜滩、南阳、武曲、犀溪、坑底、大安、清源、托溪、竹管垅等10个乡镇的37个村庄。之后逐年增加，至2005年，全县有基督徒5000多人。

道教存在的状况如何

1931年，寿宁县凤阳乡官田村缪十弟（缪成十），在柘荣县住章村参加瑶池道，回来后，即在凤阳乡的官田、北山村，武曲乡的武曲村等地，发展道教徒百余名。缪十弟去世后，由刘绩方（凤阳人）、刘松春（武曲人）、王岩生（北山人）等在官田村兴建一所瑶池宫。

1950年，道首刘绩方、王岩生、刘凤姿等，利用道教外衣进行反革命活动。1955年春，瑶池道被人民政府取缔，道徒全部登记退道，瑶池宫被拆除。

境内道教宫庙普遍存在儒、释、道、仙、圣一庙同祀的现象，善男信女既拜如来，亦敬老君，也祀仙圣，致使道教宫观与仙圣宇混杂，难以界定。1990～2005年，境内新建或重建的宫庙有：西浦三元宫，鳌阳太清宫，莲花坂太上老君宫（平溪南溪）、梅洋灵霄宝殿、罗角山玉皇殿（犀溪仙峰）、王溪天阳宫、鳌阳灵霄宝殿、后墩玉皇宝殿、锣鼓山玉皇殿（凤阳乡）、五里头玄武宝殿、西浦鲁班宫、斜滩大帝宫、彭岭亭大帝宫（犀溪）、蟠桃山大帝宫（竹管垅）、西山顶五显灵官宫（横埠村）、坑底芙蓉宝殿、秀洋五显宫（南阳）、南阳芙蓉宝殿、虎头山文昌阁（三峰公园内）、秀洋文昌阁、西山顶八仙殿（横埠）、坑底八仙殿、九龙冈八仙宫（犀溪乡岭后）、发竹坪八仙宫等72处。道士常住宫庙的不多，基本也没进行登记。

如何加强宗教管理

1991年，县宗教事务局成立，编制3人，隶属县政府。2003年机构改革，更名为"寿宁县民族与宗教事务局"，编制1人，为县委统战部内设机构，至今不变。

寿宁县宗教协会有：县佛教协会、县基督教协会和县基督教"三自"（自治、自养、自传）爱国运动委员会、道教协会。其中，县佛教协会于1990年7月召开第三届大会，选出会长释步亮，副会长福顺、品晃（兼秘书长）、理事若干人。2000年8月召开第五届大会，选出会长释题晶，副会长题满，修根等人任理事。2004年，天湖庵住持释题满任会长，龙岩寺住持释修根任副会长。

1990年，全县寺庙、宫观、教堂（聚会点）99所，佛教、基督教信徒1093人。其中，佛教寺庵、堂阁55所，僧尼357人；道教宫观7所，道教信徒众多，无法统计；基督教堂2所，聚会点35处，教徒736人。1995年，县宗教局对全县宗教活动场所进行调查落实，有寺庙、宫观、教堂（聚会点）130所，其中许多宗教活动场所系未经批准占地所建。

1998年，首次将宗教工作纳入县、乡（镇）政府工作目标管理，工作重点是禁止筹建寺庙、庵堂、宫观。2000年，县委统战部与县宗教局联合召开宗教团体、宗教界代表人士和民间信仰场所负责人座谈会，批判"法轮功"的危害活动。抵制梵蒂冈在中国进行所谓"封圣"活动。

2005年，组织各宗教团体负责人学习贯彻国务院《宗教事务条例》和全国、省市宗教工作会议精神，学习县委、县政府《关于转发〈寿宁县宗教工作联席会议制度实施方案〉的通知》精神。召开宗教界人士座谈会，学习《反分裂法》和江泽民"八项主张"。是年，全县有寺庙、宫观、教堂181所，其中，佛教寺庵堂阁97所，佛教活动场所常住人员426人（其中，经省佛教协会认定、省民宗局备案的佛教教职人员29人），境内佛教影响广泛，普通信众遍及城乡，无法统计。道教宫观73所，道教信徒众多无法统计；基督教堂11所，全县有普通信众5000多人。分布在鳌阳、斜滩、南阳、武曲、犀溪、坑底、大安、清源、托溪、竹管垅、凤阳等11个乡（镇）的46个村庄。

何谓李氏三关虎墓

寿宁李氏三关虎墓，位于寿宁县斜滩、平溪、芹洋三个乡（镇）交界处。此地山形如同一只盘卧于密林之中的猛虎，龙脉显形，气势磅礴。墓穴位于虎头处，门前一湖碧水，朝山三关搁锁，四周群山环抱，屏山珠阜，钟灵毓秀。河水流经碧湖，只见进水不见出水。来到此地的人们都认为三关虎墓确实是块风水宝地。它是陇西郡李兴祖入寿第十二世孙李亮（1392～1453年）夫人王德娘（1392～1476年）的陵寝，坐庚向甲加寅申三分，因墓山形如虎盘卧得名，葬于明成化十三年（1477）丁酉岁正月初七日丑时，清光绪二年（1876）丙子岁八月初八辰时派下嗣孙重修封口，酉时安碑。墓碑正中刻"明诰命例赠陇西郡李门显妣王氏德娘老淑人之墓"。两边碑联分别为："吉地长壮气；佳城永祯祥""气聚千年盛；祥迎百世昌""英锺一母分千派；丹荫五房各万孙""水绕山回扶地脉；龙蟠虎驯振人文""一贯婆心均福德；十方善信感慈娘""虎护神陵昌百姓；湖围丰泽惠千秋"。

关于李氏三关虎墓有一个传说。相传，明朝成化年间，王德娘的儿子为安葬已故的母亲，将一风水大师请至府上。好茶好酒供奉三载，未见大师有所作为。

王德娘儿子为母寻穴之心甚为焦虑，而大师却装聋作哑，视若无睹。王德娘儿媳妇非常聪明，从大师口中探得大师已找得风水宝地，但只因此地风水存在"要发丁先失丁"原因，不敢告诉李氏后人。王德娘儿子权衡再三，决定一搏。风水大师见王德娘儿子决意要在此修墓，就要求王德娘儿子给长子说亲，并择"进金"和婚礼同日举行。风水大师还嘱咐族人待新人入洞房后，钉好门窗，好生把守，绝不能让新人外出。当日墓修好，安葬的"吉时"定在子夜时分。吉时快到，旷野中突闻虎啸三声，新郎在洞房内焦躁万分，打破窗户跃入莽莽夜幕中。"进金"吉时到，墓坪即现血泊三滩，大师知"失丁"已无可避免，随即左手托罗盘于胸前，右手食指直指天穹，站立在墓前高喊："半夜夫妻八百丁。"李氏后人急得直叫："大师，大师，不够！不够！再多些……"大师急中生智，抓起祭台上的一盒杨梅撒向空中，高声喝道："一盒杨梅传三界！"从此，李姓族人得益虎墓的灵气，人丁兴旺，事业大成。

616

三关虎墓因李氏王德娘威灵远播，有求必应，惠泽民众。数百年来四方的李姓族人都到三关虎墓求财、求子、求功名保平安，不准外姓人求拜。但还是有不少外姓人偷偷前来求拜。其实来祭拜三关虎墓的外姓人都是仰慕虎墓之灵验前往祭拜的。1985年宗教政策得以落实，信仰自由，对外开放，来祈福拜祭的信众越来越多，从此祭拜的人不再局限李姓族人。近年更有信士感其灵验，千里祈福，香火逐年旺盛，善客年逾数万。众口相传，誉满八闽，间及九省，尊为神墓。时常还有港台同胞也来祭拜。每年清明节前后的黄道吉日以及农历八月二十四日太婆诞辰日，祈福祭拜的场面极为为壮观。来自四面八方的游客香客络绎不绝，人山人海，各种轿车多达数百余辆。祭拜贡品堆积如山，鞭炮声震耳欲聋，接连不断。还有信徒，除夕之夜，在三关虎墓陪李氏王德娘"过年"。2010年农历三月期间，福建电视台、宁德电视台分别派记者到三关虎墓采访，都报导到三关虎墓几百年来在人们传说中几乎成了座神墓，终年香火旺盛。

三关虎墓信仰已成为一种独特的地方文化。2010年3月寿宁县两会召开期间，由政协委员、上海祥佐（投资）贸易有限公司董事长李议江先生（原籍寿宁县平溪乡东溪村）专题提案报请寿宁县政府相关部门将三关虎墓列入我县文物保护单位，同年7月经政府有关部门实地调查研讨后将李氏三关虎墓列入我县非物质文化遗产名录。

三关的由来如何

三关即虎墓（因山形如虎盘卧得名）墓前的三重关。第一关即湖心岛，该岛山形似猪，意为老虎驮猪。第二关为虎尾，虎盘卧于湖边，露出的尾部。第三关为外围山体，群山环抱，故称三关。

大王前有座"都督府"你知道吗

在福建省寿宁县与浙江省泰顺县毗邻的地方，有一个静谧而秀美的小山村叫大王前，村子里有一座其背景象谜一样猜不透的古建筑叫"都督府"。这就是清代寿宁县军界杰出人物——都督金兰益的故乡。"都督"是大清皇帝光绪，为了表彰他在战场上的卓越功勋，为他封赏的官职，"都督府"也是皇帝钦旨在大王前村为金兰益建造的在当地极为罕见的一座府第。

金兰益又名金允臣，字其功。他生于同治乙丑年（1865）正月十五日，卒年不详。金兰益的少年时光是在大王前村度过的。父亲叫金居图，字采玉，生于嘉庆庚午年（1810）七月二十九日，29岁那年生金兰益，卒于光绪（1894）甲午年八月二十五日，终年84岁。母亲陈氏，泰顺县岩头村人，系陈式增的女儿。金兰益有一个哥哥叫金允对，一个妹妹近嫁儒冬地刘宽满为妻。谱载金兰益"公自幼好学且善习武，青年流放他乡。光绪戊戌年远洋航海得功，钦赐旌匾都督府，惜离乡背井，杳无音讯。"

金兰益是生活在内忧外患的年代，中法战争还未平息，又燃起中日战争。18岁那年，海上战事吃紧，温州府派官员到泰顺征兵，金兰益一下就被征兵官员看中。他参军先是到浙江沿海一带，参与过无数次的海上战役，后来是越打越远。《金氏族谱》写到他"远洋航海得功"指的就是参加海战的史实。

清光绪年间，我国海上还没平静，西北河西走廊又出现了以刘四伏为首的种族叛乱（当地史称回族农民起义），金兰益奉命调任西北边疆参与"平番"。在西北战场，他英勇善战，甚至是单枪匹马与分裂头目刘四伏展开殊死搏斗。最后降敌数千人，还对降敌6000多人进行了战后屯垦安置，给当地百姓带来了太平日子。"牛桥之役"大获全胜，消息传到朝廷及全国，当时引起极大的震动，金兰益的威名也传遍了祖国的大江南北，并被写进了大清历史。《清史稿》卷四百四十七列传之二百三十四中记载："五月，贼大至，刘四伏夺路求食，诸将力战，金兰益匹马陷阵，大败贼于牛桥，降斩各数千人，饥冻死碛中者过半。四伏以千数骑遁，中道伏发，就擒。于是徙降回塔里木河滨，计口授田。关内外获平，论功，实授总督。"战后不久，皇帝圣旨下，由当地官员负责在他的家乡建造"都督府"，作为朝廷之奖赏。

封官后的金兰益很想回寿宁老家安度晚年，由于路途遥远或是其他不为人知的原因而没能实现。只是"都督府"如一位历史老人，风情古朴、安静详和，独立在大王前村的东北角，"大王庙"的左边，看风花雪月，阅沧海桑田。

大王前村因出了个都督金兰益，又有保护完好的"都督府"、古民居、古炮楼、旧家谱等作为载体，自然引起媒体及社会史学界的广泛关注。加上美丽迷人的乡村风情，田园风光，这里自然成了当地旅游的一大品牌。

人物春秋

第三十三卷

　　寿宁的人物，建县以前于旧志的有陈洪轸、缪蟾、姜英等，自明景泰六年（1455）建县以来，涌现出不少名人秀士、豪杰英烈。明、清时期，有进士 11 人、举人 18 人，其中，明代通俗文学家、寿宁知县冯梦龙，清代礼部郎中林栋，尤为世人所传颂。民国时期，有因审"鲍案"而轰动国际的何隽，有关心桑梓办教育的郭公木，还有为人民谋幸福而英勇献身的叶秀蕃、范浚、范铁民等 904 位烈士。解放后，有为保卫集体羊群而英勇牺牲，被誉为全国十佳少年英雄之一的张高谦，还有无产阶级革命家范式人，全国第一届道德模范徐丽珍，全国"巾帼标兵"、第二届全国道德模范提名奖、"穷人慈善家"胡玉荣，全国第三届道德模范提名奖范英娇。现分六个序列表述如下：

一、建县以前寿宁有哪些名人秀士

陈洪轸

　　乳名敖添，字汝翼，号静庵，坊一图（鳌阳镇）人，生于后晋天福二年（937），卒于宋淳化二年（991）。父汉唐，官拜泉州提刑。洪轸于宋乾德三年（1965）中进士，官至兵部侍郎（去世时追赠礼部侍郎）。淳化元年（990），轸献宅扩建三峰寺。寺后有陈氏寺庙，内塑轸像。该寺为寿宁八景之一，至今尚存。

黄槐

　　寿宁韶托人，宋政和二年（1112）进士，宣和三年（1121）知徽州府。时值宋徽宗大修"艮岳"工程，百姓徭役赋税繁重。徽州一带又连年灾情不断，数十万灾民饥寒交迫流离失所，黄槐几次奏请朝廷减赋赈灾都被驳回。眼看灾民濒临绝境、饿殍遍野，黄槐决定牺牲个人仕途，救万民于水火，于靖康元年（1126）断然下令徽州各县开仓放粮赈灾。

为了避祸，黄槐弃官更名黄山，隐居鹤溪（今托溪）。宋代，境内缺医少药，为了解除乡亲疾苦，黄山悉心钻研医学，无偿为民治病驱瘟，成了远近闻名的神医。

为了治病救人，黄槐经常进深山攀悬岩采挖中草药。至今，在那岩山之巅的悬崖岩壁之上还留有一个清晰的脚印。村民说，那就是当年黄山在岩山采药留下的足迹。鹤溪村民为了纪念先贤，感谢黄山长期无偿为民治病驱瘟的大恩大德，就将岩山称为"黄山仙岩"，以表达仰慕怀念之情。

宋代，寿宁境内森林茂密，虎豹肆虐成灾。为保一方平安，黄山组织猎户，设阱擒虎豹，弯弓射豺狼。从此兽害大为减少，乡亲们有了安全的生产生活环境。因为这一段狩猎岁月，闽浙多县将黄山奉为六畜保护神和狩猎人的祖师爷。

宋代，鹤溪文化落后，难得有人识文断字。为了传播文化知识，黄槐在鹤溪择址开设书院，延请塾师为稚童启蒙开智，自己也经常授课答疑解惑，在鹤溪一带播下了文明的种子。绍兴三十二年（1162）九月黄山仙逝，邑人将其尊奉为"黄山公"，将书馆改建为"黄山公庙"，以纪念这位先贤。

缪蟾

字升之，一都（犀溪乡西浦村）人。宋绍定二年（1229）状元。初补修职郎、转儒林郎、武学博士，绍兴府教授、淮南西路转运使，后官至太子太傅兼礼部尚书。

蟾才貌双全，宋绍定五年（1232），理宗皇帝以临安公主赘蟾为驸马，谱载：有状元坊诗一首赞誉缪蟾："先人学力冠当时，南宋春魁天下知。圣主赋诗荣御宴，皇姑择偶庆佳期。久经风雨坚坊额，犹幸余光润道碑。感发贤侯彰旧学，申明再建耀城池。"

缪蟾诗文俱逸，惜年久失散，其《应举早行》收入《全宋诗》及清康熙版《寿宁县志》。诗云："半恋家山半恋床，起来颠倒着衣裳。钟声远和鸡声杂，灯影斜侵剑影光。路崎岖兮凭竹杖，月朦胧处认梅香。功名苦我双关足，踏破前桥几板霜。"父守愚，淳熙五年（1178）特奏名，初任黄陂县主簿，后诰封翰林学上，奉议大夫。

缪刚（1089～1164）

字处仁，仙峰上宅村人（今岭兜村），大观三年（1109）进士，官受迪功郎、南安主簿、延平府提干、南海知县、秉义大夫、广东提刑（相当于现在省一级法院院长兼检察院检察长）等职。宣和五年（1123）二月告老返乡，广州同僚赋诗赞颂："囊橐归时似去时，如君清白古来稀。身如竹叶心如水，不带南州一物归。"

缪刚晚年归宿故乡仙峰上宅，府前立"石马墩"、"饮马槽"。"钦赐提点使缪刚第"碑立于村中桥堡，提醒过往文官下轿，武官下马，进府参拜。至今古碑尚在。

缪刚长子缪龙祝，字朝选，绍定十年（1139）进士，官授浙江严州府桐庐县主簿。次子缪龙会，字朝忠，绍兴十五年（1145）进士，官授广州潮州主簿。三子缪龙庆，字朝造，绍兴十五年（1145）进士，官授钱塘县主簿。四子缪龙周，绍兴三十年（1160）庚辰科进士。

缪昌道（1101～1179）

字景玉，号双溪居士，寿宁西浦村人。崇宁二年（1103）进士（一作特奏名第三），初任永春主簿，兼管晋江，后升龙溪县令。宣和元年（1119）授宣教郎、工部员外郎、漳州府通判（知州副职）。缪昌道为官严谨，清正廉明，兴利除弊，爱民如子，政尚宽简，吏民怀德。告老返乡时，百姓相率为他饯行，赠诗以作纪念。有《训家格言》传世。

缪从龙（1130～1200）

字云叟，号东皋居士，寿宁西浦村人。南宋绍兴三十年（1160）进士，历官浙江兰溪知县，国子监直学。缪从龙嫉恶如仇、淡薄名利，平反冤狱，救助贫苦，拯治灾疫，为官清廉正直，因感于朝政腐败，辞官云游，在白云山启建"临云宫"。中国道教协会确认缪从龙为闽东道教奠基人，有《六经解》《春秋名臣》等著作传世。

缪君宝（1247～1311）

字廷珍，又字振玉，号泉山，缪蟾次子。咸淳元年（1265）进士。曾宰当涂、知太平州，擢江东提刑，持节谳狱，名震一时。南宋末年隐居江苏江阴城东的瓠岱，边种田，边读书，"采菊东篱"，怡然自得。嗜书工诗，躬行孝悌，乐于施与。富有才情，善于吟咏，存诗25首。《咏鹤》等入选《元诗别裁集》。

缪誉

字世显，寿宁西浦村人。宋德祐元年（1275）擢武科正奏名，恭帝赵㬎在将台山"殿前司营"检阅兵将时，见其武艺高强，将一杆长枪舞得如蛟龙出海，无人能敌，龙颜大喜，特赐名"龙威"、擢"武状元"。授武节校尉、台州兵马钤辖。因多次疏通海道，以功授浙东道总管，景炎元年（1276）随端宗赵昰入广，后在宋元崖山海战中殉国。

二、明、清两朝寿宁有哪些历史人物

姜英

字士杰，十二都（今清源姜厝村）人。生卒年月不详。明天顺三年（1459）秋中二十二名举人。历任浙江萧山县儒学教谕、江苏南京武学训导、湖北当阳县知县。在当阳任职九年，勤政爱民，不阿权贵，修建城池，明辨诉讼，深受群众拥戴。离任时，民为之谣："姜当阳，古循良，任满去，德难忘。"并建亭纪念。

楚王赐予勤政诗，都御史李公实也赠诗，肯定其为政之道。

其子姜礼，字用和，明正德十一年（1515）举人，后任广州梧州通判。

柳元

字仁甫，号印泉，坊四图（今鳌阳镇）人。生于明嘉靖十二年（1533）。万历十二年（1584）贡生，历任南平县儒学训导、广东省惠州府兴宁县教谕。他酷爱人才，在任时常以自己的薪饷济助好学者之生活费用。其著作有《剑溪讲馀》《长溪讲馀》《理学指南》《养蒙诗草》《易经阐微》《五经管见》《山居文集》等，为当时理学名儒。

柳元一生廉洁自守，晚年闭户山庄，日事诗酒。卒年不详。其子春芳任四川高县、江西德安县知县；孙汝霖，任江西九江通判。

叶朝奏

字匡之，号松野，明嘉靖二十四年（1544）生于寿宁城关后叶文山里。幼时聪慧好学，二十三岁应明隆庆元年（1567）恩贡，出任江西信丰知县。当时明朝皇室挥霍无度，官府贪污腐败。叶朝奏"秉性耿介，提身端洁"，尽力抚民，减轻百姓负担。他在官署悬挂一副对联："人言高官可图，必须得此馈彼以邀名誉；我道前程有命，何用损下益上以病心田？"抨击腐败，明表心志。他不趋炎附势，不同流合污，终因"与府宪不合，解组归家"。

寿宁官台山的大宝山银矿，是福建省重要银场之一，由朝廷派专人监督采炼，运京城入库。矿工及民众不堪官府压榨盘剥，自明永乐二十二年（1424）至明景泰元年（1450）的二十五年间就爆发了三次起义和对抗。明景泰六年（1455），置寿宁县，银矿也废采。后因朝廷空虚，上司有复采银矿之议，叶朝奏等力陈利弊，终罢此举，免除了地方的沉重负担。此为"止开矿"。

明嘉靖倭寇之变，寿宁两次遭倭寇烧杀掠抢，尤其是明嘉靖四十一年（1562）十一月，倭寇攻陷县城，大肆屠戮，焚毁县署。八年后的明隆庆四年（1570）县署方得重建，而城墙屡建屡毁。于是，有人提出"迁城"之议。若付诸实施，又得劳民伤财。叶朝奏等人力争，此议亦寝。此为"寝迁城"。

明万历二十三年（1595），知县戴镗主持重修县志，叶朝奏参与其事。此志今佚。此为"修邑乘"。

叶朝奏撰有一部《孝经注》，教育家人及本族子弟。他曾题联于家云："孝悌养一家元气，诗书开百代渊源。"劝诫子弟"东作时耘田上草，勿教农事总虚花"、"传经白首亲师友，莫遣青年恋酒花"。其家教甚严，子孙多有长进。

明崇祯年间，知县冯梦龙钦佩叶朝奏"正直居官，孝友表俗"，于明崇祯九年（1636）采公议申请将叶朝奏入祀乡贤祠。次年获准，在送神主入祠时，冯梦龙亲自撰写祭文云："……唯公孝可作忠，仁而有勇，噬仕恩加苍赤，归田泽被桑梓。

止开矿而寝迁城，摅经邦安民之略；阐孝经而修邑乘，立文章道德之宗。道岸先登，树斯文之赤帜；贤祠首入，作学者之斗山……"（详见《文山叶氏宗谱》）。

张鹤年

字元静，号九皋，贵州普安县人，明嘉靖十六年（1537）举人，初任四川叙州府高县教谕，重风纪，勤训典，慎甄别，誉满蜀中。

明嘉靖二十二年（1543）春，任寿宁县令。他关心百姓疾苦，安排财政收支，井井有条；及时发放粮食济饥，更新仓储；审理狱讼，众称平允；严惩豪右猾胥，崇尚威德教化。明嘉靖二十三年（1544），为防倭患，重新修葺城墙。次年，在县境边陲建隘立碑，其建竖于浙江省泰顺县麻竹下村"泰寿亭"边的"寿宁县界"碑（背面刻有"西溪堡"三字），至今尚存。他修桥道铺馆，亦多有建树。

明嘉靖二十七年（1548），张鹤年作为建县后的第25任知县，在建县93年之后，首倡并主持撰修县志，时称"信史"。今虽失传，但在明代，却为万历二十三年（1595）知县戴镗重修县志，提供了蓝本。

张鹤年任寿宁知县8年，县民"途歌里咏，口碑林立"。后升任浙江台州同知。其离任时，百姓为之立"去思碑"。

冯梦龙（1574～1646）

字犹龙，别号墨憨子。明末通俗文学家。吴县籍长州县人，明万历二年（1574）生。由岁贡任江苏丹徒县训导。明崇祯七年（1634）任寿宁知县。

冯在寿宁任上，"政简刑清，首尚文学，遇民以恩，待士有礼"，他不顾年事已高，语言不通的困难，走村串户，深入考察寿宁的自然地理、风土民情、经济文化、生产生活诸方面的情况，并据以修撰《寿宁待志》，为后人提供了明末的历史资料。

当时，寿宁民间有信巫不信医以及溺弃女婴的陋习。冯为革除陋习，捐俸施药，并发布告示，严禁溺女婴，对收养女婴者给赏银3钱。使溺女之风渐息。

冯在办理姜廷盛自砍其弟诬告刘世童一案中，亲往三望洋密访，不为"信理所误"，至今传为美谈。

冯重视教育，除捐俸修缮学宫外，还自编《四书指月》，"立月课"，亲为讲解。作为文学家，冯梦龙著作等身，多达六七十种。除了《寿宁待志》外，他在寿宁的著作还有诗集《游闽吟草》（已佚）和剧本《万事足》。

冯梦龙宦寿五年，主张"以勤补拙，以慈补严，以廉代匮"，本着"做一分亦是一分功业，宽一分亦是一分恩惠"的态度，修县仓、立谯楼、筑城墙，修复东坝，为地方办了许多实事，可谓是一位努力自强、廉洁奉公的县令。冯卒于清顺治三年（1646）。

叶有挺（1618～1675）

字贞孚，号果庵先生，生于明万历四十六年（1618），是寿宁自明代置县以来首位进士，也是唯一收入《清史稿·忠义传》的寿宁人。叶有挺故居遗址在北浦东皋山下的进士巷。他幼年时家境困顿历经坎坷，却聪慧好学少有大志，十三岁就取得庠生资格入县学。相传青年时，叶有挺是明代通俗文学家寿宁知县冯梦经的得意门生。他品学兼优，尊老敬贤，顺治七年（1650）被福建省学政郭公特举为"孝廉"。

叶有挺，少年高才，当时时代动荡，重武轻文，科举无常，他直到清顺治十四年（1657）39岁才中举人。此后屡试不第，到53岁才荣中康熙庚戌科（1670）进士。进士及第后，他不忘养育之恩，回乡尽孝奉养母亲3年。励精图治帮助乡亲安居乐业，对登门求教的学生耐心教导，对乡邻求文索字也不推辞。他亲笔代序《童洋刘氏宗谱》和《鳌阳文山叶氏宗谱》（真迹）至今尚存。

康熙十三年（1674）春，朝廷勅授叶有挺江西省观政，三月，未及赴任，即发生"三藩"之乱，驻闽靖南王耿精忠伙同平西王吴三桂割据一方。耿党认为叶有挺有胆识，有声望，以官位拉拢他。叶有挺不趋炎附势，躲进犀溪水头后山一茅草寮中隐居耕读，并将此茅寮取名龙潭书斋（地址在犀溪漂流始点东南侧瀑布上头不远处）。

叶有挺失踪引起耿党重视，乃加大力度搜索。他在龙潭书斋躲不下去，只好连夜外逃，在浙江松阴县卯山被耿兵抓获。叶有挺以绝食抗争，拒不接受耿党迫授的处州刺史之职。七天七夜粒米未进。看守的耿兵被他的意志和气节感动，偷偷放了他。……

康熙十四年（1675）2月20日，叶有挺的行踪被伪县令识破，伪县令为了邀功派兵团团围住卯山寺，迫使他归顺。叶有挺不屈从也不殃及寺庙僧众，在寺外的古树上吊，以身殉节，时年58岁。

当朝盛赞叶有挺忠烈，翰林院学士撰联。建宁府知府张琦旌匾叶有挺："忠孝克全"（1691年孟秋）。清嘉庆十二年（1807），诰命持旨追封叶有挺玄孙伊霖恩骑尉，世袭罔替。清乾隆二十七年（1762）《福宁府志·人物志·忠节》刊载叶有挺的事迹。上海古书籍出版社出版《廿五史·12》及《清史列传·二七五·忠义传》均有"叶有挺传"。

叶有挺一生没有显赫权势，没享荣华富贵，但在国家一统的大是大非面前大义凛然，英勇就义，为后人树立了光辉榜样，产生深远影响。叶家祠堂中有副联语："區區公㫑皆名宿，奕奕孙谋见祖风。"饱含着后辈对先贤的敬仰。

吴珏

字二玉，号琢庵，坊一图（清源乡下楼村）人。清康熙三十六年（1697）12月生。珏在学童时代就颇负才名，长大更博览群书，尤其对医学有造诣，深通《黄帝内经》，擅长针灸。

珏医德高尚，其一生以行医济世为已任，足迹遍及闽东北与浙南各县。为贫者医疗，不计报酬。从医数十载，治愈顽病痼疾不计其数，县民尊为"吴太医"。至今民间还传诵他"一针救两命"的事迹。当时的福宁知府李拔赠"一郡久夸卢扁望，三年徒抱树云心"板联予珏，至今尚存。

吴珏每有心得写成医案，所著有《二玉医案》一书，惜未传世。卒年不详。

韦基烈（1703～1735）

寿宁清源乡外韦村人。清雍正十一年（1733）癸丑科进士。韦基烈之母是犀溪锦山村人，相传他母亲怀着身孕，从清源回到犀溪娘家给他外公祝寿。不久肚子连续疼了三天三夜。终于在一个雷电交加的夜晚生下韦基烈。韦基烈出生这天，邻居的公鸡全都不报晓，他外公家门口的南瓜和几株葫芦半天内全部枯黄。他外公是一位有点学识的老监生，认为他家的"风水"已被这个外孙吸取，要他女儿马上回去，但他还懂点"易学"常识，知道这个小外孙有个好"八字"，等做完月子，母子就被遣回去了。

翌年，他外公到女婿家过春节，正月十五元宵节，特意主持为小外孙办了"竖灯茶"，这可是非常的举动，因为按习俗只有犀溪本地，叶氏新生的男丁才可举办"竖灯茶"，足以证明老人对这个外孙的关爱。直到现在清源有些地方还模仿着犀溪这一习俗。

韦基烈从小懂事、聪明伶俐，但家徒四壁。母亲只好带着他到外公家读书。他勤奋好学，七岁能作诗，九岁能续对。有一次，他外公办六十寿宴，因为年龄小，没叫他入席。他用木炭在楼梯上写："桌中酒菜没我位，脚踏楼梯步步高。"坐在楼梯观望，他舅舅看到，急忙抱他上席。外公对他很是赏识，把他送到私塾上学。

一日老师在黑板上出了一上联："八刀分米粉"，叫学生对下联，很多学生傻愣的呆着对不出，只见小基烈不慌不忙脱口而出"千里重金钟"。老师很高兴，大加赞赏。过了两年换了一位老师，见基烈很调皮，老师出了上联："白水际头白家白鸡啼白昼"，叫基烈对下联。韦基烈家老屋叫际头，他知道先生讥笑他家里穷，没知识，耍聪明。韦平静地回敬下联："黄泥垄头黄家黄犬吠黄昏"。先生姓黄，家住黄泥垄。他把先生比喻成老犬空啰嗦，把老师给气走了。

韦基烈父亲去世的早，家里给他缔结了一门亲事。未婚妻是大安乡判地村人。十七岁那年，他很想看看未来媳妇长什么模样。就从犀溪到判地，找到他"岳父"家，只见一小女孩在做饭，他跟那女孩说："我路过这里，进来避避雨，讨杯茶喝。"那少女就舀了一碗热米汤给他喝。随后要了四条凳子，用舂米棍作枕头躺在厅堂睡了一觉，临走时拿了张破簸箕当雨具走了。傍晚女孩父亲干活回来看到厅堂壁上题了一首诗："风雨潇潇到妻家，一碗米汤当清茶。长柄枕头无柄伞，一张眠床十六脚。"

他知道女婿来过，问女儿："你未婚夫来我们家了，你怎么不留他住下？"女儿不好意思地说："他又没说，我怎知道。"

可惜天公不佑英才，韦基烈英年早逝。中进士返乡后，不久在赴任途中染急症身亡，年仅33岁。直到现在外韦村人仍认为：如果韦基烈当年入嗣给他母舅家（早年韦基烈本入他二舅嗣下，后因韦氏族人反对而作罢），或者是个栋梁之才。他们认为犀溪的大河"风水"厚重，清源只是条小沟，容不下一条大龙。

吴峨

字雪岑，十二都（清源乡岱阳村）人，清乾隆十五年（1750）恩贡。擅长书法、诗、画、雕刻，他的《前赤壁赋》中楷书贴曾刊版发行，流传甚广。他画的花鸟，栩栩如生，尤以牡丹为时人赏识。吴峨画的牡丹为浙江省泰顺县博物馆收藏。乾隆二十七年吴峨曾参与《福宁府志》的采辑工作。吴峨卒于乾隆四十五年。

卓麟英（1826～1890）

名永滋，字兰畹，号汉卿，寿宁县清源村人。1853年春，寿宁县衙举办全县文武生员考试，麟英因弓马娴熟、文才出众而夺冠。清咸丰八年（1858）起，被选拔负责训办团练，功在桑梓，前后获授都司、游击衔。

1860～1864年，麟英因在闽浙赣边境率领团练保境安民有功，钦赏参将（从三品），宅准悬立直匾"武翼第"。后清廷又诰授麟英为武翼都尉（正三品），妻叶氏诰封"淑人"；清廷还诰封其父卓鸿声、祖父卓长辉、驰封其曾祖父卓秉嵩为武义大夫。光绪庚子年（1900）麟英夫人叶氏80寿辰，清内阁学士兼礼部侍郎陈宝琛特作序祝寿。

卓麟英于咸丰年间在清源村建造"卓氏大宅院"，建筑面积3000多平方米。宅院主屋为大五溜二层三进厅，楼内有近百个大小房间，院内雕琢、画工极其考究。作为古民居，此院保存完好。

林栋（1859～1921）

字德如，号隆山，四都（武曲乡梅洋村）人。生于清咸丰九年（1859）八月。光绪二十九年（1903）中进士，官至礼部郎中。辛亥革命后，当选为福建省闽海道复选区众议院议员，出席过国民议会第二届常委会。晚年回归故里后，在梅洋漳湾搭盖山寮，营造杉、松、榛、茶、竹上丁亩，安排子女到山寮劳动，此林场至今犹存。

林栋生活简朴，在礼部任职，常徒步入署，鄙夷那些坐在四轮马车上"奔驰十丈尘漫漫"的权贵。他每次返乡，一进寿宁县境即下轿步行。民国时期，福安县民间还上演过林栋为官清廉、为民办事的短剧。

林栋所著《梅湖吟稿》，收入诗作238首（今尚存）。诗中体现他强烈的爱国主义思想，面对当时在中法、中日战争中清政府的腐败无能，帝国主义列强瓜分中国，生灵涂炭，他"漆室犹切君国念"，"不愁豺虎贪无厌，会睹貔貅气一扬"，他感到自己年事已高，难以有所作为，便把效法日本维新自强的希望寄托在同乡青年何凤丹、郭公木、周孝培等人身上，要他们"东游晤贤达，早共远图规"。他深痛男人留辫子，女人缠足之习，认为是"作茧自缚"，并大声疾呼卸去这类枷锁。

宣统二年（1910），林栋为宁德县林振翰编著的《汉译世界语》作序、预言"万国日相接近，世界将届大同"，认为世界语"最为简捷易学"是"合中外而沟通之"的简便语言交通工具，他还提出了"中国语言宜划一"的主张，建议"编简易新字母，一准正音，俾学童先正音读。"在当时有这样的见地，确实难能可贵。

宣统元年（1909），林栋以监修西陵有功加三品衔。朝廷颁发诰命，"驰赠"林栋的曾祖父林廷肃为"通议大夫"，曾祖母李氏为"淑人"。在林氏族人看来，这是莫大的荣耀。所以，尽管民国改元，他们一直认真地保藏着这份诰命。"文革"之后，由林栋曾孙林盛铎将它献给国家。这份诰赠，现存寿宁县档案馆。从它的形成到现在已一百多年了。但文档品相仍然完好，对于研究历史人物和当时的上层社会文化具有重要的参考价值。2011年3月，福建省档案局认定这份诰命原件为福建省第一批珍贵档案文献。

林栋中进士之前，曾参与《寿宁县志》的编纂工作，可惜稿已失传。林栋卒于1921年10月。

三、民国期间历史人物知多少

杨树森

河北省乐亭县人，生卒年不详。杨青年时代曾留学美国，1936～1937年任寿宁县长。

杨树森重视教育，上任当天，先到鳌阳小学听课。在任上，经常深入街头巷尾了解民情，然后据此制定治理县政的实施方案。

为改变当时寿宁县文化教育落后状况，他把兵营迁到圣庙，整修校舍和操场，增加教室，并把县城10多家私塾并入鳌阳小学。他亲自兼任鳌阳小学校长，强化教育制度，认真整顿教风和学风。他对教师进行考核，择优录用；规定学校要用普通话教学。见到许多学生迟到和旷课，便深入家访，督促家长保证学生准时上课。杨还常到课堂里听教师讲课，对教学有方的教师即当众予以表扬。他曾抽查教师批改的作业，并亲自批改一部分学生作文给教师示范，亲自为学生讲授自然课。由于他的率先垂范，促使老师精心钻研教学，学生认真读书。

杨树森对全县的学校教育采取3项措施：一是举行全县范围内的各校语文、

算术、常识课的测验评比；二是举行全县高小毕业会考，会考成绩第一名者，由政府出资保送到省立福安三都中学就学；三是增办学校。至民国 26 年（1937），全县有鳌阳、斜滩、南阳、犀溪、平溪等 5 所完全小学，每年培养出近百名小学毕业生。

杨针对社会时弊，提倡妇女解放，禁止女人缠足和男人留长辫，动员鼓励女子上学。他每到一处，都要检查废除陋俗的情况。他曾以县长的身份宴请女学生范匡妃的父母，嘉奖他们送女上学。

当时，烟、赌之害屡禁不止，杨树森对此深恶痛绝，他不仅三申五令严禁赌博和抽大烟，而且从严从重惩处那些违抗禁令的烟鬼、赌棍。杨宦寿期间，寿宁的烟、赌基本销声匿迹。

叶渊尧（1867～1937）

字大昌，号蒲仙。生于同治丁卯年，卒于民国乙亥年。弱冠立志悬壶济世，悉心钻研《陈修园医书》《伤寒金匮》《叶天士秘方》，尽得其奥，且独辟蹊径，对祖国中医辩证治病作出贡献。他开设"赞高堂"中药铺，远近闻名。凡有危重病人，疑难痼疾，请他医治，必精心诊断，才肯处方投药，让患者药到病除。

蒲仙医德高尚，医术高明，为人慈善谦和，求医者踵接不绝。不论贫富贵贱，他有求必治，如系贫病之家，则济以药款。他从医数十年，治愈无数疑难杂症及危重患者，并将临床记录，汇为《疑难杂病验方集》传世。

蒲仙"赞育堂"，每年夏暑必煮香茹、薄荷等草药茶，供求医者解渴防暑。遇瘟疫流行，则熬药于市，让民众取服，防病、治病，受到百姓赞誉。当年"黄病"流行，他不辞劳苦，跋山涉水，挨家挨户，给患者切脉诊治，抢救危重病人。向民众讲解瘟疫药物防治的道理，劝人切莫相信迷信，延误治疗。

蒲仙对麻疹治疗有专长。每逢麻疹流行，他有唤必往，耐心观察病情、对症下药。由于流行地广人多，他常通宵达旦，亲自到山村出诊。伏际村民 3 岁幼儿柯于强，麻疹三日未透，受风寒邪气，麻疹沉伏，症见痉挛，唇发紫，目斜视，气喘、鼻搧。经诊断，麻疹并发急性肺炎。蒲仙对症下药，转危为安，数日痊愈。

蒲仙对妇科有研究。县志记载，全县中医人员 39 家，城内开业 8 家以叶渊尧善治内科急症，知名度高。据说，后村有一位妇女，闭经三个多月，蒲仙号脉后，断定不是有喜。家人不信，四处求诊，都以为怀孕。至十个余月不能临盆分娩，病家惊慌，再找蒲仙。蒲仙认为当初服药比较容易，如今延误，怪胎发展，服药坠胎十分危险。全病家恳求，蒲仙施药，患者腹痛临盆，产下如海蜇头状怪胎一桶，患者虚脱休克，立即将备好的东洋参汤喝下，病妇转危为安，患者家境贫寒，蒲仙免收药费，病家感恩至极。

蒲仙治疗咽喉有专长。他精心研制的"喉炎散"、"牛黄散"，对治疗红白喉、扁桃体炎、口腔糜烂、咽喉肿痛、舌炎、急慢性喉炎有神奇的疗效。蒲仙专治咽喉肿痛的验方，世代传承，已达百年之久。

蒲仙关心民瘼，积极支持红军闹革命，他曾把寿宁大安革命志士范浚作为谊子，让他住在"赞育堂"楼上，联络革命同志。他还让儿子际新参加革命活动。蒲仙曾替贫苦农民担保借"积谷"，把病家所欠"赞育堂"药店的账薄三十余册付之一炬，将欠款一笔勾销。

蒲仙仁心仁术，远近闻名，曾获县长题匾"颐养天和"，省长赠匾"仁术延年"，民众题匾"著手逢春"，患者馈匾"恩铭肺腑"。

何隽（1885～1952）

原名景常，字凤丹，斜滩镇人。清光绪十一年（1885）生。1913年毕业于北京政法大学，1916年毕业于司法讲习所。1920年署京师地方审判厅推事，1925年署北京高等审判厅推事，1921年、1929年分别在北京、天津获律师证书。1930年在天津加入律师公会。

何在北京求学时，就读过《共产党宣言》，尤其赞同"各尽其力，各取所需"，"工农为世界真正创造者"的学说。何任京师地方审判厅推事时，认为"吾国先觉如李大钊诸领袖，亦崛起独树一帜，而以中国共产党名震中外"。经熟人介绍，他加入李大钊所领导的北方国民党左派。

1927年何审"鲍案"曾轰动国际。鲍罗廷是国民革命军高等军事顾问，也是苏联驻中国的最高特使。毛泽东在1924年初，就接受鲍关于中国革命的胜利，将完全取决于把农民组织起来解决土地问题的观点。同年2月，张作霖的部属张宗昌在南京浦口逮捕了鲍妻发年（又名布朗）及3个外交邮务员，经济南转解北京。张作霖令京师高等检察厅总办，将此4人拘囚于京师看守所中。5月，京师高等检察厅以鲍妻等4人均系苏联共产党员为由，据以认定"共犯内乱罪"提请预审。当时何隽任京师高等审判厅刑事庭庭长，承审此案。他认为，该4人虽是共产党员，"然并无参加军事或政治工作之任何行为，根本上无犯罪可言。"为坚持正义，何不顾个人安危，计划援救鲍妻等人。因当局监视甚严，迁延至7月12日，突然裁定，不予起诉，随即签发释票，恢复鲍妻等4人自由。张作霖获悉后于当日下午派军警包围了何的寓所，但何已逃避他处。13日，张授意北京《顺天日报》，诬陷何承办鲍案受贿银元20万元。同时，派出200名密探缉拿何隽。未获，遂又令全国军警机关通缉，并将其家属逮捕入狱。

何隽辗转123天，返回老家寿宁斜滩，隐于离斜滩3千米的坑底山寮。次年6月，张学良接管东北政务，何的家属始获释放，何也复职。

1928年8月15日，何为纪念李大钊殉义一周年和追忆审理"鲍案"，写下了《燕京避难记》。1930年，何在天津加入律师协会。在天津工作的24年间，主要办理财产纠纷案件。他的原则是："无理者不办，无诉讼必要者不办，欺凌孤寡贫弱者不办，原告为贪污、土劣、悖逆、奸盗邪淫者不办。"民国时期的律师，能如此自律，实属不易。何卒于 1952 年。

郭公木（1891～1969）

寿宁斜滩镇人，清光绪十七年（1891）10 月 12 日出生于斜滩镇一个书香世家，名梦松，后名公木，别名卓如。早年负笈福安及福州，以优异成绩毕业于私立福建法政专门学校。1915 年由该校选送赴日本留学深造，1917 年毕业于东京早稻田大学，获法学士学位。

在日本期间，郭公木积极参加日本东京中国留学生的爱国活动，回国后在福州福建法政学校担任教职，期间结识了不少省垣名流。1920 年郭公木被省教育厅委任为福建省立第三中学校长（校址在霞浦），到任后延聘名师，在闽东各县广招学生，并以优惠待遇，资助毕业生深造，为闽东发展培育了大批人才。

郭公木在省立第三中学任职 4 年。他凭着对日本教育设施、教学法则的熟悉，对该校设施进行改善，颇有作为，受到师生好评。1923 年，郭公木重返福州法政专门学校任教员。郭公木对霞浦感情特别浓厚，曾帮助多位三中毕业生到福州法政专门学校深造，对寿宁籍在福州就学者生活上特别关照。

1927 年，郭公木被省政府委任为泰宁县县长。他在任内为政清廉，洁身自爱，下乡轻车简从，严禁勒索群众财物，取消苛捐杂税，减轻人民负担。当时，军队调动频繁，拉夫派款，民不聊生。郭公木向上申请款项，让百姓积谷防饥，并倡修县志等。离任时，百姓感恩戴德，设香案送行。卸任后，郭仍回福建学院任院长职务。1948 年当选为立法委员。

郭公木在政治上比较开明，在省城任职期间，对在省监狱中的寿宁籍共产党人范浚、范式人都做过援救工作。解放前夕，毅然拒绝赴台湾任职。

解放后，郭公木被聘为福建省文史馆馆员，著有《福建水利史》《辛亥革命处理八旗官兵的经过》《五四运动在福州》及《近代农民革命史稿》等书传世。

周孝培（1894～1968）

字拯九，斜滩镇人。清光绪二十年（1894）生。12 岁时，随父到省城闽县小学读书，15 岁考入全闽高等学堂。在校期间，受梁启超《饮冰室文集》影响，思想倾向革命。

辛亥革命胜利，福州光复。周毅然投奔学生北伐军，随队伍驻南京。学生北伐军改编为学生团后，孝培相继进入陆军小学和北京清河陆军第一预备学校学习，以后考入保定军官学校第七期骑科。1919 年被派往北京边防军第一师骑兵团第四连任排长。旋又考入日本骑兵学校。1922 年留日毕业，返国后在东北军张学良部任骑兵连长、团长、旅参谋长、教官、骑兵科长等职。1927 年夏，因家事辞职回乡。秋，到江西上饶陈铭枢部第十一军司令部任参谋。1928年，福建省防军教导团成立，周任营长、团长、代理旅长。

1933年，南京骑兵学校成立，周任研究委员。1935年任中华民国驻日大使馆陆军武官。抗日战争爆发后返国。在八年抗战中，任重庆军训部骑兵副监、代兵监。1946年8月退役。1949年6月在福州加入中国国民党革命委员会。

周治军纪律严明，治学也有方。在省防军教导团任职时，胞弟勒索百姓，他责以军棍，禁闭三个月，并撤销其职务，因此深为群众赞许。其生活简朴，除薪水之外，不妄取分文。由于"夙抱济人利物之志"，薄有储蓄，多用于接济贫困亲友。周卒于1968年，享年74岁。

叶森（1887～1955）

字木峰，犀溪村人。清光绪二十三年（1897）生。1917年就读于日本东京大学法律系，与留日学生郭沫若、柯凌汉、郭公木、孙承烈、程一岳等人过从甚密，常聚会商讨富国强民之道。1923年毕业回国，目睹寿宁教育落后状况，他深感责无旁贷，便立志献身教育事业。当时县劝学所刚改为教育局，他几次拒绝政界的邀请，毅然回到桑梓任县教育局长。不久，受陈嘉庚之聘到厦门集美学校、华侨子女师范学校任教。以后，又到省立第三中学、三都中学任教。

抗日战争爆发，叶森避乱还乡。1939年秋，同叶升在犀溪创办"私立育英公学"，当时缺乏办学经费，他便典当田产添置课桌椅，通过多方筹募，保证教师的薪金。由于叶在教育界内声望很高，闽东各县及浙江泰顺都有学生慕名前来求学。

1941年秋，育英公学从犀溪迁到县城，改名寿宁初级中学。当时只有2个班级，借用马仙宫和柳氏宗祠为临时校舍。叶身居陋室，为建新校舍日夜操劳。他向社会人士募捐，建议县政府加收建校盐税附加，带领师生参加义务劳动。1943年夏，该校培育出寿宁县首届49名初中毕业生。次年8月，叶森接受浙江省泰顺县县长洪季川的邀请，到泰顺县简易师范学校任教导主任、校长。

新中国成立后，叶森留任寿宁初级中学校长。叶卒于1955年。

卢少洲（1896～1990）

寿宁县斜滩镇人。省立工业专科学校毕业，1915年应省经界局招考获第一名，历任交通部主事、福建洲田委员、三沙海关关长等职。1937年应聘出任新加坡致用学校校长，侨居南洋达27年，1963年归国定居。

卢少洲对传统诗词有深厚的造诣。福州"望海楼"落成，卢少洲"望中欢喜知何日，海左声名负此楼"的联句被挂在显要的位置。一天到爱尔登酒楼饮酒，卢趁酒兴，即席题诗："衫履飘萧近野僧，三层阁子九华灯。当炉应解临邛意，爱尔才登爱尔登。"诗风荡漾，名惊四座；"九·一八"事变发生，少洲作律诗《九·一八》抨击时政；客居新加坡期间，作《金陵恨》痛悼南京陷落；作《筹赈宣言》，赠福宁同乡会，激发侨胞抗敌精神，支援祖国人民抗战。

回国定居后，先后写下《题〈福建画报〉斜滩春色》《贺寿宁诗社成立》《庆祝建国四十年》《庆祝全国政协成立四十周年》等，收入《寿宁诗刊》及新编《寿宁县志》。1990 年 10 月 26 日去世，享年 95 岁。

何宜武（1912～2001）

寿宁县斜滩镇人。1912 年生，父幼山，淡泊自励，致力文教，事功农茶，蜚声乡里；母林太夫人，邑中名儒清礼部郎中林隆山次女。

1931 年，何宜武毕业于福建学院附属中学高中部，北上求学，就读于北平朝阳大学法学院。1936 年以第一名的优异成绩毕业。分发到福建省政府民政厅任职，深受长官器重，被送往重庆中央训练团受训，由于受训表现卓越，升任物资处科长，后转调重庆市政府财政局任主任秘书、台湾行政长官公署财政处、上海市政府财政局任职。1939 年 7 月与福建学院法律系毕业的王秀淑女士结婚。

1947 年冬，何宜武返回台湾参选第一届"国民大会"代表，出席第一届"国民大会"。1949 年初，任台湾侨务委员兼三处处长，主管华侨经济事务。1960 年，奉派赴华盛顿州立大学研究远东经济开发与国际贸易问题。1961 年升任"侨务委员会"副委员长。1971 年担任世界华商联合银行筹备处主任，1975 年 5 月任世华商业银行副董事长，1998 年任董事长。

何宜武，1972 年任国民党"国大"党部书记长。1973 年任"国民大会宪政研讨委员会"常务委员，国民党"国民大会"代表党部书记长，1979 年调任中央政策委员会副秘书长。1980 年担任"国民大会秘书长"、国民党中央委员、中央常务委员。1990 年被聘为"总统府资政"。2000 年 5 月离职退休。2001 年 12 月 29 日在台湾病逝，享年 92 岁。著有《华侨经济研究》《土地改革之研究》等。

为了鼓励后昆勤奋学习，何宜武先生于 1997 年，捐资 30 万元人民币在寿宁设立"何宜武奖学基金会"，通过滚动发展，每年用利息所得奖励高考成绩优秀的前 25 名考生。至今，已颁发 20 批，累计奖励 500 多位学子，奖金达 50 多万元。何宜武先生和夫人王秀淑还给两所小学各捐资 20 万元。其妹何淑端女士在斜滩捐建了一所幼儿园，造福桑梓，奉献爱心。

四、寿宁知名革命先烈有多少

范浚

范浚，寿宁大安村人。1924 年范浚考入福安师范初中班，1927 年考入省立福州第一高级中学文史科。1928 年加入中国共产党。1930 年冬，党组织派范浚回寿宁开展革命斗争，成立了寿宁县第一个贫农小组。1932 年 4 月，成立了闽东第一支农民武装队伍——红带会。同年 10 月，中共寿宁县特别支部成立，范浚当选为宣传委员。1933 年 6 月，中共寿宁县党部在寿宁县犀溪乡仙峰村成立，范浚任党支部书记。1933 年 10 月，福安中心县委以派范浚出席江西全苏大会为名，在福安境内的淋淼上船时，错误地将范浚、韦银英（中共寿宁特支办事员）秘密枪杀。时范年仅 31 岁。

叶允宝

字祖清，大安交溪村人。清宣统三年（1911）生。1931 年参加革命，担任寿宁县第一个"贫农小组"组长。1932 年春，在范浚的领导下，允宝率领大安、交溪两村 9 名青年人，开始革命活动。4 月，闽东第一支农民武装——红带会在大安诞生，允宝担任红带会队长。仅一年时间，红带会迅速发展到东、西、南区，人数达 1 万多人。允宝被任命为西区红带会总队长。

1933 年 4 月，允宝率部参加桥头垄战斗和攻打南阳、坑底的战斗。由于允宝对革命忠诚，斗争坚决，富有组织领导经验，同年 6 月，当选为中共寿宁县县党部委员。1933 年底，由于国民党反动派的"围剿"，寿宁革命武装力量主力撤至福安苏区，叶允宝一行 5 人于南撤途中经南阳乡南岔村时，被敌人包围。激战中身负重伤，被捕送至浙江省泰顺县，后又转杭州入狱，不久壮烈牺牲于狱中。时年仅 22 岁。

叶秀蕃

鳌阳镇人，清光绪三十年（1904）十月出生。1926 年考入福安甲山中学，在校期间，读过《新青年》《共产主义 ABC》等进步书刊，并先后认识进步青年马立峰、詹如柏等人，开始接受革命道理。1928 年，他考入省立福州第一高级中学师范科。在学校里，他广交有志之士，与同乡学友范浚一起组织"白水学会"，经常聚会抨击国民党统治的黑暗，共抒对共产主义社会的向往。后经马立峰介绍，加入中国共产党的外围组织——反帝大同盟。1929 年秋，叶秀蕃加入中国共产党。1931 年 5 月，叶秀蕃受福州中心市委派遣回寿宁，任鳌阳小学校长，在蟾溪两岸点燃革命火种。他先后引导范式人、叶少琴等一批青年走上革命道路，并领导建立"赤色农会"和秘密交通站。1932 年 10 月，"中共寿宁县特别支部"成立，他当选为支部书记兼组织委员。特别支部部署并发展"红带会"，准备秋收暴动，开展"打土豪、做财政"和"镇反"等一系列工作。

1933 年 5 月，中共福州中心市委派他到福鼎开辟新区。在他的努力下，成立了福鼎县第一个党小组，福鼎县的局面很快打开。他还亲自创建了福鼎县第一支工农武装游击队。

1934 年 1 月，工农红军闽东独立二团在福安湄洋成立，叶秀蕃调任该团政治部主任。2 月，在全闽东工农兵第一次代表大会上，他当选为闽东苏维埃政府副主席；4月，兼任中共福寿县委书记。6月，担任中共闽东特委机关报《闽东红旗报》报社社长兼主编，经常紧密配合斗争形势，积极宣传特委的中心任务，传达中共中央、中央苏维埃政府的一系列文件，指导闽东各县的革命斗争。

1935年5月，叶秀蕃因大肠出血隐藏在寿宁官宅村法竹岗山寮治疗，因叛徒出卖，身陷重围，在激战中，叶秀蕃身中数弹，壮烈牺牲。时年仅31岁。

闽东革命先驱叶秀蕃用热血和生命诠释了自己生前的誓言："社会尚未安宁，家庭何须建设。人生义在奋斗，观念应抱牺牲。"

范铁民

寿宁县鳌阳镇人。1930年，范铁民认识了革命青年詹如柏、施霖，从此走上了革命道路。1932年秋，范铁民与叶秀蕃、范浚领导的秘密农会取得了联系，在南阳一带开展活动。1933年5月，曾志、范铁民在赤陵洋成立闽东第一个县级苏维埃政权——寿宁县革命委员会，范铁民当选为主席。

1934年3月，范铁民临危受命，任宁德县委书记，期间先后建立了79个贫农团，斗争烈焰迅速蔓延。同年，范铁民回寿宁工作，历任福寿边委书记、寿宁县委书记职务。同年7月，范铁民再次被派任宁德县委书记。在范铁民的领导下，宁德苏维埃政府在坑头宣告成立，建立了以坑头为中心的宁德梅坑根据地，苏区人口达2700人。

1935年夏，范铁民在宁德天峰寺被捕，不久壮烈牺牲于霍童桥，时年29岁。

叶渊俄

字宪栗，号继高，清源乡清源村人。清光绪二十一年（1895）生。

渊俄12岁私塾毕业后，随父学医，便崭露头角。其父送他到福州，在英国人办的柴井医学院学外科。经过两年多的深造，于1932年回乡，在清源开设外科诊所，专治刀枪外伤及皮肤病。由于渊俄医术高明，清源周围百里内的病人都纷纷上门求医。

1933年，清源一带农民群众奋起参加革命，在战斗中，不少受伤的红带会战士和革命群众被送到渊俄诊所治疗，或请渊俄出诊。在穷人为求翻身而英勇抗争的事迹影响下，经过范式人的指引，渊俄毅然离开温暖的家庭和苦心经营的诊所，到红军队伍里为革命战士医伤治病。他苦心研制出一种膏药，能把射入人体的子弹吸出。他先后治愈了上百名红军伤病员，为革命做出重大贡献。

1936年秋，渊俄跟随闽东独立师一纵队转战到周墩（周宁）境内时，发生战斗，渊俄在激战中不幸牺牲。时年仅40岁。

范义生

鳌阳镇人，清光绪二十九年（1903）生，他勇于为穷人抱不平，深得群众爱戴。他曾出于义愤，慷慨解囊帮助素不相识的南阳乡下洋仔村人许威与土豪劣绅打官司。此后，便与许威成了莫逆之交。

1932年冬，经范式人介绍，义生加入叶秀蕃在鳌阳组织的赤色农会，随后又加入中国共产党。1933年春，中共寿宁特支开展镇反斗争，范式人、范义生前往纯池乡下禾溪村（现属周宁县辖），与共产党员徐应拾取得联系。3月13日，义生与徐应拾施巧计进入土豪许海南家，将许击毙。尔后，他领导农民建立了纯池半村苏维埃政府。义生还协助范浚在寿宁东西区组织红带会，开展抗租、抗债与分粮斗争。5月，范义生的胞弟范铁民在赤陵洋建立寿宁县革命委员会。6月，范浚、范义生在仙峰洋头庵建立"中共寿宁县县党部"。范浚任书记（10月由范义生接任）。6月底，国民党军队进攻仙峰，义生率领红带会武装，在仙峰设伏，打退敌人的进攻。

1933年底，由于国民党大举"围剿"，游击队和红带会暂时撤往福安。1934年2月，组织上派义生和王陶生到柘荣开辟新区。同年底，义生因病回寿宁隐蔽治疗。不久，叶飞派向导将工农红军闽东独立师第二团带回寿宁，委义生指挥。义生将部队分成小组分赴闽浙边区开展游击战争，很快恢复了福寿苏区，并开辟了南山上党、屏峰、阔丘、奖禄等新苏区。1935年8月，叶飞、阮英平、范式人等在柘荣恢复中共闽东特委，义生当选为闽东特委委员，并任闽东独立师第一纵队长。

1936年4月，范义生和警卫员一起，乔装打进上党村民团团部，里应外合，全歼了该股民团，并活抓了团总。

同年4月，他和独立师师长卢文卿率部攻打国民党军设在周宁县葡萄洋村的据点时，遭内奸暗算不幸牺牲。时年仅33岁。

范振辉

又名范岩青，鳌阳镇人。清光绪二十九年（1903）生。小学毕业后，家贫辍学。20世纪30年代初期，在范义生的引导下，振辉加入中国共产党，走上革命道路。他先后在南区阔丘、广地一带领导农民开展"抗租减息"斗争，后入红十六连从事宣传工作。三年游击战争时期（1935～1937），他先后任过中共寿宁县南区区委书记、中共寿景庆县委书记、寿景庆独立营政委、中共寿景庆中心县委书记、中共寿政庆中心县委书记、中共闽东特委委员。为创建与巩固闽东与寿宁革命根据地作出了杰出的贡献。

1938年春，闽东红军整编北上，范振辉受特委之命率100多人留在闽浙边界坚持斗争。他根据党的"扩大抗日民族统一战线"的指示，以政和、寿宁交界的新康口为中心，领导寿（宁）政（和）景（宁）庆（元）4县边区乡村群众开展减租减息、争取政治经济权利的斗争，并发动群众参军参战，参加抗日救亡运动，使新康口成为当时的重要革命依托地。

1938 年 3 月，土匪头目林熙明发动"新康口事变"，范部猝不及防，仓促应战，队伍被打散，范振辉受伤被捕。牺牲时年仅 36 岁。

张高谦

武曲乡大韩村人。1947 年出生于贫苦农民家庭。从小勤学习，爱集体，爱劳动，守纪律。1957 年进大韩小学读书，1958 年加入少先队，连续三年当选为少先队中队长。

1959 年大韩村遭受严重的自然灾害，张高谦积极帮助集体恢复生产，主动承担为生产队牧羊的任务，半天读书，半天牧羊。他爱护羊群如爱护自己的生命，不论是严寒酷暑，还是刮风下雨，他每天都要到羊栏照看几次，宁可自己受苦，也不让队里的羊群挨饿受损失。

1961 年 2 月 6 日晚，天气特别冷，高谦拿着柴刀到羊栏钉木桩。走到羊栏边时，只见刚从劳改场释放回家的陈先凤怀里抱着一只羊正要往外跑，高谦立即冲过去，一把揪住他大声叫喊："不许偷队里的羊!"陈先凤见状，先掏钱哄骗，后又许诺将羊分一半给高谦，但高谦始终不依。于是陈先凤凶相毕露，拾起高谦丢在地上的柴刀威吓说："你要命还是要羊!"但高谦不畏惧，一面呼喊抓坏人，一面拼力去抢夺陈先凤手里的羊，被其连砍 14 刀，倒在血泊之中，时年仅 13 岁。

张高谦为保护集体羊群而英勇牺牲的事迹传开后，中央和省地有关单位分别向全国、全省发出向张高谦学习的号召，省人民政府追认他为革命烈士。宋庆龄、郭沫若、叶飞、魏金水等领导先后为张高谦烈士题词。他的事迹被编入中小学课本。福建省人民政府还拨出专款在张高谦的故乡建造烈士墓，设立张高谦事迹陈列室。团中央、教育部将他列为全国十大少年英雄之一。1986 年，大韩小学被县人民政府命名为"张高谦小学"。

叶寿春（1973～1995）

寿宁县鳌阳镇人，1992 年入福建省公安高等专科学校 92 级刑侦班学习，在校期间加入中国共产主义青年团。1995 年在福州市公安局瀛洲派出所实习。4 月 1 日在执行任务时，奋勇追捕犯罪嫌疑人，不幸落水牺牲。4 月 10 日被福建省公安厅追记二等功，共青团福建省委追授其为"优秀共青团员"，4 月 13 日，中共寿宁县委、县政府批准叶寿春为烈士，召开英雄事迹报告会，并决定在全县范围内开展向叶寿春学习的活动。1996 年 2 月 15 日，福建省人民政府批准叶寿春为革命烈士。

徐开清（1969～1998）

寿宁县凤阳乡基德村人。1992 年 6 月毕业于宁德师范高等专科学校数学系。先后工作于宁德八中、宁德十五中、宁德十中。任教期间，他言传身教、为人师表，虽身体不好，但他从不因生病而落下一节课。1994 年，在辅导学生参加奥赛时，因劳累过度而昏迷，经抢救醒来后，他第一句话问起的还是学生。开清是学校教学骨干、数学学科带头人。他教风严谨，善于抓住课堂的关键环节、教材的重点难点，根据学生实际，灵活运用不同教学方法，因材施教。其教案年年被评为优秀教案。他还在班级开展"一带一"、"一拉一"帮学活动以及兴趣小组活动。他所任教班级的学生成绩优良。在出色完成本职工作的同时，他还主动承担学校数学奥赛兴趣小组的辅导工作。1998年，他辅导5个学生破格参加"全国初中数学联赛"。徐开清以实际行动在平凡的岗位创出一流的业绩，深受广大师生及家长的好评，先后被评为地区优秀团干、地区先进教师。1998年4月19日，徐开清参加学生数学兴趣小组野外活动，中午12点30分左右，学生郑祖文不慎落入2米多深的水潭中。危急关头，徐开清不顾自身安危，来不及脱下衣服、鞋袜，就跳入冰冷的潭水中，用自己瘦弱的身躯艰难地顶起郑祖文。学生得救了，但不识水性的他，却献出了自己年轻的生命，时年29岁。

徐开清牺牲后，中共宁德地委和福建省教委分别作出"向徐开清同志学习"的决定，教育部部长陈至立为徐开清题词"师德楷模"。国家、省、市有关部门分别追授徐开清为"中国共产党员"、"革命烈士"、"见义勇为模范"、"全国'三育人'先进个人"、"省五一劳动模范"、"省师德标兵"等光荣称号。

寿宁革命烈士英名录中记载的英烈知多少

自新民主主义革命以来，为中国革命和社会主义建设而英勇献身的革命先烈共有908人，其中南阳镇最多为224人。（详见《寿宁县志》"革命烈士英名录"）

五、寿宁有谁当选并出席过全国党、政、军、人大代表大会

范式人（1909～1986）

1945年4月出席中共"七大"，1953年，他当选为中共"八大"代表，出席代表大会。是第一届和第二届全国人大代表。1982年，出席中共十二大。

范式人，原名范志明，字涤凡，号耀卿。清宣统元年（1909）6月生于鳌阳镇的一个贫农家庭。他7岁时丧父，过继给叔父抚养。12岁入鳌阳小学读书。少年时，便立志"拯民于水火"，故改名"拯民"，"洪泽"。30年代初期，革命火种在寿宁点燃，他率先参加秘密农会。1932年10月，经叶秀蕃介绍，加入中国共产党，随即与叶秀蕃、范浚一起建立了中共寿宁县特别支部，并担任特支交通员。从此，他经常戴草帽，穿草鞋，翻山涉水，深入县境内南门坑底、下禾洋、岱阳、芹洋、平溪发动群众打土豪、分田地、抗捐税、分粮食。1933年春，他参加与创建具有地方特色的群众武装组织——红带会。4月式人因身份暴露，不幸被捕，被押送福州下狱。同年11月十九路军发动"闽变"，他始获释即与组织接上关系，

旋被派回寿宁工作。

1934年初，式人率领寿宁部分红带会队伍和闽东工农游击队第七支队南下福安。在福安和尚洋改编为中国工农红军闽东独立二团十六连，范任政治指导员。之后，他与连长赖金标一起率领这支红军劲旅，转战闽东各县，有力打击了国民党保安团队，地主民团和反动刀会。6月，他与赖金标率领十六连在击溃了寿宁院洋国民党驻军后，奉命在福安山头村将十六连扩编为闽东工农红军独立二团第三营，式人任教导员。8月升任工农红军闽东独立团秘书长（即参谋长），并被选为闽东苏维埃政府委员。

1935年5月，式人被选为中共闽东特委委员。8月，他带病到柘荣楮坪参加特委会议，会上，当选为中共闽东特委常委、宣传部长，并任中国工农红军闽东独立师政治部主任，同时还兼任闽东特委福寿办事处主任。11月，当选为中共闽浙临时省委委员。他与闽东特委主要领导人叶飞、阮英平一起率领闽东独立师和地方游击队，恢复巩固苏区，挺进白区，发展新区。在艰苦卓绝的三年游击战争中，创建了地跨福安、寿宁、泰顺三县的岗垄苏区，使之成为闽东革命根据地的重要组成部分。同时，他注意发动岗垅地区人民发展生产，支援前线。在郑家坑、凤凰尾、梨头丘等处设立服装厂和医疗站，建立了闽东独立师赖以依托的大后方，粉碎了国民党的多次"围剿"。

1937年冬，式人获悉中共《八一宣言》、"西安事变"消息之后，分析了急剧变化的形势，决定采取新的战斗方式。他与特委其他成员一起，统一了党内、军内的认识，致函国民党浙江庆元县政府，发出"停止内战，统一抗战"的呼吁。1938年初，闽东工农红军苏维埃政府改为闽东军政委会，式人任副主席。8月，他作为中共闽东特委全权代表与驻宁德的国民党代表黄苏进行了多次谈判。他坚持党的主张，屡挫国民党企图收编闽东红军的阴谋，促成了闽东地区抗日民族统一战线的形成。11月31日，国民党《福建民报》全文发表了《中共闽东特委共赴国难宣言》。

1938年2月，闽东工农红军编入新四军北上抗日。式人奉命留任中共闽东特委书记，并与王助一起从事组织新四军福州办事处工作。6月，中共福建省委成立，式人历任省委委员、常委、军事部长、组织部长。在此期间，他认真执行组织交给的任务，在建立和发展组织、开展城市统 战线工作、领导抗日救亡运动等方面，都做了卓著的成绩。

1939年7月，在崇安村头召开的中共福建省第一次代表大会上，式人当选为福建省出席中共"七大"代表。并任福建代表团主任。9月率代表团北上延安。1940年12月，他在延安中央党校参加整风学习运动。1945年4月，出席中共"七大"。抗日战争胜利后，他受命率领一批干部奔赴东北。

在东北，他先后任黑龙江省委副书记、省政府主席和省军区副政委。当时东北地区日军溃败，伪满政府逃散，各县地主武装、土匪势力尤为猖獗。在险恶的形势下，他沉着镇定，与其他领导人共商决策，采取对反动武装各个击破的方针，消灭了一股最大的反动武装势力，稳定了东北局势。1949年春，式人升任黑龙江省委书记。

1949年5月，式人调任省九江市军事管制委员会主任，全面领导九江市的接管工作。6月，任中共江西省委副书记，省人民政府副主席、省财政经济委员会副主任，主持全省经济工作。

1952年9月，式人调任中央人民政府粮食部副部长、党组书记。12月2日调任邮电部副部长、党组书记。

1953年，他当选为中共"八大"代表，出席代表大会。此后又当选为第一、二届全国人大代表。

1961年8月，正值国家困难时期，式人受命担任中共福建省委第二书记。1963年兼任福建省军区第一政委。1964年兼任福建省政协主席。自1962年起，负责福建省甄别平反工作。

1966年，"文化大革命"开始，范式人对林彪、江青集团的倒行逆施十分痛恨，并同他们进行坚决的斗争。因此，招致诬陷、诋毁和残酷迫害，身心倍受摧残，直至中共十一届三中全会后，始得平反。

1980年3月，他回到邮电部担任顾问、党组成员。1982年他被选为中共十二大候补代表，出席中共十二大，并当选为中共中央顾问委员会委员。

1986年10月31日，式人因病医治无效，在北京逝世，享年78岁。

许威（1905～1968）

1944年，他当选为中共"七大"代表，出席在延安召开的代表大会。

许威，又名齐位，南阳镇下洋仔村人，生于清光绪三十一年（1905），1931年参加中共领导的地下工作，为秘密交通员。1932年，加入中国共产党，担任东区的秘密交通工作。在他的引导下，兄弟许齐云、许齐篡相继走上革命道路，在东区的院洋、下洋仔、山坑、石鼓一带组织起一批红带会，开展抗租、抗债、分粮、分地斗争。

1934年，寿宁革命力量南撤福安，改编为工农红军闽东独立二团第十六连，许威任该连的宣传员。3月，为了恢复寿宁苏区，中共寿宁县委决定在岗垄一带设立"福寿县委寿宁办事处"，许威受命潜回寿宁担任办事处主任。他首先着手恢复党团组织，在县委派回的工作团、游击队配合下，镇压了一批罪大恶极的反动派，东区的局面很快打开。

1936年夏，中共闽东特委决定建立福寿游击司令部，许威任司令。7月，许威率队配合范式人，陈挺指挥的闽东独立师一纵队，在岗垅仙宫岗伏击 600 多名进犯苏区之敌，取得了歼敌半百，缴枪 70 的重大胜利。不久，许威调到宁德任闽东独立师后方办事处主任，负责闽东红军的后勤工作。

1938 年，闽东红军改编为新四军三支队六团北上抗日。许威任六团军需主任，随队北上，奔赴皖南抗日战场。

抗日战争时期，许威任新四军江杭司令部军需副主任。1940 年，到新四军军部教导队学习。1941 年抵达延安，在中共中央党校学习。1944 年，他当选为中共"七大"代表，出席在延安召开的代表大会。然后赴吉林省军区任军区后勤部政治部主任，又调至黑龙江省军区任军区后勤部供给部政委。

1949 年，中国人民解放军四野挥师南下，许威参加了渡江战役。福建解放后，被调至闽东北第三军分区工作。1949 年 9 月任福安地委委员。11 月，回寿宁任县长。1955 年 1 月，任福安中级人民法院院长。1955 年 3 月，任福安专区行政公署副专员。

"文化大革命"期间，许威受到迫害。1968 年，因重病缠身得不到治疗，含冤去世。享年 64 岁。

黄象和

山东省文登县人，出生于贫苦农民家庭。1940 参加八路军。在抗日战争和解放战争年代里，他出生入死，屡立战功。先后被评为"一英八模"，获华东军区一级人民英雄奖章。1950 年，光荣出席全国战斗英雄代表大会。

1960 年 4 月，黄象和调任寿宁县人民武装部任第二政委。和平时期的黄象和虽身居领导职位，却始终保持艰苦奋斗的优良作风。他勤俭朴素，密切联系群众，热爱群众，热爱劳动。当时，寿宁县大多数乡村尚无公路，但他经常徒步深入基层。走到哪里，劳动到哪里。常在寒冬腊月与农民一起光着脚板挖稻根、种马铃薯。平时，他不计较个人得失，关心群众生活，生活俭朴，乐于助人，常将积蓄用于资助贫苦农民与患病受灾的群众。他常说："多给孩子一分钱，就会使他们少一分艰苦朴素的传统。"

他有高度的工作责任心。有一次，到福安军分区开会返回，适遇洪水暴发，公路崩陷，汽车受阻。他唯恐耽误工作，便翻山越岭，爬坡涉水步行 120 里及时赶回寿宁。他下乡时为了不惊动群众，竟在厅堂凳上睡觉，至今还传为美谈。

1967 年 6 月，他奉调往福安军分区任政治部副主任。10 月，任军分区政委。1969 年 4 月当选中国共产党第九次全国代表大会代表，是大会主席团成员。1975 年 10 月因车祸殉职。

王甲贤（1925～2014）

山西省垣曲县人，1946 年 7 月入伍，1946 年 2 月加入中国共产党。1949 年

3月任中国人民解放军长江支队六大队四中队二分队队长、党小组长；1949年10月至1952年7月任寿宁县委组织部主办干事兼县工会主席；1952年8月～1955年8月任寿宁县农会主席、县供销总社主任、县委常委，县互助合作部长；1955年9月～1959年3月任县委常委、农工部长、县委副书记；1959年4月至1966年11月任中共寿宁县委副书记；1966年12月至1968年3月"文化革命"受批判、斗争、关押、审查；1968年4月任寿宁县革命委员会副主任、县委副书记；1969年4月当选中国共产党第九次全国代表大会代表并出席会议；1982年5月至1985年3月任宁德地区机关党委副书记，享受地专级待遇，2014年3月病故，享年90岁。

郑义正

1935年10月生，福建省寿宁县人，汉族。1950年12月入伍，1956年12月加入中国共产党。历任寿宁县委助理秘书、秘书，办公室主任；宁德地区计委办公室主任；省农委秘书处副处长、处长、办公室主任；1982年12月任莆田市委副书记兼组织部长；1987年7月任莆田市委书记、莆田军分区党委第一书记；1992年4月任省检察院党组书记、检察长；1998年1月任省人大常委会副主任、党组成员。曾任福建省第五次、六次、七次党代表，六届、七届省委委员，省第七届、八届人大代表，第七届全国人大代表，党的十四大代表。2003年退休后担任省老科协会长、中国老科协常务理事、省门球协会主席、省老促会常务副主席、省老体协常务副主席。

陈增光

1939年7月出生，福建省寿宁县人。1957年3月参加工作，1959年3月入党，毕业于华南农业大学干部分院农业经济管理专修班。1957～1968年任寿宁县大韩乡财粮员、武曲公社团委书记、斜滩区楼下大队党支书、区委委员、区团委副书记、团县委副书记。1968～1969年在寿宁县"五七"干校劳动。1970～1975年任宁德地区组织组干事，寿宁县委组织组干事、芹洋公社党委副书记。1973～1975年任共青团宁德地委书记。1975～1980年任柘荣县委副书记、县革委会副主任兼县委纪委书记。1980～1984年任罗源县委副书记、县长。1984～1990年任宁德地委副书记、行署专员。1990～1995年任宁德地委书记兼任宁德军分区党委第一书记。1995～2003年任福建省政协副主席。

陈增光同志是福建省第五届、六届、七届人大代表，是中共福建省委第四次代表大会代表、省委委员，福建省委第六次代表大会代表；是第七届全国人大代表，中国共产党第十四次全国代表大会代表。

陈增光1958年11月出席全国第二次青年建设社会主义积极分子代表大会，荣获奖旗、奖章。曾在《求是》杂志发表学习习近平总书记系列重要讲话暨《摆脱贫困》理论研讨文章，题目是《一笔宝贵的精神财富》。

缪奶宝

斜滩人。1961 年 5 月 1 日作为全国民兵积极分子代表赴京参加表彰会，中央军委授奖步枪一支，并与全体代表受到毛泽东、朱德、贺龙等中央领导的接见。

兰玉

女，畲族，寿宁县竹管垅乡人，1957 年 10 月出生，1977 年毕业于福建医科大学医疗系，专业职称副主任医师，1982 年 11 月入党。1992 年 10 月当选中国共产党第十四次全国代表大会代表并出席会议。1992 年 11 月～1993 年 4 月任县医院妇产科主任、副院长；1993 年 5 月～1994 年 11 月任县卫生局副局长；1994 年 12 月～1997 年 7 月任中共寿宁县委常委；1997 年 8 月～2003 年 11 月任寿宁县委常委、宣传部长；2003 年 12 月～2007 年 3 月任宁德市残联理事长；2007 年 3 月～2008 年 4 月任市人大常委会委员、民族华侨台胞工作委员会主任，兼市残联理事长，2016 年 12 月退休。

1992 年 10 月当选中国共产党第十四次全国代表并参加会议；1994 年 4 月被福建省委、省人民政府授予福建省劳动模范称号；1995 年 10 月当选中国共产党福建省第六次代表大会代表、主席团成员；2000 年 11 月当选中国共产党宁德市第一次代表大会代表、主席团成员；2006 年 10 月当选中国共产党宁德第二次代表大会代表；2007 年 3 月起任宁德市第二、三届人民代表大会代表及常委会委员。

40 多年来，历任寿宁县医院妇产科医师，主治、副主任医师，寿宁县卫生局副局长，寿宁县委常委、宣传部长；宁德市残联理事长，宁德市人大常委会委员、民族华侨台胞工作委员会主任。虽说岗位不同，职责不一，但兰玉均能认真履职、尽职尽责、保持共产党员的先进模范作用，清正廉洁、勤政为民，完成组织上分配的各项工作任务和分管范围的工作，并取得可喜的成绩，得到组织的肯定和群众认可，是寿宁县发展史上巾帼英模与优秀人才。

蔡玉美

女，汉族，寿宁平溪乡人。1981 年毕业于闽东卫校妇幼医士专业，回寿宁从事妇产科工作，迄今已经 36 个春秋。

在工作中，蔡玉美始终牢记全心全意为人民服务的宗旨，以医者仁心为座右铭，严格遵守卫生行业各项规章制度，勇立潮头，敢于担当，不管三更半夜、拂晓凌晨，只要需要，立马上岗，全身心投入工作之中，以精湛的医术、良好的医德、热情的服务赢得群众的信任和同行的认可。

30 多年来，蔡玉美刻苦钻研医学科学，在医疗实践中不断提高自己的业务水平，熟练地掌握妇产科各种手术，曾在闽东医院赵林桦主任的指导下开展宫颈癌盆腔淋巴结清扫术，腹腔镜手术。她积极参加妇联组织的两癌宣传及普查，成功地抢救了许多危重患者，工作以来，从未发生医疗差错事故。在紧张工作之余，她不断总结经验，撰写论文，并在省级医学会刊物上发表。其中《尤脱欣治疗尖锐湿疣43例》《182例胎儿宫内窘迫的临床分析》在省妇产科学术会上宣读。

1993年蔡玉美担任寿宁县医院妇产科主任，2003年晋升为副主任医师，她深知做为学科带头人责任重大，在科室始终坚持以技服人，以德感人，以情暖人，团结科室人员加强业务学习和医风医德建设，全科室医护关系融洽，团结协作，形成一个具有凝聚力，让病人舒心、家属放心的科室，得到大众的信任，每年接诊门诊病人约4000余人次，住院病人由每年400多人增加到2300多人。科室被评为省市级"巾帼文明岗"，2014年3月被省总工会评为"五一巾帼标兵岗。"

蔡玉美时刻牢记医生的职责，全身心投入到救死扶伤工作中，付出辛勤的汗水。她曾先后为垂危产妇无偿献血4次，挽救了她们的生命，赢得了人们的赞誉。党和人民肯定了蔡玉美的工作成绩，2004年，她被评为县劳模；2005年被评为市劳模、优秀共产党员、市三八红旗手；2006年和2008年先后被评为省和全国三八红旗手，2010年荣获省五一劳动奖章。2012年光荣当选为全国党代表，出席了中共第十八次全国代表大会。

2013年10月，蔡玉美光荣退休。但她退而不休，如今仍坚守在妇产第一线，一如既往地为寿宁的妇幼卫生事业作贡献。

夏鹏

男，1960年11月生，福建省寿宁县人，研究生学历，高级工程师，现任三祥新材股份有限公司董事长兼总经理。第十二届全国人大代表，全国劳动模范、全国五一劳动奖章获得者，全国群众体育工作先进个人，第29届奥运火炬手、中国外商投资企业协会常务理事，福建省优秀企业家，福建省第九、十届人大代表，政协第十届福建省委员会委员，福建省外商投资企业协会副会长，寿宁县第五～九届政协副主席，寿宁县企业与企业家协会会长。

20世纪90年代，年仅27岁的夏鹏毅然放弃了优越的工作岗位，义无反顾地了自主创业。30年来，他始终秉承"创造新材料、感受新生活"的使命，坚持节能环保的绿色经营理念，敢为人先，通过创新，使公司从生产单一产品的乡镇小厂，发展成为拥有4家全资子公司和2家分公司、三大系列产品100多个品种的国家火炬计划重点高新技术企业。获得省、市优秀新产品奖和科技进步奖8项，52项专利，其中3项发明专利获"福建省专利奖三等奖"。主导产品高纯化电熔氧化锆品位和单晶电熔铝晶料控制比率双双名列世界第一，这两项产品生产技术项目均被列入国家火炬计划项目，且生产规模跻身世界前二，产品广泛应用于航天、军工、陶瓷色釉料、核级锆材、绿色铸造等耐火耐磨材料领域，为世界新材料产品的创新做出贡献。2016年8月，公司成功登陆上交所主板（股票简称：三祥新材，股票代码：603663），成为上交所第 1111 家上市公司，宁德市首家在上交所发行上市企业。

夏鹏以反哺社会为己任，慷慨解囊，无私奉献，具有超于寻常的责任心和公益心。1992 年起设立"大学生奖励基金"，每年捐资几十万元，帮助矢志求学的学子实现梦想；光彩事业有他无私的奉献，路桥建设有他的真挚善举，生态环境保护有他的倾力投入；并为宁德市慈善总会、寿宁县教育基金会、寿宁县健民卫生基金、"寿宁在线"慈善会、抗洪救灾、弱势群体、金秋助学、医院血库、希望工程和新农村建设等公益事业捐款 1700 多万元，树立了贫困山区民营企业家的良好形象。

叶旦旺

男，福建省寿宁县人，1962 年 11 月出生，中共党员，现任三祥新材股份有限公司技术总监，兼公司党支部书记，高级工程师，宁德师范学院兼职教授，享受国务院政府特殊津贴专家，中共第十九次全国党代会代表。

叶旦旺 1983 年毕业于东北大学有色金属冶金专业，获工学学士学位，2007 年获福州大学工业工程专业硕士学位，先后就职于贵阳铝镁设计研究院、锦州铁合金厂。1996 年至今在三祥新材股份有限公司负责技术开发与成果产业化等工作。在三祥公司工作期间，他刻苦钻研，踏实工作，主持完成了福建省重点项目——"一步法熔炼二氧化锆颗粒"、"单晶电熔铝晶粒控制技术"、"电熔法提炼高纯氧化锆"、"非熔配法节能包芯线"等一系列新产品新技术的研发工作。这些项目全部通过了福建省省级专家鉴定或验收。其中"单晶电熔铝晶粒控制技术"和"电熔法熔炼高纯氧化锆"两个项目双双列入国家火炬计划项目，科研成果获得福建省科技进步"三等奖"3 项，福建省优秀新产品"二等奖"1 项、"三等奖"1 项，福建省发明专利"三等奖"2 项，宁德市科技进步"一等奖"3 项。主持完成了"脱硅锆"、"稳定锆"、"高纯锆"、"特种锆"、"单晶电熔铝"等产品成果产业化项目的设计与工程建设工作，主持完成了上市募投项目——"1 万吨电熔氧化锆系列产品"的设计与建设工作，为公司的发展和地方经济建设做出了应有的贡献。

35 年来，叶旦旺专注于工业材料的研究与开发，已取得了 10 项发明专利和 13 项实用型专利的授权，其中 2 项发明专利获得福建省发明专利"三等奖"，在国家级刊物上发表论文 11 篇，并担任《中国锆铪》期刊的编辑出版工作；参加了《陶瓷色料用电熔氧化锆》、《锆精矿》2 个行业标准和《电熔氧化锆》国家标准的制定工作。先后荣获贵阳铝镁设计研究院"五好职工"、锦州铁合金厂"先进生产者"、寿宁县"先进工作者"、寿宁县首届"劳动模范"、宁德市"劳动模范"、"宁德市首届优秀青年专业技术人才"、"宁德市第二届市管优秀人才"、"宁德市十佳科技工作者"、"宁德市十佳人才"、福建省"职工创新能手"、福建省"五一劳动奖章"、首届海西"产业高地创新团队领导人才"、全国"五一劳动奖章"等殊荣，还先后荣获寿宁县"优秀共产党员"、宁德市"优秀共产党员"、福建省"优秀共产党员"等荣誉，他是寿宁改革开放 40 年来，工业战绩屈指可数的优秀人物。

六、其他名人轶事知多少

张达平

寿宁历史上第一寿星，生于清光绪三十年（公元 1904 年）八月，终于 2017 年 1 月，享年 114 岁。因须发全白、慈眉善目，人称其"老仙"、"土地公"，系寿宁县建县以来最健康长寿之人。老人性格开朗、心胸宽阔，大事不急不燥，小事不与计较，放得下想得开，在 105 岁之前，还能上山去种菜，所得收获多馈赠亲友或偶遇之路人。他耳聪目明、无病无痛，毫无年老痴呆之迹象。张达平老人的一生是无贪欲、无私求、无纷争的一生，也是有大爱、有善德、有乐福的一生，他健康长寿的原因，大体有以下几个方面：

一是生活规律、热爱劳动。老人习惯于早睡早起，每天天刚亮就起来外出劳动，至 8 点回家吃饭，饭后上街散步闲谈，听听路边新闻，与老年群体交流。午饭后稍作休息，便上山劳动。这种轻微的体力劳动已成为他的一种生活常态。春夏秋冬，乐此不疲。晚上 8 点之前上床睡觉。如遇下雨天，则取出伴随他几十年的线装古书，坐在窗前朗读吟诵，自得其乐。

二是与人为善、胸怀坦荡。老人一生与人为善，人缘极好，从未同他人结下仇怨，逢事均能大事化小、小事化了。遇上烦恼之事能想得开，不留心结，为人处事坦坦荡荡，一幅笑容永远挂在脸上，最典型的是 1984 年 4 月，县委、县政府决定治理蟾溪，他常年累月花费半辈子的心血在溪边砌好的建房宅基地，也在清理之列。当时，大家都认为这件事对老人打击太大，担心他承受不了，没想到他不但毫无怨言，反而还劝导家人："政府决定要清理，一定要服从，做人要学会看破些"，并且带头自行清理，令人赞叹！

三是乐善好施、助人为乐。寿宁县境内但凡庵堂寺庙募集修建资金，他都非常乐意捐助。铺路修桥，则更是积极响应。1973 年 3 月的一天，雨后的蟾溪水往上涨，有一个 6 岁小男孩独自在溪边玩耍摘花，不小心滑入水中，眼看就要被水冲走，在这危急时刻，正在溪边菜园种菜的张达平老人毫不犹豫地跳入溪中，借助手中的小锄头一步一步将孩子拉回到溪边安全的地带，事后老人想起当时救人的场景也感到后怕。俗话说，救人一命胜造七级浮屠，这话一点不假，达平老人能成为寿宁历史上的第一寿星，这就是他的福报。

张天福是怎样还寿宁茶叶本来面目的

茶界泰斗张天福曾说"要还寿宁茶本来面目"，这个"本来面目"究竟是啥模样？

张天福是中国近代十大茶叶专家之一，他擅长制茶和茶叶审评，他活到108岁（1909～2017）。他一生致力茶叶教育、生产和科研工作，积极倡导和传承茶文化，把毕生精力献给中国茶叶，并作出卓越的贡献，成为21世纪茶界泰斗。

张天福一生与寿宁茶业之缘结得特别深厚。20世纪50年代，他被错误地划成右派，"文革"中再次受迫害，1970年从福建省农业厅下放寿宁，先后在犀溪、县茶叶局和武曲龙虎山茶场工作，生活了9个春秋。1979年平反后，被福建省社口茶科所聘为技术领导。张天福在这里如鱼得水，充分发挥他的茶叶天才，先后摸索总结出了"新茶园表土回沟"、"条栽密植"、"茶山竹节沟"等茶园管理的先进经验，并率先在寿宁、福安推广，有力推动闽东茶业的蓬勃发展。

张天福与寿宁是患难之交，所以对这里的茶业异常关心。他到寿宁时，身处逆境，但丝毫没有影响他爱茶敬茶的热情与志向。在犀溪他全身心投入茶叶加工机械的研究，亲自动手制作木桶茶机，让茶农从繁重的手工揉茶中解放出来。这个木桶揉茶机技术演变发展成今天的电动金属揉机，实现了茶叶加工的机械化、电器化。在武曲龙虎山茶场他与茶场工人和技术人员一起潜心改造低产茶园，建立丰产茶园，改进制茶工艺，使该场效益逐年提高，成为寿宁乃至全区的模范茶场。龙虎山茶场的示范幅射，让武曲乡和斜滩镇的茶叶插上腾飞的翅膀。

张天福到茶科所工作后，念念不忘寿宁。他把自己用8年时间总结出来的高山红茶自然发酵温度控制数据，无偿传授给寿宁制茶技艺，降低了制茶成本。有一次，张天福在茶科所组织综合做青制茶技术攻关，指名让寿宁制茶工到现场观摩学习。这位茶工学成回县，如今成了一路保青加工技术的传承者，成为独门绝活。这种工艺让寿宁茶叶加工过程释放出高山茶独有的天然香气、用这种工艺制作的花香红茶，泡出来的茶汤色靓丽，茶味醇厚，让人口齿留香，让寿宁茶叶畅销域外。

张天福老人退休后，仍然心系寿宁，曾先后两次从省城风尘仆仆到寿宁考察，并指导千亩示范茶场建设，同意将这个茶场命名为"天福茶场"。指示寿宁茶叶一定要还原"天然花香，琥珀水清"的本来面目。这八个字，醍醐灌顶，清净无为，崇尚自然，永远成为寿宁茶人的座右铭。

郑多金

是木拱廊桥国家级非遗传承人。1928年出生，"是现在还健在并能造大拱跨木拱桥的唯一民间工匠"。郑师傅，坑底东山楼村人。1923年至1967年，由郑多金和他父亲建造的木拱桥就有17座，至今尚存7座。其中30米以上拱跨的有：

浙江省的泰顺桥、福建省福安潭溪桥、寿宁李家山的红军桥，杨溪头桥和下党村的鸾峰桥。鸾峰桥的拱跨 37.2 米，单拱跨度为中国之最。进入新世纪以来，年近七旬的郑多金师傅还先后主持修建了顺昌九龙桥，闽侯远济桥、寿宁张坑桥和长濑溪桥等 7 座桥。

2005 年 10 月，以郑多金为代表的寿宁木拱营造技艺列入福建省首批省级非遗代表作名录。2008 年 6 月，寿宁木拱桥营造技艺列入国务院公布第二批国家级非遗代表作名录。2009 年 10 月，中国木拱桥营造技艺列入联合国首批《急需保护的非物质文化遗产名录》。2008 年 5 月，福建省人民政府公布郑多金为第一批省级非遗传承人，全国仅有两人。

2007 年，郑多金应邀出席在寿宁县举办的第二届中国廊桥国际学术研讨会。2003 年，央视十套拍摄《虹桥寻踪》，请郑多金在小东寺前溪边现场建造一座木桥。摄制组认为"郑多金是现在还健在并能造大拱跨木拱桥的唯一民间工匠"。桥史泰斗唐寰澄教授到寿宁曾与郑多金交流造木拱桥的工艺，唐老称见到郑多金是他人生中的一件兴事。

金瑞芳

是寿宁古玩收藏第一人。所谓收藏，顾名思义，一是收，二是藏。把历代遗留下来有文化价值的物品收集起来，妥善保藏，并认真加以研究，挖掘其文化内涵，对于研究我们民族的历史和各个时期不同地方的特色和传统，是一项独特而不可或缺的工作。

寿宁地处偏远山区，置县较迟，历史上长期处于贫困状态，文化不发达，古玩收藏这一领域一直显得比较沉寂。改革开放以来，涉足这一领域，迈出第一步并颇有成就的是寿宁大安籍的金瑞芳先生。

金瑞芳 1936 年元月生于寿宁大安村，祖辈均为贫苦农民。解放前夕，他读了两年半私塾，看了三年多的牛。解放后，学校向工农开门，他于 1952 年入寿宁初级中学学习，1955 年进霞浦一中高中部就读，1958 年考入福建师范学院中文系。1962 年毕业，当了中学教师，而后在宣传部任职，曾在崇安县（武夷山市）当了16 年教育局长，1998 年初退休。

在改革开放的新时期，中国发生翻天覆地的巨变。原本沉寂的古玩收藏行业也勃然兴起。退休后，金瑞芳先生对古物的收藏产生了浓厚的兴趣。于是，在闽北大地古玩市场上，人们常常可以看到一位羸弱老人在森罗万象、五花八门的市肆里寻寻觅觅。有人说，收藏是富人的游戏。金先生却认为：任何人和物都是分层次的，不同的物件，不同的身价；不同的人可以有不同的收藏。有富人收藏，也有穷人收藏。作为一位退休公务员，他并不富有，在古玩市场上，在地摊旁边，他量力而行，"人弃我取"。有的物件在大收藏家眼里是不入流的。然而，它毕竟是经历了一定岁月的老物件，蕴含着不同时代的文化内涵。这些流落在地摊上的民间古物，不管来自何方，都是祖辈留下的古董。它们都有各自不同的身世，各有不同寻常的故事。尽管它们不是"海参鱼翅"，而是街头巷尾的小吃，却有着我们民族的传统特色，别具风味。

几十年如一日，金瑞芳先生省吃俭用，硬是通过"穷收藏"收集珍藏了古物杂玩上千件。他潜心解读、感悟、鉴赏、品评这些承载着民族文化记忆，烙上文化印迹的古物，在《东方收藏》《收藏快报》《每周文摘》和《武夷山》等报刊杂志上发表了20多篇品评、鉴赏、分析研究有关文物的文章。他的成就获得业内同仁的肯定，一致推举他为"南平市收藏协会"副秘书长，"武夷山市收藏协会"名誉会长。

瑞芳先生之收藏，虽是老来寻乐，不求财富，只求精神，不计结果，只重过程，却能使人从中感觉文化，感悟人生，是一种慰藉，一份享受。大千世界，茫茫人生。读书收藏，一生如是。寿宁虽有三千多载文明、五百六十年县治，名家辈出，人文荟萃，但除集邮外，古玩收藏却仍然沉寂，处在起始阶段，象金先生这样有实践有藏品的实属罕见，瑞芳不愧是寿宁籍古玩收藏第一人。

何发亨

是寿宁获奖次数最多的省级劳动模范。1948年12月出生，初中文化，是一个地地道道的公路人。自1972年参加工作以来，他一直以路为家，从事这个繁重、艰苦而又唯一的职业。他的人生格言是："辛苦我一人，带来万家福，无私作奉献，为民养好路。"他45年如一日，至今还在公路上劳作，是人们公认的"老黄牛"。在道班里，他份内的工作拼命干，脏活、重活、累活抢着干，份外的工作找着干，经常是晴天一身汗，雨天一身泥。1990年，他患了膀胱结石，时常尿血，医生要他住院，但他看班里人员少，任务重，仍坚持一边服药，一边生产劳动，在他这种忘我工作的精神感动下，全班职工心往一处想，劲往一处使，加班加点，苦干巧干出色地完成了修路任务。他所在的仙锋道班寿泰线19千米处，前不着村后不着店，生活条件艰苦，在他住道班的五年里，好路率均达100%，每年节约材料费、点工费15000多元，被省、地、县评为先进养路班组，他个人也连续5年被评为省公路局生产标兵。1991年他被评为福建省劳动模范。

1993年，县分局安排他任8个道班的包片片长，负责110多千米的沙土路养护工作，占全县任务的50%左右。每个月他都保持25天以上深入道班一线，与职工一起养护公路。1994年，分局首次承担了枫湖线9.65千米的油路工程，由于施工时间紧，设备缺，工程技术人员少，分局就把油路施工任务交给了何发亨同志。施工开始，他便与民工一样每天早出晚归工作10个小时以上，吃在工地，住在工地，工作在工地。从石料到上油每个环节他都严格把关，一丝不苟。夏日炎炎，他和 200 多度的沥青热气交织在一起，终于劳累过度倒工地上，鲜血从口中一次又一次吐出。他被送进医院，稍有好转，他白天上工地，晚上在帐篷内挂瓶……几年来，他施工的油路工程质量总是最好的。

1998 年，县分局安排他任公路养护大队大队长，负责全县的公路养护工作，同年 6 月，寿宁境内发生百年少见的暴雨洪灾，各条线路不同程度中断堵塞。他带领养护大队人员连续奋战 20 多个昼夜把道路抢通，每天中午吃干粮，到夜里才满身疲惫地回到家中。在他领导下，连续两年，好路率比原计划上升 12%，经费节约 3%，受到省交通厅领导的好评。

退休后，他是解甲未下岗。45 年间，他先后 70 多次受到省、地、县的表彰，他不愧是名符其实的劳动模范。

李坚

是政府机关全国"五一劳动奖章"获得者。1965 年 5 月出生。1986 年 3 月入党，同年 7 月毕业于福建师范大学历史系历史专业。1986 年 8 月参加工作，福建省委党校在职政治经济研究生学历。曾任托溪乡乡长、党委书记，县水利局长，发改局局长。2008 年 6 月受宁德市委委派参加福建省对口援建四川彭州市灾后恢复重建工作，并被四川省委评为优秀援建干部，受到时任四川省委书记刘奇葆同志的接见和表彰。现任宁德市水利局副处级调研员。

30 多年来，李坚始终爱岗敬业，不论在什么岗位他都能恪尽职守，以身作则，勤政廉政，始终把群众的冷暖放在心上，不忘为民之责。在托溪乡长、书记任上，他多方争取资金，兴建乡政府办公楼，解决托溪群众的安全饮水问题，完成托溪乡到寿宁城关道路硬化，解决了托溪人民出行难的问题，使托溪乡的经济和社会各项事业得到快速的发展。

在解决闽浙两省寿宁、庆元两县边界水事纠纷中，他多次前往浙江、北京、上海等地沟通、协调，争取多方支持和谅解。他秉公办事，积极协调，妥善处理突出矛盾和突出事件，及时避免了群众矛盾的进一步激化，最终与浙江省庆元县就大岩坑电站跨流域引水纠纷达成了解决方案，水利部、福建省水利厅分别在当年的水政工作会议上，将寿宁县与浙江省庆元县因大岩坑电站跨流域引水开发而引发的两省水事纠纷的圆满解决作为水事调解的典范。

2008 年 5 月，四川发生"5.12"汶川大地震后，李坚不计个人得失，服从宁德市委的安排，到四川省彭州市升平镇参加对口支援，开展灾后重建工作。为确保重建工作的科学、准确，在援川初期他冒着余震频发的危险，深入基层调研，了解灾区情况和群众的企盼，在极短的时间里就提交了灾后重建工作方案，受到宁德市政府主要领导的表扬；在援川工作中充分发挥自身善于协调的优势，克服种种困难，精心组织，科学管理，任劳任怨，圆满完成了援建工作的各项任务。

他是最后一个撤出灾区的援建干部，得到福建省前方指挥部和四川省彭州市领导和群众的好评。2010年李坚被授予全国"五一劳动奖章"。

徐丽珍

福建省寿宁县凤阳乡人。1987年出生，2003年初中毕业后外出打工。

2005年，在温州市大南门名欧咖啡店当服务员的徐丽珍拾得1300万元巨款归还失主，并谢绝了1万元酬谢。徐丽珍成了新闻人物，2005年被评为"感动温州十大人物"，2006年被评为首届"全国道德模范"。面对荣誉，徐丽珍始终保持一颗平常心。2010年，她以优异的成绩考入福州外语外贸学院旅游管理专业学习，到校以后，徐丽珍同学从未向学院和同学谈起获得崇高荣誉的事，始终以一名普通的学生的身份，刻苦学习，诚信做人，热爱集体，关心同学，积极追求上进，获得老师、同学的一致好评，成为一名光荣的共产党员。

2005年4月6日下午。当时，徐丽珍正在浙江温州市大南门名欧咖啡店当服务员。下午四五点钟正是咖啡店里顾客最多的时候，一桌顾客刚刚离去，徐丽珍立即上前收拾座台，突然发现桌旁的窗台上放着一个大皮包。

"这显然是客人遗留的。"徐丽珍马上意识到。她提起那分量不轻的包，追到店门口，没有看到那桌顾客的身影，于是按店里的规定把包交到办公室，由大堂经理负责登记。

当大堂经理和其他工作人员一起打开皮包进行登记时，包里的东西把他们吓"坏"了——护照和身份证、120欧元现金、16.3万元的现汇现取汇票、十几个存折，其中一个存折的存款余额达1200万元……金额总计超过1300万元。

咖啡店一边报警，让警方帮助寻找失主，一边通过包内名片联系失主本人，最后终于将所有的财物归还失主。当经理想起要告知徐丽珍一声时，她已经和往常一样下班了。

第二天，失主法国法华工商联合会副会长王先生赶回咖啡店，一定要见见徐丽珍，并拿出1万元现金要酬谢她。徐丽珍婉言谢绝了："这是我应该做的。这钱我不能要。"那时，徐丽珍一个月的工资不过800多元，1万元相当于她一年的收入。很快，徐丽珍成了温州的新闻人物。许多市民打电话给她，甚至专程来到咖啡店，不为喝咖啡，就为来看看这个善良的福建姑娘。

2006年3月7日，在2005感动温州十大人物评选揭晓暨颁奖晚会上，仍在温州打工的徐丽珍一出场，观众席上爆发出阵阵雷鸣般的掌声。

评选活动组委会这样评价徐丽珍：巨款是一道考题，来自贫困农家的女儿交出了一份精彩的答案；一位新温州人，用一颗金子般的心，诠释着诚信的真谛；一个在她自己看来最平常不过的举动，见证了一个不染尘埃的灵魂。

2007年9月，徐丽珍被评为全国诚实守信模范，消息传回寿宁凤阳乡。当时，各级领导到丽珍家看望她的父母，问家里有什么困难，他们连连说没有什么困难。其实，丽珍的父亲徐传寿身体一直有病，不能干重活，而母亲高淑姿前几个月被毒蛇咬了一口，身上的浮肿直到现在也还没完全消除。

如今，在当地党委、政府的关怀下，徐丽珍已被破格安排到寿宁县杨梅洲旅游管理处工作，成为寿宁旅游的"形象大使"。

胡玉荣

是全国"巾帼建功"标兵、第二届全国道德模范提名奖。被人们亲切称为"穷人慈善家"。

胡玉荣，女，1965年出生，家境贫寒，高中毕业后就进了寿宁县丝绸厂，干起了又脏又累的机修活。1992年，她下岗了。为了生计，她四处打工，到中学代课，到工地扛水泥、拉板车、挑砖块。

1994年的一天，胡玉荣带着孩子去小吃店吃扁肉，跑了多处没吃上，说是没有扁肉皮了，她刨根问底，得知城关只有一家扁肉皮加工店，小吃店所需的面制品也大都从外地进货。一直在寻找创业机会的胡玉荣当下决定开一家面制品店。

面对全新的行当，胡玉荣拿出当年在工厂苦学技术的劲头。没有师傅教，她就自己摸索。手工制作成功后，她又向朋友借钱买来一台二手面机，尝试用机器生产面条和扁肉皮。经过半年多反复试验，终于看到软硬适中、厚薄均匀的面条从机器里出来。后来，她又把切面机改装成扁肉机，再用易拉罐作模具圈割饺子皮。1995年，胡玉荣面制品加工坊开业。

10多年来，不论寒冬酷暑，不管风吹雨打，胡玉荣每天凌晨2点起床，和3名女工一道干活；5点多，她陆续接到订货电话；6点半，她穿梭于大街小巷送货；7点左右，她回到作坊继续生产，然后继续送货，直到中午。艰辛的劳作，让她的手老茧纵横，还裂开一道道口子，常常旧伤未愈，又添新伤，虎皮膏缠了一圈又一圈。

面制品作坊渐入佳境，胡玉荣就开始助学行善。备尝生活艰辛的她总想以自己的微薄之力，给困境中的人们送去温暖和希望。

2005年8月，寿宁一中的吴龙腾考上福建农林大学。由于母亲长期卧病在床，家里债台高筑，他交不起学费，只好决定弃学打工。胡玉荣知道后，当即承诺资助他读完大学，承担每学期2000元学费和每个月300元生活费。2000年起，她开始定期资助学生，迄今已帮助5名贫困生读完大学，她还在定期资助4名大学生和2名职高生就读，平均每个月寄出约3000元，超过了她在作坊辛辛苦苦一个月的收入。此外，她还不时力所能及地接济其他贫困生。

胡玉荣把几年来获得各级荣誉的奖金以及平时积攒的8万元交到县总工会，作为"爱心助学基金会"的启动资金，她获得"感动福建十大人物"资金1万元，她把扣除的 2000 元税金补齐后，又向基金会注入 1 万元。她想趁现在身体还行尽量充实基金，也想借此带动更多的人献爱心。

2006 年 8 月，"桑美"台风冲毁了寿宁托溪乡洋尾村等地，胡玉荣立即购买了大米和粉干，借了辆皮卡前去赈灾，开销 1 万多元。2008 年 5 月 12 日汶川大地震，她 4 次捐款计 4000 元。她买了辆 QQ 车，除了送货，就是像 110 一样，随时用于运送小孩、老人等。

她一年四季只穿两身洗得发白的运动服，一部不离身的小灵通用得断了天线。她的家阴冷潮湿，地板革多处破损，房间里的衣柜甚至连一家人的衣服都装不满。扶危济困总是慷慨付出的胡玉荣，是地道的"穷人慈善家"。

范英娇

女，农民，56 岁，福建省寿宁县南阳镇含头村村尾自然村人。2011 年 9 月 20 日，获得第三届全国道德模范提名奖，38 年以来，范英娇以一颗朴素的善良之心，先后赡养 5 位没有血缘关系的孤寡老人，让他们感受到了人间的真情与温暖，让他们安详地走完人生的最后岁月。她以尊老、爱老、养老的行为阐扬着中华民族几千年来的传统美德。

1963 年，12 岁的范英娇从浙江逃荒至寿宁，因父病故、母改嫁，无家可归的她被含头村的张大年、叶雪花夫妇收为养孙女。1970 年，范英娇与同被张大年收养的张芝和结为夫妇，开始承担赡养老人的重担。阿婆叶雪花 50 多岁时患眼疾，不久双目失明，80 岁以后，双腿瘫痪不能走路。张芝和夫妇精心伺候着老人，从来没有感到过厌烦，还教育三个儿子也一起孝敬老人，帮助料理老人生活。由于照顾周到细致，张大年活到 86 岁，阿婆叶雪花活到 98 岁。

张大年还有两个弟弟张细扭与张大庆，都是单身汉，老无所养。范英娇夫妇想到自己童年的遭际，又把他们接到家里当做自己的大人照顾，直到两位老人 80 多岁去世。

"照顾阿公张大年和阿婆叶雪花是应该的，毕竟他们有过养育之恩，但他们对三阿公、四阿公也象亲爷子一样伺候着养老送终，真难得他们夫妇的一片好心。"含头村民对范英娇夫妇孝老敬老的事迹赞不绝口。

范英娇赡养着第五位老人吕养春，是阿婆与前夫所生的儿子，患痴呆症有 60 多年。范英娇与张芝和成家后 30 多年来，痴呆"舅舅"吕养春一直由他们夫妇赡养，如今他已经 84 岁。2004 年，老人在南阳镇公路上被一辆小车撞伤，断了脚骨。他们夫妻在县医院轮流照顾、尽心护理。老人不能下地，范英娇给他洗头洗脚、送茶送饭、还要端屎端尿。

38 年来，范英娇与丈夫赡养五位没有血缘关系的孤寡老人，助人为乐的精神感动山间。

2006 年 5 月，《闽东日报》《福建日报》先后以长篇幅文章《以善报善情感山间》刊登报道范英娇的事迹。

范英娇的事迹见报后，许多深受感动的好心人都想为老人们献上自己的爱心。2008 年 2 月 22 日晚，范英娇应邀参加东南卫视海峡传情节目，香港美女组合 TWINS 专程来到东南电视台《海峡传情》节目的录制现场，号召歌迷一起行动起来，为范英娇一家募捐老人的赡养费。

已知明清时期历任知县

从第一任陈醇（景泰六年）至王福鼎（宣统三年）共计 148 人；民国时期历任县长，从陈复良（1912）至叶培松（1949）共计 38 人；共和国时期历任县委书记，从郭仁健（1949）至汤孔忠（1917）共 20 人；历任县长，从郑宁馨（1949.7）至张成慧（2017）共 23 人；历任县人大常委会主任，从周月俊（1980）到兰清元（2017）共 5 人；历任县政协主席，从刘松（1984）至陈信文（2017）共 4 人。

已知清及清代以前寿宁籍历代进士、举人 29 人；已知民国至中华人民共和国时期获得博士、硕士学位 149 人；已知 1987～2015 年获评副高职称 634 人，正高职称 7 人。已知 1949～2015 年寿宁籍在外获高级职称人员 60 人。

已知民国时期寿宁仕外人员 13 人；1949～2015 年寿宁籍在外任县（团）级以上职务 96 人，其中，副省级以上 3 人，副厅级以上 25 人，处级 69 人。

寿 宁 县 情 综 述

习近平总书记指出："要梳理传统文化资源，让收藏在禁宫里的文物、陈列在广阔大地上的遗产、书写在古籍里的文字都活起来。"根据这一重要论述的精神，我编著了《寿宁县情九百题》，旨在纪念寿宁建县 560 年。

寿宁是闽浙边界县，位于福建省东北部，地处鹫峰山系洞宫山脉东麓，东经 119° 12′ ～119° 44′ 与北纬 27° 16′ ～27° 41′ 之间。东与东北靠浙江省泰顺县，西北界浙江省庆元县，南与东南毗邻福安市，西连闽北政和，西南同周宁接壤，北邻浙江省景宁县，素有"两省门户，五县通衢"之称。县境东西宽 46 千米，南北长 57 千米，总面积 1424.4 平方千米。县人民政府驻地鳌阳镇，现辖 8 镇 6 乡、7 个居民委员会、196 个村民委员会，户籍人口 26.52 万。

早在 3000 年前，寿宁境内就有先民活动。置县前，寿宁分属政和、福安两县。寿宁立县，源于明代开采银矿课税。明永乐年间（1403～1424），有局下（今大安乡官田场）官司采办银课。

由于课税繁重、官吏暴敛，激起矿工的强烈反抗。景泰元年（1450），括（今浙江丽水一带）人郑怀茂等聚集 2000 多人，在官台山银矿公开对抗官府。景泰六年（1455），闽浙都御使刘广衡、福建按察副使沈讷率兵进驻犀溪和赖家洋一带"征剿"，于端午节前一日攻占官台山寨。之后，以官台山据险阻要寨，深恐武装矿工"时或窃发，为久远计，莫若立县以统治之"为由报请朝廷，于同年八月，批准划出政和县南里、北里、东城十至十五都和福安县平溪里十一至十四都，取"福寿安宁"之意，设立寿宁县，置县治于杨梅村（今鳌阳镇所在地，下同）。寿宁建县后，隶属建宁府，府治在建安（今建瓯县）。清雍正十二年（1734），划归福宁府，辖 7 境 8 乡 112 村。1912 年属东道路，辖鳌阳、斜滩、平溪 3 个区。1914 年属闽海道。1925 年废道，直属福建省。1934 年 7 月属第二行政区，辖 2 镇 8 乡。1935 年，改属第三行政区。1939 年，改属第一行政区，全县辖 3 个区。1943 年，属第八行政区。1947 年，改属第一行政区，全县辖 1 镇 10 乡 107 保 1339 甲。

1949年，直属福建省第三行政督察区。全县辖3个区人民政府。1950年9月，废除保甲制，全县辖2镇79个乡。1959年，辖8个人民公社128个大队。1971年，福安专员公署改称宁德地区，寿宁隶属宁德地区。1984年社改乡，全县改设11个乡、2个镇、180个行政村。2000年11月，宁德撤地设市，寿宁改属宁德市。

寿宁是山区县，地形以山地为主，北部与西北部山岭耸峙，地势由西北向东南倾斜，可明显地划分成三个地形区：西北部以中山区为主，西北面山体高陡，山脊明显；中部和东南部是低山区，东南面形如台阶层层降低。地形高低差异很大，位于县境最北端的山羊尖，海拔1649米，为闽东最高峰；武曲镇的余坑是本县最低点，海拔52米。这种地貌决定了寿宁的溪流水域呈树枝状类形。主要河流有交溪上源的斜滩溪，境内长56.5千米、流域449.9平方千米；后溪，境内长48千米，流域257.5平方千米。寿宁山水的特定形态，发育出许多串珠状的小谷地，一般都是一谷（溪谷、山谷、盆谷）一村。

寿宁属亚热带山地农业气候，四季分明，"夏无酷暑，冬无严寒"，雨量充沛，年平均气温15.3℃左右，年均降水为1986.8毫米，年均日照数1656.2小时，无霜期235天。全县已探有金属和非金属矿产21种，其中，叶腊石、石英石、明矾、白云石储量丰富。南阳镇铁场、坝头的白云石矿是省内最大的炼镁用白云石矿，储量达561万吨。全县森林覆盖71.46%；增内有常见的野生动物156种，其中珍稀动物大鲵（娃娃鱼）为国家二级保护动物；野生植物有228种，其中乔木88种，灌木58种，草藤41种，竹21种，花卉80种。珍稀植物有银杏、三尖杉、铁树等。

寿宁是水电资源县，境内溪流纵横，水系发达，全县水能理论蕴藏量50万千瓦，可开发的水电装机容量45万千瓦，已开发31.15万千瓦。是全国农村水电电气化县，全省水电十强县之一。

寿宁是全国产茶重点县，为福建省十大产茶县之一。全县茶园面积13.8万亩，年产量超万吨。"寿宁高山乌龙茶"荣获国家地理标志证明商标，是宁德市三大茶叶主打品牌之一。有24个茶产品在省级以上茶叶赛事中获得奖项。绿茶、红茶、乌龙茶品质优，多次获得全国、全省优质茶称号，QS认证企业达26家，省市茶业龙头企业10家，其中天天禧御茶园排名全国百强茶企第16位。

寿宁正努力打造寿宁工业园区（南阳）、武曲工业集中区、际武工业集中区等"一园五区"，大力发展"道口经济"，实现产业集聚，工业发展势头强劲。2015年，规模以上企业93家，工业总产值完成126.67亿元。属于闽东唯一的"国家火炬计划重点高新技术企业"——福建工业三祥新材料公司，早于1988年落户寿宁。三祥新材股份有限公司是全国规模较大的新材料生产企业，其主要产品高纯化氧化锆的纯度和单晶刚玉晶粒控制比率双双获得世界第一，产品远销欧美、日韩、中国台湾等 30 多个国家和地区。"三祥"商标被国家工商总局认定为"中国驰名商标"。

寿宁被誉为"世界贯木拱廊桥之乡",现有贯木拱廊桥 19 座,约占全国五分之一,其中"国保"级廊桥 6 座,其年代序列齐全,营造技艺列入世界非物质文化遗产保护名录;以寿宁县为全程拍摄地的电影《爱在廊桥》,荣获第 28 届中国电影金鸡奖 4 项提名,并获最佳导演奖,2010 年再获全国第十二届精神文明建设"五个一工程"奖,填补了宁德市"五个一工程奖"的空白。

寿宁旅游产业于 21 世纪开始破题,有被誉为"江南小九寨"的省级风景名胜区杨梅洲、福建省最大华东少有的仙岩十里杜鹃长廊、"中国最有魅力休闲乡村"西浦等众多自然人文景观。境内交通与旅游产业相伴面行,取得长足发展。

福(安)寿(宁)泰(顺)高速公路过境,境内长 42 千米;福建双港至湖塘坂交通战备二级公路(简称双湖二级公路)过境,境内 59.5 千米双车道,通往浙江省泰顺、景宁等县,与浙江省道云寿二级公路相连。301 省道(洋边至庆元界称为寿庆二级公路)过境,境内长 59.3 千米,通向浙江省庆元县。202 省道(寿宁城关至政和界段称寿政二级公路)过境,境内长 92 千米,通往南平和政和、建瓯等闽北县市。境内有 4 条主要县道,分别为 941 线(即清托线),全长 25.8 千米;942 线(即斜下线),全长 45.7 千米;943 线(即犀上线),全长 18.2 千米;944 线(即坑周线),全长 115.1 千米。

寿宁地灵人杰,人文荟萃。科举时代,仅犀溪西浦一村就出过特奏科状元 1 名,进士(含特奏名)18 名;近代以来,涌现出政治人物何宜武、无产阶级革命家范式人、"红色少年"张高谦等一批全国知名人士。明代著名文学家冯梦龙曾任寿宁知县(1634~1638),著有《寿宁待志》一书。

寿宁县文化底蕴丰厚,这里有福建迄今最早的袖珍百科全书《圣谕广训》,有福建地方史上首位文学家县官冯梦龙,有福建第一部私家志书《寿宁待志》,有传承三百多年的国家非物质文化遗产北路戏。寿宁还是福建设关建隘最多的山县。

寿宁是老区县,有着光荣的革命传统,早在 20 世纪 20 年代后期,寿宁就有共产党的活动。寿宁曾是闽浙两省临时省委、闽东特委所在地,20 世纪 30 年代,粟裕、叶飞、范式人、曾志等老一辈革命家都曾在寿宁领导过革命斗争;全县 179 个老区行政村,老区人口占全县总人口的 86%,是福建省的重点老区县。

总之,《县情》是历史的,也是当代的,是自然的,也是地理的,既是民众的,也是社会的。只有扎根脚下这块热土,生于斯,长于斯,写于斯,它才能接地气,增底气,有生气,在千百年的长河中站稳脚跟。我坚信,寿宁的明天会更好。

参 考 文 献

[1] （明）冯梦龙:《寿宁待志》,福建人民出版社,1983 年 6 月。

[2] 《寿宁县志》,鹭江出版社,1992 年 7 月。

[3] 《八闽通志》,海峡书局,2015 年 9 月。

[4] 《寿宁县志》（1990～2005）,中华书局,2017 年 12 月。

[5] 《寿宁年鉴》（1999～2016）,寿宁县地方志编纂委员会。

[6] 《寿宁乡贤》,福建宁德市新闻出版局,2011 年 12 月。

[7] 寿宁县地方志编纂委员会:《寿宁知县冯梦龙》,2016 年 9 月。

[8] 《宁德地名概览》,海峡文艺出版社,2014 年 7 月。

[9] 《福建家训》,海峡文艺出版社,2014 年 4 月。

[10] 《福建乡规民约》,海峡文艺出版社,2016 年 1 月。

[11] 《世界木拱廊桥之乡》,海峡书局,2013 年 2 月。

[12] 《人民政协 1000 题》,西苑出版社,1998 年 12 月。

[13] 宁德文学艺术联合会:《寿宁风物辑录》,2016 年 7 月。

[14] 《神奇官台山》,海峡文艺出版社,2016 年 11 月。

[15] 《寿宁文物》,海潮摄影艺术出版社,2002 年 9 月。

跋

　　寿宁，地处闽东北部，与浙江省的泰顺、景宁、庆元及福建省的福安、周宁、政和等县（市）交界，素有"两省门户，五县通衢"之称。明景泰六年（1455）寿宁置县，至今已有 560 多年历史。明代著名文学家冯梦龙曾任寿宁知县，著有《寿宁待志》，记载了他在寿宁任上苦心孤诣提出的施政纲领和施政措施，记述了他明断讼案、智捉地霸的故事，抄录了他当时记事述怀的诗作和极富特色的《禁溺女告示》，反映了明末清初的寿宁县情。

　　《寿宁县情九百题》（以下简称《县情》）受《寿宁待志》思想的启迪，是寿宁精神的弘扬，是历代修志者集体劳动的成果，是寿宁走向八闽、通往神州的一扇门窗。

　　《寿宁建置》说明寿宁有三千载文明、五百年县治，告诉你寿宁为什么叫寿宁。

　　《自然地理》介绍寿宁的山川地貌，告诉你"地僻人难到"、当年"车岭车到天，九岭爬九年"的寿宁，如今已通了高速公路。

　　《经济综述》说明发展是历史前行的记录，2016 年，寿宁跻身全省经济发展十佳县，寿宁已摆脱贫困，搭上了争创小康的时代列车。

　　《传统习俗》讲述了寿宁自古以来各种节俗、习俗；记录了寿宁先民刀耕火种、肩挑背驮的艰辛日子和筚路蓝缕、披星戴月的创业历程。

　　《教科文卫》梳理了寿宁教育事业发展轨迹。1981 年，寿宁高考全区前茅，个人成绩突出，总体水平较高，全国前几名的院校都有录取寿宁考生，有总分全省第二，单科全国第一，当年清华录取年纪最小的学生也是寿宁人。2014 年，寿宁高考上本科线 997 人，名列全市第一，全市文理两科前6名考生有3位是寿宁人。这印证了习近平同志的预言："寿宁教育并不落后，以后会有希望。"

《人物春秋》告诉你在寿宁这片热土上有多少名人秀士、英雄豪杰、乡贤名家，这里地灵人杰、人才辈出。

这一桩桩，一件件，说明寿宁在变化，在发展，在前进。当寿宁走到"十二五"规划完成的历史时刻，日新月异的通讯交通，翻天覆地的城乡变化，令人刮目相看，让人满怀信心。

这本书的编写首先是资料的搜集，有赖胞弟德光和挚友王福清、龚浒、吴先寿的大力支持；其次是审稿，靠陈元度、卢彩娱老师和缪旭照社长逐字逐句、一丝不苟地批阅；第三是原厦门大学常务副校长、中国唐史学会会长郑学檬教授和中学特级教师陈元度先生，两位年逾八旬的学者先后赐序；原省人大副主任郑义正同志、现任寿宁县委书记汤孔忠同志对该书的出版发行十分重视，给了我极大的鼓舞和鞭策；刘明程同志为本书题写书名；许多同志帮助撰写辞条，提供资料；刘晓荣女士负责打字……在此一并向他们表示由衷的谢忱和崇高的敬意。

《县情》付梓，如释重负。因工程浩大，本人学识有限，加上调研不足，推敲欠细，有的章节略显繁琐，有些题目有点雷同，不足之处颇多，敬请读者批评指正。书稿完成，并在海峡文艺出版社、寿宁县新华书店的具体指导和多方配合下，使之得以付梓问世，总算了却了我的一桩心愿，献出了一份心香。谨以此书纪念寿宁建县560年，恭祝寿宁大地风调雨顺、人寿年丰！

连德仁

2018 年春节